DER TALMUD

Ausgewählt, übersetzt und erklärt
von Reinhold Mayer

Orbis Verlag

Annemarie zugeeignet

Genehmigte Sonderausgabe 1999
Orbis Verlag für Publizistik, München

Der Orbis Verlag
ist ein Unternehmen der Verlagsgruppe Bertelsmann GmbH

Druck und Bindung: Graphischer Großbetrieb Pößneck
Made in Germany
ISBN 3-572-00986-3

INHALT

Nicht liegt es an dir,
das Werk zu vollenden,
aber du bist auch nicht frei,
von ihm abzulassen.

Rabbi Tarphon, Awot II, 16

EINLEITUNG

Mit dem Wort an Abram:[1]: »Geh du aus deinem Land, aus deiner Verwandtschaft, aus dem Hause deines Vaters in das Land, das ich dir zeige«, hat das Gespräch Gottes mit seinem Volk angefangen. Fortgeführt wurde es, indem Abram Antwort gab, die Antwort des gehorsamen Tuns:[2] »Abram ging, wie der Herr zu ihm geredet hatte.« Wie hier, so ist die ganze Bibel ein Bericht vom Zwiegespräch Gottes mit seinem Volk. Alle Offenbarung an Abraham, an Mose und an die Propheten ist Anrede; Gottes Wort ergeht aber nicht vor allem an diese Menschen als Einzelpersonen, sondern als Vertreter Israels. Wie Gott in dieser Anrede das ganze Volk in Anspruch nimmt, so gilt vor ihm auch alles Tun und Lassen Israels als Antwort auf diesen Anruf, sei es im Gehorsam, sei es im Ungehorsam, als Zusage und Absage, Bereitschaft oder Versagen.

Aber auch nach der biblischen Zeit vernahm Israel die Weisung Gottes, sein Gebot aus der Bibel. Immer hat es jüdische Menschen gegeben, die gleich Abraham die Antwort gehorsamen Tuns zu geben versuchten. Und je weiter die Zeit der Väter des Glaubens zurücklag, desto mehr mußten sich diese Menschen darum mühen, zu verstehen, wie ein Gebot gerade in ihrer Zeit und in ihrer Situation zu erfüllen sei. So entstand der Talmud.

Das Wort Talmud ist ein Substantiv, das von dem Verbum »lehren« abgeleitet ist[3] und also in erster Linie Lehre bedeutet. Mit demselben Ausdruck wird aber auch das Lernen dieser Lehre, das Studium bezeichnet, im Unterschied zum Tun des Gebotes. Schließlich wird auch das Wissen eines Gelehrten oder einer Akademie, die Gelehrsamkeit überhaupt mit diesem Wort benannt.

Eine weitere wichtige Bedeutung hat das Wort Talmud als

1 1. Mose 12,*1*.

2 1. Mose 12,*4*.

3 Es ist eine »taktul«-Bildung, wahrscheinlich von der Pielform limmed, lehren. Das nominalbildende Element »t« erscheint häufig bei Verbalabstrakta.

exegetischer Fachausdruck, der häufig den antwortenden Bibelvers auf die Frage nach der Begründung einer These einleitet. »Der Talmud besagt« bedeutet dann: Es liegt eine Lehre in dem, was die Heilige Schrift sagt.

Hieraus wird eine dritte Art des Gebrauchs von »Talmud« verständlich, nämlich die umfassende Bezeichnung für den Inhalt der Begründung und Diskussion von Lehrsätzen. Nach der Fertigstellung der Mischna Rabbi Jehudas[4] wird unter »Talmud« vor allem die Diskussion dieser Mischna verstanden. Mit der Niederschrift dieser Diskussion erst ist der Talmud zu einem Literaturwerk geworden, in dem das Lehren und Lernen des nachbiblischen pharisäischen Judentums den Späteren erhalten blieb.

Der Talmud ist ähnlich der hebräischen Bibel das Sammelwerk eines Jahrtausends. Das jüdische Leben vieler Jahrhunderte spiegelt sich darin mit seiner Breite und Fülle. Das Gebot der Bibel wird hier für jede Einzelheit des Lebens ernst genommen, ja es besteht der Wille, bis in die kleinste Handlung hinein, in jeder Stunde und Lebenslage Gottes Gebot zu erfüllen. Jüdische Frömmigkeit verwirklicht sich nicht vorrangig in der Hingabe der Seele oder der Rechtmäßigkeit von Glauben und Denken; sie ist nicht Orthodoxie, sondern Orthopraxie. Ihr geht es um die Bewährung der Wahrheit, um das Erfüllen der Weisung Gottes, angefangen vom rechten Händewaschen bis hin zum Märtyrertod. Die vielen Fragen des rechten Lebensvollzuges haben Eingang in den Talmud gefunden. Dabei bleibt aber zu beachten, daß er nicht als eine Art Sittengeschichte verstanden werden soll. Vielmehr besteht er aus protokollartigen Aufzeichnungen der Diskussionen in Lehrhaus und Gerichtshof, die nach langer mündlicher Tradition sachlich geordnet und aufgeschrieben wurden. Der Talmud kann in dieser Hinsicht einem Bürgerlichen Gesetzbuch oder dem Protokoll einer Gemeinderatssitzung verglichen werden. Es kommt weniger der normale Alltag zum Ausdruck, als das Besondere und Neue des Lebens, die Randerscheinungen und Grenzfälle. Von diesem Randhaften her wird aber ein reicher Einblick in das Innere des

4 Dazu Seite 20.

Lebensvollzuges gewährt. Auf das Regelmäßige, den guten, normalen Tag, kann in vielfältiger Weise geschlossen werden, denn der Talmud ist wiederum kein verstaubtes Aktenwerk. Nicht nur im Lehrhaus, auch auf dem Markt sind da die Menschen zu finden, auf Feldern und in Werkstätten, in Wohn- und Schlafräumen, Küchen und Läden, bei Gericht und im Gebetshaus, im Wirtshaus und im Tempel. Hier ist festgehalten, was die Tage und Nächte dieser Menschen erfüllte: ihre Sorge und ihre Freude, ihr Jubel und ihre Klage, der Aufschrei der Bedrängten, auch die Bewährung in Zeiten der Verfolgung. Die Wissenschaft kommt zu Wort, vor allem die sich stets verfeinernde Kunst der Bibelauslegung, aber auch medizinische Abhandlungen, geographische Notizen, mathematische Regeln, die Himmelskunde, die für die Kalenderbestimmung wichtig war – alles fand den ihm gemäßen Raum. Geschichtliche Erinnerungen, Anekdoten ernsten und heiteren Inhalts und eine reiche Spruchweisheit füllen den Kreis des Lebens.

Vieles von dem, was diese Lehrer Israels aufgezeichnet haben, ist heutigen Menschen unmittelbar verständlich. Es zeigt sich nicht nur, wie tief menschlich das Judentum war und ist, sondern auch, wie sehr die christlich-abendländische Gesittung vom Judentum her bestimmt ist. Christentum und Judentum haben nämlich als gemeinsame Wurzel die hebräische Bibel.

Anderes wiederum ist nur mit einem Kommentar zu verstehen, sei es, daß die zugrunde liegenden Anschauungen und Bräuche zeitlich und räumlich so fern gerückt sind, daß sie erklärt werden müssen, sei es, daß eine Entscheidung überhaupt nur einer unwiederholbaren Situation entsprach, die der verstehenden Einfühlung bedurfte. Zur ersten Gruppe gehören etwa Vorschriften des Tempeldienstes oder medizinische und astronomische Abhandlungen, die den allgemeinen Vorstellungen des Altertums entsprechen. Antike Literatur ist für moderne Menschen verständlich, soweit sie ihnen in der Ausgelegtheit ihrer eigenen Geschichte begegnet, wie den Christen das Neue Testament und den Juden der Talmud; umgekehrt erscheint aber für Juden die kirchliche und für Christen die talmudische Literatur schwer zugänglich, weil hier jeweils die Tradition als Interpretationshilfe fehlt oder gar die eigene Tradition dem Verstehen des anderen hindernd im Wege steht. Zur zweiten Gruppe gehören situationsbedingte Sätze über Ketzer und Andersgläubige, die gelegentlich zu Verdrehungen und Vorwürfen der verschiedensten Art Anlaß gegeben haben. Wer aber die leidvolle Geschichte des Judentums unter anderen Völkern, besonders auch unter Christen kennt, wird auch die Gebote schroffer Abgrenzung und die harten Worte verstehen, die hie und da gegen die Bedränger fielen.[5] In diesen Zusammenhang gehören auch inhaltliche Akzentverschiebungen, etwa die fast trotzige Vorordnung des Gebotes und des Tuns, das im Gegensatz zu den Heidenvölkern gewachsen war und sich dann im Gegensatz zu dem werdenden Christentum zuspitzte. Die Zeit der Scheidung beider Religionen, der jüdischen und der christlichen, war durch die gegenseitige Polemik bestimmt, durch das Hin und Her, das wechselseitige Geben und Nehmen in einem oft erbitterten Streit. Diese Polemik muß in ihrer geschichtlichen Berechtigung erkannt werden. Aber sie darf nicht, wie dies so häufig geschah, in persönliche Verunglimpfungen ausarten und die Beziehungen zwischen den Menschen verschiedenen Glaubens vergiften. Es geht vielmehr um ein sachgemäßes Verstehen aus der Geschichte und für die Geschichte.

Ein wichtiges Verfahren beim Versuch, Fremdes zu verstehen, ist das Zusammenstellen von Gleichartigem. Nur die falsche Polemik vergleicht Abseitiges dort mit Zentralem hier, die Fehler auf der Gegenseite mit dem Ideal auf der eigenen. Wer nach der Sache fragt, um sie zu verstehen, der vergleicht dagegen Gesetz mit Gesetz, Evangelium mit Evangelium, Gehorsam mit Gehorsam und Untreue mit Untreue; er wägt ab, was Ausnahme und was Regel ist, und gewährt jeder Erscheinung den ihr zukommenden Platz. Ein Williger wird für ein Phänomen auf der einen Seite auch ein entsprechendes auf der andern Seite finden, und er wird hier wie dort nicht nur beim Äußeren stehen bleiben, sondern jeweils nach den Wurzeln und Triebkräften fragen. Dabei kann selbst das, was einem Außenstehenden zunächst als Widerspruch erscheint, als lebendige Spannung von Zusammengehörigem erfaßt werden. Eine solche Zusammenschau ist wie

5 Auf Einzelnes soll hier nicht eingegangen werden, da es in den Einleitungen und Anmerkungen zu den Texten ausführlich behandelt wird.

für den Bereich des Eigenen so auch erst recht für ein sachgemäßes Verstehen von Fremdem gefordert.

Wohl kaum ein Buch der Weltliteratur war – und ist vielleicht immer noch – so hart umkämpft wie der Talmud. Geliebt und gelernt, gerühmt als die unsterbliche Lehre, als das Meer aller Weisheit von den einen, gehaßt und geschmäht, verstümmelt, zertreten und verbrannt von den anderen. Sie sind noch in lebendiger Erinnerung, die letzten Feuer, in denen die Leiber derer verbrannten, die diese Bücher gelesen und gelernt, diesen Glauben gelebt haben. Obwohl Juden eineinhalb Jahrtausende lang unter uns gelebt haben, sind sie uns dennoch fremd geblieben, weil nur vereinzelte Menschen sich die Mühe nahmen, ihren Glauben und ihr Leben ernsthaft kennenzulernen. Darum ist auch der Talmud unter Christen im ganzen bestenfalls ein Geheimbuch geblieben, obgleich er Antwort gibt, wenn immer er befragt wird. Was bisher trennte, kann aber jetzt zu einer Brücke werden, auf der es durch die Entdeckung ursprünglicher Zusammengehörigkeit wieder zur Begegnung kommt.

ZUR GESCHICHTE

Vom Ursprung der mündlichen Tradition. In die Zeit nach dem babylonischen Exil, in die Jahre Esras und Nehemias, fiel die Endredaktion des Fünfbuches Moses. Diese Weisung wurde damals zu einer Art Grundgesetz, auf das Esra und Nehemia seinerzeit ihre Reform aufbauten, durch die sie ein neues jüdisches Leben im Land Israel begründeten. In ebendiese Zeit reichen auch die Wurzeln der mündlichen Tradition,[6] die immer mehr zum Charakteristischen des Judentums wurde, da ihm die Bibel in Gestalt der Septuaginta besonders durch das Christentum an die Völker verlorenging. Bei der Ausführung der Gebote der Schrift entwickelten sich Bräuche für deren genauen Vollzug, die dann mündlich weitergegeben wurden.[7] Zum anderen entstand schon damals die Notwendigkeit,

6 Dazu die Einleitung zu dem Kapitel von den Meistern, Seite 237 ff.

7 So etwa bei der Darbringung der täglichen Opfer. Auch Nehemia 8 sind einige Ausführungsbestimmungen zum Gebot für das Laubhüttenfest (3. Mose 23,*33–44*) beiläufig schriftlich festgehalten worden.

den Wortlaut der hebräisch geschriebenen Bibel in die aramäische Landessprache zu übertragen.[8] Ferner erforderte die Lesung und Vokalisierung[9] schwieriger, alter Stellen des Bibeltextes eine Arbeit, deren Ergebnis dann weiter überliefert wurde.

Eine Rechtsordnung, nach der in jeder Stadt zweimal wöchentlich Gericht gehalten wurde, und Lehrhäuser mit einem System der Heranbildung von Gelehrten vom Kindesalter an sind Institutionen, die schon in diese Zeit reichen und Gewähr für eine gute Traditionsbildung gaben. Bei wichtigen Entscheidungen trat die Große Versammlung zusammen, eine Synode, in der außer der herrschenden Priesteraristokratie auch Leviten und vor allem Israeliten aus dem übrigen Volke vertreten waren.

Zur Entstehung des Pharisäertums. Als Jahrhunderte später der Seleukidenherrscher Antiochus IV. Epiphanes das seit Esra Gewonnene durch seine antijüdische Gesetzgebung wieder zu zerstören drohte, kam es zu einer Neubesinnung auf die Wichtigkeit der Gebotserfüllung und zur Verteidigung des Glaubens. Die Makkabäer errangen einen durch viel Märtyrerblut erkauften Sieg und retteten die Losung des Judentums:[10] »Höre Israel, der Herr ist unser Gott, der Herr ist Einer.« In dieser Zeit entscheidender Kämpfe, und als die Nachkommen jener Anführer im Aufstand als Priesterkönige herrschten, bildeten sich verschiedene Strömungen im Judentum aus, deren eine sich zum Pharisäertum entwickelte.

Die Bezeichnung dieser Gruppe geht auf ein hebräisches Wort zurück, das »getrennt, abgesondert« bedeutet.[11] In alter jüdischer Literatur wird es gebraucht, um die Heiligkeit Gottes und um das Gebot an die Menschen, heilig zu sein wie er, zu erklä-

8 Auch solche Auslegungen, wie die im Buch Nehemia (8,9) erwähnten, wurden festgehalten und mündlich weitergegeben.

9 Der Bibeltext wurde zunächst nur in seinem Konsonantenbestand überliefert.

10 5. Mose 6,4.

11 »Parusch« ist ein Passivpartizip der Kalform.

ren. Die Heiligung durch die Gebote sondert demnach Israel von den Völkern und ist innerhalb des gesamten Judentums zur besonderen Aufgabe der Pharisäer geworden. Neben dem herrschenden Priesteradel und zeitweise gegen ihn entstand im Pharisäertum eine Laienbewegung, eine Art allgemeinen Priestertums, das – jedem zugänglich – sich durch das Lernen und das Tun adelte. Neben dem einen Tempel mit seinem Schwerpunkt in der Opferdarbringung wurden jetzt die vielen Synagogen mit ihrem opferlosen Dienst, mit Bibellesung, Bibelauslegung und Gebet immer wichtiger, in denen Juden, wo immer sie zusammenlebten, gemeinsam Gottesdienste feiern konnten. In verschiedenen Genossenschaften, die sich besondere Aufgaben stellten,[12] versuchten Pharisäer, ein Leben gemäß dem Gebote Gottes zu verwirklichen.[13] Von den Lebensformen, die hier geschaffen worden sind, ging dann eine weit über den eigenen Umkreis hinausreichende, befruchtende Wirkung,[14] zugleich aber für das Judentum selber eine tragende und bewahrende Kraft aus, mit der dieses Volk auch die schwersten Zeiten überdauerte.

Die Vielfalt des Judentums. In diesen zwei Jahrhunderten vor der Zerstörung des herodianischen Tempels bildete sich die Vielfalt der Richtungen des damaligen Judentums aus, wie sie etwa durch die Berichte des jüdischen Schriftstellers Josephus und neuerdings besonders durch die Texte der esseni-

12 Die Mitglieder solcher Genossenschaften verpflichteten sich zur ordnungsgemäßen Verzehntung und zur Übernahme priesterlicher Observanzen.

13 Je strenger die Forderung war, desto mehr wurde auch die Gefahr der Überheblichkeit und Heuchelei gesehen. Aber es wurde ihr bewußt entgegengearbeitet. Im Jerusalemischen Talmud heißt es einmal, es gebe sieben Arten von Pharisäern, solche, die ihre Frömmigkeit vor aller Welt zur Schau tragen, andere, die immer noch meinten, ein Gebot erfüllen zu müssen, wieder andere, die gute und böse Taten gegeneinander aufrechnen, solche, die mit ihrer Askese prahlen, andere, die dauernd wissen wollen, welche Sünden sie begangen hätten, dann solche, die das Gute aus Furcht und schließlich solche, die es aus Liebe tun. Von ihnen allen heißt es, keiner sei beliebt im Himmel außer dem, der das Gute aus Liebe tue wie Abraham.

14 Christlicher Gottesdienst und christliches Gemeindeleben ist seit den Anfängen von synagogalen Vorbildern her bestimmt.

schen Gemeinde vom Toten Meer wieder faßbar wird. Da war der Tempel mit seinen altheiligen Inhalten und Formen, mit der großen und reichen Vergangenheit seiner Priesteraristokratie, die allein Vollmacht hatte, den Opferdienst zu vollziehen. Da waren ihre Gegner, die essenischen Asketen und Einsiedler vom Toten Meer mit ihren priesterlichen Waschungen und Mahlzeiten, mit ihrer Gütergemeinschaft und ihrer großen Endzeithoffnung auf einen neuen Tempel und einen reinen, von ihnen verwalteten Dienst. Da waren ihre Außengruppen, Verheiratete mit Kindern, im ganzen Land zerstreut, die in Reinheit und Stille ihr Leben führten. Da waren noch andere Stille im Lande, die auf wundersame Dinge warteten und die Tage bis zum nahen Ende zählten. Da waren später die Eiferer, die Zeloten und die Sikarier, die mit Feuer und Schwert für Gott und seine Sache stritten und zum Aufruhr gegen die römische Besatzungsmacht drängten, um damit das Nahen des Gottesreiches zu beschleunigen. Da waren Gruppen, die Propheten und Messiasse sahen und die dann immer wieder durch die Statthalter blutig auseinandergetrieben und an Kreuze gehängt wurden. Da waren Jesus-Gruppen, Menschen, die wohl von den verschiedensten Gemeinschaften ausgingen und die herzukamen, weil sie in Jesus von Nazareth ihre Hoffnungen sich erfüllen sahen. Und da waren die verschiedenen Lehrhäuser und Genossenschaften der Pharisäer. Alle diese Gruppen in ihrem vielfachen Mit-, Neben- und Gegeneinander hatten Raum im Judentum, so daß sie trotz aller Mannigfaltigkeit, die sich schon im Bereiche des Israellandes zeigt, und in aller Spannung eine große Einheit bildeten.

Katastrophe und Rettung. Diese reiche Entwicklung ist gewaltsam unterbrochen worden. Ein neuer Aufstand der jüdischen Bevölkerung zur Verteidigung ihres Gottesglaubens wurde von den Römern im Jahre 70 mit der Zerstörung Jerusalems und des Tempels brutal beendet. Während aber der Jerusalemer Tempel in Schutt und Asche sank, wurde in dem kleinen Ort Jawne an der Küste schon der Grund für ein neues geistiges Zentrum des Judentums gelegt, und die jüdische Geschichte hatte, gerade als sie zu Ende zu gehen schien,[15] wieder neu begonnen.

Ein Schüler Hillels aus der Friedenspartei innerhalb des Pharisäertums, Jochanan, Sakkais Sohn, der den Würdetitel Rabban, unser Meister, erhielt, rettete die auf ihn gekommene Tradition der jüdischen Gemeinde über den Abgrund hinweg. Er schuf ein Asyl, in das er die Dynastie Hillels, als der künftigen Fürsten des Judentums, und eine Gruppe von Gelehrten aufnahm, damit sie das Aufbauwerk beginnen sollten.[16] Die Synagoge, die fünfhundert Jahre lang, schon seit dem babylonischen Exil und dann auch neben dem Tempel, bestanden hatte, wurde nun die alleinige Stätte des Gottesdienstes. Mit Nachdruck hat Rabban Jochanan darauf hingewiesen, daß Umkehr, Gebet und Wohltun fortan allein die Kraft hätten, die Versöhnung zu bewirken, die bisher durch den Tempel gewährt wurde.

Die Konzentration. Eine Folge der gewaltsamen und gewaltigen Ereignisse, von denen das Judentum heimgesucht wurde, war immer wieder die Sammlung eines Restes und damit die Auslese der Besten. So kehrten einst die Getreuesten aus dem babylonischen Exil zum Wiederaufbau des Landes Israel zurück, und die Standhaftesten traten auf die Seite der Makkabäer, um gegen den Abfall zu streiten. Damit verband sich zwangsläufig immer auch die Ausscheidung der Halben und Unentschiedenen. In der Zeit Esras trat an die Stelle des bloß im Völkischen begründeten Verbandes die Gemeinde derer, die bereit waren, das Gebot ganz anzuerkennen und im Leben zu verwirklichen. Auch zur Makkabäerzeit mußte die Einheit des Volkes wieder um der Reinheit des Gottesglaubens willen zerbrochen werden. Und eben eine solche Festigung und Scheidung wurde nach der großen Katastrophe des Jahres 70 nötig. Die

15 Bei Christen ist es beinahe zu einem festen Satz geworden, daß mit der Zerstörung des Tempels, die in der Ablehnung der Christusbotschaft begründet sei, der jüdische Gottesdienst seinen Sinn und das jüdische Volk seine Geschichte verloren haben. Was aber das Judentum in fast zweitausend Jahren erlebte und erlitt, war – obgleich es sich in anderen Kategorien als denen der Macht und des Staates vollzog – wahrhaft Geschichte.

16 Dazu Gittin 56a/56b, Seite 180 ff.

Treuen sammelten sich in Jawne weiter um den Nachfolger des greisen Jochanan, um Gamliel II., und mit aller Kraft der Ausschließlichkeit besannen sie sich auf das Eigene, Feste und in dieser Stunde wirklich Geforderte. Ein starker Wille konzentrierte sich auf das eine Ziel, eine neue Einheit zu schaffen und zu erhalten. Jede Abweichung von der Norm mußte daher ausgeschieden werden. Als rechtliche Entscheidungen sind aus dieser Zeit faßbar: einmal die Festlegung des Kanons der hebräischen Bibel und zum andern die Einfügung des Spruches gegen die Ketzer in das Achtzehngebet,[17] wodurch es fernerhin nur noch den pharisäisch Gesinnten möglich war, sich am Gottesdienst pharisäischer Synagogen zu beteiligen. Erst nach dem Jahre 70 wurde also aus der Mannigfaltigkeit vieles abgestoßen und ausgeschieden, manches wurde vergessen und ging verloren. Nur noch eine einzige von diesen vielen Gruppen, die hillelitisch-pharisäische Gemeinde nämlich, war von jetzt ab legitim. Nach dieser Scheidung erst gab es ein »orthodoxes« Judentum und darum auch jüdisches Ketzertum. So haben diese Männer in Jawne die schmerzliche Konzentration bejaht, weil es für sie der einzige Weg war, die göttliche Verheißung an dieses Volk zu bewahren und zu verwirklichen. Um Gottes willen haben sie es auf sich genommen, alle Andersgerichteten als Abtrünnige aus dem nun allein legitimen Kreis auszuschließen. Allein aus dieser Beschränkung kam ihnen die Kraft zu, nun nicht als ein zerschlagenes Häuflein im Synkretismus, diesem Religionsgemisch des römischen Reiches, aufzugehen, sondern als die großen Nonkonformisten, als die unbeugsamen Träger des göttlichen Willens durch die Völker der Welt und dann auch durch die Reiche des Christentums zu gehen.

Die Tradition und ihre Sammlung. Die Aufzählung der pharisäischen Traditionskette geht über diesen Abgrund hinweg, ohne ihn auch nur zu erwähnen. Die namentliche Kette dieser Tradition reicht in die Makkabäerzeit zurück. Nach offenbaren Lücken in der Folge der berichteten Namen-

17 Dazu Brachot 28b/29a, Seite 547 ff.

reihen wurde von hier an durch fünf aufeinander folgende Paare von Gelehrten die Überlieferung der Großen Versammlung jeweils aufgenommen und weitergegeben. An dem letzten Paar – Schammai und Hillel[18] – wird der reiche geistige Umkreis des Pharisäertums dieser Zeit deutlich. Jeder der beiden Männer war das Haupt eines bedeutenden Lehrhauses, einer Akademie. Die Richtung des strengeren Schammai war in der Zeit Herodes' des Großen und seiner Nachfolger herrschend, als der römische Hellenismus in das Judentum einzudringen drohte, während sich nach der Zerstörung des Tempels die Hillelsche Richtung allein durchsetzte, die geeignet war, die Tradition für die Erfordernisse der neuen Epoche fruchtbar zu machen.

Während der Priesteradel zur Unbedeutendheit absank und die Reste der essenischen Gemeinden verkümmerten, versuchten die Schüler Hillels in ihrem Lehrhaus in Jawne, dem bald mehrere Lehrhäuser an verschiedenen Orten folgten, von alten Traditionen zu sammeln, was noch erreichbar war. Sie befragten Zeugen, die alte Bräuche erlebt und noch in Erinnerung hatten; auch Berichte von Priestern über den Tempel und seinen Dienst wurden gesammelt, denn zu jeder Zeit konnte Gott sein Heiligtum wieder aufrichten, und darum mußte man bereit sein, darum mußte man wissen. Diese »Zeugnisse«, die im Lehrhaus von Jawne gesammelt wurden,[19] sind der Beginn der »Mischna«, die den Grundbestand des Talmud bildet.

Bei den bedeutendsten Schülern Rabban Jochanans zeigt sich, welche Probleme dieser Zeit gestellt waren. Rabbi Elieser kam zwar aus der Schule Hillels, vertrat aber zugleich Traditionen der Schule Schammais. Er versuchte ältestes Überlieferungsgut aller Richtungen zu sammeln[20] und wurde schließlich um der geschichtlich geforderten Beschränkung willen in den Bann getan. Sein Kollege und Gegner Jehoschua dagegen ging ganz in der notwendigen neuen Richtung und versuchte mit seinen Ent-

18 Dazu Awot I, Seite 366 f., Schabbat 31a, Seite 227 ff., und Eruwin 13b, Seite 316 ff.

19 Die Weise, wie von den Gelehrten in Jawne die Zeugen verhört und ihre Aussagen verwertet wurden, wird etwa in Mischna Edujjot I deutlich; dazu Seite 310 f.

20 Dazu Awoda sara 16b/17a, Seite 212 f.

scheidungen – wie schon Hillel tat,[21] aus dessen Schule er kam – den Forderungen der Stunde gerecht zu werden.

Die Mischna. Diesen sich nun anhäufenden Traditionsstoff begannen in der nächsten Generation mehrere Gelehrte auszuwählen und nach Sachgesichtspunkten anzuordnen.[22] Manche ihrer Sammlungen wurden unabhängig voneinander weiter überliefert. Am weitgehendsten geordnet und geformt war das Werk Rabbi Akiwas, das die Grundlage der späteren »Mischna« bildete. Rabbi Akiwas bedeutendster Schüler, Rabbi Meïr, führte des Lehrers Werk fort und erweiterte es. Aber erst zwei Generationen später wurde es von Rabbi Jehuda, dem Fürsten, durch andere Traditionen ergänzt, redigiert und hat sich dann als die maßgebliche Lehre durchgesetzt. Daß Rabbi Jehuda seine Sammlung auch schriftlich fixiert habe, wird von vielen Gelehrten angenommen. Aber selbst mit der Festlegung einer von da ab verbindlichen Lehre war kein Ende erreicht, sondern erst recht wieder ein Anfang, nämlich der Anfang einer Diskussion über die Mischna, die jahrhundertelang mündlich weiterging.

Die Gemara. Auf die Zeit der Tannaiten, der Lehrer der Mischnazeit, folgte die Zeit der Amoräer, der Sprecher oder Ausleger. Die Sätze der Mischna wurden von ihnen erklärt, diskutiert, verglichen und, wo sich Widersprüche zeigten, ausgeglichen. Ihre Diskussionen füllen – als sogenannte Gemara – den weitaus größten Teil des Talmud. Dabei wurde vieles von dem, was durch Rabbi Jehuda ausgeschieden worden war und fortan als »Baraita«, Draußenbefindliches, bezeichnet wurde, in die Gemara wieder hereingenommen. Daneben begannen Schüler Rabbis, das von ihm ausgeschiedene Material zu sammeln, das dann als »Tosephta«, Zufügung zur Mischna, überliefert wurde. In der Schule des bedeutendsten Amoräers im Israelland, Rabbi Jochanan, wurde der Grundstein zum Jerusalemischen Talmud

21 Dazu Mischna Schwiit X, Seite 317 f.

22 Nach dem Bibeltext angeordnet war der reiche Stoff der halachischen Midraschim, die, von der Erklärung eines Textes ausgehend, Regeln für den Lebensvollzug darstellten.

gelegt, dessen Redaktion diesem großen Gelehrten von späteren Geschlechtern sogar zugeschrieben worden ist.

Während der Zeit der Amoräer verlagerte sich der Schwerpunkt jüdischer Gelehrsamkeit von Israel nach Babylonien, wo aber gerade die dortige Tradition aus Ehrfurcht vor dem heiligen Land mit großer Genauigkeit festgehalten wurde. Schon Schüler Rabbis, Raw und Schmuel, gründeten Gelehrtenschulen in Babylonien, denen in den nächsten Generationen weitere folgten.[23] Die stets anwachsende Diskussion konnte dann nur noch von einzelnen, als »Bücherkörbe« oder »dichte Zisternen« berühmten Gelehrten behalten werden, so daß endlich im vierten und fünften nachchristlichen Jahrhundert Raw Aschi und besonders sein Schüler Rawina darangingen, den ungeheuren Stoff der Gemara zu sichten, zu ordnen und niederzuschreiben. Um das Jahr 500 war der babylonische Talmud abgeschlossen, aber die Diskussion darüber ging weiter.

Kommentare. In den Schulen Babyloniens wurde der Talmud seit dem neunten Jahrhundert vielfach kommentiert. Seit ebendieser Zeit wanderte die Gelehrsamkeit des Judentums vom babylonischen zum arabisch-spanischen und französischen Raum. Den berühmtesten Kommentar, der im Westen entstand und der auch immer maßgebend geblieben ist, verfaßte Rabbi Schlomo, Jizchaks Sohn, abgekürzt Raschi genannt, der von 1040 bis 1105 lebte. Er stammte aus französischer Schule und studierte auch in Worms und Mainz, zwei der Talmudschulen, die kurz zuvor unter Rabbenu Gerschom, Jehudas Sohn, die »Leuchte des Exils« genannt (965–1028), gegründet worden waren. In den Tagen Raschis begann mit den Kreuzzügen die Leidenszeit des europäischen Judentums, die Verbannung in der Verbannung gleichsam, die Zeit der Pogrome und Vertreibungen, die Zeit des Ghettos. Aber auch damals hielten Juden treu an der Überlieferung fest; sie wurde vielleicht nicht mehr erweitert, aber sie wurde gelebt und durchlitten. Wohl wohnten Juden in der Enge ihrer abgesperrten Siedlungen, aber in ihrer

23 Dabei handelt es sich besonders um die Schulen in Pumbedita, Nehardea und Sura.

Lehre lebte der Atem der Jahrtausende und lebte der Adel des Geistes und der Gesittung.

In der Welt des Islam hatten Juden freieren Raum. Hier entfaltete sich die reiche Gelehrsamkeit von Maimonides (1135-1204), der neben vielen anderen wissenschaftlichen Arbeiten die gesamte halachische Diskussion des Talmud nach sachlichen Gesichtspunkten ordnete. Sein Ziel, mit diesem Kompendium den Talmud gleichsam zu ersetzen, erreichte aber das viel unbedeutendere Werk Joseph Karos, der im 16. Jahrhundert von Spanien her in Israel einwanderte. Dieses Werk, der »Schulchan Aruch«, Bereiteter Tisch, enthält nur die in seiner Zeit geltenden Gebote und Gebräuche, ohne etwa die mit dem Tempel und dem Land Israel verbundenen Regeln zu berücksichtigen.

Die Neuzeit mit dem Einbruch der Freiheit, der Emanzipation in die Welt des Ghettos brachte manche Erschütterung für das Judentum mit sich. Die Aufklärung mit ihrem stark kritischen Moment machte auch vor der althergebrachten jüdischen Überlieferung nicht halt. Die Wissenschaft des Judentums versuchte dann auch dieses vielschichtige Literaturwerk von seinem geschichtlichen Werden her einzuordnen und zu verstehen. Vor allem in Osteuropa hatte sich aber alte Tradition ungebrochen erhalten, und es gab von Ungarn bis Litauen »Jeschiwot«, Lehrhäuser, in denen Menschen sich ein Leben lang dem Talmudstudium widmeten, nicht um des Broterwerbes willen, sondern allein zu dem Zweck, die alte Lehre zu erhalten und zu erneuern. Diese Zentren talmudischer Gelehrsamkeit wurden durch die Judenvernichtung Anfang der vierziger Jahre in diesem Jahrhundert vollständig zerstört. Unerwarteterweise erlebt aber diese Art des Studiums gegenwärtig in Nordamerika und vor allem in Israel eine wunderbare Neubelebung. Fromme Juden hoffen, daß in diesen Stätten des Lernens wieder neu eine Synthese von Tradition und moderner Wissenschaft gefunden werde und damit auf dem alten Grund ein neuer Bau erstehe, in dem Juden jüdisch leben können; denn der Talmud lebt nur im Gespräch, an dem sich sein letzter Schüler aufnehmend und weitergebend beteiligt.

ZUR ÄUSSEREN FORM

D e r T e x t. Fast jedes Blatt des Talmud zeigt dasselbe Bild: Der alte Text liegt in der Mitte, um ihn lagerte sich im Laufe der Zeit Schicht um Schicht. Zuerst stehen nur einige wenige Sätze, jedes Wort ausgewogen, keines zuviel und keines zuwenig. Das ist die Mischna, die Lehre, im ursprünglichen Wortsinn: die Wiederholung.[24] Indem Satz für Satz der Väter wiederholt und damit eingeprägt wird, weitet sich zugleich der Umkreis. Der alte Stoff soll nicht nur nachgelernt, er soll auch erfaßt und angeeignet, er soll zeitgemäß angewendet werden. Dazu bedurfte es der Interpretation, der Umformung und Neuformung des Überlieferten. Das Ergebnis dieser Aufnahme, Durchdringung und Weiterführung der Mischna ist die Gemara, wörtlich: die Vollendung, die Lehre. Die Sätze der früheren Lehrer und ihre Kommentierung durch die späteren, also Mischna und Gemara, ergeben zusammen den Talmud.

Lange wurden die talmudischen Handschriften so geordnet, daß die Gemara um die Mischna herum geschrieben wurde. Noch die sogenannte Münchner Handschrift aus dem Jahre 1343, die einzige vollständig erhaltene Talmudhandschrift, ist so geschrieben.

K o m m e n t a r e. Etwa hundert Jahre nach dem Tode Raschis hat man begonnen, seinen umfassenden Kommentar dem Text des Talmud beizugeben. In den heutigen Ausgaben ist er als schmale Säule auf der Innenseite des Blattes gedruckt,[25] immer noch mit den damals üblichen Lettern, der sogenannten Raschi-Schrift, die etwas von der normalen hebräischen Druckschrift abweicht. Dieser Kommentar begleitet fast den ganzen

24 Verwandt damit ist das arabische Wort »sunna«, Tradition. – Der Mischnatext der abgebildeten ersten Talmudseite (Brachot 2a) geht nicht ganz bis auf die Hälfte der Höhe der mittleren Textsäule; genau sind es nach dem durch einen Rand verzierten Eingangswort noch dreizehneinhalb Zeilen. Dort beginnt, durch zwei Großbuchstaben (Abkürzung von »Gemara«) angezeigt, die Gemara und erstreckt sich über die ganze Kolumne dieser Seite und die Kolumnen von etwa 15 weiteren Seiten hin. Dann erst (Blatt 9b) folgt der zweite Mischnasatz und wird seinerseits kommentiert.

25 Auf der abgedruckten Seite ist es die Spalte rechts außen.

Die nebenstehende Abbildung zeigt die erste Seite des Babylonischen Talmud. Der Text, der von rechts nach links gelesen wird, beginnt bei dem mit Rahmen versehenen Wort über der mittleren Kolumne. Er enthält zunächst 13½ Zeilen Mischna, die knapp zusammengefaßte alte Diskussion. In der Mitte der 14. Zeile folgt nach dem *, durch zwei Großbuchstaben davor gekennzeichnet, die Gemara; diese weitere Auseinandersetzung, wie sie in der mittleren Spalte folgt, erstreckt sich dann über mehrere Seiten hin.

Die umrahmenden, kleiner gedruckten Spalten sind meist mittelalterliche Kommentare und Ergänzungen sowie Hinweise auf Parallelstellen und Kompendien.

מברך שתים לפניה ואחת לאחריה ובערב מברך שתים לפניה ושתים לאחריה לתני דערבית ברישא. תנא פתח בערבית והדר תני בשחרית עד דקאי בשחרית פריש מילי דשחרית והדר פריש מילי דערבית: אמר מר משעה שהכהנים נכנסים לאכול בתרומתן. מכדי כהנים אימת קא אכלי תרומה משעת צאת הכוכבים לתני משעת צאת הכוכבים. מלתא אגב אורחיה קמשמע לן כהנים אימת קא אכלי בתרומה משעת צאת הכוכבים והא קמשמע לן דכפרה לא מעכבא כדתניא ובא השמש וטהר ביאת שמשו מעכבתו מלאכול בתרומה ואין כפרתו מעכבתו מלאכול בתרומה. וממאי דהאי ובא השמש ביאת השמש והאי וטהר טהר יומא דילמא

כפרק שני דמגילה (דף כ:) כל הלילה כשר לקצירת העומר ולהקטר חלבים ואברים: גמ' היכא קאי. מהיכא קא סליק דתנא ביה חובת קריאת שמע שהתחיל לשאול כאן זמן הקריאה: אקרא קאי. ושם למד חובת הקריאה: ואיבעית אימא. הא דתנא ערבין ברישא יליף מברייתו של עולם: והדר תנא בשחרית. מאימתי קורין את שמע בשחרית: משעה צאת הכוכבים. שהוא גמר ביאת השמש כדליף לקמן (עמוד ב): דילמא

ועבד כמר עבד ודעבד כמר עבד. מכל מקום קשיא דהוי כתרי קולי דסתרן אהדדי שהרי מאיזה טעם אנו מתפללין ערבית מיד לאחר פלג המנחה משום דקיימא לן דשעת המנחה כלה כדברי רבי יהודה ומיד הוי זמן ערבית ובזמן התפלה עצמה לא קיימא לן כרבי יהודה אלא כרבנן. על כן אומר ר"י דודאי קריאת שמע של בית הכנסת עיקר ואנו שמתפללין ערבית מבעוד יום סבירא לן כהני תנאי דגמרא דאמרי משעה שקדש היום וגם משעה שבני אדם נכנסים להסב דהייני סעודת ע"ש והיא היתה מבעוד יום ומאותה שעה הוי זמן תפלה. וגם ראיה (לקמן כז) דרב הוי מצלי של שבת בערב שבת ומסתמא גם היה קורא קריאת שמע. מכל אותן הראיות משמע דקריאת שמע של בית הכנסת היא עיקר. והא דקאמר בירושלמי למה היו קורין בבהכ"נ וכו' אומר ר"ת שהיו רגילין לקרות ק"ש קודם תפלתם כמו שאנו רגילין לומר אשרי תחלה ואותה ק"ש אינה אלא לעמוד בתפלה מתוך דברי תורה. ומכאן נראה מי שקורא ק"ש על מטתו שאין לברך וגם אינו צריך לקרות אלא פרשה ראשונה: ליתני דשחרית ברישא. כדאשכחן בתמיד דכתיב של בקר תחלה: אי הכי סיפא דקתני שחרית ברישא. אי אמרת בשלמא דסמיך אקרא דבשכבך א"כ אינו מקפיד קרא אלא אק"ש. אלא א"א דסמיך אקרא דברייתו של עולם א"כ קפיד אכל מילי א"כ סיפא דקתני וכו': מברך שתים לפניה וכו'. (ירושלמי) ושבע ברכות הוי כנגד שבע ביום הללתיך (תהלים קיט) ולא קא חשיב יראו עינינו דההיא ברכה תקנו רבנן כדי להמתין לחבריהם בבית הכנסת. ודוקא בבית הכנסת שלהם שהיו עומדים בשדה והם מסוכנים מן המזיקים אבל בבתי כנסיות שלנו אין צריכין להמתין לחבריהם אלא בלילה: והא קמ"ל דכפרה לא מעכבא. וא"ת הא תניא חדא זימנא במס' נגעים (פי"ד) ומייתי לה בהערל (דף עד:) העריב שמשו אוכל בתרומה וי"ל ורגילות של משניות לאשמועינן בקוצר אף למה שמפורש בברייתא: דילמא

תבוק ושחיטה תלה נסיחו' השחר' גם כתקרבת קרבן ואלו המקראות היו נראי' כסותרין זה את זה ולפי שאי אפשר להיות דברי הכתובין סותרין זה את זה כי כלם נכוחים למבין השמיענו קדמונינו פירושם והעמידו לנו כל אחד ואחד מאלו המקראות בדבר שהוא מיוחד לו ואמרו הא כיצד כאן למעשר כאן לתרומה כאן לקדשים והפסוק הראשון שתלה בו הדבר ברחיצה בלבד הוא מיוחד למעשר והפסוק השני שתלאו לביאת השמש הוא מיוחד לתרומה אבל קדשי המזבח אין מותר לו לאכלן אלא א"כ הביא הכפרה שהוא מתחייב בה הוא והוי כפרתו נמורה כדכתיב וכפר עליה הכהן וטהרה: ואני אפרש לך עיקר גדול שלמדונו רבותינו ז"ל כי אלו הג' דברים המעשר והתרומות והקדשים כל אחד ואחד יש לו יתרון ויש בו חומרא שהיא מיוחדת לו ולא לחבריו ואע"פ שכלשון קראן הכתוב קדשים. המעשר כבר נאמר בו (דברים כ"ו) בערתי הקדש מן הבית ויש בו חומרא שאין מותר לאכלו חוץ לחומת ירושלים אלא חייבין הן בעליו להעלות אותו לשם ולאכלו שם כדכתיב (שם י"ב) לא תוכל לאכול בשעריך כי אם לפני ה' אלהיך תאכלנו וכתיב (שם) והבאתם שמה. ודבר שאין יכול להביאו למקדש פודהו בשוויו (כמפורש) [לאחרים] ואם רצה ליטלו לעצמו יש עליו לתת שוויו ומוסיף חומש כדכתיב (ויקרא כ"ז) ואם גאל יגאל איש ממעשרו וגו' ויהיו דמיו שמורין אצלו עד עת עלותו לרגל מעלהו עמו לירושלים ומוציאו לשם במאכל ובמשתה כדכתיב (דברים י"ד) ונתתה בכסף [וגו'] ונתתה הכסף בכל אשר תאוה נפשך. וחייב להתודות עליו כדכתיב בפרשת כי תכלה לעשר (שם כ"ו) ואמרת לפני ה' אלהיך ומפורש בספרי (פרשת כי תבא) ואמרת בכל לשון לפני ה' אלהיך זה וידוי מעשר ואסור לאונן לאכול ממנו ואם נטמא אסור באכילה והאוכלו חייב מלקות ואם היה שם אסור להוליכו בגד דכתיב (שם) ולא בערתי ממנו בטמא ודרשינן ליה בין שאני טמא והוא טהור בין שאני טהור והוא טמא אבל לסוך ממנו מותר ומה שנשתייר ממנו לשנה הרביעית ושנה השביעית עד ערב יום טוב האחרון של פסח חייב לבערו כדכתיב בפרשת וידוי בערתי הקדש מן הבית ותנא בשאר סיפרי רבי רב (שם) כי תכלה לעשר יכול כתבואה וכו' ת"ל כי תכלה לעשר שמעשרותיה כלין בו והוי אומר זה הפסח. מכאן אמרו ערב יום טוב האחרון של פסח של רביעית ושל שביעית היה ביעור ברביעית מפני מעשר עני שבשלישית ובשביעית מפני מעשר עני שבששית ותניא (שם בספרי ומובא במפרש פ"ה מ"י) בערתי הקדש מן הבית זה מעשר שני ונטע רבעי. נתתיו ללוי זה מעשר לוי וגם נתתיו זה תרומה ותרומת מעשר. לגר ליתום ולאלמנה זה מעשר עני לקט שכחה ופאה ותנן (שם במשנה) במנחה ביו"ט [האחרון] היו מתודין ואומרין עלה במס' דבני מערבא ויתודה ביום ראשון של פסח כדי שיהא לו לאכול בפסח ויתודה בשחרית עד האן מנחה לאכול אלו ותרומות יש במעשר ואינן בתרומה כדתנן (בכורים פ"ב מ"ג) יש במעשר מה שאין בתרומה שהמעשר והבכורים טעונין הבאת מקום וטעונין וידוי ואסורין לאונן וחייבין בביעור וכו' והרי אלו במעשר ובבכורים מה שאין כן בתרומה ותנא בתוספתא (מעשר שני פ"ב) נמי והומר במעשר שני שמעשר שני קונה את הקנקנים ואע"ג (דכי עירובי) [ודמיו תעירבוני] וספק עירובין כל שהוא טעון חומש וטעון וידוי ואסור לאונן ולא הותר לאכילה אלא בפנים ואין מוליכין בו את הגר מה שאין כן בתרומה ואמרינן עלה (יבמות דף עג) רבותי' ואלו אסורין לבער בטומאה ואיכא עצמן לוקה לא קתני אלמא תני והדר ואמרינן (שם דף עד) אמר ר"ש לקיש משום ר' שמעי מנין למעשר שני שנטמא שמותר לסוכו בטומאה שנאמר (דברים כ"ו) ולא נתתי ממנו למת וכו' והתרומה נקראת קודש כדכתיב (ויקרא כ"ב) וכל זר לא יאכל קדש וכתיב (שם) ואיש כי יאכל קדש בשגגה ובבכורות (דף יד) פ' שני (דברים כ"ג) רק קדשיך אלו התרומות והתרומות שישנן בה ואינן במעשר שאם יאכלנה זר במזיד חייב מיתה בידי שמים ואם בשגגה משלם קרן וחומש כדכתיב (ויקרא כ"ב) ואיש כי יאכל קדש בשגגה ואפי' הכהן עצמו אם יאכלנה במזיד כשהוא טמא חייב מיתה כדכתיב (שם) ומתו בו כי יחללוהו ותניא (סנהדרין דף פג) ואלו שהן במיתה טמא שאכל תרומה טהורה הפריין כלם ואינו מוציאה מקדושתה ולא תהא מותרת לישראל לעולם אלא אסורה והיא עליו מכל מקום לבד מאשת כהן ועבדיו

הגהות הב"ח (א) גמ' דתני דערבי' ברישא:

כליש פ"א מע"י פרק י"ד ה"כ ס' אמור ינכנסו עד:

עיין גירסת הגאונים בספר המאור

[תוס' מנחות כח. ד"ה אמר ותוס' מנחות נג. ד"ה סכלם]

גליון הש"ס במתני' כדי להרחיק עי' תוס' פסחים קי"ב ע"א ד"ה אמר רבא: בתוס' מברך ס' כדי להמתין למסכיגם עי' תוס' לקמן ד ע"ב ד"ה דאלי'. ובתוס' ל"ו ע"ב ד"ה ולטעמא ובמגילה כג ע"א ד"ה כיון: בהגהת מהרש"ל אמר מלה הכל. ועיין נימוקי ליד ע"ב תוס' ד"ה אלמנה:

*) [illegible]

Talmud, nur zu wenigen Traktaten wurde er von Verwandten Raschis geschrieben.

Im späteren Mittelalter wurde dieser Kommentar durch weitere Zusätze, Tosaphot genannt, ergänzt. Sie erscheinen jetzt auf der Außenseite des Blattes und stammen von den Nachfolgern Raschis, den sogenannten Tosaphisten, aus dem 12. bis 14. Jahrhundert. Sie haben den Stoff zu gründlicher Bearbeitung unter einzelne Gelehrtenschulen aufgeteilt, die altes Material zur Erklärung einzelner Stellen und Ausdrücke des Textes sammelten. Die Entscheidungen der verschiedenen Schulen wurden nebeneinander aufgeführt. Was in kleinster Schrift zuäußerst steht und unten sich über die ganze Breite des Blattes zieht, wechselt in Gestalt und Verfasser von Traktat zu Traktat und fällt gelegentlich auch ganz weg. Für diesen Kommentar ist auf ganz alte Tradition zurückgegriffen worden, die schon vor Raschi entstanden ist. Ganz unten stehen noch anderthalb Zeilen lang einige Anmerkungen und Verweise eines Gelehrten aus dem 18. Jahrhundert. Weitere Anmerkungen von Gelehrten aus diesem Zeitraum stehen rechts außen unter dem verzierten Querstrich. An viele Traktate schließen sich weitere mittelalterliche und neuzeitliche Kommentare an, die am Ende angehängt sind.

Parallelverweise. Für den Studierenden sind wichtige Hilfsmittel die Hinweise auf Parallelen, die neben und zwischen den Kolumnen gedruckt sind und auf die im Text durch verschiedene Zeichen hingewiesen ist. Ein Ringchen weist auf die Bibelstellen am Rand neben Mischna und Gemara, ein Sternchen auf die talmudische und andere gleichzeitige Literatur, die am inneren, hier rechten Rand vermerkt wird, eine Arbeit von Jehoschua Boas, schon einem der ersten Talmuddrucke beigefügt, im 18. Jahrhundert von Jesaja Berlin durch die in Klammern stehenden Stellen ergänzt. Buchstaben verweisen auf Texte mittelalterlicher Kompendien, etwa von Maimonides, die ganz links oben erwähnt sind. So ist der Grundtext auch äußerlich von den späteren Erklärungen rings umschlossen.

ZUR INNEREN FORM

D i a l o g. Die Mischna ist eine Sammlung prägnanter Texte: eine sachliche Bestandsaufnahme von Gebräuchen und Einrichtungen. Die Gemara bringt die Diskussion darüber, andere Meinungen, Einwendungen und Antworten, sie führt Bibeltexte an, um zu beweisen und zu erläutern, und Beispiele aus dem Leben und der Geschichte. Die Gemara schweift auch gelegentlich ab. Bei einem Stichwort fällt dem Sprecher etwa eine ähnliche Begebenheit ein, beim Namen eines Meisters weitere Lehren, die von ihm überliefert sind. Ganze Ketten neuer Gegenstände können so von dem eigentlichen Thema scheinbar wegführen.[26] Solche Stichwortreihen, auch Zahlen- und Buchstabenreihen, Reim, Wortspiel und Merkworte, waren Gedächtnishilfen bei der teilweise jahrhundertelangen mündlichen Überlieferung. Aus demselben Grund erscheint in einem geschlossenen Zusammenhang ein Abschnitt aus einem völlig fremden Sachgebiet oder ein ganzer Komplex verschiedener Gegenstände:[27] Um eine bestimmte Ansicht zu belegen, führt ein Gesprächspartner einen Meister an, der eine solche Regel in anderem Zusammenhang ausgesprochen hatte, und zitiert nun jene ganze Stelle. Dies zeigt den Respekt der Meister vor der Sache des Anderen, die nicht nur den Zweck hat, fremde Meinung zu stützen, sondern immer als Eigenes und Ganzes zu Wort kommt. Wo diese Formelemente mündlicher Überlieferung nicht gesehen und beachtet werden, zerfällt, was einmal als Hilfe zur Ordnung und Bewältigung des Stoffes diente, und es verbleibt nur

26 Bei der Interpretation einer Mischna (Brachot IX, 1–5), die besagt, daß einer, der Orte sieht, an denen Israel Wunder geschahen, ein Dankgebet sprechen soll, erwähnt etwa die Mischna eine Überlieferung, in der solche Orte aufgezählt werden. Dann folgt ein Abschnitt über vier Gelegenheiten, bei denen ein Dank zu sprechen ist, der Rabbi Jehuda zum Autor hat. Der Name Rabbi Jehudas wird zum Stichwort, an das sich eine Erzählung über seine Krankheit und vier weitere Zahlensprüche anschließen. Im letzten dieser Sprüche wird an dritter Stelle ein guter Traum genannt, was nach einigen Erörterungen das Stichwort zu einem Traumbuch liefert, das sich über sechs Seiten hin erstreckt, bis ein neuer Mischnasatz aufgenommen und erklärt wird.

27 Dazu Jewamot 65a, Seite 315 f.

eine ganz zufällig, ja verwirrend und undurchdringlich erscheinende Anhäufung scheinbar nicht zusammengehöriger Dinge.

Regel und Ausnahmen. Weiterhin wird der Zugang dadurch erschwert, daß es sich meist um einen Gesetzestext handelt, der sich mit bestimmten Ausnahmen befaßt. Die Regel, das Gewöhnliche, der selbstverständliche Ablauf des Lebens ist der Hintergrund, der gelebt und dessen Kenntnis stillschweigend vorausgesetzt wurde. Wer in der jüdischen Tradition aufgewachsen ist, bringt ganz von selbst die Voraussetzungen zum Verständnis mit. Aber er braucht den Rat der Gelehrten für Besonderheiten, unsichere Fälle oder für Bräuche, die der Vergessenheit anheimzufallen drohen.

Halacha und Aggada. Während der Talmud seiner äußeren Form nach in Mischna und Gemara geteilt ist, gliedert sich seine innere Form in Halacha und Aggada. Die Halacha ist Wegweisung, Angebot zum Leben, die Entscheidung der Meister und der Brauch des Volkes. Die Aggada umfaßt das Erzählgut in Form von Sprüchen, Gleichnissen, Anekdoten und Legenden, ferner Bibelauslegung, vor allem aus den öffentlichen Vorträgen des Schabbat. Bei aller Unterschiedenheit sind beide Formen doch nicht geschieden, sie ergänzen einander wie Gebot und Evangelium. Die Halacha wird in der Aggada beispielhaft erklärt und vertieft, oft auch weitergeführt, und die Aggada zielt immer auf eine konkrete Situation und das in ihr notwendige Gebot hin. Wie ein Skelett, selber hart und fest, der Muskeln und des Blutes bedarf, damit Bewegung sei und Leben, so bedarf aber auch das Fließende und Bewegliche eines Haltes, damit es nicht zerfließe und zerrinne. So wirken im Talmud Halacha und Aggada zusammen, einander haltend und belebend.

Im allgemeinen wird der aggadische Teil des Talmud dem Außenstehenden leichter zugänglich sein; die Halacha ist oft als Griffelspitzerei mißverstanden worden, die sich ins Kleine und Unwesentliche verliere. Der Vergleich mit einer modernen wissenschaftlichen Abhandlung oder einem Gesetzestext zeigt aber die Unsachlichkeit eines solchen Vorwurfes. Nur die Liebe und

Geduld, die ins Kleinste eindringt und es meistert, schafft mit am Bau und an der Erhaltung des Großen.

Die Auslegung der Bibel. Methodisch betrachtet ist der Talmud Bibelauslegung. Er ist nicht eine Ablösung der Bibel, sondern ihre Anerkennung, geradezu ihre Inkraftsetzung für jede neue Gegenwart. Die Männer, die den Talmud schufen, haben sich selber in allem, was sie dachten, sagten und schrieben, vor allem aber auch in ihrem Tun und Lassen, als Ausleger der Heiligen Schrift verstanden, ebenso wie sich die Männer der frühen Jesusgemeinden und die Männer von Qumran als Schriftausleger verstanden haben. Die hebräische Bibel war für sie nicht nur Grund allen Gehorsams, sondern auch Quelle aller Weisheit. In ihrer Bibelerklärung bildeten sie früh zwei Richtungen aus, eine, die zum Tun, eine andere, die zu allem Wissen, Philosophieren und Fabulieren hinführte – den halachischen und den aggadischen Midrasch, die beiden Vorläufer des Talmud. Für diese Menschen war der ganze Kosmos im Wort der Bibel enthalten. Es gab keine Situation, die nicht hier die entsprechende Weisung erführe, nichts Wissenswertes in der Welt, das nicht offen oder verborgen hier ausgesprochen wäre. Aus dieser Grundhaltung der Bibel gegenüber ist zu verstehen, warum die Meister jedes Wort und seine Stellung im Ganzen, ja jede Eigentümlichkeit der überlieferten Form und Schreibweise betrachteten und ihre Schlüsse daraus zogen. Darum begegnet hier immer die Zitierformel: »wie es heißt« oder »denn es steht geschrieben«, worauf jeweils das Bibelwort folgt, sei es, daß es in seinem ursprünglichen Sinn genommen wurde, sei es in leichter Abwandlung, auf den talmudischen Zusammenhang bezogen. Oft ist nur ein Halbsatz zitiert, obwohl das Ganze gemeint ist, oder nur der Anfang gesagt und der oft für den Zusammenhang wichtigere Teil weggelassen, weil als bekannt vorausgesetzt. So konnte verfahren werden, weil denen, die den Talmud schufen, wie denen, die ihn später lernten und lehrten, die Bibel in ihrem Wortlaut selbstverständliches Besitztum war. Für das bloße Lesen dieser Texte ist es aber wichtig, stets die Bibel aufzuschlagen, die ganzen zitierten Sätze, möglichst auch den weiteren Zusammenhang zu erfassen. Das Schriftwort war selbst dann noch eine gegenwärtige Realität, wenn es nicht ausdrücklich beigezogen wurde. Es ist Hintergrund und Wurzelgrund alles Erlebens und Verwirklichens. Das Wort der Bibel ist nicht sekundär untergelegt zum Schmuck, als Gleichnis; eher ist es selber die Ur-Wirklichkeit, der das Geschehen zur gleichnishaften Erläuterung dient.

Weil aller Sinn und Brauch in der Schrift begründet war, ist es nicht verwunderlich, im Talmud die Anfänge einer wissenschaftlichen Erforschung des Bibeltextes zu finden. So wurden Interpretationsmethoden erarbeitet, etwa Konkordanzvergleiche und Analogieschlüsse.[28] Die Bibeltexte wurden genau studiert, kleinste Beobachtungen gemacht, Unebenheiten ausgeglichen, die sachlichen Unterschiede verschiedener Bibelstellen durchdacht. Durch eine Vokalisation, die bewußt von der geläufigen Lesung des nur konsonantisch geschriebenen Bibeltextes abwich, wurde oft eine andere, erstaunliche Seite der biblischen Wahrheit aufgedeckt.[29] Vollends fremdartig, fast spielerisch mutet die Interpretation an, wenn etwa aus dem Zahlenwert der Buchstaben exegetische Schlußfolgerungen gezogen werden.[30] Der Exeget wird zum homo ludens. Die Ehrfurcht vor dem Text, bis zu der Frage, warum ein Buchstabe größer geschrieben wird als der andere, die Mühe des Suchens und die Freude des Findens verbinden sich zu einem heilig ernsten Spiel; und auch hier findet die andere Welt Eingang in die hiesige.

Der einzelne Sprecher. Neben dem Respekt vor der Aussage des Textes steht der Respekt vor der Meinung der Einzelnen. Meistens werden die Aussagen und Urteile mit den Namen ihrer Urheber überliefert. Manches wird zwar namenlos tradiert, aber bestimmte Einführungsformeln werden doch mit bestimmten Autoren in Zusammenhang gebracht. Oft werden

28 Auf diese Frage wird in der Einleitung zum Abschnitt über die Meister näher eingegangen; Seite 239 f.

29 Dazu etwa Awot VI zu 2. Mose 32,*16* (Seite 389 f.) und Brachot 64a (Seite 263 f.).

30 Die hebräischen Buchstaben werden auch als Zahlzeichen verwendet, so daß Worte auch als Zahlen und Zahlen auch als Worte gelesen werden können; dazu etwa Mischna Ukzin III, 12 (Seite 650) und Johannes-Offenbarung 13,*18*.

ganze Traditionsketten angeführt, weil es wichtig ist, daß das Gesagte auch auf dem langen Weg seiner Überlieferung verbürgt ist.[31] So sind mehr als tausend Namen von großen und kleinen Lehrern im Talmud der Nachwelt erhalten geblieben, die Namen von Menschen, die den Mut hatten, aufgrund ihres Verständnisses der Bibel und aufgrund ihrer Einsicht dessen, was der Tag fordere, eigene Gedanken zu denken, zu sagen und, wenn es sein sollte, auch gegen eine anders urteilende Mehrheit zu vertreten, um sich dann zumeist doch in einer demokratischen Weise dieser Mehrheit zu fügen. Erstaunlich ist, wie hier die Einmaligkeit und Unauswechselbarkeit des Einzelnen ernst genommen ist und wie der Einwand und Widerspruch des einen Nonkonformen für so wertvoll und wichtig erachtet wurde, daß sein Wort der Nachwelt bewahrt worden ist.[32] In diesen Fällen, wie auch in solchen, in denen die Meinungen verschiedener einzelner Lehrer angeführt werden, ist oft nicht ohne weiteres zu erkennen, wer »recht« behalten hat. Jeder konnte seinen Standpunkt von der Bibel her erweisen, und jeweils der scheint im Recht zu sein, der zuletzt gesprochen hat. Praktisch wurde die Urteilsfindung auf dem Gewohnheitsrecht und auf Präzedenzfällen aufgebaut. Nicht die Logik, sondern die Erfahrung macht das Wesentliche dieses Rechtes aus. Entschieden wurde nach dem Mehrheitsbeschluß des versammelten Gelehrtenkollegiums. Aber auch eine Entscheidung bedeutete kein Abbrechen des Dialoges. Da die abweichenden Meinungen Einzelner bewahrt wurden, konnte immer wieder auf sie zurückgegriffen werden; und so ist das Gespräch des Talmud eigentlich nie zu Ende.

Der Stil. Die geschichtsbedingten Formen des Talmud sind in seinem Stil widergespiegelt. Er ist einerseits von reihender Breite, voll von Wiederholungen, Rückgriffen und Einschüben, andererseits von einer unwiederholbaren Prägnanz und Dichte

31 Für die historische Forschung ist die Nennung des Autors und der Tradenten das entscheidende Hilfsmittel für die zeitliche Einordnung einer Überlieferung.

32 Dazu etwa Mischna Edujjot I, 3–6 (Seite 310 f.), Bawa mezia 59a/59b (Seite 312 f.) und Bawa kamma 83b/84a (Seite 333 ff.).

des Dialoges. Ein einziges Wort kann einen ganzen Zusammenhang oder Gedankengang beinhalten und dem Gespräch eine neue Richtung geben. Für den, der den Stoff des Talmud gelernt hat, sind solche Worte gleichsam komprimierte Fachausdrücke, deren Kenntnis vorausgesetzt wird, wenn Schlag auf Schlag die Meinungen einander folgen. Dieses wissenschaftliche Streitgespräch folgt nicht dem Gang der Logik, die einen einzigen Gedanken klar und folgerichtig aus dem anderen heraus entfaltet und zu einem Abschluß bringt, ehe der nächste beginnt, sondern dem Springen der Dialogik, die nachgelernt sein will, wie ja schon der Name Talmud es besagt.

Neben diesem Unausgeglichenen und Sprunghaften, das so lebendig wirkt, als würde eben noch gearbeitet an diesem riesigen, kunstvollen Bau, ist eine weitere Schwierigkeit des talmudischen Stils gerade seine Altertümlichkeit. Das stark Bildhafte und Drastische, das ursprünglich Dinghafte und das mythologisch Wirkende der Aussage ist aber in vielen anderen alten Texten bis ins Mittelalter ähnlich zu finden. Selbst die Sprache in diesem lang gewachsenen Traditionswerk ist nicht einheitlich. Sie ist gemischt aus einem Hebräisch, das sich seit dem klassisch-biblischen natürlich weiterentwickelt hatte, und einem ostaramäischen Dialekt. Tausende von Fremdwörtern, vor allem griechischen, lateinischen und persischen Ursprungs, lassen die Offenheit des damaligen Judentums gegenüber den Kulturen und Formen anderer Völker erkennen, mit und unter denen es lebte. Auch hier zeigt sich wieder die Fruchtbarkeit der Spannung zwischen der Abgeschlossenheit, in der sich eigene Form ausprägt, und einer Weltoffenheit, die zugleich Fremdes einzuschmelzen vermag.

ZUR ÜBERLIEFERUNGSGESCHICHTE DES TALMUDISCHEN TEXTES

Schon wenige Jahre nach der Vollendung des Werkes verbot Kaiser Justinian seine Verbreitung, und bei Pogromen vernichteten Christen meist alles jüdische Schrifttum, dessen sie habhaft werden konnten. Eine einzige vollständige Talmudhandschrift ist erhalten geblieben, die aus dem Jahre 1343 stammt. Fast 200 Jahre später erlaubte der aller Wissenschaft sehr aufgeschlossene Papst Leo X. die Drucklegung des Talmud, die von Daniel Bomberg in Venedig in dem kurzen Zeitraum von drei Jahren besorgt wurde. Diese Ausgabe erschien ohne Zensur und wurde von einem der nächsten Päpste samt mehreren bis dahin erschienenen Ausgaben verboten und nach Möglichkeit vernichtet. Der Text späterer Ausgaben wurde in vielfältiger Weise durch die Zensur verstümmelt,[33] und solche zensierten Texte liegen auch der Rommschen Wilna-Ausgabe aus dem 19. Jahrhundert zugrunde, die heute die gebräuchlichste ist.

ZUM INHALT

»Von wann an liest man das ›Höre Israel‹ am Abend? Von der Stunde an, da die Priester eintreten, um von ihrer Hebe zu essen, bis zum Ende der ersten Wache. Dies sind die Worte Rabbi Eliesers. Aber die Weisen sagen: Bis Mitternacht. Rabban Gamliel sagt: Bis der Strahl des Morgens heraufsteigt.« So beginnt die talmudische Diskussion, und sie schließt mit den Worten:[34] »Rabbi Schimon, Chalaphtas Sohn, sagte: Der Heilige, gelobt sei er, fand kein Segen enthaltendes Gefäß für Israel als den Frieden, denn es heißt: ›Der Herr gibt seinem Volke Kraft, der Herr segnet sein Volk mit Frieden.‹«

Von der Frage nach dem Zeitpunkt des allabendlichen Gebe-

33 Die Variationen der Mischna und des Babylonischen Talmud sind gesammelt bei R. Rabbinovicz, Dikduke Sophrim, 16 Bände, München 1868 ff.

34 Zur Erklärung: Mischna Ukzin III, 12, Seite 650.

tes bis hin zum Wort der Hoffnung auf die endzeitliche Gottestat spannt sich der weite Bogen des Talmud. Die ungeheure Stoffülle ist nach den sechs Ordnungen der Mischna eingeteilt und nach ihren 63 Traktaten untergeteilt.[35]

I. Seraim, Saaten.

Die Reihe der fundamentalsten Gebote, die mit dem Boden zusammenhängen, eröffnet den Talmud. Ihnen allen liegt das Wissen zugrunde, daß das Land Israel in einer besonderen Weise Gott gehört und dem Volk nur zur Nutzung übergeben wurde. So darf nicht willkürlich mit der Bebauung verfahren werden, und die Armen müssen einen Anteil erhalten, ebenso die Priester und Leviten, die selbst kein Land besitzen, sondern sich ganz dem Tempeldienst widmen. In dieser Ordnung verbindet sich das dankbare Vertrauen zu Gott, der Saat und Ernte schenkt, mit der Treue dem Mitmenschen gegenüber, die den sozial schlechter Gestellten an dem anvertrauten Gut teilhaben läßt. So erscheint es ganz natürlich, daß der Traktat von den Segenssprüchen an den Beginn dieser Ordnung gestellt wurde.

Die Traktate dieser Ordnung außer Brachot haben im babylonischen Talmud keine Gemara, da die Gesetze des Bodens außerhalb des Landes Israel fast keine Geltung erlangten und deshalb nicht weiter diskutiert wurden. Erst jetzt erhalten sie im Staat Israel wieder neue Bedeutung.

1. Brachot, Segenssprüche.[36] Der Ernst des Betens wird dadurch unterstrichen, daß Ort, Zeit und Wortlaut genau festgelegt sind, um äußere Zerstreuung abzuhalten. Viele Segenssprüche werden angeführt, die ein Frommer bei guten

35 Um einen vollständigen Überblick über den Inhalt des Talmud zu erhalten, können sich diese Übersicht, das alphabetische Verzeichnis der Traktate im Anhang des Bandes und das Register der Talmudstellen (Seite 660 und 661 ff.) gegenseitig ergänzen. Die allgemeine Linie der Inhaltsangabe gewinnt dann durch den vollen Wortlaut einzelner Stellen ihre Fülle und Lebendigkeit. – Die Namen der Traktate sind durchweg alt und finden sich teilweise schon im Talmud bezeugt.

36 Enthält 9 Kapitel auf 64 Doppelseiten; die Zählung der Textseiten beginnt stets mit Seite 2; die Vor- und Rückseite eines Blattes werden mit a bzw. b zitiert.

und bei schlimmen Ereignissen spricht, die ihn betreffen. Dennoch bekommt das selbstgeformte, private Gebet einen angemessenen Raum. Die reichhaltige Aggada dieses Traktates knüpft etwa an Abendgebete an, um Traumdeutungen zu erörtern, und an Tischgebete, um über verschiedene Tisch- und Speisesitten im Israelland und in Babylonien zu berichten.

2. Pea, Ackerecke.[37] Bei der Ernte wird eine Ecke des Feldes stehengelassen, es wird keine Nachlese gehalten, und eine vergessene Garbe wird nicht nachträglich geholt. Dies alles soll vielmehr den Armen zugute kommen. Weitere Einzelheiten des Armenrechtes werden besprochen.

3. Demai, Zweifelhaftes.[38] Vorschriften über die Verwendung beziehungsweise Vernichtung von Früchten, von denen es nicht sicher ist, ob sie verzehntet worden sind.[39]

4. Kilajim, Mischungen.[40] Enthält Vorschriften darüber, welche Pflanzen nicht auf demselben Stück Land miteinander gepflanzt werden dürfen, welche Tiere nicht gekreuzt und nicht zu gemeinsamen Arbeiten verwendet werden dürfen. Wolle und Leinen dürfen nicht im selben Tuch verwebt sein oder zusammen getragen werden.

5. Schwiit, Siebentjahr.[41] Das siebente Jahr ist ein Ruhejahr für das Land wie der siebente Tag ein Ruhetag für den Menschen. Der Traktat enthält Einzelheiten über erlaubte und verbotene Arbeiten im Brachjahr und über die Verwendung der in diesem Jahr gewachsenen Früchte. Im Schabbatjahr hatten die Armen Nutzen von den von selbst gewachsenen Früchten und von dem allgemeinen Schuldenerlaß. Dieser konnte jedoch später nicht mehr durchgeführt werden, da sonst niemand mehr geliehen hätte. Die Fragen um das Brachjahr sind bei den orthodoxen Siedlern in Israel schon im letzten Jahrhundert, als die großen Einwanderungen begannen, wichtig geworden, da diese

37 Dazu 3. Mose 19,*9 f.; 23,22* und 5. Mose 24,*19 ff.* 8 Kapitel; Traktate, die nur Mischna enthalten, haben keine Seitenzählung, sondern werden nach Kapiteln und Abschnitten zitiert.

38 Enthält 7 Kapitel.

39 Zum Zehnten: Der 7. Traktat dieser Ordnung.

40 Dazu 3. Mose 19,*19* und 5. Mose 22,*9 ff.* Enthält 9 Kapitel.

41 Dazu 2. Mose 23,*11;* 3. Mose 25,*1 ff.* und 5. Mose 15,*1 ff.* Enthält 10 Kapitel.

Gebote nur unter großen Schwierigkeiten und Verlusten wirklich durchzuführen sind.

6. Trumot, Heben.[42] Dieser und die nächsten drei Traktate handeln von Abgaben an die Priester und Leviten. In veränderter, zum Teil symbolischer Form werden diese Vorschriften auch heute noch beachtet, allerdings nicht mehr zugunsten der Priester. Den Priestern stand ein Anteil von der Ernte zu, der Hebe genannt wurde und nur zur Speise in Priesterfamilien erlaubt war.

7. Maasrot, Zehnte.[43] Die Landbesitzer in Israel mußten als eine Art Steuer den zehnten Teil ihrer Ernte für die landlosen Leviten abgeben.

8. Maaser scheni, Zweiter Zehnter.[44] In jedem zweiten und fünften Jahr eines Siebenjahr-Zyklus wurde bei den drei jährlichen Wallfahrtsfesten von den Festpilgern ein weiterer Teil der Ernte pflichtgemäß in Jerusalem verzehrt.

9. Challa, Teig.[45] Von allem Teig bekamen Priester einen Anteil; später wurde etwas vom Teig verbrannt.

10. Orla, Unbeschnittenes.[46] Die Bäume genießen nach ihrer Pflanzung noch vier Jahre lang besonderen Schutz: drei Jahre lang dürfen ihre Früchte nicht gegessen werden, die Früchte des vierten Jahres jedoch gelten als dem Herrn geheiligt und werden wie der zweite Zehnte an Wallfahrtsfesten in Jerusalem gegessen. Der Traktat enthält außerdem Regeln über Verwendung und Vernichtung von Früchten und Dingen, die mit Unerlaubtem vermischt wurden, und über die Verschiedenheit solcher Regeln im In- und Ausland.

11. Bikkurim, Erstlingsfrüchte.[47] Über die Darbringung der Erstlingsfrüchte am Wochenfest, an dem der frohe Dank des Volkes an Gott für die vielfältigen Erntegaben zum Ausdruck gebracht wurde.

42 Zur Priesterhebe: 4. Mose 18,*8 ff.* und 5. Mose 18,*1 ff.*; zur Zehnthebe: 4. Mose 18,*25 f.* Enthält 11 Kapitel.

43 Dazu 3. Mose 27,*30 ff.* und 4. Mose 18,*21 ff.* Enthält 5 Kapitel.

44 Dazu 5. Mose 14,*22 ff.* Enthält 5 Kapitel.

45 Dazu 4. Mose 15,*18 ff.* Enthält 4 Kapitel.

46 Dazu 3. Mose 19,*23 f.* Enthält 3 Kapitel.

47 Dazu 2. Mose 23,*19* und 5. Mose 26,*1 ff.* Enthält 3 Kapitel.

Die meisten Talmudausgaben haben hier noch einen Anhang über Zwitter. Die Unterscheidungsmerkmale zwischen Mann, Frau und Zwitter werden bestimmt.

II. Moed, Festzeit.

In den Festen Israels kommt die dankbare Erinnerung an die großen Taten Gottes mit seinem Volke zum Ausdruck. Während die Bibel vor allem diese große Linie festhält, werden im Talmud, der auch hier ganz unpathetisch ist, die Einzelheiten der Festfeier geregelt, denn der Mensch soll auch das Kleine und Besondere des Lebens mit dem Göttlichen in Zusammenhang bringen und so alles Irdische läutern und heiligen.[48]

1. Schabbat, Ruhetag.[49] Die besonders schwierigen Gebote zur Erhaltung der Ruhe dieses wöchentlichen Feiertages kamen dadurch zustande, daß die Meister das Kapitel 2. Mose 35, wo einerseits über den Schabbat, andererseits über den Bau der Stiftshütte geschrieben ist, als Einheit betrachteten und so 39 Hauptarten von am Schabbat verbotenen Arbeiten fanden, die wieder in viele Unterarten zerfallen. Dieser Traktat hat eine besonders vielgestaltige, reiches Erzählgut enthaltende Gemara, die auch die einzige Stelle des Talmud über das Chanukka-Fest bringt.

2. Eruwin, Vereinigungen.[50] Um die schweren Schabbatgebote erträglicher zu machen, oft überhaupt das Leben zu ermöglichen, gibt es Bestimmungen, wie man sie erleichtern kann, so daß sie dem Leben dienen. Zu diesem Zweck gibt es dreierlei »Vereinigungen«: a) Zwei Privatbereiche, etwa ein Hof oder eine Sackgasse, können verbunden werden, indem man eine gemeinsame Speise bereitet, beziehungsweise mit einem Pfosten und einem Querbalken die Gasse abschließt. Innerhalb dieses Bereiches können dann Gegenstände getragen werden.

48 Zur Bedeutung der Feste in Israel: Die Einleitung zum Kapitel Alltag und Fest in Israel, Seite 475 ff.

49 Dazu 2. Mose 20,*8 ff.* und 5. Mose 5,*12 ff.*; ferner 2. Mose 16,*22 ff.*; 34,*21* und 35,*2 f.*; 4. Mose 15,*32 ff.*; Jeremia 17,*21 ff.*; Amos 8,*5*; Nehemia 10,*31* und 13,*15 ff.* Enthält 24 Kapitel auf 157 Doppelseiten.

50 Enthält 10 Kapitel auf 105 Doppelseiten.

b) Der Schabbatweg wird verlängert, indem an seinem Ende Speisen für zwei Mahlzeiten bereitgestellt werden. c) Die dritte Art von »Vereinigungen« wird im Traktat Jom tow behandelt.

3. Pesachim, Passalämmer.[51] Vor Beginn des Festes wird die schon gesäuberte Wohnung nach Resten von Gesäuertem abgesucht, damit es vernichtet werden kann. Die zum Pesachmahl verwendeten Speisen, vor allem die vier Becher Weins, haben jeweils eine besondere Bedeutung. Unterschiedliche Bräuche an verschiedenen Orten werden behandelt. Bedeutsam war in der Zeit des Tempels der richtige Vollzug des Pesachopfers.

4. Jom tow, Feiertag, wörtlich: Guter Tag.[52] Ein schwieriger Traktat, der nach seinem Anfangswort auch Beza, Ei, genannt wird. Hier werden die Unterschiede zwischen Schabbat und Festtag festgelegt. Interessant ist besonders der berühmte Streit der Schulen Schammais und Hillels um ein am Festtag gelegtes Ei, das hier zum konkreten Beispiel der Heiligung des Festtages durch die Enthaltung von aller Arbeit wird. Es folgen weitere Differenzen dieser Schulen und anderer Gelehrter. Die dritte Art der »Vereinigungen« wird behandelt: Wenn der Freitag, an dem der Schabbat vorbereitet wird, ein Feiertag ist und eigentlich nicht solche Arbeiten der Vorbereitung getan werden dürften, so wird am Donnerstag eine Speise als ein Zeichen für den Beginn der Vorbereitungen hinterlegt; das übrige kann dann am Schabbatvortag trotz seines Festcharakters gemacht werden.

5. Taanit, Fasten.[53] Bei Unglücksfällen, besonders wenn der Regen im Winter ausbleibt, wird ein Fasten angeordnet, um die Menschen zur Besinnung zu rufen, damit sie begangenes Unrecht an ihren Mitmenschen wieder gutmachen und Gott ihnen wieder gnädig sei. Wunderbare Geschichten, die sich um den so wichtigen Regen gebildet haben, sind der Hauptgegenstand des Traktates.

6. Rosch Haschana, Neujahr, wörtlich: Haupt des

51 Dazu 2. Mose 12; 23,*15*; 34,*18 ff.*; 3. Mose 23,*5 ff.*; 4. Mose 28,*16 ff.*; 5. Mose 16,*1 ff.* Enthält 10 Kapitel auf 121 Doppelseiten.

52 Enthält 5 Kapitel auf 40 Doppelseiten.

53 Enthält 4 Kapitel auf 31 Doppelseiten.

Jahres.[54] Im Judentum gibt es vier verschiedene Jahresanfänge: Der Jahresanfang für die Zählung der Feste ist im Nisan, im Frühjahr; Pesach ist das erste Fest. Früher wurden auch die Regierungsjahre der Könige von hier an gezählt. Für den Viehzehnten beginnt das Jahr im Elul, im Frühherbst. Im nächsten Monat, dem Tischri, beginnt mit Rosch Haschana das neue Kalenderjahr. Im Schwat, einem Wintermonat, fängt das Jahr der Bäume hinsichtlich der Abgabe ihrer Früchte an. In engem Zusammenhang mit dem Jahresanfang stehen Gedanken über das göttliche Gericht. Wichtige Einzelfragen in diesem Traktat sind Neumondsbekundungen, die für die Kalenderbestimmung gebraucht wurden, und das Blasen des Schofar, des Widderhorns, zum Neujahr.

7. Joma, Versöhnungstag, wörtlich: Der Tag – da es der bedeutsamste Tag des jüdischen Jahres ist.[55] Die Vorbereitungen des Hochpriesters für diesen Tag und der richtige Vollzug des Versöhnungsopfers waren besonders wichtige Dienste, die eine Versöhnung des ganzen Volkes mit Gott erflehen sollten. Gebote strenger Enthaltsamkeit unterstreichen den Ernst des Tages. Die Gespräche der Meister über Umkehr und Vergebung, die sich daran schließen, zeigen, in welchen religiösen Tiefen die alten Gebräuche wurzeln.

8. Sukka, Laubhütte.[56] Das Aufbauen und Schmücken der Laubhütte ist eine Gebotserfüllung, die besondere Freude hervorruft. Die Fröhlichkeit des Festes drückt sich auch im sorgfältigen Wählen des Feststraußes aus, der aus Palm-, Myrten- und Bachweidenzweigen besteht; dazu kommt der Etrog, eine Zitrusfrucht. Der Höhepunkt des Festes aber war zur Zeit des Tempels die große Freude des Wasserschöpfens. Einzelheiten über Festopfer und die Verteilung der Priesteranteile schließen den Traktat.

9. Schekalim, Schekelsteuern.[57] Der Traktat über

54 Dazu 3. Mose 23,*24 f.*; 4. Mose 29,*1 ff.* Enthält 4 Kapitel auf 35 Doppelseiten.

55 Dazu 3. Mose 16. Der Traktat, der auch Jom Hakippurim, Tag der Sühnungen, genannt wird, enthält 8 Kapitel auf 88 Doppelseiten.

56 Dazu 3. Mose 23,*33 ff.*; 4. Mose 29,*12 ff.* und 5. Mose 16,*13 ff.* Enthält 5 Kapitel auf 56 Doppelseiten.

57 Dazu 2. Mose 30,*12 ff.* und Nehemia 10,*32 f.* Enthält 8 Kapitel.

die Tempelsteuer enthält nur im Jerusalemischen Talmud Gemara, im Babylonischen lediglich Mischna mit Verordnungen über den Aufruf zur Tempelsteuer, die Verwendung dieses Geldes und die Wechseltische, die im Land und im Tempelbezirk nötig waren, da die Tempelsteuer in alter, als heilig geltender Münze, in Schekelwährung, bezahlt werden mußte. Anschließend werden Einzelheiten über den heiligen Bezirk des zweiten Tempels erörtert.

10. Megilla, Rolle.[58] Am Purim-Fest wird mit ausgelassener Freude die einstige Errettung der jüdischen Bevölkerung Persiens vor dem Judenhasser Haman gefeiert. Neben Regeln über das Verlesen der Estherrolle an diesem Fest werden weitere Vorschriften über die Schriftlesungen im öffentlichen Gottesdienst sowie die Einrichtung und Benützung von Synagogen behandelt. Mehrere Stellen aus dem Estherbuch werden ausgelegt.

11. Moed katan, Halbfeste, wörtlich: Kleine Festzeit.[59] In diesem Traktat wird über die Bewässerung, eine besonders wichtige Arbeit im wasserarmen Orient, diskutiert, einerseits an den Halbfeiertagen, die jeweils zwischen dem ersten und letzten Tag eines sich über einen längeren Zeitraum erstreckenden Festes liegen, andererseits im Siebentjahr. Ein weiteres Problem, das hier erörtert wird, ist der Einfluß von Festen auf Trauerpflichten.

12. Chagiga, Festopfer.[60] Das Wort wird hier im Sinne von freiwilligem Friedensopfer gebraucht. Von den Opfervorschriften weitet sich der Kreis der Lehre in diesem Traktat über verschiedene Einrichtungen und Pflichten während der drei Wallfahrtsfeste und Diskussionen zwischen den ältesten Meistern bis zu dem mystischen Forschen einiger Gelehrter.

III. Naschim, Frauen.

Im Judentum wird die Frau sehr hoch geachtet als Mitte des Hauses und Hüterin aller guten Sitte. Sie schützt ihren Mann

58 Dazu Esther 9,*28*. Enthält 4 Kapitel auf 32 Doppelseiten.

59 Enthält 3 Kapitel auf 29 Doppelseiten.

60 Dazu 5. Mose 16,*16 f.* und 2. Mose 23,*14 f.* Enthält 3 Kapitel auf 27 Doppelseiten.

vor Unzucht und leitet ihn so zur höchsten Tugend, der Keuschheit. Während alle voreheliche und außereheliche Vereinigung der Geschlechter als Unkeuschheit verboten ist, gilt solche Begegnung innerhalb der Ehe geradezu als eine Gebotserfüllung, als Heiligung des Lebens.

1. Jewamot, Schwägerinnen.[61] Ein Mann ist verpflichtet, die kinderlose Witwe seines verstorbenen Bruders zu heiraten, um an dessen Stelle einen Sohn zu zeugen. Verweigert er dies, wird die Chaliza, die uralte Zeremonie des Schuhausziehens, vollzogen. Darauf ist die Witwe wieder für eine Ehe mit einem anderen Mann frei. Viele Schwierigkeiten, die dabei auftreten können, werden erörtert, sowie andere Ehehindernisse und weitere Vorschriften, die bei Wiederverheiratung zu beachten sind. Da es damals noch keine selbständigen Berufe für Frauen gab, war es wichtig, einer Witwe die zweite Ehe zu ermöglichen.

2. Ketubbot, Heiratsverträge.[62] Der Heiratsvertrag stellt eine Sicherheit für die Frau für den Fall der Scheidung dar. Der Traktat behandelt auch die gegenseitigen Rechte und Pflichten von Mann und Frau und kommt in den verschiedenen Diskussionen auf Strafen für die Verführung einer Verlobten,[63] auf Witwenrecht, Versorgung von Stiefkindern, Armenfürsorge, die Unbestechlichkeit von Richtern und zuletzt auf Geschichten und Legenden aus dem Land Israel und auf das Kommen des Messias.

3. Gittin, Scheidebriefe.[64] Zur Menschlichkeit der hohen jüdischen Eheauffassung gehört es, daß eine Scheidung ermöglicht wird, wenn eine eheliche Gemeinschaft zerbrochen ist. Als Gründe dafür geben manche Gelehrte schon Geringfügiges an; andere sehen nur im Ehebruch einen Grund dazu. Im ganzen wird eine Scheidung als ein so großes Unglück angesehen, daß kaum darüber gesprochen wird, um es nicht zu berufen, so daß in diesem Traktat fast nur über das richtige Schreiben, Beglaubigen und Überbringen von Scheidebriefen und

61 Dazu 5. Mose 25,*5 ff*. Enthält 16 Kapitel auf 122 Doppelseiten.
62 Enthält 13 Kapitel auf 112 Doppelseiten.
63 Dazu 2. Mose 22,*16*.
64 Dazu 5. Mose 24,*1 ff*. Enthält 9 Kapitel auf 90 Doppelseiten.

Dokumenten überhaupt diskutiert wird. An eine diesbezügliche Verordnung Gamliels I. schließen sich weitere Verordnungen dieses Gelehrten und anderer Meister aus dem Lehrhause Hillels an, die der Erhaltung der Ordnung in der Welt dienen sollen. In Kapitel 5 berichtet die Gemara in aller Ausführlichkeit über die Kämpfe der letzten jüdischen Aufstände gegen Rom und die Zerstörung Jerusalems sowie über weitere Märtyrergeschichten; in einem anderen schiebt sich eine lange medizinische Abhandlung ein.

4. Kidduschin, Anheiligungen.[65] Durch das Verlöbnis wird die Braut geheiligt wie die geheiligten Dinge des Tempels. Sie ist ihrem Verlobten geweiht, der sie aber erst nach etwa 12 Monaten, bei Witwen nach 30 Tagen, zur Frau nehmen darf. Verlobungs- und Heiratsfragen bilden den Eingang zu Fragen des Erwerbs von Knechten, Vieh und Gütern. Der letzte Abschnitt beginnt mit der Bestimmung der 10 Geburtsklassen in Israel. Die Gemara schließt an Vorschriften, welche Gebote nur Männer und welche Frauen zu beobachten haben, Abschnitte über das Lob der Weisung, die Ehrung von Vater und Mutter und die Ehrfurcht vor Alten und Gelehrten an. Vom Lohn der Gebotserfüllung und von der Ethik der Berufswahl handeln die letzten Abschnitte.

5. Nedarim, Gelübde.[66] Dieser und der nächste Traktat handeln nicht direkt von Frauen. Hier werden verschiedene Arten von Entsagungsgelübden diskutiert, ihre Gültigkeit, Dauer und eventuelle Auflösung, besonders bei Frauen und Kindern. Es scheint eine Unsitte gewesen zu sein, leichtfertig solche Gelübde abzulegen, wogegen sich die Gelehrten wandten.

6. Nasir, Geweihter.[67] Geweihte konnten Männer oder Frauen sein, die besondere Enthaltungsgelübde taten, während deren Dauer sie keinen Wein trinken und das Haar nicht scheren durften und an deren Ende sie im Tempel ein reiches Opfer brachten.[68] Viele pharisäische Gelehrte waren gegen das Nasirat

65 Enthält 4 Kapitel auf 82 Doppelseiten.

66 Dazu 4. Mose 30. Enthält 11 Kapitel auf 91 Doppelseiten.

67 Dazu 4. Mose 6. Enthält 9 Kapitel auf 66 Doppelseiten.

68 Zum Nasirat des Paulus: Apostelgeschichte 21,*23 ff*.

wie gegen alle Askese, da sie die Enthaltsamkeit von erlaubten Freuden für abwegig hielten.

7. Sota, Ehebruchsverdächtige.[69] Frauen, die der Untreue verdächtig waren, mußten sich uralten Zeremonien unterziehen, die zur Ermittlung ihrer Schuld oder ihrer Unschuld führen sollten. Ein Kapitel zählt Schriftdeutungen Rabbi Akiwas und Rabbi Jehoschuas auf, ein anderes bringt Formeln und Schriftstellen, die in allen Sprachen, und solche, die nur in der heiligen Sprache, dem Hebräischen, gelesen werden dürfen, wobei sich die Gemara über lange Abschnitte der biblischen Geschichte dehnt. Einen weiten Raum nimmt die Erörterung über den alten Sühnebrauch des Genickbrechens eines Kalbes[70] und über die Abschaffung dieses Brauches ein. Der Traktat schließt mit der Klage über das Aufhören vieler Tugenden in Israel und einem Ausblick auf das Kommen des Messias.

IV. Nesikin, Schädigungen.

Diese Ordnung umfaßt die eigentliche Rechtsprechung des Judentums: in den ersten drei Traktaten das Zivilrecht, wovon die ganze Ordnung den Namen hat, in den nächsten beiden Traktaten das Strafrecht. Die übrigen Traktate können als Exkurse zu einzelnen Rechtsfragen betrachtet werden. Die jüdischen Gesetze wurden nicht von einem Herrscher erlassen, sondern von einem obersten Gerichtshof, dem Sanhedrin, der eine Art Forschungsanstalt darstellte, in der Gottes Wille in seiner Weisung studiert und dieser Wille auf das praktische Leben und seine Forderungen angewendet wurde. Alle Gesetze mußten der ethischen Norm der Bibel standhalten; auf diese Weise wurde das ganze Leben der jüdischen Gemeinschaft von sittlich-religiösen Grundsätzen bestimmt.

1. Bawa kamma, Erstes Tor.[71] Die verschiedenen

69 Dazu 4. Mose 5,*12 ff.* Enthält 9 Kapitel auf 49 Doppelseiten.

70 Dazu 5. Mose 21,*1 ff.*

71 Dazu 2. Mose 21,*12 ff.* und 22,*5 ff.* Enthält 10 Kapitel auf 119 Doppelseiten. – Die ersten drei Traktate dieser Ordnung bildeten ursprünglich einen einzigen Traktat mit dem Namen Nesikin, Schädigungen, der andeutet, daß es sich hier um das Zivilrecht handelt. Wegen seiner Länge wurden die drei

Arten von Schädigungen werden nach Stichworten des Bibeltextes in »Ochse« mit den Unterabteilungen »Horn«, »Zahn« und »Fuß«, sodann in »Grube«, »Abweidung« und »Anzünden« eingeteilt. Schwerer wird eine Schädigung bewertet, wenn das betreffende Tier schon als schädigend bekannt war. Es folgen Verordnungen über viele besondere Entschädigungsfälle, über Beleidigungen, über die Pflicht, abzubitten und zu verzeihen, über Diebstahl und Raub.

2. Bawa mezia, Mittleres Tor.[72] Dies ist ein besonders vielgebrauchter Traktat, der über Fund, Aufbewahrung, Kauf, Zins, Leihen, Mieten, Pachten von Mobilien und über Lohnarbeit handelt, woran sich in der Gemara viele Geschichten aus dem Leben der Meister anschließen. Der letzte Abschnitt nimmt schon das Thema des nächsten Traktates auf. Aus der Aggada sei noch die Meinung angeführt, Jerusalem sei deshalb zerstört worden, weil die Leute zu starr auf ihrem Recht bestanden, das sie vom genauen Buchstaben des Gebotes meinten ableiten zu können. Die Meister aber sahen Gottes Gebot von der Liebe umschlossen, die für alle gleiches Recht fordert.

3. Bawa batra, Letztes Tor.[73] In diesem Buch werden vor allem Gesetze über das Nutzen, Verkaufen und Messen von Grundstücken und Häusern erörtert, ferner über Erbschaftsrecht und Vermögensteilung, über verschiedene Dokumente und über Bürgschaften. Von der reichhaltigen Aggada sind besonders die abenteuerlichen Geschichten von Rabba, Chamas Sohnessohn, hervorzuheben und die Beschreibungen der Vorzüge des Landes Israel.

4. Sanhedrin, Gerichtshof.[74] Dieser Traktat über die Gerichtshöfe hat für Juden und Christen eine besondere Faszination. Das christliche Interesse gilt vor allem der Einsicht, die hier in den Prozeß Jesu gewonnen werden kann, das jüdische seinen bedeutenden Rechtsgrundlagen und seiner besonders wertvollen Aggada, etwa über die Beschränkung der Staatsgewalt

Unterabschnitte des Traktates verselbständigt, während der alte Name auf die ganze Ordnung überging.

72 Enthält 10 Kapitel auf 119 Doppelseiten.

73 Enthält 10 Kapitel auf 176 Doppelseiten.

74 Enthält 11 Kapitel auf 113 Doppelseiten.

und die Gründe der mosaischen Lehre, und den Ausführungen am Schluß des Buches über rechte und falsche Lehre, das Kommen des Messias, Auferstehung und kommende Welt. Die Halacha beschreibt die verschiedenen Gerichtshöfe zur Zeit des zweiten Tempels, spricht über Richter und Zeugen, über die verschiedenen Arten von Todesstrafen und über andere Fragen des Kriminalrechtes.

5. Makkot, Schläge.[75] Behandelt Verhängung und Ausführung von Prügelstrafen, besonders bei Falschzeugen, und schließt mit Aussprüchen über die Wohltat, die Gott den Menschen erweist, indem er ihnen viele Gebote gibt.

6. Schwuot, Schwüre.[76] Obwohl vor allem der Eid vor Gericht diskutiert wird, bilden der Ernst allen Schwörens und die Gleichheit aller Personen vor Gericht die Grundlage der verschiedenen Diskussionsbeiträge.

7. Edujjot, Zeugnisse.[77] Dies ist ein besonders wichtiger Traktat, da er geschichtlich gleichsam die Urzelle der Mischna enthält: die Sammlung ältester Traditionen aus den verschiedensten Bereichen durch die Meister von Jawne. Die alte Sammlung wurde dann durch wichtige Traditionszeugnisse späterer Gelehrter erweitert. Dieses Buch enthält keine Gemara, aber die meisten Satzungen werden an anderen Stellen des Talmud jeweils in ihrem Sachzusammenhang behandelt.

8. Awoda sara, Götzendienst, wörtlich: Fremder Dienst.[78] Israel hat in seiner Geschichte inmitten von Völkern gelebt, die weithin Götzendiener waren. Da diese Religionen naturgemäß eine starke Faszination ausübten, mußte ein besonders dichter Zaun errichtet werden, um gegen sie abzugrenzen. An diesem Punkt gab es keine Kompromisse; während doch viele Übertretungen erlaubt waren, um das Leben zu retten, gab es in der Frage des Götzendienstes – dann auch bei Unzucht und Blutvergießen – nur das Martyrium. Damit die Gebote in Israel gehalten werden, also um Gottes willen, mußten die Lehrer allzu intime Beziehungen zu anderen Völkern erschweren.

75 Enthält 3 Kapitel auf 24 Doppelseiten.

76 Enthält 8 Kapitel auf 49 Doppelseiten.

77 Enthält 8 Kapitel.

78 Enthält 5 Kapitel auf 76 Doppelseiten.

9. A w o t, V ä t e r.[79] Die Maximen bedeutender Gelehrter, der Väter der Lehre, werden teils zeitlich geordnet, teils vermischt referiert. Dieser Traktat enthält keine Gemara; jedoch wird gewöhnlich eine Baraita-Sammlung dazu, Awot de Rabbi Natan genannt, im Anhang zur vierten Ordnung abgedruckt.

10. H o r a j o t, E n t s c h e i d u n g e n.[80] Hier sind Regeln besprochen, die irrtümlich aufgestellt wurden, und die Opfer, die deshalb dargebracht werden müssen, ferner irrtümliche Verordnungen und Handlungen des Hochpriesters. Eine Aufstellung von Rangordnungen bei allerlei Anlässen schließt mit einer Diskussion über den Vorzug verschiedener Gelehrtentypen.

Am Ende der vierten Ordnung werden in den Ausgaben des Babylonischen Talmud einige Traktate angehängt, die zwar meist späteren Ursprungs sind als die Mischna-Traktate, aber einiges wichtige alte Material enthalten. Nach dem oben bei Awot schon erwähnten Traktat Awot de Rabbi Natan sind es die Traktate Sopherim, Schreiber, Smachot, Freuden, hier ein euphemistischer Ausdruck für Trauer, Kalla, Braut, Derech Erez rabba und Derech Erez sutta, Der große und der kleine Lebenswandel, sowie sieben ganz kleine Traktate, deren wichtigster von Gerim, Proselyten, handelt.

V. Kodaschim, Heilige Dinge.

Die Ordnung befaßt sich mit Einrichtungen des Tempels, und obwohl diese der Vergangenheit angehörten, als der Talmud entstand, haben doch fast alle hierher gehörenden Traktate im Babylonischen Talmud eine zum Teil besonders ausführliche Gemara. Dieses große Interesse hat zwei Gründe. Einesteils bestand immer die Hoffnung, der Tempel mit seinem Dienst werde nochmals erstehen, zum andern wurde das Studium aller Gebräuche der Tempelzeit für eine Art Ablösung des Opferdienstes gehalten.

Die beiden letzten Ordnungen sind – außer dem Traktat Nidda – im Jerusalemischen Talmud nicht enthalten. Wahr-

79 Enthält 5 Kapitel.

80 Enthält 3 Kapitel auf 14 Doppelseiten.

scheinlich hat die ungünstige politische Lage eine Vollendung verhindert.

1. Sewachim, Schlachtopfer.[81] Die verschiedenen Vorgänge bei den einzelnen Tieropfern werden geschildert, Fehler aufgezeigt, über die Anteile der Priester wird berichtet und eine Geschichte der Kultstätten angeführt, die im Land Israel vor dem ersten Tempel bestanden.

2. Menachot, Speiseopfer.[82] Die Bereitung und Darbringung von Speis- und Trankopfern wird beschrieben, sodann insbesondere das Darbringen der Erstlingsgarbe,[83] der beiden Erstlingsbrote[84] und die Schaubrote[85] behandelt. An diese Fragen schließt sich ein Abschnitt über Gebetskapseln und Fransen. Aus der Aggada, die hier wie fast in dieser ganzen Ordnung gering ist, seien die Aufzeichnungen über den jüdischen Oniastempel in Ägypten erwähnt.

3. Chullin, Profane Dinge.[86] Auch das Schlachten von Tieren, die nicht zum Opfer bestimmt sind, unterliegt besonderen Vorschriften. An die biblische Regel: »Koche ein Böcklein nicht in der Milch seiner Mutter« schließen sich die hauptsächlichsten jüdischen Speisegebote an, die Fleisch und Milch vollständig trennen.

4. Bechorot, Erstgeburten.[87] Alles männliche Erstgeborene, ob Mensch, ob Vieh, gehört eigentlich Gott und wird als Opfer dargebracht; ein Sohn jedoch wird durch ein Opfertier, später dann durch Geld ausgelöst. Außerdem wird der Viehzehnte behandelt.

5. Arachin, Schätzungen.[88] Nach biblischer Vorschrift wird der Wert einer Person oder Sache geschätzt, die

81 Dazu 3. Mose 1 ff. Enthält 14 Kapitel auf 120 Doppelseiten.

82 Dazu 3. Mose 2; 5,*11 ff.*; 6,*7 ff.*; 7,*9 f.*; 14,*10*; 4. Mose 5,*11 ff.*; 6,*13 ff.*; 15,*24 ff.* Enthält 13 Kapitel auf 110 Doppelseiten.

83 Dazu 3. Mose 23,*10*.

84 Dazu 3. Mose 23,*17*.

85 Dazu 3. Mose 24,*5 ff.*

86 Dazu 2. Mose 23,*19 b*; 34,*26 b* und 5. Mose 14,*21* (Schluß). Enthält 12 Kapitel auf 142 Doppelseiten.

87 Dazu 2. Mose 13,*12 f.*; 4. Mose 18,*15 ff.* und 5. Mose 15,*19 ff.* Enthält 9 Kapitel auf 161 Doppelseiten.

88 Dazu 3. Mose 27,*2 ff.* Enthält 9 Kapitel auf 34 Doppelseiten.

dem Tempel geweiht werden soll. Auch Gesetze des Siebentjahres werden erörtert.

6. Tmura, Ersatz.[89] Ein Opfer kann unter bestimmten Bedingungen durch ein anderes ersetzt werden.

7. Kritot, Ausrottungen, wörtlich: Abtrennungen.[90] In der Bibel wird in 36 Übertretungsfällen als Strafe bestimmt: »Diese Seele soll von Israel abgetrennt werden.« Die jüdische Tradition versteht dies nicht etwa als Exkommunikation, Abtrennung von der Gemeinschaft, sondern als eine göttliche Strafe, die Tage und Jahre vom Leben abtrennt: ein plötzlicher oder vorzeitiger Tod soll den Frevler ereilen. Es wird aber zwischen willentlichen und versehentlichen Übertretungen unterschieden.

8. Meïla, Veruntreuung.[91] Der Mißbrauch heiliger Dinge wird behandelt.

9. Tamid, Ständiges Opfer.[92] Enthält genaue Vorschriften über das tägliche Morgen- und Abendbrandopfer. Nur Kapitel 1, 2 und 4 enthalten Gemara.

10. Middot, Maße.[93] Der Tempelbezirk mit all seinen Maßen und die Tempelwachen werden genau beschrieben. Dieser und der nächste Traktat enthalten keine Gemara.

11. Kinnim, Vogelnester.[94] Bei bestimmten Übertretungen und Unreinheiten geringerer Art werden Vogelopfer dargebracht.

VI. Teharot, Taugliche Dinge.[95]

Die in dieser Ordnung enthaltenen Vorschriften sind mit einer Ausnahme eigentlich nur für Priester im Heiligtum bindend oder für Menschen, die mit Heiligem in Berührung kommen. Obwohl auch diese Ordnung immer als ein wichtiger Bestand-

89 Dazu 3. Mose 27,*10*. Enthält 7 Kapitel auf 34 Doppelseiten.

90 Enthält 6 Kapitel auf 28 Doppelseiten.

91 Dazu 3. Mose 5,*15 f*. Enthält 6 Kapitel auf 22 Doppelseiten.

92 Dazu 2. Mose 29,*38 ff*. und 4. Mose 28,*2 ff*. Enthält 7 Kapitel auf 9 Doppelseiten.

93 Enthält 5 Kapitel.

94 Dazu 3. Mose 1,*14*; 5,*7* und 12,*8*. Enthält 3 Kapitel.

95 Euphemismus für Makliges. Dazu 3. Mose 11–15.

teil des Talmud angesehen wurde, ist sie doch früh im Studium vernachlässigt worden, so daß keine Gemara dazu überliefert ist. Einzig der Traktat Nidda, der immer in Geltung blieb, ist mit einer Gemara überliefert und wird deshalb in Talmud-Ausgaben an die Spitze der Ordnung gesetzt. Ein Grund für das geringe Interesse am übrigen Teil der Ordnung wird in der Zerstörung des Tempels liegen. Und während für die messianische Zeit die Wiederherstellung des Tempels und seines Opferdienstes erwartet wurde, bestand andererseits der Glaube, daß es in der Messiaszeit keinen Unterschied von tauglich und maklig mehr gebe, da Gott dann alles wiederherstelle. Diese Ordnung ist die am schwersten zugängliche und verständliche des ganzen Talmud. Eine einheitliche Erklärung für den Grund der Entstehung dieser Vorschriften ist nicht gefunden worden. Weithin wollen sie den, der sich dem Heiligtum naht, von dem Totenkult, dem Tierkult und den sexuellen Praktiken anderer Religionen fernhalten und ihn so zum Dienst für Gott bereitmachen.

1. Nidda, Menstruierende.[96] Als Probleme werden in diesem Buch behandelt: der Beginn und die Dauer der Menstruation, die Makligkeit jüdischer Wöchnerinnen und heidnischer Frauen, das Erscheinen von Pubertätszeichen. Dann schließen sich noch weitere Sätze an, die jeweils zwei einander bedingende Tatsachen aufzeigen, deren Folge jedoch nicht umkehrbar ist.

2. Kelim, Geräte.[97] Hier wird eine Art Einleitung zur ganzen Ordnung gegeben, eine Einteilung in die Arten und Grade von Makligkeit. Drei Gruppen von Gründen sind es im ganzen, die zum Tempeldienst untauglich machen können: Berührung mit Toten und mit bestimmten Tieren, außerdem geschlechtliche Funktionen. Manche Makligkeit kann durch Berührung weitere Makligkeit verursachen, andere nicht. Im Einzelnen wird dargestellt, unter welchen Bedingungen Gebrauchsgegenstände der verschiedensten Art maklig werden oder der Makligkeit verdächtig sind und wie sie eventuell wieder tauglich gemacht werden. Außerdem werden die Heiligkeitsstufen Israels und des Tempelbezirkes aufgezählt.

96 Dazu 3. Mose 15,*19 ff*. Enthält 10 Kapitel auf 73 Doppelseiten.

97 Dazu 3. Mose 11,*33 ff*. Enthält 30 Kapitel.

3. Ohalot, Zelte.[98] Mit dem Ausdruck »Zelt« wird die Makligkeit bezeichnet, die ein Leichnam an Personen und Dingen verursacht, die mit ihm im selben Zelt oder unter demselben Dach sind.

4. Negaïm, Aussatz.[99] Priester mußten Anzeichen dieser schweren, ansteckenden Krankheit bei Menschen, an Kleidern und Häusern erkennen und eine Isolierung vornehmen. Nach der Heilung erfolgte eine genau vorgeschriebene »Reinigung«, und nach einem Opfer wurde der Betreffende wieder in die Gemeinschaft aufgenommen.

5. Para, Kuh.[100] Über die Beschaffenheit der roten Kuh für das Reinigungsopfer, die Bereitung des »Reinigungswassers« mit der Asche der roten Kuh und die Zeremonie des »reinigenden« Sprengens.

6. Teharot, Taugliche Dinge, Euphemismus für Makliges.[101] Diese Gebote befassen sich vor allem mit Speisen und Flüssigkeiten, die mit Makligem in Berührung gekommen sind.

7. Mikwaot, Tauchbäder.[102] Das Untertauchen, das jedes »Reinigungszeremoniell« beendet, muß in dafür geeignetem Wasser, einer fließenden Quelle oder einer mindestens 40 Sea[103] Wasser enthaltenden Zisterne erfolgen.

8. Machschirin, Was geeignet macht, nämlich: Makligkeit zu empfangen.[104] Feste und trockene Nahrungsmittel werden nur dann durch Berührung mit Makligem maklig, wenn sie vorher durch bestimmte Flüssigkeiten naß geworden sind.

9. Sawim, Flußbehaftete.[105] Männer und Frauen, die an einem Ausfluß leiden, gelten als maklig.

10. Twul jom, Der am selben Tag Unterge-

98 Dazu 4. Mose 19,*14 f.* Enthält 18 Kapitel.

99 Dazu 3. Mose 13 f. Enthält 14 Kapitel.

100 Dazu 4. Mose 19. Enthält 12 Kapitel.

101 Enthält 10 Kapitel.

102 Dazu 3. Mose 14,*8*; 15,*5 ff.*; 15,*12 f.* und 4. Mose 31,*23*. Enthält 10 Kapitel.

103 Ein Sea faßt etwa 13 Liter.

104 Dazu 3. Mose 11,*34* und *38*. Enthält 6 Kapitel.

105 Dazu 3. Mose 15,2 *ff.* Enthält 5 Kapitel.

tauchte.[106] Einem, der im Verlaufe des Tages ein Tauchbad genommen hat, aber den Vorschriften gemäß erst nach Sonnenuntergang vollständig tauglich ist, haftet noch teilweise Makligkeit an.

11. Jadajim, Hände.[107] Über die Makligkeit der Hände und ihre »Reinigung« durch Begießen mit Wasser. Auf den Satz, daß auch heilige Schriften die Hände maklig machen, folgen Fragen des biblischen Kanons, Diskussionen im Lehrhaus zu Jawne an »jenem Tag«, nämlich als Gamliel II. abgesetzt und Elasar, Asarjas Sohn, eingesetzt wurde. Differenzen zwischen Pharisäern und Sadduzäern werden zum Abschluß aufgeführt.

12. Ukzin, Stiele.[108] Stiele, Schalen und Kerne übertragen eine Makligkeit auf die betreffende Frucht und umgekehrt. Diese Meinung hat keinerlei Anhaltspunkt in der Schrift, weswegen diese Abhandlung nach einer Ansicht des Maimonides an letzter Stelle steht. Er gilt als einer der schwersten Traktate. Mit einem Abschnitt über die Verheißung des Friedens schließt er den ganzen Talmud ab.

DIE GEGENWÄRTIGE BEDEUTUNG DES TALMUD FÜR DAS JUDENTUM

Auch in der Gegenwart noch bildet der Talmud die Grundlage für die Lebensführung von Juden, die in traditioneller Weise dem Glauben ihrer Väter anhangen. Dies bedeutet aber keineswegs, daß ihr Leben in ein jahrhundertealtes, starres Schema gepreßt wäre; im Gegenteil, dies würde dem Geist des Talmud geradezu widersprechen. Unter den jüdischen Gruppen waren es ja gerade die Pharisäer und unter den Pharisäern die Hilleliten, die das gleiche Bibelwort und die Tradition nach den Erfordernissen der jeweiligen Situation auslegten. Diese immer neue Interpretation ist auch unter dem Druck der Verfolgungen und

106 Dazu 3. Mose 22,6 *f*. Enthält 4 Kapitel.
107 Enthält 4 Kapitel.
108 Enthält 3 Kapitel.

unter dem Zwang des Ghettos nicht abgerissen und hat sich bis in die moderne Zeit fortgesetzt.

Die Entwicklung brachte es mit sich, daß etwa die Gebote, die mit dem Tempel zusammenhängen und die schon in talmudischer Zeit außer Kraft waren, damals aber teilweise noch diskutiert wurden, in der Gegenwart nur noch historisches Interesse besitzen. Ebenso ist das Strafrecht schon seit der Zeit Herodes' des Großen auf religiöse Delikte beschränkt; später unterstanden Juden der Gerichtsbarkeit der herrschenden Macht oder des Gastlandes. Das jeweilige Landesgesetz wird anerkannt, soweit es der Weisung nicht widerspricht.

Den Antworten, die auf neu entstandene Situationen und ihre Probleme gefordert wurden, widmet sich eine Literatur, deren Ausmaße die der talmudischen Kommentare bei weitem übersteigt. Etwa tausend Bände mit gut einer halben Million Antworten wurden gedruckt. Diese Literatur begann mit den »Responsen« der babylonischen Geonim schon im 8. Jahrhundert, blühte bei den frühen europäischen Lehrern, den Rischonim, mit ihren »Responsen« und »Novellen« und wurde in der Neuzeit mit dem Aufkommen der Technik besonders wichtig. Die »Responsen« der jetzigen Lehrer, der Acharonim, der Späteren, sind oft gedrängte Monographien über eine einzelne Frage.

An diesen Responsen orientiert man sich in der Gegenwart über geltende Regeln. Werden aber die Gründe für eine Entscheidung gesucht, etwa weil eine Frage zu beantworten ist, die noch keinen Vorgang hat, so muß der ganze Komplex der Halacha, der einer auf die Spitze gestellten Pyramide gleicht, durchgefragt werden. Von der Breite moderner Responsen geht es zurück auf die mittelalterlichen Novellen, Kompendien und Kommentare, auf die gaonischen Responsen und, immer schmaler werdend, auf Gemara, Mischna und Weisung. Vom Grund her wird dann die Entscheidung gefällt, durch die eine neu entstandene Frage gelöst wird; die Antwort wird gleichsam durch die ununterbrochene Kette der forschenden und gehorchenden Meister heraufgereicht.

Aber selbst bei einem liberalen Judentum in seinen verschiedenen Ausprägungen reißt die lebendige Kontinuität nicht ab, die Mose und die Propheten über die Meister und Märtyrer des Talmud und des Mittelalters mit denen der neuesten Zeit verbindet. Zwar werden hier solche auf der Tradition begründeten Entscheidungen nicht für verbindlich gehalten, aber gerade liberale Juden versuchen, den Talmud historisch zu verstehen und zu würdigen. Auch ihr Leben fußt in den ethischen Grundzügen, auf denen der Talmud aufgebaut ist, und sie bejahen seinen Geist als die geschichtliche Kraft, die das Judentum über die Jahrhunderte der Knechtschaft und des Leidens hinübergeführt hat.

BEMERKUNGEN ZUR VORLIEGENDEN AUSWAHL

Der Talmud ist ein Buch für den innerjüdischen Gebrauch. Wer in die Intimsphäre eines Menschen oder einer Menschengruppe Einblick erhält, darf sich nur mit der Haltung der Ehrfurcht nahen. Was er nicht versteht, darf er nicht verlachen oder verachten oder anderen zum Mißbrauch preisgeben. Nur der Geduld, die sich um Verstehen müht, erschließt sich schrittweise der Reichtum einer fremden Welt. Nachdem dies Buch in böser Zeit auf böse Weise bekanntgeworden ist, will nun guter Wille zum Anfang eines sachgemäßen Verstehens helfen.

Zur Auswahl. Es ist versucht worden, bei der Auswahl einen möglichst sachlichen Querschnitt durch den Talmud zu geben, ohne den Leser mit ihm unzugänglichen Erörterungen zu lange aufzuhalten. Deshalb überwiegen hier die aggadischen Stoffe, in denen der geistige Grund talmudischen Denkens zum Ausdruck kommt, während ausgewählte halachische Stücke bei aller Fülle doch nur Beispiele aus der ungeheuren Stoffmasse des Talmud bieten könnten. Daß sich dadurch die Proportionen umkehren – der Talmud ist überwiegend Halacha –, mag zwar als ein Mangel erscheinen, wurde aber nach eingehender Erwägung als das kleinere Übel angesehen; denn nur auf diese Weise konnte auf beschränktem Raum ein Querschnitt gegeben werden, der möglichst viele bedeutende Fragen anklingen ließ, ohne ihnen stets in alle Verästelungen ihrer Erörterungen folgen zu müssen. Die Methode wird an wenigen Stellen schon deutlich, etwa durch das ausführlichste Beispiel halachischer Diskussion über das Wort »Auge um Auge«, Seite 333 ff., eines der schwierigsten zugleich, das, häufig mißverstanden und verzerrt, hier darum eingehend kommentiert wurde. Weitere halachische Stellen sind besonders in den Kapiteln »Die Meister«, vor allem Seite 286 bis 364, und »Alltag und Fest in Israel« zu finden. Wer aber in die Einzelheiten dringen will, der muß ohnehin zu einer Gesamtausgabe, am sachgemäßesten zum Urtext selber, greifen. Nach all dem Polemischen und Entwürdigenden, das über den Talmud gesagt und geschrieben worden ist, sollte nun auch seine Schönheit und Menschlichkeit zum Ausdruck kommen, was auch und gerade die schwierigen und umstrittenen Themen zeigen.

Zur Anordnung. Daher konnten auch zur Anordnung nicht die Sachgesichtspunkte der talmudischen Halacha gewählt werden. Die Einteilung mußte dem mehr aggadischen Stoff gerecht werden. Das Schema der Gliederung wurde von der Weisung selbst nahegelegt. Ihr erstes Buch erzählt die Geschichte von der Schöpfung und vom Beginn der Menschheit. Die Geschichte des Volkes Israel ist weiterhin das große Thema, besonders dann im zweiten Buch. Das dritte Buch vor allem bringt die Gebote, die den Weg dieses Volkes bestimmten, die von seinen Vätern und Meistern gelehrt und in Alltag und Fest von diesem Volk gelebt wurden. Das fünfte Buch schließt mit einem Ausblick auf das Ende der Zeit.

Die einzelnen Textstücke sind aus ihrem ursprünglichen Zusammenhang genommen und tragen oft verschiedene Gesichtspunkte in sich, nach denen sie verstanden werden können, besonders wo längere Abschnitte zitiert wurden, die bewußt ohne Auslassungen gebracht werden, um den Gesamteindruck zu belassen. So kann ein Abschnitt aus der Schöpfung oder der Geschichte in anderer Hinsicht zu Abschnitten aus dem Lehrhaus oder den Festen passen. Gelegentlich verweisen Anmerkungen auf solche Zusammenhänge, weitere Bezüge wird der aufmerksame Leser leicht selber herstellen.

Auch Wiederholungen ließen sich bei der Fülle der Parallelstellen im Talmud nicht ganz vermeiden. Andererseits sind einander widersprechende Stellen absichtlich nebeneinandergestellt, wie es auch oft im Talmud der Fall ist. Ebendarin soll die Weite und Vielschichtigkeit des großen Sammelwerkes zum Ausdruck kommen.

Eine völlige Trennung von Halacha und Aggada erschien nicht ratsam, da beide oft erst in der gegenseitigen Bezogenheit verstehbar werden. Auch die naheliegende Einteilung nach dem Alter der Texte hätte eine sachliche Übersicht erschwert. Sie ist aber durch den Druck doch in großen Linien angedeutet: Bibelzitate erscheinen in Kursivdruck, Texte der Mischna und der Gemara in Normaldruck. Sämtliche Überschriften sind Zusätze des Herausgebers.

Zum Kommentar. Selbst wenn bei der Auswahl die Verständlichkeit und Zugänglichkeit der Texte stark berücksichtigt wurde, konnte auf einen Kommentar nicht verzichtet werden. Die Einleitungen zu den einzelnen Abschnitten sollen zu den folgenden Texten hinführen und ihren Sachzusammenhang aufzeigen. Gelegentlich wurden sie aus anderen Bereichen jüdischen Schrifttums ergänzt. Ausführlicher sind die Einleitungen zu Stellen, an denen sich Mißverständnisse nahelegen oder wo ein von der Polemik langer Geschichte verformtes Vorverständnis verbreitet ist. Die Anmerkungen sind möglichst kurz gehalten; sie stellen Zusammenhänge her, geben sachliche und sprachliche Erklärungen und sollen zum Verstehen hinführen. Oft erschließt sich aber erst dem geduldigen Nachhören aller Einzelheiten des Textes seine ganze Tiefe und Fülle.

Zur Übersetzung. Der Talmud ist ein Werk, das vor anderthalb Jahrtausenden fertiggestellt wurde, in fernen Ländern, Israel und Babylonien, und in einer Sprache und Anschauungswelt, die fast nichts mit der unsrigen gemeinsam haben. Der Inhalt dieses alten und fremden Buches wird aber noch heute von Menschen verwirklicht, die in unserer modernen westlichen Welt leben. So ist der Talmud gleichzeitig ein modernes Buch. Eine Übersetzung hat hier mit großen Schwierigkeiten zu ringen, um die beiden Forderungen – Texttreue einerseits und Verständlichkeit andererseits – zu erreichen. Es sollte nicht nur eine Umschreibung des Inhalts gegeben werden; vielmehr ist versucht worden, die Einheit von Inhalt und Form weitgehend ernst zu nehmen und den Stil des Talmud, wo immer es anging, nachzubilden. So ist kein Wert auf moderne Differenziertheit des Ausdrucks gelegt, wo etwa der Stil der Diskussionswiedergabe durch das monotone »Er sagte zu ihm« geprägt ist, das jedesmal den Wechsel der Rede zum Gesprächspartner einführt.

Häufig werden im Hebräischen im selben Satz Worte derselben Familie oder Worte von ähnlichem konsonantischem Aufbau gebraucht. Wo es anging, wurde diese Stileigentümlichkeit nachgebildet, oft aber hätte sich im Deutschen kein rechter Sinn ergeben. Ebenfalls wurde versucht, gleiche Worte und Ausdrücke, auch wenn sie an ganz anderen und entfernten Stellen wieder vorkommen, gleich wiederzugeben. Auch die Kürze und Prägnanz des Textes sollte möglichst erhalten bleiben. Sie ist aber vor allem bei halachischen Texten kaum wiederholbar. Oft steht nur ein Stichwort, das dem Kundigen ganze Zusammenhänge erschließt. Hier war gelegentlich eine Umschreibung notwendig, damit der Text überhaupt lesbar wurde.

Durch den Sington, in dem der Talmud gelernt wird, werden die Sätze abgeteilt und in ihrer Funktion verständlich gemacht, denn Satzzeichen kennt der Text nicht. So ist es oft schwer zu entscheiden, ob es sich um Frage oder Aussage handelt. Der Platz innerhalb der Diskussion mußte deshalb so genau wie möglich herausgearbeitet werden.

Den Anschauungsgehalt der Sprache, die Bildhaftigkeit der Worte, die Anspielungskraft sind Dinge, die nur annäherungsweise wiedergegeben werden können. Um aber wenigstens einen Eindruck davon zu geben, ist oft lieber auf ein glattes, eingängliches Deutsch verzichtet worden, das zu blaß und abgezogen geklungen hätte.

Die Sprache des Talmud besitzt einen besonders starken Anspielungsgehalt auf das Wort der Bibel, was bei allem Geformtsein der deutschen Sprache durch Luthers Bibelübersetzung doch hier nicht so der Fall ist und also nicht durchweg nachgebildet werden konnte. Andererseits wird auffallen, daß ein Bibeltext bei seiner Auslegung manchmal einen völlig anderen Sinn erhält, als er im biblischen Zusammenhang hat. Das bedeutet nicht, daß die Gelehrten den Text verändert hätten. Da aber der Bibeltext damals nur mit Konsonanten ohne Vokalzeichen geschrieben wurde, wie auch der Talmudtext und das moderne Hebräisch geschrieben werden, konnten die Ausleger durch andere Vokale einen Sinn des Wortes aufdecken, der bis dahin verborgen war, der aber nach ihrer Meinung von Anbeginn darin enthalten war. Gott hat sein Wort vielschichtig und lebendig erschaffen und den Menschen die Aufgabe gegeben, es von immer neuen Seiten her auszuschöpfen. Solche verschiedenen Deutungen in der Übersetzung nachzuformen ist oft nicht möglich, selbst wenn es sich nur um eine Verschiebung der Bedeutung innerhalb der Variationsbreite eines Wortes handelt. Die Übersetzung der Bibelzitate lehnt sich stark an die Verdeutschung von Martin Buber gemeinsam mit Franz Rosenzweig an, weil hier am meisten gewagt wurde, das Eigentümliche des Urlautes hervortreten zu lassen.

Für talmudische Fachausdrücke, die in den meisten Übersetzungen als Fremdwörter stehenbleiben, wurde eine Übertragung versucht, die der Differenziertheit des Originalwortes und der Entwicklung seiner Wurzel nahezukommen trachtet. So wurden im Bereich des Kultischen, der für Außenstehende besonders schwer zugänglich ist, für das »rein« und »unrein«, das eigentlich kultfähig bzw. kultunfähig bedeutet, die durch sonstigen Gebrauch wenig belasteten Ausdrücke »tauglich« und »maklig« gewählt.[109] Ähnlich ist das etwas abgegriffene Wort »Gerechter« durch »Bewährter« wiedergegeben worden. Andererseits wurde etwa der Begriff »Geldurteile« sinngemäß mit »Zivilrecht« übersetzt, um eine bessere Vorstellung zu geben; dagegen ist ein so umfassender Ausdruck wie »Halacha« durch »Lebensregel«, »Lehrentscheidung« oder »geltende Norm«, je nach der Bedeutung, wiedergegeben worden.

109 Über Worte, auch in den Einleitungen und Anmerkungen, die nicht unmittelbar verständlich werden, gibt ein Verzeichnis im Anhang (Seite 652 ff.) Auskunft.

Zur Schreibung und Aussprache der Namen. Der eigentliche Name Gottes wurde im Judentum nicht ausgesprochen, außer vom Hochpriester am Großen Versöhnungstag im Allerheiligsten des Jerusalemer Tempels. Seine vier Konsonanten werden in der Bibel mit den Vokalzeichen des Wortes »Mein Herr« versehen und auch so gesprochen.[110] Auch die Bezeichnung »Gott« kommt außer in Bibelzitaten kaum vor; es werden die verschiedensten Umschreibungen gewählt, die manchmal frei übersetzt wurden, um erkennen zu lassen, daß von Gott die Rede ist. So wurde das Wort für »Ort« mit »Der Allgegenwärtige« übersetzt, »Erbarmer« mit »Der Allbarmherzige«. Neben der häufigsten Benennung: »Der Heilige, gelobt sei er« steht als Umschreibung auch »Himmel«; häufig sind Passivformen und die unbestimmte dritte Person der Mehrzahl, die gleichsam eine Art himmlisches Kollegium einbeziehen. Der Ausdruck »Einwohnung« meint Gottes Wohnen bei den Menschen, die unmittelbare Nähe und Gegenwart seines Geistes, sein Wirken im Menschenleben.

Die Namen der Menschen sind, soweit es sich um biblische Personen handelt, nach Luthers Übersetzung geschrieben. Die anderen Namen, etwa die Namen der Gelehrten im Talmud, werden in möglichster Nähe ihrer Aussprache wiedergegeben. Dadurch soll ein richtiges Lesen ermöglicht werden. Würdetitel wurden regelmäßig übersetzt, nur die vor dem einzelnen Namen stehenden Titel, »Rabbi« bzw. »Raw«, »mein Meister«, und der ehrenvollere Titel, »Rabban«, »unser Meister«, wurden unübersetzt gelassen.

Für die vorliegende Ausgabe wurde nur der Babylonische, nicht auch der Jerusalemische Talmud verwendet. Zugrunde gelegt wurde die verbreitete Rommsche Wilna-Ausgabe. Durchgehend wurde die Ausgabe von Lazarus Goldschmidt[111] verglichen, die auf den zensurfreien Bombergschen Druck zurückgeht. Wichtig erscheinende Abweichungen vom Wilna-Text

110 Durch falsches Ineinanderlesen der beiden Worte entstand das unsinnige »Jehova«.

111 Der Babylonische Talmud mit Einschluß der vollständigen Mišnah, herausgegeben nach der ersten, zensurfreien Bombergschen Ausgabe (Venedig 1520–23) . . . von Lazarus Goldschmidt. Neun Bände, Haag 1933–1935.

wurden vermerkt. An Übersetzungen wurden die deutsche von Lazarus Goldschmidt[112] und die englische Soncino-Ausgabe[113] verwendet, gelegentlich wurden auch kleinere Sammlungen eingesehen.[114]

112 Der Babylonische Talmud, neu übertragen durch Lazarus Goldschmidt. Zwölf Bände, Berlin 1929–1936; reprogr. Nachdruck, Jüdischer Verlag, Berlin (Wissenschaftliche Buchgesellschaft, Darmstadt) 1964–67.

113 The Babylonian Talmud, translated into English with Notes, Glossary and Indices under the Editorship of Rabbi Dr. I. Epstein, 18 Volumes, London 1933–1948.

114 Davon seien besonders erwähnt: S. Funk, Talmudproben, Sammlung Göschen, Leipzig 1912; N. N. Glatzer, Gespräche der Weisen, Bücherei des Schocken Verlags 42, Berlin 1935; K. Schlesinger, Die Gesetzeslehrer, Bücherei des Schocken Verlags 71, Berlin 1936; M. Zobel, Der Sabbat, Bücherei des Schocken Verlags 25, Berlin 1935; M. Zobel, Das Jahr des Juden, Bücherei des Schocken Verlags 55–56, Berlin 1936; M. Zobel, Gottes Gesalbter, Bücherei des Schocken Verlags 90–91, Berlin 1938. Weiter: C. G. Montefiore and H. Loewe, A Rabbinic Anthology, Philadelphia 1960; N. N. Glatzer, A Jewish Reader, New York 1961; A. Cohen, Everyman's Talmud, New York/London 1949. – Umfangreichere Sammlungen: W. Bacher, Die Agada der Tannaiten, 2 Bände, Straßburg 1884 und 1890; W. Bacher, Die Agada der Palästinensischen Amoräer, 3 Bände, Straßburg 1892, 1896 und 1899; W. Bacher, Die Agada der Babylonischen Amoräer, Frankfurt am Main, 1913; S. Funk, A. Neumann, A. Wünsche, Monumenta Hebraica – Monumenta Talmudica, 5 Bände, Wien und Leipzig 1913 und 1914; reprogr. Nachdruck der Bände 1, 2, 4 und 5, Verlag Benjamin Harz, früher Berlin (Wissenschaftliche Buchgesellschaft, Darmstadt), 1972; A. Wünsche, Der Babylonische Talmud in seinen haggadischen Bestandteilen, 2 Bände, Leipzig 1886 und 1889. – Spezielle Themata behandeln etwa: A. M. Goldberg, Untersuchungen über die Vorstellung von der Schekhinah in der frühen rabbinischen Literatur-Talmud und Midrasch-, Verlag Walter de Gruyter, Berlin 1969; J. Maier, Jesus von Nazareth in der talmudischen Literatur, Darmstadt 1978; P. Schäfer, Die Vorstellung vom heiligen Geist in der rabbinischen Literatur, Kösel-Verlag, München 1972. – Eine handliche Übersicht und Zusammenfassung jüdischen Brauchtums: S. Ganzfried – S. Bamberger, Kizzur Schulchan Aruch, 2 Bände, Basel o. J. Zum weiterführenden Studium seien aus der Fülle der Literatur aufgezählt: J. B. Agus, The Evolution of Jewish Thought, New York 1959; Ch. Albeck, Einführung in die Mischna, Verlag Walter de Gruyter, Berlin und New York 1971; M. Avi-Yonah, Geschichte der Juden im Zeitalter des Talmud in den Tagen von Rom und Byzanz, Berlin 1962; L. Baeck, Paulus, die Pharisäer und das Neue Testament, Frankfurt am Main 1961, besonders wichtig der Aufsatz über die Pharisäer, Seite 41–98; W. G. Braude, Jewish Proselyting. In the First Five Centuries of the Common Era. The Age of Tannaim and Amoraim, Wis-

consin 1940; Z. H. Chajes, The Student's Guide through the Talmud, London 1952; J. N. Epstein, Introduction to Tannaitic Literature. Mishna, Tosephta and Halakhic Midrashim (hebräisch), Tel Aviv/Jerusalem 1957; Z. W. Falk, Introduction to Jewish Law of the Second Commonwealth, Part 1, Verlag E. J. Brill, Leiden 1972; L. Finkelstein, The Jews. Their History, Culture, and Religion, 2 Volumes, New York 1955; L. Finkelstein, The Pharisees. The Sociological Background of their Faith, 2 Volumes, Philadelphia 1962; L. Ginzberg, On Jewish Law and Lore, Philadelphia 1955; N. N. Glatzer, Geschichte der talmudischen Zeit, Bücherei des Schocken Verlags 81–82, Berlin 1937; M. Guttmann, Das Judentum und seine Umwelt. Eine Darstellung der religiösen und rechtlichen Beziehungen zwischen Juden und Nichtjuden mit besonderer Berücksichtigung der talmudisch-rabbinischen Quellen, Berlin 1927; T. Herford, Die Pharisäer, Leipzig 1928; L. Jacobs, Studies in Talmudic Logic and Methodology, London 1961; M. Kadushin, The Rabbinic Mind, New York 1952; J. Z. Lauterbach, Rabbinic Essays, Cincinnati 1951; M. Mielziner, Introduction to the Talmud, Cincinnati-Chicago 1894; G. F. Moore, Judaism in the First Centuries of the Christian Era. The Age of the Tannaim, 3 Volumes, Cambridge 1954; S. Schechter, Studies in Judaism, 3 Volumes, Philadelphia 1945; H. L. Strack, Einleitung in Talmud und Midraš, München 1930. Die neueste, umfassendste und gründlichste Darstellung des Pharisäertums: E. E. Urbach, The Sages, Their Concepts and Beliefs, 2 Bände, Jerusalem 1975.

URZEIT

Die biblischen Texte, die von dem urzeitlichen Gotteswort erzählen, durch das Himmel und Erde geschaffen worden sind, wurden von den Männern des Talmud immer wieder neu durchdacht und für ihre Zeit exegetisch ausgewertet. Das Ergebnis ihrer Forschung, eine vielgestaltige Aggada, grenzt gegen heidnische Mythen, christliche Glaubenssätze und gnostische Weltverachtung mit Askese oder Gebotslosigkeit ab und weist zugleich eigene Wege.

Der wichtigste theologische Satz des Judentums, daß der Gott Israels einzig und allein Herr ist, gilt schon in einer besonderen Weise für den Bereich der Schöpfung. Der Schöpfer hatte keinen Gegenspieler und keinen Partner; kampflos, souverän in dem Wort, das Tat ist, gebietend, heißend und ansprechend, verwirklichte er seinen Plan. Der jüdische Glaube an die Einheit Gottes mußte Ketzern gegenüber gerade auch an den Texten erwiesen werden, die das dualistische Mißverständnis zu stützen schienen. Aber auch Menschen der eigenen Gemeinde, die sich weit hinauswagten, um letzte Geheimnisse zu ergründen, mußten von ihren Spekulationen weg und zu der eigentlichen Aufgabe hin geführt werden, angesichts der Wunder gehorsam zu leben.

Von ehrfürchtigem Dank umschlossen sind auch die Fragen nach den Ursprüngen, nach Abgründigem und Unheimlichem, von dem auch Menschen des Glaubens bedrängt werden können. Das Feuer des werktäglichen Gebrauches etwa, dann auch das ewige Feuer der Hölle, gleichsam ein gebändigter Rest des Chaotischen, mußte, wiewohl davon nicht ausdrücklich berichtet ist, von Gott erschaffen worden sein; denn die Einheit des Schöpfers fordert auch die Einheit der Schöpfung. So bleibt kein Raum für die Furcht vor Zwiespältigem oder für die Klage über eine Unvollkommenheit. Im Gegenteil, wo trotz aller Rätsel der Glaube an die Einheit errungen und festgehalten wird, da bleibt nur die dankbare Bejahung: für diese Welt, wie sie

Gott erschaffen hat, als die schönste und beste Gabe für den Menschen, über der das göttliche Wort steht:[1] »Siehe, es war sehr gut.«

Anfang und Ziel der ganzen Schöpfung ist die Menschheit, geschaffen in der Gleichheit des Urmenschen mit wunderbarem Prägstock, so daß nicht ein Mensch dem anderen gleicht. Jeder ist einmalig und unvertretbar, aber vom Ursprung her von gleicher Würde und gleichem Recht; auch die Feinde, etwa die Ägypter, stehen vor Gott wie Israel.[2] Die Geschöpflichkeit wird ernst genommen, bejaht und geliebt: Geschlechtlichkeit und Schönheit, Essen und Trinken ermöglichen die Heiligung des Lebens und begründen eine Freude, die durch asketische Weltverachtung nicht eigenmächtig geschmälert werden darf.

Aber durch des Menschen Schuld sind seine Werke verdorben, der urtümliche Anfang ist gestört durch Ungehorsam. Am Gebot, das zum Leben gegeben wurde, hat der Mensch versagt. Und doch ist aus dem Fluch Gottes noch ein Segen erwachsen. Erst indem Gott den Menschen zwischen die beiden Kräfte, die gute und die böse Leidenschaft, stellt, wird Geschichte eigentlich ermöglicht. Das richtungslos Treibende zu lenken, zu läutern und zu heben, das ist des Menschen Freiheit, die höchste Steigerung der Schöpfung. Widerspruch und Forderung, der Kampf mit Siegen und Niederlagen wird als Aufgabe begriffen, die Welt für den einen Gott immer wieder neu zu einen.

Die derart Ausgesetzten erfahren in der Weisung, in Gebot und Verheißung, daß sie täglich neu wunderbar erhalten und gehalten sind von der großen Geduld dessen, der sie trotz allen Versagens zur Partnerschaft an seinem Werke ruft. Auf den Bewährten, die in jedem Geschlecht verborgen leben, ist die Welt wie auf festen Säulen gegründet. Aber die größte Möglichkeit in der Geschichte, schon vor der Schöpfung eingeplant, ist die Umkehr. Die Tore der Umkehr sind allezeit offen, und einen Tag vor seinem Tod, also tagtäglich, soll ein Mensch umkehren. In der Schöpfung ist ein Weg eröffnet für die Geschichte, wo Menschen je ihre Antwort zu geben haben, eine Antwort des Lebens,

1 1. Mose 1, *31*.

2 Die Urgeschichte endet mit der »Völkertafel« 1. Mose 10, die alle Menschenwelt umschließt.

des Gehorsams auf den Anspruch Gottes. Und von hier aus spannt sich dann der weite Bogen hinüber zur Endzeit, wo Gott seinerseits auf des Menschen Antwort antworten wird. Dann hat er das letzte Wort, und sichtbarlich ist er alles in allem, der Eine und Einzige, der er von Anfang her war.

DIE ERSCHAFFUNG DER WELT

Gericht und Gnade

Raw Sutra, Tobias Sohn, sagte, Raw habe gesagt: Durch zehn Antriebe wurde die Welt erschaffen: durch Weisheit und durch Einsicht und durch Erkenntnis, durch Kraft und durch Schelten und durch Stärke, durch Gerechtigkeit und Gericht, durch Gnade und Erbarmen.[1]

Durch Weisheit und durch Einsicht, denn es steht geschrieben:[2] *Durch Weisheit hat der Herr die Erde gegründet, durch Einsicht die Himmel aufgerichtet.* Durch Erkenntnis, denn es steht geschrieben:[3] *Durch seine Erkenntnis wurden die Urfluten zerspalten.* Durch Kraft und Stärke, denn es steht geschrieben:[4] *Der durch seine Kraft Berge aufrichtet, durch Stärke gegürtet.* Durch Schelten, denn es steht geschrieben:[5] *Himmelssäulen schwanken und sind bestürzt vor seinem Schelten.* Durch Gerechtigkeit und Gericht, denn es steht geschrieben:[6] *Gerechtigkeit und Gericht sind die Grundfesten deines Thrones.* Durch Gnade und Erbarmen, denn es steht geschrieben:[7] *Gedenke deines Erbarmens, Herr, und deiner Gnaden, denn von Urzeit an sind sie!* Chagiga 12 a

1 Die sich steigernden Gegensatzgruppen gipfeln in Gnade und Erbarmen.
2 Sprüche 3,*19*.
3 Sprüche 3,*20*.
4 Psalm 65,*7*.
5 Hiob 26,*11*.
6 Psalm 89,*15*.
7 Psalm 25,*6*.

Himmel und Erde zugleich

Unsere Meister lehrten: Die vom Lehrhause Schammais sagten: Die Himmel wurden zuerst erschaffen, und daraufhin wurde die Erde erschaffen, denn es heißt:[8] *Im Anfang erschuf Gott die Himmel und die Erde.* Und die vom Lehrhause Hillels sagten: Die Erde wurde zuerst erschaffen und daraufhin die Himmel, denn es heißt:[9] *Am Tage, da der Herr, Gott, Erde und Himmel machte.*

Die vom Lehrhause Hillels sagten zu denen vom Lehrhause Schammais: Nach euren Worten baut ein Mensch den Oberstock, und daraufhin baut er das Haus, denn es heißt:[10] *Der in den Himmeln sein Obergemach baut und sein Gewölbe über der Erde gründet.* Die vom Lehrhause Schammais sagten zu denen vom Lehrhause Hillels: Nach euren Worten macht ein Mensch den Fußschemel, und daraufhin macht er den Stuhl, denn es heißt:[11] *So spricht der Herr: Die Himmel sind mein Stuhl und die Erde ist meiner Füße Schemel.* Die Weisen aber sagen: Diese und jene wurden gemeinsam erschaffen,[12] denn es heißt:[13] *Hat doch meine Hand die Erde gegründet und meine Rechte die Himmel ausgespannt. Ich rufe ihnen zu – zusammen stehen sie da.* Chagiga 12 a

Die Jahreszeit der Schöpfung

Es wird gelehrt: Rabbi Elieser sagt: Im Tischri wurde die Welt erschaffen,[14] im Tischri wurden die Väter geboren,[15] im Tischri

8 1. Mose 1,*1*.

9 1. Mose 2,*4*. Die verschiedene Reihenfolge der Aufzählung in den beiden verschiedenen Schöpfungsgeschichten wurde zum Anlaß einer exegetischen Kontroverse.

10 Amos 9,*6*.

11 Jesaja 66,*1*.

12 Spätere Gelehrte fanden einen Schriftbeweis, der einen Kompromiß ermöglichte: Himmel und Erde wurden zugleich erschaffen.

13 Jesaja 48,*13*.

14 Es folgt eine Auseinandersetzung zwischen Rabbi Elieser und Rabbi Jehoschua über den Zeitpunkt der Weltschöpfung und daran anknüpfend über andere bedeutsame Daten. Beide Gelehrte denken sich die Schöpfung zu Beginn des Jahres; da es aber im Judentum verschiedene Jahresanfänge gibt, können ihre Meinungen voneinander abweichen. Am 1. Tischri, im

sind die Väter gestorben.[16] An Pesach wurde Isaak geboren,[17] an Neujahr wurden Sara, Rahel und Hanna bedacht,[18] an Neujahr kam Joseph aus dem Gefängnis,[19] an Neujahr hörte der Sklavendienst unserer Väter in Ägypten auf,[20] im Nisan wurden sie erlöst,[21] und im Tischri werden sie zukünftig erlöst.[22]

Rabbi Jehoschua sagt: Im Nisan wurde die Welt erschaffen, im Nisan wurden die Väter geboren,[23] im Nisan sind die Väter gestorben.[16] An Pesach wurde Isaak geboren,[17] an Neujahr wurden Sara, Rahel und Hanna bedacht,[18] an Neujahr kam Joseph aus dem Gefängnis,[19] an Neujahr hörte der Sklavendienst unserer Väter in Ägypten auf,[20] im Nisan wurden sie erlöst,[21] und im Nisan werden sie zukünftig erlöst.[24]

Es wird gelehrt: Rabbi Elieser sagt: Woraus ist zu schließen,

Herbst, beginnt das neue Kalenderjahr; der 1. Nisan, im Frühjahr, ist der Jahresanfang für die Zählung der Monate und der Feste, früher besonders für die Zählung der Regierungsjahre der Könige. Jeder der beiden Gelehrten legt nun auf den Geburtstag der Welt, wie er seiner Meinung entspricht, auch andere wichtige, unbekannte Daten, während beide über Daten, die in der Bibel deutlichere Anhaltspunkte haben, übereinstimmen.

15 Nach 1. Könige 8,2. Aus dem alten hebräischen Namen für den Monat Tischri, der als »fest«, »dauerhaft« gedeutet wurde, las man heraus, daß in ihm die »Dauernden« geboren wurden, nämlich die Väter Abraham, Isaak und Jakob.

16 Aus 5. Mose 31,*2* schließen beide Meister, daß Gott den Frommen ihre Lebensjahre voll werden läßt.

17 1. Mose 18,*14* wurde von den Meistern so verstanden, daß Abraham zum nächsten Fest der Sohn verheißen wird. Der größte Abstand zwischen zwei Festen liegt zwischen Laubhütten- und Pesachfest, in einem Schaltjahr beträgt er sieben Monate.

18 Das Neujahrsfest heißt in der Gebetsordnung »Tag des Gedenkens«; in den Erzählungen über Rahel und Hanna heißt es (1. Mose 30,*22* und 1. Samuel 1,*19*), daß Gott ihrer »gedachte«, ähnlich von Sara 1. Mose 21,*1*; dazu auch 1. Mose 19,*29*.

19 Nach Psalm 81,*4–7*.

20 Analogie von »Frondienst« in 2. Mose 6,*6* und Psalm 81,*7*.

21 2. Mose 12.

22 Analogie zwischen Psalm 81,*4* und Jesaja 27,*13*: der Posaunenstoß am Neujahrsfest und am Ende der Tage.

23 Aus dem alten Namen des Frühlingsmonats 1. Könige 6,*1* liest Jehoschua heraus, daß in ihm die »Prächtigen« geboren wurden.

24 2. Mose 12,*42*: Die Pesachnacht wird hier »Verwahrungsnacht« genannt, woraus Jehoschua schließt, daß sie vom Anfang bis zum Ende der Tage aufbewahrt wird.

daß die Welt im Tischri erschaffen wurde? Weil es heißt:[25] *Da sprach Gott: Hervorgrünen lasse die Erde junges Grün, Kraut, das Samen trägt, und Fruchtbäume.* Welcher Monat ist es, an dem die Erde junges Grün hervorbringt und Bäume voller Früchte hat? Sage selber: Das ist der Tischri! Und ebendiese Periode ist auch die Zeit des Frühregens:[26] Der Regen fiel und es sproßte, wie es heißt:[27] *Eine Wolke stieg von der Erde auf.*[28]

Rabbi Jehoschua sagt: Woraus ist zu schließen, daß die Welt im Nisan erschaffen wurde? Weil es heißt:[29] *Da trieb die Erde hervor junges Grün, Kraut, das Samen trägt . . . und fruchtbringende Bäume.* Welcher Monat ist es, an dem die Erde voll jungen Grüns ist und der Baum seine Früchte hervortreibt?[30] Sage selber: Das ist doch der Nisan! Und ebendiese Periode ist auch die Zeit, zu der sich Tier, Wild und Geflügel miteinander paaren, wie es heißt:[31] *Mit Schafen bekleidet haben sich die Auen . . .* Rosch Haschana 10 b/11 a

Die Entstehung des Feuers

Ist denn das Feuer am Ausgang des Schabbat erschaffen worden,[32] wo doch gelehrt wird: Zehn Dinge wurden am Vorabend

25 1. Mose 1,*11*.

26 Nach dem Frühregen im Herbst belebt sich die Natur wieder.

27 1. Mose 2,*6*.

28 Die Wiedergabe des unsicheren Wortes schwankt zwischen »Dunst« und »Flut«. Hier wurde es mit den Targumim als »Wolke« wiedergegeben. Dieser Vers aus dem Schöpfungsbericht weist Elieser ebenfalls auf den Herbst hin.

29 1. Mose 1,*12*.

30 Den etwas verschiedenen Wortlaut der beiden parallelen Verse kann jeder der beiden Gelehrten zu seinen Gunsten auslegen, je nachdem, ob er den Schwerpunkt auf den Anfang oder auf die Vollendung des Grünens bzw. Fruchttragens legt: Im Herbst beginnt nach dem Regen das Grün wieder zu sprossen, und die Baumfrüchte sind gereift, im Frühjahr ist dann alles üppig grün, und die neuen Früchte beginnen erst anzusetzen; denn in Israel gibt es ein Neuwerden der Natur sowohl im Herbst als auch im Frühling, einmal für das Grün und einmal für die Bäume.

31 Psalm 65,*14*. Der Vers geht weiter: »Mit Getreide umhängen sich die Täler, jauchzen sich zu und singen.«

32 Die Frage geht auf eine entsprechende Behauptung im Zusammenhang einer Diskussion über das Schabbatlicht zurück.

des Schabbat im Zwielicht erschaffen? Das sind sie: Der Brunnen,[33] das Manna, der Regenbogen, die Schriftform, der Griffel, die Tafeln,[34] Moses Grab,[35] die Höhle, in der Mose und Elia standen,[36] die Öffnung des Eselinnenmauls,[37] die Öffnung des Erdschlundes, um die Frevler zu verschlingen.[38] Rabbi Nechemja sagte im Namen seines Vaters: Auch das Feuer und der Maulesel.[39] Rabbi Joschija sagte im Namen seines Vaters: Auch der Widder[40] und der Schneidewurm.[41] Rabbi Jehuda sagt: Auch die Zange. Er sagte nämlich: Eine Zange kann nur durch eine andere Zange gefertigt werden. Aber wer fertigte die erste Zange? Sie ist also ein Geschöpf des Himmels. Man sagte ihm: Es ist möglich, sie in einer Gußform herzustellen und sie auf diese Weise zustande zu bringen. Sie ist also eine Schöpfung des Menschen. Das ist keine Schwierigkeit:[42] Das eine bezieht sich auf unser Feuer, das andere auf das Feuer der Hölle. Unser Feuer wurde am Ausgang des Schabbat erschaffen, das Feuer der Hölle aber am Vorabend des Schabbat.

Also ist das Feuer der Hölle am Vorabend des Schabbat erschaffen worden? Es wird doch gelehrt: Sieben Dinge wurden vor Erschaffung der Welt erschaffen? Und das sind sie: Die Weisung, die Umkehr, der Garten Eden, die Hölle, der Thron

33 Dazu 4. Mose 20,*7 ff.*

34 Gemeint sind die Schriftform, der Griffel und die Tafeln für das Zehngebot, das Mose von Gott gegeben wurde.

35 Zum Geheimnis um Moses Grab: 5. Mose 34,*6*.

36 2. Mose 33,*22* und 1. Könige 19,*9*.

37 Von Bileams Eselin: 4. Mose *22,23 ff.*

38 Gemeint ist der Untergang der Rotte Korahs, 4. Mose 16,*31 ff.*

39 Die Frage nach dem Geheimnis des Feuers und seines Ursprungs ist die Mitte dieser Aggada, die in einer gegensätzlichen Entsprechung zur Prometheus-Sage endet. Der Maulesel ist hier genannt, weil er eine Kreuzung ist und darum nicht in die Reihe der Tiere gehört, die am sechsten Tag erschaffen wurden.

40 Der Widder, den Abraham an Isaaks Stelle opferte.

41 Das Wort bedeutet in der Bibel »Diamant«. Im Talmud ist Schamir ein legendäres Wesen, von dem nicht sicher ist, ob es animalisch oder mineralisch ist. Nach der Legende diente es Mose zum Gravieren der Edelsteine auf der Brustplatte des Hochpriesters und Salomo zum Tempelbau, bei dem keine Eisenwerkzeuge benutzt werden durften.

42 Es geht um die Auseinandersetzung, ob das Feuer am Vorabend – so Rabbi Nechemja – oder am Ausgang des Schabbat erschaffen worden sei.

der Herrlichkeit, das Heiligtum und der Name des Messias. Die Weisung, denn es steht geschrieben:[43] *Der Herr hat mich als Anfang seines Weges erworben.* Die Umkehr, denn es steht geschrieben:[44] *Ehe die Berge geboren wurden;* ferner steht geschrieben:[44] *Du bringst den Menschen zur Zerknirschung und sprichst: Kehrt um, Menschenkinder!* Der Garten Eden, denn es steht geschrieben:[45] *Der Herr, Gott, pflanzte einen Garten in Eden von Urzeit an.* Die Hölle, denn es steht geschrieben:[46] *Denn von jeher ist eine Feuerstätte zubereitet.* Der Thron der Herrlichkeit und das Heiligtum, denn es steht geschrieben:[47] *Ein Thron der Herrlichkeit, eine Höhe von Anfang an, Ort unseres Heiligtums.* Der Name des Messias, denn es steht geschrieben:[48] *Sein Name wird für immer bleiben, vor der Sonne sproßt sein Name.*[49] Manche sagen:[50] Ihr Raum wurde vor Erschaffung der Welt erschaffen, ihr Feuer aber am Vorabend des Schabbat.

Also ist ihr Feuer am Vorabend des Schabbat erschaffen worden? Es wird doch gelehrt: Rabbi Jose sagt: Das Feuer, das der Heilige, gelobt sei er, am zweiten Tage der Woche erschaffen hat, wird nimmermehr verlöschen,[51] wie geschrieben steht:[52] *Sie werden hinausgehen und die Leichen der Menschen ansehen, die von mir abgefallen sind; denn ihr Wurm wird nicht sterben, und ihr Feuer wird nicht verlöschen.* Ferner sagte Rabbi Banaa, Rabbi Ulas Sohn: Warum wurde am zweiten Schöpfungstage nicht gesagt: Es ist gut? Weil an ihm das Feuer der Hölle erschaffen wurde. Dagegen sagte Rabbi Elasar: Obwohl an ihm nicht gesagt wurde: Es ist gut, so ist das doch am sechsten Tage

43 Sprüche 8,*22*.

44 Psalm 90,*2 f*.

45 1. Mose 2,*8*. Was sonst räumlich gefaßt ist (»gegen Morgen hin«), wird hier in zeitlichem Sinne verstanden.

46 Jesaja 30,*33*.

47 Jeremia 17,*12*.

48 Psalm 72,*17*. Der Wunsch in diesem »Messiaspsalm« gilt dem König.

49 »Vor« ist hier zeitlich gebraucht.

50 Zur Lösung der Schwierigkeit, ob die Hölle am Vorabend des Schabbat oder schon vor der Schöpfung erschaffen wurde.

51 Gemeint ist das Höllenfeuer. Daß es nicht verlöscht, beweist Rabbi Jose mit Jesaja 66,*24*; daß es am zweiten Tag erschaffen wurde, beweist Rabbi Banaa anschließend auf Grund von 1. Mose 1,*8*.

52 Jesaja 66,*24*.

mit eingeschlossen, denn es heißt:[53] *Und Gott sah alles, was er gemacht hatte, und siehe, es war sehr gut.* Vielmehr ist ihr Raum vor Erschaffung der Welt und ihr Feuer am zweiten Schöpfungstag erschaffen worden.[54]

Für unser Feuer dagegen faßte er den Plan, es am Vorabend des Schabbat zu erschaffen; es wurde aber erst am Ausgang des Schabbat erschaffen. Es wird nämlich gelehrt: Rabbi Jose sagt: Für zwei Dinge faßte er den Plan, sie am Vorabend des Schabbat zu erschaffen, aber sie wurden erst am Ausgang des Schabbat erschaffen. Am Ausgang des Schabbat gab der Heilige, gelobt sei er, dem ersten Menschen Erkenntnis von der Art, wie sie von oben her kommt. Da brachte dieser zwei Steine und rieb sie aneinander. Da ging Feuer aus ihnen hervor. Pesachim 54 a

Die Einzigkeit des Schöpfers

Rabbi Jochanan sagte: Alle Bibelstellen, mit denen die Ketzer ihre Freigeisterei beweisen, haben ihre Antwort bei sich:[55] *Wir wollen einen Menschen machen nach unserem Ebenbilde* – dagegen sagt die Schrift: *Da erschuf Gott den Menschen nach seinem Bilde.*[56] *Wohlan, wir wollen hinabfahren, und wir wollen daselbst ihre Sprache verwirren – Da stieg der Herr hinab, die Stadt und den Turm zu besehen.*[57] *Denn daselbst hatten die Gottheiten sich ihm offenbart – Dem Gott, der mir antwortete am Tage meiner Drangsal.*[58] *Denn welcher große Stamm ist, der*

53 1. Mose 1,*31*.

54 Damit ist die Diskussion über das Höllenfeuer beendet, und der eigentliche Gegenstand der Aggada, das von Menschen gebrauchte Feuer, wird wiederaufgenommen.

55 Da das gewöhnliche hebräische Wort für Gott eine Pluralform ist und gelegentlich auch mit dem Zeitwort oder Eigenschaftswort in der Mehrzahl verbunden wird, konnten gnostisierende Gruppen solche Bibelstellen in einer Weise auslegen, daß pharisäische Juden demgegenüber die Einzigkeit Gottes betonen mußten. Sie führten als Gegenbeweis in unmittelbarer Nähe stehende Stellen an, in denen von Gott im Singular gesprochen wird. Die Übersetzung versucht, diese beiden gegensätzlichen Möglichkeiten der Interpretation an den Texten herauszuarbeiten.

56 1. Mose 1,*26* – 1. Mose 1,*27*.

57 1. Mose 11,*7* – 1. Mose 11,*5*.

58 1. Mose 35,*7* – 1. Mose 35,*3*.

Gottheiten hätte, die ihm nahe sind – wie der Herr, unser Gott, sooft wir zu ihm rufen.[59] *Und wer ist wie dein Volk, wie Israel, ein einziger Stamm auf Erden, daß Gottheiten hingegangen wären – damit Er es sich zum Volk erkaufe.*[60] *Bis Throne aufgestellt wurden – und ein Hochbetagter sich setzte.*[61]

Wozu sind diese Pluralstellen dann vorhanden? Das hat Rabbi Jochanan beantwortet. Rabbi Jochanan sagte nämlich: Der Heilige, gelobt sei er, tut nichts, ohne daß er sich mit der oberen Dienerschaft berät, denn es heißt:[62] *Auf dem Beschluß der Wachengel beruht der Erlaß und auf dem Spruch der Heiligen die Angelegenheit.* Das alles könnte befriedigen, aber: *Bis Throne aufgestellt wurden* – was gibt es da zu sagen? Einer für Ihn und einer für David;[63] es wird nämlich gelehrt: Einer für Ihn und einer für David – das sind Worte Rabbi Akiwas.

Rabbi Jose sagte zu ihm: Akiwa, wie lange noch entweihst du die Einwohnung! Nein, sondern einer für das Gericht und einer für die Gnade. Hat Rabbi Akiwa diese Erklärung von Rabbi Jose angenommen, oder hat er sie nicht von ihm angenommen? Komm und höre: Es wird nämlich gelehrt: Einer für das Gericht und einer für die Gnade – das sind Worte Rabbi Akiwas. Rabbi Elasar, Asarjas Sohn, sagte zu ihm: Akiwa, was hast du mit erbaulicher Auslegung zu schaffen? Befasse dich lieber mit »Aussatz« und »Bezeltung«![64] Nein, sondern einer als Stuhl und einer als Schemel; nämlich den Stuhl, um darauf zu sitzen, und den Schemel als Fußbank.[65] Sanhedrin 38 b

59 5. Mose 4,*7a* – 5. Mose 4,*7b*.
60 2. Samuel 7,*23*, erste Vershälfte.
61 Daniel 7,*9*, erste Vershälfte.
62 Daniel 4,*14*.
63 Diese Antwort Rabbi Akiwas spielt auf Psalm 110,*1* an, der hier noch im herkömmlichen Sinn interpretiert wird. Seitdem aber Christen das »Sitzen zur Rechten Gottes« für Jesus als dem Sohn Davids in Anspruch nahmen, wurde eine solche Auslegung im Judentum als Ketzerei empfunden. Darum wurde Akiwa zurechtgewiesen.
64 Rabbi Akiwa war ein Mann der Halacha und nicht so sehr der Aggada. Er wird hier in seinen eigenen Forschungsbereich verwiesen, und zwar an die beiden schwierigsten Traktate.
65 Dazu Jesaja 66,*1*. Mit dieser Interpretation ist die Einheit streng festgehalten.

Hoch und erhaben

Es wird gelehrt: Rabbi Jochanan, Sakkais Sohn, sagte: Welche Antwort gab die Stimme jenem Frevler in der Stunde, da er sagte:[66] *Ich steige auf Wolkenhöhen und gleiche dem Höchsten*? Da kam eine Art Stimme hervor und sprach zu ihm: Frevler, Sohn eines Frevlers, Sohnessohn des Nimrod,[67] dieses Frevlers, der die ganze Welt gegen Ihn aufwiegelte durch seine Herrschaft! Wieviel Jahre lebt denn ein Mensch überhaupt? Siebzig Jahre; denn es heißt:[68] *Unsre Zeit währt siebzig Jahre, und wenn voll Kraft, sind's achtzig Jahre.* Nun ist doch die Entfernung von der Erde bis zum Firmament eine Fußreise von fünfhundert Jahren. Und ebenso die Tiefe des Firmaments eine Fußreise von fünfhundert Jahren. Und ebenso zwischen jedem einzelnen Firmament. Darüber befinden sich die heiligen Wesen: Die Füße der Wesen sind wie die Entfernung alles Bisherigen, die Fußgelenke der Wesen sind wie alles Bisherige,[69] die Unterschenkel der Wesen sind wie alles Bisherige, die Oberschenkel der Wesen sind wie alles Bisherige, die Hüften der Wesen sind wie alles Bisherige, die Leiber der Wesen sind wie alles Bisherige, die Hälse der Wesen sind wie alles Bisherige, die Köpfe der Wesen sind wie alles Bisherige und die Strahlen der Wesen sind wie alles Bisherige. Darüber befindet sich der Thron der Herrlichkeit: Die Füße des Thrones der Herrlichkeit sind wie alles Bisherige, der Thron der Herrlichkeit ist wie alles Bisherige. Über ihnen allen thront der König, der lebendige und beständige, hohe und erhabene Gott – und da sagtest du: *Ich steige auf Wolkenhöhen und gleiche dem Höchsten. – Doch zum Abgrund wirst du hinabgestürzt, ins Innerste der Grube.*[70] Chagiga 13 a

66 Jesaja 14,*14*: so vermißt sich der König von Babel.

67 Nach 1. Mose 10,*8–11* der erste Gewaltherrscher, Stammvater von Babel und Assur.

68 Psalm 90,*10*.

69 Diese Darstellung, eine geometrische Progression, will von der Unfaßlichkeit der Schöpfung und erst recht des Schöpfers sprechen, indem sie die Größenverhältnisse ins Unvorstellbare steigert.

70 Wie in der Bibel, Jesaja 14,*14* und *15*, so ist auch hier der erste der beiden Sätze als Wort des Frevlers, der letzte als Gerichtswort Gottes verstanden.

Alle Morgen neu

Schmuel sagte zu Chija, Raws Sohn: Gelehrtensohn, komm, ich will dir einige von den erhabenen Worten sagen, die dein Vater gesagt hat: Tag für Tag werden Dienstengel aus dem Feuerstrom erschaffen, sagen den Lobgesang und vergehen, denn es heißt:[71] *Neue für alle Morgen, groß ist deine Treue.* Seine Meinung unterscheidet sich aber von der Rabbi Schmuels, Nachmanis Sohn. Rabbi Schmuel, Nachmanis Sohn, sagte nämlich, Rabbi Jonatan habe gesagt: Durch jedes einzelne Wort, das aus dem Munde des Heiligen, gelobt sei er, hervorgeht, wird ein Engel erschaffen, denn es heißt:[72] *Durch das Wort des Herrn wurden die Himmel gemacht und durch den Hauch seines Mundes all ihr Heer.* Chagiga 14 a

Um des Menschen willen

Was bedeutet:[73] *Denn dies ist der ganze Mensch*? Rabbi Elieser sagte: Die ganze Welt wurde allein um seinetwillen erschaffen. Rabbi Abba, Kahanas Sohn, sagte: Dieser wiegt die Welt ganz und gar auf. Schimon, Asais Sohn, sagt, manche sagen: Schimon, Somas Sohn, sagt: Die ganze Welt wurde allein ihm zur Gemeinschaft erschaffen. Schabbat 30 b

Die Würde des Letzten

Unsere Meister lehrten: Der Urmensch wurde am Vorabend des Schabbat erschaffen. Weshalb wohl? Damit die Ketzer[74] nicht sagen können, der Heilige, gelobt sei er, habe beim Schöpfungswerk einen Partner gehabt.[75] Eine andere Antwort: Wenn einer hochmütig wird, so sagt man zu ihm: Die Mücke war vor dir im

71 Klagelieder 3,*23*.
72 Psalm 33,*6*.
73 Prediger 12,*13*.
74 Im zensierten Text steht: »die Sadduzäer«.
75 Raschi erklärt: Damit man nicht Adam als Partner Gottes bei der Weltschöpfung betrachte und so einen Menschen zum Gott erhebe. Es handelt sich auch um eine Anspielung gegen die christliche Lehre von der Präexistenz des Gottessohnes.

Schöpfungswerk. Eine andere Antwort: Damit er sofort an eine Gebotserfüllung gehen könne.[76] Eine andere Antwort: Damit er sofort zum Festmahl gehen könne.[77] Das ist gleich einem König aus Fleisch und Blut, der Paläste baute und sie ausstattete, ein Festmahl bereitete und daraufhin erst Gäste eintreten ließ.

Sanhedrin 38 a

Der göttliche Prägstock

Auf welche Weise werden die Zeugen bei Kapitalverbrechen eindrücklich vermahnt?[78] Sie führen sie herein und vermahnen sie eindrücklich: Vielleicht kommt, was ihr aussagt, von einer Vermutung oder vom Hörensagen? Habt ihr es aus dem Mund eines Zeugen oder aus dem Mund eines vertrauenswürdigen Menschen? Vielleicht wißt ihr nicht, daß wir schließlich in euch dringen durch Untersuchung und Kreuzverhör? Wisset, daß das Strafrecht nicht dem Zivilrecht gleicht! Beim Zivilrecht kann ein Mensch dem anderen Geld geben, so wird ihm Sühne zuteil. Beim Strafrecht bleibt am falschen Zeugen sein Blut und das Blut seiner Nachkommen hängen bis ans Ende der Welt.[79] Denn so finden wir, daß es bei Kain, der seinen Bruder erschlug, heißt:[80] *Das Geblüt deines Bruders schreit.* Die Schrift sagt nicht: Das Blut deines Bruders, sondern: *Das Geblüt deines Bruders.* Gemeint ist: Sein Blut und das Blut seiner Nachkommen.[81] Eine andere Erklärung für: *Das Geblüt deines Bruders.* Gemeint ist: Es war auf Hölzer und auf Steine gespritzt.

Darum wurde der Mensch einzig erschaffen, um dich zu lehren: Jedem, der eine einzige Seele von Israel verdirbt, rechnet es die Schrift an, als hätte er eine vollständige Welt verdorben.

76 Damit der Urmensch sofort den Schabbat empfangen und feiern könne.

77 Der Mensch kommt erst, wenn die ganze Schöpfung für ihn bereitet ist.

78 An diesem Abschnitt zeigt sich, wie ein Satz der Rechtsprechung von der Schöpfungstheologie her seine Begründung erhält.

79 Der Zeuge könnte durch seine Aussage ein ungerechtes Todesurteil herbeiführen, was einem Mord gleichkäme.

80 1. Mose 4,*10*. Für den Zusammenhang ist wichtig, daß das hebräische Wort für »Blut« in der Mehrzahl steht.

81 Damit soll der Plural von »Blut« erklärt werden, ebenso im folgenden Satz.

Und jedem, der eine einzige Seele von Israel erhält, rechnet es die Schrift an, als hätte er eine vollständige Welt erhalten.[82] Auch wegen des Friedens unter den Geschöpfen, damit kein Mensch zu seinem Nächsten sage: Mein Urvater war größer als dein Urvater. Und damit die Ketzer nicht sagen können: Es gibt mehrere Gewalten in den Himmeln. Und damit die Größe des Heiligen, gelobt sei er, verkündigt werde; denn ein Mensch prägt viele Münzen mit einem einzigen Prägstock, und alle gleichen sie eine der anderen; aber der König über die Könige der Könige, der Heilige, gelobt sei er, prägt alle Menschen mit dem einen Prägstock des ersten Menschen, und nicht ein einziger von ihnen gleicht seinem Nächsten. Darum ist jeder einzelne verpflichtet, zu sagen: Um meinetwillen ist die Welt erschaffen worden.[83]

Vielleicht möchtet ihr sagen: Was soll uns diese Bedrängnis?[84] Aber heißt es etwa nicht schon:[85] *War er aber Zeuge, ob er sah oder erfuhr, wenn er es dann nicht meldet ...?* Oder vielleicht möchtet ihr sagen: Was sollen wir uns an dem Blut dieses Menschen verschulden? Aber heißt es etwa nicht schon:[86] *Beim Verderben der Frevler herrscht Jubel?*[87] Mischna Sanhedrin IV,5

Seiner Hände Werk

Rabbi Acha, Chaninas Sohn, sagte:[88] *Beim Verderben der Frevler herrscht Jubel* – beim Verderben Ahabs, Omris Sohn,

82 In alten, unzensierten Texten fehlt beidesmal »von Israel« und »die Schrift«; diese Zusätze sind spätere Einengung. – Es folgen weitere Begründungen für die Tatsache, daß der Mensch als Einzelwesen erschaffen wurde.

83 In dem einen Urmenschen sind zwar alle Menschen gleich; aber doch gleicht keiner einem anderen. Das Individuelle wird so ernst genommen, daß ein einzelner für die ganze Welt steht. Deshalb muß dem Zeugen die Schwere seiner Verantwortung so eindrücklich gemacht werden.

84 Es soll aber auch verhindert werden, daß ein Zeuge aus Furcht vor dieser Verantwortung ganz schweigt. Zeugen sind vielmehr zur Anzeige verpflichtet.

85 3. Mose 5,*1*. Der Satz geht weiter: »so trägt er seine Schuld«.

86 Sprüche 11,*10*.

87 Dieser Vers wird im folgenden Abschnitt in entgegengesetztem Sinn ausgelegt.

88 Sprüche 11,*10*.

herrschte Jubel.[89] Freut sich denn der Heilige, gelobt sei er, über den Sturz der Frevler? Es steht doch geschrieben:[90] *Beim Zug vor den Kampfgerüsteten sollen sie sagen: Danket dem Herrn, denn für immer währt seine Gnade!* Da sagte Rabbi Jochanan: Warum heißt es in diesem Dankspruch nicht: *Denn er ist gütig?*[91] Weil sich der Heilige, gelobt sei er, nicht über den Sturz der Frevler freut.

Rabbi Schmuel, Nachmans Sohn, sagte nämlich, Rabbi Jonatan habe gesagt: Was bedeutet es, daß geschrieben steht:[92] *Und keiner nahte dem anderen die ganze Nacht?* In ebendieser Stunde wollten die Dienstengel ihr Loblied sagen vor dem Heiligen, gelobt sei er. Da sprach zu ihnen der Heilige, gelobt sei er: Meiner Hände Werk ertrinkt im Meer, da wollt ihr ein Loblied sagen vor mir! Sanhedrin 39 b

DIE ERHALTUNG DER WELT

Gott sorgt für alle seine Geschöpfe

Es wird gelehrt: Rabbi Schimon, Elasars Sohn, sagt: Meiner Lebtag sah ich nicht einen Hirsch als Feigentrockner, einen Löwen als Lastträger oder einen Fuchs als Krämer, und sie werden mühelos ernährt. Sie wurden nur erschaffen, um mir zu dienen, und ich wurde erschaffen, um meinem Herrn[93] zu dienen. Wenn diese, die nur erschaffen wurden, um mir zu dienen, mühelos ernährt werden, wäre es nicht rechtens, daß ich, da ich erschaffen wurde, um meinem Herrn zu dienen, mühelos ernährt würde? Aber ich habe meine Werke verdorben und meine Ernährung beeinträchtigt, wie es heißt:[94] *Eure Verschuldungen haben's gestört.* Kidduschin 82b

89 Dazu 1. Könige 22,*29 ff*.
90 2. Chronik 20,*21b*.
91 Die Parallele in Psalm 136,*1* bringt außerdem die Worte: »Denn er ist gütig.« Aus ihrem Fehlen in 2. Chronik 20,*21b* schließt Rabbi Jochanan den folgenden Satz.
92 2. Mose 14,*20*. Im biblischen Zusammenhang sind die Heere Israels und Ägyptens gemeint.
93 Wörtlich: »Mein Erwerber«; gemeint ist Gott, der Schöpfer und Erhalter.
94 Jeremia 5,*25*.

Gott bereitet den Tisch

Es geschah einmal, daß Rabbi Elieser, Rabbi Jehoschua und Rabbi Zadok im Hochzeitshaus des Sohnes Rabban Gamliels zu Tische saßen. Und Rabban Gamliel stand und schenkte ihnen ein. Er gab den Becher an Rabbi Elieser, aber dieser nahm ihn nicht. Er gab ihn an Rabbi Jehoschua, und dieser nahm ihn an. Rabbi Elieser sagte zu ihm: Was soll das, Jehoschua: Wir sitzen da und Rabban Gamliel[95] steht und schenkt uns ein! Er sagte zu ihm: Wir finden einen, der größer war als er und bediente![96] Abraham war der Größte seiner Zeit, und von ihm ward geschrieben:[97] *Er aber stand vor ihnen.* Aber vielleicht werdet ihr sagen: Wie Dienstengel erschienen sie ihm. Aber nein, sie erschienen ihm als Araber. Warum aber soll dann nicht auch Rabban Gamliel, der Hochgelehrte, stehen und uns einschenken?

Rabbi Zadok sagte zu ihnen: Wie lange noch wollt ihr die Ehre des Allgegenwärtigen liegenlassen und euch mit der Ehre der Geschöpfe befassen? Der Heilige, gelobt sei er, läßt Winde wehen, Wolken aufsteigen, Regen fallen, Boden bewachsen und bereitet einen Tisch vor aller Angesicht, einem jeden einzelnen. Warum aber soll dann nicht auch Rabban Gamliel, der Hochgelehrte, stehen und uns einschenken? Kidduschin 32b

Der Segen im Fluch

Es wird gelehrt: Rabbi Jose sagte: Komm und sieh, daß die Art des Heiligen, gelobt sei er, nicht der Art von Fleisch und Blut gleicht. Die Art von Fleisch und Blut ist es, seinen Nächsten zu kränken, daß es ihm ans Leben geht. Bei dem Heiligen, gelobt sei er, ist es aber nicht so. Er verfluchte die Schlange, aber sie kriecht aufs Dach und findet dort ihre Nahrung, sie kriecht wieder herunter und findet auch dort ihre Nahrung. Er ver-

95 Manche Texte haben schon an dieser Stelle den Beinamen Rabban Gamliels, Beribbi, was etwa Hochgelehrter bedeutet, wie er nachher immer erscheint.

96 Manche Handschriften haben hier zusätzlich die Worte: »Abraham war größer als er und bediente.«

97 1. Mose 18,8.

fluchte den Kanaan,[98] der aber ißt, was sein Herr ißt, und trinkt, was sein Herr trinkt. Er verfluchte das Weib,[99] aber alle laufen hinter ihr her. Er verfluchte den Boden, aber alle ernähren sich von ihm. Joma 75 a

Das Erbarmen

Die Leiden Rabbi Elasars, Rabbi Schimons Sohn, waren mehr wert als die Rabbis. Die Leiden Rabbi Elasars, Rabbi Schimons Sohn, kamen nämlich aus Liebe und gingen aus Liebe.[100] Die Rabbis aber kamen auf ein Ereignis hin und gingen auf ein Ereignis hin. Auf ein Ereignis hin kamen sie. Was war es? Es war einmal ein Kalb, das man gerade zum Schlachten führte. Es ging, barg seinen Kopf in Rabbis Rockzipfel und weinte. Er sagte zu ihm: Geh, dazu bist du gebildet worden! Da sprachen sie:[101] Da er sich gar nicht erbarmt, sollen Leiden über ihn kommen! Und auf ein Ereignis hin gingen sie. Eines Tages fegte Rabbis Magd gerade das Haus, warf eben junge Wiesel hinaus und fegte sie weg. Er sagte zu ihr: Laß sie! es steht geschrieben:[102] *Und Sein Erbarmen waltet über all Seinen Werken.* Da sprachen sie: Da er sich auch erbarmte, wollen wir uns über ihn erbarmen. Bawa mezia 85 a

98 Dazu 1. Mose 9,*25 ff.* Noah verfluchte Kanaan, seinen Enkel, um der Schuld seines Sohnes Ham willen. Indem die Kanaanäer später zu Besiegten und Sklaven der Israeliten wurden, sah man darin eine Bestätigung dieses Fluches von seiten Gottes.

99 Die Bestrafung der Frau (1. Mose 3,*16*) wird hier ebenfalls als göttlicher Fluch aufgefaßt.

100 Die Gelehrten waren sich bewußt, daß Gott züchtigt, wen er liebt, daß er aber aus Liebe und Erbarmen auch von Leiden befreit. Von Rabbi Elasar wird berichtet, daß er freiwillig Leiden auf sich nahm, um sich zu läutern. Nachts rief er sie herbei, damit sie ihn quälten, tagsüber schickte er sie fort, damit sie ihn nicht beim Studium hinderten.

101 Im Himmel werden ihm mit diesen Worten die Leiden als Strafe zugeteilt.

102 Psalm 145,*9*.

Der Urmensch aß kein Fleisch

Raw Jehuda sagte, Raw habe gesagt: Dem ersten Menschen war kein Fleisch zur Speise erlaubt, wie geschrieben steht:[103] *Für euch sei es zur Speise und für alle Tiere der Erde*, aber nicht: Die Tiere der Erde für euch.[104]

Als aber die Nachkommen Noahs kamen, erlaubte er es ihnen,[105] wie es heißt:[106] *Wie das grüne Kraut gebe ich euch alles.* Sanhedrin 59b

Der Urmensch aß Fleisch vom Himmel

Rabbi Jehuda, Temas Sohn, sagte: Der erste Mensch saß zu Tisch im Garten Eden, und Dienstengel brieten für ihn Fleisch und seihten für ihn Wein. Die Schlange betrachtete ihn und sah auf seine Herrlichkeit. Da beneidete sie ihn. Das war Fleisch, das vom Himmel herabkommt. Gibt es denn Fleisch, das vom Himmel herabkommt? Ja. So ging einst Rabbi Schimon, Chalaphtas Sohn, gerade seines Weges, da begegneten ihm Löwen, die ihm entgegenbrüllten. Er sagte:[107] *Die Junglöwen schreien nach Fraß.* Da fielen zwei Flanken herab; eine fraßen sie und eine ließen sie zurück. Er brachte sie mit, als er ins Lehrhaus kam, und fragte darüber: Ist diese Sache maklig oder ist diese Sache tauglich? Sie sagten zu ihm: Vom Himmel herab kommt keine maklige Sache.[108] Rabbi Seïra erfragte von Rabbi Awahu: Kommt einem etwas in Gestalt eines Esels herab – was dann? Er sagte zu ihm: Klagendes Käuzchen! Man sagte ihm doch: Vom Himmel herab kommt keine maklige Sache. Sanhedrin 59b

103 1. Mose 1,*29 f.*

104 Hier ist beobachtet, daß im Vers 29 dem Urmenschen nur Kraut und Baumfrüchte zur Nahrung übergeben wurden.

105 Der Fleischgenuß ist ein Zugeständnis Gottes an die gefallene Menschheit.

106 1. Mose 9,*3b*. Der Vers beginnt: »Alles, was sich regt und lebt, das sei eure Speise.«

107 Psalm 104,*21*.

108 Interessant ist dazu ein Vergleich mit der Erzählung von Apostelgeschichte 10,*11 ff*.

Verantwortung

Unsere Meister lehrten: Zwei und ein halbes Jahr gab es Meinungsverschiedenheiten zwischen denen vom Lehrhause Schammais und denen vom Lehrhause Hillels. Die einen sagen: Es wäre dem Menschen dienlicher, wenn er nicht erschaffen worden wäre, als daß er erschaffen worden ist. Und die anderen sagen: Es sei dem Menschen dienlicher, daß er erschaffen worden ist, als daß er nicht erschaffen worden wäre. Sie stimmten ab und kamen zum Schluß: Es wäre dem Menschen zwar dienlicher, wenn er nicht erschaffen worden wäre, als daß er erschaffen worden ist; jetzt aber, da er erschaffen worden ist, untersuche er sein Tun;[109] es wird auch gesagt: erwäge er sein Tun.[110] Eruwin 13 b

Die Erschaffung der Bewährten

Kapparas Sohn legte aus: Wichtiger als die Erschaffung von Himmel und Erde ist die Erschaffung von Bewährten. Während über die Erschaffung von Himmel und Erde geschrieben steht:[111] *Hat doch meine Hand die Erde gegründet und meine Rechte die Himmel ausgespannt*, steht über die Erschaffung der Hände von Bewährten geschrieben:[112] *Den Grund, den du, Herr, dir zu deinem Sitze bereitet hast, das Heiligtum, mein Herr, das deine Hände gegründet haben.*[113] Ketubbot 5 a

109 Das Untersuchen der Handlungen bezieht sich auf bereits Geschehenes.

110 Erwägen ist zukünftig zu fassen im Sinne der gründlichen Überlegung vor dem Handeln.

111 Jesaja 48,*13*.

112 2. Mose 15,*17*.

113 Während Gott Himmel und Erde nur mit einer Hand erschuf (Einzahl im Text), nahm er zur Erschaffung der Bewährten, der Heiligen, beide Hände (Mehrzahl im Text).

Wegen Einem erschaffen

Rabbi Elasar sagte: Sogar um eines einzigen Bewährten willen wäre die Welt erschaffen worden, denn es heißt:[114] *Gott sah das Licht, daß es gut ist.* Aber nichts ist gut außer einem Bewährten, denn es heißt:[115] *Saget vom Bewährten, daß er gut ist.*

Joma 38 b

Wegen Einem erhalten

Rabbi Chija, Abbas Sohn, sagte, Rabbi Jochanan habe gesagt: Sogar um eines einzigen Bewährten willen würde die Welt erhalten, denn es heißt:[116] *Ein Bewährter ist das Fundament der Welt.*

Joma 38 b

Durch die Weisung wird die Schöpfung erhalten

Resch Lakisch sagte nämlich: Was bedeutet es, daß geschrieben steht:[117] *Abend ward und Morgen ward – der sechste Tag*? Was soll mir dieses überschießende *der*?[118] Es lehrt, daß der Heilige, gelobt sei er, mit dem Schöpfungswerk die Bedingung absprach: Wenn Israel die Weisung annimmt, sollst du bestehen bleiben, wenn aber nicht, führe ich dich zurück in Wüste und Leere.[119]

Schabbat 88 a

Erhalten und ertragen

Raw Jehuda sagte, Raw habe gesagt: In der Stunde, da der Heilige, gelobt sei er, den Menschen erschaffen wollte, erschuf

114 1. Mose 1,*4*.
115 Jesaja 3,*10*.
116 Sprüche 10,*25*.
117 1. Mose 1,*31*.
118 Das einzige Mal, daß bei der Datierung im ersten Schöpfungsbericht ein Artikel steht. Resch Lakisch zieht daraus eine exegetische Folgerung.
119 Dieser bestimmte sechste Tag weist den Ausleger auf den 6. Siwan, den Tag des Empfanges der Weisung: dazu 2. Mose 19,*1 ff*. Israel feiert am Wochenfest, das immer auf den 6. Siwan fällt, den Empfang der Weisung am Sinai. Wenn es diesen 6. Tag im Siwan nicht geben sollte, weil Israel die Weisung nicht annimmt, dann soll es gar keinen 6. Tag, also überhaupt keine Schöpfung geben.

er zuerst eine Schar von Dienstengeln. Er sprach zu ihnen:[120] Ist es euch recht, daß *wir einen Menschen machen nach unserem Ebenbild?*[121] Sie sagten vor ihm: Herr der Welt, was werden seine Taten sein? Er sprach zu ihnen: So und so werden seine Taten sein. Sie sagten vor ihm: Herr der Welt, *was ist ein Mann, daß du seiner gedenkst, und ein Menschenkind, daß du ihm nachfragst?*[122] Er streckte seinen kleinen Finger zwischen sie aus und verbrannte sie. Und so geschah es einer zweiten Schar. Eine dritte Schar sagte vor ihm: Herr der Welt, was nützte es den ersten, daß sie solches vor dir gesagt haben? Die Welt ist ganz und gar dein; alles, was dir in deiner Welt zu tun gefällt, das tue! Als das Menschenalter der Sintflut und das Menschenalter der Sprachzerteilung kam, deren Taten entartet waren, sagten die Dienstengel vor ihm: Herr der Welt, war etwa nicht richtig, was die ersten vor dir gesagt haben? Er sprach zu ihnen:[123] *Bis ins Alter bin ich derselbe und bis zum Grauhaar bin ich's, der es trägt ...* Sanhedrin 38 b

Das Gebot für den Urmenschen

Rabbi Jehuda sagt: Dem ersten Menschen wurde nichts anbefohlen, außer über den Götzendienst allein, wie es heißt:[124] *Da befahl der Herr Gott dem Menschen an.* Rabbi Jehuda, Beteras Sohn, sagt: Auch über die Lästerung des Namens.[125] Und es gibt solche, die sagen: Auch über die Rechtspflege. Nach wem richtet sich, was Raw Jehuda sagte, daß Raw gesagt habe: *Gott* bin ich – ihr sollt mich nicht lästern; *Gott* bin ich – ihr sollt mich nicht vertauschen;[126] *Gott* bin ich – meine Furcht sei über euch;[127] – nach wem richtet sich das? Nach: es gibt solche.[128] Sanhedrin 56 b

120 Nach talmudischer Ansicht bespricht sich Gott mit einer Art Kollegium.
121 1. Mose 1,*26*.
122 Psalm 8,*5*.
123 Jesaja 46,*4*.
124 1. Mose 2,*16*. »Gott« ist in dieser Auslegung als Objekt verstanden; der Herr befiehlt dem Menschen den rechten Gottesdienst an.
125 Gemeint ist die Gotteslästerung.
126 Gemeint ist: keinen Götzen an Gottes Statt zu verehren.
127 Gemeint ist: bei richterlichen Entscheidungen.

Sünde und Tod

Raw Ammi sagte: Kein Tod ohne Sünde und keine Züchtigungen[129] ohne Schuld. Kein Tod ohne Sünde, denn es steht geschrieben:[130] *Die Seele, die da sündigt, sie soll sterben. Ein Sohn soll nicht an der Schuld des Vaters tragen, und ein Vater soll nicht an der Schuld des Sohnes tragen. Die Bewährung des Bewährten wird über ihm selber sein, und der Frevel des Frevlers wird über ihm selber sein ...* Keine Züchtigungen ohne Schuld, denn es steht geschrieben:[131] *Ich ahnde mit der Rute ihren Abfall und mit Schlägen ihre Schuld.* Man wandte ein: Die Dienstengel sagten vor dem Heiligen, gelobt sei er: Herr der Welt, warum hast du den Tod als Strafe über den ersten Menschen verhängt? Er sprach zu ihnen: Ein leichtes Gebot nur gebot ich ihm, aber er hat es übertreten. Schabbat 55 a/55 b

Adams Reue

Rabbi Meïr sagt: Der erste Mensch war ein großer Frommer. Als er sah, daß durch ihn der Tod als Strafe verhängt wurde, da setzte er sich zum Fasten für hundertunddreißig Jahre, trennte sich von seiner Frau für hundertunddreißig Jahre[132] und trug Kleider aus Feigenblättern für hundertunddreißig Jahre.

Eruwin 18 b

Frei zur Gottesfurcht

Rabbi Chanina, Pappas Sohn, legte nämlich aus: Jener Engel, der über die Schwangerschaft eingesetzt ist – Nacht ist sein Name[133] –, nimmt den Tropfen auf,[134] legt ihn vor den Hei-

128 Raw erklärt die Ansicht der anonymen Lehrer, die meinten, Adam habe auch das Gebot der Rechtspflege bekommen. Aus dem Wort »Gott« im obigen Zitat, 1. Mose 2,*16*, entfaltet er dreifach den göttlichen Anspruch an den Menschen.

129 Gemeint sind die Leiden, die von Gott kommen.

130 Hesekiel 18,*20*.

131 Psalm 89,*33*.

132 Die traditionelle Exegese schloß aus 1. Mose 5,*3*, daß sich Adam bis zu dieser Zeit von seiner Frau abgesondert hielt.

133 Nach Hiob 3,*3*: »die Nacht, die sprach: Empfangen ist ein Männlein«.

134 Gemeint ist der männliche Same.

ligen, gelobt sei er, und sagt vor ihm: Herr der Welt, dieser Tropfen – was soll aus ihm werden: ein Held oder ein Schwächling, ein Weiser oder ein Tor, ein Reicher oder ein Armer? Aber: ein Frevler oder ein Bewährter? – so sagt er nach Rabbi Chanina nicht. Rabbi Chanina sagte nämlich: Alles ist in den Händen des Himmels außer der Furcht des Himmels, wie es heißt:[135] *Nun aber, Israel, was fordert der Herr, dein Gott, von dir, als zu fürchten ...*[136] Nidda 16 b

Erbe und Freiheit

Unsere Meister lehrten: Der Urmensch wurde einzig erschaffen. Weshalb wohl? Damit die Ketzer[137] nicht sagen können: Es gibt mehrere Gewalten in den Himmeln. Eine andere Antwort: Wegen der Bewährten und wegen der Frevler. Damit die Bewährten nicht sagen können: Wir sind die Nachkommen eines Bewährten, und ein Frevler: Ich bin Nachkomme eines Frevlers.

Eine andere Antwort: Wegen der Familien. Damit sich Familien nicht gegenseitig bekämpfen sollen. Und da sie sich schon jetzt, wo er doch einzig erschaffen wurde, bekämpfen, um wieviel mehr, wäre er doppelt erschaffen worden. Eine andere Antwort: Wegen der Räuber und wegen der Gewalttäter. Und da sie schon jetzt, wo er doch einzig erschaffen wurde, räuberisch und gewalttätig sind, um wieviel mehr, wäre er doppelt erschaffen worden. Sanhedrin 38 a

Gott selber schuf die beiden Leidenschaften

Raw Nachman, Raw Chisdas Sohn, legte aus: Was bedeutet, daß *Da bildete der Herr, Gott, den Menschen* mit zwei Jod geschrieben steht?[138] Zwei Leidenschaften schuf der Heilige, ge-

135 5. Mose 10,*12*.

136 Gott lenkt die Geschicke der Menschen, aber zwischen Gut und Böse zu unterscheiden, ist ihnen Freiheit gegeben.

137 So im nichtzensierten Text. In zensierten Ausgaben steht: »Sadduzäer«.

138 1. Mose 2,7 ist die einzige Stelle der Bibel, an der das hebräische Wort für »da bildete er« mit dem doppelten Buchstaben Jod geschrieben ist. Das Verbum »bilden« hat im Hebräischen denselben Stamm wie das Substantiv »Leidenschaft«. Die Beobachtung der ungewöhnlichen Doppelschreibung veranlaßte den Ausleger zu der Deutung, daß Gott beide Leidenschaften, die gute und die böse, geschaffen habe.

lobt sei er: eine gute Leidenschaft und eine böse Leidenschaft.[139] Raw Nachman, Jizchaks Sohn, wandte gegen ihn ein: Dann hätte also das Vieh, bei dem nicht so[140] *da bildete er* geschrieben steht, keine Leidenschaft.[141] Aber schließlich sehen wir doch, wie es schädigt, beißt und schlägt. Dies ist[142] vielmehr nach Rabbi Schimon, Pasis Sohn, zu erklären. Rabbi Schimon, Pasis Sohn, sagte nämlich: Wehe mir ob meines Schöpfers! Wehe mir ob meiner Leidenschaft![143] Brachot 61 a

Böse von Geburt an

Antonius sagte zu Rabbi:[144] Von wann an herrscht die böse Leidenschaft im Menschen; von der Stunde an, da er gebildet wird oder von der Stunde an, da er herauskommt?[145] Er sagte zu ihm: Von der Stunde an, da er gebildet wird. Antonius sagte zu ihm: Wenn das so wäre, dann würde er im Leibe seiner Mutter stoßen und dann herauskommen; vielmehr von der Stunde an, da er herauskommt. Rabbi sagte: Diese Sache lehrte mich Antonius,[146] und ein Schriftvers stützt ihn, denn es heißt:[147] *Vor der Tür lagert die Sünde.* Sanhedrin 91 b

139 Auch in den Schriften von Qumran ist Gott als der Schöpfer der beiden gegensätzlichen Geister im Menschen gesehen.

140 1. Mose 2,*19* steht nämlich bei der Erschaffung des Viehs »da bildete er« nur mit einfachem Jod. Die Übersetzung kann aber diese verschiedene Schreibweise nicht wiedergeben.

141 Gemeint ist: die böse Leidenschaft.

142 Nun erklärt Rabbi Schimon die Doppelschreibung.

143 Ihn weist das erste Jod auf den, der ihn gebildet hat (Jozer), das zweite auf die Leidenschaft (Jezer). Gehorcht er der bösen Leidenschaft, so steht Gott gegen ihn, gehorcht er Gott, so steht seine böse Leidenschaft gegen ihn.

144 Dieser Antonius, von dem viele Gespräche mit Rabbi Jehuda, dem Fürsten, überliefert sind, ist wohl ein römischer Kaiser; welcher, ist ungewiß.

145 Bei der Empfängnis oder bei der Geburt. Ähnliche Kontroversen kennt auch die frühchristliche Dogmatik.

146 Vom Rationalen her überzeugt, fand Rabbi einen Schriftvers, der es ihm erlaubte, sich der Meinung des Kaisers anzuschließen.

147 1. Mose 4,7.

Leidenschaft wächst

Raw Assi sagte: Die böse Leidenschaft ist am Anfang gleich dem Faden einer Spinne, am Ende aber ist sie gleich Wagenseilen, wie es heißt:[148] *Wehe denen, die Schuld mit Stricken des Nichts heranziehen und Verfehlung mit Wagenseilen!*

Sukka 52 a

Die Kunst des Verführers

Es wird auch gelehrt: Rabbi Schimon, Elasars Sohn, sagt im Namen Chilpas, Agras Sohn, der im Namen Rabbi Jochanans, Nuris Sohn, sagte: Wer im Zorn seine Kleider zerreißt, wer im Zorn sein Geschirr zerschlägt und wer im Zorn sein Geld zerstreut, der sei in deinen Augen wie einer, der Götzen dient. Denn so treibt die böse Leidenschaft ihr Handwerk: Heute sagt sie zu ihm: Mache dies! Und morgen sagt sie zu ihm: Mache das! Bis sie zu ihm sagt: Diene Götzen! Dann geht und dient er.

Rabbi Awin sagte: Was bedeutet der Vers:[149] *Nicht sei ein fremder Gott in dir*[150]*, und wirf dich nicht einem ausländischen Gott hin*? Welcher fremde Gott ist's, der im Leibe des Menschen west? So sage doch: Das ist die böse Leidenschaft!

Schabbat 105 b

Gegenkräfte

Und Rabbi Levi, Chamas Sohn, sagte, Rabbi Schimon, Lakischs Sohn, habe gesagt: Immerzu erzürne ein Mensch die gute Leidenschaft gegen die böse Leidenschaft, denn es heißt:[151] *Erzürnet – und verfehlt euch nicht!* Wenn er sie besiegt, ist's gut; wenn aber nicht, beschäftige er sich mit der Weisung, denn es

148 Jesaja, 5,*18*.
149 Psalm 81,*10*.
150 Eine Feinheit, an der die Zusammengehörigkeit der beiden Abschnitte hängt, geht dadurch verloren, daß in der Übersetzung nicht herauskommt, daß »Götzendienst« wörtlich »fremder Dienst« heißt.
151 Psalm 4,*5*. Dieser Vers wird in dem Abschnitt fortlaufend zitiert und erklärt. Es werden darin Abwehrkräfte gegen Verfehlungen gefunden: Heiliger Zorn, Studium, Gebet und Gedenken an den Tod.

heißt: *Besprechet's in eurem Herzen.* Wenn er sie besiegt, ist's gut; wenn aber nicht, bete er das Bekenntnis *Höre Israel,*[152] denn es heißt: *auf eurem Lager.* Wenn er sie besiegt, ist's gut; wenn aber nicht, denke er an den Tag seines Todes, denn es heißt: *und werdet stille! Sela.* Brachot 5 a

Geopferte Leidenschaft

Rabbi Jehoschua, Levis Sohn, sagte: Jeder, der seine Leidenschaft als Opfer darbringt und sie bekennt, dem läßt es die Schrift gelten, als ob er den Heiligen, gelobt sei er, in beiden Welten verehrt hätte, in der hiesigen Welt und in der kommenden Welt, denn es steht geschrieben:[153] *Der Dankopfer darbringt, verehrt mich.*[154] Sanhedrin 43 a/43 b

Gottes Hilfe

Rabbi Jizchak sagte: Die Leidenschaft eines Menschen besiegt diesen alltäglich, denn es heißt:[155] *Bloß böse all den Tag.* Rabbi Schimon, Lakischs Sohn, sagte: Die Leidenschaft eines Menschen besiegt diesen alltäglich und verlangt danach, ihn zu töten, denn es heißt:[156] *Es späht der Frevler nach dem Bewährten und verlangt danach, ihn zu töten.* Und wenn nicht der Heilige, gelobt sei er, ihm helfen würde, so vermöchte er nichts wider sie, denn es heißt:[157] *Der Herr überläßt ihn nicht seiner Hand und erklärt ihn nicht zum Frevler, wenn er gerichtet wird.* Sukka 52 a/52 b

152 Nach 5. Mose 6,*4 ff.* wird das »Höre Israel« auch vor dem Schlafengehen gebetet. Wer nicht einschlafen kann, betet es nochmals – auf dem Lager – und spricht Psalmen, bis er einschläft.

153 Psalm 50,*23.*

154 Die vorangehende Auslegung dieses Psalmverses war möglich, weil das Wort für »Dankopfer« denselben Stamm hat wie das Wort »bekennen«. Das hebräische Wort für »verehrt mich« hat in diesem Psalm eine ungewöhnliche Doppelschreibung eines Buchstaben. Daraus schließt der Meister ein doppeltes »mich« Gottes, nämlich seine Verehrung in der hiesigen und in der kommenden Welt.

155 1. Mose 6,*5.*

156 Psalm 37,*32.*

157 Psalm 37,*33.*

Bewährte überragen die Engel

Rabbi Jochanan sagte: Die Bewährten sind größer als die Dienstengel, denn es heißt:[158] *Er antwortete und sagte: Ich sehe ja vier Männer frei im Feuer umhergehen, und keine Verletzung ist an ihnen. Der vierte aber gleicht in seinem Aussehen einem Göttersohn.*[159] Sanhedrin 92 b/93 a

Freude über die Umkehr

Und Rabbi Chija, Abbas Sohn, sagte, Rabbi Jochanan habe gesagt: Die Propheten haben alle nur von Umkehrenden verkündigt; aber von vollkommen Bewährten: *Kein Auge hat's geschaut, o Gott, außer dir.*[160] Seine Meinung unterscheidet sich aber von der Rabbi Awahus. Rabbi Awahu sagte nämlich: An einem Ort, da Umkehrende stehen, können vollkommen Bewährte nicht stehen, denn es heißt:[161] *Friede, Friede dem Fernen und dem Nahen,* also dem Fernen zuerst und dann erst dem Nahen.[162] Rabbi Jochanan könnte dir aber sagen: Was bedeutet der »Ferne«? Einer, der von Übertretung seit je ferne war. Was bedeutete aber der »Nahe«? Einer, der einer Übertretung nahe war, sich aber jetzt von ihr entfernt hat.[163] Brachot 34 b

Die Tore der Umkehr sind immer offen

»Mit der Zusicherung, daß ich ein Bewährter bin«[164] – selbst

158 Daniel 3,*25*.

159 Weil die drei bewährten Männer zuerst genannt werden, danach erst der Göttersohn, der als Engel gedeutet wird, kann Rabbi Jochanan erschließen, daß die Bewährung der Menschen, da sie errungen werden muß, vor Gott schwerer wiegt als die Vollkommenheit der Engel.

160 Jesaja 64,*3*.

161 Jesaja, 57,*19*.

162 Dazu Lukas 15,7: So wird im Himmel mehr Freude sein über einen Frevler, der umkehrt, als über 99 Bewährte, die der Umkehr nicht bedürfen.

163 Rabbi Jochanan stützt mit demselben Vers Jesaja 57,*19*, mit dem er widerlegt wurde, seine Ansicht, wie sie zu Beginn des Abschnitts vorgetragen wurde, daß die Freude über vollkommen Bewährte die größere sei.

164 Eine Trauung wird durch diese oder eine andere Zusicherungsformel gültig. Wenn die Zusicherung nicht den Tatsachen entspricht, so ist die Trauung ungültig. Hier wird aber – mit ausdrücklich extremer Formulierung – die ständige Möglichkeit zur Umkehr betont.

wenn er ein vollendeter Frevler wäre, ist sie ihm angeheiligt:[165] Vielleicht sinnt er bei sich selbst auf Umkehr. Kidduschin 49 b

Umkehr und Vergebung

Unsere Meister lehrten: Es gibt Leute, die sagen: Wohl unserer Jugend, die unser Alter nicht beschämt; sie sind die Frommen und die Männer der Tat.[166] Und es gibt Leute, die sagen: Wohl unserem Alter, das unserer Jugend Sühne schafft; sie sind die Umkehrenden. Diese und jene sagen: Wohl dem, der nicht übertrat; aber auch dem, der übertrat, wird vergeben, wenn er umkehrt. Sukka 53 a

Keine Vergebung ohne Umkehr

Der Meister sagte: Beim Horeb[167] heißt es:[168] *Schuldfrei:* Woher haben wir das? Es wird nämlich gelehrt: Rabbi Elasar sagt: Es ist unmöglich, bloß zu sagen: *Schuldfrei,* wo es doch auch heißt: *Nicht spricht er schuldfrei.* Und es ist unmöglich, bloß zu sagen: *Nicht spricht er schuldfrei,* wo es doch auch heißt: *Schuldfrei.* Auf welche Weise ist das zu erklären? Er spricht schuldfrei, die umkehren; er spricht aber nicht schuldfrei, die nicht umkehren. Joma 86 a

165 Die Frau ist dem Manne angeheiligt, das meint: die Trauung ist gültig.

166 In diesem Abschnitt wird der Ausdruck der Mischna: »die Frommen und die Männer der Tat« erklärt als eine Jugend, die nicht sündigt und sich also im Alter nicht zu schämen braucht. Gleicherweise werden gewürdigt, die später umkehren.

167 Der Horeb gilt in bestimmten biblischen Schichten wie der Sinai, mit dem er identifiziert wird, als Berg der Gottesbegegnung.

168 2. Mose 34,7. Die Stelle heißt sinnwidrig wörtlich übersetzt: »schuldfrei, nicht spricht er frei«. Solche Verdoppelung der Verbform hat im Hebräischen eine verstärkende Funktion und bedeutet hier: »er läßt ganz und gar nicht ungestraft«, obwohl er dem Sünder verzeiht. Der Meister trennte die erste Hälfte ab, um sie allein zu interpretieren. Rabbi Elasar ließ die künstliche Trennung der Doppelform auch gelten, deutete aber ihre beiden Hälften und löste dann den Widerspruch, der durch die Trennung entstanden war.

Den Umkehrenden wird Hilfe zuteil

Raw Aschi sagte: Ich sah, daß die korrekten Schreiber[169] das Dach des Chet[170] mit einem senkrechten Strich versehen und den Schenkel des He[171] frei hängen lassen. Sie versehen das Dach des Chet mit einem senkrechten Strich, das besagt: Er lebt in der Höhe der Welt.[172] Und sie lassen den Schenkel des He frei hängen, das entspricht einer Frage Rabbi Jehudas, des Fürsten, an Rabbi Ammi: Was bedeutet es, daß geschrieben steht:[173] *Vertrauet auf den Herrn fort und fort, denn mit JH*[174] *ist der Herr ein ewiger Fels*? Er sagte zu ihm: Jeder, der mit seinem Vertrauen an dem Heiligen, gelobt sei er, hängt, siehe, dem ist er eine Zuflucht in der hiesigen Welt und für die kommende Welt. Er sagte zu ihm: Da besteht für mich eine Schwierigkeit. Was bedeutet, daß so ungewöhnlich geschrieben steht: *mit JH* und nicht bloß geschrieben steht: *JH*? Es entspricht einer Auslegung Rabbi Jehudas, Rabbi Ilais Sohn: Das sind die beiden Welten, die der Heilige, gelobt sei er, erschaffen hat, eine mit He und eine mit Jod.[175] Ich weiß jedoch nicht, ob die kommende Welt mit Jod und die hiesige Welt mit He, oder ob die hiesige Welt mit Jod und die kommende Welt mit He; aber die Schrift sagt:[176] Dies ist die *Geschichte von Himmel und Erde, als sie erschaffen wurden.* Lies nicht: *als sie erschaffen wurden,* sondern: *mit He erschuf er sie!*[177] Du mußt also sagen: Die

169 Hier haben manche Handschriften zusätzlich: »des Hauses Raw«.

170 Chet ist ein hebräischer Buchstabe, dessen Querbalken links senkrecht hochsteht: ח, was bei flüchtigem Schreiben wegfällt.

171 Der Buchstabe He ist ganz ähnlich: ה.

172 »Er lebt« beginnt im Hebräischen mit Chet.

173 Jesaja 26,4.

174 JH ist die Kurzform des Gottesnamens, die ursprünglich Jah ausgesprochen, schon in talmudischer Zeit jedoch mit »Herr« wiedergegeben wurde. »Mit JH« scheint an dieser Stelle überflüssig zu sein. Während moderne christliche Ausleger den Ausdruck streichen, mußten die alten Meister, denen jeder Buchstabe des Bibeltextes heilig war, an solchen Stellen besondere exegetische Kunst anwenden.

175 Nach der späteren Kabbala steht der Buchstabe Jod für den Gottesnamen, der Buchstabe He für »Gott«.

176 1. Mose 2,4a.

177 Bei gleichbleibendem Konsonantenbestand und verschiedener Vokalisation sind beide Übersetzungen möglich. In vielen Bibelhandschriften und

hiesige Welt mit He und die kommende Welt mit Jod.[178] Und weshalb wurde die hiesige Welt mit He erschaffen? Weil sie einer Halle gleicht; damit jeder, der hinausgehen will, hinausgehen kann.[179] Und was ist der Grund dafür, daß sein Schenkel frei hängt? Wer reumütig umkehrt, den läßt man eintreten. Sollte man ihn nicht durch dieselbe eintreten lassen? Das würde ihm nicht gelingen.[180] Das entspricht Resch Lakisch. Resch Lakisch sagte nämlich: Was bedeutet es, daß geschrieben steht:[181] *Wenn Er es mit Spöttern zu tun hat, spottet Er; aber den Demütigen gibt Er Gnade*? Kommt er, sich zu reinigen, hilft man ihm; kommt er, sich zu verunreinigen, öffnet man ihm. Was aber ist der Grund, daß es eine Krone hat?[182] Es sprach der Heilige, gelobt sei er: Wenn er umkehrt, so setze ich ihm eine Krone auf. Weshalb wurde die kommende Welt mit Jod erschaffen? Weil der Bewährten darin wenige sind.[183] Und weshalb ist sein Kopf gebeugt?[184] Weil die Bewährten darin gebeugten Kopfes sind, wegen ihrer Taten, die einander nicht gleichen.[185]

Menachot 29 b

Bibeldrucken ist das He hier kleiner geschrieben als die übrigen Buchstaben.

178 Dieser Satz fehlt in manchen Handschriften.

179 Er hat die Freiheit, vom rechten Pfad abzuweichen.

180 Das He hat zwei Öffnungen, die einer breiten Straße als Ausgang für die Frevler und einer engen Pforte als Eingang für die Umkehrenden gleichen. Auf demselben Weg, den einer durch seine Sünde beim Weggehen gleichsam beschmutzt hat, kann er nach seiner Umkehr nicht wieder in die Halle eintreten; Gott hilft ihm aber, durch die enge Pforte zu gelangen, während dem Frevler durch die weitgeöffnete Türe sein Tun ermöglicht wird. In diesem Sinn legt Resch Lakisch den folgenden Bibelvers aus.

181 Sprüche, 3,*34*.

182 Das He ist gemeint. Manche Buchstaben haben eine Verzierung, die einer Krone ähnlich ist.

183 Die kleine Zahl der Bewährten wird daraus erschlossen, daß Jod der kleinste Buchstabe des hebräischen Alphabetes ist.

184 Gemeint ist die Form des Buchstaben Jod:

185 Jeder fühlt sich durch die guten Taten der anderen beschämt.

Der Schuldschein wird zerrissen

Und Rabbi Jizchak sagte: Vier Dinge vernichten das Urteil über einen Menschen. Diese sind's: Wohltätigkeit, Gebetsschrei, Änderung des Namens, Änderung des Tuns.

Wohltätigkeit, denn es steht geschrieben:[186] *Wohltätigkeit aber errettet vom Tode.* Gebetsschrei, denn es steht geschrieben:[187] *Da schrien sie zum Herrn in ihrer Not, und er führte sie aus ihren Bedrängnissen.* Änderung des Namens, denn es steht geschrieben:[188] *Sarai, deine Frau, sollst du nicht mehr bei ihrem Namen Sarai rufen, denn Sara ist ihr Name;* ferner steht geschrieben:[189] *Ich will sie segnen und will dir auch einen Sohn von ihr geben.*[190] Änderung des Tuns, denn es steht geschrieben:[191] *Da sah Gott ihr Tun;* ferner steht geschrieben: *da ward es Gott leid über dem Bösen, das er angesagt hatte, ihnen zu tun, und er tat es nicht.* Rosch Haschana 16 b

Gott läßt sich besänftigen

Rabbi Jizchak sagte: Im Westen[192] sagten sie im Namen Rabbas, Maris Sohn: Komm und sieh, daß die Art des Heiligen, gelobt sei er, nicht der Art von Fleisch und Blut gleicht. Die Art von Fleisch und Blut ist so: Wenn einer seinen Nächsten mit Worten kränkt, dann ist es zweifelhaft, ob er sich durch ihn besänftigen läßt oder ob er sich nicht durch ihn besänftigen läßt. Wenn du aber sagen wolltest, er lasse sich durch ihn besänftigen, dann ist es zweifelhaft, ob er sich schon durch Worte besänftigen läßt oder ob er sich nicht durch Worte besänftigen läßt. Bei dem Heiligen, gelobt sei er, ist es aber nicht so. Wenn ein

186 Sprüche 10,*2*.
187 Psalm 107,*28*.
188 1. Mose 17,*15*.
189 1. Mose 17,*16*.
190 »Das Urteil über einen Menschen« bedeutet demnach die Züchtigung, wie sie in einem Leben von Gott her erfahren wird, hier etwa Sarais Kinderlosigkeit.
191 Jona 3,*10* entstammen die beiden folgenden Zitate.
192 Im Israelland, das westlich von Babylonien liegt.

Mensch im Verborgenen eine Übertretung begeht, so läßt er sich von ihm durch Worte besänftigen, denn es heißt:[193] *Nehmet Worte mit euch, und kehret um zu dem Herrn!* Und nicht allein dies, sondern Er läßt es ihm auch als Guttat gelten, denn es heißt: *und nimm Gutes an!*[194] Und nicht allein dies, sondern die Schrift läßt es ihm auch gelten, als ob er Farren dargebracht hätte, denn es heißt: *Wir wollen die Farrenopfer mit unseren Lippen entgelten.* Vielleicht willst du sagen: Damit sind die Pflichtfarren gemeint;[195] aber der Text besagt doch: *Ich will ihr Wegkehren heilen, sie aus freien Stücken lieben.*

Es wird gelehrt: Rabbi Meïr sagt: Groß ist die Umkehr, denn um eines einzigen willen, der Umkehr tut, vergeben sie[196] all der ganzen Welt, denn es heißt: *Ich will ihr Wegkehren heilen, sie aus freien Stücken lieben, denn mein Zorn kehrt sich weg von ihm.* Es heißt nicht: Von ihnen, sondern: *von ihm.*[197]

Joma 86 b

Einen Tag vor dem Tod

Dort haben wir gelernt: Rabbi Elieser sagt: Einen Tag vor deinem Tode kehre um! Die Schüler fragten Rabbi Elieser: Aber weiß denn ein Mensch, an welchem Tag er sterben wird? Er sagte zu ihnen: Um so mehr soll er heute umkehren, vielleicht stirbt er morgen. So ergibt sich, daß er alle seine Tage in Umkehr verbringt.

193 Die folgenden Zitate stammen aus Hosea 14,*3* und *5*.

194 Dieser Satz ist eine Anrede an Gott. Das Gute, das Gott annehmen soll, sind die Gebetsworte, die der Umkehrende mitnimmt.

195 Wie es zur Zeit des Tempels neben den pflichtmäßigen Farrenopfern der Gesamtgemeinde und einzelner auch freiwillige Opfer von Farren gab, so gibt es in der Gegenwart des Interpreten Pflichtgebete und daneben solche Gebete, die dem einzelnen freigestellt sind; solche Gebete ersetzen die Darbringung der Opfer.

196 Das unbestimmte »sie« ist eine Umschreibung für Gott.

197 So wäre es nämlich vom grammatikalischen Zusammenhang her zu erwarten. Aber gerade diese Inkongruenz wird zum Ausgangspunkt für die Auslegung. Daß die Wegkehr des Zornes vom einzelnen (in der zweiten Vershälfte) die Heilung aller bewirkt, entnimmt Rabbi Meïr aus den Mehrzahlformen der ersten Vershälfte.

Auch Salomo sagte in seiner Weisheit:[198] *Allezeit mögen deine Kleider weiß sein, und deinem Haupt mangle es nicht an Öl.* Rabban Jochanan, Sakkais Sohn, sagte: Dies ist gleich einem König, der seine Knechte zu einem Mahl einlud. Er setzte ihnen aber keine Zeit fest. Es waren Kluge unter ihnen, die sich schmückten und sich an das Tor des Königspalastes setzten. Sie sagten: Es mangelt an nichts im Königspalast.[199] Es waren aber auch Toren unter ihnen, die gingen an ihre Arbeit und sagten: Es gibt kein Mahl ohne Vorbereitung. Plötzlich bat der König seine Knechte zu sich. Die Klugen unter ihnen traten vor ihn, geschmückt wie sie waren. Die Toren aber traten vor ihn, beschmutzt wie sie waren. Da freute sich der König über die Klugen, aber er war zornig über die Toren und sprach: Diejenigen, die sich für das Mahl geschmückt haben, sollen sitzen und essen und trinken, diejenigen aber, die sich nicht für das Mahl geschmückt haben, sollen stehenbleiben und zusehen.

Der Schwiegersohn Rabbi Meïrs sagte im Namen Rabbi Meïrs: Sie würden dann ja wie Diener aussehen.[200] Vielmehr sitzen diese und jene. Die einen essen, die andern hungern; die einen trinken, die andern dürsten, denn es heißt:[201] *So spricht der Herr: Siehe, meine Knechte werden essen, ihr aber werdet hungern. Siehe, meine Knechte werden trinken, ihr aber werdet dürsten. Siehe, meine Knechte werden frohen Herzens jubeln, ihr aber werdet wehen Herzens aufschreien.*

Eine andere Erklärung: *Allezeit mögen deine Kleider weiß sein,* das bedeutet: die Fransen; *und deinem Haupt mangle es nicht an Öl,* das bedeutet: die Gebetsriemen.[202]

Schabbat 153 a

198 Prediger 9,*8*.

199 Weil viele Vorräte da sind, kann das Fest jederzeit beginnen.

200 Wenn die Toren neben der Tafel stehen, könnten sie mit den Dienern beim Mahl verwechselt werden.

201 Jesaja 65,*13 f*.

202 Diese Erklärung geht noch einmal auf den ersten Bibelvers zurück; nach ihr besteht die richtige Festkleidung in der Erfüllung von Geboten. Zu »Fransen« und »Gebetsriemen« ist die Einleitung des Abschnittes Gebet zu vergleichen, Seite 474 f.

Groß ist die Umkehr

Rabbi Levi sagte: Groß ist die Umkehr, denn sie reicht bis zum Thron der Herrlichkeit hin, denn es heißt:[203] *Kehre doch um, Israel, hin zu dem Herrn, deinem Gott!*

Rabbi Jochanan sagte: Groß ist die Umkehr, denn sie verdrängt ein Verbot der Weisung, denn es heißt:[204] *Also: Da schickt ein Mann seine Frau weg, und sie geht von ihm und wird eines anderen Mannes. Darf er etwa wieder zu ihr umkehren? Wäre nicht entweiht, entweiht dies Land? Du aber, gehurt hast du mit vielen Liebhabern. Doch – kehre um zu mir! ist der Spruch des Herrn.*

Rabbi Jonatan sagte: Groß ist die Umkehr, denn sie bringt die Erlösung näher, denn es heißt:[205] *Und es kommt für Zion der Erlöser, für die in Jakob, die von Vergehen umkehren.* Weshalb *kommt für Zion der Erlöser?* Weil *die in Jakob von Vergehen umkehren.* Joma 86 a/86 b

203 Hosea 14,*2*.

204 Jeremia 3,*1*. Nach 5. Mose 24,*1–4* darf ein Mann die von ihm geschiedene Frau nicht wieder heiraten. Gott dagegen nimmt Israel bei seiner Umkehr wieder an.

205 Jesaja 59,*20*.

AUS ISRAELS GESCHICHTE

Israels Geschichte während der Zeit der Landnahme, der Richter und der Könige hatte – unbeschadet aller Besonderheit anderen Völkern gegenüber – vor allem einen politischen Akzent. Als Staat im vorderorientalischen Raum stand Israel in einer politischen Auseinandersetzung mit anderen benachbarten Staaten. Nach dem babylonischen Exil, von der Zeit Esras bis zu der Zerstörung des zweiten Tempels, überwog trotz zeitweiser politischer Selbständigkeit im wesentlichen das religiöse Moment: Gelehrte Männer legten die Weisung Moses aus und bestimmten dadurch weithin auch das öffentliche Leben. Seit dem Fall Jerusalems im Jahre 70 und vor allem vollends seit dem letzten Versuch, die Selbständigkeit zurückzugewinnen, wie er unter dem »Messias« Bar Kochba 132 bis 135 unternommen wurde, hat dann Israel für mehr als 1800 Jahre als politische Größe zu bestehen aufgehört. Israel gelangte zur Bejahung seines Schicksals, verneinte alles staatliche Wollen und lebte fortan als eine Gemeinde im streng religiösen Sinne.

In allen diesen starken Umbildungsprozessen, die es innerhalb weniger Jahrhunderte durchlebte, ist sich dieses Volk im wesentlichen doch gleichgeblieben, so daß etwa im Schrifttum ein und derselbe Name, Israel, beibehalten und nicht zwischen einer israelischen und einer jüdischen Epoche unterschieden oder gar geschieden wurde. Auch seine Lebendigkeit war Israel nicht verlorengegangen, obgleich es nicht mehr eine Geschichte im herkömmlichen Sinne, die von Menschen »gemacht« wird und in der die sichtbaren Erfolge zählen, aufzuweisen hatte. Geschichte wurde hier mehr und mehr in ihrer Tiefe erfaßt als Ort der Offenbarung Gottes und der Menschen Antwort, auf die zuletzt alles ankommt. Israel, nur noch erleidend an der Geschichte der anderen beteiligt, ging seinen Weg vor Gott, stand im Zwiegespräch mit ihm, der auch um das Leiden der Ausgesetzten weiß und um die Bewährung im Scheitern.

Die Umformung. Dieses Geschichtserlebnis hatte zur Folge, daß die Darstellung der Vergangenheit und der Gegenwart für die Meister unter dem Zeichen der Umformung stand. Ihr Interesse galt nicht einer historischen Darstellung, sondern der Deutung des Geschehenen. Deshalb ist im Talmud nur wenig darüber zu erfahren, »wie es eigentlich gewesen ist«; und nicht einmal von der eigenen Zeit ergibt sich ein geschlossenes Bild. Der Grund für diese zunächst erstaunliche Tatsache liegt aber nicht in einem Mangel der Meister,[1] sondern in ihrer Stärke. Sie hatten die Kraft, in einer zum Teil heillos erscheinenden Gegenwart auszuharren, indem sie die große Leiderfahrung ihres Volkes relativierten und zugleich in einer Art prophetischer Aktualisierung die großen Heilstaten, die Gott einst Israel erwiesen hatte, vergegenwärtigten. Indem sie alte Geschichtsberichte aggadisch verarbeiteten und dabei die Vergangenheit vor allem nach ihrer Bedeutung für die Gegenwart befragten, wurde jene für diese transparent. Im Gewande beredter Sage traten dann die Väter, vertraut wie Zeitgenossen,[2] zu den Nachfahren hin, um sie in den bedrängenden Fragen zu unterweisen durch ihr Mahnen, Raten und vor allem immer wieder durch ihr Trösten: Weil Gottes Treue zu Israel unwandelbar ist, darum hilft er, wie er den Vätern einst half, zukünftig auch den Söhnen, wenn sie alles Leiden als Strafe für ihr Versagen auf sich nehmen.

1 Seit der Königszeit war in Israel ein ausgesprochen historisches Bewußtsein lebendig. Auch nach dem babylonischen Exil gab es wieder Beispiele historischer Berichterstattung, wie es etwa das Geschichtswerk der Chronik zusammen mit den Büchern Esra und Nehemia und wieder später das 1. Makkabäerbuch und das Geschichtswerk des Josephus zeigen. Auch war die Zeit der Makkabäerkämpfe und der Hasmonäerherrschaft, auch die Zeit, in der Herodes der Große regierte, die Zeit der Prokuratoren, der Aufstände gegen Rom im 7. Jahrzehnt des ersten und wieder im 4. Jahrzehnt des zweiten nachchristlichen Jahrhunderts angefüllt mit weitreichenden und umwälzenden Ereignissen. Aber die Meister waren an alledem auffallend uninteressiert. Sie ließen die großen Zeiten mit ihrem trügerischen Glanz als unwesentlich erscheinen, während einer Zeit des Niedergangs und des Leidens, wie es die Zeit der Tempelzerstörung war, ein verhältnismäßig breiter Raum und eine große Sorgfalt gewährt wurde.

2 Dabei sind Anachronismen häufig: Die Alten besuchen etwa schon das Lehrhaus und beachten Bräuche der Späteren.

Und umgekehrt werden die gegenwärtig Lebenden mit ihren Ahnen gleichzeitig, indem sie Teil haben an den Ereignissen der Vergangenheit – bis hin zu der vorgeschichtlichen Gemeinsamkeit des ganzen Menschengeschlechts.[3] Mit Abraham, der den Anruf Gottes in besonderer Weise vernommen hat, beginnt dann auch für sie der entscheidende Einschnitt. Indem er aus seiner Sicherheit in die Ungesichertheit, aus seiner Gebundenheit in die Freiheit trat,[4] ist er zum Vorbild aller Glaubenden und zu ihrem Vater geworden.[5] Und Mose hat das Volk Israel aus der Knechtschaft in Ägypten durch die Wüste zum Sinai in die Freiheit geführt und ist ihnen dadurch zum Meister und Lehrer geworden. Weil der Glaube nicht Bestand hat ohne das Gebot, darum wird vor allem die Gleichzeitigkeit aller Späteren mit Mose, dem Manne des Gebots, betont: Ein jeder in Israel versteht sich so, daß auch er schon mit aus Ägypten geführt wurde[6] und daß er selber mit am Gottesberg war.[7] Und so gehen sie durch die Geschichte, ausgesondert und gehalten vom Gebot, mit dem Auftrag, die Welt vor dem Chaos zu bewahren[8] und sie für das kommende Reich zu bereiten.

Israels Absonderung. Mit einem Segensspruch im täglichen Morgengebet wird Gott, dem Geber der Weisung, gedankt, »der uns aus allen Völkern erwählt und uns seine Weisung gegeben hat«. Erwählung ist demnach Aussonderung zum Gebot, Absonderung zum Gehorsam; sie ist Widerfahrnis und Beauftragung, nicht eigene Wahl, auch nicht in irgendwelchen

3 Von der Weite der Verbundenheit mit der gesamten Menschheit in der Zeit vor der Sonderung Israels zeugen »Stammtafel« und »Völkertafel« 1. Mose 5 und 10.

4 Dazu Nedarim 32a, Seite 110f.

5 Das Abrahamitische ist für Israel immer wichtig geblieben, denn ohne Glauben würde das Gebot erstarren.

6 Dieses Gleichzeitigwerden gehört zur Pesachpflicht eines jeden Juden. In der Pesachnacht wird die Aggada gelesen, in der ein wichtiger Satz (dazu Mischna Pesachim X, 1–7, Seite 589) lautet: »In jeder einzelnen Generation ist ein Mensch verpflichtet, sich selbst so zu betrachten, als ob er aus Ägypten gezogen sei.«

7 In einer Erklärung zu 5. Mose 29,*14 f.* heißt es im Midrasch, daß auch die Seelen der zukünftig Erschaffenen mit am Sinai waren und schon das Ihrige empfangen haben.

8 Dazu Schabbat 88a, Seite 80.

menschlichen Vorzügen begründet, sondern allein in Gottes freier Zuwendung:[9] Er beruft seine Gemeinde in die Freiheit des Gehorsams. Sie muß sich diesem Auftrag stellen und darf sich seiner nicht eigenmächtig entledigen. Aus der Besonderheit dieses Gottesverhältnisses ergibt sich zwangsläufig die Forderung strenger Sonderung im Innern und zugleich eine problematische Beziehung zu den anderen Völkern.

Der Scheidungsprozeß innerhalb des Judentums vollzog sich weithin in der Weise, daß sich Sondergruppen bildeten, die jeweils bei sich zu verwirklichen suchten, was sie den anderen zugleich bestritten, nämlich eine heilige und reine Gemeinde zu sein, den Rest des wahren Gottesvolkes darzustellen. Dabei konnte das Verhältnis der einzelnen Gruppen zueinander je nach Umständen und Zeiten recht verschiedenartig sein. Vom strengen gegenseitigen Abschluß und von harter Polemik bis hin zur Aufgeschlossenheit füreinander und zum Gespräch miteinander waren alle Abstufungen möglich. Bezeichnend für die Freiheit und Weite des Judentums ist dabei, daß alle diese Gruppen faktisch gleichberechtigt nebeneinander Raum fanden. Die große Wende kam nach der Tempelzerstörung. Von da ab galt nur noch eine Richtung des Pharisäertums als rechtgläubig und legitim jüdisch, und von ihr wurden dann alle anderen Gruppen als ketzerisch ausgeschieden. Dieser Rechtsakt erschien als nötig, um einer weiteren Auflösung Einhalt zu gebieten. Die Gemeinden waren von innen her gefährdet, weil vielfach auch ketzerisch Gesinnte nach ihrer Gewohnheit, wohl auch aus missionarischen Gründen, weiterhin zum Gottesdienst in die pharisäischen Synagogen kamen. Darum mußte auch vom Zentrum her, im Gottesdienst selbst, Abhilfe geschaffen werden. Zu diesem Zweck wurde unter Gamliel II. in Jawne der Ketzerspruch verfaßt[10] und in das Achtzehngebet eingefügt. Wollten sich die »Ketzer« fortan nicht selber verwünschen, so mußten sie von

9 Dazu etwa 5. Mose 7,7 *f.*: »Nicht, weil ihr mehr wäret als alle Völker, hat der Herr sich euch zugewandt und euch erwählt – denn ihr seid das kleinste unter allen Völkern –, sondern weil der Herr euch liebt.«

10 Dazu Brachot 28b/29a, Seite 547 ff. und im Abschnitt über Gebete in der Einleitung zum Kapitel Alltag und Fest in Israel, Seite 473.

den Gottesdiensten der pharisäischen Gemeinden wegbleiben.

Der eingefügte Spruch richtete sich zwar in gleicher Weise gegen alle Ketzer, aber wohl besonders gegen Judenchristen, die bisher als messianische Sondergruppe schiedlich-friedlich neben und mit anderen Gruppen lebten. Jetzt, im Zuge der allgemeinen Scheidung, wurden auch sie mit allen anderen zusammen, die nicht »orthodox«-pharisäisch gesinnt waren, ausgeschieden. Belastend für die Judenchristen in Israel erwies sich dabei wohl auch die Entwicklung in der jüdischen Diaspora, wo besonders nach der Katastrophe des Jahres 70 viele Gottesfürchtige und Proselyten von den Synagogen zur heidenchristlichen Kirche übertraten. Dagegen ist das Geschehen um Jesus selber von den Männern des Talmud nicht eigentlich als eine Zäsur empfunden worden. Für sie war Jesus ein gescheiterter Messias, einer unter den Messiassen, wie sie da und dort von den Römern hingerichtet wurden. Außer der historischen Tatsache, daß Jesus – von Römern – gekreuzigt worden ist,[11] wußten die Meister entweder gar nichts Geschichtliches mehr über ihn, oder hielten sie dieses Wissen für so wenig wichtig und der Überlieferung wert, daß sie es so wenig festhielten wie das Wissen um das Geschehen bei anderen »Messiassen«. Was sonst im Talmud über Jesus und seine Jünger gesagt wird,[12] ist nur eine Bestreitung des Christlichen in Form der polemischen Legende, die das Ziel verfolgte, durch den Spott über den Stifter die christlichen Ge-

11 Die Kreuzigung, eine eindeutig römische Strafe, war im jüdischen Recht als Todesstrafe unbekannt. Zur Kompetenz des Synedriums, Todesurteile zu fällen: die Einleitung zu »Die Meister«, Seite 240 f.; zum Tod Jesu: Sanhedrin 43a, Seite 206 ff.

12 Im Ganzen ist erstaunlich wenig berichtet. Aber es ist im Einzelnen recht unsicher, welche Stücke aus Anlaß des Jesusgeschehens gebildet wurden und darum mit geschichtlichem Recht hierher gehören. Es gibt nämlich im jüdischen Schrifttum Namen (etwa der Bileams gehört dazu), die als eine Art Deckname ganz allgemein für Männer gebraucht wurden, die andere zur Abtrünnigkeit verleiteten. Diese fertigen Schemata konnten dann immer wieder für andere, jeweils für die betreffenden Menschen in der Gegenwart oder in der nicht allzu fernen Vergangenheit, gleichsam als Wechselrahmen verwendet werden. So sind sie zuzeiten auch für Jesus gebraucht worden. Aber es wäre falsch, sie ausschließlich so zu verstehen, als ob sie alle wegen Jesus entstanden und nur auf ihn bezogen worden seien. Dazu J. Maier, Jesus von Nazareth in der talmudischen Überlieferung, Darmstadt 1978.

meinden der jeweiligen Gegenwart zu treffen. Dieses Verfahren der Beschimpfung war damals allgemein üblich,[13] und oft war es die einzige Waffe, sich in Zeiten der Bedrängnis einer konkurrierenden Gemeinde zu erwehren.[14] So läßt sich etwa zeigen, daß die Polemik gegen Jesus durch Rabbi Akiwa – ein ganzes Jahrhundert nach der Kreuzigung Jesu – wieder verstärkt wurde.[15] In dieser Zeit des letzten jüdischen Freiheitskampfes gegen Rom, 132 bis 135, ist es zwangsläufig zu heftigen Auseinandersetzungen zwischen pharisäischen und christlichen Juden gekommen, da sich die Christen schon darum nicht an dem Kriege beteiligen konnten, weil er unter dem »Messias« Bar Kochba geführt wurde, dessen Künder eben Rabbi Akiwa gewesen ist.[16]

Auch von den Völkern der Welt wußte sich das Gottesvolk unterschieden und geschieden. Um des Gebotes willen durfte Israel keine Kompromisse mit ihnen schließen, sondern mußte alles »Heidnische« – das Selbstverständliche der Antike – verneinen. Der Glaube an den einen Gott entzauberte diese unheimliche Welt mit ihren Göttern und Mythen; durch ihn wurde die Kraft der Bilder geleugnet, die Determiniertheit des Willens bestritten, Askese und Libertinismus, Individualismus und Kosmopolitismus verworfen. Und der Gehorsam verlangte den Verzicht auf die Praktiken einer Umwelt,[17] für die Amulette und

13 Jede Gruppe mußte sich mit den anderen Gruppen auseinandersetzen. Dazu etwa die Polemik der essenischen Gemeinde oder auch eine Stelle wie Matthäus 23.

14 Auf diese Weise sollten vor allem Menschen des eigenen Kreises, die geneigt waren, sich einer anderen Gruppe anzuschließen, von der Verwirklichung dieser Absicht abgeschreckt werden.

15 Nach Sanhedrin 67a ist »am Vorabend des Pesachfestes« in Lud, der Stadt Akiwas, ein Sohn Stadas oder Panderas gehenkt worden. Mit diesem Namen wird polemisch auf Jesus, den Sohn der Jungfrau (griechisch: parthenos), angespielt.

16 Im Mittelalter wurden alle Stellen im Talmud, die sich auf Jesus bezogen, von Juden getilgt, um dem Eingriff der Zensur zuvorzukommen; darum fehlen die betreffenden Stellen in den kursierenden Ausgaben. In der Neuzeit bemühen sich Juden aus der Gemeinsamkeit des jüdischen Ursprungs um ein geschichtliches Verständnis, so etwa J. Klausner, M. Buber, D. Flusser und S. Sandmel.

Zaubersprüche wichtig waren, um sich des Lebens zu bemächtigen, und in der selbst das Essen und das Trinken den Göttern geweiht wurden. Umgeben von dieser Welt des »Götzendienstes«, war jüdisches Leben nur im eigenen Haus und innerhalb der eigenen Gemeinde möglich. Hier sorgte einer für den anderen, und hier bürgte einer für den anderen wie in einer großen Familie.[18] Je mehr sich aber Juden um der Reinheit der Gebotserfüllung willen zusammenschlossen, desto mehr waren sie von »Heiden«, dann auch von Christen abgeschlossen.[19] Trotzdem fühlten sich immer wieder Menschen aus den Völkern von der Kraft des Judentums, die allein solchen Abschluß begründen konnte, angezogen, andere jedoch empfanden das große Nein als Anmaßung und als Provokation, um so mehr, je schwächer das Judentum politisch war. Und Juden standen durch die Begegnung mit dem »Heidentum« in der Spannung von Gehorsam und Liebe, weil sie um des Gebotes willen den verkehrten Dienst der Völker ablehnen mußten, mit denen sie sich zugleich von der Schöpfung her verbunden wußten.

17 Auch für Israel war die ›heidnische‹ Welt mit ihrer Naturverbundenheit und ihrem kulturellen Reichtum immer wieder etwas Anziehendes und Verlockendes.

18 Das hatte seine Folgen bis hin zu den gegenseitigen Geschäftsbeziehungen: Auf Grund von 5. Mose 23,*19 f.* nahm keiner Zinsen von einem Gemeindegenossen.

19 Dieser Abschluß hatte praktische Folgen, von denen alle Bereiche des menschlichen Lebens berührt wurden. Der gesellige Verkehr war etwa für Juden dadurch sehr erschwert, daß die Völker ihren Göttern vom Wein ein Trankopfer darbrachten und daß sie die ihnen völlig fremden jüdischen Speisevorschriften nicht beachteten. Eine Eheschließung zwischen Fremden und Juden war nur dadurch möglich, daß entweder der heidnische Partner zum Judentum übertrat oder aber der jüdische Partner abtrünnig wurde. Aber auch der Geschäftsverkehr war erschwert, weil es etwa für einen Juden unmöglich ist, bei einem Fremden Wein oder Milch zu kaufen; aber er durfte auch in der Zeit heidnischer Feste mit einem Fremden keinen Handel abschließen, vor allem nicht solche Waren an ihn verkaufen, die dieser für sein »Götzenfest« brauchte. Die Zurückhaltung, die manchmal (auf Grund entsprechender Erfahrung im Umgang mit »Heiden«) ins Ängstliche und fast bis ins Argwöhnische zu gehen scheint, ist in allen Fällen religiös motiviert; dazu die Texte Seite 216 ff. Jede Darstellung, die von dieser ausnahmslos religiösen Begründung absehen und allein die Phänomene festhalten will, ist unsachlich und sinnverkehrend.

Missionarische Offenheit. Israel war gegen andere nicht innerlich verschlossen. Die Aufgeschlossenheit gegenüber Fremden[20] und die Liebe zu Beisassen wurzeln in eigener früher Geschichtserfahrung und werden immer wieder geboten.[21] Und seit dem babylonischen Exil war Israel wieder unter die Fremdvölker zerstreut und mußte als Minderheit mit ihnen leben. Die jüdischen Diasporagemeinden brachten aber nicht nur die Bereitschaft auf, soweit sie nötig ist, um überhaupt miteinander leben zu können, sie begriffen vielmehr ihre Situation als Aufgabe. Und damit wurde das Judentum zur ausgesprochenen Missionsreligion, offen für alle Menschen aus allen Sprachen und Völkern,[22] soweit sie bereit waren, dem einen Gott zu gehorchen, der keine anderen Götter neben sich duldet. Wer herzutrat, wurde aufgenommen, woher immer er auch kam,[23] denn Israel wußte darum, daß »Reinheit« niemals an der Abstammung hängt, sondern immer aus Gehorsam und Umkehr folgt. War doch Abraham selber ein Proselyt[24] und Jethro, Moses Schwiegervater, ein midianitischer Priester;[25] viel »Mischvolk« ist mit Israel aus Ägypten gezogen,[26] und Ruth, die Ahnfrau Davids und damit des Messias, war Moabiterin.[27] Auch von großen

20 Fremde standen in der Alten Welt sonst allgemein außerhalb des Rechtsschutzes.

21 Dazu 2. Mose 22,*21*; 23,*9* und 3. Mose 19,*33 f*., wo diese Forderung immer mit der Erinnerung begründet wird, Israel sei ja selber Beisaß in Ägypten gewesen.

22 Die Geschichte dieser Ausbreitung macht es unmöglich, sinnvollerweise von einer jüdischen Rasse zu reden, wenn sich auch später unter dem Einfluß der jeweiligen Umgebung Gruppenmerkmale ausbildeten.

23 Auch im Israelland, wo die Aufnahme im allgemeinen strenger gehandhabt wurde, galt dieselbe Regel. Die Diskussion, ob auch Ammoniter und Moabiter in die Gemeinde aufgenommen werden können, hat ihren Grund im biblischen Verbot 5. Mose 23,*3*. Die Frage wurde nach Rabbi Jehoschua zugunsten der Aufnahme von Ammonitern und Moabitern entschieden; dazu Mischna Jadajim, 4, Seite 233 f.

24 Dazu Sukka, 49b, Seite 111 f.

25 Dazu 2. Mose 3,*1*. Das bedeutet nach der Interpretation der Meister, daß Jethro ein Götzendiener war.

26 So 2. Mose 12,*38*.

27 Dazu Ruth 1,*4* und 4,*17–22*.

Meistern berichtet der Talmud, daß sie nicht von jüdischen Eltern abstammten.[28]

In guten Zeiten waren Juden aufgeschlossen und bereit, von anderen aufzunehmen und zu lernen, was immer sich ins Judentum einformen ließ, und sie waren bereit, zu geben, was die anderen von ihnen annahmen. So begegneten sie dankbar persischem Wesen und haben besonders von griechischem Geist Entscheidendes aufgenommen und dadurch ihre Sprache und ihr Denken bereichert. Auch sind der Einladung, wie sie durch die reiche jüdische Missionsliteratur an die anderen Völker erging, viele gefolgt. Die meisten schlossen sich den Gemeinden nur lokker an, besuchten vor allem die Schabbatgottesdienste und nahmen einige Grundgebote auf sich. Aber neben diesen »Gottesfürchtigen« gab es auch immer wieder solche, die »Proselyten« wurden. Frauen waren im allgemeinen eher bereit, diesen letzten Schritt zu tun, weil für sie bei der Aufnahme nur Tauchbad und Opfer gefordert wurden, während Männer manchmal vor der von ihnen zusätzlich und vor allem geforderten Beschneidung zurückschreckten.[29] Die Aufgenommenen gehören dann ganz zur Gemeinde. Sie sind zu allen Geboten verpflichtet und haben alle Rechte;[30] sie heißen Kinder ihres Vaters Abraham, und kein Gemeindeglied darf sie an ihre »heidnische« Vergangenheit erinnern.[31]

Ungeachtet dieser steten Bereitschaft, Proselyten aufzunehmen, schwankt doch das Urteil über sie in der Geschichte. Zu Zeiten, da mit vielen von ihnen böse Erfahrungen gemacht wurden, wuchs auch ein Mißtrauen gegen sie. So wandten sich etwa

28 Dazu etwa Gittin 57b, Seite 234 f.

29 Die Beschneidung ist ein schmerzhafter und oft gefährlicher operativer Eingriff. Männer waren manchmal auch des Beschneidungsmerkmals wegen in den Gymnasien dem Spott anderer ausgesetzt; dazu 1. Makkabäer 1,*14 f.*; Josephus, Ant. 12, 5, 1. – Zur Diskussion darüber, ob Beschneidung und Tauchbad nötig sind: Jewamot 46a/46b, Seite 231 ff.

30 Allerdings blieb eine Proselytin, die bei ihrem Übertritt mehr als drei Jahre alt war, auf Grund von 3. Mose 21,*13 ff.* für die Ehe mit einem Priester untauglich, weil mit ihr während der Zeit, da sie noch in heidnischer Sitte lebte, vielleicht Unzucht getrieben worden sein könnte.

31 Dazu Bawa mezia 58b, Seite 230. Bei der Aufnahme bekommen die Proselyten einen neuen, hebräischen Namen.

nach der Katastrophe des Jahres 70 »Gottesfürchtige«, aber auch »Proselyten«, vom Judentum ab und anderen Gemeinschaften, etwa dem Christentum, zu. Aus einem Halbwissen, oder um ihren Übertritt auf diese Weise zu legitimieren, diffamierten dann manche von ihnen das Judentum, was zur Verfolgung jüdischer Gemeinden führen konnte. Die Antwort der Juden konnte dann recht hart ausfallen.[32] Aber es geschah auch, daß in solchen Zeiten der Bedrängnis von Proselyten erst recht mit großer Hochachtung gesprochen wurde, weil es immer auch solche gab, die herzukamen, als sie nur Leiden zu erwarten hatten.[33]

Aber auch mit den vielen, die nicht zu ihrer Gemeinde kommen, wissen sich Juden verbunden. Manche der Meister standen in freundschaftlichem Verkehr mit Fremden; Rabban Jochanan, Sakkais Sohn, kam gar jedem auf dem Markt mit dem Gruß zuvor.[34] Leichter gemacht ist ein solcher Umgang, wenn Fremde die sieben Gebote beachten, die Noah und seinen Nachkommen gegeben wurden.[35] Mit ihnen wußten sie sich gleichsam vorgeschichtlich verbunden; aber diese Verbundenheit weitete sich zugleich zur endzeitlichen Hoffnung, daß die Bewährten aus den Völkern teilhaben an der kommenden Welt.

Aber auch dann, wenn Juden Gleichgültigkeit oder offener Haß entgegentrat,[36] war ihnen doch – um des Friedens willen –

32 Solche gelegentlichen Äußerungen über Proselyten sind meist in schwierigen politischen Situationen bedingt, in denen Juden oft schlechte Erfahrungen machten mit Leuten, die nicht aus religiöser Überzeugung gekommen waren. Derartige Sätze sind nicht von grundsätzlicher Art und verhältnismäßig selten.

33 Dazu Jewamot 47a/47b, Seite 229 f. Eine schroffe Ablehnung ist allerdings gegenüber Menschen aus den Völkern häufiger.

34 Dazu Brachot 17a, Seite 226.

35 Zu den »noachitischen Geboten«: Sanhedrin 56a/56b, Seite 108 f. Die Vorstellung war, daß die Völker eine Art Natur- oder Vernunftgesetz kennen, das sich mit den Geboten decke, die vor der Zeit Abrahams gegeben worden seien und die darum für alle Völker der Welt auch nach der Zeit Abrahams und Moses gültig seien. In der Begegnung mit sittlich hochstehenden Menschen aus der Völkerwelt sahen dann Juden diese Lehre bestätigt.

36 Der Judenhaß ist so alt wie die jüdische Diaspora; dazu etwa Esther 3,8. Im Midrasch wird einmal die Frage gestellt: Wem gleichen die Völker der Welt? und so beantwortet: Einem Menschen, der den König haßt, sich

die liebende Fürsorge geboten und in keinem Fall der Haß erlaubt.[37] Meist haben sie die Anfeindungen der anderen um Gottes willen schweigend ertragen. Wenn es dennoch zu völkerfeindlichen Äußerungen kam, so sind diese verständlich aus ihrer Zeit, wo Israel bis aufs Blut gereizt wurde und in der Zeit Hadrians etwa regelrecht vernichtet werden sollte. Sie sind stets Antwort der Bedrängten, Aufschrei der fast Verzweifelnden und tragen immer peripheren Charakter, darum haben sie auch niemals die Kraft, die Mitte zu verstellen, aus der Juden die Schuld für alle Leiden bei sich selber suchten, weil sie die Umkehr kannten, und aus der sie von sich her den Völkern im Zeichen des Friedens begegnen konnten, weil sie das Gebot der Liebe vernahmen.

VORGESCHICHTE

Noah

Im Lehrhaus Rabbi Jischmaels wurde gelehrt: Auch über Noah war das Urteil entschieden, allein, er fand Gnade in den Augen des Herrn, denn es heißt:[1] *Es ist mir leid, daß ich sie gemacht habe. Aber Noah fand Gnade in den Augen des Herrn.*

Sanhedrin 108 a

seiner bemächtigen möchte, es aber nicht kann. Deshalb versucht er seinen Mut an dem zu kühlen, der im Dienste des Königs steht und den er packen kann. Die Völker der Welt möchten Gott etwas anhaben; da sie das nicht können, reiben sie sich an Israel.

37 Das Wort Matthäus 5,*43* ist oft so mißverstanden worden, als hätte das pharisäische Judentum zu dem alten Satz aus 3. Mose 19,*18* »Du sollst deinen Nächsten lieben wie dich selbst« den anderen als Gebot hinzugefügt: »und du sollst deinen Feind hassen«. Aber der zweite Satz läßt sich so im gesamten pharisäischen Schrifttum nicht nachweisen; wohl aber haben die essenischen – also die nichtpharisäischen und antipharisäischen – »Mönche« von Qumran den Haß gegen alle geboten, die nicht zu ihrer Gemeinde gehören; dazu etwa den Anfang der Gemeinderegel, dann aber auch Lukas 14,*26*. – Zur Feindesliebe: 2. Mose 23,*4* und Psalm 109,*4*, dann im Talmud etwa Sanhedrin 39b, Seite 74 f.

1 1. Mose 6,*7 f.* Gottes Zorn bezieht sich zunächst auf die ganze Menschheit; erst im zweiten Satz des Zitates wird Noah als einzigem Gnade gewährt.

Ruf zur Umkehr

Rabbi Jose aus Caesarea legte aus: Was bedeutet es, daß geschrieben steht:[2] *Leicht ist er auf des Wassers Fläche; verflucht wird ihr Erbteil im Lande?* Dies lehrt, daß Noah, der Bewährte, sie zurechtwies und zu ihnen sagte: Tut Umkehr! Wenn aber nicht, so wird der Heilige, gelobt sei er, eine Flut über euch bringen und eure Leichen auf dem Wasser schwimmen lassen wie Schläuche, denn es heißt: *Leicht ist er auf des Wassers Fläche.* Ja, noch mehr: Von ihnen werden Fluch empfangen alle, die zur Welt kommen, denn es heißt: *verflucht wird ihr Erbteil im Lande.* Sanhedrin 108 a

Die verachtete Flamme

Rawa legte aus: Was bedeutet es, daß geschrieben steht:[3] *Eine verachtete Flamme*[4] *in der Meinung des Sorglosen, bereitet für die, deren Fuß wankt?* Dies lehrt, daß Noah, der Bewährte, sie zurechtwies und zu ihnen Worte sagte, durchdringend wie Flammen. Aber sie verachteten ihn, sagten zu ihm: Alter, warum diese Arche? Er sagte zu ihnen: Der Heilige, gelobt sei er, bringt eine Flut über euch! Sie sagten: Welcher Art ist die Flut? Wenn es eine Flut aus Feuer ist, so haben wir eine Sache namens Illita.[5] Wenn er sie aber aus Wasser bringt: sei es, daß er sie aus der Erde bringt, so haben wir Eisenbarren, mit denen wir die Erde bedecken, oder sei es, daß er sie aus den Himmeln bringt, so haben wir eine Sache namens Akow, manche sagen

2 Hiob 24,*18*. Rabbi Jose versucht, den in seinem Zusammenhang schwerverständlichen Vers auf die Sintflut zu beziehen. Hierbei geht er von »verflucht« aus und interpretiert auch den ersten Satzteil in diesem Sinn, da »leicht« außerdem klangliche Ähnlichkeit mit »verflucht« hat, und im Ausleger eine Vision der aufgedunsenen Leichen hervorrief. In der zweiten Satzhälfte wird »Erbteil« als Nachkommen interpretiert.

3 Hiob 12,*5*.

4 Die gewöhnliche Übersetzung dieses unsicheren Textes ist: Dem Unheil Verachtung.

5 Unsicheres Wort; eine Sache, die gegen Feuer beständig machen oder Feuer löschen soll. Manche denken an ein Tier, manche an einen weiblichen Götzen.

auch: namens Akosch.[6] Er sagte zu ihnen: Er bringt sie zwischen den Fersen[7] eurer Füße heraus, denn es heißt: *bereitet für die, deren Fuß wankt.* Sanhedrin 108 b

In der Arche

Raw Chana, Bisnas Sohn, sagte: Elieser sagte zu Sem, dem Ältesten:[8] Es steht doch geschrieben:[9] *Familienweise zogen sie aus dem Kasten.* Wie war es denn damals bei euch? Er sagte zu ihm: Es war eine große Mühsal für uns in dem Kasten. Dem Getier, das gewohnt ist, sich am Tage zu nähren, gaben wir seine Nahrung am Tag; dem, das gewohnt ist, sich in der Nacht zu nähren, gaben wir seine Nahrung in der Nacht. Von dem Chamäleon wußte mein Vater nicht, wie es sich nährt. Eines Tages saß er da und zerschnitt einen Granatapfel, da fiel ein Wurm heraus, von dem es sich nährte. Von da ab rührte er ihm immer Kleie an, damit es sich von ihrem Gewürm nähre. Der Löwe wurde vom Fieber versorgt. Raw sagte nämlich: Nicht weniger als sechs und nicht mehr als zwölf Tage wird einer vom Fieber versorgt.[10] Den Phönix fand mein Vater an einem verborgenen Orte des Kastens liegen. Er sagte zu ihm: Willst du nicht mit Nahrung versorgt werden? Da sagte er zu meinem Vater: Ich sah dich, wie sehr du beschäftigt warst, da wollte ich dich nicht bemühen. Da sagte mein Vater zu ihm: Möchte es Ihm gefallen, daß du nie stirbst, denn es heißt:[11] *So sagte ich bei mir: Mit*

6 An der doppelten Überlieferung des Namens ist zu erkennen, daß schon den Lehrern des Talmud Wort und Sache unklar waren. Man dachte an einen Schwamm, der Regen verhindern oder aufsaugen könne.

7 Das Wort für »Ferse« hat denselben Stamm wie das Wort »Akow«. Noah widerlegte demnach den Einwand seiner Zeitgenossen: ihr Gegenmittel nütze nichts, weil gerade an ihm die Flut hervorbreche.

8 Sem, der älteste Sohn Noahs, ist nach 1. Mose 11,*10 f.* sechshundert Jahre alt geworden. Aus biblischen Zahlen schließt die Überlieferung, daß er noch Jakob unterrichten konnte. Hier begegnet er Abrahams Knecht Elieser.

9 1. Mose 8,*19*.

10 Ein Fieberkranker kann so lange Zeit ohne Nahrung sein; der Löwe brauchte darum keine anderen Tiere zu fressen.

11 Hiob 29,*18*. Gewöhnlich wird der unsichere Text als eine Anspielung auf die Fabel verstanden, wonach der Phönix mit seinem Nest verbrennt und verjüngt aus der Asche emporfliegt.

meinem Neste will ich verscheiden, gleich dem Phönix meine Tage mehren. Sanhedrin 108 b

Allein für den Menschen

Da wischte Er alles Bestehende weg, das auf dem Erdboden war.[12] Wenn auch der Mensch gefehlt hat – was hat denn das Vieh gefehlt? Im Namen Rabbi Jehoschuas, Korchas Sohn, wird gelehrt: Das ist gleich einem Menschen, der für seinen Sohn einen Traubaldachin machte und ein reichhaltiges Mahl vorbereitete. In diesen Tagen starb sein Sohn. Da stand er auf und stürzte seinen Traubaldachin um. Er sagte: Das alles habe ich allein für meinen Sohn gemacht. Jetzt aber, da er gestorben ist – was soll mir da ein Traubaldachin? So sagte auch der Heilige, gelobt sei er: Vieh und Wild habe ich allein für den Menschen erschaffen. Jetzt aber, da der Mensch sich verfehlt – was soll mir da Vieh und Wild? Sanhedrin 108 a

Grundgebote für alle Menschen

Unsere Meister lehrten: Sieben Gebote wurden den Nachkommen Noahs geboten:[13] In bezug auf Rechtspflege, Lästerung des Namens,[14] Götzendienst, Unzucht, Blutvergießen, Raub und ein Stück von einem lebenden Tier.[15]

Rabbi Chananja, Gamlas Sohn,[16] sagt dazu: Das gilt auch für das Blut eines lebenden Tieres. Rabbi Chidka sagt dazu: Das gilt auch für die Kastration.[17] Rabbi Schimon sagt dazu: Das

12 1. Mose 7,*23*. Für die Interpretation ist die Fortsetzung des Verses wichtig: »vom Menschen bis zum Vieh«.

13 Noah ist als der Vater aller Menschen, nicht nur Israels, verstanden. Die ihm gegebenen Gebote, deren Zahl zwischen 7 und 30 schwankt, gelten darum der gesamten Menschheit. Dazu Apostelgeschichte 15,*28 f*.

14 Gemeint ist die Gotteslästerung.

15 Nach 1. Mose 9,*4* ist das Essen blutigen Fleisches verboten, da das Blut als Sitz des Lebens gilt und allein Gott als Opfer vorbehalten ist.

16 Dieser sonst unbekannte Name wird in einem Teil der Überlieferung durch den Namen Chaninas, Gamliels Sohn, ersetzt.

17 Auch Heiden ist nach dieser Anschauung die Kastration verboten, weil dabei ein Stück vom lebenden Körper getrennt würde.

gilt auch für die Zauberei. Rabbi Jose sagt dazu: Auch vor alledem, was im Abschnitt von der Zauberei gesagt wird, ist ein Nachkomme Noahs gewarnt:[18] *Keiner soll sich bei dir finden, der seinen Sohn oder seine Tochter durchs Feuer gehen läßt, Wahrsagung, Wolkendeutung sagt, Zeichen deutet und zaubert; auch keiner, der mit Bannfluch bannt, der einen Totengeist oder einen Wahrsagegeist befragt, der die Toten erforscht; denn ein Greuel ist dem Herrn jeder, der solches tut.*[19] *Und um dieser Greuel willen enterbt der Herr, dein Gott, sie vor dir.*

Sanhedrin 56 a/56 b

Die Völker befolgen das Gebot nicht

Raw Joseph sagte nämlich: *Er stand auf, und es wankte die Erde, er sah und löste die Völker.*[20] Was sah er? Er sah, daß die Nachkommen Noahs die sieben Gebote, die sie auf sich genommen hatten, nicht hielten.[21] Da stand er auf und löste sie davon. Sollten sie denn wirklich im Vorteil sein?[22] Wenn dies so wäre, dann würden wir finden, daß der Übertreter belohnt wird. Mar, Rawinas Sohn, sagte: Dies besagt, daß sie sogar dann keinen Lohn dafür empfangen, wenn sie diese halten.[23]

Bawa kamma 38 a

18 Erst auf Grund einer vorangegangenen Warnung ist eine Bestrafung möglich. Der Abschnitt von der Zauberei steht 5. Mose 18,*10–12*; er wendet sich gegen religiöse Bräuche der kanaanäischen Umwelt.

19 Manche Überlieferungen lassen den letzten Halbvers aus und bringen dafür den im Text folgenden.

20 Habakuk 3,*6*. Das Wort für »lösen« ist in seiner Bedeutung schwankend; im biblischen Zusammenhang meint es eigentlich »erbeben lassen«.

21 Diese Feststellung resultiert aus der Erfahrung, die fromme Juden in heidnischer Umgebung machten; ähnlich erlebten es frühe Christen, dazu etwa Römer 1,*18–32*.

22 In diesem Einwand kommt die Feststellung zum Ausdruck, daß Juden zwar für die Übertretung ihrer schweren Gebote bestraft, Menschen aus den Völkern aber, obwohl diese nicht einmal ihre leichten Gebote halten, sogar von solchen befreit werden.

23 Dieser negativen Meinung tritt Rabbi Meïr anschließend mit einer Würdigung der Frommen aus den Völkern entgegen. Zu dieser vieldiskutierten Frage ist der Abschnitt über die Proselyten zu vergleichen, dort besonders die Stelle Bawa kamma 38a, Seite 226, als unmittelbare Fortsetzung des oben zitierten Textes.

Schwur der Gnade

Rabbi Elasar sagte: »Nein« ist ein Schwur, »ja« ist ein Schwur. Zugegeben, daß »nein« ein Schwur ist, denn es steht geschrieben:[24] *Und die Wasser sollen nicht nochmals zur Flut werden.* Ferner steht geschrieben:[25] *Wie in den Tagen Noahs gilt mir dies, als ich geschworen habe.* Aber woher haben wir, daß »ja« ein Schwur ist? Das ist ein logischer Schluß, denn wenn »nein« ein Schwur ist, so ist »ja« gleichfalls ein Schwur. Rawa sagte: Das gilt für den, der »nein, nein« zweimal gesagt hat, und es gilt für den, der »ja, ja« zweimal gesagt hat, denn es steht geschrieben:[26] *Und es soll nicht nochmals alles Fleisch von den Wassern der Flut hinweggetilgt werden. Und die Wasser sollen nicht nochmals zur Flut werden.* Wenn aber »nein« zweimal gesagt werden muß, dann muß »ja« gleichfalls zweimal gesagt werden.

Schwuot 36 a

ABRAHAM, UNSER VATER

Tritt heraus aus deinem Sternenschicksal

Und Er führte ihn hinaus ins Freie.[27] Abraham sagte vor ihm: Herr der Welt, ich habe in meinem Sternbild erschaut,[28] daß ich nur einen einzigen Sohn haben werde. Da sprach er zu ihm: Ge-

24 1. Mose 9,*15*. »Nein« und »nicht« sind im Hebräischen gleich.

25 Jesaja 54,*9*. Manche Bibel- und Talmudhandschriften haben hier eine Textvariante. Durch einfache Worttrennungen, ohne Veränderung der Buchstaben, wird dort statt »wie in den Tagen« gelesen: »wie bei den Wassern«.

26 Es folgen zwei Zitate aus 1. Mose 9,*11* und *15* mit ähnlichem Wortlaut. Durch ihre Verbindung konnte Rawa zu dem Schluß kommen, daß Gott zweimal »nicht« gesagt habe und daraus wiederum folgern, daß nur doppeltes Ja oder Nein als Schwur gelte.

27 1. Mose 15,*5*: Gott führte Abraham hinaus und verhieß ihm so viele Nachkommen wie Sterne am Himmel. Daran schließt sich das oben folgende Gespräch.

28 Sterne wurden in der Alten Welt, besonders auch in Chaldäa, der Heimat Abrahams, als göttliche Kräfte und Mächte verehrt, die Menschenschicksale bestimmen. Auch Abraham galt als sternkundig.

he heraus aus deiner Sternendeuterei! Für Israel gilt kein Sternbild.[29] Nedarim 32 a

Gott der Herr

Rabbi Jochanan sagte im Namen Rabbi Schimons, Jochais Sohn: Von dem Tag an, da der Heilige, gelobt sei er, die Welt erschaffen, gab es keinen Menschen, der den Heiligen, gelobt sei er, Herr nannte, bis Abraham kam und ihn Herr nannte, denn es heißt:[30] *Und er sagte: Mein Herr, Gott,*[31] *woran soll ich erkennen, daß ich es besitzen werde?*

Raw sagte: Auch Daniel erhielt nur um Abrahams willen Antwort, denn es heißt:[32] *Nun höre doch, unser Gott, auf das Gebet deines Knechtes und auf sein Flehen, und laß leuchten dein Angesicht über dein verwüstetes Heiligtum – um meines Herrn willen!* »Um deinetwillen!« hätte er sagen sollen. Aber er meinte: »Um Abrahams willen, der dich ›Herr‹ genannt hat.«

Brachot 7 b

Der erste Proselyt

Rawa legte aus: Was bedeutet es, daß geschrieben steht:[33] *Wie schön sind deine Schritte in den Schuhen, du Tochter eines Edlen?* Wie schön sind die Schritte Israels, zur Zeit, da sie hinaufziehen zum Wallfahrtsfest! *Du Tochter eines Edlen,* das ist die Tochter unseres Vaters Abraham, der ein Edler genannt wird, denn es heißt:[34] *Die Edlen der Völker sind versammelt,*

29 Israel ist durch sein Gottesverhältnis über die naturgesetzlichen Zusammenhänge hinausgehoben.

30 1. Mose 15,*8*, die erste Stelle der hebräischen Bibel (neben Vers 2 im selben Kapitel), in der Gott mit »Herr« angeredet wird. Dies wird als buchstäblicher Beweis dafür herangezogen, daß Abraham der erste gewesen sei, der Gott als Herrn erkannt und anerkannt habe. Von Abrahams Glauben lebt der Glaube aller späteren Frommen, wie es die folgende Exegese zeigt.

31 Im Bibeltext steht hier der Gottesname; die talmudischen Texte haben dafür entweder die Abkürzung des Namens oder das Wort »Gott« in Klammern stehen.

32 Daniel 9,*17*.

33 Hoheslied 7,*2*.

34 Psalm 47,*10*.

das Volk von Abrahams Gott. Abrahams Gott und nicht: Isaaks und Jakobs Gott? Nein: *Abrahams Gott*, denn Abraham war der erste Proselyt.[35] Sukka 49 b

Der erste Missionar

Und er rief dort den Namen des Herrn an, des Weltengottes.[36] Resch Lakisch sagte: Lies nicht: *er rief an*, sondern: er ließ anrufen![37] Dies lehrt, daß Abraham, unser Vater, den Namen des Heiligen, gelobt sei er, durch den Mund eines jeden anrufen ließ, der hin und her reiste.[38] Auf welche Weise? Nachdem sie gegessen und getrunken hatten und aufstanden, um ihn zu loben, sagte er zu ihnen: Habt ihr denn von dem Meinigen gegessen? Von dem des Weltengottes habt ihr gegessen. Danket, rühmet und lobet den, der da sprach und die Welt ward!

Sota 10 a/10 b

Vater der Völker

Abram, das ist Abraham.[39] Anfangs war er Vater für Aram,[40] und schließlich ward er Vater für all die ganze Welt. *Sarai*, das

35 »Edler« hat auch die Bedeutung »Freiwilliger«. Abraham bekannte sich freiwillig zu Gott, wie die Proselyten, die gleich ihm nicht in den Gottesbund hineingeboren werden, sondern freiwillig hinzutreten. Rawa hat demnach so interpretiert: Die Freiwilligen der Völker, die Proselyten, sind ein Volk Abrahams, weil er der erste Proselyt war.

36 1. Mose 21,*33*: Abraham ruft Gott an.

37 Durch Einfügung eines Buchstabens kam Resch Lakisch zu der Kausativform.

38 Abraham hatte mit seinen Herden einen festen Sitz an der großen Oase Beer-Seba; aber auch andere Nomaden und Handelskarawanen machten bei dieser Quelle halt.

39 1. Chronik 1,*27*.

40 Wahrscheinlich bedeutet der Name »der Vater ist erhaben«; Abraham ist eine Dehnungsform des alten Namens. Obwohl beide Namensformen sprachlich gleichbedeutend sind, haben die Ausleger die Bedeutung des Namenwechsels durch verschiedene Erklärungen hervorgehoben. Die Kurzform Abram wurde wegen ihres ähnlichen Klanges als »Vater Arams« erklärt, da Abraham ein Aramäer aus dem Euphratgebiet war; die Langform klingt im Hebräischen wie »Vater einer großen Menge«. Diese Namenserklärung aus 1. Mose 17,*5* wird auch im Talmud an anderer Stelle weiter ausgedeutet.

ist *Sara.*[41] Anfangs ward sie Fürstin ihres Volkes genannt, und schließlich ward sie Fürstin für all die ganze Welt.

Brachot 13 a

Abraham, der Bewährte

Es steht geschrieben:[42] *Ich will einen Bissen Brot holen.* Ferner steht geschrieben:[43] *Da lief Abraham zu den Rindern.* Rabbi Elasar sagte: Daraus ist ersichtlich, daß Bewährte wenig reden, aber viel tun; Frevler viel reden, aber nicht einmal wenig tun.

Bawa mezia 87 a

Gebote und Weisungen

Raw sagte: Abraham, unser Vater, hat die ganze Weisung vollkommen erfüllt, denn es heißt:[44] *Weil Abraham auf meine Stimme hörte ...*[45] Raw Schimi, Chijas Sohn, sagte zu Raw: Aber ich möchte sagen: Das sind die sieben Gebote.[46] Es gab aber doch die Beschneidung. Dann möchte ich sagen: Es sind die sieben Gebote und die Beschneidung. Er sagte zu ihm: Wenn das so wäre, dann würde es nur *meine Gebote* heißen; warum heißt es dann aber auch *meine Weisungen*? Raw, oder wie manche sagen: Raw Aschi, sagte: Abraham, unser Vater, hat sogar das Gebot von der Vereinigung der Speisen erfüllt, denn es heißt: *meine Weisungen,* und damit sind beide gemeint, sowohl die schriftliche Weisung als auch die mündliche Weisung.[47]

Joma 28 b

41 Sara heißt »Fürstin«. Die alte Namensform Sarai wird hier als »meine Fürstin« gelesen und parallel zu Abraham als Fürstin des Volkes gedeutet. Sara ist dann als die Fürstin schlechthin verstanden. Dazu 1. Mose 17,*15 f.*

42 1. Mose 18,*5.*

43 1. Mose 18,*7.*

44 1. Mose 26,*5.* Mit demselben Bibelzitat begründete schon eine Mischna den Satz: Wir finden, daß Abraham die ganze Weisung erfüllt hat, noch bevor sie gegeben wurde.

45 Für das Verständnis des Folgenden ist die Fortsetzung des Zitates wichtig: »und wahrte meine Verwahrung, meine Gebote, meine Satzungen und meine Weisungen«.

46 Jetzt folgt Satz für Satz eine Diskussion zwischen Raw und Raw Schimi. Zu den sieben Geboten für die Nachkommen Noahs: Sanhedrin 56a/56b, Seite 108 f.

Abrahams Heilung

Da erschien ihm der Herr bei den Eichen Mamres, als er in der Glut des Tages im Eingang des Zeltes saß.[48] Was bedeutet: *in der Glut des Tages*? Rabbi Chama, Rabbi Chaninas Sohn, sagte: Jener Tag war der dritte seit Abrahams Beschneidung. Da kam der Heilige, gelobt sei er, um sich nach Abraham zu erkundigen. Der Heilige, gelobt sei er, ließ die Glutsonne aus ihrem Gehäuse hervorgehen, damit dieser Bewährte nicht durch Gäste belästigt werde.[49] Trotzdem schickte Abraham den Elieser, damit dieser hinausgehe. Dieser ging, fand aber niemand. Da sagte Abraham: Ich traue dir nicht. Das ist es, was sie dort sagen:[50] Auf Knechte kann man nicht vertrauen., Da ging Abraham selber hinaus und sah den Heiligen, gelobt sei er, wie er am Tore stand. Das ist es, was geschrieben steht:[51] *Gehe doch nicht vorüber an deinem Knecht!* Als Er sah, daß dieser gerade verband und löste,[52] sagte Er: Es ist nicht schicklich, hier zu stehen. Das ist es, was geschrieben steht:[53] *Da hob er seine Augen auf und sah da drei Männer neben sich stehen. Als er sie sah, da lief er ihnen entgegen.* Anfänglich kamen sie und standen bei ihm. Als sie ihn aber in Schmerzen sahen, sagten sie: Es ist nicht schicklich, hier zu stehen.[54] Wer waren diese drei Männer? Michael, Gabriel und Raphael. Michael kam, um Sara die gute

47 Speise-Eruw bedeutet die Bereitung von zwei Speisen, um dann am Festtag für einen unmittelbar folgenden Schabbat kochen zu dürfen. Raw führte eines der ausgefallensten und sehr späten Gebote der mündlichen Überlieferung an, um den Plural »Weisungen« zu erklären. Abrahams Gehorsam sei demnach so groß gewesen, daß er beide Weisungen bis zum letzten Gebot hin bereits erfüllt habe.

48 1. Mose 18,*1*.

49 Die Hitze wurde so groß, daß keine Karawane ziehen konnte. Dadurch sollte Abraham in der Zeit seiner Krankheit infolge der Beschneidung vor Besuchern Ruhe haben, die sonst bei ihm zu rasten gewohnt waren.

50 Da ein Lehrer aus Israelland hier auslegt, muß dieses Sprichwort aus Babylonien stammen.

51 1. Mose 18,*3*. Aus der Selbstbezeichnung »Knecht« wird erschlossen, daß Abraham Gott erkannte.

52 Gott kam gerade dazu, wie Abraham seine Beschneidungswunde behandelte.

53 1. Mose 18,*2*.

54 Mit diesen Worten gingen sie ein Stück weg, so daß Abraham ihnen wieder entgegengehen konnte. So ist der etwas umständliche Text verstanden.

Botschaft zu bringen, Raphael kam, um Abraham zu heilen, und Gabriel ging, um Sodom umzustürzen. Bawa mezia 86 b

Belohnung für die Kinder

Raw Jehuda sagte, Raw habe gesagt: Alles, was Abraham selber für die Dienstengel tat, das tat der Heilige, gelobt sei er, selber für seine Kinder; aber alles, was Abraham durch einen Boten tun ließ, das ließ der Heilige, gelobt sei er, für seine Kinder durch einen Boten tun:[55] *Da lief Abraham zu den Rindern – da brach ein Wind auf von dem Herrn her. Und er holte Butter und Milch – siehe, Ich lasse für euch Brot von den Himmeln regnen.*[56] *Er aber stand bei ihnen unter dem Baum – siehe, Ich stehe vor dir dort auf dem Felsen.*[57] *Und Abraham ging mit ihnen, sie zu geleiten – da ging der Herr vor ihnen am Tage.*[58] Aber: *Es werde doch ein bißchen Wasser geholt – und du sollst auf den Felsen schlagen, dann kommen Wasser aus ihm hervor, und das Volk wird trinken.*[59]

In seiner Meinung unterscheidet er sich demnach von Rabbi Chama, Rabbi Chaninas Sohn. Rabbi Chama, Rabbi Chaninas Sohn, sagte nämlich – und ebenso wird es im Lehrhaus Rabbi Jischmaels gelehrt: Als Belohnung für drei Dinge wurden sie dreier Dinge gewürdigt:[60] Als Belohnung für *Butter und Milch* wurden sie des Manna gewürdigt, als Belohnung für das *er aber stand bei ihnen* wurden sie der Wolkensäule gewürdigt,[61] als Belohnung für das *es werde doch ein bißchen Wasser geholt* wurden sie des Mirjambrunnens gewürdigt. Bawa mezia 86 b

55 Jedem Zitat aus der Geschichte Abrahams (1. Mose) folgt ein Zitat aus der Zeit der Wüstenwanderung (2. und 4. Mose). Der Täter erhält für sich selber keinen Lohn, und die Belohnten haben nichts dafür getan. Die beiden ersten Zitate: 1. Mose 18,*7* und 4. Mose 11,*31*.

56 1. Mose 18,*8* und 2. Mose 16,*4*.

57 1. Mose 18,*8* und 2. Mose 17,*6*.

58 1. Mose 18,*16* und 2. Mose 13,*21*.

59 Zum Boten: 1. Mose 18,*4* und zu Mose als Boten: 2. Mose 17,*6*.

60 Die drei Liebestaten, die Abraham den drei Männern erwies, erwiderte Gott durch drei Liebeserweise an Abrahams Nachkommen während der Zeit ihrer Wüstenwanderung.

61 Diese Erklärung Rabbi Chamas kam dadurch zustande, daß das Wort »Säule« im Hebräischen dieselbe Wurzel hat wie das Verbum »stehen«.

Abraham und der Versucher

Es geschah nach diesen Begebenheiten, da versuchte Gott Abraham.[62] Nach welchen? Rabbi Jochanan sagte im Namen von Rabbi Jose, Simras Sohn: Nach den Begebenheiten mit dem Widersacher, denn es steht geschrieben:[63] *Das Kind wuchs heran und wurde entwöhnt* ... Der Widersacher sagte[64] vor dem Heiligen, gelobt sei er: Herr der Welt, diesen Alten hast du mit hundert Jahren noch mit einer Leibesfrucht begnadet. Von dem ganzen Festmahle, das er veranstaltete, hatte er nicht eine einzige Turteltaube oder eine einzige Jungtaube übrig, um sie vor dir darzubringen. Er sprach zu ihm: Das alles hat er nur für seinen Sohn getan; aber wenn ich zu ihm sage: Opfere sofort deinen Sohn vor mir, so opfert er ihn sofort. *Da versuchte Gott Abraham.*[65] *Und er sprach: Nimm doch deinen Sohn!*[66] Rabbi Schimon, Abbas Sohn, sagte: *Doch* ist nur ein Ausdruck der Bitte. Das ist gleich einem König von Fleisch und Blut, der viele Kriege durchzustehen hatte. Aber er hatte einen einzigartigen Helden, so daß er sie gewann. Nach einiger Zeit hatte er einen besonders schweren Krieg durchzustehen und sprach zu ihm: Ich erbitte mir von dir, daß du mir auch in diesem Kriege beistehst, damit man nicht sage: Die ersten waren doch unwesentlich! So sprach auch der Heilige, gelobt sei er, zu Abraham: Ich habe dich versucht durch so viele Versuchungen, und alle hast du bestanden. Jetzt bestehe mir auch diese Versuchung, damit man nicht sage: Sie waren doch unwesentlich, die ersten.

Deinen Sohn![67] Zwei Söhne habe ich. *Deinen einzigen!* Der eine ist ein einziger für seine Mutter, und der andere ist ein ein-

62 1. Mose 22,*1*.

63 1. Mose 21,*8a*. Der Satz geht weiter: »und Abraham veranstaltete ein großes Gelage an dem Tage, da Isaak entwöhnt ward«.

64 Der Satan nahm die Tatsache, daß in dem Bericht über das Fest für Isaak nichts von einem Opfer steht, zum Anlaß, den Bewährten vor Gott anzuklagen.

65 1. Mose 22,*1*.

66 1. Mose 22,*2*.

67 Die Gottesrede an Abraham wird hier wieder aufgenommen, fortlaufend aus 1. Mose 22,*2* zitiert und von Abraham ständig mit Einreden unterbrochen.

ziger für seine Mutter.[68] *Den du lieb hast!* Ihnen beiden gilt mein Erbarmen. *Den Isaak!*

Und wozu diese Umständlichkeit? Damit durch den Schreck sein Verstand nicht verwirrt werde. Unterwegs trat ihm dann der Widersacher entgegen und sagte zu ihm:[69] *Wenn ich ein Wort an dich versuche, wirst du dann schwach werden? ... Siehe, du hast viele zurechtgewiesen, und schwache Hände hast du gestärkt. Einen Strauchelnden richteten deine Worte wieder auf ... Jetzt aber, wenn's an dich kommt, dann wirst du schwach.* Er sagte zu ihm:[70] *Ich, in meiner Unsträflichkeit will ich gehen.* Er sagte zu ihm:[71] *Ist deine Ehrfurcht nicht auch deine Dummheit?* Er sagte zu ihm:[72] *Bedenke doch: Wer ist je schuldlos verdorben?* Als er sah, daß er gar nicht auf ihn hörte, sagte er zu ihm:[73] *Zu mir stahl sich ein Wort;* so hörte ich nämlich hinter dem Vorhang hervor:[74] *Das Schaf als Brandopfer* und nicht: Isaak als Brandopfer. Er sagte zu ihm: So ist die Strafe für den Lügner: Sogar wenn er die Wahrheit sagt, hört man nicht auf ihn. Sanhedrin 89 b

Der Edelstein

Und der Herr segnete Abraham mit allem.[75] Was bedeutet: *mit allem*? Rabbi Meïr sagt: Daß er keine Tochter hatte.[76] Rabbi

68 Die beiden Söhne Ismael und Isaak haben jeder eine andere Mutter, Hagar und Sara.

69 Es ist bemerkenswert, wie der Satan hier selbst Bibelworte (Hiob, 4,2–5) sagt, um zu seinem Ziele zu kommen. Die Ausleger des Talmud erfaßten das Gotteswort als eine vom Anfang her gegebene und einheitliche Größe. Darum war ihnen ein so kühner Anachronismus möglich.

70 Abraham antwortete mit Psalm 26,*11*.

71 Satan: Hiob 4,*6*.

72 Abraham: Hiob 4,*7*.

73 Satan: Hiob 4,*12*.

74 1. Mose 22,*7*. Die Wohnung Gottes ist wie im Tempel hinter einem Vorhang gedacht.

75 1. Mose 24,*1*.

76 Kurz zuvor wurde in der Diskussion gesagt, daß die Welt zwar nur durch Männer und Frauen bestehe; trotzdem seien jedem Söhne lieber als Töchter. Darin kommt eine Ansicht zum Ausdruck, die in jener Zeit allgemein verbreitet war.

Jehuda sagt: Daß er eine Tochter hatte. Andere sagen: Abraham hatte eine Tochter namens Mitallem.

Rabbi Elasar aus Modiim sagt: Abraham, unser Vater, hatte Sternenkunde in seinem Herzen,[77] so daß alle Könige vom Aufgang und vom Niedergang frühmorgens schon vor seiner Türe waren.

Rabbi Schimon, Jochais Sohn, sagt: Einen edlen Stein hatte Abraham, unser Vater, um seinen Hals hängen, so daß alle Kranken,[78] die ihn sahen, sofort geheilt wurden. Und in der Stunde, da Abraham, unser Vater, von der Welt verschied, hängte der Heilige, gelobt sei er, den edlen Stein ans Sonnenrad.[79] Abbaje sagte: Das ist es, was die Leute sagen: Erhebt sich der Tag, erhebt sich die Krankheit.[80] Bawa batra 16 b

Der Steuermann

Und Raw Chanan, Rawas Sohn, sagte, Raw habe gesagt: An ebendem Tage, da Abraham, unser Vater, von der Welt verschied, stellten sich alle Großen der Völker der Welt in einer Reihe auf und sagten: Wehe der Welt, die ihren Lenker verloren hat, und wehe dem Schiff, das seinen Steuermann verloren hat!

Bawa batra 91 a/91 b

ISRAEL IN ÄGYPTEN

Joseph vor dem Pharao

Rabbi Chija, Abbas Sohn, sagte, Rabbi Jochanan habe gesagt: In der Stunde, da der Pharao zu Joseph sagte:[81] *Ohne dich soll*

77 Später wurde dies dahin ausgelegt, daß Abraham alle Weisheit besessen habe.

78 Wörtlich Einzahl: jeder Kranke. »Alle« ist aber im Hebräischen dasselbe Wort wie »jeder« und wurde hier als Übersetzung gewählt, da es mit dem »alle« der übrigen Auslegungen korrespondiert.

79 Seitdem hat der Glanz der Sonne, der von dem Edelstein herrührt, die Kraft, Krankheiten zu heilen.

80 Die Erleichterung, wie sie ein Kranker am Morgen verspürt, wird in dem Sprichwort so erklärt, daß sich die Krankheit erhebe und weggehe.

81 1. Mose 41,44.

aber niemand seine Hand heben ..., sagten Pharaos Sterndeuter: Einen Sklaven, den sein Herr um zwanzig Silberstücke erworben hat, willst du über uns herrschen lassen? Er sagte zu ihnen: Ich sehe königliche Art an ihm. Sie sagten zu ihm: Demnach müßte er die siebzig Sprachen verstehen.[82] Da kam Gabriel und lehrte ihn die siebzig Sprachen; aber er vollbrachte sie einfach nicht. Als er ihm einen Buchstaben von dem Namen des Heiligen, gelobt sei er, zufügte,[83] da lernte er, denn es heißt:[84] *Als Zeugnis setzte er ihn in Jehoseph ein, da er gegen das Land Ägypten auszog. Eine Sprache, die ich nicht kannte, vernahm ich.* Am folgenden Tag aber antwortete er dem Pharao in jeder Sprache, in der dieser ihm erzählte. Sota 36 b

Israels Frauen in Ägypten

Raw Awira legte aus:[85] Als Belohnung für die bewährten Frauen, die in jenem Zeitalter lebten, wurde Israel aus Ägypten erlöst. Zur Stunde, da sie zum Wasserschöpfen gehen, bereitet der Heilige, gelobt sei er, kleine Fische für ihre Krüge, so daß sie zur Hälfte Wasser und zur Hälfte Fische schöpfen. Wenn sie heimkommen, setzen sie zwei Töpfe auf, einen für Warmwasser und einen für Fische, und bringen sie zu ihren Männern auf das Feld. Sie waschen ihre Männer, salben sie und geben ihnen zu essen und zu trinken und geben sich ihnen selber zwischen Hürden hin, denn es heißt:[86] *Wenn ihr lieget zwischen Hürden ...* Als Belohnung für das Lagern zwischen Hürden wurde Israel der Beute von Ägypten gewürdigt, denn es heißt:[87] *so sind die*

82 Die Zahl siebzig steht allgemein für die Gesamtheit der Völker und ihrer Sprachen.

83 Joseph heißt in dem folgenden Zitat auffallenderweise Jehoseph, erweitert durch den Buchstaben »H« aus dem Gottesnamen. In der Exegese wird das »ihn« des Zitats auf diesen Buchstaben bezogen.

84 Psalm 81,*6*.

85 Andere Handschriften haben hier Raw Esra, wieder andere Rabbi Akiwa.

86 Psalm 68,*14*. Der ganze, nicht durch ein Schriftwort belegte Anfang dieses Midrasch ist wohl dadurch zustande gekommen, daß der Ausleger eine zweite Bedeutung des Wortes für »Hürden«, nämlich »einen Topf aufsetzen«, weiter ausgesponnen hat.

87 Schluß von Psalm 68,*14*. Israel wird oft mit einer Taube verglichen.

Taubenflügel silberbespannt und ihre Schwingen mit grünschimmerndem Gold. Nachdem sie geschwängert sind, kommen sie zu ihren Häusern, und wenn die Zeit ihres Gebärens kommt, gehen sie und gebären auf dem Feld unter einem Apfelbaum, denn es heißt:[88] *Unter einem Apfelbaum hab ich dich erweckt ...* Und der Heilige, gelobt sei er, schickt aus der Himmel Höhe jemand, der sie rein macht und schön, wie eine Hebamme das Kind schön macht, denn es heißt:[89] *Und das war deine Geburt: Am Tage, da du geboren wurdest,*[90] *wurde deine Nabelschnur nicht abgeschnitten, mit Wasser wurdest du nicht gewaschen zur Reinigung ...* Er besorgt ihnen zwei Rundlaibe, einen mit Öl und einen mit Honig, denn es heißt:[91] *Da säugte er ihn aus Felsen mit Honig und Öl ...* Sobald die Ägypter sie bemerken, kommen sie, um sie zu töten; dann aber widerfährt ihnen ein Wunder: sie werden vom Erdboden verschlungen. Dann bringen die Ägypter Ochsengespanne und pflügen über ihnen hin, denn es heißt:[92] *Über mir pflügten Pflüger hin ...* Nachdem die Ägypter weggegangen sind, brechen sie hervor wie Futter auf dem Feld, denn es heißt:[93] *Wachstum gab ich dir wie dem Sproß des Feldes.* Und sobald sie herangewachsen sind, kommen sie herdenweise zu ihren Häusern, denn es heißt:[94] *Du vermehrtest dich, wurdest groß und kamst zu Zierde über Zierde.* Lies nicht: *Zierde über Zierde,* sondern: Herde über Herde.[95] Als der Heilige, gelobt sei er, sich am Meer offenbarte, erkannten sie ihn zuerst, denn es heißt:[96] *Dieser ist mein Gott, ihn anerkenne ich.* Sota 11 b

88 Hoheslied 8,*5*. Der Satz geht weiter: »dort kam zur Geburtswehe mit dir deine Mutter, dort kam zur Geburtswehe, die dich gebar«.

89 Hesekiel 16,*4*.

90 Manche Handschriften zitieren nur bis hierher, da der eigentliche Beleg für die himmlische Reinigung erst im Vers *9* in einem etwas anderen Zusammenhang folgt.

91 5. Mose 32,*13*.

92 Psalm 129,*3*.

93 Hesekiel 16,*7*.

94 Fortsetzung von Hesekiel 16,*7*.

95 Durch die Einfügung eines Buchstabens entsteht dieses Wortspiel.

96 2. Mose 15,*2*. Dieses Zitat ist mit Vers *20* zu verbinden, wo Israels Frauen das Loblied singen, was wohl der älteste Teil dieses ganzen Abschnittes ist.

Mirjam, die Prophetin

Da nahm Mirjam, die Prophetin, die Schwester Aarons ...[97] Die Schwester Aarons, nicht auch die Schwester Moses? Raw Amram sagte, Raw habe gesagt, es wird auch gesagt: Raw Nachman sagte, Raw habe gesagt: Dies lehrt, daß sie prophezeite, als sie die Schwester Aarons war,[98] indem sie sagte: Zukünftig gebärt meine Mutter einen Sohn, der Israel erlöst. Als Mose dann geboren ward, erfüllte sich das Haus ganz und gar mit Licht. Da stand ihr Vater auf, küßte sie aufs Haupt und sagte zu ihr: Meine Tochter, deine Prophezeiung hat sich erfüllt. Sota 12 b/13 a

Das Kind im Kästchen

Und sie verlehmte es mit Lehm und mit Pech.[99] Es wird gelehrt: Lehm für innen und Pech für außen, damit kein übler Hauch diesen Bewährten umhauche.[100] Sota 12 a

Und die Tochter des Pharao stieg hinab, um sich am Flusse zu waschen.[101] Rabbi Jochanan sagte im Namen von Rabbi Schimon, Jochais Sohn: Dies lehrt, daß sie hinabstieg, um sich von den Götzen ihres Vaterhauses reinzuwaschen. Sota 12 b

Und sie öffnete und sah ihn, den Knaben.[102] »Und sah« sollte es doch nur heißen. Rabbi Jose, Rabbi Chanias Sohn, sagte: Sie sah nämlich die Einwohnung bei ihm.[103] Sota 12 b

97 2. Mose 15,*20*.

98 Als Mose noch nicht geboren war.

99 2. Mose 2,*3*. Moses Mutter machte das Papyrusrohrkästchen außen mit Pech wasserdicht. Nach biblischem Bericht wurde für den Innenanstrich Asphalt verwendet. Durch bloße Veränderung der Vokalisation wurde »Lehm« gelesen, was die obige Exegese ermöglichte.

100 Ähnlich wird in der Tosephta von Joseph erzählt, daß die Karawane, an die er verkauft wurde, nach 1. Mose 37,*25* deswegen wohlriechende Waren mit sich führte, damit er auf der Reise durch den Gestank, den Karawanen sonst verbreiten, keinen Schaden erleide.

101 2. Mose 2,*5*.

102 2. Mose 2,*6*.

103 Das Objekt ist hier doppelt ausgedrückt. Rabbi Jose legte das erste davon (»ihn«) als die Gegenwart Gottes aus. Gepreßt könnte der Satz auch übersetzt werden: »und sah ihn (Gott) bei dem Knaben«.

Jedem das Seine

Es steht geschrieben:[104] *Und wenn nachts Tau auf das Lager fiel, fiel auch Manna darauf;* ferner steht geschrieben:[105] *hinausgehen soll das Volk und sammeln;* ferner steht geschrieben:[106] *es streifte das Volk umher und sammelte.* Auf welche Weise ist dies zu erklären?[107] Den Bewährten fiel es an die Tür ihrer Häuser; die Mittelmäßigen gingen hinaus und sammelten; die Frevler streiften umher und sammelten.

Es steht geschrieben:[108] *Brot;* ferner steht geschrieben:[109] *Fladen;* ferner steht geschrieben:[110] *sie mahlten.* Auf welche Weise ist dies zu erklären? Die Bewährten hatten Brot, die Mittelmäßigen Fladen, und die Frevler mahlten mit Handmühlen.

Joma 75 a

Tag für Tag

Die Schüler fragten Rabbi Schimon, Jochais Sohn: Warum kam das Manna auf Israel nicht auf einmal fürs Jahr herab? Er sagte zu ihnen: Ich will euch ein Gleichnis sagen: Wem ist diese Sache zu vergleichen? Einem König von Fleisch und Blut, der einen einzigen Sohn hatte. Er teilte ihm seinen Unterhalt auf einmal fürs Jahr zu, so daß dieser seinen Vater nur einmal im Jahr besuchte. Da machte er sich auf und teilte ihm seinen Unterhalt für jeden Tag zu, so daß der Sohn seinen Vater jeden Tag besuchte. So war es auch mit Israel. Wer vier oder fünf Kinder hatte, der war immer besorgt, indem er sagte: Vielleicht fällt morgen kein Manna herab, und daraufhin würden wir alle Hungers sterben.

104 4. Mose 11,*9*.
105 2. Mose 16,*4*.
106 4. Mose 11,*8*.
107 Die Ausleger haben die Verschiedenheiten der einzelnen, teils parallelen Bibelstellen beobachtet und ihre Erklärungen daran geknüpft.
108 2. Mose 16,*4* und oft.
109 4. Mose 11,*8*. Nach Raschi handelte es sich bei den Fladen um Teig, der zuerst noch gebacken werden mußte.
110 4. Mose 11,*8*.

Daraufhin richteten alle ihr Herz auf ihren Vater im Himmel. Eine andere Erklärung:[111] So konnten sie es essen, während es noch warm war. Eine andere Erklärung: Wegen der Lasten auf dem Wege. Joma 76 a

Gute Fürsorger

Rabbi Jose, Rabbi Jehudas Sohn, sagt: Drei gute Fürsorger standen Israel bei. Diese sind's: Mose, Aaron und Mirjam. Und drei gute Gaben wurden ihretwegen gegeben. Und diese sind's: Der Brunnen, die Wolke und das Manna; der Brunnen Mirjam zuliebe,[112] die Wolkensäule Aaron zuliebe[113] und das Manna Mose zuliebe.[114] Als Mirjam starb, entfernte sich der Brunnen, denn es heißt:[115] *Dort starb Mirjam,* und danach steht geschrieben:[116] *und es gab kein Wasser für die Gemeinde.* Aber den beiden zuliebe kam er wieder.[117] Als Aaron starb, entfernten sich die Wolken der Herrlichkeit, denn es heißt:[118] *Da hörte der Kanaaniter, der König von Arad.* Was war es, das er hörte? Er hörte, daß Aaron gestorben war und die Wolken der Herrlichkeit sich entfernt hatten. Da meinte er, ihm sei die Erlaubnis gegeben worden, mit Israel Krieg zu führen. Das ist es, was geschrieben steht:[119] *Da sah die ganze Gemeinde, daß Aaron verschieden war.* Rabbi Awahu sagte: Lies nicht: *da sah,* sondern:

111 Zwei weitere Gründe dafür, daß das Manna nicht auf einmal für das ganze Jahr herabkam.

112 Dazu 2. Mose 17,*1–7*.

113 Dazu 2. Mose 13,*21*.

114 Zum Manna die beiden vorigen Talmudabschnitte.

115 4. Mose 20,*1*.

116 4. Mose 20,*2*. Mirjams Tod und Wassermangel, die in der Bibel nebeneinanderstehen, werden in der talmudischen Auslegung kausal verbunden. Von da aus wurde dann zurückgeschlossen, daß der Brunnen einst um Mirjams willen gegeben worden ist. Methodisch gleich wurde mit den Berichten über Mose und Aaron verfahren.

117 Der zweite Bericht über den Brunnen (in 4. Mose 20) ist als ein Wiederkommen des Brunnens verstanden worden.

118 4. Mose 21,*1*.

119 4. Mose 20,*29;* darauf folgt unmittelbar 4. Mose 21,*1*.

»da fürchtete sich«.[120] Das entspricht auch einer Auslegung von Resch Lakisch. Resch Lakisch sagte nämlich: »Daß« hat noch einen vierfachen Sprachgebrauch: wenn, vielleicht, sondern, weil. Mose zuliebe kamen beide wieder. Als Mose starb, entfernten sie sich alle, denn es heißt:[121] *Die drei Hirten schaffte Ich aber in einem Monat weg.* Starben sie denn aber in einem Monat? Starb nicht etwa Mirjam im Nisan, Aaron im Aw und Mose im Adar? Vielmehr lehrt dies, daß die drei guten Gaben, die ihretwegen gegeben wurden, aufgehoben wurden; alle entfernten sich in einem Monat.[122] Taanit 9 a

Verdächtigungen

Unsere Meister lehrten: Der Gestrüppsammler – das war Zelophehad, denn so sagt die Schrift:[123] *Als Israels Söhne in der Wüste waren, fanden sie einen Mann* . . . Und weiterhin sagt die Schrift:[124] *Unser Vater starb in der Wüste.* Und so wie es sich bei der zweiten Stelle um Zelophehad handelt, so handelt es sich auch bei der ersten um Zelophehad.[125] Das sind Worte Rabbi Akiwas. Rabbi Jehuda, Beteras Sohn, sagte zu ihm: Akiwa, ob

120 Durch Hinzufügung eines Buchstabens und durch die Verwendung des Wortes für »daß« in einer seiner anderen Bedeutungen (weil), kam Rabbi Awahu zu seiner Erklärung. Die Gemeinde fürchtete sich, weil mit Aarons Tod die Wolke verschwand, die Gottes Gegenwart bei der Gemeinde Israel anzeigte und damit den Feinden Furcht einjagte. Andere Kommentatoren lasen statt »da fürchtete sich«: »da wurde gesehen«, weil die Gemeinde, nach 2. Mose 14,*19 f.*, durch die Wolkensäule vor den Feinden verborgen gewesen war, dann aber eingesehen und angegriffen werden konnte.

121 Sacharja 11,*8*.

122 Nach alter Überlieferung in einer jüdischen Chronik starben die drei Geschwister je in den angegebenen Monaten.

123 4. Mose 15,*32*. Das Zitat geht weiter: »der am Schabbat Gestrüpp sammelte«.

124 4. Mose 27,*3*. Das Zitat geht weiter: »doch war er nicht bei der Rotte, die sich wider den Herrn zusammentat, bei Korahs Rotte, sondern er starb um seiner eigenen Verfehlung willen«.

125 Aus der zweiten Schriftstelle ergibt sich die Frage, um welcher Sünde willen denn Zelophehad gestorben ist. Akiwa verbindet damit als Antwort eine andere Schriftstelle, in der auch von einem Schuldigen in der Wüste gesprochen wird: 4. Mose 15,*32*, wo von einem Schabbatschänder ohne Namensnennung erzählt wird.

so oder so, du wirst zukünftig Rechenschaft geben müssen. Wenn es deinen Worten entspricht, dann stellst du ihn bloß, während die Weisung ihn gedeckt hat;[126] wenn aber nicht, dann hast du über jenen Bewährten üble Nachrede ausgehen lassen. Oder hat Akiwa etwa diesen Analogieschluß übernommen?[127] Ein Analogieschluß wurde nicht übernommen. Wohin aber gehört er dann?[128] Er gehört zu denen, *die vermessen waren.*[129]

Dieselbe Sache begegnet dir bei der Auslegung des Schriftverses:[130] *Da entbrannte des Herrn Zorn über sie, und er ging weg.* Dies lehrt, daß auch Aaron aussätzig wurde. Das sind Worte Rabbi Akiwas.[131] Rabbi Jehuda, Beteras Sohn, sagte zu ihm: Akiwa, ob so oder so, du wirst zukünftig Rechenschaft geben müssen. Wenn es deinen Worten entspricht, dann stellst du ihn bloß, während die Weisung ihn gedeckt hat; wenn aber nicht, dann hast du über jenen Bewährten üble Nachrede ausgehen lassen. Aber es steht doch geschrieben: *über sie.* Bei ihm war es aber bloß ein Verweis.[132] Übereinstimmend mit dem, der sagt, daß auch Aaron aussätzig wurde, wird gelehrt, daß geschrieben steht:[133] *Da wandte sich Aaron zu Mirjam hin, und siehe, sie war aussätzig.* Es wird gelehrt, daß er sich von seinem eigenen Aussatz abwandte.

Resch Lakisch sagte: Wer Rechtschaffene verdächtigt, der

126 In diesem Fall hätte Akiwa den Namen des Gestrüppsammlers preisgegeben, während die Schrift ihn doch verschwiegen hat.

127 Damals mußte ein Analogieschluß aus der Tradition entnommen werden. Dies war aber hier, wie auch sonst manchmal bei Akiwa, nicht der Fall. Die eigenwilligen Methoden Akiwas wurden von anderen Lehrern bekämpft.

128 Es wird gefragt, zu welcher Gruppe von Sündern Zelophehad gehörte.

129 Jetzt wird 4. Mose 14,*44* beigezogen, wo von Männern erzählt wird, die Mose nicht gehorchten und darum von Feinden erschlagen wurden.

130 4. Mose 12,*9*.

131 Akiwa meint, daß der göttliche Zorn den Aussatz Mirjams bewirkte, von dem im darauffolgenden Satz erzählt wird. Weil sich aber der Zorn gegen eine Mehrzahl, nämlich gegen Mirjam und Aaron richtete – Rabbi Akiwa betont später noch einmal das Wort »über sie« –, so wird geschlossen, daß auch Aaron, der daneben stand, aussätzig wurde.

132 Zunächst wird Akiwas Meinung bestritten, dann aber eine Tradition angeführt, die sie mit einer anderen Begründung bestätigt.

133 4. Mose 12,*10*.

wird an seinem Leibe geschlagen, denn es steht geschrieben:[134] *Sie werden mir ja nicht glauben* ... Vor dem Heiligen, gelobt sei er, war es aber offenbar, daß Israel glaubt. Er sprach zu Mose: Sie sind Glaubende und Nachkommen von Glaubenden; du aber wirst am Ende nicht glauben. Sie sind Glaubende, denn es steht geschrieben:[135] *Da glaubte das Volk*; Nachkommen von Glaubenden:[136] *Er glaubte dem Herrn*; du aber wirst am Ende nicht glauben, denn es heißt:[137] *Weil ihr mir nicht geglaubt habt.* Woher aber wissen wir, daß er geschlagen wurde? Weil geschrieben steht:[138] *Da sprach der Herr zu ihm: Stecke deine Hand in deinen Gewandbausch!*[139] Schabbat 96 b/97 a

ISRAEL UNTER DEM GOTTESBERG

Der Knecht Gottes

Und Rabbi Jehoschua, Levis Sohn, sagte: In der Stunde, da Mose zur Höhe aufstieg, fand er den Heiligen, gelobt sei er, wie er für die Buchstaben Kronen fertigte.[140] Er sprach zu ihm: Mose, gibt es in deiner Stadt keinen Friedensgruß? Er sagte vor ihm: Gibt es denn einen Knecht, der seinem Meister den Friedensgruß entbietet?[141] Er sprach zu ihm: Du hättest mir beistehen sollen! Sogleich sagte er zu ihm:[142] *So laß doch deine Kraft, Herr, sich groß erweisen, wie du verheißen hast!*

Schabbat 89 a

134 2. Mose 4,*1*, von Mose über Israel gesagt.
135 2. Mose 4,*31*.
136 1. Mose 15,*6*, über Abraham gesagt.
137 4. Mose 20,*12*, zu Mose und Aaron gesagt.
138 2. Mose 4,*6*.
139 Als Mose die Hand wieder aus dem Rockbausch nahm, da war sie aussätzig. Resch Lakisch verstand das also nicht zuerst als Erweis göttlicher Wundermacht, sondern vor allem als eine Strafe für die Verdächtigung Israels.
140 Damit sind die Häkchen gemeint, die sich auf gewissen Buchstaben der im Gottesdienst verwendeten Rollen des Fünfbuches gemalt finden.
141 Der Knecht sprach seinen Herrn nicht von sich aus an; selbst der Rabbi grüßte den Schüler zuerst.
142 4. Mose 14,*17*.

Weisung für die Menschen

Rabbi Jehoschua, Levis Sohn, sagte: In der Stunde, da Mose zur Höhe aufstieg, sagten die Dienstengel vor dem Heiligen, gelobt sei er: Herr der Welt, was soll ein Weibgeborener unter uns? Er sprach zu ihnen: Die Weisung zu empfangen, ist er gekommen. Sie aber sagten vor ihm: Die verborgene Kostbarkeit, die du für dich verborgen hast, neunhundertvierundsiebzig Geschlechter lang, ehe die Welt erschaffen ward, die willst du an Fleisch und Blut geben? *Was ist ein Mann, daß du seiner gedenkst, und ein Menschenkind, daß du ihm nachfragst?*[143] *Herr, unser Herrscher, wie herrlich ist dein Name auf der ganzen Erde: du sollst deine Pracht an die Himmel geben!*[144] Der Heilige, gelobt sei er, sprach zu Mose: Gib ihnen Antwort! Er sagte vor ihm: Herr der Welt, ich fürchte, daß sie mich mit dem Hauch ihres Mundes verbrennen. Er sprach zu ihm: Halte dich fest am Thron meiner Herrlichkeit und gib ihnen Antwort, denn es heißt:[145] *Indem er am Anblick des Thrones festhält, breitet Er über ihn sein Gewölk.*[146] Dazu sagte Rabbi Nachum: Dies lehrt, daß der Allmächtige von dem Glanze seiner Einwohnung und seines Gewölkes über ihn gebreitet hat. Er sagte vor ihm: Herr der Welt, was steht in der Weisung, die du mir gibst, geschrieben?[147] *Ich bin der Herr, dein Gott, der dich aus dem Land Ägypten geführt hat.* Er sagte zu ihnen: Seid ihr etwa nach Ägypten hinabgezogen, seid ihr etwa dem Pharao dienstbar gewesen? Was soll euch die Weisung? Wiederum, was steht in ihr geschrieben?[148] *Du sollst keine anderen Götter haben!* Wohnt ihr etwa unter

143 Psalm 8,5.

144 Psalm 8,2. »Pracht« ist hier als Bildwort für die Weisung genommen. Der schwer übersetzbare Vers soll die Meinung der Engel zum Ausdruck bringen, Gott habe seine Weisung nur für die Himmel bestimmt.

145 Hiob 26,9.

146 Im Zusammenhang wird der Text so verstanden, daß Mose die Fläche des Thrones festhält und Gott über ihm seinen Schutz ausbreitet. Anschließend gibt Rabbi Nachum eine andere Deutung, bei der »Anblick« auf die Gottesgegenwart bezogen wird.

147 2. Mose 20,2. Mit der Auslegung einiger Gebote gibt Mose den Engeln Antwort.

148 2. Mose 20,3.

Unbeschnittenen, die Götzendienst treiben?[149] Wiederum, was steht in ihr geschrieben?[150] *Gedenke des Schabbattages, ihn zu heiligen!* Tut ihr etwa eine Arbeit, daß ihr das Ruhen nötig hättet? Wiederum, was steht in ihr geschrieben?[151] *Du sollst nicht behandeln!* Gibt es etwa Handel und Wandel unter euch? Wiederum, was steht in ihr geschrieben?[152] *Du sollst deinen Vater und deine Mutter ehren!* Habt ihr etwa Vater und Mutter? Wiederum, was steht in ihr geschrieben?[153] *Du sollst nicht töten! Du sollst nicht ehebrechen! Du sollst nicht stehlen!* Gibt es denn Neid unter euch, gibt es denn die böse Leidenschaft unter euch? Sogleich lobpreisten[154] sie den Heiligen, gelobt sei er, denn es heißt:[155] *Herr, unser Herrscher, wie herrlich ist dein Name ...* Wogegen »Du sollst deine Pracht an die Himmel geben« hier nicht geschrieben steht. Sogleich wurde jeder Einzelne Mose zum Freund und gab ihm etwas, denn es heißt:[156] *Du bist zur Höhe aufgestiegen, hast Gefangene gefangen, hast Gaben empfangen wegen »Mensch«*; nämlich als Entschädigung dafür, daß sie dich »Mensch« genannt haben, hast du Gaben empfangen. Auch der Todesengel gab ihm etwas, denn es heißt:[157] *Da gab er Räucherwerk und erwirkte Sühne für das Volk*; ferner sagt die Schrift:[158] *Er stand zwischen den Toten und den Lebenden ...* Wenn der Todesengel es ihm nicht gesagt hätte, woher hätte Mose es wissen sollen?[159] Schabbat 88 b/89 a

149 Im zensierten Text steht: Unter Völkern, die Bildklötzen dienen.

150 2. Mose 20,*8*.

151 2. Mose 20,*7*. Der Satz geht weiter: »den Namen des Herrn, deines Gottes, leichtsinnig«.

152 2. Mose 20,*12*.

153 2. Mose 20,*13–15*.

154 Das Wort für »lobpreisen« kann auch bedeuten: etwas zugeben, zustimmen.

155 Psalm 8,*10*. Hier, am Ende des Psalmes, fehlt der zweite Halbsatz aus Vers *2*, mit dem die Engel zuvor ihre Ansicht belegt hatten.

156 Psalm 68,*19*.

157 4. Mose 17,*12*.

158 4. Mose 17,*13*.

159 Hier wird versucht zu erklären, wie Mose zu dem Räucherwerk kam, das den Tod bannen konnte.

Ortsbrauch

Rabbi Tanchum, Chanilais Sohn, sagte: Niemals weiche ein Mensch vom Brauch ab. Denn siehe, als Mose zur Höhe hinaufstieg, da aß er kein Brot. Als die Dienstengel nach unten hinabstiegen, da aßen sie Brot. Da aßen sie – was kommt dir in den Sinn! Sage lieber: Sie sahen aus, als hätten sie gegessen und getrunken. Bawa mezia 86 b

Von vornherein gehorsam

Rabbi Simai legte aus: Zu der Stunde, da Israel mit seinem *wir wollen tun* dem *wir wollen hören*[160] zuvorkam, erschienen sechzig Myriaden Dienstengel und wanden jedem einzelnen aus Israel zwei Kränze, einen für *wir wollen tun* und einen für *wir wollen hören.* Als aber Israel sich verfehlte, stiegen einhundertundzwanzig Myriaden Verderbensengel herab und nahmen sie ihnen wieder ab, denn es heißt:[161] *Da entledigten sich Israels Söhne ihres Schmuckes vom Berge Horeb.* Rabbi Chama, Rabbi Chaninas Sohn, sagte: Am Horeb wurde er ihnen angelegt, am Horeb legten sie ihn wieder ab. Am Horeb wurde er ihnen angelegt, wie wir soeben gesagt haben. Am Horeb legten sie ihn wieder ab, denn es steht geschrieben: *Da entledigten sich Israels Söhne ...* Rabbi Jochanan sagte: Mose aber wurde gewürdigt, sie alle zu empfangen, denn gleich darauf folgt das Schriftwort:[162] *Da nahm Mose das Zelt.* Resch Lakisch sagte: Zukünftig wird der Heilige, gelobt sei er, sie uns wiederbringen, denn es heißt:[163] *Die Befreiten des Herrn kehren heim und kommen*

160 2. Mose 24,*7*: »Alles, was der Herr geboten hat, wollen wir tun und hören.« Aus der Beobachtung, daß »tun« vor »hören« steht, wird gefolgert, daß Israel schon vor der Verkündigung der Gebote seine bedingungslose Bereitschaft zum Gehorsam beteuerte, was immer auch der Inhalt der Gebote sein würde. Dieser Satz ist dabei aus dem biblischen Zusammenhang gelöst.

161 2. Mose 33,*6*.

162 2. Mose 33,*7*. Die beiden Schriftverse wurden inhaltlich eng verknüpft: Der Schmuck, den die Israeliten ablegten, wurde daraufhin von den Engeln an Mose gegeben. Dies wird den Worten »da nahm Mose« entnommen, zugleich wird »Zelt« durch »Schmuck« (vom vorigen Vers) interpretiert.

163 Jesaja 35,*10*.

nach Zion mit Jubel, ewige Freude auf ihrem Haupt, nämlich die Freude von ehemals auf ihrem Haupt.

Rabbi Elasar sagte: Zu der Stunde, da Israel mit seinem *wir wollen tun* dem *wir wollen hören* zuvorkam, ging eine Art Stimme aus und sprach zu ihnen: Wer hat meinen Söhnen dies Geheimnis kundgetan, dessen die Dienstengel sich bedienen, wie geschrieben steht:[164] *Lobet den Herrn, ihr, seine Engel, ihr starken Helden, die ihr sein Wort tut, die Stimme seines Wortes zu hören?* Also zuerst das Tun, dann das Hören. Rabbi Chama, Chaninas Sohn, sagte: Was bedeutet es, daß geschrieben steht:[165] *Wie der Apfelbaum unter den Bäumen des Waldes . . .?* Warum wird Israel mit einem Apfelbaum verglichen? Dies lehrt dich: Wie dieser Apfelbaum seine Früchte vor den Blättern hervorbringt,[166] so ist auch Israel mit seinem *wir wollen tun* dem *wir wollen hören* zuvorgekommen.

Ein Ketzer sah, wie Rawa, als er ins Studieren vertieft war, seine Finger unter dem Fuße hielt und mit ihnen rieb, bis das Blut herausspritzte. Da sagte er zu ihm: Voreiliges Volk, die ihr mit dem Mund den Ohren zuvorkommt, ihr verharrt immer noch in eurem Vorwitz. Ihr hättet doch zuerst hören sollen, ob ihr es überhaupt auf euch nehmen könnt oder ob ihr es nicht auf euch nehmen könnt. Er sagte zu ihm: Von uns, die wir in Vollkommenheit wandeln, steht geschrieben:[167] *Die Rechtschaffenen leitet ihre Unschuld.* Von jenen Menschen, die in Verkehrtheit wandeln, steht geschrieben:[168] *die Treulosen aber richtet ihre Falschheit zugrunde.* Schabbat 88 a/88 b

Israel unter dem Gottesberg

Da stellten sie sich unter dem Berg hin.[169] Rabbi Awdimi, Chamas Sohn, Chasas Sohn, sagte: Dies lehrt, daß der Heilige, ge-

164 Psalm 103,*20*.

165 Hoheslied 2,*3*. Weiter ist vom Geliebten die Rede. Dies Wort wird auch sonst in der Bibel für Israel gebraucht.

166 Nach Raschi ist gemeint, daß er die Fruchtknospen vor den Blattknospen ansetzt.

167 Sprüche 11,*3a*.

168 Sprüche 11,*3b*.

169 2. Mose 19,*17*.

lobt sei er, über sie den Berg wie einen Kübel stülpte und zu ihnen sprach: Wenn ihr die Weisung annehmt, so ist es gut, wenn aber nicht, so ist dort euer Grab. Rabbi Acha, Jaakows Sohn, sagte: Von daher hätten sie eine gute Ausrede gegen die Weisung.[170] Rawa sagte: Aber trotzdem nahmen sie in den Tagen des Ahasveros die Weisung auf sich, denn es steht geschrieben:[171] *Die Judäer erfüllten und nahmen auf sich.* Sie erfüllten, was sie zuvor schon auf sich genommen hatten.

Schabbat 88 a

Die Völker vor der Weisung

Rabbi Chanina, Pappas Sohn, es wird auch gesagt, Rabbi Simlai, legte aus: Zukünftig holt der Heilige, gelobt sei er, eine Rolle der Weisung und legt sie in seinen Schoß. Dann spricht er: Jeder, der sich mit ihr befaßt hat, komme und empfange seinen Lohn! Sogleich versammeln sich die Völker der Welt[172] und kommen durcheinandergemischt, denn es heißt:[173] *Alle Völker werden miteinander gesammelt. Der Heilige, gelobt sei er, spricht zu ihnen: Tretet nicht durcheinandergemischt vor mich, sondern es trete jedes Volk mit seinen Gelehrten für sich ein, denn es heißt:*[174] *und es sammeln sich Nationen.* Und eine Nation gibt es nur als Reich, denn es heißt:[175] *Eine Nation überwältigt eine andere Nation.* Gibt es denn für den Heiligen, gelobt sei er, Durcheinandergemischtes? Nein, sondern damit sie selber nicht durcheinandergemischt seien und dann nicht mehr vernehmen, was er zu ihnen spricht.

Zuerst tritt das römische Reich vor ihn. Was ist der Grund? Weil es das geachtetste ist. Woher haben wir, daß es das geachtetste ist? Weil geschrieben steht:[176] *Es frißt die ganze Erde, zer-*

170 Rabbi Acha lehnte diese Auslegung ab als ein starkes Argument gegen die Verantwortung dem Gebot gegenüber, weil es so nicht freiwillig angenommen, sondern aufgezwungen worden wäre.

171 Esther 9,*27*.

172 Die zensierten Texte haben hier: Sternendiener.

173 Jesaja 43,*9a*.

174 Jesaja 43,*9b*.

175 1. Mose 25,*23*.

176 Daniel 7,*23*.

tritt und zermalmt sie. Rabbi Jochanan sagte: Das meint das schuldbeladene Rom, dessen Münze in alle Welt hinausgeht.[177] Und woher haben wir, daß das geachtetste zuvorderst hereinkommt? Dies entspricht Raw Chisda. Raw Chisda sagte nämlich: Von König und Gemeinde trete der König bei Gericht zuerst ein, denn es heißt:[178] *Recht zu schaffen seinem Knecht, dann Recht seinem Volk Israel* ... Und was ist der Grund? Wenn du willst, sage ich: Es ist keine Art, den König draußen sitzen zu lassen; und wenn du willst, sage ich: Ehe der Zorn zunimmt. Der Heilige, gelobt sei er, spricht zu ihnen: Womit habt ihr euch befaßt? Sie sagen vor ihm: Herr der Welt, viele Marktstraßen haben wir errichtet, viele Bäder haben wir gemacht, und viel Silber und Gold haben wir gemehrt. Und das alles haben wir nur für Israel getan, damit sie sich mit der Weisung befassen können. Der Heilige, gelobt sei er, spricht zu ihnen: Ihr Narren in der Welt, alles, was ihr getan habt, das habt ihr für euren eigenen Bedarf getan. Ihr habt Marktstraßen errichtet, um Huren da hinzusetzen, Bäder, um euch selber darin zu ergötzen; Silber und Gold – mir gehört es, denn es heißt:[179] *Mir gehört das Silber und mir gehört das Gold – Spruch des Herrn der Heere.* Gibt es irgendeinen unter euch, der dies aufsagen könnte? Denn es heißt:[180] *Wer ist unter euch, der dies aufsagen könnte? Dies* meint nur die Weisung, denn es heißt:[181] *Dies ist die Weisung, die Mose vorlegte.* Sogleich gehen sie enttäuscht hinaus.

Das römische Reich geht hinaus, und nach ihm tritt das persische Reich ein. Was ist der Grund? Weil es das geachtetste nach jenem ist. Woher haben wir dies? Weil geschrieben steht:[182] *Darauf erschien ein anderes, ein zweites Tier, das glich einem Bären.* Und Raw Joseph lehrte: Dies sind die Perser, die fressen und saufen wie ein Bär, die beleibt werden wie ein Bär, die ihre

177 Wessen Münze gilt, der hat die Macht.

178 1. Könige 8,59. Mit dem Knecht ist König Solomo gemeint.

179 Haggai 2,8.

180 Jesaja 43,9. Dieses Zitat mitsamt der Einführungsformel fehlt in manchen Handschriften.

181 5. Mose 4,44.

182 Daniel 7,5.

Haare wachsen lassen wie ein Bär und die keine Ruhe haben wie ein Bär. Der Heilige, gelobt sei er, spricht zu ihnen: Womit habt ihr euch befaßt? Sie sagen vor ihm: Herr der Welt, viele Brücken haben wir geschlagen, viele Großstädte haben wir erobert, viele Kriege haben wir geführt. Und das alles haben wir nur für Israel getan, damit sie sich mit der Weisung befassen können. Der Heilige, gelobt sei er, spricht zu ihnen: Alles, was ihr getan habt, das habt ihr für euren eigenen Bedarf getan. Ihr habt Brücken errichtet, um durch sie Zoll einzunehmen, und Großstädte, um in ihnen Frondienste tun zu lassen; die Kriege – ich habe sie geführt! Denn es heißt:[183] *Der Herr ist Kriegsmann.* Gibt es irgendeinen unter euch, der dies aufsagen könnte? Wie es heißt:[184] *Wer ist unter euch, der dies aufsagen könnte? Dies* meint nur die Weisung, denn es heißt:[185] *Dies ist die Weisung, die Mose vorlegte.* Sogleich gehen sie enttäuscht von ihm hinaus.

Was ist denn der Grund, daß das persische Reich überhaupt vortritt, nachdem es doch gesehen hat, daß es dem römischen Reich gar nichts genützt hat? Sie sagen: Jene haben das Heiligtum eingerissen, wir aber haben es erbaut. Und ebenso geht es mit jeder einzelnen Nation weiter. Und was ist denn der Grund, daß sie überhaupt vortreten, nachdem sie doch gesehen haben, daß es den ersten gar nichts genützt hat? Sie meinen: Jene haben Israel geknechtet, wir aber haben Israel nicht geknechtet. Worin liegt der Unterschied, daß die einen so geachtet sind und daß die anderen nicht so geachtet sind? Darin, daß sich ihr Reich bis zum Kommen des Messias hinzieht.

Dann sagen sie vor ihm: Herr der Welt, hast du uns denn die Weisung überhaupt gegeben und wir hätten sie nicht angenommen? Können sie denn so sagen? Es steht doch geschrieben:[186] *Er sagte: Der Herr kam vom Sinai her, erglänzte von Seïr ihnen.* Ferner steht geschrieben:[187] *Gott kommt von Teman her ...* Was wollte er in Seïr und was wollte er in Paran? Rabbi Jochanan sagte: Das lehrt, daß der Heilige, gelobt sei er, die Weisung

183 2. Mose 15,*3*.
184 Jesaja 43,*9*.
185 5. Mose 4,*44*.
186 5. Mose 33,*2*.
187 Hababuk 3,*3*. Der Vers geht weiter: »der Heilige vom Parangebirge«.

bei jeder Nation und Zunge herumbot, sie aber nahmen diese nicht an, bis er zu Israel kam und sie diese dann annahmen. Nein, so sagen sie: Haben wir sie etwa angenommen und nicht erfüllt? Aber auf diesen Einwand gibt es die Antwort: Warum habt ihr sie dann nicht angenommen?[188] Nein, so sagen sie vor ihm: Herr der Welt, hast du etwa den Berg über uns gestülpt wie einen Kübel, ohne daß wir sie angenommen hätten, wie du es Israel gemacht hast?[189] Denn es steht geschrieben:[190] *Da stellten sie sich unter dem Berg hin.* Dazu sagte Raw Awdimi, Chamas Sohn: Dies lehrt, daß der Heilige, gelobt sei er, den Berg wie einen Kübel über Israel stülpte und zu ihnen sprach: Wenn ihr die Weisung annehmt, so ist es gut, wenn aber nicht, so ist dort euer Grab.

Sogleich spricht der Heilige, gelobt sei er, zu den Völkern: Das Frühere sollen sie uns verkünden! Denn es heißt:[191] *Dann sollen sie uns Früheres verkünden.* Wo habt ihr denn die sieben Gebote erfüllt, die ihr empfangen habt? Und woraus entnehmen wir, daß sie diese nicht erfüllt haben? Raw Joseph lehrte nämlich:[192] *Er stand auf, und es wankte die Erde, er sah und löste die Völker.* Was sah er? Er sah, daß die Nachkommen Noahs die sieben Gebote auf sich genommen hatten, sie aber nicht erfüllten. Nachdem sie diese nicht erfüllten, stand er auf und löste sie davon. Sollten sie denn wirklich im Vorteil sein?[193] Wenn dies so wäre, dann würden wir finden, daß der Übertreter belohnt wird. Mar, Rawinas Sohn, sagte: Dies besagt, daß sie sogar dann keinen Lohn dafür empfangen, wenn sie diese erfüllen. Warum eigentlich nicht? Wird denn nicht gelehrt, Rabbi Meïr habe dazu gesagt: Woher haben wir, daß selbst einer aus

188 Eine andere Übersetzung: Das ist eben ihr Unglück. Warum dies? Ihr habt sie ja nicht angenommen.

189 Von hier ab folgen einige kurze Abschnitte, die (aus talmudischen Parallelstellen) auch an anderen Stellen dieser Anthologie gebracht, hier aber um des Zusammenhangs willen nicht weggelassen wurden.

190 2. Mose 19,*17*.

191 Jesaja 43,*9*. Mit dem vorhergehenden Satz aus demselben Bibelvers wurden die Völker zuerst nach der Weisung gefragt, hier nach den sieben Geboten der Nachkommen Noahs; dazu Sanhedrin 56a/56b, Seite 108 f.

192 Habakuk 3,*6*.

193 Dazu Bawa kamma 38a, Seite 109.

den Völkern, der sich mit der Weisung befaßt, daß selbst er einem Hohenpriester gleicht? Die Schrift besagt doch:[194] *Der Mensch, der sie tut, lebt durch sie.* Es heißt nicht: Priester, Leviten und Israeliten, sondern: *der Mensch.* Das lehrt dich, daß selbst einer aus den Völkern,[195] der sich mit der Weisung befaßt – siehe, daß er einem Hohenpriester gleicht. Nein,[196] dies besagt dir, daß sie dafür zwar nicht Lohn empfangen, wie einer, der ein Gebot hat und es tut, jedoch wie einer, der kein Gebot hat und es tut. Rabbi Chanina sagte nämlich: Größer ist, der ein Gebot hat und es tut, als einer, der kein Gebot hat und es tut.[197]

Sie sagen vor ihm: Herr der Welt, wo hat denn Israel, das die Weisung angenommen hat, diese erfüllt? Der Heilige, gelobt sei er, spricht zu ihnen: Ich zeuge für sie, daß sie die Weisung erfüllt haben. Sie sagen vor ihm: Herr der Welt, gibt es etwa einen Vater, der für seinen Sohn zeugen darf? Denn es steht geschrieben:[198] *Mein erstgeborener Sohn ist Israel.* Der Heilige, gelobt sei er, spricht zu ihnen: Himmel und Erde sollen für sie zeugen, daß sie die ganze Weisung erfüllt haben. Sie sagen vor ihm: Herr der Welt, Himmel und Erde sind in ihrem Zeugnis befangen, denn es heißt:[199] *Wäre es nicht um meinen Bund Tag und Nacht, so hätte ich die Ordnung Himmels und der Erde nicht gesetzt.* Und Rabbi Schimon, Lakischs Sohn, sagte: Was bedeutet es, daß geschrieben steht:[200] *Abend ward und Morgen ward – der sechste Tag?* Dies lehrt, daß der Heilige, gelobt sei er, mit dem Schöpfungswerke die Bedingung absprach: Wenn Israel meine Weisung annimmt, ist es gut, wenn aber nicht, führe ich euch wieder zum Wüsten und Leeren zurück.[201] Und

194 3. Mose 18,*5*.

195 Im zensierten Text steht: ein Sternendiener; dazu Bawa kamma 38a, Seite 226.

196 Mit dieser Antwort wird ein mittlerer Weg gesucht zwischen den beiden Extremen, daß die Heiden für die Gebotserfüllung entweder gar keinen oder aber allen Lohn Israels empfangen sollen.

197 Der Mensch soll sich nicht vermessen, selber zwischen Gut und Böse zu entscheiden. Das Gute ist keine für sich bestehende Größe. Darum wird eine Tat erst dadurch gut, daß sie von Gott geboten ist.

198 2. Mose 4,*22*.

199 Jeremia 33,*25*.

200 1. Mose 1,*31*.

201 Dazu Schabbat 88a, Seite 80.

das ist es, was Chiskia sagte: Was bedeutet es, daß geschrieben steht:[202] *Vom Himmel ließest du Recht hören, die Erde fürchtete sich und beruhigte sich*? Wenn sie sich fürchtete, warum beruhigte sie sich? Und wenn sie sich beruhigte, warum fürchtete sie sich? Nämlich so: anfänglich fürchtete sie sich, aber schließlich beruhigte sie sich.

Der Heilige, gelobt sei er, spricht zu ihnen: Von euch sollen sie kommen und für Israel zeugen, daß sie die ganze Weisung erfüllt haben. Nimrod soll kommen und für Abraham zeugen, daß er keinen Götzendienst trieb. Laban soll kommen und für Jakob zeugen, daß er nicht des Raubes verdächtig war. Die Frau Potiphars soll kommen und für Joseph zeugen, daß er nicht der Übertretung verdächtig war. Nebukadnezar soll kommen und für Hananja, Misael und Asarja zeugen, daß sie sich nicht vor dem Bilde niedergeworfen haben. Darius soll kommen und für Daniel zeugen, daß er das Gebet nicht unterlassen hat. Bildad aus Suah soll kommen, Zophar aus Naema, Eliphas aus Teman und Elihu, Baracheels Sohn, aus Bus,[203] und sie sollen für Israel zeugen, daß sie die Weisung ganz und gar erfüllt haben, denn es heißt:[204] *Hergeben sollen sie ihre Zeugen, damit jene bewahrheitet werden.*

Sie sagen vor ihm: Herr der Welt, gib uns die Weisung von neuem, so wollen wir sie tun! Der Heilige, gelobt sei er, spricht zu ihnen: Ihr Narren in der Welt, wer sich am Schabbatvorabend gemüht hat, der hat am Schabbat zu essen.[205] Wer sich aber am Schabbatvorabend nicht gemüht hat – woher hat der am Schabbat zu essen? Aber trotzdem habe ich ein leichtes Gebot, das heißt: Laubhütte. Gehet hin und tut dieses! Aber kannst du denn so sagen?[206] Rabbi Jehoschua, Levis Sohn, sagte doch:

202 Psalm 76,9. »Recht« bedeutet hier die Weisung. Die Erde fürchtete sich, daß sie ohne Weisung wieder zerstört würde. Als Israel dann die Weisung annahm, ward sie beruhigt.

203 Die drei Freunde Hiobs und der vierte Sprecher.

204 Jesaja 43,9.

205 »Schabbatvorabend« und »Schabbat« stehen hier für die hiesige Welt und die kommende Welt, und entsprechend bei »heute« und »morgen«.

206 Wie kann es sein, daß Gott in der kommenden Welt ein Gebot gibt, das für die hiesige bestimmt war?

Was bedeutet es, daß geschrieben steht:[207] *Die ich dir heute gebiete*? Heute sind sie also zu tun, und nicht erst morgen sind sie zu tun; heute sind sie zu tun, aber nicht ist heute ihr Lohn zu empfangen. Nein, vielmehr kommt der Heilige, gelobt sei er, nicht als Tyrann zu seinen Geschöpfen.

Awoda sara 2 a/2 b/3 a

Die Macht des Wortes

Und Rabbi Jehoschua, Levis Sohn, sagte: Bei jedem einzelnen Spruch, der aus dem Munde des Heiligen, gelobt sei er, hervorging, ging bei Israel die Seele heraus,[208] denn es heißt:[209] *Meine Seele ging bei seinem Sprechen heraus.* Nachdem aber schon beim ersten Spruch ihre Seele herausgegangen war, wie hätten sie den zweiten Spruch empfangen können? Er ließ Tau herabfallen, mit dem er ja auch zukünftig die Toten belebt, und belebte sie, wie es heißt:[210] *Regen der Freigebigkeit sprengst du, Gott, auf dein Erbe, und was ermattet war, richtest du auf.*

Schabbat 88 b

Deine Schuld vergesse ich, dich aber nicht

Zion sagte: *Verlassen hat mich der Herr, der Herr hat mich vergessen.*[211] *Verlassen* ist dasselbe wie *vergessen.* Resch Lakisch sagte: Die Gemeinde Israels sagte vor dem Heiligen, gelobt sei er: Herr der Welt, wenn sich ein Mann eine Frau nach seiner ersten nimmt, so gedenkt er immer noch der ersten. Du aber hast mich verlassen und hast mich vergessen. *Vergißt auch eine Frau ihr kleines Kind?*[212] Der Heilige, gelobt sei er, sprach darauf zu Zion: Meine Tochter, zwölf Sternbilder habe ich am Firmament erschaffen, für jedes einzelne Sternbild habe ich dreißig Heere

207 5. Mose 7,*11*.
208 Nach der Verkündigung des Zehngebots fürchtete sich Israel vor Gott und sagte, er solle nicht mit ihnen reden, sonst müßten sie sterben; 2. Mose 20,*19*.
209 Hoheslied 5,*6*.
210 Psalm 68,*10*.
211 Jesaja 49,*14*.
212 Jesaja 49,*15a*.

erschaffen, für jedes einzelne Heer habe ich dreißig Legionen erschaffen, für jede einzelne Legion habe ich dreißig Abteilungen erschaffen, für jede einzelne Abteilung habe ich dreißig Kohorten erschaffen, für jede einzelne Kohorte habe ich dreißig Lager erschaffen, an jedes einzelne Lager habe ich dreihundertfünfundsechzigtausend Myriaden Sterne angehängt, entsprechend den Tagen des Sonnenjahres – sie alle habe ich nur um deinetwillen erschaffen und du sagst: Du hast mich verlassen und hast mich vergessen. *Vergißt auch eine Frau ihr kleines Kind?* Der Heilige, gelobt sei er, sprach: Könnte ich denn die Brandopfer, Widder und Erstgeburten vergessen, die du vor mir in der Wüste dargebracht hast? Da sagte sie vor ihm: Herr der Welt, da es kein Vergessen gibt vor dem Thron deiner Herrlichkeit – vielleicht kannst du mir auch die Geschichte mit dem Kalb nicht vergessen?[213] Er sprach zu ihr:[214] *Ja, dies soll vergessen sein.* Sie sagte vor ihm: Herr der Welt, da es ein Vergessen gibt vor dem Thron deiner Herrlichkeit – vielleicht wirst du mir auch die Geschichte vom Sinai vergessen?[215] Er sprach zu ihr:[216] *Ich aber, ich vergesse dich nicht.*

Das ist es, was Rabbi Elasar sagte: Rabbi Oschaja sagte: Was bedeutet es, daß geschrieben steht: *Ja, dies soll vergessen sein?* Das bezieht sich auf die Geschichte mit dem Kalb. *Ich aber, ich vergesse dich nicht* dagegen bezieht sich auf die Geschichte vom Sinai. Brachot 32 b

213 Zum Gottessymbol des gegossenen »Kalbes«: 2. Mose 32.

214 Jesaja 49,*15c*. Resch Lakisch las hier, in Abweichung vom gewöhnlichen Verständnis des Bibelverses, eine passive Verbform, was vom Konsonantenbestand her durchaus möglich ist. Bei dieser Exegese konnte er das Wort »dies« (hier als Einzahl übersetzt, um diese Möglichkeit deutlich zu zeigen) auf 2. Mose 32,*4* beziehen, wo Israel angesichts des Stierbildes rief: »Dies« ist dein Gott!

215 Die Gottesbegegnung vom Sinai soll unvergessen bleiben.

216 Jesaja 49,*15d*.

Solidarität mit Israel

Unsere Meister lehrten: Wenn sich in der Zeit, da Israel in Bedrängnis weilt, ein einzelner von ihnen absondert, so kommen die zwei Dienstengel, die den Menschen begleiten, legen ihm ihre Hände auf den Kopf und sagen: Dieser da, der sich von der Gemeinde absondert, soll die Tröstung der Gemeinde nicht schauen.

In einer anderen Tradition wird gelehrt: In der Zeit, da die Gemeinde in Bedrängnis weilt, soll kein Mensch sagen: Ich will zu meinem Hause gehen, essen und trinken – Friede über dich, meine Seele! Wer aber solches tut, über den sagt die Schrift:[217] *Da ist Wonne und Freude, Rindertöten und Schafeschlachten, Fleischessen und Weintrinken. Laßt uns essen und trinken, denn morgen sterben wir!* Was aber steht danach geschrieben?[218] *Offenbart hat sich meinen Ohren der Herr der Heere: Wahrlich, diese Schuld soll euch nicht gesühnt werden, bis ihr sterbt.* Bis hierher gilt es für die Mittelmäßigen. Aber für die Frevler gilt, was geschrieben ist:[219] *Kommt herbei, ich hole Wein, und wir wollen Rauschtrank saufen: und wie dieser soll der morgige Tag sein!* Was aber steht danach geschrieben?[220] *Der Bewährte kommt um, und niemand nimmt's zu Herzen.*

Vielmehr soll ein Mensch mitsamt der Gemeinde Bedrängnis leiden. Denn so finden wir es bei Mose, unserem Meister, daß er selber Bedrängnis litt mitsamt der Gemeinde, denn es heißt:[221] *Aber Moses Hände wurden schwer; da nahmen sie einen Stein und legten den unter ihn, und er setzte sich darauf.* Aber hatte denn Mose kein einziges Polster und kein einziges Kissen, um sich darauf zu setzen? Doch, aber Mose sagte so: Da Israel in Bedrängnis weilt, will auch ich mit ihnen in Bedrängnis sein.

217 Jesaja 22,*13*.
218 Jesaja 22,*14*.
219 Jesaja 56,*12*: die Frevler denken nicht einmal an den Tod.
220 Jesaja 57,*1* folgt auch in der Bibel unmittelbar auf den zuvor zitierten Vers.
221 2. Mose 17,*12*.

Und jeder, der selber bedrängt ist mitsamt der Gemeinde, ist gewürdigt, auch die Tröstung der Gemeinde zu schauen.

Taanit 11 a

Der Besiegte freut sich

Raw Kahana sagte im Namen von Rabbi Jischmael, Joses Sohn: Was bedeutet es, daß geschrieben steht:[222] *Dem Besiegten mit Saitenspiel. Ein Psalm Davids*? Singet dem, der sich freut, wenn sie ihn besiegen! Komm und sieh, daß die Art des Heiligen, gelobt sei er, nicht der Art von Fleisch und Blut gleicht. Bei Fleisch und Blut ist es so: Wenn sie ihn besiegen, so ist er traurig; wenn sie aber den Heiligen, gelobt sei er, besiegen, so freut er sich, denn es heißt:[223] *Er sprach, er würde sie verderben, wenn nicht Mose, sein Erwählter, vor ihm in den Riß getreten wäre.* Pesachim 119 a

Das erste Lehrhaus

Unsere Meister lehrten: Wie kam die Ordnung der Lehre zustande? Mose lernte sie aus dem Munde des Allmächtigen. Da trat Aaron ein, und Mose lehrte ihn den Tagesabschnitt. Da erhob sich Aaron und setzte sich zur Linken Moses. Dann traten seine Söhne ein, und Mose lehrte sie den Abschnitt. Seine Söhne erhoben sich, Eleasar setzte sich zur Rechten Moses und Ithamar zur Linken Aarons. Rabbi Jehuda sagt: Immer war Aaron zur Rechten Moses. Daraufhin traten die Ältesten ein, und Mose lehrte sie den Abschnitt. Als die Ältesten sich erhoben hatten, trat das ganze Volk ein, und Mose lehrte sie den Abschnitt, so daß Aaron viermal die Möglichkeit hatte, seine Söhne dreimal, die Ältesten zweimal und das ganze Volk einmal.

Dann entfernte sich Mose, und Aaron lehrte sie den Ab-

222 Psalm 4,*1*. Das schwierige Wort am Anfang kann als Passivform gelesen und so übersetzt werden: »dem Besiegten«.

223 Psalm 106,*23*. Ein Sieg über Gott ist es, wenn Menschen ihn bestimmen können, eine beabsichtigte Bestrafung nicht zu vollziehen. Nach Raschi wurde Mose von Gott aus Freude über einen solchen Sieg erwählt.

schnitt. Aaron entfernte sich, und seine Söhne lehrten sie den Abschnitt. Seine Söhne entfernten sich, und die Ältesten lehrten sie den Abschnitt, so daß alle viermal die Möglichkeit hatten.

Hieraus folgernd sagte Rabbi Elieser: Ein Mensch ist verpflichtet, seinen Schüler einen Abschnitt viermal zu lehren. Hier ist vom Leichteren aufs Schwerere zu schließen: wenn dies bei Aaron nötig war, der aus dem Munde Moses lernte und Mose aus dem Munde des Allmächtigen, um wieviel mehr ist solches bei einem Laien nötig, der aus dem Munde eines Laien lernt. Rabbi Akiwa sagt: Woher haben wir, daß ein Mensch verpflichtet ist, seinen Schüler so lange zu lehren, bis er es gelernt hat? Weil es heißt:[224] *Und lehre es Israels Söhne!* Und woher haben wir: bis sie es ordentlich auswendig hersagen können? Weil es heißt:[225] *Lasse sie es auswendig hersagen!* Und woher haben wir, daß er verpflichtet ist, es einleuchtend zu machen vor ihm? Weil es heißt:[226] *Dies sind die Rechtsgeheiße, die du darlegen sollst vor ihnen.*

Sie alle hätten doch bei Mose zu Ende lernen können. Nein, damit auch Aaron und seinen Söhnen Ehre zuteil würde und Ehre auch den Ältesten. Dann hätte aber Aaron hineingehen und bei Mose zu Ende lernen können; dann hätten seine Söhne hineingehen und bei Aaron zu Ende lernen können; dann hätten die Ältesten hineingehen und bei seinen Söhnen studieren können; und diese hätten gehen und ganz Israel vollends lehren können. Nein, da Mose aus dem Munde des Allmächtigen zu Ende lernte, darum ist es bei ihm gelungen. Eruwin 54 b

Mose bittet um Erbarmen

Da sprach der Herr zu Mose: Geh, steige hinab![227] Was bedeutet: *Geh, steige hinab*? Rabbi Elasar sagte: Der Heilige, gelobt sei er, sprach zu Mose: Mose, steige hinab von deiner Würde! Habe ich dir etwa nicht nur um Israels willen Würde gegeben? Jetzt aber, da Israel sich verfehlte, was sollst du mir noch? Sogleich

224 5. Mose 31,*19b*.
225 5. Mose 31,*19c*.
226 2. Mose 21,*1*.
227 2. Mose 32,*7*.

erlahmte Moses Kraft, und er hatte keine Kraft zum Reden. Sobald Er aber gesprochen hatte:[228] *Laß ab von mir, damit ich sie vertilge!* sagte Mose: Das hängt von mir ab! Sogleich stand er auf und stärkte sich im Gebet und bat um Erbarmen. Das ist gleich einem König, der über seinen Sohn zürnte und ihn heftig schlug. Es saß aber sein Freund vor ihm, der sich jedoch fürchtete, ein Wort zu ihm zu sagen. Da sprach der König: Wenn nicht mein Freund wäre, der vor mir sitzt, würde ich dich totschlagen. Da sagte er: Das hängt von mir ab! Sogleich stand er auf und rettete ihn.

Jetzt laß mich, daß mein Zorn über sie entbrenne und ich sie verzehre. Dich aber will ich zum großen Volk machen . . .[229] Rabbi Awahu sagte: Wenn der Vers nicht geschrieben wäre, so wäre es unmöglich, ihn zu sagen. Dies lehrt, daß Mose den Heiligen, gelobt sei er, festhielt, wie ein Mensch seinen Freund am Gewand festhält, und vor ihm sagte: Herr der Welt, ich lasse dich nicht, bis du ihnen vergeben und verziehen hast.

Dich aber will ich zum großen Volk machen . . . Rabbi Elasar sagte: Mose sagte vor dem Heiligen, gelobt sei er: Herr der Welt, wenn schon ein Stuhl mit drei Beinen nicht vor dir bestehen kann in der Stunde deines Zornes, um wieviel mehr gilt das von einem Stuhl mit einem einzigen Bein, um wieviel mehr![230] Aber nicht nur das, sondern ich schäme mich auch vor meinen Vätern. Sie würden jetzt sagen: Sehet, der Fürsorger, den er über sie gesetzt hat, erbittet Würde für sich selber, bittet aber nicht für sie um Erbarmen! Brachot 32a

Der sich erniedrigt, wird erhöht

Und Rabbi Jehoschua, Levis Sohn, sagte: In der Stunde, da Mose von dem Heiligen, gelobt sei er, hinabgestiegen war, kam der Widersacher und sagte vor ihm: Herr der Welt, wo ist sie,

228 5. Mose 9,*14*.

229 2. Mose 32,*10*.

230 Nach dem zitierten Schriftvers beginnt Moses Gebet um Erbarmen für das ganze Volk Israel. Er will nicht, daß Gott ein zukünftig neues Gottesvolk auf ihn allein gründe, nachdem es sich derart verfehlte, obwohl es auf die drei Väter gegründet war.

die Weisung? Er sprach zu ihm: Ich habe sie zur Erde gegeben. Da ging er zur Erde und sagte zu ihr: Wo ist sie, die Weisung? Sie sagte zu ihm:[231] *Gott kennt ihren Weg* ... Er ging zum Meer, da sagte dies zu ihm: Bei mir nicht! Er ging zur Urtiefe, die sagte zu ihm: In mir nicht, denn es heißt:[232] *Die Urtiefe sagt: In mir ist sie nicht, und das Meer sagt: Bei mir nicht! Hölle und Tod sagen: Wir haben mit unseren Ohren gerüchtweise von ihr gehört.*

Er kam zurück und sagte vor dem Heiligen, gelobt sei er: Herr der Welt, ich habe die ganze Welt durchsucht und habe die Weisung nicht gefunden. Er sprach zu ihm: Geh zum Sohn Amrams! Er ging zu Mose und sagte zu ihm: Wo ist sie, die Weisung, die dir der Heilige, gelobt sei er, gegeben hat? Er sagte zu ihm: Was bin ich denn schon, daß mir der Heilige, gelobt sei er, die Weisung gegeben hätte?

Der Heilige, gelobt sei er, sprach zu Mose: Mose, bist du ein Lügner? Er sagte vor ihm: Herr der Welt, du hast eine verborgene Kostbarkeit, an der du dich alle Tage vergnügst. Ich aber, soll ich es mir selber als Verdienst anrechnen?[233] Der Heilige, gelobt sei er, sprach zu Mose: Da du dich selber so gering gemacht hast, soll sie nach deinem Namen genannt werden, denn es heißt:[234] *Gedenket der Weisung Moses, meines Knechtes...!*

Schabbat 89 a

Eine Kleinigkeit

Rabbi Chanina sagte: Alles ist in den Händen des Himmels außer der Furcht des Himmels, denn es heißt:[235] *Nun aber, Israel, was fordert der Herr, dein Gott, von dir, als zu fürchten.* Folglich ist dieses Fürchten eine Kleinigkeit? Ja, für Mose, unsern Meister, war es eine Kleinigkeit. Das gleicht einem Menschen, von dem man ein Gerät erbittet: ein großes, das er be-

231 Die Erde antwortet dem Satan mit Hiob 28,*23*. Im biblischen Zusammenhang ist von der Verborgenheit der Weisheit die Rede, die hier mit der Weisung identifiziert wurde.

232 Hiob 28,*14* und *22*.

233 Mose hält sich nichts darauf zugute und prahlt nicht damit, daß er die Weisung für Israel erhalten hat.

234 Maleachi 3,*22*.

235 5. Mose 10,*12*.

sitzt, kommt ihm wie ein kleines Gerät vor; ein kleines, das er nicht besitzt, kommt ihm wie ein großes Gerät vor.

Megilla 25 a

Gestirne fordern Recht für Mose

Rawa legte aus, es wird auch gesagt, Rabbi Jizchak sagte: Was bedeutet es, daß geschrieben steht:[236] *Sonne und Mond stehen zur Wohnung hin*? Was wollen denn Sonne und Mond in der Wohnung? Sie sind doch am Firmament befestigt.[237] Das lehrt, daß Sonne und Mond vom Firmament zur Wohnung aufgestiegen sind und vor ihm sagten: Herr der Welt, wenn du für Amrams Sohn Recht schaffst,[238] so leuchten wir; wenn aber nicht, so leuchten wir nicht. Zu jener Stunde warf er Pfeile und Speere gegen sie und sprach zu ihnen: Tagtäglich wirft man sich vor euch nieder, und ihr leuchtet doch.[239] Für meine Ehre wehrt ihr euch nicht, aber für die Ehre von Fleisch und Blut wehrt ihr euch. Darum werden tagtäglich Pfeile und Speere gegen sie geworfen; dann leuchten sie, denn es heißt:[240] *Zum Lichte hin gehen deine Pfeile ...* Nedarim 39 b

Moses Grab

Rabbi Jehuda sagte: Wäre es nicht in der Bibel geschrieben, so wäre es unmöglich, es zu sagen: Wo ist Mose gestorben? Im Gebietsteil von Ruben, denn es steht geschrieben:[241] *Da stieg Mose von den Steppen Moabs zum Berge Nebo*. Und der Nebo liegt im Gebietsteil von Ruben, denn zuerst steht geschrieben:[242]

236 Habakuk 3,*11*.

237 »Wohnung« (oben) und »Firmament« (unten) sind zwei Namen von den sieben übereinanderliegenden Himmelsschichten.

238 Dies bezieht sich auf den Streit Moses, Amrams Sohn, mit Korah und seiner Sippe, 4. Mose 16. Sonne und Mond treten vor dem himmlischen Gericht für Mose ein.

239 Zur Strafe dafür, daß sie sich den Götzendienst gefallen lassen und sich zugleich vermessen, für Mose einzutreten, werden sie beschossen.

240 Habakuk 3,*11*.

241 5. Mose 34,*1*.

242 4. Mose 32,*37* und dann (»Nebo«) *38*.

Rubens Söhne bauten ..., ferner steht geschrieben: *Nebo* ... Er heißt »Prophetenberg«, weil dort drei Propheten gestorben sind, nämlich Mose, Aaron und Mirjam.[243]

Wo liegt Mose aber begraben? Im Gebietsteil von Gad, denn es steht geschrieben:[244] *Er hat das Erste sich ersehen* ... Wie weit ist es vom Gebietsteil Rubens bis zum Gebietsteil Gads? Vier Meilen. Wer hat ihn diese vier Meilen weit überführt? Das lehrt, daß Mose durch die Fittiche der Einwohnung aufgenommen wurde.

Die Dienstengel sagen:[245] *Die Gerechtigkeit des Herrn verwirklichte er und seine Rechtsansprüche an Israel.* Und der Heilige, gelobt sei er, spricht:[246] *Wer steht für mich auf gegen Bösewichte, wer steht mir bei gegen Übeltäter?* Und Schmuel sagte:[247] *Wer ist wie dieser Weise, und wer versteht die Deutung der Sache?* Und Rabbi Jochanan sagte:[248] *Wo ist die Weisheit zu finden?* Und Raw Nachman sagte:[249] *So starb dort Mose* ..., Smaljon habe nämlich gesagt: *So starb dort Mose,* der große Schriftkundige Israels. Es wird auch gelehrt: Rabbi Elieser, der Große, sagt: Durch zwölf Meilen mal zwölf Meilen hin, entsprechend dem israelitischen Lager, läßt sich eine Art Stimme vernehmen, die spricht: So starb Mose, der große Schriftkundige Israels.

Es gibt solche, die sagen: Mose ist gar nicht gestorben. Hier steht geschrieben: *So starb dort,* und dort steht geschrieben:[250] *Da verblieb er dort bei dem Herrn.* Und so, wie dort gemeint

243 Hier wird auf den Gleichklang des Namens »Nebo« mit dem Wort für Propheten angespielt. Diese volksetymologische Erklärung fehlt in manchen Handschriften.

244 5. Mose 33,*21*. Der Satz geht weiter: »denn dort ist ein Anteil des Gesetzgebers verborgen«. Dieser Satz wird auf Mose bezogen als ein Erweis dafür, daß dieser im Gebiet von Gad begraben wurde.

245 5. Mose 33,*21*. Himmel und Erde halten nun ihre Nachrufe auf Mose, indem sie auf ihn jeweils ein Bibelwort beziehen.

246 Psalm 94,*16*.

247 Prediger 8,*1*.

248 Hiob 28,*12*.

249 5. Mose 34,*5*. Raw Nachman ergänzt den Schriftvers durch einen Würdetitel, den Smaljon Mose beigelegt habe. Manche Ausleger halten Smaljon für einen Engel.

250 2. Mose 34,*28*.

ist: Er steht und dient, so ist auch hier gemeint: Er steht und dient.

Da begrub Er ihn im Tal im Lande Moab, gegenüber Beth Peor.[251] Rabbi Berechja sagte: Ein Zeichen im Zeichen, denn trotzdem *kennt kein Mann sein Grab.*[252] Einst schickte die frevlerische Regierung zum Befehlshaber von Beth Peor: Zeige uns, wo Mose begraben liegt! Standen sie oben, so schien ihnen das Grab unten zu liegen, standen sie unten, so schien es ihnen oben zu liegen.[253] Da teilten sie sich in zwei Gruppen. Denen, die oben standen, schien es unten zu liegen, und denen, die unten standen, schien es oben zu liegen, damit erfüllt werde, was geschrieben steht: *Es kennt kein Mann sein Grab.* Rabbi Chama, Rabbi Chaninas Sohn, sagte: Auch Mose, unser Meister, weiß nicht, wo er begraben liegt. Hier steht geschrieben: *Es kennt kein Mann sein Grab,* und dort steht geschrieben:[254] *Dies ist der Segen, mit dem Mose, der Mann Gottes, gesegnet hat.* Ferner sagte Rabbi Chama, Rabbi Chaninas Sohn: Weshalb wurde Mose bei Beth Peor begraben? Um für die Tat von Peor Sühne zu schaffen.[255] Sota 13 b/14 a

ZUR ZEIT DER PROPHETEN UND KÖNIGE

Den Überheblichen verläßt die Gelehrsamkeit

Raw Jehuda sagte, Raw habe gesagt: Zu der Stunde, da Mose, unser Lehrer, in das Paradies verschied, sagte er zu Josua: Erfrage von mir alle Zweifel, die du hast! Er sagte zu ihm: Mei-

251 5. Mose 34,*6*.

252 5. Mose 34,*6*. Das eine Zeichen ist, daß Gott den Mose an einem ganz bestimmten Platz in feindlichem Gebiet begräbt, das andere, daß das Grab verborgen bleibt.

253 Durch irreführende Erscheinungen verbirgt Gott sein Geheimnis vor den Feinden.

254 5. Mose 33,*1*. Durch das Wort »Mann« wurden die beiden zuletzt zitierten Verse miteinander verbunden.

255 Dazu 4. Mose 25,*1 ff*. Der Tod des Bewährten schafft Sühne für die Sünde des Volkes.

ster, habe ich dich eine einzige Stunde verlassen und bin an einen anderen Ort gegangen?[256] Hast du nicht solches über mich geschrieben:[257] *Und sein Diener Josua, Nuns Sohn, ein Junge, wich nicht aus der Mitte des Zeltes?* Sogleich erlahmte die Kraft Josuas,[258] und dreihundert Rechtssätze wurden von ihm vergessen, und siebenhundert Zweifel erwuchsen ihm. Als ganz Israel aufstand, Josua zu töten,[259] sprach der Heilige, gelobt sei er, zu ihm: Es ist nicht möglich, es dir zu sagen.[260] Geh und verwickle sie in einen Krieg! Denn es heißt:[261] *Und es geschah nach dem Tode Moses, des Herrn Knecht, da sprach der Herr . . .*

In einer Baraita wird gelehrt: Tausendundsiebenhundert Schlüsse vom Leichteren auf das Schwerere, Analogieschlüsse und genaue Beobachtungen der Gelehrten wurden in den Tagen der Trauer um Mose vergessen. Rabbi Awahu sagte: Trotzdem stellte sie Othniel, Kenas' Sohn, durch seine scharfsinnige Erörterung wieder her, denn es heißt:[262] *Othniel, Kenas' Sohn, Kalebs Bruder, der jünger war als er, eroberte sie.*

Tmura 16 a

Josuas Verschuldung

Rabbi Levi sagte: Jeder, der seinem Meister mit einer Antwort zuvorkommt, wird ohne Kind in die Totenwelt gehen, denn es heißt:[263] *Da antwortete Josua, Nuns Sohn, Moses Gehilfe von seinem Jünglingsalter an, und sagte: O Herr, Mose, wehre ihnen!* Ferner steht geschrieben:[264] *Dessen Sohn Nun, dessen Sohn*

256 Josua meinte, daß er nichts mehr zu erfragen habe.
257 2. Mose 33,*11*.
258 In manchen Handschriften heißt es: die Kraft Moses.
259 Weil er nicht mehr Recht sprechen konnte.
260 Weil die Weisung nicht im Himmel ist.
261 Josua 1,*1*. Gott gebietet Josua, über den Jordan zu ziehen und das Land zu erobern.
262 Richter 1,*13*. Im biblischen Zusammenhang ist die Stadt Kirjath Sepher gemeint. Das bedeutet: »Buchstadt« und wird hier in einem übertragenen Sinn verstanden: Die Gelehrsamkeit wurde wieder in ihrem früheren Umfang hergestellt.
263 4. Mose 11,*28*.
264 1. Chronik 7,*27*. Mit Josua bricht die Genealogie ab. Nach der Tradition hatte er keine Kinder.

Josua. Seine Meinung unterscheidet sich von der Rabbi Abbas, Pappas Sohn. Rabbi Abba, Pappas Sohn, sagte nämlich: Josua wurde nur dafür bestraft, daß er Israel in einer einzigen Nacht das Fruchten und Mehren versäumen ließ,[265] denn es heißt:[266] *Da geschah es, als Josua sich in Jericho befand, da erhob er seine Augen und sah ...* Ferner steht geschrieben:[267] *Da sagte er zu ihm: Ich bin ein Oberster des Heeres des Herrn, jetzt bin ich gekommen.* Ferner sagte er zu ihm: Gestern abend habt ihr das ständige Opfer versäumt, und nun habt ihr das Lernen der Weisung versäumt.[268] Josua sagte zu ihm: Wegen welcher der beiden Verschuldungen bist du gekommen? Da sagte er zu ihm: *Jetzt bin ich gekommen.*[269] Sogleich *ging Josua in jener Nacht in die Tiefe.*[270] Dies lehrt, daß er in die Tiefe der Lehrüberlieferung ging. Und es ist überliefert: Solange die Bundeslade und die Einwohnung sich nicht an ihrem Platze befanden, war Israel der eheliche Umgang verboten.[271] Rabbi Schmuel, Injas Sohn, sagte im Namen Raws: Das Lernen der Weisung ist wich-

265 Josua wird dafür bestraft, daß er Israel einmal von der Erfüllung des Gebotes: »Seid fruchtbar und mehret euch« (1. Mose 1,*28)* abgehalten hat.

266 Josua 5,*13.* Der Text geht weiter: »wie ein Mann ihm gegenüberstand, das blanke Schwert in der Hand. Und Josua ging auf ihn zu und sagte zu ihm: ›Gehörst du zu uns oder zu unseren Feinden?‹«

267 Josua 5,*14.*

268 Da die Israeliten damals in Gilgal lagerten und der Engel Josua bei Jericho begegnete, obwohl der Befehl Gottes zum Aufbruch nach Jericho erst später (Josua 6,*2 ff.)* gegeben wurde, schlossen die Meister, daß Josua eigenmächtig aufgebrochen war und sich also schon in der Nacht im Kriegszustand befand. Die Erscheinung des himmlischen Heeresfürsten steht im biblischen Text völlig unverbunden da und hat schon die Redaktoren zu einer Ergänzung aus 2. Mose 3,*5* bewogen. Die Meister haben in den knappen Andeutungen des Textes Anhaltspunkte für den Auftrag des Engels gesucht. Das bloße Schwert deuteten sie als Zeichen des Zornes wegen einer Übertretung. Das betonte »jetzt« aber ließ auf eine zweite, schon vorher geschehene Übertretung rückschließen. Für die Versäumnisse, die durch diese verfrühte Kriegshandlung entstanden waren, wurde Josua zur Rechenschaft gezogen.

269 Der Engel kam, weil das nächtliche Studium und nicht, weil das Abendopfer versäumt worden ist.

270 Josua 8,*13.* Im biblischen Text ist ein Tal gemeint.

271 Die Männer heiligten sich für die Kämpfe, bei denen die Lade immer mitgeführt wurde, durch geschlechtliche Enthaltsamkeit. Weil Josua solche Enthaltsamkeit zur Unzeit veranlaßt hat, blieb er selber kinderlos.

tiger als das Darbringen der ständigen Opfer, denn er sagte zu ihm: *Jetzt bin ich gekommen.* Eruwin 63 a/63 b

Ruth aus Moab

Wasche dich und salbe dich und lege deine Kleider an![272] Rabbi Elasar sagte: Das sind die Schabbatkleider.

Gib dem Weisen, so wird er noch weiser![273] Rabbi Elasar sagte: Das ist Ruth aus Moab und Samuel aus Rama. Ruth, denn Naemi sagte zu ihr: *Wasche dich und salbe dich und lege deine Kleider an, und gehe zu der Tenne hinunter,* während von ihr geschrieben steht:[274] *Da ging sie zu der Tenne hinunter,* und wiederum:[275] *Sie tat alles, was ihre Schwiegermutter ihr geboten hatte.*[276] – Samuel, denn Eli sagte zu ihm:[277] *Lege dich schlafen, und wenn es geschieht, daß Er dich ruft, so sage: Rede, Herr, denn dein Knecht hört!* während von ihm geschrieben steht:[278] *Da kam der Herr, stellte sich hin und rief wie die vorigen Male: Samuel, Samuel! Da sagte Samuel: Rede, denn dein Knecht hört!* Er sagte aber nicht: Rede, Herr![279]

Da ging sie hin und kam und las Ähren auf dem Felde hinter ...[280] Rabbi Elasar sagte: Sie ging und kam, ging und kam, bis sie anständige Leute fand, um mit ihnen zu gehen.

Da sagte Boas zu seinem Aufseher, der über die Schnitter gesetzt war: Wem gehört dieses Mädchen?[281] War es denn die Art des Boas, nach einem Mädchen zu fragen?[282] Rabbi Elasar

272 Ruth 3,3.
273 Sprüche 9,9.
274 Ruth 3,6.
275 Ruth 3,6.
276 Ruths Weisheit bestand darin, daß sie die Reihenfolge der Gebote ihrer Schwiegermutter umkehrte, damit sie nicht unterwegs so geschmückt angetroffen und für eine Dirne gehalten werde.
277 1. Samuel 3,9.
278 1. Samuel 3,10.
279 Samuel handelte vorsichtiger, als Eli es ihm geboten hatte, um unbedingt zu vermeiden, daß er zu jemand anderem als zu Gott »Herr« sage.
280 Ruth 2,3. Der Vers geht weiter: »den Schnittern her«.
281 Ruth 2,5.
282 Eigentlich war es für einen ehrenwerten Mann unschicklich, so nach einem Mädchen zu fragen.

sagte: Er sah Weisheit an ihr. Zwei Ähren las sie, drei Ähren las sie nicht.[283] In einer Baraita wird gelehrt: Er sah Keuschheit an ihr, denn stehende Ähren las sie stehend, gefallene aber hokkend.

Da, halte dich zu meinen Mädchen![284] War es denn die Art des Boas, sich mit Frauen aufzuhalten? Rabbi Elasar sagte: Als er gesehen hatte, daß *Orpa ihre Schwiegermutter küßte, Ruth sich aber an diese hielt,*[285] da sagte er: Es ist erlaubt, sich an diese zu halten.

Da sagte Boas zu ihr zur Essenszeit: Komm hierher![286] Rabbi Elasar sagte: Damit deutete er ihr an, daß zukünftig das Königtum des Hauses David aus ihr hervorgehe, denn es steht ebenfalls *hierher* geschrieben, wo es heißt:[287] *Da kam der König David, setzte sich vor dem Herrn und sagte: Wer bin ich, Herr, mein Gott, und was ist mein Haus, daß du mich brachtest bis hierher!*

Tunke dein Brotstückchen in den Essig![288] Rabbi Elasar sagte: Daraus ist zu entnehmen, daß Essig gut ist in der Sonnenglut. Rabbi Schmuel, Nachmanis Sohn, sagte: Damit deutete er ihr an, daß zukünftig ein Sohn aus ihr hervorgehe, dessen Taten sauer seien wie Essig; und das war Manasse. *Da setzte sie sich an die Seite der Schnitter.* Rabbi Elasar sagte: Es heißt: *an die Seite der Schnitter,* nicht aber: mitten unter die Schnitter. Damit deutete er ihr an, daß zukünftig das Königtum des Hauses David sich teile.

Da reichte er ihr geröstete Körner hin, und sie aß.[289] Rabbi Elasar sagte: *Und sie aß* gilt für die Tage Davids, *und sie wurde satt* gilt für die Tage Salomons, *und sie ließ übrig* gilt für die

283 Demnach kannte die Moabiterin sogar die Vorschrift, daß zwei beieinanderliegende Ähren, die von den Schnittern zurückgelassen wurden, für die Armen als Nachlese galten, drei und mehr aber nicht.

284 Ruth 2,*8*.

285 Ruth 1,*14*. Orpa verließ ihre Schwiegermutter, während Ruth mit ihr weiterging in die Fremde.

286 Ruth 2,*14*.

287 2. Samuel 7,*18*.

288 Ruth 2,*14*, ebenso die folgenden Zitate.

289 Der Satz geht weiter: »und sie wurde satt, und sie ließ übrig«.

Tage Hiskias.[290] Es gibt solche, die sagen: *Und sie aß* gilt für die Tage Davids und die Tage Salomos, *und sie wurde satt* gilt für die Tage Hiskias, *und sie ließ übrig* gilt für die Tage Rabbis.[291] Der Meister sagte nämlich: Der Stallmeister Rabbis war reicher als selbst König Schawor.[292] In einer Baraita wird gelehrt: *Und sie aß* gilt für die hiesige Welt, *und sie wurde satt* bezieht sich auf die Tage des Messias, *und sie ließ übrig* bezieht sich auf die Zukunft, die da kommt. Schabbat 113 b

Saul stritt gegen Gott

Da stritt er im Tal.[293] Rabbi Mani sagte: Das bezieht sich auf die Sache im Tal.[294] Zu der Stunde, da der Heilige, gelobt sei er, zu Saul sprach:[295] *Geh und schlage Amalek!* sagte er: Wenn die Weisung wegen einer einzigen Seele sagt, daß ein Kalb gebracht und ihm das Genick gebrochen werden soll, um wieviel mehr gilt das wegen aller dieser Seelen, wieviel mehr! Und wenn auch ein Mensch sich verfehlte, wie hat sich denn das Tier verfehlt? Und wenn auch die Großen sich verfehlten, wie haben sich denn die Kleinen verfehlt? Da ging eine Art Stimme hervor und sprach zu Saul:[296] *Sei nicht allzu gerecht!* Zu der Stunde aber,

290 Die sich steigernde Blüte Israels bzw. Judas unter diesen drei Königen fand Rabbi Elasar in diesem Versteil angedeutet. Der fromme König Hiskia war so hochgeachtet, daß es (2. Könige 18,*5*) von ihm heißt, seinesgleichen habe es vorher und nachher keinen König in Juda gegeben. Später wurde er von manchen sogar für den Messias gehalten; dazu Sanhedrin 99a, Seite 626 f.

291 Rabbi Jehuda, der Fürst, der geachtetste Gelehrte seiner Zeit, stammte aus dem Geschlecht Davids. Von Zeitgenossen wurde er im Zusammenhang mit messianischer Erwartung genannt; dazu Sanhedrin 98b, Seite 635 f.

292 Der zeitgenössische Perserkönig Sapor I. (241–272).

293 1. Samuel 15,*5*. Das Subjekt des Satzes ist Saul.

294 Nach 5. Mose 21,*1–9* muß für einen Ermordeten, der auf dem Weg gefunden wird, wenn der Mörder unbekannt ist, zur Sühnung Israels einem Kalb in einem Tal das Genick gebrochen werden. Von dieser Zeremonie her argumentierte Saul dagegen, alle Amalekiter zu erschlagen.

295 1. Samuel 15,*3*. Der Satz geht weiter: »und vollstrecke den Bann an ihm und allem, was es hat; schone seiner nicht, sondern töte Männer und Frauen, Kinder und Säuglinge, Rinder und Schafe, Kamele und Esel.«

296 Prediger *7,16*.

da Saul zu Doeg sagte:[297] *Tritt du herzu und stoße die Priester nieder*, da ging eine Art Stimme hervor und sprach zu ihm:[298] *Frevle nicht allzu sehr!* Joma 22 b

Der makellose König

Raw Jehuda sagte, Schmuel habe gesagt: Warum war das Königtum des Hauses Saul nicht von Dauer? Darum, weil es gar keinen Makel an sich hatte. Rabbi Jochanan sagte nämlich im Namen von Rabbi Schimon, Jehozadaks Sohn: Sie sollen nur einen Verwalter über die Gemeinde setzen, dem ein Korb voller Kriechtiere nachhängt,[299] damit sie, wenn er hochmütig wird, zu ihm sagen können: Tritt zurück!

Raw Jehuda sagte, Raw habe gesagt: Warum wurde Saul bestraft? Darum, weil er auf seine Ehre verzichtete, denn es heißt:[300] *Nichtswürdige Gesellen aber sagten: Was kann der uns helfen? und verachteten ihn und brachten ihm kein Geschenk. Er aber war wie ein Stummer.* Ferner steht geschrieben:[301] *Da zog Nahas, der Ammoniter, herauf und belagerte Jabes in Gilead ...* Joma 22 b

David wird verteidigt

Rabbi Schmuel, Nachmanis Sohn, sagte, Rabbi Jonatan habe gesagt: Jeder, der sagt, David habe sich verfehlt, der irrt sich nur, denn es heißt:[302] *Es geschah, daß David in allen seinen Wegen recht handelte, und der Herr war mit ihm ...* Ist es denn möglich, daß Verfehlung an ihn kam und die Einwohnung doch mit ihm war? Wie erhalte ich aber dann aufrecht:[303] *Warum hast du das Wort des Herrn verachtet, um Böses zu tun?* Er

297 1. Samuel 22,*18*.
298 Prediger 7,*17*.
299 Dies Bild bedeutet, daß die Familie ihrer Abstammung nach nicht ohne Makel ist. Von Sauls Familie war aber kein Makel bekannt.
300 1. Samuel 10,*27*.
301 1. Samuel 11,*1* folgt in der Bibel direkt dem vorigen Zitat.
302 1. Samuel 18,*14*.
303 2. Samuel 12,*9*. Dieser Vers wird im folgenden Stück um Stück interpretiert.

wünschte es nämlich nur *zu tun*, tat es aber nicht. Raw sagte, Rabbi, der von David abstammt, wandte die Auslegung zugunsten Davids: *Warum hast du das Wort des Herrn verachtet, um Böses zu tun?* Rabbi sagt: Dieses Böse ist unterschieden von allem Bösen sonst in der Weisung, denn immer, wenn »Böses« in der Weisung geschrieben steht, so steht dabei: »da tat er«, hier aber ist geschrieben: *um zu tun.*[304] Er wünschte es nämlich nur *zu tun*, tat es aber nicht.

Uria, den Hethiter, hast du erschlagen mit dem Schwert, du hättest ihn aber durch das Synedrium sollen aburteilen lassen, hast ihn aber nicht abgeurteilt.[305] *Und sein Weib hast du dir zur Frau genommen*, nun hast du Eherechte an ihr. Rabbi Schmuel, Nachmanis Sohn, sagte nämlich, Rabbi Jonatan habe gesagt: Jeder, der in den Krieg des Hauses David zieht, schreibt seiner Frau einen Scheidebrief,[306] denn es heißt:[307] *Diese zehn Milchkäse gib dem Obersten der Tausendschaft, und erkundige dich nach dem Ergehen deiner Brüder, und nimm dir von ihnen eine Bürgschaft mit!* Was bedeutet: *von ihnen eine Bürgschaft*? Raw Joseph lehrte: Das sind die Dinge, die zwischen Mann und Frau als Bürgschaft gelten.

Ihn selber hast du mit dem Schwert der Ammoniter erschlagen. Wie du wegen des Schwertes der Ammoniter nicht bestraft wirst, so wirst du auch nicht wegen Uria, dem Hethiter, bestraft.[308] Was ist der Grund? Er empörte sich gegen das Königtum, da er zu ihm sagte:[309] *Mein Herr Joab und die Knechte meines Herrn lagern auf dem Felde.* Schabbat 56 a

304 Mit dieser Beobachtung am Text versucht Rabbi Jehuda, der Fürst, seinen großen Ahnherrn zu entschuldigen.

305 Dieser Vorwurf setzt voraus, daß Uria ein Verbrechen begangen hatte (dazu den Schluß des Abschnittes). David wird dadurch vom Mord freigesprochen, und es wird ihm nur vorgehalten, daß er das Oberste Gericht umgangen habe.

306 Diese Art der Scheidung war zugunsten der Frauen. Bath Seba war demnach frei und konnte legitimerweise Davids Frau werden.

307 1. Samuel 17,*18*.

308 David wird für Urias Tod sowenig zur Rechenschaft gezogen wie für die anderen, die von den Ammonitern erschlagen wurden.

309 2. Samuel 11,*11*. Das Majestätsverbrechen bestand darin, daß Uria einen anderen vor dem König seinen Herrn nannte. Außerdem war er dem König ungehorsam, wie es der Fortgang des biblischen Berichtes zeigt.

Salomo und Jerobeam

Raw Jehuda sagte, Schmuel habe gesagt: Zu der Stunde, da Salomo die Tochter des Pharao heiratete, führte sie tausend Arten von Gesängen bei ihm ein. Sie sagte zu ihm: So macht man es bei diesem Götzendienst, und so macht man es bei jenem Götzendienst. Er aber verwehrte es ihr nicht.

Raw Jehuda sagte, Schmuel habe gesagt: Zu der Stunde, da Salomo die Tochter des Pharao heiratete, stieg Gabriel herab und pflanzte ein Rohr ins Meer. Da stieg eine Sandbank um das Rohr auf, und auf ihr wurde die große Stadt Rom erbaut.

In einer Baraita wird gelehrt: An dem Tag, da Jerobeam zwei goldene Kälber einführte, eines in Bethel und eines in Dan, wurde eine Hütte erbaut, das ist das griechische Italien.[310]

Schabbat 56 b

Josia, der Reformator

Rabbi Schmuel, Nachmanis Sohn, sagte, Rabbi Jonatan habe gesagt: Jeder, der sagt, Josia habe sich verfehlt, der irrt sich nur, denn es heißt:[311] *Er tat, was recht ist in den Augen des Herrn, und ging in allem den Weg Davids, seines Urvaters.* Wie erhalte ich aber dann aufrecht:[312] *Seinesgleichen hat es keinen König vor ihm gegeben, der umkehrte . . .?* Weil er alle Urteile, die er von seinem achten Lebensjahr bis zu seinem achtzehnten Regierungsjahr gefällt hatte, für die Betreffenden rückgängig machte.[313] Vielleicht willst du sagen: Er hat vom einen wegge-

310 Der Götzendienst Salomos und Jerobeams legt den Grund dafür, daß Rom erbaut werden kann, das später Israel unterwirft und den Tempel zerstört. »Das griechische Italien« ist eine Bezeichnung für die Südhälfte Italiens, besonders für die Hauptstadt Rom.

311 2. Könige 22,2.

312 2. Könige 23,25. Im biblischen Zusammenhang heißt es: »der sich dem Herrn zukehrte«, weiter: »mit seinem ganzen Vermögen, entsprechend der ganzen Weisung Moses, und nach ihm erstand keiner seinesgleichen«. Im Talmud aber wird aus dem Wort »umkehren« auf vorhergehende Verfehlung geschlossen. Diese Umkehr wird als Wiedergutmachung verstanden.

313 Die zunächst nach geltendem Recht gefällten Urteile sah Josia später als Unrecht an, nachdem im Jahr 622 im Jerusalemer Tempel die Weisung Moses wiedergefunden worden war.

nommen, was er dem anderen gab, so besagt doch der Text:[314] *Mit seinem ganzen Vermögen.* Er gab ihnen also von dem Seinigen.

Seine Meinung unterscheidet sich von der Raws. Raw sagte nämlich: Es gibt keinen größeren Umkehrenden als in seinem Zeitalter Josia und in unserem Zeitalter noch einen. Und wer ist das? Abba, der Vater von Rabbi Jirmeja, Abbas Sohn. Es wird auch gesagt: Acha, der Bruder von Abba, dem Vater von Raw Jirmeja, Abbas Sohn. Der Meister sagte nämlich: Rabbi Abba und Acha waren Brüder. Raw Joseph sagte: In unserem Zeitalter noch mal einen. Und wer ist das? Ukban, Nechemjas Sohn, das Oberhaupt in der Zerstreuung, und das ist Natan, der Glänzende. Raw Joseph sagte: Ich saß in der Vorlesung und war gerade am Einschlummern, da sah ich im Traum, wie einer seine Hand ausstreckte und ihn aufnahm.[315] Schabbat 56 b

Hosea lernte Erbarmen

Das Wort des Herrn erging an Hosea, . . . Beeris Sohn, in den Tagen Usias, Jothams, Ahas' und Hiskias, der Könige von Juda.[316] In einem einzigen Zeitabschnitt verkündigten vier Propheten, und der größte von allen war Hosea, denn es heißt:[317] *Zuerst sprach der Herr mit Hosea.* Sprach er denn zuerst mit Hosea? Waren es nicht viele Propheten von Mose bis Hosea? Rabbi Jochanan sagte: Er war der erste von den vier Propheten, die in jenem Zeitabschnitt verkündigten. Und diese sind's: Hosea, Jesaja, Amos und Micha. Der Heilige, gelobt sei er, sprach zu Hosea: Deine Kinder haben sich verfehlt. Dann hätte er zu ihm sagen sollen: Deine Kinder sind es, die Kinder deiner Gnade, Kinder Abrahams, Isaaks und Jakobs. Wälze dein Erbarmen über sie! Aber nicht genug, daß er nicht so sagte, sondern er sagte vor ihm: Herr der Welt, die ganze Welt ist dein. Er tausche sie doch für ein anderes Volk ein! Da sprach der Heilige, gelobt sei er: Was soll ich mit diesem Alten machen?

314 2. Könige 23,*25*.
315 Die Entrückung durch Engelshand ist ein Zeichen für die Erwählung.
316 Hosea 1,*1*.
317 Hosea 1,*2*.

Ich will zu ihm sprechen: Geh und nimm dir ein Hurenweib und zeuge mit ihr Hurenkinder, und darauf will ich zu ihm sprechen: Schicke sie weg von dir! Wenn er es fertigbringt, sie wegzuschicken, so will auch ich Israel wegschicken, denn es heißt:[318] *Der Herr sprach zu Hosea: Geh und nimm dir ein Hurenweib und Hurenkinder!* Fener steht geschrieben: *Da ging er hin und nahm Gomer, die Tochter Diblaims.* Über *Gomer* sagte Raw:[319] Alle befriedigen sich mit ihr; über *die Tochter Diblaims:* eine übel berüchtigte Frau, die Tochter einer übel berüchtigten Frau. Und Schmuel sagte: Sie war an jedermanns Mund so süß wie Feigenkuchen. Und Rabbi Jochanan sagte: Jeder trat sie wie einen Feigenkuchen. Eine andere Auslegung für *Gomer* sagte Raw Jehuda: Sie wollten in ihren Tagen den Reichtum Israels vernichten. Rabbi Jochanan sagte: Sie raubten und vernichteten, denn es heißt:[320] *Denn vertilgt hatte sie der König von Aram und wie Dreschstaub zugerichtet.*

Da wurde sie schwanger und gebar einen Sohn. Und der Herr sprach zu ihm: Nenne seinen Namen Jisreel, denn nur noch eine kleine Weile, so suche ich die Bluttat von Jisreel heim am Hause Jehus und mache dem Königtum des Hauses Israel ein Ende. Da wurde sie abermals schwanger und gebar eine Tochter. Da sprach der Herr zu ihm: Nenne ihren Namen Ohn-Erbarmen, denn ich will nicht noch weitermachen, mich zu erbarmen über das Haus Israel, es ihnen zu tragen, zu tragen. Da wurde sie wieder schwanger und gebar einen Sohn. Der Herr *sprach* zu ihm: *Nenne seinen Namen Nicht-mein-Volk, denn ihr seid nicht mein Volk, und ich gehöre nicht zu euch.*[321] Nachdem ihm zwei Söhne und eine Tochter geboren worden waren, sprach der Heilige, gelobt sei er, zu Hosea: Hättest du nicht von Mose, deinem Lehrer, lernen sollen? Sobald ich mit ihm sprach, trennte er sich von seiner Frau.[322] So laß auch du selber von ihr ab! Da sagte er zu ihm: Herr der Welt, ich habe Kinder von ihr

318 Hosea 1,2 und *3*.

319 Es folgen nun verschiedene Erklärungen der Namen »Gomer« und »Diblaim« durch Worte ähnlichen Klanges.

320 2. Könige 13,*7*.

321 Hosea 1,*3b*, *4*, *6*, *8* und *9*.

322 Dazu 2. Mose 18,2 und 19,*15*.

und kann sie nicht fortschicken und kann mich nicht von ihr scheiden. Darauf sprach der Heilige, gelobt sei er: Und wie es dir geht, dessen Weib eine Hure ist und dessen Kinder Hurenkinder sind – wobei du nicht einmal weißt, ob sie von dir stammen oder von anderen – so geht es mir mit Israel. Sie sind doch meine Kinder, die Kinder meiner Geprüften, die Kinder Abrahams, Isaaks und Jakobs, eine der vier Erwerbungen, die ich mir in meiner Welt erworben habe: Die Weisung ist eine Erwerbung, denn es steht geschrieben:[323] *Der Herr hat mich als Anfang seines Weges erworben.* Himmel und Erde sind eine Erwerbung, denn es steht geschrieben:[324] *Der Himmel und Erde erworben hat.* Das Heiligtum ist eine Erwerbung, denn es steht geschrieben:[325] *Dieser Berg, den seine Rechte erworben hat.* Israel ist eine Erwerbung, denn es steht geschrieben:[326] *Dieses Volk, das du erworben hast.* Und du sagst nun: Tausche sie gegen ein anderes Volk ein! Sobald er einsah, daß er sich verfehlt hatte, stand er auf, um für sich selber um Erbarmen zu flehen. Da sprach der Heilige, gelobt sei er, zu ihm: Anstatt für dich selber um Erbarmen zu flehen, flehe doch um Erbarmen für Israel, gegen das ich deinetwegen drei strenge Urteile erlassen habe.[327] Da stand er auf und flehte um Erbarmen und machte so das strenge Urteil nichtig. Dann begann er sie zu segnen, wie es heißt:[328] *Es wird die Zahl der Söhne Israels sein wie der Sand am Meer . . . und statt man zu ihnen sagt: Ihr seid nicht mein Volk, wird man zu ihnen sagen: Söhne des lebendigen Gottes seid ihr. Und die Söhne Judas und die Söhne Israels werden sich sammeln . . .*[329] *Und ich will sie mir ins Land einsäen und mich erbarmen der Ohn-Erbarmen und zu Nicht-mein-Volk sprechen: Mein Volk bist du.*

323 Sprüche 8,*22*.

324 1. Mose 14,*19*.

325 Psalm 78,*54*. In manchen Handschriften fehlt das Wort von der Erwerbung des Tempels und das entsprechende Zitat, das auf den Tempelberg weist. Konsequenterweise heißt es dann »drei Erwerbungen«.

326 2. Mose 15,*16*.

327 Um der Hartherzigkeit Hoseas willen wurden über Israel drei Strafen verhängt, die in den Namen der Prophetenkinder Symbol geworden sind.

328 Hosea 2,*1*,*2* und *25*.

329 Der Prophet hofft auf die Wiedervereinigung von Süd- und Nordreich.

... Rabbi Elasar sagte: Sogar in der Stunde seines Zorns gedenkt der Heilige, gelobt sei er, des Erbarmens, denn es heißt:[330] *Denn ich will nicht noch weitermachen. Erbarmen will ich mich über das Haus Israel.* Rabbi Jose, Rabbi Chaninas Sohn, sagte es hieraus folgernd:[331] *Denn tragen will ich es ihnen, tragen.*

Pesachim 87 a/87 b

Jeremias schwere Frage

Raw Jehuda sagte, Raw habe gesagt: Was bedeutet es, daß geschrieben steht:[332] *Wer ist der weise Mann, daß er dies verstehe, und was der Mund des Herrn zu ihm redet, daß er es vermelde: Woran ist das Land zugrunde gegangen?* Darüber haben die Weisen geredet, haben es aber nicht erklären können; darüber haben die Propheten geredet, haben es aber nicht erklären können, bis es der Heilige, gelobt sei er, selber erklärt hat, wie es heißt:[333] *Da sprach der Herr: Daran, daß sie meine Weisung verlassen haben, die ich ihnen geschenkt habe.*

Bawa mezia 85 a/85 b

Das Gericht fängt beim Hause Gottes an

Rabbi Seïra sagte zu Rabbi Simon: Der Meister sollte die vom Hause des Oberhauptes in der Zerstreuung zurechtweisen. Er sagte zu ihm: Sie nehmen es von mir nicht an. Er sagte zu ihm: Obwohl sie es nicht annehmen, sollte der Meister sie zurechtweisen. Rabbi Acha, Chaninas Sohn, sagte nämlich: Von Urzeit an ging aus dem Munde des Heiligen, gelobt sei er, keine gute Maßgabe hervor, die er dann zum Übeln verwandelt hätte, außer dieser Sache, von der geschrieben steht:[334] *Da sprach der Herr zu ihm: Schreite mitten durch die Stadt, mitten durch*

330 Hosea 1,6. Dieses Zorneswort ist oben im Sinne der Bibel übersetzt worden, hier nach der Auslegung Rabbi Elasars. Grammatikalisch kann der hebräische Satz ohne weiteres in der Mitte getrennt und in der Weise gelesen werden, daß sich sein Sinn geradezu ins Gegenteil verwandelt.

331 Rabbi Jose zieht denselben Schluß wie Rabbi Elasar, indem er das Ende des Verses Hosea 1,6 zugrunde legt.

332 Jeremia 9,*11*.

333 Jeremia 9,*12*.

334 Hesekiel 9,*4*.

Jerusalem, und male ein Mal auf die Stirnen der Männer, die seufzen und die stöhnen über alle die Greuel, die in ihrer Mitte getan wurden! ... Der Heilige, gelobt sei er, sprach zu Gabriel: Geh und zeichne auf der Bewährten Stirn ein Mal von Tinte, damit die Verderbensengel sich ihrer nicht bemächtigen, und auf der Frevler Stirn ein Mal von Blut, so daß die Verderbensengel sich ihrer bemächtigen! Das strenge Recht sagte vor dem Heiligen, gelobt sei er: Herr der Welt, wodurch unterscheiden sich diese von jenen? Er sprach zu ihm: Jene sind vollkommene Bewährte, und diese sind vollkommene Frevler. Es sagte vor ihm: Herr der Welt, es lag in ihrer Hand zu wehren, aber sie haben nicht gewehrt. Er sprach zu ihm: Offenbar und bekannt ist es vor mir, daß sie es von ihnen nicht angenommen hätten, auch wenn sie ihnen gewehrt hätten. Er sagte vor ihm: Herr der Welt, wenn es dir offenbar ist – ist es denn ihnen offenbar? Und das ist es, was geschrieben steht:[335] *Alte, Jünglinge, Mädchen, Kleinkinder und Frauen bringt um, zum Verderben! Aber allen Männern, an denen das Mal ist, nähert euch nicht! Und an meinem Heiligtum beginnt!*[336] Ferner steht geschrieben:[337] *Sie begannen mit den Männern, den Ältesten, die vor dem Hause waren.* Raw Joseph lehrte: Lies nicht: *Mein Heiligtum,* sondern: *meine Geheiligten*! Das sind die Menschen, welche die ganze Weisung erfüllten, von Aleph bis Taw.[338] Schabbat 55 a

335 Hesekiel 9,6.

336 Die Ausleger haben beobachtet, daß zwischen der Gottesrede, die von der Verschonung der Bewährten spricht, und dem Bericht über die Ausführung des Zorngerichtes, das gerade mit den Ältesten am Tempel beginnt, eine Diskrepanz besteht. Raw Joseph bewältigte diese Schwierigkeit, indem er »Älteste« mit »Heiligtum« gleichsetzte, wobei er mit veränderter Vokalisation »Geheiligte« las. Rabbi Acha argumentierte inhaltlich: Obwohl die Bewährten die Weisung ganz erfüllten, mußten sie wie die Sünder bestraft werden, weil sie diese nicht vermahnt hatten.

337 Hesekiel 9,6 *Schluß*.

338 Das sind der erste und der letzte Buchstabe des hebräischen Alphabets. »Taw« bedeutet zugleich Mal. Diese Doppelbedeutung von Taw ermöglichte die Interpretation, daß die so Gezeichneten das Gebot bis zum letzten Buchstaben erfüllt hatten.

Gott klagt wie der Prophet

Unsere Meister lehrten: Als das Haus zum erstenmal zerstört wurde,[339] da versammelten sich Klassen um Klassen von Priesterjünglingen, und mit den Schlüsseln des Tempels in Händen stiegen sie auf des Tempels Dach und sagten vor ihm: Herr der Welt, da wir ja nicht gewürdigt sind, treue Verwalter zu sein, so sollen die Schlüssel dir übergeben werden. Da warfen sie diese nach oben, und hervor kam eine Art Handteller, um sie von ihnen aufzunehmen. Sie selber aber sprangen hinab, mitten ins Feuer. Und über sie wehklagt Jesaja, der Prophet:[340] *Lastspruch übers Offenbarungstal: Was ist dir doch, daß du allesamt auf die Dächer gestiegen bist, getümmelerfüllte, geräuschvolle Stadt, übermütige Burg? Deine Erschlagenen sind nicht vom Schwert erschlagen und nicht im Kampf getötet.* Auch von dem Heiligen, gelobt sei er, heißt es:[341] *Er brüllt an der Mauer und schreit gegen den Berg.* Taanit 29 a

Die Heiligung des Namens

Rabbi Jose sagte: Theodos, ein Mann aus Rom, gewöhnte die römischen Juden daran, in der Pesachnacht behelmte Böckchen zu essen.[342] Da ließen sie ihm sagen: Wärest du nicht Theodos, dann hätten wir den Bann über dich verhängt, weil du Israel Heiliges essen läßt außerhalb . . .[343]

Sie fragten: War Theodos aus Rom ein großer Mann, oder war er nur ein Mann der Fäuste? Komm und höre! Auch dies legte Theodos, der Mann aus Rom, aus: Was für einen Grund sahen Hananja, Misael und Asarja, daß sie sich selber um der

339 Der erste Tempel wurde im Jahr 586 vor der christlichen Zeitrechnung durch die Babylonier zerstört.

340 Jesaja 22,*1 f.*

341 Jesaja 22,*5.* An diesen schwierigen Versteil wird in alten Handschriften ein Wortspiel angeschlossen, das Gottes Klagen mit dem Gackern aufgescheuchter Hühner vergleicht.

342 Dem Böckchen wurden beim Braten die Gliedmaßen über den Kopf gelegt, so daß es wie ein Helm aussah.

343 Nach 5. Mose 16,*5 f.* durfte das Pesachopfer nicht außerhalb Jerusalems gegessen werden.

Heiligung des Namens willen[344] in den Schmelzofen ausliefer-ten? Sie zogen einen Schluß vom Leichteren aufs Schwerere, von den Fröschen auf sich selber: Den Fröschen ist zwar nicht die Heiligung des Namens geboten, dennoch steht von ihnen geschrieben:[345] *Die Frösche sollen kommen und heraufsteigen in dein Haus . . . und in deine Öfen und in deine Backtröge!* Wann aber befinden sich die Backtröge am Ofen? Sage doch selber: In der Stunde, da der Ofen heiß ist.[346] Wieviel mehr aber gilt das für uns, denen doch die Heiligung des Namens geboten ist.[347]

Pesachin 53 a/53 b

Von der Bewährung in der Makkabäerzeit

Raw Jehuda sagte, Schmuel, es wird auch gesagt, Rabbi Ammi habe gesagt, andere sagen: In einer Baraita wird gelehrt: Es geschah einmal, daß vierhundert Knaben und Mädchen gefangengenommen wurden, um geschändet zu werden. Sie fühlten selber, wofür sie begehrt wurden, und sagten: Werden wir zum Leben der kommenden Welt eingehen, wenn wir uns im Meer ertränken? Da legte der Älteste unter ihnen für sie aus:[348] *Der Herr sprach: Aus Basan bringe ich zurück, ich bringe zurück aus den Strudeln des Meeres. Aus Basan bringe ich zurück:* nämlich aus den Zähnen eines Löwen.[349] *Ich bringe zurück aus den Strudeln des Meeres,* das sind, die sich im Meer ertränken. Sobald die Mädchen dies hörten, sprangen sie alle auf und stürzten sich ins Meer. Die Knaben zogen daraus für sich selber einen Schluß vom Leichteren aufs Schwerere und sagten: Wenn schon diese so

344 Die Heiligung des Namens bedeutet die Erfüllung der Gebote. In Zeiten der Religionsverfolgung führte dies oft zum Martyrium. Die drei Männer bei Daniel sind Urbilder von Märtyrern.

345 2. Mose 7,*28*.

346 Obwohl die Öfen geheizt waren, gingen die Frösche doch hinein, wie Gott es geboten hatte.

347 Um seiner subtilen Gelehrsamkeit willen, die sich in dieser Auslegung zeigt, wurde Theodos trotz seines traditionswidrigen Handelns nicht bestraft.

348 Psalm 68,*23*.

349 Basan wird des ähnlichen Klanges wegen mit »aus den Zähnen« erklärt; dazu auch 5. Mose 33,*22*.

handeln, deren Bestimmung es doch entspricht,[350] um wieviel mehr müssen wir so handeln, deren Bestimmung es doch nicht entspricht. Darauf sprangen auch sie ins Meer hinein. Über sie sagt die Schrift:[351] *Denn um deinetwillen werden wir getötet den ganzen Tag, werden geachtet wie Schlachtschafe.*

Raw Jehuda aber sagte: Dies bezieht sich auf jene Frau und ihre sieben Söhne.[352] Sie brachten den ersten vor den Kaiser. Er sagte zu ihm: Treibe Götzendienst! Da sagte er zu ihnen: In der Weisung steht geschrieben:[353] *Ich bin der Herr, dein Gott.* Da führten sie ihn hinaus und töteten ihn. Dann brachten sie den Nächsten vor den Kaiser und sagten zu ihm: Treibe Götzendienst! Da sagte er zu ihnen: In der Weisung steht geschrieben:[354] *Du sollst keine anderen Götter vor mir haben!* Da führten sie ihn hinaus und töteten ihn. Sie brachten den nächsten und sagten zu ihm: Treibe Götzendienst! Da sagte er zu ihnen: In der Weisung steht geschrieben:[355] *Wer den Göttern opfert, der soll gebannt werden!* Da führten sie ihn hinaus und töteten ihn. Sie brachten den nächsten und sagten zu ihm: Treibe Götzendienst! Da sagte er zu ihnen: In der Weisung steht geschrieben:[356] *Du sollst dich vor keinem anderen Gott niederwerfen!* Da führten sie ihn hinaus und töteten ihn. Sie brachten den nächsten und sagten zu ihm: Treibe Götzendienst! Da sagte er zu ihnen: In der Weisung steht geschrieben:[357] *Höre, Israel, der Herr ist unser Gott, der Herr ist Einer!* Da führten sie ihn hin-

350 Die homosexuelle Schändung wird erst recht als Verbrechen empfunden, weil sie für Juden gegen die Natur verstößt.

351 Psalm 44,*23*.

352 Dazu 2. Makkabäer 7. Diese Geschichte wird im Talmud aktualisiert. Aus dem syrischen König Antiochus ist ein römischer Kaiser geworden. Unter Götzendienst wird nicht mehr das Essen von Schweinefleisch, sondern die Anbetung des Kaisers verstanden. Während die Makkabäer dem Gegner fluchen und sich selber der Auferstehung trösten, verkündigen die Späteren in Bibelversen allein die Ewigkeit Gottes.

353 2. Mose 20,*2*.

354 2. Mose 20,*3*.

355 2. Mose *22,19*.

356 2. Mose 34,*14*.

357 5. Mose 6,*4*. Seit der Makkabäerzeit starben viele jüdische Märtyrer mit diesem Bekenntnis des täglichen Gebets; dazu die Einleitung zum Abschnitt vom Gebet, Seite 464 f. und Brachot 61b, Seite 431 ff.

aus und töteten ihn. Sie brachten den nächsten und sagten zu ihm: Treibe Götzendienst! Da sagte er zu ihnen: In der Weisung steht geschrieben:[358] *Erkenne heutigen Tages und laß es einkehren in dein Herz, daß der Herr, daß er der Gott ist, in den Himmeln oben und auf der Erde unten, keiner sonst!* Da führten sie ihn hinaus und töteten ihn. Sie brachten den nächsten und sagten zu ihm: Treibe Götzendienst! Da sagte er zu ihnen: In der Weisung steht geschrieben:[359] *Dem Herrn hast du dich anversprochen ... und der Herr hat sich dir anversprochen heutigen Tages.* Wir haben dem Heiligen, gelobt sei er, schon geschworen, daß wir ihn nicht beiseite stellen werden um eines anderen Gottes willen. Und auch er hat uns geschworen, daß er uns nicht beiseite stellen werde um eines anderen Volkes willen. Da sagte der Kaiser zu ihm: Ich werde dir einen Siegelring hinwerfen, dann bücke dich und nimm ihn auf, damit sie sagen: Er hat des Königs Befehl auf sich genommen.[360] Da sagte er zu ihm: Wehe dir Kaiser! Wehe dir Kaiser! Wenn du schon auf deine eigene Ehre so sehr bedacht bist, um wieviel mehr muß man auf die Ehre des Heiligen, gelobt sei er, bedacht sein. Da führten sie ihn hinaus, um ihn zu töten. Da sagte seine Mutter zu ihnen: Gebt ihn mir, damit ich ihn noch ein wenig küssen kann! Zu ihm sagte sie: Meine Söhne, geht und sagt Abraham, eurem Vater: Du hast einen einzigen für den Opfertisch gebunden, ich aber habe sieben für die Opfertische gebunden.[361] Und darauf stieg sie auf ein Dach, stürzte sich hinab und starb. Da ging eine Art Stimme aus, die sprach:[362] *Die Mutter der Söhne ist freudig.*

Rabbi Jehoschua, Levis Sohn, sagte: Dies[363] bezieht sich auf die Beschneidung, die für den achten Tag gegeben wurde.[364]

358 5. Mose 4,*39*.

359 5. Mose 26,*17 f.*

360 Dem letzten der sieben Söhne möchte der Kaiser entgegenkommen. Er soll ihn nicht als Gott, sondern nur als menschliche Obrigkeit anerkennen.

361 Dazu 1. Mose 22. Von dieser Geschichte her wurde das Martyrium, besonders die Selbstopferung um des Glaubens willen, »Bindung« genannt.

362 Psalm 113,*9*.

363 Hiermit wendet sich die Diskussion wieder der Interpretation von Psalm 44,*23* zu.

364 Diese immerhin lebensgefährliche Operation geschieht um Gottes willen.

Rabbi Schimon, Lakischs Sohn, sagte: Dies bezieht sich auf die Gelehrten, die das Vorgehen beim Schlachten an sich selber demonstrieren.[365] Rawa sagte nämlich: Alles mögliche soll ein Mensch an sich selber demonstrieren, außer dem Schlachten und einer anderen Sache.[366] Raw Nachman, Jizchaks Sohn, sagte: Dies bezieht sich auf die Gelehrten, die sich selber ertöten um der Weisung willen.[367] So nach Rabbi Schimon, Lakischs Sohn. Rabbi Schimon, Lakischs Sohn, sagte nämlich: Die Weisung wird nur durch den erfüllt, der sich ihretwegen selber ertötet, denn es heißt:[368] *Dies ist die Weisung, daß ein Mensch in dem Zelte sterbe . . .* Gittin 57b

DER TEMPEL UND SEINE ZERSTÖRUNG

Die Erkenntnis heiligt

Und Rabbi Elasar sagte: Groß ist die Erkenntnis, denn sie wurde zwischen zwei Bezeichnungen gestellt,[369] denn es heißt:[370] *Denn ein Gott der Erkenntnis ist der Herr.* Ferner sagte Rabbi Elasar: Groß ist das Heiligtum, denn es wurde zwischen zwei Bezeichnungen gestellt, denn es heißt:[371] *Du hast bereitet, o Herr, das Heiligtum, o Herr, deine Hände haben es gegründet.*

. . . Ferner sagte Rabbi Elasar: Jeder Mensch, der Erkenntnis besitzt, ist wie einer, in dessen Tagen das Heiligtum erbaut

365 Bei dieser Demonstration könnte er sich die Kehle durchschneiden.

366 »Eine andere Sache« steht für etwas, das nicht ausgesprochen werden soll, wie etwa Götzendienst, Schweinefleisch essen, Aussatz und sexuelle Ausschreitung.

367 Dies meint die Askese, die Unterwerfung des eigenen Willens unter den Gotteswillen.

368 4. Mose 19,*14*. »Zelt« ist hier ein Bild für das Lehrhaus.

369 Die große Bedeutung der Gotteserkenntnis und des Tempels wird hier exegetisch aus der Tatsache begründet, daß beide Worte im Bibeltext unmittelbar zwischen zwei Bezeichnungen Gottes stehen.

370 1. Samuel 2,*3*.

371 2. Mose 15,*17*.

wird, denn das eine wurde zwischen zwei Bezeichnungen gestellt, und das andere wurde zwischen zwei Bezeichnungen gestellt. Sanhedrin 92 a

Die Liebe erkaltet

Da war einer, der sagte: Solange unsere Liebe noch stark war, konnten wir uns auf der Klinge eines Floretts schlafen legen, jetzt aber, da unsere Liebe nicht mehr stark ist, reicht eine Bettstelle von sechzig Ellen nicht mehr für uns.[372] Raw Huna sagte: Davon ist auch in Schriftversen zu lesen. Vom Anfang steht geschrieben:[373] *Dort werde ich dir begegnen und mit dir reden von der Deckplatte herab.* Es wird gelehrt, die Bundeslade habe neun Handbreiten gemessen und die Deckplatte deren eine, das macht zusammen zehn. Dann steht geschrieben:[374] *Und das Haus, das der König Salomo dem Herrn baute, war sechzig Ellen lang, zwanzig Ellen breit und dreißig Ellen hoch.* Gegen Ende aber steht geschrieben:[375] *So spricht der Herr: Die Himmel sind mein Stuhl, und die Erde ist meiner Füße Schemel. Was für ein Haus ist's, das ihr für mich bauen wollt . . .?*

Sanhedrin 7a

Stufen der Heiligkeit

Die zehn Heiligkeitsstufen sind: Das Land Israel ist geheiligter als alle anderen Länder. Und worin besteht seine Heiligkeit? Daß man aus ihm die Schwingegarbe, die Erstlinge und die beiden Brote bringt,[376] während man sie aus allen anderen Ländern so nicht bringt.

Städte,[377] mit einer Mauer umgeben, sind geheiligter als die-

372 Dieser profane Spruch über das Erkalten der Geschlechterliebe wird nun zum Gleichnis für das Erkalten der Liebe Israels zu Gott. Zuerst ruhte die Gottesnähe auf der kleinen Bundeslade, nachher war der Tempel Salomos nicht mehr groß genug.

373 2. Mose 25,*22*.

374 1. Könige 6,2.

375 Jesaja 66,*1*.

376 Dazu 3. Mose 23,*10* und *17*; 5. Mose 26,2.

377 Städte im Land Israel.

ses,[378] weil man die Aussätzigen aus ihnen wegschickt. Zwar trägt man in ihnen einen Toten herum, solange man will,[379] aber einmal hinausgebracht, bringt man ihn nicht wieder zurück.

Der Raum innerhalb der Mauer[380] ist geheiligter als diese, denn dort ißt man Geringerheiliges und Zweitzehnten.

Der Berg des Hauses[381] ist geheiligter als dieser, denn dorthin dürfen an Ausfluß leidende Männer und Frauen, Menstruierende und Wöchnerinnen nicht eintreten.

Der Umgang ist geheiligter als dieser, denn dorthin dürfen die aus den Völkern und wer durch einen Toten maklig ist, nicht eintreten.[382]

Der Frauenvorhof ist geheiligter als dieser, denn dorthin darf einer, der erst am selben Tag untertauchte, nicht eintreten; aber deshalb ist man zu keinem Sündopfer verpflichtet.

Der Israelitenvorhof ist geheiligter als dieser, denn dorthin darf einer, der vollständiger Sühne ermangelt, nicht eintreten;[383] deshalb ist man zu einem Sündopfer verpflichtet.

Der Priestervorhof ist geheiligter als dieser, denn dorthin dürfen Israeliten nicht eintreten, außer zu der Stunde, da sie es müssen: zum Stützen, zum Schlachten und zum Schwingen.[384]

Der Raum zwischen Tempelvorhalle und Altar ist geheiligter als dieser, denn dorthin dürfen Fehlerbehaftete und Zaushaarige[385] nicht eintreten.

Die Tempelhaupthalle ist geheiligter als dieser, denn dorthin darf nicht eintreten, wer nicht Hände und Füße gewaschen hat.

378 »Dies« meint hier und in den folgenden Abschnitten jeweils den Raum der zuvor genannten Heiligkeitsstufe.

379 Beim Leichenbegängnis.

380 Innerhalb der Stadtmauer Jerusalems.

381 Der Tempelberg.

382 Der Vorhof der Völker war durch ein Gitter streng von den drei inneren Höfen (für jüdische Frauen, Männer und Priester) abgetrennt.

383 Ein Israelit, der zwar von Aussatz oder Fluß reingesprochen wurde, aber die vorgeschriebenen Opfer noch nicht dargebracht hat, darf den Hof der Israeliten nicht betreten.

384 Dies meint die verschiedenen Zeremonien bei der Darbringung der Opfer.

385 Am Brandopferaltar dürfen nur körperlich makellose Priester dienen; dazu 3. Mose 21,*16–24*.

Das Allerheiligste ist geheiligter als diese, denn dorthin darf nur der Hohepriester eintreten in der Stunde des Dienstes.

Mischna Kelim I, 6–9

Opfer um euretwillen

Es wird gelehrt: Rabbi Schimon, Asais Sohn, sagte: Komm und sieh, was im Abschnitt von den Opfern geschrieben steht:[386] Es heißt bei ihnen nicht »Gott« und nicht »Gottheit«, sondern *Herr*, um dem Gegner keine Gelegenheit zur Diskussion zu öffnen.[387]

Und es heißt von einem fetten Ochsen:[388] *ein Feueropfer von angenehmem Geruch* und von einem zierlichen Vogel:[389] *ein Feueropfer von angenehmem Geruch* und von einem Speisopfer:[390] *ein Feueropfer von angenehmem Geruch,* um dir zu sagen: Ob einer viel tut oder ob einer wenig tut – wenn er nur sein Herz gen Himmel richtet.

Und vielleicht sagst du: Er braucht es zum Essen; so besagt doch die Schrift:[391] *Wenn mich hungerte, Ich sagte es dir nicht; denn Mein ist das Festland und seine Fülle.* Und es heißt:[392] *Denn Mein ist alles Waldgetier, das Vieh auf dem Tausendgebirge. Ich kenne alle Vögel der Berge, auch das Gewimmel des Feldes ist bei Mir; esse Ich etwa das Fleisch von Stieren und trinke Ich das Blut von Böcken?* Ich sprach nicht zu euch: Ihr sollt darbringen, damit du sagen sollst: Ich will Ihm einen Gefallen tun, damit Er mir einen Gefallen tue. Nicht Mir zu Gefallen bringt ihr dar, sondern euch zu Gefallen bringt ihr dar, denn es heißt:[393] *Euch zu Gefallen bringt sie dar!*

Menachot 110 a

386 4. Mose 28,*1–8;* dazu auch 3. Mose, die Kapitel 1 bis 7.
387 Damit soll exegetisch erwiesen werden, daß Ketzer keine Möglichkeit haben, von verschiedenen Gottesbezeichnungen her zu schließen, daß mehreren Göttern geopfert werde.
388 3. Mose 1,*9* (1,*5*).
389 3. Mose 1,*17* (1,*14*).
390 3. Mose 2,*9*.
391 Psalm 50,*12*.
392 Psalm 50,*10,11,13*.
393 3. Mose 19,*5*.

Dienstjahre der Hohenpriester

Rabba, Chanas Sohnessohn, sagte, Rabbi Jochanan habe gesagt: Was bedeutet, daß geschrieben steht:[394] *Die Furcht des Herrn fügt Tage hinzu, aber die Jahre der Frevler werden verkürzt?* *Die Furcht des Herrn fügt Tage hinzu:* das bezieht sich auf das erste Heiligtum,[395] das vierhundertundzehn Jahre bestand, und in dem nur achtzehn Hohepriester dienten. *Aber die Jahre der Frevler werden verkürzt:* das bezieht sich auf das zweite Heiligtum,[396] das vierhundertundzwanzig Jahre bestand, und in dem mehr als dreihundert Hohepriester dienten. Davon gehen vierzig Jahre ab, die Schimon, der Gerechte, diente, achtzig Jahre, die Jochanan, der Hohepriester, diente, zehn Jahre, die Jischmael, Pawis Sohn, diente, und es wird auch gesagt: elf Jahre, die Rabbi Elasar, Charsoms Sohn, diente. Geh davon aus und rechne! Nicht ein einziger hat sein Amtsjahr hinausgeführt.

Joma 9 a

Priester und Leviten

Es wurde gesagt: Weshalb wurden die Leviten in ihrem Zehnten beschränkt?[397] Darüber besteht eine Meinungsverschiedenheit zwischen Rabbi Jonatan und Sawja. Der eine sagte: Weil sie in den Tagen Esras nicht heraufzogen,[398] und der andere sagte: Damit dadurch die Priester in den Tagen ihrer Makligkeit unterstützt werden.[399] Einleuchtend ist der Grund dessen, der sagte, daß sie

394 Sprüche 10,27.

395 Der salomonische Tempel wurde im Jahr 586 von den Babyloniern zerstört.

396 Der durch die Rückkehrer aus babylonischer Gefangenschaft wieder aufgebaute und unter Herodes dem Großen erneuerte Tempel wurde im Jahr 70 der christlichen Zeitrechnung von den Römern zerstört.

397 Die Abgabe des Zehnten, der für die Leviten 4. Mose 18,*21* bestimmt war, wurde häufig vernachlässigt, worüber schon Nehemia (13,*10–13*) Klage führte. Später wurde sie häufig von den Priestern eingezogen, die mehr Macht und Ansehen hatten als die übrigen Leviten. Diese geschichtliche Tatsache suchten die beiden Meister zu erklären.

398 Nach Esra 8,*15* sind zunächst keine Leviten von Babylon mit nach Israel zurückgekommen. Für den Tempeldienst ließ Esra eigens einige holen.

399 Zur Zeit ihrer Unreinheit durften Priester von der Hebe, ihrer eigentlichen Einkunft, nicht essen, ebensowenig von ihrem Opferanteil, da sie ja dann keinen Dienst taten.

beschränkt wurden, weil sie nicht heraufzogen. Aber wie ist's mit dem, der sagte: Damit die Priester dadurch in den Tagen ihrer Makligkeit unterstützt werden? Wurden die Leviten denn wegen der Priester beschränkt? Nein, alle sind sich über den Grund der Beschränkung einig: Weil sie in den Tagen Esras nicht heraufzogen.[400] Hier handelt es sich aber um diese Meinungsverschiedenheit: Der eine Meister meinte: Die Beschränkung kommt den Armen zugute. Aber der andere Meister meinte: Priester sind in den Tagen ihrer Makligkeit Arme.

Jewamot 86 b

Der Oniastempel in Ägypten

Es wird nämlich gelehrt: Im selben Jahr, in dem Schimon, der Bewährte, starb, sagte er, in diesem Jahre werde er sterben. Sie sagten zu ihm: Woher weißt du das? Er sagte zu ihnen: An jedem Versöhnungstag begegnete mir ein Greis,[401] weiß gekleidet und weiß verhüllt, und er ging mit mir hinein und kam mit mir heraus. Dieses Jahr begegnete mir ein Greis, schwarz gekleidet und schwarz verhüllt, und er ging mit mir hinein, kam aber nicht mit mir heraus. Nach dem Wallfahrtsfest[402] war er sieben Tage krank, dann starb er. Seine Brüder, die Priester, unterließen es dann, mit dem Namen zu segnen.[403] In der Stunde seines Verscheidens sagte er zu ihnen: Onias, mein Sohn, soll an meiner Statt Dienst tun.[404] Schimi, sein Bruder, der zweieinhalb Jahre älter war als er, wurde neidisch auf ihn und sagte zu ihm: Komm, ich lehre dich die Ordnung des Tempeldienstes! Er klei-

400 Beide Meister sind sich über den Grund einig, daß es sich nämlich um eine Strafe für eine Verschuldung in der Vergangenheit handelt. Dabei ist dem zweiten vor allem die Folge wichtig: der Nutzen für die Priester. Nur in der Betonung ihrer verschiedenen Blickpunkte besteht der Streit.

401 Wenn Schimon den hochpriesterlichen Dienst im Allerheiligsten des Jerusalemer Tempels verrichtete.

402 Nach dem Laubhüttenfest, das auf den Versöhnungstag folgt.

403 In einer alten Erklärung wird gesagt, daß der Gottesname nur ausgesprochen werden konnte, wenn es Anhaltspunkte dafür gab, daß die Gottesnähe im Heiligtum weilte. Nach Schimons Tod hörten die Gnadenzeichen auf, die seine Amtszeit begleiteten; deshalb fürchteten die Nachfolger, die Gottesnähe habe sich entfernt.

404 Schimon, der Bewährte, ist identisch mit Schimon I. oder II., die etwa um

dete ihn mit einem kurzen Ärmelgewand,[405] gürtete ihn mit einem schmalen Gürtel, hieß ihn neben den Altar stehen und sagte zu seinen Brüdern, den Priestern: Sehet, was dieser seiner Geliebten versprochen und auch getan hat: An jenem Tag, da ich als Hoherpriester Dienst tue, kleide ich mich mit deinem kurzen Ärmelgewand und gürte ich mich mit deinem schmalen Gürtel. Da trachteten seine Brüder, die Priester, danach, ihn zu töten. Er lief vor ihnen weg, und sie liefen hinter ihm her. Er ging nach Alexandria in Ägypten und baute dort einen Altar, damit er auf ihm zum Zweck des Götzendienstes opfere. Als die Weisen von der Sache hörten, sagten sie: Wenn durch diesen, der nicht dazu gelangt war, solches geschah, um wieviel mehr sollte geschehen durch den, der dazu gelangt war.[406] Soweit die Worte Rabbi Meïrs.

Rabbi Jehuda sagte zu ihm: Die Geschichte verhielt sich nicht so. Vielmehr nahm Onias das Amt nicht auf sich, weil Schimi, sein Bruder, zweieinhalb Jahre älter war als er. Aber trotzdem wurde Onias neidisch auf Schimi, seinen Bruder. Er sagte zu ihm: Komm, ich lehre dich die Ordnung des Tempeldienstes! Da kleidete er ihn mit einem kurzen Ärmelgewand, gürtete ihn mit einem schmalen Gürtel, hieß ihn neben den Altar stehen und sagte zu seinen Brüdern, den Priestern: Sehet, was dieser seiner Geliebten versprochen und auch gehalten hat: An jenem Tag, da ich als Hoherpriester Dienst tue, kleide ich mich mit deinem kurzen Ärmelgewand und gürte ich mich mit deinem schmalen Gürtel. Da trachteten seine Brüder, die Priester, danach, ihn zu

300 Hochpriester waren. Onias IV., der wegen der Machtkämpfe und Wirren im Lande nach Ägypten floh und dort einen kleinen Tempel nach dem Muster des Jerusalemischen errichtete, lebte aber erst 150 Jahre später. Die Geltung und Heiligkeit seines Tempels war in Israel sehr umstritten, und auch der Anlaß seiner Flucht scheint dunkel zu sein. Der Oniastempel in Leontopolis hat 200 Jahre bestanden und hat den Jerusalemer Tempel um drei Jahre überdauert.

405 Derartige Gewänder wurden in der Öffentlichkeit nur unter einem Mantel getragen.

406 Im Zusammenhang ist in der Mischna davon die Rede, daß Priester, die im Oniastempel Dienst taten, nicht am Heiligtum in Jerusalem Dienst tun dürfen; darauf bezieht sich die dunkle Stelle oben und ihre Parallele weiter unten.

töten. Als er ihnen aber die ganze Begebenheit erzählte, trachteten sie danach, Onias zu töten. Er lief vor ihnen weg, und sie liefen hinter ihm her; er lief zum Haus des Königs, und sie liefen hinter ihm her. Jeder, der ihn sah, sagte damals: Der ist's, der ist's! Er ging nach Alexandria in Ägypten und baute dort einen Altar und opferte darauf dem Namen des Himmels, denn es heißt:[407] *An jenem Tage wird ein Altar für den Herrn inmitten des Landes Ägypten sein und ein Standmal für den Herrn an seiner Grenze.* Als die Weisen von der Sache hörten, sagten sie: Wenn schon durch den, der davongeflohen ist, solches geschah, um wieviel mehr sollte geschehen durch den, der dazugelangen wollte. Menachot 109 b

Die Schreie des Tempelvorhofes

Unsere Meister lehrten:[408] Vier Schreie stieß der Tempelvorhof aus. Der erste Schrei: Führet hinaus von hier Elis Söhne, Hophni und Pinehas, die den Tempel bemakelt haben![409] Der zweite Schrei: Öffnet euch, Tore, damit Jochanan, Nadbais Sohn, Pinkais Schüler, eintrete und sich den Bauch mit dem Himmel Geheiligtem fülle![410] Sie sagten über Nadbais Sohn, daß er vier Sea Jungtauben zum Nachtisch aß. Sie sagten: Während all seiner Tage war nichts, das übriggeblieben wäre im Tempelvorhof.[411] Der dritte Schrei: *Erhebet, ihr Tore, eure Häupter,*[412] damit Elischama, Pikais Sohn, Pinchas' Schüler, eintrete und im Hohenpriesteramte diene! Der vierte Schrei: Öffnet euch, Tore, führt hinaus von hier Jissachar aus Kfar Barkai, der sich selber verehrt, das dem Himmel Geheiligte aber

407 Jesaja 19,*19*.

408 Die Stelle gibt einen Auszug der ausführlicheren Darstellung Pesachim 57a.

409 Dazu 1. Samuel 2,*12–36*.

410 Raschi erklärt dies als ein Lob seiner großen Gastfreundschaft, die es mit sich brachte, daß sehr viel verzehrt wurde. »Pinkai« verstehen manche als Spottnamen: Feinschmecker, Lebemann.

411 Es gab Vorschriften, innerhalb welcher Fristen geheiligte Speisen verzehrt sein müßten. Deshalb war es gut, daß die Reste vor Verderb bewahrt wurden.

412 Psalm 24,*7* und *9*.

verachtet! Was tat er? Er wickelte Seide um seine Hände und tat so seinen Dienst.[413] Kritot 28 a/28 b

Herodes und der Tempel

Wie konnte Bawa, Butas Sohn, Herodes den Rat geben, das Heiligtum niederzureißen, wo doch Raw Chisda gesagt hat: Niemand reiße ein Gemeindehaus ein, bevor nicht ein anderes Gemeindehaus erbaut ist? Wenn du willst, so sage ich: Er sah an ihm Zeichen des Verfalls, und wenn du willst, so sage ich: Bei einer Regierung verhält es sich anders, denn sie läßt von ihrem Vorhaben nicht ab. Schmuel sagte nämlich: Wenn die Regierung sagt: Laßt uns Berge ausreißen, so reißt sie Berge aus und läßt von ihrem Vorhaben nicht ab.

Herodes war Sklave des Hasmonäerhauses und warf seine Augen auf jenes Mädchen.[414] Eines Tages hörte dieser Mann eine Nachricht,[415] die besagte: Jeder Sklave, der sich jetzt empört, wird erfolgreich sein. Herodes stand auf, ermordete seine ganze Herrschaft, verschonte aber dieses Mädchen. Als das Mädchen sah, daß er sie heiraten wollte, stieg sie auf ein Flachdach, erhob ihre Stimme und sagte: Jeder, der kommt und sagt: Ich entstamme dem Hasmonäerhause, der ist ein Sklave. Denn vom Hasmonäerhaus ist nur dieses Mädchen übriggeblieben, und dieses Mädchen stürzte sich von einem Dach zur Erde. Er bewahrte sie sieben Jahre lang in Honig auf.[416] Es gibt solche, die sagen: Er verging sich an ihr; und es gibt solche, die sagen: Er verging sich nicht an ihr. Die da sagen: Er verging sich an ihr, meinen, daß er sie aufbewahrte, um seine Leidenschaft zu befriedigen. Die da sagen: Er verging sich nicht an ihr, meinen, daß er sie aufbewahrte, weil – so sagen sie – er ja eine Königstochter geheiratet hat.[417] Herodes sagte: Wer legt

413 Der Opferdienst mußte mit bloßen Händen ausgeführt werden.
414 Das war Mariamne, eine Tochter des Hasmonäers Alexander.
415 Herodes hörte eine Himmelsstimme.
416 Nach dieser polemischen Legende soll ihr Leichnam mit Honig mumifiziert worden sein.
417 Einer Königstochter kam die Einbalsamierung zu.

aus:[418] *Aus der Mitte deiner Brüder sollst du einen zum König über dich setzen?*[419] Unsere Meister! Da stand er auf und tötete alle unsere Meister. Bawa, Butas Sohn, ließ er übrig, um sich von ihm beraten zu lassen. Er setzte ihm einen Kranz aus Igelbälgen auf und stach ihm die Augen aus.

Eines Tages kam Herodes, setzte sich vor ihn und sagte: Siehe, Meister, dieser böse Sklave – was der sich geleistet hat! Er sagte zu ihm: Was kann ich gegen ihn machen? Er sagte zu ihm: Es möge der Meister ihn verfluchen! Er sagte zu ihm:[420] *Auch in deinem Denken fluche dem König nicht!* Er sagte zu ihm: Dieser? Er ist doch kein König! Er sagte zu ihm: Und wenn er nichts wäre als ein Reicher, so steht geschrieben:[421] *und in deinen Schlafgemächern fluche einem Reichen nicht!* Und wenn er ein Fürst wäre, so steht geschrieben:[422] *Einen Fürsten in deinem Volk verwünsche nicht!* Er sagte zu ihm: Sofern er handelt, wie man *in deinem Volk* handelt; dieser aber handelt ja nicht, wie man *in deinem Volk* handelt. Er sagte zu ihm: Ich fürchte mich vor ihm. Er sagte zu ihm: Es ist kein Mensch hier, der gehen und es ihm sagen könnte, nur ich und du sitzen hier. Er sagte zu ihm: Es steht geschrieben:[423] *denn der Vogel des Himmels könnte die Stimme forttragen und einer, der Flügel hat, die Sache melden.* Er sagte zu ihm: Ich bin's! Wenn wir gewußt hätten, daß unsere Meister gar so vorsichtig sind, so hätten wir sie nicht getötet. Wie kann dieser Mann es jetzt wiedergutmachen? Er sagte zu ihm: Er löschte das Licht der Welt,[424] wie geschrieben steht:[425] *Denn eine Leuchte ist das Gebot und die Weisung ein Licht.* Er gehe und befasse sich mit

418 5. Mose 17,*15*.

419 Herodes war ein Idumäer. Da Edom erst unter den Hasmonäern gewaltsam judaisiert wurde, ist die Legitimität des herodianischen Königtums bestritten worden.

420 Prediger 10,*20*.

421 Prediger 10,*20*.

422 2. Mose 22,*27*.

423 Prediger 10,*20*.

424 Durch seine Ermordung der pharisäischen Meister, die das Licht, nämlich die Weisung, weitergaben.

425 Sprüche 6,*23*.

dem Licht der Welt,[426] denn es steht geschrieben:[427] *Und durch ihn werden alle Völker erleuchtet.* Es gibt solche, die sagen, so habe er zu ihm gesagt: Er blendete das Auge der Welt, wie geschrieben steht:[428] *Und es geschah, fern den Augen der Gemeinde.* Er gehe und befasse sich mit dem Auge der Welt, denn es steht geschrieben:[429] *Siehe, ich entweihe mein Heiligtum, den Stolz eurer Macht, die Lust eurer Augen.* Er sagte zu ihm: Ich fürchte mich vor der Regierung.[430] Er sagte zu ihm: Schicke einen Gesandten, dieser soll ein Jahr hingehen, ein Jahr bleiben und ein Jahr zu seiner Rückkehr brauchen. Inzwischen hast du den Tempel niedergerissen und hast ihn aufgebaut. So führte er es aus. Da sandten sie zu ihm:[431] Wenn du ihn noch nicht niedergerissen hast, so reiße nicht nieder. Wenn du ihn aber niedergerissen hast, so baue nicht auf. Wenn du ihn aber niedergerissen und aufgebaut hast, so sind es schlechte Sklaven, die erst nach getanem Werk um Erlaubnis fragen. Hast du auch Waffen bei dir, so liegt doch dein Stammbaum hier: Du bist weder König noch Sohn eines Königs, sondern Herodes, ein Sklave, dessen Land zur Kolonie gemacht wurde.[432]

Bawa batra 3 b/4 a

Die Schönheit des herodianischen Tempels

Es wird gesagt: Wer den Tempelbau des Herodes nicht gesehen hat, der hat seiner Lebtage keinen schönen Bau gesehen. Woraus hat er ihn gebaut? Rabba sagte: Aus gelben und weißen Marmorsteinen.[433] Es gibt solche, die sagen: Aus schwarzen, gelben

426 Diesmal ist mit »Licht der Welt« der Tempel gemeint, den Herodes als Wiedergutmachung bauen soll.

427 Jesaja 2,2. Das Wort wird im Talmud aramäisch gelesen, wodurch sich der oben angegebene Sinn ergibt.

428 4. Mose 15,*24*. Mit dem »Auge«, das von den Gemeinden entfernt wurde, sind wieder die ermordeten Meister gemeint, nachher der Tempel.

429 Hesekiel 24,*21*.

430 Herodes war Vasallenkönig von Roms Gnaden. Dazu A. Schalit, König Herodes. Der Mann und sein Werk, Berlin 1969.

431 Es handelt sich um eine römische Gesandtschaft an Herodes.

432 Eine Anspielung auf die spätere Angliederung Judäas an die römische Provinz Syrien zur Zeit von Herodes' Sohn Archelaos, der vom Jahr 4 vor bis zum Jahr 6 der christlichen Zeitrechnung regierte.

433 Es handelt sich um weißen Kalkstein, den auch Josephus in seiner Beschreibung als Marmor bezeichnet: Jüdischer Krieg V, 5.

und weißen Marmorsteinen, eine Reihe vorstehend und eine Reihe zurücktretend, damit der Kalk daran festhalte. Er beabsichtigte, ihn mit Gold zu überziehen. Da sagten unsere Meister zu ihm: Laß ihn, so ist er nämlich viel schöner; es sieht aus wie Schaum von Meereswellen. Bawa batra 4 a

Gaben für den Tempel

Unsere Meister lehrten: Was war es mit den Keulenschmugglern und den Feigenpressern? Sie sagten: Einst verordnete die frevelhafte Regierung Vernichtung über Israel:[434] Sie dürfen kein Holz für den Holzstoß[435] und sie dürfen keine Erstlinge[436] nach Jerusalem bringen. Dann setzten sie Wachtposten an die Wege, gleich wie Jerobeam, Nebats Sohn, solche setzte,[437] damit Israel nicht zur Wallfahrt hinaufziehe. Was machten die Rechtschaffenen, die es in jenem Zeitalter gab und die sich vor Verfehlung fürchteten? Sie brachten Körbe mit Erstlingen und bedeckten sie mit Preßfeigen. Sie nahmen diese mitsamt der Keule[438] auf die Schulter. Sobald sie aber bei den Wachtposten ankamen, die zu ihnen sagten: Wohin geht ihr? sagten sie zu diesen: Um zwei runde Feigenkuchen zu machen mit dem Mörser vor uns und mit der Keule auf unserer Schulter. Sobald sie aber an diesen vorüber waren, umkränzten sie die Körbe und brachten diese nach Jerusalem. Es wird gelehrt: So machten es die Angehörigen Salmais aus Netopha.

Unsere Meister lehrten: Was war es mit den Angehörigen Salmais aus Netopha? Sie sagten: Einst verordnete die frevelhafte Regierung Vernichtung über Israel: Sie dürfen kein Holz für den Holzstoß bringen. Sie setzten Wachtposten an die Wege, gleich wie Jerobeam, Nebats Sohn, solche an die Wege setzte, damit Israel nicht zur Wallfahrt hinaufziehe. Was machten, die sich vor Verfehlung fürchteten, die es in jenem Zeitalter gab? Sie brach-

434 So nach alten Handschriften. Im Text der Wilna-Ausgabe heißt es: Einst verordnete die Regierung eine Verordnung.

435 Für den Brandopferaltar waren dauernd Holzabgaben notwendig.

436 Dazu 2. Mose 23,*19* und 5. Mose 26,*2–4*.

437 Dazu 1. Könige 12,*26 ff*.

438 Zum Feigenpressen war eine Keule nötig.

ten die Scheiter, machten daraus Leitern,[439] legten sie auf ihre Schultern und machten sich auf den Weg. Sobald sie zu ihnen kamen, sagten sie zu ihnen: Wohin geht ihr? Sie sagten zu ihnen: Um Jungtauben aus dem Taubenschlag da vor uns zu holen, und zwar mit den Leitern, die auf unseren Schultern sind. Sobald sie an ihnen vorüber waren, nahmen sie die Leitern auseinander und brachten sie hinauf nach Jerusalem. Und über sie und über solche, die ähnlich handeln, sagt die Schrift:[440] *Das Gedächtnis des Bewährten bleibt zum Segen.* Über Jerobeam, Nebats Sohn, und seine Genossen heißt es aber:[441] *aber der Frevler Name verfault.* Taanit 28 a

Caligulas Götzenbild

Noch eine Geschichte von Schimon, dem Bewährten: Er hörte eine Art Stimme aus dem Raum des Allerheiligsten, die da sprach: Aufgehoben wurde der Dienst, den der Hasser in den Tempel zu bringen befahl. Damals wurde Gajus Caligula getötet, und seine Verordnungen wurden aufgehoben.[442] Sie hatten nämlich jene Stunde aufgeschrieben, und es stimmte genau.

Sota 33 a

Unheilszeichen

Unsere Meister lehrten: Vierzig Jahre lang vor der Zerstörung des Hauses kam das Los nicht in die Rechte,[443] noch wurde der

439 Der Name Salmai hat dieselbe Wurzel wie das Wort für Leiter.

440 Sprüche 10,7.

441 Sprüche 10,7, zweite Vershälfte.

442 Der römische Kaiser Caligula hatte dem Statthalter von Syrien im Winter 39 auf 40 befohlen, auch im Jerusalemer Tempel das kaiserliche Götterbild aufzustellen. Petronius verzögerte die Durchführung des Befehles, bis der Kaiser dann im Januar 41 ermordet wurde. Da Schimon, der Bewährte, Jahrhunderte früher lebte, liegt hier wohl eine Verwechslung mit Schimon, dem Frommen, vor, der zur Kaiserzeit lebte.

443 Dazu 3. Mose 16,8. Der Hochpriester legte seine Hände mit den Losen auf die beiden Böcke. Lag in der rechten Hand das Los, das den Bock für Gott bestimmte, in der linken das für den Sündenbock, so galt dies als gutes Vorzeichen, umgekehrt aber als schlechtes.

rotgefärbte Stoffstreifen weiß,[444] noch brannte das westliche Licht,[445] und es öffneten sich die Türen des Tempels von selbst. Bis Rabban Jochanan, Sakkais Sohn, sie anfuhr und zu ihm sagte: Tempel, Tempel, warum erschreckst du dich selber? Ich weiß von dir, daß dein Ende zukünftige Zerstörung sein wird, und schon Sacharja, Idos Sohn, hat über dich verkündet:[446] *Tue auf, Libanon, deine Tore, daß Feuer deine Zedern verzehre!*

Joma 39 b

Die Zerstörung Jerusalems

Rabbi Jochanan sagte: Was bedeutet es, daß geschrieben steht:[447] *Wohl dem Menschen, der allezeit ängstlich ist*? Wegen Kamza und Kamzas Sohn wurde Jerusalem zerstört, wegen eines Hahns und einer Henne wurde Tur-Malka zerstört, wegen einer Wagenachse wurde Betar zerstört.[448]

Wegen Kamza und Kamzas Sohn wurde Jerusalem zerstört. Es war einmal ein Mann, der hatte Kamza zum Freund und Kamzas Sohn zum Feind. Dieser Mann veranstaltete ein Festmahl. Er sagte zu seinem Diener: Geh und hole mir Kamza! Er ging und holte ihm Kamzas Sohn. Als der Mann kam und Kamzas Sohn beim Festmahl sitzen fand, da sagte er zu ihm: Dieser Mann da ist doch mein Feind. Was will denn der hier? Auf! Raus! Er sagte zu ihm: Weil ich schon gekommen bin, so laß mich doch, denn ich will dir genau das wiedergeben, was ich esse und trinke. Er sagte zu ihm: Nein. Er sagte zu ihm: Ich will dir genau die Hälfte deines Festmahls wiedergeben. Er sagte zu

444 Dem Sündenbock wurde ein solcher Streifen zwischen die Hörner gebunden. Wurde er weiß, wenn der Bock tot war, so war dies ein Zeichen, daß Gott alle Sünden vergeben hatte. Dazu Jesaja 1,*18*.

445 Das am meisten im Westen stehende Licht des Tempelleuchters wurde zuerst angezündet, mit derselben Menge Öl gefüllt wie die andern und brannte dennoch weiter, wenn alle andern Lichter erloscht waren. Auch dieses Wunder galt als Zeichen dafür, daß Gottes Gnade bei Israel weile.

446 Sacharja 11,*1*. Libanon steht hier als Bild für den Tempel, weil sein Holzwerk aus den Zedern des Libanon gefertigt war.

447 Sprüche 28,*14*.

448 In Tur-Malka (Königsberg) und in Betar (Bergfestung, etwa 12 km südwestlich Jerusalems) fanden beim Bar-Kochba-Aufstand (von 132 bis 135) schwere Schlachten statt.

ihm: Nein. Er sagte zu ihm: Ich will dir genau dein ganzes Festmahl wiedergeben. Er sagte zu ihm: Nein. Dann ergriff er ihn mit seinen Händen, stellte ihn auf und warf ihn hinaus. Kamzas Sohn sagte: Weil die Meister dabeisaßen und ihm nicht widersprochen haben, so bedeutet dies wohl, daß sie Gefallen daran hatten. Ich will ihretwegen im Königshause frühstücken.[449] Da ging er und sagte zum Kaiser: Die Juden rebellieren gegen dich. Er sagte zu ihm: Wer sagt das? Er sagte zu ihm: Schicke ihnen ein Opfertier, so wirst du ja sehen, ob sie es opfern. Gleich schickte der Kaiser durch ihn ein Drittlingskalb, und er machte ihm unterwegs einen Fehler an der Oberlippe, manche aber sagen: an der Hornhaut des Auges. Das ist eine Stelle, die nach unserer Meinung fehlerhaft werden kann, aber nach ihrer Meinung nicht fehlerhaft werden kann.[450] Aber die Meister gedachten es doch zu opfern, um des Friedens im Reich willen. Rabbi Secharja, Awkules Sohn, sagte zu den Meistern: Man würde sagen: Fehlerhafte Tiere werden auf dem Altar geopfert. Darauf gedachten sie Kamzas Sohn zu töten, damit er nicht gehe und es sage. Da sagte Rabbi Secharja zu ihnen: Man würde sagen: Weil er an Geheiligtem einen Fehler machte, wurde er getötet.[451] Rabbi Jochanan sagte: Die Bedenklichkeit Rabbi Secharjas, Awkules Sohn, hat unser Haus zerstört, unsern Tempel verbrannt und uns von unserm Land verbannt.

Darauf schickte er den Kaiser Nero gegen sie.[452] Als er kam, schoß er einen Pfeil nach Osten; der kam und fiel in Jerusalem nieder. Nach Westen; er kam und fiel in Jerusalem nieder. Nach allen vier Himmelsrichtungen; er kam und fiel in Jerusalem nieder. Da sagte er zu einem kleinen Kind: Zitiere mir dein Bibelzitat![453] Es sagte zu ihm:[454] *Ich gebe meine Rache an Edom*

449 Ein aramäisches Sprichwort mit der Bedeutung: Ich will sie beim Kaiser verleumden.

450 Juden hatten andere Vorschriften über fehlerfreie Opfertiere als Römer.

451 Dies Vergehen wurde sonst nur mit Schlägen bestraft.

452 Die Angaben in dieser legendären Darstellung entsprechen im Einzelnen nicht den historischen Tatsachen.

453 Es gab unter Juden den Brauch, ein Schulkind nach dem Bibelvers zu fragen, den es an diesem Tage gelernt hatte. Dieser Satz wurde als eine Art Orakel verstanden.

454 Hesekiel 25,*14*. Edom war ein Deckname für Rom.

in die Hand meines Volkes Israel ... Er sagte: Der Heilige, gelobt sei er, will sein Haus zerstören und will seine Hände an diesem Mann abwischen.[455] Er floh und wurde gleich ein Proselyt. Und von ihm stammt Rabbi Meïr.

Darauf schickte er den Kaiser Vespasianus gegen sie. Er kam und belagerte Jerusalem drei Jahre lang. Es gab darin drei Reiche: Nakdimon, Gurions Sohn, und Kalba Sawuas Sohn und Zizit Hakesets Sohn. Nakdimon, Gurions Sohn, hieß so, weil für ihn die Sonne schien.[456] Kalba Sawuas Sohn hieß so, weil jeder, der hungrig wie ein Hund sein Haus betrat, gesättigt herauskam.[457] Zizit Hakesets Sohn hieß so, weil seine Fransen über Polster geschleift wurden.[458] Es gibt solche, die sagen: weil sein Polster zwischen die Großen von Rom gelegt war. Einer von ihnen sagte zu den Leuten in Jerusalem: Ich will euch mit Weizen und Gerste speisen. Einer sagte zu ihnen: Ich will euch mit Wein, Salz und Öl versorgen. Und einer sagte zu ihnen: Ich will euch mit Holz versorgen. Und die Meister lobten den, der das Holz gab. Raw Chisda etwa übergab seinem Diener alle Schlüssel, ausgenommen den Schlüssel zum Holz. Raw Chisda sagte nämlich: Ein Speicher Weizen braucht sechzig Speicher Holz.[459] Sie besaßen so viel, daß es für einundzwanzig Jahre zur Versorgung ausgereicht hätte.

Es gab unter ihnen gewisse Räuber.[460] Die Meister sagten zu ihnen: Wir wollen hinausgehen und mit den Römern Frieden machen. Aber sie ließen es nicht zu und sagten zu ihnen: Wir wollen lieber hinausgehen und mit ihnen Krieg machen. Darauf sagten die Meister zu ihnen: Das wird nicht gelingen. Da mach-

455 So spricht Nero von sich selber: Erst will Gott durch mich den Tempel zerstören lassen, und dann wird er sich an mir rächen.

456 Nakdimon ist die hebraisierte Form des griechischen Namens Nikodemus. In der Kriegszeit wurde auch der Einfluß der griechischen Sprache bekämpft. Nun brachte man den Namen mit dem hebräischen Wort für »scheinen« zusammen.

457 Kalba Sawua heißt: satter Hund.

458 Zizit Hakeset heißt: Franse des Polsters.

459 Im Krieg war auch das Backholz in Jerusalem sehr knapp.

460 Wörtlich: Palastwächter. Die Eiferer unter den Aufständischen, die Zeloten, werden sowohl bei Josephus als auch im Neuen Testament »Räuber« genannt. Dazu etwa Lukas 23,*33*.

ten sich die Räuber auf und verbrannten ihnen die Vorräte an Weizen und Gerste, so daß es eine Hungersnot gab.[461]

Marta, die Tochter des Boetus, die in Jerusalem die Reichste war, schickte ihren Boten und sagte zu ihm: Geh und bringe mir Feinmehl! Bis er ging, war es ausverkauft. Er kam zurück und sagte zu ihr: Feinmehl ist ausgegangen, Weißmehl ist noch vorhanden. Sie sagte zu ihm: Geh und bringe mir von diesem! Bis er ging, war es ausverkauft. Er kam zurück und sagte zu ihr: Weißmehl ist ausgegangen, Schwarzmehl ist noch vorhanden. Sie sagte zu ihm: Geh und bringe mir von diesem! Bis er ging, war es ausverkauft. Er kam zurück und sagte zu ihr: Schwarzmehl ist ausgegangen, Gerstenmehl ist noch vorhanden. Sie sagte zu ihm: Geh und bringe mir von diesem! Bis er ging, war es ausverkauft. Sie hatte gerade ihre Schuhe ausgezogen, dennoch sagte sie: Ich will hinausgehen und nachschauen, ob ich etwas zum Essen finde. Es blieb Mist an ihrem Fuß hängen; daran starb sie. Rabban Jochanan, Sakkais Sohn, las über sie:[462] *Die Weichlichste und Verwöhnteste unter dir . . .* Es gibt solche, die sagen: Von den Trockenfeigen Rabbi Zadoks hat sie gegessen, davon wurde sie krank und starb. Rabbi Zadok saß nämlich vierzig Jahre im Fasten, damit Jerusalem nicht zerstört werde. Wenn er etwas aß, war das an den Gliedern sichtbar. Zur Kräftigung brachten sie ihm Trockenfeigen. Er sog aus ihnen die Flüssigkeit und warf sie weg. Als die Seele Martas zur Ruhe einging, nahm sie all ihr Gold und Silber heraus und warf es auf den Markt. Sie sagte: Was soll mir das nützen! Das ist es, was geschrieben steht:[463] *Ihr Silber werfen sie auf die Straße.*

Abba Sikara, das Haupt der Räuber von Jerusalem,[464] war der Sohn der Schwester Rabban Jochanans, Sakkais Sohn. Der schickte zu ihm: Komme heimlich zu mir! Als er kam, sagte Rabban Jochanan zu ihm: Wie lange noch wirst du solches treiben und alle durch Hunger töten? Er sagte zu ihm: Was soll ich

461 Die Zeloten verursachten die Hungersnot, um die Bevölkerung zum Krieg willig zu machen.

462 5. Mose 28,*56*. Der Vers geht weiter: »die ihre Fußsohle nicht erprobte«.

463 Hesekiel 7,*19*.

464 Abba Sikara, wörtlich: Vater des Dolches (nach dem lateinischen sica, kleiner Dolch), Anführer der Sikarier, der radikalsten Zelotengruppe; eigentlich hieß er Batiachs Sohn.

tun? Wenn ich zu ihnen etwas sage, so töten sie mich. Rabban Jochanan sagte zu ihm: Zeige mir einen Plan, damit ich möglichst aus der Stadt herauskomme, um ein wenig Rettung zu schaffen! Er sagte zu ihm: Tue so, als ob du unter die Kranken gehörtest! Daraufhin werden alle Leute kommen und nach dir fragen. Dann holst du etwas Stinkendes und legst es zu dir. Dann werden sie sagen, deine Seele sei zur Ruhe eingegangen. Aber es sollen nur deine Schüler dich aufheben, und kein anderer Mensch sonst soll dich aufheben, damit keiner spüre, daß du leicht bist. Denn bekanntlich ist ein Lebender leichter als ein Toter. So machte er es. Da traten zu ihm Rabbi Elieser an der einen Seite und Rabbi Jehoschua an der anderen Seite. Als sie das Tor erreichten, wollte man ihn durchstechen. Da sagte einer zu ihnen: Man würde sagen: Sie haben unseren Meister durchstochen.[465] Da wollte man ihn stoßen. Da sagte einer zu ihnen: Man würde sagen: Sie haben unseren Meister gestoßen. Da öffneten sie ihm das Tor. So gelangte er hinaus und erreichte das römische Lager. Er sagte:[466] Friede sei mit dir, o König! Friede sei mit dir, o König! Er sagte zu ihm: Doppelten Todes bist du schuldig. Einmal, weil ich nicht König bin, du mich aber König nennst. Zum andern: Selbst wenn ich ein König wäre – warum bist du dann bis jetzt nicht zu mir gekommen? Er sagte zu ihm: Wenn du gesagt hast: Ich bin kein König, so sage ich: Gewiß bist du ein König![467] Denn wenn du kein König wärst, so würde Jerusalem nicht in deine Hand gegeben, denn es steht geschrieben:[468] *Der Libanon wird durch einen Edlen fallen,* und ein Edler kann nur einen König meinen, denn es steht geschrieben:[469] *Sein Edler soll aus ihm sein* . . . Und Libanon kann nur das Heiligtum meinen, denn es heißt:[470] *Dieser gute Berg und der Libanon.* Und wenn du gesagt hast: Selbst wenn ich ein König wäre

465 Dazu Sacharja 12,*10* und Johannes 19,*37*.

466 Rabban Jochanan spricht zu dem römischen Feldherrn Vespasian.

467 Ähnlich erzählt Josephus von sich, daß er Vespasian und seinem Sohn Titus die Herrschaft vorausgesagt habe: Jüdischer Krieg, Buch 3, §§ 339 ff.

468 Jesaja 10,*34*.

469 Jeremia 30,*21*. Die Begründung liegt in der Fortsetzung: »aus seiner Mitte geht sein Herrscher hervor«.

470 5. Mose 3,*25*.

– warum bist du dann nicht zu mir gekommen bis jetzt? So sage ich: Die Räuber, die es bei uns gibt, ließen mich nicht. Da sagte er zu ihm: Wenn sich eine Schlange um ein Honigfaß gewickelt hat, würde man nicht auch das Faß zerbrechen der Schlange wegen?[471] Da schwieg er. Raw Joseph, manche sagen: Rabbi Akiwa, las darüber:[472] *Er läßt die Weisen zurücktreten, und ihren Verstand narrt er.* Er hätte zu ihm sagen müssen: Man nehme eine Zange und nehme die Schlange weg und töte sie, aber das Faß belasse man.

Währenddessen kam ein Kurier aus Rom zu Vespasianus, der zu ihm sagte: Steh auf, denn der Kaiser ist gestorben! Und die Angesehenen Roms haben bestätigt, daß du zum Oberhaupt eingesetzt werden sollst. Er hatte eben einen Schuh angezogen und wollte den andern Schuh anziehen; aber er ging nicht über den Fuß. Da wollte er den anderen wieder ausziehen; aber er ging nicht mehr heraus. Da sagte er: Was soll das? Rabban Jochanan sagte zu ihm: Ärgere dich nicht, eine gute Botschaft hat dich erreicht, und es steht geschrieben:[473] *Eine gute Botschaft macht das Gebein markig.* Aber wie ist das in Ordnung zu bringen? Es komme ein Mensch, der dir unangenehm ist, der gehe an dir vorüber, denn es steht geschrieben:[474] *Ein verzagter Sinn dörrt das Gebein aus.* So machte er es. Dann ging der Schuh darüber. Vespasianus sagte zu ihm: Wenn ihr so weise seid, warum bist du dann bis jetzt nicht zu mir gekommen? Hab ich dir's nicht schon gesagt? Vespasianus sagte zu ihm: Aber ich habe dir's auch gesagt. Weiter sagte er zu ihm: Ich gehe jetzt weg und schicke einen andern; also erbitte etwas von mir, das ich dir geben soll. Rabban Jochanan sagte zu ihm: Gib mir Jawne und seine Weisen, den Schülerkreis[475] von Rabban Gamliel und Medizin, die Rabbi Zadok heilen kann. Raw Joseph, manche

471 Um der Räuber willen ist es notwendig, auch die Stadt Jerusalem zu zerstören.

472 Jesaja 44,*25*.

473 Sprüche 15,*30*.

474 Sprüche 17,*22*.

475 Wörtlich »Kette«. Manche erklären: Familie, andere: Amtskette. – Jawne, eine kleine Stadt in der Küstenebene, wurde zum Zentrum jüdischer Gelehrsamkeit.

sagen: Rabbi Akiwa, las darüber:[476] *Er läßt die Weisen zurücktreten, und ihren Verstand narrt er.* Rabban Jochanan hätte zu ihm sagen müssen: Laß sie dieses eine Mal! Aber er hat vielleicht gemeint: Alles wird er doch nicht tun, und dann wird nicht einmal ein wenig Rettung sein.

Welche Medizin war es, die Rabbi Zadok heilte? Am ersten Tag gaben sie ihm Kleiewasser zu trinken, am nächsten Tag Mehlkleiewasser und am nächsten Tag Mehlwasser, so daß sich seine Eingeweide mehr und mehr ausdehnten.

Vespasianus ging und sandte den frevelhaften Titus,[477] welcher sagte:[478] *Wo ist ihr Gott, der Fels, auf den sie trauen?* Das ist der frevelhafte Titus, der gegen den Höchsten schmähte und lästerte. Was tat er? Er ergriff eine Hure bei der Hand, betrat den Raum des Allerheiligsten, breitete eine Rolle der Weisung aus und beging auf ihr eine Übertretung. Dann nahm er ein Schwert und zerschnitt den Vorhang. Da geschah ein Wunder. Blut kam sprudelnd heraus, so daß man meinte, er hätte sich selber getötet, wie es heißt:[479] *Es brüllen deine Bedränger in der Mitte des Ortes deiner Feste, sie setzen ihre Zeichen als Zeichen.* Abba Chanan sagt:[480] *Wer ist wie du unerschütterlich stark, Herr!* Wer ist wie du unerschütterlich stark und fest, daß du die Beleidigung und Lästerung dieses Frevlers hörst und dazu schweigst? Im Lehrhaus Rabbi Jischmaels wurde nämlich gelehrt:[481] *Wer ist wie du unter den Göttern, Herr?* Wer ist wie du unter den Stummen? Was tat er dann? Er nahm den Vorhang und machte daraus eine Art Netz, holte alle Geräte, die im Heiligtum waren, und legte sie da hinein. Dann brachte er sie auf ein Schiff, um in seine Stadt zu kommen und sich dort feiern zu lassen, wie es heißt:[482] *Sodann sah ich Frevler begraben, und sie gingen ein, und von dem heiligen Ort werden sie fortgehen und werden vergessen in der Stadt, in der sie so getan*

476 Jesaja 44,*25*.
477 In zensierten Texten fehlt das Wort »frevelhaft«.
478 5. Mose 32,*37*.
479 Psalm 74,*4*.
480 Psalm 89,*9*.
481 2. Mose 15,*11*. »Götter« klingt im Hebräischen fast genauso wie »Stumme«.
482 Prediger 8,*10*.

haben. Lies nicht: *begraben,* sondern: versammelt; lies nicht: *und werden vergessen,* sondern: und werden gefeiert![483] Es gibt solche, die sagen: Es heißt wirklich: *begraben,* denn sogar die Dinge, die verborgen waren, wurden ihnen entdeckt.

Es erhob sich gegen ihn ein Sturm auf dem Meer, um ihn zu ertränken. Er sagte: Mir scheint, der Gott dieser Leute hat nur Macht über das Wasser: Es kam Pharao – er ertränkte ihn im Wasser; es kam Sisera[484] – er ertränkte ihn im Wasser. Jetzt erhebt er sich auch gegen mich, um mich im Wasser zu ertränken. Wenn er mächtig ist, so gehe er an Land und führe Krieg mit mir. Da ging eine Art Stimme aus und sprach zu ihm: Frevler, Sohn eines Frevlers, Sohnessohn von Esau, dem Frevler! Ich habe ein kleines Geschöpf in meiner Welt, Mücke ist sein Name. Warum heißt sie: Kleines Geschöpf? Weil sie zwar einen Eingang, aber keinen Ausgang hat. Geh an Land, dann wird sie Krieg mit dir führen! Er ging an Land. Da kam die Mücke, schlüpfte in seine Nase und bohrte sieben Jahre lang in seinem Hirn herum. Eines Tages, als er gerade am Tor einer Schmiede vorüberging, hörte sie den Schlag des Hammers und gab Ruhe. Da sagte er: Es gibt also doch ein Heilmittel! Jeden Tag ließ er einen Schmied kommen, damit dieser vor ihm hämmere. Einem Fremden gab er vier Sus,[485] zu einem aus Israel aber sagte er: Dir sei es genug, daß du deinen Hasser so leiden siehst. Dreißig Tage lang tat er so. Von da ab gewöhnte sie sich daran und kümmerte sich nicht mehr darum. Es wird gelehrt: Rabbi Pinchas, Aruwas Sohn, sagte: Ich war unter den Vornehmen Roms, und als er gestorben war, öffneten sie sein Gehirn und fanden darin etwas wie einen freifliegenden Vogel im Gewicht von zwei Sela. In einer Baraita wird gelehrt: Wie eine einjährige

483 Der Interpret zieht diese unverständliche Stelle heran, weil in ihr erstens vom Ort des Heiligen (dem Tempel), zweitens vom Hinwegziehen die Rede ist. »Gefeiert« statt »vergessen« ist eine in mehreren alten Übersetzungen bezeugte andere Textform, »versammelt« statt »begraben« im Hebräischen ein Wortspiel.

484 Dazu Richter 5, besonders Vers *21.*

485 Zu den Münz- und Gewichtsangaben: Sus ist eine kleine Silbermünze im Wert eines halben Schekel; Sela eine Silbermünze von etwa 14 g im Wert eines heiligen Doppel-Schekel; Litra ist gleich 100 Sus, also etwa 400 g.

Taube im Gewicht von zwei Litra. Abbaje sagte: Wir haben die Überlieferung, daß sein Schnabel aus Kupfer und seine Krallen aus Eisen waren. Als Titus im Sterben lag, sagte er zu ihnen: Verbrennt diesen Mann und zerstreut seine Asche auf die sieben Meere, damit der Gott der Juden ihn nicht finde und vor Gericht stelle. Gittin 55 b/56 a/56 b[486]

Die drei Tränen

Vergießet Träne um Träne, nieder rinnt mein Auge als Träne, denn gefangen ward die Herde des Herrn.[487] Rabbi Elasar sagte: Was sollen diese drei Tränen? Eine wurde über das erste Heiligtum vergossen, eine über das zweite Heiligtum und eine über Israel, das sie von seiner Stätte in Verbannung führten. Und es gibt solche, die sagen: Eine über die Vernachlässigung der Unterweisung.[488] Einleuchtend ist die Meinung dessen, der sagt: Über Israel, das sie in Verbannung führten. Das ist es, was geschrieben steht: *Denn gefangen ward die Herde des Herrn.* Aber wie ist es mit dem, der sagt: Über die Vernachlässigung der Unterweisung? Was bedeutet für ihn: *Denn gefangen ward die Herde des Herrn*? Es gibt keine größere Vernachlässigung der Unterweisung als diese, da sie Israel von seiner Stätte in Verbannung führten. Chagiga 5 b

Warum Jerusalem zerstört wurde

Abbaje sagte: Jerusalem wurde nur deshalb zerstört, weil sie dort den Schabbat entweihten, denn es heißt:[489] *Vor meinen Schabbaten verhüllen sie ihre Augen, und ich werde in ihrer Mitte entweiht.*

Rabbi Awahu sagte: Jerusalem wurde nur deshalb zerstört, weil sie das Bekenntnis *Höre Israel*[490] morgens und abends zu beten unterließen, denn es heißt:[491] *Wehe denen, die früh am*

486 Die direkte Fortsetzung dieses Abschnittes: Gittin 56b/57a, Seite 208 ff.
487 Jeremia 13,*17*.
488 Über den Bezug der beiden ersten Tränen sind sich alle einig.
489 Hesekiel 22,*26*.
490 Dazu 5. Mose 6,*4* und Einleitung zum Abschnitt Gebete, Seite 464 ff.
491 Jesaja, 5,*11*.

Morgen dem Rauschtrank nachjagen . . .; ferner steht geschrieben:[492] *Sie halten Gelage mit Laute und Harfe, mit Pauke, Flöte und Wein, aber das Werk des Herrn beachten sie nicht*; ferner steht geschrieben:[493] *Darum wird mein Volk in die Verbannung gehen, ahnungslos.*

Raw Hamnuna sagte: Jerusalem wurde nur deshalb zerstört, weil sie dort die kleinen Kinder vom Unterricht abhielten, denn es heißt:[494] *Gieße aus über das Spielkind auf der Straße . . .!* Warum heißt es: *Gieße aus*? Weil *das Spielkind auf der Straße* ist.

Ula sagte: Jerusalem wurde nur deshalb zerstört, weil sie kein Schamgefühl voreinander hatten, denn es heißt:[495] *Schämen sollten sie sich, denn sie haben Greuel verübt, doch Scham kennen sie nicht . . .*

Rabbi Jizchak sagte: Jerusalem wurde nur deshalb zerstört, weil klein und groß gleichgemacht wurden, denn es heißt:[496] *Da war der Priester wie das Volk.* Und danach steht geschrieben:[497] *Völlig entleert wird das Land.*

Raw Amram, der Sohn Rabbi Schimons, Rabbi Abbas Sohn, sagte: Rabbi Schimon, Abbas Sohn, sagte, Rabbi Chanina habe gesagt: Jerusalem wurde nur deshalb zerstört, weil sie einander nicht vermahnt haben, denn es heißt:[498] *Ihre Fürsten waren wie Widder, die keine Weide fanden.* Wie bei den Widdern der eine seinen Kopf am Schwanz des andern hat, so haben sie in Israel in jenem Zeitalter ihr Gesicht zu Boden gepreßt[499] und einander nicht vermahnt.

Rabbi Jehuda sagte: Jerusalem wurde nur deshalb zerstört, weil sie dort die Gelehrten verachteten, wie es heißt:[500] *Sie ver-*

492 Jesaja 5,*12*.
493 Jesaja 5,*13*.
494 Jeremia 6,*11*. Im Zusammenhang ist vom Gotteszorn die Rede. Die Kinder hätten im Lehrhause sein sollen, jetzt aber waren alle Ordnungen aufgelöst.
495 Jeremia 6,*15*.
496 Jesaja 24,*2*.
497 Jesaja 24,*3*.
498 Klagelieder 1,*6*.
499 Sie wollten vor dem Unrecht die Augen verschließen.
500 2. Chronik 36,*16*.

spotteten die Boten Gottes, verachteten seine Worte und schätzten seine Propheten gering, bis der Zorn des Herrn gegen sein Volk stieg, bis keine Rettung mehr möglich war. Was bedeutet: *bis keine Rettung mehr möglich war*? Raw Jehuda sagte, Raw habe gesagt: Wer einen Gelehrten verspottet, für dessen Verwundung gibt es keine Heilung.[501]

... Rawa sagte: Jerusalem wurde nur deshalb zerstört, weil Männer der Treue sich nicht mehr darin fanden, denn es heißt:[502] *Streift umher in den Straßen Jerusalems, schauet doch und merket auf, und suchet auf ihren Plätzen, ob ihr einen Mann findet, der Recht tut und Treue sucht, dann werde ich ihr verzeihen.* Ist das wirklich so? Raw Katina hat doch gesagt: Selbst in der Stunde, da Jerusalem strauchelte, fanden sich noch Männer der Treue darin, wie es heißt:[503] *Wenn einer seinen Bruder im Hause seines Vaters packt und sagt: Du hast noch ein Kleid, du sollst unser Schöffe sein.* Schabbat 119 b

Gottes Klage

Raw Jizchak, Schmuels Sohn, sagte im Namen Raws: Drei Wachen hat die Nacht, und um jede einzelne Wache sitzt der Heilige, gelobt sei er, und brüllt wie ein Löwe und spricht: Wehe den Söhnen, daß ich um ihrer Verschuldung willen mein Haus zerstörte, meinen Tempel verbrannte und sie unter die Völker der Welt verbannte.

Es wird gelehrt: Rabbi Jose sagte: Ich war einmal unterwegs, da ging ich in eine der Jerusalemer Ruinen hinein, um zu beten. Da kam Elia, seiner sei zum Guten gedacht, wachte am Eingang für mich und wartete auf mich, bis ich mein Gebet beendet hatte. Nachdem ich mein Gebet beendet hatte, sagte er zu mir: Friede sei mit dir, mein Meister! Und ich sagte zu ihm: Friede sei mit dir, mein Meister und mein Lehrer! Da sagte er zu mir: Mein Sohn, weshalb bist du in diese Ruine hineingegangen? Ich sagte zu ihm: Um zu beten. Er sagte zu mir: Du hättest doch auf dem Wege beten können. Ich sagte zu ihm: Ich befürchtete,

501 Der hier ausgelassene Abschnitt ist auf Seite 264 f. eingestellt.

502 Jeremia 5,*1*.

503 Jesaja 3,*6*. Es gab immer noch Leute, die ein Kleid hatten, die nicht entblößt (von Treue zum Gebot) waren.

daß mich vielleicht die am Weg Vorübergehenden unterbrechen könnten. Er sagte zu mir: Du hättest doch das kurze Gebet sagen können.[504] In jener Stunde lernte ich drei Dinge von ihm: Ich lernte, daß man nicht in eine Ruine hineingehen, ich lernte, daß man auf dem Wege beten, und ich lernte, daß derjenige, der unterwegs betet, das kurze Gebet sagen soll.

Ferner sagte er zu mir: Mein Sohn, was für eine Stimme hörtest du in dieser Ruine? Da sagte ich zu ihm: Ich hörte eine Art Stimme, die gurrte wie eine Taube und sprach: Wehe den Söhnen, daß ich um ihrer Verschuldung willen mein Haus zerstörte, meinen Tempel verbrannte und sie unter die Völker verbannte. Da sagte er zu mir: Bei deinem Leben und beim Leben deines Hauptes! Nicht allein zu dieser Stunde spricht sie so, sondern Tag um Tag spricht sie so drei Mal. Und nicht allein das, sondern zu der Stunde, da die aus Israel in die Gemeindehäuser und Lehrhäuser eintreten und antworten: Amen. Sein großer Name sei gelobt,[505] schüttelt der Heilige, gelobt sei er, sein Haupt und spricht: Glücklich der König, den man in seinem Hause so lobpreist. Aber wehe dem Vater,[506] der seine Söhne verbannte, und wehe den Söhnen, die verbannt sind vom Tisch ihres Vaters!

Brachot 3 a

Allgemeiner Niedergang

Seitdem das Synedrium aufgehört hat zu existieren, hat auch der Gesang in den Hochzeitshäusern aufgehört, wie es heißt:[507] *Nicht mehr trinkt man Wein mit Gesang.* Seitdem die ersten Propheten gestorben sind, haben die Lichtenden und Schlichtenden zu wirken aufgehört.[508] Seitdem das Heiligtum zerstört ist, hat der Schneidewurm und der Wabenseim aufgehört;[509] Män-

504 Gemeint ist eine verkürzte Form des täglichen Hauptgebetes.

505 Eine Antwort der Gemeinde im Heiligungsgebet.

506 In manchen Ausgaben fehlt das »Amen«, und statt »Wehe dem Vater« heißt es: »Was ist mit dem Vater?«

507 Jesaja 24,9.

508 Die beiden Orakellose (hebräisch Urim und Tummim) ruhten in der Brusttasche des Hochpriesters.

509 Der Schneidewurm (Schamir) ist ein legendäres Wesen mineralischer, vegetabilischer oder animalischer Art, mit dem die Steine zum Tempelbau

ner des Glaubens finden sich in Israel nicht mehr, wie es heißt:[510] *Rette, Herr, denn zu Ende ist es mit dem Frommen . . .* Rabban Schimon, Gamliels Sohn, sagt, Rabbi Jehoschua habe bezeugt: Seit dem Tage, da das Heiligtum zerstört ist, gibt es keinen Tag, der keinen Fluch hätte; es steigt der Tau nicht zum Segen herab, und der Geschmack der Früchte ist weggenommen. Rabbi Jose sagt: Auch das Mark der Früchte ist weggenommen. Rabbi Schimon, Elasars Sohn, sagt: Die Reinheit hat den Geschmack und den Duft mit sich weggenommen. Die Zehnten haben das Mark des Getreides mit sich weggenommen.[511] Und die Weisen sagen: Die Huren und die Zauberer haben alles zugrunde gerichtet.

Im Krieg mit Vespasianus erließen sie Verordnungen gegen Bräutigamskränze und gegen die Hochzeitstrommel. Im Krieg mit Titus erließen sie Verordnungen gegen Brautkränze und dagegen, daß jemand seinen Sohn Griechisch lehre. Im letzten Krieg[512] erließen sie Verordnungen dagegen, daß die Braut in der Sänfte durch die Stadt geführt werde; unsere Meister aber ließen es zu, daß die Braut in der Sänfte durch die Stadt geführt werde.

Nachdem Rabbi Meïr gestorben war, gab es keine Gleichniserzähler mehr. Nachdem Asais Sohn gestorben war, gab es keine Fleißigen mehr. Nachdem Somas Sohn gestorben war, gab es keine Ausleger mehr. Nachdem Rabbi Akiwa gestorben war, gab es die Herrlichkeit der Weisung nicht mehr. Nachdem Rabbi Chanina, Dosas Sohn, gestorben war, gab es keine Menschen der Tat mehr. Nachdem Rabbi Jose, der Jüngste, gestorben war, fanden sich keine Frommen mehr. Weshalb wurde er der Jüngste genannt? Weil er der Jüngste der Frommen war. Nachdem Rabbi Jochanan, Sakkais Sohn, gestorben war, gab es

Salomos bearbeitet wurden, weil dazu kein Eisen benutzt werden durfte. Wabenseim: Das Mehl für den Schaubrottisch wurde nicht mehr mit Honig vermischt.

510 Psalm 12,2. Der Satz geht weiter: »denn verschwunden ist der Glaube unter den Menschenkindern.«

511 Seitdem die Abgabe des Zehnten vernachlässigt wurde, hat das Getreide seine Kraft verloren.

512 Der Krieg unter Bar Kochba gegen Hadrian, 132–135. Dazu Y. Yadin, Bar Kochba, Hamburg 1971.

den Glanz der Weisheit nicht mehr. Nachdem Rabban Gamliel, der Ältere, gestorben war, gab es die Herrlichkeit der Weisung nicht mehr, Reinheit und Sonderung starb. Nachdem Rabbi Jischmael, Pawis Sohn, gestorben war, gab es den Glanz des Priestertums nicht mehr. Nachdem Rabbi gestorben war, gab es keine Demut und keine Furcht vor Verfehlung mehr.

Rabbi Pinchas, Jaïrs Sohn, sagt: Nachdem das Heiligtum zerstört wurde, schämten sich Genossen und Freie[513] und verhüllten ihr Haupt; und spärlich wurden die Männer der Tat, aber die mit Ellenbogen und Maul nahmen überhand. Aber keiner forscht und keiner sucht und keiner fragt: Auf wen sollen wir uns stützen? Auf unsern Vater in den Himmeln. Rabbi Elieser, der Große, sagt: Von dem Tag an, da das Heiligtum zerstört wurde, begannen die Weisen wie die Kinderlehrer zu werden und die Kinderlehrer wie die Synagogendiener und die Synagogendiener wie die Ungelehrten, und die Ungelehrten kamen immer mehr herunter. Aber keiner fragt und keiner sucht: Auf wen sollen wir uns stützen? Auf unsern Vater in den Himmeln.

Mischna Sota IX, 11–15
ohne die zugehörige Gemara.

Die große Trauer

Unsere Meister lehrten: Als der Tempel zum zweitenmal zerstört wurde,[514] mehrten sich die Abgesonderten in Israel,[515] die kein Fleisch aßen und keinen Wein tranken. Da gesellte sich Rabbi Jehoschua zu ihnen und sagte zu ihnen: Meine Söhne, warum eßt ihr kein Fleisch und trinkt ihr keinen Wein? Da sagten sie zu ihm: Sollen wir Fleisch essen, von dem man beständig auf dem Altar geopfert hat – und jetzt hat das aufgehört! Sollen wir Wein trinken, von dem man beständig auf dem Altar geopfert hat – und jetzt hat das aufgehört! Er sagte zu ihnen: Dann dürften wir ja auch kein Brot essen, da die Speiseopfer unlängst aufgehört haben. Sie sagten zu ihm: Es ist möglich,

513 Das sind die maßgebenden Männer innerhalb pharisäischer Gruppen und im öffentlichen Leben.

514 In manchen Texten heißt es: »zum erstenmal zerstört wurde«.

515 Dasselbe Wort, das sonst für die Pharisäer gebraucht wird, bezeichnet hier eine streng asketische Gruppe.

von Früchten zu leben. Er sagte zu ihnen: Auch Früchte dürften wir nicht essen, da die Erstlingsgaben unlängst aufgehört haben. Sie sagten zu ihm: Es ist möglich, von anderen Früchten zu leben. Er sagte zu ihnen: Auch Wasser dürften wir nicht trinken, da die Wasserspende unlängst aufgehört hat. Da verstummten sie.

Er sagte zu ihnen: Meine Söhne, kommet her, denn ich will euch sagen: Gar nicht zu trauern geht nicht an, da es unlängst verfügt wurde.[516] Aber übermäßig zu trauern geht ebenfalls nicht an, da man der Gemeinde nur dann eine Verfügung auferlegt, wenn wirklich die Mehrheit der Gemeinde mit ihr auch zu bestehen vermag, denn es steht geschrieben:[517] *Mit dem Fluch seid ihr verflucht, denn mich beraubt ihr, das ganze Volk.*

Die Weisen sagten vielmehr so: Kalkt einer sein Haus mit Kalk, so lasse er dabei eine kleine Stelle frei.[518] Und wie groß? Raw Joseph sagte: Eine Elle im Geviert. Raw Chisda sagte: Direkt am Eingang. Bereitet einer alles zu, was zu einem Gastmahl nötig ist, so lasse er eine Kleinigkeit weg. Was denn? Raw Pappa sagte: Die Fischpastete. Macht eine Frau ihre ganze Toilette, so lasse sie eine kleine Stelle aus. Welche denn? Raw sagte: Die Stelle an der Schläfe. Denn es heißt:[519] *Wenn ich dein vergesse, Jerusalem, so versage meine Rechte, so klebe meine Zunge mir am Gaumen ...* Was bedeutet: *Auf dem Haupt meiner Freude*? Rabbi Jizchak sagte: Das ist die Asche vom Rost auf dem Haupt der Bräutigame. Raw Pappa sagte zu Abbaje: Wohin legt man sie? An die Stelle der Gebetskapseln,[520] denn es heißt:[521] *Ersatz zu schaffen den um Zion Trauernden, ihnen*

516 Die Gelehrten hatten eine Trauer angeordnet.

517 Maleachi 3,9. Wie der Fluch nur auf dem Volk in seiner Gesamtheit liegt, so muß auch eine segensreiche Einrichtung dem ganzen Volk zugute kommen können. Gruppen dürfen sich nicht dadurch absondern, daß sie sich etwas auferlegen, was nicht für das ganze Volk erträglich ist.

518 Nicht nur das Leben soll weitergehen, sondern auch sein Genuß und seine Schönheit. Aber ein Rest soll bleiben als Zeichen der Trauer.

519 Psalm 137,5 f. Die Stelle heißt weiter: »wenn ich deiner nicht mehr gedenke, wenn ich Jerusalem nicht erhebe auf dem Haupt meiner Freude.« Diese letzten Worte des Zitats werden anschließend interpretiert.

520 Dazu die Einleitung zum Abschnitt über das Gebet, Seite 474.

521 Jesaja 61,3.

Putz statt Schmutz zu geben.[522] Jeder aber, der über Jerusalem trauert, der wird gewürdigt, ihre Freude zu schauen, denn es heißt:[523] *Freuet euch mit Jerusalem . . .!*

Es wird gelehrt: Rabbi Jischmael, Elischas Sohn, sagte: Von dem Tag an, da das Heiligtum zerstört wurde, wäre es rechtens gewesen, daß wir uns selber eine Verfügung auferlegt hätten, kein Fleisch zu essen und keinen Wein zu trinken. Aber man erlegt der Gemeinde nur eine Verfügung auf, wenn wirklich die Mehrheit der Gemeinde mit ihr zu bestehen vermag. Aber von dem Tag an, da sich die frevelhafte Regierung über Israel[524] ausgebreitet hat und uns böse und schwere Verfügungen auferlegt, die uns an Weisung und Gebotserfüllung hindern, und uns nicht in die Woche des Sohnes eintreten läßt,[525] wäre es rechtens gewesen, daß wir über uns selber verfügt hätten, weder eine Frau zu heiraten noch Kinder zu zeugen; dann würde der Same Abrahams, unseres Vaters, von selbst ein Ende finden. Aber laßt Israel nur in Ruhe: besser, sie irren, als daß sie anmaßend sind.

Bawa batra 60 b

Das Ende in Betar

Abgehauen in Zornesglut hat er das ganze Horn Israels.[526] Rabbi Seïra sagte: Rabbi Awahu sagte, Rabbi Jochanan habe gesagt: Das sind die achtzig[527] Kriegshörner, die in die Stadt Betar kamen, in der Stunde, da sie diese einnahmen.[528] Da töteten sie ihre Männer, Frauen und Kinder, bis ihr Blut floß und sich zum großen Meer hin stürzte. Willst du etwa sagen: Es war nah? Es war eine Meile entfernt.

522 Für »Schmutz« steht wörtlich: »Asche«. Die Übersetzung versucht, ein Wortspiel wiederzugeben.

523 Jesaja 66,*10*.

524 »Über Israel« fehlt im Text der Wilna-Ausgabe.

525 Die Beschneidung, die eine Woche nach der Geburt stattfindet, wurde verboten.

526 Klagelieder 2,*3*. »Horn« ist ein Sinnbild der Kraft.

527 Manche Lesarten haben: »achtzigtausend«.

528 Im Jahr 135 wurde Betar, die Stadt, in die sich Bar Kochba zurückzog, weil sie als nahe bei Jerusalem gelegene Bergfestung guten Schutz bot, als letzte von den Römern eingenommen. Dabei kam Bar Kochba mitsamt seiner Streitmacht um.

Es wird gelehrt: Rabbi Elieser, der Große, sagt: Zwei Bäche gibt es in der Senke von Jadajim,[529] einer zieht sich da hin, und einer zieht sich dort hin. Und die Weisen schätzten: zwei Teile waren Wasser und einer Blut.

In einer Baraita wird gelehrt: Sieben Jahre ernteten die Völker der Welt die Weinberge, die nur mit Israels Blut gedüngt waren. Gittin 57 a

Schriftlesung statt Opfer

Die Israeliten, die zu dieser Wache gehören, versammeln sich in ihren Städten und lesen in der Schöpfungsgeschichte.[530] Woher haben wir das? Rabbi Jaakow, Achas Sohn, sagte, Raw Assi habe gesagt: Wären die Standmannschaften nicht, so würden Himmel und Erde nicht bestehen.[531] Es heißt:[532] *Und er sagte: Mein Herr, Gott, woran soll ich erkennen, daß ich es besitzen werde?* Abraham sagte nämlich: Herr der Welt, vielleicht verfehlt sich Israel vor dir und du tust ihnen wie dem Geschlecht der Flut und wie dem Geschlecht der Zerteilung?[533] Er sprach: Nein. Er sagte vor ihm: Herr der Welt, laß mich erkennen, wodurch ich es besitzen werde! Er sprach zu ihm:[534] *Hole mir ein Drittlingskalb und eine Drittlingsziege* ... Er sagte vor ihm: Herr der Welt, das mag gelten in der Zeit, da das Heiligtum besteht, aber in der Zeit, da das Heiligtum nicht besteht – was

529 Manche nehmen an, daß sich dieser Abschnitt nicht auf Betar und den Bar-Kochba-Aufstand, sondern auf das Nildelta und die Judenverfolgungen in Alexandria bezieht.

530 Dieser Mischnasatz stammt aus folgendem Zusammenhang: »Wie soll denn das Opfer für einen Menschen dargebracht werden, wenn er nicht dabeisteht? Die ersten Propheten ordneten 24 Wachen an. Auf jede einzelne Wache kam eine Standmannschaft in Jerusalem, bestehend aus Priestern, Leviten und Israeliten. Kam die Zeit, daß die Wache hinaufziehe, so zogen Priester und Leviten hinauf nach Jerusalem, die Israeliten aber ...«

531 Durch Fasten und Lesen der Standmannschaften wird der Bestand der Welt erhalten. Täglich wird gleichsam der Bereich der Schöpfung erneuert, der anfänglich am entsprechenden Wochentag erschaffen wurde.

532 1. Mose 15,8.

533 Dazu 1. Mose 7 und 11.

534 1. Mose 15,9.

wird dann mit ihnen? Er sprach zu ihm: Schon habe ich die Ordnung der Opfer vorbereitet.[535] In der Zeit, da sie in dieser vor mir lesen, lasse ich es ihnen gelten, als ob sie vor mir Opfer darbrächten, und ich verzeihe ihnen alle ihre Verschuldungen.

Taanit 27 b

Altar und Tisch

Es steht nämlich geschrieben:[536] *Der Altar von Holz, drei Ellen hoch und seine Länge zwei Ellen, und er hat Ecken, sein Sockel und seine Wände sind von Holz. Und er redete zu mir: Dies ist der Tisch, der vor dem Herrn ist.* Es beginnt mit *Altar* und schließt mit *Tisch*. Rabbi Jochanan und Resch Lakisch sind es, die beide sagen: In der Zeit, da das Heiligtum bestand, sühnte der Altar für einen Menschen, jetzt sühnt eines Menschen Tisch für ihn.[537]

Chagiga 27 a

Die Völker und der Altar

Rabbi Elieser sagte:[538] Wem entsprechen diese siebzig Farren? Sie entsprechen den siebzig Völkern.[539] Wem aber entspricht der einzige Farre? Er entspricht dem einzigen Volk.[540] Das gleicht einem König von Fleisch und Blut, der zu seinen Dienern sagte: Machet mir ein großes Festmahl! Aber am letzten Tag sagte er

535 Im täglichen Morgengebet werden Abschnitte über das Opfer aus der Bibel gelesen: vor allem 4. Mose 28, *1–15*. Danach Abschnitte über das Opfer aus der Mischna. Die Lesung dieser »Opferordnung« im täglichen Synagogengottesdienst zur Zeit des einst dargebrachten Morgenopfers ersetzt dies Opfer in der tempellosen Gegenwart ganz; dadurch wird jetzt der Bestand der Welt erhalten.

536 Hesekiel 41,*22*.

537 Der Tisch im Haus frommer Juden ersetzt den Altar. Um ihn versammelt sich die Familie an Schabbat- und an Festtagen zum gottesdienstlichen Mahl.

538 In der Wilna-Ausgabe steht dafür: Rabbi Elasar.

539 Die siebzig Farren, die nach 4. Mose 29, *13–32* an den ersten sieben Tagen des Laubhüttenfestes dargebracht wurden, galten in nachbiblischer Zeit der Sühnung für die Völker der Welt.

540 Nach 4. Mose 29,*36* wurde am achten Tag, dem Hauptfesttag, nur ein Farre dargebracht.

zu seinem Freunde: Mache mir ein kleines Festmahl, damit ich nur von dir genieße!

Rabbi Jochanan sagte: Wehe den Völkern der Welt, die verloren haben, ohne zu wissen, was sie verloren haben: In der Zeit, da das Heiligtum bestand, sühnte der Altar für sie. Jetzt aber – wer sühnt für sie? Sukka 55 b

Aus Raw Dimis Gebet

Hab Erbarmen, Herr, unser Gott, über Israel, dein Volk und über Jerusalem, deine Stadt, und über dein Heiligtum und über deinen Altar. Und erbaue Jerusalem, deiner Heiligkeit Stadt, schnell, in unseren Tagen, und bring uns hinauf in ihre Mitte und erfreue uns an ihr! Denn du bist gut und schaffst Gutes für alle.[541] Brachot 44 a

Schnell, in unseren Tagen

Rabbi sagt: Ich sage: Priestern ist es für immer verboten, Wein zu trinken. Aber was soll ich machen, wenn sein Unheil eben ihr Vorteil ist?[542] Und Abbaje sagte: Auf wen berufen sich die Priester, die heutzutage Most trinken? Auf Rabbi.[543] Geht aus dem Zusammenhang hervor, daß es unsere Meister in diesem Fall verboten haben? Aus diesem Grund: Schnell könnte das Heiligtum erbaut werden; dann würden sie einen zum Dienst geeigneten Priester suchen, und es gäbe keinen. Sanhedrin 22 b

541 Dazu die 14. und 17. Bitte des Achtzehngebets, Seite 473 f.

542 Nach der Tempelzerstörung wußte man die Dienstzeiten der Priester nicht mehr, während derer sie sich des Weines enthalten mußten. Es wurde darum üblich, daß Priester Wein tranken wie andere auch. Rabbi meinte aber, sie müßten sich immer dienstbereit halten.

543 Die theologische Argumentation haben sie also nicht ernst genommen, sondern sich auf seine etwas resignierte Feststellung berufen.

Bring uns hinauf

Unsere Meister lehrten: Ein Proselyt in der Gegenwart[544] muß ein Viertel für seine Geflügelopfer absondern.[545] Kritot 9 a

Gibt es noch eine Hoffnung?

Rabbi Jizchak sagte: In der Stunde, da das Heiligtum zerstört wurde, fand der Heilige, gelobt sei er, Abraham, wie er im Heiligtum stand, und sprach zu ihm:[546] *Was will mein Liebling in meinem Haus?* Er sagte zu ihm: Ich bin in Angelegenheiten meiner Kinder gekommen. Er sprach zu ihm: Deine Kinder haben sich verfehlt und mußten in die Verbannung gehen. Er sagte zu ihm: Vielleicht haben sie sich versehentlich verfehlt? Er sprach zu ihm: *Böse Anschläge gemacht.* Er sagte zu ihm: Vielleicht haben sich nur wenige verfehlt? Er sprach zu ihm: *Die Vielen.* Er sagte zu ihm: Du hättest des Beschneidungsbundes gedenken sollen! Er sprach zu ihm: *Und heiliges Fleisch entfernten sie von dir.*[547] Er sagte zu ihm: Wenn du auf sie gewartet hättest, vielleicht wären sie dann umgekehrt und zurückgekommen? Er sprach zu ihm: *Bei deiner Missetat frohlocktest du gar!* Alsbald legte er seine Hände auf seinen Kopf und schrie und weinte und sagte zu ihm: Vielleicht, behüte und bewahre, gibt es für sie kein Heilmittel. Da ging eine Art Stimme hervor und sprach zu ihm: *»Saftiggrüner Ölbaum von schöngestalteter Frucht« nannte der Herr deinen Namen.* Wie sich die Bestimmung eines solchen Ölbaumes erst am Ende zeigt, so zeigt sich auch Israels Bestimmung erst am Ende. Menachot 53 b

544 Nach der Tempelzerstörung konnte das Geflügelopfer eines neu zur Gemeinde Kommenden nicht mehr dargebracht werden.

545 Ein jeder Proselyt mußte einen Viertelschekel zurücklegen, damit dieser Betrag sofort zur Verfügung stehe, sobald der in kurzem wieder erwartete Tempeldienst aufgenommen werde.

546 Hier und in den folgenden Zitaten wird der schwierige Text von Jeremia 11,*15 f.* ausgelegt, indem er stückweise als Gottesrede in einem Zwiegespräch mit Abraham verwendet wird.

547 Sie haben ihre Kinder nicht mehr beschnitten oder versuchten, die Beschneidung rückgängig zu machen; dazu 1. Makkabäer 1,*15*.

Akiwa tröstet

Einst gingen Rabban Gamliel und Rabbi Elasar, Asarjas Sohn, Rabbi Jehoschua und Rabbi Akiwa ihres Weges und hörten das Geräusch der Menschenmenge Roms von Puteoli aus, hundertzwanzig Meilen weit. Da fingen sie an zu weinen, aber Akiwa lächelte. Sie sagten zu ihm: Warum lächelst du? Er sagte zu ihnen: Und ihr? Warum weint ihr? Sie sagten zu ihm: Diese aus den Völkern, die sich Götzenbildern hinwerfen und Gottnichtsen räuchern, wohnen sicher und ruhig, und wir, deren Haus, der Fußschemel unseres Gottes, mit Feuer verbrannt ist – wie sollten wir nicht weinen! Er sagte zu ihnen: Eben deshalb lächle ich. Wenn es schon den Übertretern seines Willens so gut ergeht, um wieviel mehr den Tätern seines Willens.

Ein anderes Mal geschah es, daß sie nach Jerusalem hinaufgingen. Als sie den Skopusberg erreichten, zerrissen sie ihre Kleider. Als sie den Tempelberg erreichten, sahen sie einen Fuchs, der aus dem Raum des Allerheiligsten kam. Da fingen sie an zu weinen. Aber Rabbi Akiwa lächelte. Sie sagten zu ihm: Warum lächelst du? Er sagte zu ihnen: Warum weint ihr? Sie sagten zu ihm: In dem Ort, von dem geschrieben steht:[548] *Aber der Fremde, der sich naht, soll sterben,* in dem gehen jetzt Füchse umher – wie sollten wir da nicht weinen! Er sagte zu ihnen: Ebendeshalb lächle ich. Denn es steht geschrieben:[549] *Und zeugen lasse ich nur vertrauenswürdige Zeugen, Uria, den Priester, und Sacharja, Jeberechjas Sohn.* Was hat denn Uria aber mit Sacharja zu tun? Uria lebte doch zur Zeit des ersten Heiligtums, Sacharja aber zur Zeit des zweiten Heiligtums.[550] Ja, aber die Schrift hängt die Weissagung Sacharjas an die Weissagung Urias. Von Uria steht geschrieben:[551] *Darum soll euretwegen Zion zum Feld um-*

548 4. Mose 1,*51*.

549 Jesaja 8,*2*.

550 Zu Uria: Jeremia 26,*20*. Den Zeugen Sacharja bei Jesaja identifiziert Akiwa mit dem späteren Propheten gleichen Namens.

551 Micha 3,*12* und fast wörtliche Parallele Jeremia 26,*18*. Eigentlich müßte Akiwa sagen: Von Micha steht geschrieben. Weil aber in Jesaja 8,*2* neben Sacharja ein Mann namens Uria genannt ist, legt Akiwa Michas Worte dem Propheten Uria in den Mund, der bei Jeremia (26,*20*) gleich nach Micha genannt wird, weil er wie Micha über Jerusalem geweissagt hat.

gepflügt werden ... Von Sacharja steht geschrieben:[552] *Bis Greise und Greisinnen auf den Plätzen Jerusalems sitzen.* Solange die Weissagung Urias sich nicht erfüllt hatte, konnte ich fürchten, daß sich die Weissagung Sacharjas nicht erfülle. Jetzt, da sich die Weissagung Urias erfüllt hat, ist es gewiß, daß sich auch die Weissagung Sacharjas ganz wörtlich erfüllt. Sie sagten zu ihm: Akiwa, du hast uns getröstet, Akiwa, du hast uns getröstet!

Makkot 24 a/24 b

VON KETZERN UND IHRER BIBEL

Auf dem Weg zur Ketzerei

Mischna. Wer sagt: Es sollen dich die Guten loben, dessen Weg führt zur Ketzerei.[553] Wer sagt: Aufs Vogelnest erstreckt sich dein Erbarmen,[554] und: Über Gutem soll deines Namens gedacht werden, und: Wir danken, wir danken – der wird geschweigt. Wer sexuelle Vergehen nicht beim Namen nennt, der wird geschweigt. Wer den Vers:[555] *Von deinem Samen sollst du nichts geben, um es dem Moloch durchs Feuer führen zu lassen* so erklärt: Du sollst ihn nicht an eine Aramäerin geben, um sie zu schwängern,[556] der wird geschweigt mit einem Verweis.

Gemara. Das ist einleuchtend bei: Wir danken, wir danken, denn es sieht aus, als ob er zwei Gewalten anerkennen würde.

552 Sacharja 8,*4*. Dieser Satz, der von zukünftig neuem Leben in der Stadt Jerusalem kündet, geht weiter: »und die an Stöcken gehen vor hohem Alter, und die Plätze der Stadt sollen voll Knaben und Mädchen sein, die auf ihren Plätzen spielen.« Bemerkenswert ist, daß Akiwa auf dem Platz des zerstörten Tempels keines der Tempelworte Sacharjas (etwa 6, *12–15*) zitiert, sondern ein Wort wählt, das etwas vom Alltag dieses Volkes widerspiegelt.

553 Damit könnten nämlich die Schlechten, die Andersgläubigen, vom Gotteslob ausgeschlossen werden. Andere meinen, daß hier einem Dualismus Vorschub geleistet werde.

554 Dazu 5. Mose 22,*6*.

555 3. Mose 18,*21*.

556 »Führen lassen« und »schwängern« haben im Hebräischen dieselbe Wurzel. »Same« wird das eine Mal als Sohn, das andere Mal wörtlich verstanden.

Und auch: Über dem Guten soll deines Namens gedacht werden, denn das würde bedeuten, daß er nur für das Gute, nicht aber auch für das Schlechte lobt. Wir haben aber gelernt: Ein Mensch ist schuldig, ob des Schlechten zu loben genauso, wie er ob des Guten lobt.[557] Aber wenn er sagt: Aufs Vogelnest erstreckt sich dein Erbarmen, warum wird er dann geschweigt? Darüber unterscheiden sich zwei Amoräer im Westen,[558] Rabbi Jose, Awins Sohn, und Rabbi Jose, Swidas Sohn. Der eine sagte: Weil er Neid in das Schöpfungswerk bringt.[559] Der andere sagte: Weil er aus den Prinzipien des Heiligen, gelobt sei er, Barmherzigkeit macht; sie sind aber nichts als Anordnungen.[560]

Megilla 24 b/25 a

Die Bibel von Ketzern und Heiden

Mischna. Niemand soll Bibelrollen, Gebetskapsel- und Pfosteninschriften[561] von denen aus den Völkern[562] teurer kaufen, als es ihrem Wert entspricht, wegen der Erhaltung der Weltordnung.[563]

Gemara. Raw Budja sagte zu Raw Aschi: Wenn sie teurer ist, als es ihrem Wert entspricht, dann soll er sie nicht kaufen, wenn es aber ihrem Wert entspricht, dann kann er sie kaufen. Ist daraus zu vernehmen, daß in einer Rolle der Weisung, die bei einem aus den Völkern gefunden wurde, gelesen werden kann? Vielleicht, um sie zu verbergen?[564]

557 Dazu Hiob 2,*10*.

558 Gelehrte der nachmischnischen Zeit in Israelland.

559 Dieser Satz könnte dahin mißverstanden werden, als ob sich Gottes Erbarmen nur auf die Vögel und nicht auch auf die übrigen Tiere erstrecke.

560 Man darf nicht als Barmherzigkeit auslegen, was in Gottes Weltordnung jedem einzelnen als Recht zugehört, sonst würde ein Teil der Welt als von Gott geliebt herausgenommen, das übrige aber preisgegeben.

561 Dazu 5. Mose 6,*8 f.* und 5. Mose 11,*18* und *20*.

562 Hier und an den entsprechenden weiteren Stellen dieses Abschnittes steht dafür jeweils »Sternenanbeter« in den zensierten Texten.

563 Da eine gut geschriebene Rolle viel kostete, konnte es vorkommen, daß ein Käufer verarmte oder ein Verkäufer verführt wurde, sie wieder zu stehlen.

564 Vielleicht meint die Mischna, daß er die Rolle kaufen soll, um sie in den Raum zu bringen, in dem unbrauchbar gewordene Rollen geborgen werden.

Raw Nachman sagte: Wir haben eine Überlieferung: Eine Rolle der Weisung, die ein Ketzer geschrieben hat, wird verbrannt, die einer aus den Völkern geschrieben hat, wird verborgen.[565] Wird sie bei einem Ketzer gefunden,[566] so wird sie verborgen. Wird sie bei einem aus den Völkern gefunden, so sagen manche: Sie wird verborgen, und manche sagen: Es kann in ihr gelesen werden.

Über eine Rolle der Weisung, die einer aus den Völkern geschrieben hat, wird einmal gelehrt: Sie wird verbrannt, ein anderes Mal wird gelehrt: Sie wird verborgen, und wieder ein anderes Mal wird gelehrt: Es kann in ihr gelesen werden. Aber das ist keine Schwierigkeit. Der, welcher lehrt: Sie wird verbrannt, ist der Meinung Rabbi Eliesers, welcher sagte: Das Trachten eines aus den Völkern richtet sich schlechtweg auf den Götzendienst. Und der, welcher lehrt: Sie wird verborgen, der folgt der Meinung jenes Mischnalehrers, die Raw Hamnuna, Rawas Sohn, von Paschronja, lehrte: Eine Rolle der Weisung, Gebetskapsel- und Pfosteninschriften, die ein Ketzer, ein Verräter, einer aus den Völkern und ein Sklave, eine Frau und ein Kind, ein Samaritaner und ein Abtrünniger von Israel[567] geschrieben haben, sind unbrauchbar, denn es heißt:[568] *Ihr sollt sie binden* und *Ihr sollt sie schreiben.* Jeder, der zum Binden berechtigt ist, der ist auch zum Schreiben berechtigt, und jeder, der nicht zum Binden berechtigt ist, der ist auch nicht zum Schreiben berechtigt. Der aber, welcher lehrt: Es kann in ihr gelesen werden, der folgt der Meinung jenes Mischnalehrers, die in einer Baraita gelehrt wird: Man kann überall von denen aus den Völkern Bibelrollen kaufen, aber nur, wenn sie auf vorschriftsmäßige Weise geschrieben wurden. Es geschah einmal, daß einer aus den

565 Der Fremde ist desinteressiert, er schreibt bloß ab. Vom Ketzer aber nimmt man an, er könne den Text in seinem Sinn ändern. Das wäre besonders schlimm, wenn es den Gottesnamen betreffen würde.

566 Wenn angenommen werden kann, daß er sie gar nicht selber geschrieben hat.

567 Im Wilna-Text heißt es statt »Abtrünniger«: »Konvertit«.

568 5. Mose 11,*18* und *20*. Der Ausleger bezieht die beiden Verse in der Weise aufeinander, daß er daraus schließt, daß für beide Gebote nur derselbe Personenkreis in Frage komme, nämlich normale, erwachsene, männliche Juden.

Völkern in Sidon Bibelrollen schrieb, und Rabban Schimon, Gamliels Sohn, ließ diese von ihm kaufen. Gittin 45 a/45 b

Die richtige Methode

Es wird gelehrt: Rabbi Elasar, Rabbi Joses Sohn, sagte: Durch folgendes habe ich die Bibelrollen der Samaritaner als Fälschung erwiesen: Ich habe zu ihnen gesagt: Zwar habt ihr eure Weisung gefälscht, aber ihr habt dadurch überhaupt nichts gewonnen. Ihr sagt etwa: *Die Steineichen des Rechtsweisers,* das sei Sichem. Auch wir anerkennen, daß *die Steineichen des Rechtsweisers* Sichem sind. Doch wir lernen durch Bibelstellenvergleich, ihr aber, woraus lernt ihr es?[569] Sota 33 b

Der tiefste Haß

Es wird gelehrt: Rabbi Elieser sagt: Wenn sie[570] uns zum Handel und Wandel nicht nötig hätten, dann hätten sie uns totgeschlagen. Rabbi Chija lehrte: Jeder, der sich vor einem Laien mit der Weisung beschäftigt, ist, als ob er vor ihm seiner Verlobten beiwohne. Denn es heißt:[571] *Die Weisung hat uns Mose geboten zum Erbteil.* Lies nicht: *Erbteil,* sondern:[572] Verlobte.

Größer ist der Haß, den Laien gegen einen Gelehrten hegen,

569 Zur Polemik gehört auch der Vorwurf der Fälschung heiliger Schriften, wenn dieselben Schriften die Grundlage zweier verschiedener Gruppierungen sind. Die samaritanische Überlieferung der fünf Bücher Moses hat 5. Mose 11,*30* die Worte »gegenüber Sichem« mehr als der jüdische Text. Diese Worte sind wohl von 1. Mose 12,*6* her eingefügt worden, ganz der Sache gemäß, die gemeint ist. Auch in der jüdischen Tradition wurde 5. Mose 11,*30* von 1. Mose 12,*6* her verstanden. Rabbi Elasar argumentiert so: Wir Juden haben eine ausgebildete exegetische Tradition, die uns zum rechten Verständnis einer Bibelstelle verhilft. Ihr Samaritaner aber habt dies nicht, darum müßt ihr, um zum rechten Ergebnis zu kommen, zu fragwürdigen Methoden greifen, in diesem Fall sogar zur Fälschung des Bibeltextes.

570 Die Ungelehrten, die nicht fromm sein können, weil sie die Gebote nicht kennen.

571 5. Mose 33,*4*.

572 Dies ist im Hebräischen ein Wortspiel.

als der Haß, den die Völker der Welt gegen Israel hegen. Aber der Haß ihrer Frauen ist noch größer.[573] Es wird gelehrt: Wer die Weisung gelernt hat und sich dann von ihr zurückzog, ist schlimmer als alle anderen.[574] Pesachim 49 b

POLEMIK GEGEN JESUS

Die Herkunft des Zauberers

Es wird gelehrt: Rabbi Elieser sagte zu den Weisen: Hat denn Stadas Sohn[575] Zauberkünste aus Ägypten mitgebracht durch Ritzungen auf seinem Fleisch? Sie sagten zu ihm: Er war ein Narr und von Narren erbringt man keinen Beweis.

Stadas Sohn? Panderas Sohn![576] Raw Chisda sagte: Der Mann hieß Stada, der Liebhaber hieß Pandera. – Ihr Mann war doch Papos, Jehudas Sohn? Seine Mutter hieß Stada! – Seine Mutter war doch Mirjam die Frauenhaarflechterin?[577] Das ist es, was wir in Pumbedita sagen: Diese war ihrem Mann untreu.[578]

Schabbat 104 b

573 Die Frauen aus dem ungelehrten Volk sind noch ungelehrter als ihre Männer.

574 Es ist eine Tatsache, daß Abtrünnige oft die Lebensform, von der sie herkommen, am meisten hassen und darum von Angehörigen ihrer früheren Gemeinschaft auch am meisten gefürchtet werden.

575 Manche haben diese polemische Erörterung auf Jesus bezogen. Aber ein positiver Erweis für die Richtigkeit dieser Annahme läßt sich nicht erbringen. Ähnlich verhält es sich auch in der folgenden Stelle aus dem Jerusalemischen Talmud, Taanit 2, 65b, die ohne weiteres auch auf andere endzeitliche Gestalten bezogen werden kann: Rabbi Awahu sagte: Wenn jemand zu dir sagt ›Ich bin Gott‹, so lügt er, ›ich bin Menschensohn‹, so wird er es schließlich bereuen, ›ich fahre gen Himmel‹, so hat er es zwar gesagt, wird es aber nicht vollbringen.

576 Panderas Sohn ist eine polemische Verdrehung von Jungfrauen-Sohn (griechisch: parthenos), wie sie sich auch bei heidnischen Christengegnern fand. Nach Origenes, Acht Bücher gegen Celsus, hat dieser jedenfalls behauptet, Jesus sei von einem römischen Soldaten Panthera gezeugt, seine Mutter dann wegen Ehebruchs verstoßen worden; er habe in Ägypten Zauberei kennengelernt und, zurückgekehrt, sich in Israel für Gott erklärt.

577 Das Wort erinnert an den Ort Migdal, aus dem Maria Magdalena gekommen ist.

578 ›Untreu‹ klingt im Urtext ähnlich wie Stada.

Vom Alter des Zauberers

Auch den Zauberer Bileam, Beors Sohn.[579] *Zauberer?* Er war doch ein Prophet. Rabbi Jochanan sagte: Am Anfang war er ein Prophet und am Schluß ein Zauberer. Raw Pappa sagte: Das ist es, was die Leute sagen: Von Fürsten und Herrschern stammt sie und hurt mit einem Tischlersmann.

töteten Israels Söhne ... zu den übrigen von ihnen Erschlagenen hinzu. Raw sagte: Sie führten an ihm die vier Todesarten aus: Steinigung, Verbrennung, Enthauptung und Erdrosselung.

Ein Ketzer sagte zu Rabbi Chanina: Hast du etwas darüber gehört, wie alt Bileam wurde? Er sagte zu ihm: In der Schrift ist darüber nichts ausdrücklich geschrieben. Da aber geschrieben steht:[580] *Männer des Bluts und des Betruges bringen ihre Tage nicht auf die Hälfte,* so wird er wohl dreiunddreißig oder vierunddreißig Jahre alt geworden sein. Er sagte zu ihm: Schön ist, was du zu mir gesagt hast. Ich habe Bileams Register eingesehen, und darin steht geschrieben: Dreiunddreißig Jahre war der lahme Bileam, als ihn Pinchas, der Räuber, tötete.

Mar, Rabanas Sohn, sagte zu seinem Sohn: Nur Bileam, den Bösewicht, darfst du zur Auslegung heranziehen. So viel du über ihn finden kannst, magst du über ihn auslegen.[581]

Sanhedrin 106 a/106 b

Mit beiden Händen verstoßen

Unsere Meister lehrten: An drei Krankheiten erkrankte Elisa; an einer, weil er Bären auf kleine Kinder hetzte,[582] an einer, weil er Gehasi mit beiden Händen fortstieß,[583] und an einer, an

579 Josua 13,*22*. Die unmittelbare Fortsetzung des Verses folgt im nächsten Zitat.

580 Psalm 55,*24*.

581 An dieser Gestalt konnte immer wieder von neuem eine polemische Anspielung aufgehängt werden. Die Legenden um Bileam konnten dann auf verschiedene Personen bezogen werden.

582 Dazu 2. Könige 2,*23–25*.

583 Dazu 2. Könige 5,*27*. Bemerkenswert ist, wie die Taten dieses Gottesmannes, von denen in der Bibel ohne Wertung berichtet wird, hier getadelt werden.

der er starb, denn es heißt:[584] *Und Elisa erkrankte an der Krankheit, an der er starb.*

Unsere Meister lehrten: Stets stoße die Linke ab und die Rechte ziehe an.[585] Es soll nicht sein wie bei Elisa, der Gehasi mit seinen beiden Händen verstoßen hat, und auch nicht wie bei Jehoschua, Perachjas Sohn, der Jesus, den Nazarener, mit seinen beiden Händen verstoßen hat.[586] Was geschah bei Elisa? Es steht geschrieben:[587] *Da sagte Naeman: Wohlan, nimm einen Doppelbarren!* Ferner steht geschrieben:[588] *Da sagte er zu ihm: Ist mein Herz nicht mitgegangen, als sich der Mann auf seinem Wagen nach dir umdrehte? War es denn die Zeit, das Silber zu nehmen, Kleider zu nehmen und Ölbäume und Weingärten, Schafe und Rinder, Knechte und Mägde?* Hat er denn dies alles erhalten? Er hat doch nur Silber und Kleider erhalten. Rabbi Jizchak sagte: In dieser Stunde befaßte sich Elisa mit den acht Kriechtieren[589] und sagte zu ihm: Bösewicht, die Zeit ist gekommen, daß du den Lohn der acht Kriechtiere erhältst.[590] *Der Aussatz Naemans soll an dir und deiner Nachkommenschaft haften für immer.*[591] *Es waren vier aussätzige Männer.*[592] Rabbi Jochanan sagte: Dies war Gehasi mit seinen drei Söhnen. *Da ging Elisa nach Damaskus.*[593] Warum ging er dort hin? Rabbi Jocha-

584 2. Könige 13,*14*.

585 Ein Mensch soll das Böse in seinem Mitmenschen abstoßen, dabei aber sein Gutes anerkennen und heranziehen, anders würde er ihn dem Bösen preisgeben.

586 Der zensierte Text hat an Stelle von »Jesus, der Nazarener«: »einen seiner Schüler«. Der legendäre Charakter der Erzählung ist schon daraus ersichtlich, daß Jehoschua, Perachjas Sohn, etwa 100 Jahre vor Jesus gelebt hat.

587 2. Könige 5,*23*.

588 2. Könige 5,*26*.

589 Dazu 3. Mose 11,*29 f*.

590 Nach biblischem Bericht hatte Gehasi den Lohn für eine Sache verlangt, die er nicht selber vollbracht hat. Rabbi Jizchak deutet seine Strafe dafür ebenfalls in einen »Lohn« für eine nicht selber vollbrachte Sache um: Für Elisas Studium über die für das Opfer untauglichen Tiere erhält er den Lohn der Makligkeit, den Aussatz. Das Vergleichsmoment ist dabei die Zahl acht.

591 2. Könige 5,*27*.

592 2. Könige 7,*3*.

593 2. Könige 8,*7*.

nan sagte: Er ging dort hin, um Gehasi durch Umkehr zurückzubringen. Aber er kam nicht zurück. Elisa sagte nämlich zu ihm: Komm zurück! Er sagte zu ihm: So ist es mir von dir überliefert worden: Keinem, der sich verfehlt und die Menge zur Verfehlung geleitet, soll es gelingen, Umkehr zu tun. Was tat er denn? Es gibt solche, die sagen: Er hat für Jerobeams Frevelbild[594] einen Magnetstein aufgehängt und ließ es zwischen Himmel und Erde stehen. Und es gibt solche, die sagen: Er hat ihm den Namen[595] auf den Mund geritzt, und es sagte immer: *Ich bin* und *du sollst nicht haben.*[596] Und es gibt solche, die sagen: Er hat die Gelehrten vor Elisa vertrieben, denn es steht geschrieben:[597] *Darauf sagten die Prophetenschüler zu Elisa: Siehe doch, der Ort, an dem wir da vor dir sitzen, ist zu eng für uns geworden.* Daraus folgt, daß es bis zu dieser Zeit nicht bedrängend war.

Was geschah bei Jehoschua, Perachjas Sohn? Als König Jannai die Gelehrten tötete, wurde Schimon, Schetachs Sohn, von seiner Schwester versteckt.[598] Rabbi Jehoschua, Perachjas Sohn, machte sich auf und floh nach Alexandria in Ägypten. Als wieder Frieden war,[599] schickte Schimon, Schetachs Sohn, zu ihm: Von mir, Jerusalem, der heiligen Stadt, an dich, Alexandria in Ägypten. O meine Schwester! Mein Gemahl weilt in deiner Mitte, und ich sitze verlassen. Rabbi Jehoschua sagte: Man kann heraushören, daß bei ihm Frieden ist. Als er unterwegs war, gelangte er zufällig zu jener Herberge, wo er wohl in Ehren stand. Sie taten ihm große Ehre an. Er setzte sich und rühmte: Wie schön ist diese Fremde![600] Da sagte zu ihm einer:[601]

594 Dazu 1. Könige 12,*28*.

595 Er hat dem Götzenbild die vier Buchstaben des Gottesnamens eingraviert.

596 Dies ist der Anfang der beiden ersten Gebote 2. Mose 20,*2 f*.

597 2. Könige 6,*1*. Der obige Schluß wird aus der Tatsache gezogen, daß der jetzt zitierte Bibelvers unmittelbar auf die Angabe folgt, Gehasi sei aussätzig weggegangen.

598 Schimons Schwester soll die Frau des Königs gewesen sein. Der Hasmonäer Alexander Jannai regierte von 103–76 v. Chr.

599 Der sterbende König riet seiner Frau Alexandra, mit den Pharisäern Frieden zu schließen, was diese dann auch tat.

600 Rabbi Jehoschua meinte damit den gastlichen Ort, sein Schüler aber bezog diese Äußerung auf das Aussehen der Wirtin.

601 So heißt es im alten Text. Offenbar wurde darunter Jesus verstanden, weshalb sich Zensoren genötigt sahen, hier »seiner Schüler« hinzuzufügen,

Mein Meister, die hat ja Schlitzaugen. Er sagte zu ihm: Bösewicht, mit so etwas befaßt du dich! Da stieß er vierhundertmal ins Horn, um ihn in den Bann zu tun. Jeden Tag kam er vor ihn, aber er nahm ihn nicht auf. Eines Tages, als er gerade das Bekenntnis *Höre Israel* betete, kam er vor ihn. Dabei hatte er im Sinn, jenen aufzunehmen, und gab ihm ein Zeichen mit der Hand.[602] Er meinte aber, er wollte ihn völlig verstoßen, ging hin, richtete einen Ziegelstein auf und betete ihn an. Er sagte zu ihm: Komm zurück! Er sagte zu ihm: So ist es mir von dir überliefert worden: Keinem, der sich verfehlt und die Menge zur Verfehlung verleitet, soll es gelingen, Umkehr zu tun. Einer sagte nämlich: Er trieb Zauberei, verlockte und verführte Israel und leitete sie zur Verfehlung.[603]

Es wird gelehrt: Rabbi Schimon, Elasars Sohn, sagt: Eine Leidenschaft, ein kleines Kind und eine Frau soll die Linke zwar wegstoßen, aber die Rechte soll sie anziehen. Sota 47a

Jesus und seine Jünger

Mischna. Wenn man etwas zu seinen Gunsten findet, läßt man ihn frei.[604] Wenn nicht, geht er hinaus, um gesteinigt zu werden. Ein Herold geht vor ihm her: Der Mann Soundso, Soundsos Sohn, geht hinaus, um gesteinigt zu werden, weil er die und die Übertretung begangen hat; Soundso und Soundso sind seine Zeugen; jeder, der etwas zu seinen Gunsten weiß, komme und plädiere für ihn.

Gemara. Abbaje sagte: Er muß auch sagen: An dem und dem Tag, zu der und der Stunde, an dem und dem Platz; vielleicht gibt es einen, der etwas weiß und kommt, um sie[605] als falsche Zeugen zu erweisen.

Ein Herold geht vor ihm her: Ja, vor ihm, nicht schon frü-

wie auch schon weiter oben dieselben Worte statt »Jesus, der Nazarener« eingesetzt wurden.

602 Er wollte beim Gebet nicht gestört werden.

603 Dieser Satz steht eigenartigerweise nur im zensierten Text.

604 Noch nach der Verurteilung kann das Urteil rückgängig gemacht werden, wenn ein Zeuge noch etwas zur Entschuldigung des Angeklagten beibringt.

605 Die ersten Zeugen.

her.[606] Dagegen wird gelehrt: Am Vorabend des Pesachfestes[607] haben sie Jesus gehängt.[608] Der Herold aber ging vierzig Tage lang vor ihm her: Dieser geht hinaus, um gesteinigt zu werden, weil er Zauberei getrieben und Israel verlockt und abgesprengt hat. Jeder, der etwas zu seinen Gunsten weiß, komme und plädiere für ihn. Aber sie fanden nichts zu seinen Gunsten und hängten ihn am Vorabend des Pesachfestes. Ula sagte: Meinst du denn, er sei einer gewesen, zu dessen Gunsten sich etwas hätte wenden können? Er war doch ein Verlocker, und der Allbarmherzige sprach:[609] *Du sollst ihn nicht schonen und ihn nicht bedecken.* Aber mit Jesus verhielt es sich deshalb anders, weil er der Regierung nahestand.[610]

Unsere Meister lehrten: Fünf Jünger hatte Jesus: Matai, Nakai, Nezer, Buni und Toda.[611] Sie führten Matai vor. Er

606 Die ganze hier folgende Stelle über die Verurteilung Jesu und seiner Jünger fehlt in den zensierten Ausgaben.

607 So auch nach dem Johannes-Evangelium 19,*14*.

608 Es ist historisch gesichert, daß Jesus nach römischer Art von Römern gekreuzigt wurde. Dazu P. Winter, On the Trial of Jesus, 2. Auflage, Berlin 1974. Als Juden später dem geschichtlich unbegründeten Vorwurf der Christen begegneten – als ob Jesus von ihnen getötet worden wäre –, haben sie diese Tradition ihrerseits apologetisch aufgenommen und zugleich jüdischem Rechte gemäß umgestaltet; demnach sollten Juden, die ihre Brüder abtrünnig machten, durch Steinigung getötet und ihr Leichnam aufgehängt werden.

609 5. Mose 13,*9;* dazu die Verse *9–11.*

610 Einmal liegt hierin eine Apologie gegen den christlichen Vorwurf vor, Jesus sei in großer Eile verurteilt worden, zum anderen wurde die christliche Apologie, nach der Pilatus stark für Jesus eingetreten sei, festgehalten und polemisch verstärkt: Obwohl Jesus als Verführer keinerlei Nachsicht verdiente, hat Pilatus durchgesetzt, daß ihm ein unverhältnismäßig langer Zeitraum gewährt wurde, in dem die Möglichkeit bestand, daß sich ein Entlastungszeuge finde.

611 Die einzige historische Erinnerung in diesem legendären Bericht ist der Name des erstgenannten Jüngers, Matthäus. In der Gerichtsverhandlung plädiert jeder der Jünger für sich selber, worauf er eine verurteilende Antwort erhält. Mit einer Ausnahme sind die dabei einander entgegengestellten Bibelzitate aus jeweils benachbarten Stellen genommen. Die »Namen« der Jünger sind von beiden Seiten aus Bibelzitaten entnommen worden, indem Worte mit gleichem oder ähnlichem Klang wie diese »Namen«, anders als im biblischen Zusammenhang, nämlich als Namen zitiert wurden.

sagte zu ihnen: Soll Matai getötet werden? Es steht doch geschrieben:[612] *Ich, Matai, werde kommen und vor Gottes Angesicht erscheinen.* Sie sagten zu ihm: Doch, Matai soll getötet werden, denn es steht geschrieben:[613] *Matai soll sterben und sein Name verlorengehen.* Sie führten Nakai vor. Er sagte zu ihnen: Soll Nakai getötet werden? Es steht doch geschrieben:[614] *Nakai, den Bewährten, sollst du nicht töten.* Sie sagten zu ihm: Doch, Nakai soll getötet werden, denn es steht geschrieben:[615] *Im Verborgenen wird Nakai getötet.* Sie führten Nezer vor. Er sagte: Soll Nezer getötet werden? Es steht doch geschrieben:[616] *Und Nezer wird aus seinen Wurzeln Frucht tragen.* Sie sagten zu ihm: Doch, Nezer soll getötet werden, denn es steht geschrieben:[617] *Aber du bist hingeworfen, abseits von deinem Grab, wie der verabscheute Nezer.* Sie führten Buni vor. Er sagte: Soll Buni getötet werden? Es steht doch geschrieben:[618] *Buni ist mein Erstgeborener in Israel.* Sie sagten zu ihm: Doch, Buni soll getötet werden, denn es steht geschrieben:[619] *Siehe, ich werde deinen Buni töten, deinen Erstgeborenen.* Sie führten Toda vor. Er sagte: Soll Toda getötet werden? Es steht doch geschrieben:[620] *Ein Psalm für Toda.* Sie sagten zu ihm: Doch, Toda soll getötet werden, denn es steht geschrieben:[621] *Wer Toda opfert, ehrt mich.*

Sanhedrin 43 a

Suche ihr Bestes

Onkelos, Kalonikos' Sohn, ein Schwestersohn von Titus, wollte Proselyt werden. Er kam und ließ Titus durch Totenbeschwörung heraufsteigen und sagte zu ihm: Wer ist der Geachtetste in

612 Psalm 42,*3*.
613 Psalm 41,*6*.
614 2. Mose, 23,*7*.
615 Psalm 10,*8*.
616 Jesaja 11,*1*.
617 Jesaja 14,*19*.
618 2. Mose 4,*22*.
619 2. Mose 4,*23*.
620 Psalm 100,*1*.
621 Psalm 50,*23*.

jener Welt? Er sagte zu ihm: Israel. Was würde es bedeuten, ihnen anzuhangen? Er sagte zu ihm: Ihre Gebote sind zahlreich, es wird dir nicht gelingen, sie zu erfüllen. Geh, provoziere sie in der Welt, so wirst du Oberhaupt sein! Denn es steht geschrieben:[622] *Ihre Bedränger werden zum Oberhaupt* ... Jeder, der Israel bedrängt, wird Oberhaupt. Er sagte zu ihm: Welches ist die Strafe dieses Mannes?[623] Er sagte zu ihm: Die, welche er selber über sich bestimmt hat: Jeden Tag sammeln sie seine Asche, verurteilen ihn, verbrennen ihn und zerstreuen ihn auf die sieben Meere.

Er kam und ließ Bileam durch Totenbeschwörung heraufsteigen und sagte zu ihm: Wer ist der Geachtetste in jener Welt? Er sagte zu ihm: Israel. Was würde es bedeuten, ihnen anzuhangen? Er sagte zu ihm:[624] *Ihren Frieden und ihr Bestes suche nicht, niemals, alle deine Tage!* Er sagte zu ihm: Welches ist die Strafe dieses Mannes? Er sagte zu ihm: Mit siedendem Samenerguß.

Er kam und ließ Jesus[625] durch Totenbeschwörung heraufsteigen und sagte zu ihm: Wer ist der Geachtetste in jener Welt? Er sagte zu ihm: Israel. Was würde es bedeuten, ihnen anzuhangen? Er sagte zu ihm: Suche ihr Bestes und suche nicht ihr Böses! Jeder, *der* sie *antastet*, ist, als ob *er Seinen Augapfel antastet.*[626] Er sagte zu ihm: Welches ist die Strafe dieses Mannes? Er sagte zu ihm: Mit siedendem Kot. Der Meister sagte nämlich: Jeder, der über Worte der Weisen spottet, wird mit siedendem Kot bestraft. Komm und sieh, was der Unterschied ist zwischen den Treulosen Israels und den Propheten der Weltvölker.[627]

622 Klagelieder 1,*5*.
623 Mit dieser Umschreibung wird Titus angeredet und befragt.
624 5. Mose 23,*7*.
625 Im zensierten Text heißt es statt dessen: »einen Treulosen Israels«. Diese anonyme Bezeichnung wurde aus dem letzten Satz dieses Abschnittes genommen.
626 Sacharja 2,*12*.
627 Der Unterschied liegt nicht in der Bestrafung, sondern darin, was die Bestraften über Israel sagen. Während Titus und Bileam Israel fluchen, segnet Jesus sein Volk, dem er bleibend zugehört.

Es wird gelehrt: Rabbi Elasar sagte: Komm und sieh, wie groß die Kraft der Beschämung ist: Der Heilige, gelobt sei Er, trat für Kamzas Sohn ein und zerstörte Sein Haus und zerstörte Seinen Tempel.[628] Gittin 56 b/57 a

Ketzerbücher

Komm und höre: Die unbeschriebenen Ränder und die Bücher der Ketzer sind aus einem Brand nicht zu retten, sondern sie sollen verbrennen an ihrem Ort, sie und ihre Erwähnungen.[629] Sind damit nicht die unbeschriebenen Ränder der Weisungsrolle gemeint? Nein, sondern die Ränder von Ketzerbüchern. Wenn man doch die Bücher der Ketzer an und für sich nicht retten soll, muß man dann die unbeschriebenen Ränder erwähnen? Das besagt: Die Bücher der Ketzer sind ja wie unbeschriebene Ränder.

Es hieß doch: Die unbeschriebenen Ränder und die Bücher der Ketzer sind nicht aus einem Brand zu retten. Rabbi Jose sagt: Am Wochentag schneide man die Erwähnungen darin aus und verberge sie, den Rest aber verbrenne man. Rabbi Tarphon sagte: Möge ich meine Söhne begraben, wenn ich nicht alle Bücher der Ketzer und die Erwähnungen darin, die mir in die Hände kommen, verbrenne. Sogar wenn jemand einen verfolgt, um ihn zu töten, oder eine Schlange hervorschnellt, um einen zu beißen, gehe er lieber in ein Götzenhaus hinein und gehe nicht in ein Haus jener hinein.[630] Denn diese verleugnen, obwohl sie er-

628 Damit ist der erste Abschnitt über den Grund der Tempelzerstörung, der Gittin 55b (Seite 177) begann, abgeschlossen.

629 Die »Erwähnungen« Gottes, das heißt: die Gottesnamen, die in den Büchern geschrieben sind. Eigentlich müßte jede Bibelrolle um des Gottesnamens willen aus einem Feuer gerettet werden, aber bei Ketzern fürchtete man, daß der Name mißbraucht oder gar verändert wurde. Die Bücher mit entweihtem Namen dürfen nicht gerettet werden. Die unbeschriebenen Ränder wurden für Glossen benützt, darum waren auch sie für diese Diskussion wichtig. Manche meinen, es handle sich dabei nicht um unbeschriebene Ränder, sondern um Rollen, deren Text ausradiert worden ist.

630 Er soll sich lieber zu Heiden als zu Ketzern flüchten, weil die Abtrünnigen schlimmer sind als andere, die nie mit dem Judentum in Berührung kamen.

kannt haben, aber jene verleugnen, ohne erkannt zu haben. Über sie sagt die Schrift:[631] *Hinter die Tür und den Pfosten hast du dein Gedenken gesetzt.* Rabbi Jischmael sagte: Daraus kann von Leichterem auf Schwereres geschlossen werden: Wenn schon um Frieden zu stiften zwischen einem Mann und seiner Frau in der Weisung von Meinem Namen gesagt wird, der doch in Heiligkeit geschrieben wurde, er solle durch das Fluchwasser ausgelöscht werden,[632] um wieviel mehr gilt das für die, welche Eifersucht und Feindschaft und Streit zwischen Israel und seinem Vater in den Himmeln schaffen. Denn über sie sagte David.[633] *Sollte ich nicht hassen, Herr, die dich hassen, und die sich gegen dich auflehnen, sollte mir's nicht vor ihnen ekeln? Mit vollkommenem Hasse hasse ich sie, zu Feinden sind sie mir geworden.* Wie man Ketzerbücher nicht aus einem Brand retten darf, so darf man sie auch nicht aus einem einstürzenden Haus retten, auch nicht aus dem Wasser, noch aus irgend etwas, das sie vernichtet.

Da erfragte Joseph, Chanins Sohn, von Rabbi Awahu: Soll man etwa die Bücher des Hauses Abidan[634] aus einem Brand retten, oder soll man sie nicht retten? Ja und nein. Er war sich nämlich nicht sicher darin. Raw ging nicht in das Haus Abidan und noch viel weniger in das Haus Nizrephe. Schmuel ging zwar auch nicht in das Nizrephehaus, aber in das Abidanhaus ging er. Sie sagten zu Raw: Warum gehst du nicht in das Abidanhaus? Er sagte zu ihnen: Eine gewisse Dattelpalme steht dort im Weg und ist mir beschwerlich. – Wir wollen sie entwurzeln. – Dann ist mir deren Platz beschwerlich.[635] Mar, Josephs Sohn, sagte: Ich bin einer von ihnen und fürchte mich nicht vor

631 Jesaja 57,*8*. Die Ketzer haben ihre Erinnerungen an das Judentum aus dem Blickfeld, hinter die Türe, getan.

632 Dazu 4. Mose 5,*12–31*, besonders Vers *23*.

633 Psalm 139,*21 f*.

634 Ein unsicheres Wort, vielleicht ein Kakophemismus für ein Versammlungshaus der Ketzer. Ähnliches gilt für das weiter unten stehende Nizrephe-Haus, bei dem der Anklang an das Wort Nazarener an ein Haus von Christen denken läßt.

635 Statt der Palme würde ihn dann das Loch hindern. Aber beides ist nur eine Ausrede.

ihnen. Einmal, als er hinging, wollten sie ihn in Gefahr bringen.[636] Rabbi Meïr nannte sie Nichts-Rolle, Rabbi Jochanan nannte sie Sünden-Rolle.[637] Schabbat 116 a

In Berührung mit Ketzern

Unsere Meister lehrten: Als Rabbi Elieser wegen Ketzerei verhaftet wurde, führten sie ihn zu dem Hinrichtungsplatz hinauf, um ihn abzuurteilen. Da sagte der Statthalter zu ihm:[638] Wie kann sich ein Greis wie du mit solch nichtigen Dingen befassen! Rabbi Elieser sagte zu ihm: Er ist beglaubigt, über mich zu richten. Da meinte der Statthalter, er sage das über ihn. Aber er sagte es nur über seinen Vater in den Himmeln. Er sagte zu ihm: Da du mich für beglaubigt hältst, über dich zu richten – dimissus, frei bist du![639]

Als er nach Hause kam, traten seine Schüler zu ihm, um ihn zu trösten. Aber er nahm keinen Trost an. Da sagte Rabbi Akiwa zu ihm: Mein Meister, erlaube mir, dir etwas von dem zu sagen, was du mich gelehrt hast. Er sagte zu ihm: Sag's! Er sagte zu ihm: Mein Meister, vielleicht ist dir eine Ketzerei begegnet, an der du Gefallen fandest, und du bist deshalb verhaftet worden? Er sagte zu ihm: Akiwa, du hast mich erinnert! Ich ging einmal auf dem oberen Markt von Sepphoris. Da traf ich einen der Schüler von Jesus, dem Nazarener,[640] namens Jaakow

636 Sie wollten ihn abtrünnig machen.

637 In zensierten Texten fehlt dieser Satz. Die beiden polemischen Bezeichnungen für die Bibelrollen der Ketzer sind deutliche Anklänge an das Wort Evangelium und heißen wörtlich: »Die Nichtigkeit der unbeschriebenen Rolle« und »die Sünde der unbeschriebenen Rolle«. Das Wort für »unbeschriebene Rolle« ist in diesem Zusammenhang auch als »Offenbarung« verstanden worden. Dann kommt es zu den Bedeutungen: »nichtige« bzw. »frevlerische Offenbarung«.

638 Bei einer Christenverfolgung soll auch Elieser vor den Statthalter gebracht worden sein unter der Anklage, einer christlichen Gruppe anzugehören.

639 Manche meinen, hier werde die Göttin der Gerechtigkeit, Dimus = Themis, angerufen.

640 Im zensierten Text fehlen die Worte: »der Schüler von Jesus, dem Nazarener«.

aus Kfar Sechanja. Er sagte zu mir: In eurer Weisung steht geschrieben:[641] *Du sollst den Hingabelohn einer Hure nicht bringen ...* Was ist damit zu machen? Etwa ein Abort für den Hochpriester?[642] Aber ich sagte nichts zu ihm. Er sagte zu mir: So hat mich Jesus, der Nazarener,[643] gelehrt:[644] *Denn aus Hingabelohn der Huren ist es gesammelt, und zum Hingabelohn der Huren kehrt es zurück.* Vom Ort des Schmutzes kommt es, und zum Ort des Schmutzes geht es. Das Wort hat mir gefallen, und deshalb wurde ich wegen Ketzerei verhaftet. Und ich übertrat, was in der Weisung geschrieben steht:[645] *Halte fern von ihr deinen Weg!* Das ist die Ketzerei. *Und nahe dich nicht der Tür ihres Hauses!* Das ist die Obrigkeit. Awoda sara 16 b/17 a

Verspottung eines Ketzers

Imma Schalom, die Frau Rabbi Eliesers, die Schwester Rabban Gamliels, hatte jenen Philosophen in ihrer Nachbarschaft,[646] der im Rufe stand, keine Bestechung anzunehmen. Sie wollten ihn einmal lächerlich machen. Sie brachte ihm eine goldene Lampe, kam vor ihn und sagte zu ihm: Ich will, daß mir mein Teil aus dem Besitz des Fürstenhauses zukomme.[647] Er sagte zu ihnen: Er werde ihr zugeteilt! Gamliel sagte zu ihm: Es steht bei uns geschrieben: Wo ein Sohn ist, da soll eine Tochter nicht miterben. Er sagte zu ihm: Seit dem Tage, da ihr aus eurem Lande verbannt worden seid, ist die Weisung Moses aufgehoben und

641 5. Mose 23,*19*. Der Satz geht weiter: »... in das Haus des Herrn, deines Gottes.«

642 Dazu 5. Mose 23,*13–15*.

643 Im zensierten Text fehlen die Worte: »Jesus, der Nazarener«.

644 Micha 1,*7*.

645 Sprüche 5,*8*.

646 Da Rabbi Elieser, wie die nächste Geschichte zeigt, dem Christentum zuneigte, versuchten Frau und Schwager, ihn durch einen Scherz davon abzubringen, indem sie ihm zeigen wollten, daß der benachbarte christliche Lehrer und seine Bibelauslegung zwiespältig seien. Dahinter steht die Beobachtung, daß die Christen die Weisung einerseits gelten ließen, sich aber andererseits auch über viele Gebote hinwegsetzten.

647 »Fürstenhaus« ist das Haus Rabban Gamliels, des Präsidenten.

das Evangelium gegeben, in dem geschrieben steht: Sohn und Tochter sollen zusammen erben.[648]

Am folgenden Tag kam Rabban Gamliel wieder und brachte ihm einen libyschen Esel. Er sagte zu ihnen: Inzwischen habe ich das Evangelium bis zum Ende durchforscht, und darin steht geschrieben: Ich, Evangelium,[649] bin nicht gekommen, um die Weisung des Mose zu vermindern; sondern um die Weisung des Mose zu vermehren, bin ich gekommen.[650] Und darin steht geschrieben: Wo ein Sohn ist, da soll eine Tochter nicht miterben. Sie sagte zu ihm: Laß doch dein Licht leuchten wie eine Lampe![651] Rabban Gamliel aber sagte zu ihm: Da kam der Esel und stieß die Lampe um. Schabbat 116 a/116 b

Der Ketzerei entgangen

Es geschah einmal, daß Damas Sohn, Rabbi Jischmaels Schwestersohn, eine Schlange biß. Da kam Jaakow aus Kfar Sechanja,[652] um ihn zu heilen. Aber Rabbi Jischmael ließ es nicht zu. Da sagte Damas Sohn zu ihm: Rabbi Jischmael, mein Bruder, laß ihn, damit ich von ihm geheilt werde! Und ich will einen Schriftvers aus der Weisung beibringen, daß dies erlaubt ist. Aber er hatte nicht einmal genug Zeit, das Wort zu vollenden, da ging seine Seele aus, und er starb.

Rabbi Jischmael rief über ihn aus: Wohl dir, Damas Sohn, daß dein Leib rein blieb und deine Seele in Reinheit ausging und daß du die Worte deiner Kollegen nicht übertreten hast! Denn sie sagen:[653] *Wer einen Zaun einreißt, den beißt eine Schlange.*

Awoda sara 27 b

648 Weder in der Weisung Moses noch im Evangelium steht ein derartiger Satz.

649 Im zensierten Text steht dafür: »ein anderes Buch«.

650 Dazu Matthäus 5,*17*.

651 Dazu Matthäus 5,*16*.

652 In der Erzählung »In Berührung mit Ketzern«, Awoda sara 16b/17a, wird er als Schüler Jesu bezeichnet.

653 Prediger 10,*8*.

ISRAEL UND DIE VÖLKER

Der Sinai und die Völker

Einer unserer Meister sagte zu Raw Kahana: Was hast du darüber gehört, was »Berg Sinai« bedeute? Er sagte zu ihm: Es ist der Berg, auf dem für Israel Wunder geschahen. »Berg Nisai« müßte er dann heißen.[654] Vielmehr der Berg, auf dem für Israel ein gutes Zeichen geschah. Dann müßte er »Berg Simnai« heißen.[655] Er sagte zu ihm: Warum sitzt du nicht vor Raw Pappa und Raw Huna, Raw Jehoschuas Sohn, die Aggada studieren? Raw Chisda nämlich und Rabba, Raw Hunas Sohn, sagen beide: Was bedeutet »Berg Sinai«? Das ist ein Berg, auf den der Haß gegen die Völker der Welt herabgestiegen ist.[656] Das ist es, was Rabbi Jose, Chaninas Sohn, gesagt hat: Er hat fünf Namen:[657] Wüste Zin, weil Israel dort Gebote erhielt; Wüste Kadesch, weil dort Israel geheiligt wurde; Wüste Kedemot, weil dort Israel das Urzeitliche verliehen wurde; Wüste Paran, weil dort Israel fruchtbar wurde und sich vermehrte; Wüste Sinai, weil dort der Haß gegen die Völker der Welt herabgestiegen ist. Was ist nun sein Name? Horeb ist sein Name. Das unterscheidet sich von der Meinung Rabbi Awahus, denn Rabbi Awahu sagte: Berg Sinai ist sein Name. Warum aber wird er Berg Horeb genannt? Weil dort für die Völker der Welt Zerstörung herabgestiegen ist. Schabbat 89 a/89 b

654 »Nisai« würde dem hebräischen Wort für »Wunder« besser entsprechen als »Sinai«.

655 »Simnai« würde dem griechischen Fremdwort für »Zeichen« entsprechen.

656 Ein neues Wortspiel: Die Worte »Sinai« und »Haß« sind im Hebräischen einander sehr ähnlich. Haß kam auf die Völker herab, weil sie die ihnen angebotene Weisung abgelehnt haben. Andere Kommentatoren erklären: Am Sinai habe der Haß der Völker auf Israel begonnen. Hier und die beiden anderen Male steht im zensierten Text statt »Völker der Welt«: »Sternendiener«.

657 Bei diesen Namen für den Sinai handelt es sich um Orts- und Landschaftsnamen, die in den biblischen Berichten in engem Zusammenhang mit Wüste und Berg Sinai stehen. Aus den geographischen Namen werden verschiedene Bedeutungen herausgelesen. Diese Wortspiele können aber in der Übersetzung nicht wiedergegeben werden.

Wenn einer aus den Völkern Wein einschenkt

Rabbi Jochanan, Arsas Sohn, und Rabbi Jose, Nehorais Sohn, saßen da und tranken Wein. Als ein Mann dazukam, sagten sie zu ihm: Komm, schenk uns ein! Nachdem er den Becher gefüllt hatte, zeigte es sich, daß er einer aus den Völkern war.[658] Einer verbot den Wein, sogar zu sonstigem Gebrauch, und einer erlaubte ihn, sogar zum Trinken.

Rabbi Jehoschua, Levis Sohn, sagte: Der ihn verboten hat, hat ihn zu Recht verboten, und der ihn erlaubt hat, hat ihn zu Recht erlaubt. Der ihn verboten hat, sagte sich: Der Mann war der Meinung: Sollten Meister wie die hier Bier trinken? Nein, gewiß ist dies hier Wein. Dann libierte er ihn.[659] Der ihn erlaubt hat, hat ihn zu Recht erlaubt, denn er sagte sich: Der Mann war der Meinung: Sollten Meister wie die hier Wein trinken und zu mir sagen: Komm, schenk uns ein? Nein, gewiß ist es Bier, was sie trinken. Und er libierte ihn nicht.

Konnte er denn nicht sehen, was es war? Es war bei Nacht. Konnte er denn nicht riechen, was es war? Es war neuer Wein.[660] Hatte er ihn denn nicht mit dem Schöpfgefäß berührt, und ist er denn nicht verboten, wenn ihn einer aus den Völkern berührt, auch wenn es ohne Absicht geschieht? Man brauchte den Wein nicht zu verbieten, denn er hat ihn ja lediglich ausgeleert,[661] und so geschah sein unmittelbares Handeln ohne Absicht; aber bei jedem unmittelbaren Handeln ohne Absicht haben unsere Meister kein Verbot angeordnet.

Awoda sara 58 a/58 b

658 Im zensierten Text steht anstelle von »einer aus den Völkern«: »Sternenanbeter«.

659 Durch die Zeremonie des Trankopfers haben Andersgläubige den Wein ihren Göttern geweiht. Was so fremden Göttern zugeeignet worden ist, haben sich Juden verboten. Diese Frage war auch bei den ersten Christen aktuell; dazu 1. Korinther 8 und 10.

660 Er meint, neuer Wein sei am Geruch nicht als Wein zu erkennen. In diesem letzten Abschnitt wird versucht zu zeigen, daß die Meister den Wein trinken durften.

661 Er hat ihn nicht aus einem offenen Gefäß geschöpft, sondern nur aus einer Kanne eingeschenkt. Er hat ihn also nicht berührt, sondern nur bewegt.

Vom Handel

Mit denen, die zu einem Götzenfest gehen, ist es verboten zu handeln. Schmuel sagte: Mit einem aus den Völkern,[662] der zu einem Götzenfest geht, ist es bei der Hinreise verboten; er könnte nämlich hingehen und beim Götzendienst danken. Bei der Rückkehr ist es erlaubt, weil geschehen ist, was geschehen ist. Mit einem aus Israel, der zu einem Götzenfest geht, ist es bei der Hinreise erlaubt; vielleicht kehrt er um und geht doch nicht hin. Bei der Rückkehr ist es verboten: nachdem er so daran hängt, wird er gewiß wieder hingehen. Es wird doch gelehrt: Mit einem aus Israel, der zu einem Götzenfest geht, ist es sowohl bei der Hinreise als auch bei der Rückkehr verboten. Raw Aschi sagte: Das wird doch von einem Abtrünnigen Israels gelehrt, der gewiß wieder hingeht.

Unsere Meister lehrten: Mit einem aus den Völkern, der zum Jahrmarkt geht,[663] ist es sowohl bei der Hinreise als auch bei der Rückkehr erlaubt. Mit einem aus Israel, der zum Jahrmarkt geht, ist es bei der Hinreise erlaubt, bei der Rückkehr verboten. Was ist da für ein Unterschied? Mit einem aus Israel ist es bei der Rückkehr verboten; man könnte nämlich sagen: Er hat Götzen verkauft und hat den Götzenerlös bei sich. Aber auch von einem aus den Völkern könnte man sagen: Er hat Götzen verkauft und hat den Götzenerlös bei sich. Nein, von einem aus den Völkern sagen wir: Er hat einen Mantel verkauft, er hat einen Esel verkauft. Aber auch von einem aus Israel könnte man sagen: Sag doch, er hat einen Mantel verkauft, er hat einen Esel verkauft. Wenn dem so wäre, so würde er es hier verkaufen.[664] Awoda sara 32b/33a

Hebammen und Ammen

Eine Tochter Israels soll einer Fremden keine Geburtshilfe leisten, weil sie dann einem Anhänger des Götzendienstes zur Ge-

662 Für »einer aus den Völkern« steht im zensierten Text durchweg: »Götzendiener«.

663 Jahrmärkte Andersgläubiger waren meist einem Gott geweiht.

664 Ein Jude, der zum Jahrmarkt geht, wird verdächtigt, einer von den Völkern aber entschuldigt.

burt verhilft.[665] Aber eine Fremde darf einer Tochter Israels Geburtshilfe leisten. Eine Tochter Israels soll das Kind einer Fremden nicht säugen. Aber eine Fremde darf das Kind einer Tochter Israels in deren Anwesen säugen.[666]

Mischna Awoda sara II, 1

Öl und Brot

Rabbi Jehuda, der Fürst, ging gestützt auf die Schulter seines Famulus, Rabbi Simlai, und sagte zu ihm: Simlai, du warst gestern abend nicht im Lehrhaus, als wir das Öl erlaubten.[667] Er sagte zu ihm: In unseren Tagen solltest du auch das Brot erlauben. Er sagte zu ihm: Dann würden sie uns das auflösende Gelehrtenkollegium nennen.[668] Awoda sara 37a

Festhalten am Brauch als Schutz

Wir haben nämlich gelernt: Anfangs haben sie den Neumond durch Feuersignale angezeigt.[669] Als aber die Samaritaner Verwirrung stifteten, setzte man fest, daß Boten hinausgehen soll-

665 »Weil sie dann einem Anhänger des Götzendienstes zur Geburt verhilft«, fehlt in manchen Handschriften. Aber an dieser religiösen Begründung hängt die ganze Vorschrift.

666 Diese Vorschrift, daß ein jüdisches Kind nur innerhalb des jüdischen Hauses von einer Frau aus den Völkern gepflegt werden dürfe, kam aus der Sorge, daß solche Frauen mit jüdischen Kindern fremde religiöse Bräuche begingen. In Zeiten der Judenverfolgung fürchteten Juden sogar, ihre Kinder könnten von solchen Frauen verstümmelt oder getötet werden.

667 Die Gelehrten hatten erlaubt, daß Juden Öl von Leuten aus den Völkern genießen dürfen.

668 Der junge Gelehrte hatte gemeint, das Leben der Juden unter den Völkern würde wesentlich erleichtert, wenn sie auch deren Brot essen dürften. Dies ging dem Fürstgelehrten und seinem Kollegium aber zu weit. Sie erlaubten nur das unumgänglich Notwendige, um nicht der Auflösung Tür und Tor zu öffnen.

669 Der jüdische Kalender und damit die Begehung aller Feste zu der Zeit, die in der Weisung vorgeschrieben ist, hängt mit dem Lauf des Mondes zusammen und erforderte ursprünglich allmonatliche Beobachtung des Neumondes. Um Irrtümer auszuschließen, überließ man die Beobachtung nicht den einzelnen Gemeinden, sondern gab Nachricht von Jerusalem aus; dazu die Abschnitte über die Kalenderbestimmung, Seite 322 ff. In der Diaspora, wo der Monatsanfang nicht von Jerusalem aus bekanntgemacht werden konnte, feierte man zur Vorsicht jedes Fest einen Tag länger.

ten. Wenn aber die Verwirrung durch die Samaritaner beseitigt würde, dann würden wir nur einen Tag feiern; und ebenso feierten wir überall, wo die Boten hingelangten, nur einen Tag. Nun aber, da wir wissen, wie der Neumond festzusetzen ist[670] – warum feiern wir immer noch die zwei Tage? Weil sie von dort[671] sagen ließen: Seid vorsichtig mit dem Brauch eurer Väter, der euch anvertraut ist. Es werden Zeiten kommen, da Regierungen Verordnungen ausgehen lassen, die Verwirrung stiften.

Jom tow 4 b

Die Scheidung an Geheiligtem

Es war einst einer aus den Völkern, der nach Jerusalem zu gehen und dort am Pesachopfer teilzunehmen pflegte. Er sagte: Es steht geschrieben:[672] *Kein Fremder darf davon essen,* ferner: *Kein Unbeschnittener darf davon essen.* Ich aber esse vom Allerbesten. Rabbi Jehuda, Beteras Sohn, sagte zu ihm: Teilen sie dir auch vom Fettschwanz zu? Er sagte zu ihm: Nein. Er sagte zu ihm: Wenn du wieder da hinaufgehst, so sage zu ihnen: Teilt mir auch vom Fettschwanz zu! Als er hinaufkam, sagte er zu ihnen: Vom Fettschwanz teilt mir zu! Sie sagten zu ihm: Der Fettschwanz wird dem Höchsten dargebracht.[673] Sie sagten zu ihm: Wer hat dir das gesagt? Er sagte zu ihnen: Rabbi Jehuda, Beteras Sohn. Sie sagten: Was ist denn da los? Sie stellten eine Untersuchung nach ihm an und fanden heraus, daß er einer aus den Völkern war. Da töteten sie ihn.[674] Sie sandten eine Botschaft zu Rabbi Jehuda, Beteras Sohn: Friede sei mit dir, Rabbi Jehuda, Beteras Sohn! Du bist in Nizibis,[675] aber dein Netz ist in Jerusalem ausgespannt.

Pesachim 3 b

670 Zu Beginn des 4. christlichen Jahrhunderts wurde die Norm für die Bestimmung des jüdischen Kalenders endgültig festgesetzt.

671 Von Israelland aus nach der Diaspora in Babylonien.

672 2. Mose 12,*43* und *48*.

673 Nach 3. Mose 3,*9* und *17* ist ein großer Teil des Fettes beim Opfer, auch der Fettschwanz der Lämmer, für Gott bestimmt und wird verbrannt. Demnach ist es selbst für einen Priester aus Israel völlig unmöglich, davon zu essen.

674 Schon das Betreten des Frauenvorhofes war für Fremde bei Todesstrafe verboten. Eine der Tafeln sowie das Bruchstück einer zweiten, die in verschiedenen Sprachen vor dem Betreten warnten, sind erhalten geblieben.

Niemand soll seinen Sohn Griechisch lehren

Unsere Meister lehrten: Als von den Königen des Hasmonäerhauses der eine den anderen belagerte, da befand sich Hyrkan außerhalb und Aristobul innerhalb.[676] Tag für Tag ließen sie in einem Korb Silbermünzen hinab,[677] und sie gaben ihnen dafür Lämmer für das tägliche Brandopfer hinauf. Dort war ein alter Mann, welcher der Weisheit des Griechischen kundig war. Er verständigte sich mit ihnen mit Hilfe der Weisheit des Griechischen.[678] Er sagte zu ihnen: Solange sie sich mit dem Opferdienst befassen, werden sie nicht in eure Hände gegeben. Anderntags ließen sie wiederum in einem Korb Silbermünzen hinab. Aber sie gaben ihnen dafür ein Schwein hinauf.[679] Als es die Hälfte der Mauer erreicht hatte, krallte es seine Klauen ein. Da erbebte das Land Israel vierhundert Parsa weit.[680] Zu jener Stunde sagten sie: Verflucht sei ein Mensch, der Schweine großzieht, und verflucht sei ein Mensch, der seinen Sohn die Weisheit des Griechischen lehrt. Über jenes Jahr haben wir gelernt: Es geschah, daß die Erstlingsgarbe aus Gagot Zrifin kam und die beiden Opferbrote vom Tal Ein Socher.[681] Sota 49 b

Weisung und Weisheit

Damas Sohn, Rabbi Jischmaels Schwestersohn, fragte Rabbi Jischmael: Wie wäre es, wenn einer wie ich, der ich die Weisung

675 Nizibis ist eine Stadt in Mesopotamien.

676 Nach dem Tod der Hasmonäerin Alexandra im Jahr 67 vor der christlichen Zeitrechnung kämpften ihre beiden Söhne jahrelang gegeneinander um die Herrschaft. Aristobul hatte sich in Jerusalem verschanzt, und Hyrkan belagerte ihn mit Hilfe der Römer.

677 Wörtlich »Denare«, das sind kleine Silbermünzen im Wert eines halben Schekel.

678 Der Mann war innerhalb der Stadtmauer, wo man im allgemeinen Hebräisch sprach. Er verständigte sich mit Griechenfreunden und Römern außerhalb.

679 Schweine gelten als »trefe«; dazu 3. Mose 11,*7* und 5. Mose 14,*8*. Sie sind daher als Opfertiere für Juden unmöglich.

680 Ein Parsa (Parasange) entspricht vier Meilen.

681 Zu Erstlingsgarbe und Opferbrot: 3. Mose 23,*10* und 2. Mose 25,*30*. Beides mußte in diesem Jahr von weit her gebracht werden, weil das Land durch Krieg und Erdbeben verwüstet war. Die Orte liegen bei Lud bzw. Nablus.

ganz und gar lernte, die Weisheit des Griechischen lernte? Da las er über ihm diesen Schriftvers:[682] *Nicht weiche dieses Buch der Weisung aus deinem Munde und sinne darin Tag und Nacht!* Geh hin und suche nach einer Stunde, die weder dem Tage gehört noch der Nacht, und lerne in ihr die Weisheit des Griechischen![683]

Davon unterscheidet sich aber die Meinung Rabbi Schmuels, Nachmanis Sohn. Rabbi Schmuel, Nachmanis Sohn, sagte nämlich: Rabbi Jonatan sagte: Dieser Vers ist weder eine Pflicht noch ein Gebot, sondern ein Segen. Der Heilige, gelobt sei er, sah, daß die Worte der Weisung Josua besonders lieb sind, denn es heißt:[684] *Und sein Diener Josua, Nuns Sohn, ein Junge, wich nicht aus der Mitte des Zeltes.* Da sprach der Heilige, gelobt sei er: Josua, so lieb sind dir die Worte der Weisung; *nicht weiche dieses Buch der Weisung aus deinem Munde!* Menachot 99 b

Hellenistisch-jüdische Symbiose

Es wird gelehrt: Rabbi Jehuda sagt: Wer die Doppelsäulenhalle von Alexandria in Ägypten nicht gesehen hat, der hat die Herrlichkeit Israels nicht gesehen. Sie sagten, sie sei von der Art einer großen Basilika gewesen, eine Säulenhalle in der anderen Säulenhalle, in der manchmal sechzig Myriaden und nochmals sechzig Myriaden waren, doppelt so viele wie die, so aus Ägypten zogen. Darin waren einundsiebzig Lehnstühle von Gold, entsprechend den Einundsiebzig des Großen Synedriums; jeder einzelne bestand aus nicht weniger als einundzwanzig Myriaden Goldbarren.[685] Eine Bühne von Holz war in ihrer Mitte, und der Gemeindediener stand auf ihr, ein Tuch in seiner Hand. Und sobald die Stelle kam, wo »Amen« zu antworten ist, schwenkte dieser mit dem Tuch, und die ganze Gemeinde ant-

682 Josua 1,*8*.
683 Diese Haltung findet sich ebenso im frühen Christentum, etwa in der weit verbreiteten, syrischen »Lehre der Apostel« aus dem dritten Jahrhundert, in der das Studium aller Bücher außer der Bibel verworfen wird.
684 2. Mose 33,*11*. »Zelt« meint hier die Stätte des Studiums der Weisung.
685 Durch solche Steigerungen soll die unvorstellbare Schönheit und der unschätzbare Wert der alexandrinischen Synagoge ausgedrückt werden.

wortete: Amen.[686] Sie saßen nicht vermischt, sondern Goldarbeiter unter sich, Silberarbeiter unter sich, Grobschmiede unter sich, Kunstweber unter sich und gewöhnliche Weber unter sich. Und wenn ein Armer dort eintrat,[687] erkannte er, die seinem Handwerk angehörten, und wandte sich dorthin. Und von dort bekam er seinen Unterhalt und den Unterhalt seiner Familienangehörigen. Sukka 51 b

Hellenistisch-jüdische Bibelübersetzung

Es wird gelehrt: Einst geschah es, daß der König Ptolemäus zweiundsiebzig Älteste zusammenführte und sie in zweiundsiebzig Häuser brachte.[688] Er entdeckte ihnen aber nicht, weswegen er sie zusammengeführt hatte. Er ging zu jedem einzelnen hinein und sagte zu ihnen: Schreibt mir die Weisung Moses, eures Meisters![689] Da gab der Heilige, gelobt sei er, Rat in das Herz jedes einzelnen, so daß sie alle in derselben Erkenntnis übereinstimmten und für ihn schrieben: *Gott erschuf im Anfang;*[690] Ich will *einen Menschen machen* in Bild und in Gleichnis;[691] *und er vollendete am* sechsten *Tag ... und ruhte am siebten Tag;*[692]

686 Wegen der Größe des Raumes war die Stimme des Vorbeters nicht überall zu hören.

687 Nach dem Jerusalemischen Talmud ist hier an solche zu denken, die auf der Suche nach Arbeit wandernd unterwegs waren und in der Synagoge, zu der auch Räume für Gäste gehörten, eine vorläufige Unterkunft fanden.

688 Diese Legende, nach der 70 oder 72 Gelehrte unter Ptolemaios II. (von 285 bis 247) in ihrer Übersetzung der fünf Bücher Moses ins Griechische unabhängig voneinander übereinstimmten, ist auch aus dem Aristeasbrief bekannt, wie er seit Philo gedeutet wurde. Tatsächlich ist wohl gemeint, die Gelehrten hätten verglichen und sich so geeinigt. Von daher hat die gesamte griechische Bibel ihren Namen: Septuaginta, Übersetzung der Siebzig. Hier werden Stellen aufgeführt, bei denen aus verschiedenen Gründen bewußt vom Urtext abgewichen wird. Hellenistisches Denken ist hier umformend wirksam geworden.

689 Sie sollen diese auf Griechisch schreiben, also übersetzen.

690 1. Mose 1,*1*. Im Urtext: »Im Anfang erschuf Gott«; »Gott« wurde an den Anfang gestellt.

691 1. Mose 1,*26*. Urtext: »Lasset uns einen Menschen machen in unserem Bild nach unserem Gleichnis.« Aus der Mehrzahl wird Einzahl, um polytheistische Mißdeutung abzuwehren.

692 1. Mose 2,*2*. Urtext: »Und er vollendete am siebten Tag ... und ruhte am

männlich und weiblich erschuf er ihn, aber nicht schrieben sie: *erschuf er sie;*[693] *wohlan,* ich will *hinabfahren und daselbst ihre Sprache verwirren;*[694] *da lachte Sara* unter ihren Verwandten;[695] *denn in ihrem Zorn haben sie einen* Ochsen *getötet und in ihrem Mutwillen Vieh gelähmt;*[696] *da nahm Mose seine Frau und seine Söhne und ließ sie reiten auf* einem Menschenträger;[697] *der Aufenthalt Israels in Ägypten* und in den übrigen Ländern *betrug* vierhundert *Jahre;*[698] *da sandte er die* Jünglinge

siebten Tag«; eine logische Korrektur in der samaritanischen, syrischen und griechischen Überlieferung. Dies ist in diesem Zusammenhang die einzige Stelle, wo sich eine der Korrekturen im gegenwärtig bekannten Text der Septuagintaüberlieferung nachweisen läßt.

693 1. Mose 5,*2*. Die Mehrzahl wird in die Einzahl übersetzt, so wie auch schon in 1. Mose 1,*27a* die Einzahlform steht: »erschuf er ihn«. Raschi verweist zu dieser Stelle auf die Aggada, nach welcher der eine erste Mensch zunächst zwei Gesichter gehabt habe. Erst später sei er in zwei Hälften geteilt worden. Eine ähnliche Legende wird von Aristophanes im Symposion von Platon erzählt (189c–190b).

694 1. Mose 11,*7*. Wieder ist der Plural zum Singular geworden.

695 1. Mose 18,*12*. Urtext; »Da lachte Sara in sich hinein«; die Veränderung zu dem im Hebräischen ähnlich klingenden »unter ihren Verwandten« soll Sara rügen, weil sie sich in der Öffentlichkeit über die Sohnesverheißung lustig machte, während Abraham zwar auch lachte, was aber nach dem Targum Onkelos und nach Raschi aus Freude geschah.

696 1. Mose 49,*6*. Im Urtext: »töteten sie einen Mann«; dies bezieht sich auf das Morden in Sichem, 1. Mose 34, wobei das Wort »Mann« kollektiv zu verstehen ist; der Ersatz von »Mensch« durch »Ochse« wurde durch die parallele zweite Hälfte des Verses nahegelegt. Die Schandtat der Brüder sollte dadurch verharmlost werden.

697 2. Mose 4,*20*. Urtext: »auf dem Esel«; der auffällige bestimmte Artikel hat Ausleger wie Raschi veranlaßt, unter dem Esel jenen zu verstehen, den Abraham sattelte, als er Isaak opfern sollte (1. Mose 22,*3*), und auf dem einst der Messias reiten wird (Sacharja 9,*9*). In der Septuaginta ist dieser Esel ganz allgemein zum »Lasttier« geworden, hier vollends zum »Menschenträger«, da hier seine Last in Menschen besteht.

698 2. Mose 12,*40*. Im Urtext: »Der Aufenthalt Israels in Ägypten betrug vierhundertdreißig Jahre«; nach 1. Mose 15,*13* ist dem Samen Abrahams eine vierhundertjährige Fremdlingschaft in anderen Ländern vorhergesagt. Aus dem Zahlenwert des Wortes »steigt hinab« in 1. Mose 42,*2* wird erschlossen, Israel werde insgesamt 210 Jahre in Ägypten sein; diese Stelle berichtet davon, wie Jakob seine Söhne zum erstenmal nach Ägypten schickt; das Wort ist ungewöhnlich. Der Rest von 190 Jahren kommt so zustande: Von Isaaks Geburt bis zu Jakobs Geburt: 60 Jahre (1. Mose

der Söhne Israels;[699] *wider die* Jünglinge *der Söhne Israels sandte Er seine Hand nicht aus;*[700] *nicht eine einzige* Kostbarkeit *habe ich von ihnen erhoben;*[701] *die der Herr, dein Gott, allen Völkern* zum Leuchten *zugeteilt hat;*[702] *und er hingehe und anderen Göttern diene,* denen zu dienen *ich nicht geboten habe.*[703] Ferner schrieben sie für den König: den Kurzbeinigen und schrieben nicht für ihn: *den Hasen,* weil der Name der Frau des Ptolemäus »Hase« war,[704] damit er nicht sagen soll: Die Juden haben sich über mich lustig gemacht, indem sie den Namen meiner Frau in die Weisung aufnahmen. Megilla 9 a/9 b

Große und kleine Götter

Die Ältesten in Rom wurden gefragt:[705] Wenn Er an den Götzen keinen Gefallen hat, warum vernichtet Er sie nicht? Sie sagten zu ihnen: Wenn sie einer Sache dienen würden, deren die

25,*26*), von Jakobs Geburt bis zu seiner Ankunft in Ägypten: 130 Jahre (1. Mose 47,*9*). Auch Isaak und Jakob waren zeitlebens Fremdlinge; dazu 1. Mose 26 und Psalm 105,*12 f.*

699 2. Mose 24,*5*. Im Urtext steht »Knaben«, was auch Knechte bedeuten kann. Um diese zweite Bedeutung auszuschließen, wurde ein selten vorkommendes Fremdwort gewählt, das wohl »Jünglinge« bedeutet. Nach Raschi soll es aber »Vornehme« heißen, da es im folgenden Zitat im Urtext ein hebräisches Wort dieser Bedeutung ersetzt. Da die beiden Verse einander sehr ähnlich sind, wurden sie durch das veränderte Wort einander noch mehr angeglichen.

700 2. Mose 24,*11*.

701 4. Mose 16,*15*. Urtext: »Nicht einen einzigen Esel«; das im Hebräischen ähnlich lautende Wort »Kostbarkeit« verallgemeinert diesen Satz: Mose hatte nichts für seinen eigenen Bedarf gefordert. Der »Esel« entspricht dem »Esel« von 2. Mose 4,*20* (Urtext), die »Kostbarkeit« hier dem »Menschenträger« dort (Übersetzung).

702 5. Mose 4,*19*. In der Übersetzung wurden die Worte »zum Leuchten« eingefügt, damit das Mißverständnis nicht aufkomme, die Gestirne seien für die Völker zur Anbetung erlaubt oder gar bestimmt.

703 5. Mose 17,*3*. »Zu dienen« ist eingefügt, um den Satz genauer zu bestimmen.

704 3. Mose 11,*6*. Dies ist wohl eine Verwechslung mit dem Vater des Ptolemäus, der Lagos, »Hase«, hieß.

705 Nach der Gemara fragten römische Philosophen die Ältesten der jüdischen Gemeinde in Rom.

Welt nicht bedarf, so würde Er sie vernichten. Doch siehe, sie dienen der Sonne und dem Mond, den Fixsternen und den Wandelsternen. Soll Er denn der Narren wegen Seine Welt zugrunde richten?

Sie sagten zu ihnen: Wenn es so ist, so soll Er doch eine Sache zugrunde richten, deren die Welt nicht bedarf, aber eine Sache belassen, deren die Welt bedarf.[706] Sie sagten zu ihnen: Damit würden wir die Hände derer stärken, die diesen dienen.[707] Denn sie würden sagen: Erkennet, daß die Gestirne Gottheiten sind, denn siehe, sie sind nicht vernichtet worden![708]

Mischna Awoda sara IV, 7

Israel schämt sich vor den Völkern

Rabbi Tanchum, Chanilais Sohn, sagte: In der Stunde, da Hananja, Misael und Asarja aus dem brennenden Ofen herausgingen,[709] kamen alle Völker der Welt, schlugen den Hassern Israels[710] ins Gesicht und sagten zu ihnen: Ihr habt einen solchen Gott und werft euch vor einem Götzenbilde nieder![711] Sofort hoben sie an und sagten:[712] *Dein, o Herr, ist die Gerechtigkeit, unser aber ist die Scham, wie es jetzt am Tag ist.*

Sanhedrin 93 a

Die Bewährten der Völker

Und ich sagte zu ihnen: Wenn es gut ist in euren Augen, so gebt mir meinen Lohn, wenn nicht, so laßt es bleiben. Da wogen sie

706 Gott könnte doch wenigstens diejenigen Götter zerstören, deren die Welt nicht bedarf.

707 Gemeint sind diejenigen Menschen, die Gestirne als Götter verehren.

708 Die Verehrer der kleinen Götzen würden dann die Gestirne verehren und doch nicht an den einen Gott glauben.

709 Dazu Daniel 3.

710 Umschreibung Israels, wenn etwas Schlimmes nicht ausgesprochen und damit »berufen« werden soll.

711 Nachdem die Völker gesehen hatten, welch ein großes Wunder Gott an den drei Getreuen tat, entsetzten sie sich, daß andere aus Israel ihn verlassen hatten.

712 Daniel 9,7.

mir meinen Lohn dar, dreißig Lot Silber.[713] Rabbi Jehudạ sagt: Das sind die dreißig Bewährten der Völker der Welt. Ihretwegen bleiben die Völker der Welt bestehen. Chullin 92 a

Jedem kam er zuvor

Ein Wahlspruch war's im Munde Abbajes: Immerdar sei ein Mensch klug in der Furcht. Eine sanfte Antwort beruhigt Zornesglut. Und man mehre den Frieden mit seinen Brüdern, mit seinen Verwandten und mit jedem Menschen, sogar mit einem aus den Völkern auf dem Markte, damit man droben geliebt und hienieden begehrt sei, und damit man angenehm sei für die Geschöpfe. Sie sagten über Rabban Jochanan, Sakkais Sohn, daß ihm niemals ein Mensch mit dem Friedensgruß zuvorkam, sogar keiner aus den Völkern auf dem Markte. Brachot 17 a

Wegen des Friedens

Unsere Meister lehrten: Man versorge die Armen aus den Völkern mitsamt den Armen Israels, und man besuche die Kranken derer aus den Völkern mitsamt den Kranken Israels, und man begrabe die Toten derer aus den Völkern mitsamt den Toten Israels, des Friedens wegen. Gittin 61 a

Der Mensch, der sie tut, wird leben

Rabbi Meïr sagt:[714] Woher haben wir, daß sogar einer aus den Völkern, der sich mit der Weisung beschäftigt, daß er wie der Hohepriester ist? Eine Schriftstelle besagt:[715] *Der Mensch, der sie tut, wird durch sie leben.* Es heißt nicht: Priester, Leviten und Israeliten, sondern: *Mensch.* Dies lehrt dich: Sogar einer aus den Völkern, der sich mit der Weisung beschäftigt, siehe, er ist wie der Hohepriester. Bawa kamma 38 a

713 Sacharja 11,*12*.

714 Dieser Abschnitt hat mehrere Parallelen im Talmud; eine davon wurde schon oben, in größerem Zusammenhang, Awoda sara 2 a/2 b/3 a, Seite 134 f., zitiert.

715 3. Mose 18,*5*. Der Anfang des Satzes heißt: »Wahret meine Satzungen und meine Rechte.«

Um der Proselyten willen

Rabbi Elasar sagte: Der Heilige, gelobt sei er, hat Israel nur darum unter die Völker verbannt, damit ihnen Proselyten hinzugefügt werden, denn es heißt:[716] *Ich will sie mir in die Erde einsäen.* Sät etwa ein Mensch eine Sea ein, wenn er nicht ein paar Kor einbringen will?[717] Und Rabbi Jochanan sagte es hieraus:[718] *Ich will mich erbarmen der Ohn-Erbarmen.*

Pesachim 87 b

Sieg der Sanftmut

Unsere Meister lehrten: Es geschah einmal, daß einer aus den Völkern vor Schammai kam und zu ihm sagte: Wie viele Weisungen habt ihr? Er sagte zu ihm: Zwei; eine Weisung, die geschrieben ist, und eine Weisung, die mündlich ist. Er sagte zu ihm: Die geschrieben ist, glaube ich dir, aber die mündlich ist, glaube ich dir nicht. Mache mich zum Proselyten, unter der Bedingung, daß du mich die schriftliche Weisung lehrst! Er fuhr ihn an und warf ihn mit einem Verweis hinaus. Er kam vor Hillel, der machte ihn zum Proselyten. Am ersten Tag sagte er zu ihm: Aleph, Bet, Gimel, Dalet;[719] am folgenden Tag kehrte er es ihm um. Er sagte zu ihm: Aber gestern hast du es mir doch nicht so gesagt. Er sagte zu ihm: Hast du dich nicht da auf mich verlassen? So verlasse dich auch, was die mündliche Lehre betrifft!

Wiederum geschah es, daß einer aus den Völkern vor Schammai kam und zu ihm sagte: Mache mich zum Proselyten, unter der Bedingung, daß du mich die Weisung ganz und gar lehrst, während ich auf einem Bein stehe! Da stieß er ihn mit dem Meßbrett weg, das er gerade in der Hand hatte. Er kam vor Hillel, der machte ihn zum Proselyten und sagte zu ihm: Was

716 Hosea 2,*25a*.
717 Ein Kor sind 30 Sea (eine Sea faßt etwa 13 Liter).
718 Hosea 2,*25b*. Durch beide Auslegungen wird hervorgehoben, daß Gott die Strafe zum Segen wandelt.
719 Die ersten vier Buchstaben des hebräischen Alphabets in ihrer Reihenfolge.

dir verhaßt ist, das tue deinem Genossen nicht an! Das ist die Weisung ganz und gar, das andere ist ihre Auslegung. Geh und lerne!

Wiederum geschah es, daß einer aus den Völkern hinter einem Lehrhaus vorbeiging und die Stimme eines Schriftkundigen hörte, der sagte:[720] *Dies sind die Kleider, die sie machen sollen: Brustschild und Schultergewand.* Er sagte: Für wen sind diese? Sie sagten zu ihm: Für den Hohenpriester. Da sagte der aus den Völkern bei sich selber: Ich will gehen und Proselyt werden, damit sie mich zum Hohenpriester einsetzen. Er kam vor Schammai und sagte zu ihm: Mache mich zum Proselyten, unter der Bedingung, daß du mich zum Hohenpriester einsetzest! Da stieß er ihn mit dem Meßbrett weg, das er gerade in der Hand hatte. Er kam vor Hillel, der machte ihn zum Proselyten und sagte zu ihm: Wird etwa einer als König aufgestellt, der das Regierungszeremoniell nicht kennt? Geh und lerne das Regierungszeremoniell! Da ging er und las. Als er anlangte bei:[721] *Aber der Fremde, der sich naht, soll sterben,* sagte er zu ihm: Über wen ist dieser Schriftvers gesagt? Er sagte zu ihm: Sogar über David, den König Israels. Da übertrug der Proselyt dies auf sich selber, indem er vom Leichteren aufs Schwerere schloß: Wenn nämlich über Israel, die dem Allgegenwärtigen Kinder heißen und die er aus seiner großen Liebe heraus *Mein erstgeborener Sohn Israel*[722] nennt, geschrieben steht: *Aber der Fremde, der sich naht, soll sterben,* um wieviel mehr gilt das erst von einem geringen Proselyten, der nur mit seinem Stab und seinem Wandersack kommt. Er kam vor Schammai und sagte zu ihm: Bin ich etwa würdig, Hoherpriester zu sein? Steht denn nicht in der Weisung geschrieben: *Aber der Fremde, der sich naht, soll sterben?* Er kam vor Hillel und sagte zu ihm: O sanftmütiger Hillel! Es mögen Segnungen auf deinem Haupt ruhen, daß du mich unter die Flügel der Einwohnung nahen ließest.

Nach einigen Tagen trafen alle drei am selben Ort zusammen und sagten: Die Ungeduld Schammais hat uns aus der Welt ver-

720 2. Mose 28,*4*.

721 4. Mose 1,*51*. Im Zusammenhang handelt es sich darum, daß sich nur Leviten nahen dürfen. David war kein Levit.

722 2. Mose, 4,22.

treiben wollen, die Sanftmut Hillels hat uns unter die Flügel der Einwohnung nahen lassen. Schabbat 31 a

In schweren Zeiten

Der Meister sagte: Wenn einer kommt, um Proselyt zu werden, so sagen sie zu ihm: Welchen Gesichtspunkt hast du, daß du gekommen bist, um Proselyt zu werden? Und sie unterweisen ihn in einigen von den leichteren Geboten und in einigen von den schwereren Geboten. Was ist der Grund dafür? Wenn er zurücktreten will, so trete er zurück. Rabbi Chelbo sagte nämlich: Schwer sind Proselyten für Israel wie ein Ausschlag, denn es steht geschrieben:[723] *Der Proselyt wird sich an sie hängen, zum Hause Jakobs werden sie sich schlagen.* Jewamot 47 b

Proselytentaufe

Unsere Meister lehrten: Wenn einer in dieser Zeit kommt, um Proselyt zu werden, so sagen sie zu ihm: Welchen Gesichtspunkt hast du, daß du gekommen bist, um Proselyt zu werden? Weißt du nicht, daß Israel in dieser Zeit gequält, gestoßen, gezerrt, zerrissen wird, daß Züchtigungen über sie kommen? Wenn er sagt: Das weiß ich und ich bin nicht würdig, so nehmen sie ihn sofort auf und unterweisen ihn in einigen von den leichteren Geboten und in einigen von den schwereren Geboten und unterweisen ihn über die Verschuldung bei der Nachlese, bei Vergessenem, beim Eckenlaß und beim Armenzehnten.[724] Und sie unterweisen ihn über die Strafen der Gebote und sagen zu ihm: Wisse, daß du, ehe du unter diese Norm getreten bist, Talg gegessen hast,[725] ohne daß du mit Ausrottung bestraft wurdest; daß du den Schabbat entweiht hast, ohne daß du mit Steinigung bestraft wurdest. Wenn du aber jetzt Talg ißt, so

723 Jesaja 14,*1*. Die Übersetzung versucht, das Wortspiel wiederzugeben. – Die Übertretung des römischen Verbotes, Proselyten aufzunehmen, konnte Strafen über Israel bringen.

724 Nach 3. Mose 19,*9 f.; 23,22* und 5. Mose 24,*19–22* muß von der Ernte des Getreides und der Früchte einiges den Armen überlassen werden.

725 Verbotenes Fett nach 3. Mose 3,*17*.

wirst du mit Ausrottung bestraft; wenn du jetzt den Schabbat entweihst, so wirst du mit Steinigung bestraft. Und wie sie ihn über die Strafe der Gebote unterweisen, so unterweisen sie ihn auch über die Gabe ihres Lohnes. Sie sagen zu ihm: Wisse, daß die kommende Welt nur für die Bewährten gemacht ist. Israel aber kann in dieser Zeit weder zuviel Gutes noch zuviel Unglück auf sich nehmen. Aber man rede nicht zuviel auf ihn ein, und man gehe mit ihm nicht zu sehr ins einzelne. Nimmt er an, so beschneiden sie ihn sofort. Bleiben bei ihm Hautfetzchen zurück, die seine Beschneidung ungültig machen, so wiederholen sie die Beschneidung. Sobald er wieder gesund ist, tauchen sie ihn unter, und zwei Gelehrte stehen neben ihm und unterweisen ihn in einigen von den leichteren Geboten und in einigen von den schwereren Geboten. Wenn er untergetaucht und heraufgestiegen ist, so gilt er in allen Dingen als ein Israelit. Eine Frau wird von Frauen bis an den Hals ins Wasser gesetzt, und zwei Gelehrte stehen für sie draußen und unterweisen sie in einigen von den leichteren Geboten und in einigen von den schwereren Geboten.

Jewamot 47 a/47 b

Vergangenes sei vergessen

Wenn einer umgekehrt ist, sage keiner zu ihm: Gedenke deiner früheren Taten! Wenn einer Nachkomme von Proselyten ist, sage keiner zu ihm: Gedenke des Tuns deiner Väter! Wenn einer Proselyt ist und kommt, um die Weisung zu lernen, sage keiner zu ihm: Ein Mund, der Aas, Zerrissenes, Ekliges und Kriechendes gegessen hat,[726] kommt, um die Weisung zu lernen, die aus dem Munde der Allmacht gesprochen wurde.

Bawa mezia 58 b

Wahre Proselyten

Ein Mann, der wegen seiner Frau Proselyt wurde, und eine Frau, die wegen eines Mannes Proselytin wurde, und ebenso, wer Proselyt wurde, um am Tisch von Königen zu speisen oder

726 Da er vorher die für Juden geltenden Speisevorschriften nicht beachtet hat; dazu 3. Mose 22,*8* und 3. Mose 11.

um dem König Salomo zu dienen, die gelten nicht als Proselyten. Das sind Worte Rabbi Nechemjas. Rabbi Nechemja sagt nämlich: Wer Proselyt wurde wegen der Löwen,[727] wer Proselyt wurde wegen der Träume und wer Proselyt wurde in der Zeit Mordechais und Esthers,[728] die gelten nicht als Proselyten, sondern nur die in der jetzigen Zeit Proselyten werden. In der jetzigen Zeit? Was kommt dir in den Sinn? Vielmehr sage: Wie in der jetzigen Zeit.[729] Dazu ist folgendes gesagt worden: Rabbi Jizchak, Schmuels Sohn, der Sohn Martas, sagte im Namen Raws: Die Praxis entspricht den Worten dessen, der sagt: Sie alle sind Proselyten. Jewamot 24 b

Nicht in den Zeiten des Glanzes

Unsere Meister lehrten: In den Tagen des Messias nehmen sie keine Proselyten an, gleichwie sie keine Proselyten annahmen, weder in den Tagen Davids noch in den Tagen Salomos. Rabbi Elieser sagte: Welches ist der Schriftvers?[730] *Siehe, wenn einer ganz Proselyt wird – allein um meinetwillen. Wer bei dir wohnt, fällt dir zu.* Jewamot 24 b

Um Beschneidung und Taufe

Unsere Meister lehrten: Ein Proselyt, der beschnitten, aber nicht untergetaucht ist, sagt Rabbi Elieser, siehe, dieser ist ein Proselyt; denn so finden wir es bei unseren Vätern, die beschnitten, aber nicht untergetaucht waren. Ist jemand untergetaucht, aber nicht beschnitten, sagt Rabbi Jehoschua, siehe, dieser ist ein Proselyt; denn so finden wir es bei den Müttern, die unterge-

727 Dazu 2. Könige 17,*25–41*.

728 Dazu Esther 8,*17*.

729 In Zeiten der Bedrängnis, in denen das Judentum nicht verlockend ist und es keine gewaltsamen Missionierungen gibt.

730 Jesaja 54,*15*. Der kaum verständliche Vers wurde hier nach der talmudischen Auslegung übersetzt. Die Proselyten sollen um Gottes willen kommen, nicht wenn das Judentum verlockend ist, wie es am Anfang der Geschichte war und am Ende wieder sein wird.

taucht, aber nicht beschnitten waren. Die Weisen aber sagen: Ist jemand untergetaucht, aber nicht beschnitten, beschnitten, aber nicht untergetaucht, so ist er kein Proselyt, ehe er nicht beschnitten und untergetaucht ist. Rabbi Jehoschua hätte sich auch von den Vätern her belehren lassen sollen, und Rabbi Elieser hätte sich auch von den Müttern her belehren lassen sollen.[731] Willst du aber sagen: Man beurteilt nicht Mögliches aus Unmöglichem,[732] so wird doch gelehrt: Rabbi Elieser sagt: Woher haben wir, daß das Pesachopfer für die Nachgeborenen nur von Profanem kommt? Es wird gesagt: Das Pesachopfer in Ägypten, und es wird gesagt: Das Pesachopfer für die Nachgeborenen. Wie das Pesachopfer, von dem in Ägypten die Rede ist, nur von Profanem kommt, so kommt auch das Pesachopfer, von dem für die Nachgeborenen die Rede ist, nur von Profanem. Rabbi Akiwa sagte zu ihm: Beurteilt man denn Mögliches aus Unmöglichem?[733] Rabbi Elieser sagte zu ihm: Obgleich es unmöglich war, ist es ein wichtiger Gesichtspunkt, und man kann daraus lernen.

Vielmehr besteht nirgends eine Meinungsverschiedenheit über den, der untergetaucht ist, aber nicht beschnitten. Dies ist nämlich gültig. Es besteht nämlich nur eine Meinungsverschiedenheit über den, der beschnitten, aber nicht untergetaucht ist. Rabbi Elieser hat sich von den Vätern her belehren lassen,[734] Rabbi Jehoschua aber: Auch bei den Vätern gab es das Tauchbad. Woher hat er das? Man könnte sagen: Daher, daß geschrieben steht:[735] *Gehe hin zum Volk und heilige sie heute und morgen, und sie sollen ihre Kleider waschen.* Es gibt ja Fälle, bei denen das Kleiderwaschen nicht erforderlich ist, das Tauchbad aber wohl. In dem Fall aber, da das Kleiderwaschen erforderlich war, muß doch erst recht geurteilt werden, daß auch das

731 Jeder der beiden Gesprächspartner hätte seine Meinung mit der des anderen verbinden sollen, dann wären beide der Meinung der Weisen gewesen.
732 Bei Frauen war die Beschneidung nicht üblich.
733 In Ägypten gab es nämlich noch kein Geheiligtes.
734 Daß die Beschneidung ohne Tauchbad gültig ist.
735 2. Mose 19,*10*.

Tauchbad erforderlich war.[736] Aber vielleicht ging es dabei bloß um Sauberkeit. Er hatte es vielmehr hieraus:[737] *Dann nahm Mose das Blut und sprengte auf das Volk.* Es ist aber überliefert, daß es kein Sprengen ohne Tauchbad gebe. Woher hat aber Rabbi Jehoschua das Tauchbad bei den Müttern? Das ist ein Vernunftgrund, denn wie sonst wären sie unter die Flügel der Einwohnung getreten. Jewamot 46 a/46 b

Ein Proselyt aus Ammon

An jenem Tage kam Jehuda, ein Fremder aus Ammon, stand vor ihnen im Lehrhaus und sagte zu ihnen: Ist es mir möglich, in die Gemeinde zu kommen? Rabban Gamliel sagte zu ihm: Es ist dir verboten; Rabbi Jehoschua sagte zu ihm: Es ist dir erlaubt. Rabban Gamliel sagte zu ihm: Die Schrift sagt doch:[738] *Keiner aus Ammon und Moab komme in die Gemeinde des Herrn, auch das zehnte Geschlecht nicht* ... Rabbi Jehoschua sagte zu ihm: Sind denn die aus Ammon und Moab noch an ihrem Ort? Längst zog Sanherib, der König von Assur, herauf und mischte alle Völker, denn es heißt:[739] *Da entfernte ich die Grenzen der Völker, und ihre Vorräte plünderte ich, und wie ein Recke stürzte ich, die da thronten.*[740] Rabban Gamliel sagte zu ihm: Die Schrift sagt doch:[741] *Hernach aber lasse ich den Söhnen Ammons Wiederkehr kehren,* und sie sind längst zurückgekommen. Rabbi Jehoschua sagte zu ihm: Die Schrift sagt doch:[742] *Und ich lasse Wiederkehr kehren meinem Volk Israel,*

736 Bei Makligkeit muß eher ein Tauchbad genommen als die Kleider gewaschen werden. Nun wird geschlossen: Wenn Israel am Sinai die Kleider waschen mußte, hatten sie selbstverständlich auch ein Tauchbad genommen; damals sind sie gleichsam zu Juden geworden.

737 2. Mose 24,*8*.

738 5. Mose 23,*4*.

739 Jesaja 10,*13*.

740 In der parallelen Gemara ist der Satz eingefügt: »Und jeder, der sich absondert, der sondert sich von der Mehrheit ab.« Damit meinte Rabbi Jehoschua, dieser Proselyt sei wahrscheinlich keiner von den wenigen Ammonitern, die in ihrem Lande zurückgeblieben sind, sondern einer von den vielen aus den anderen Völkern, die dort angesiedelt wurden.

741 Jeremia 49,*6*.

742 Amos 9,*14*.

aber sie sind immer noch nicht wiedergekehrt.[743] Darauf erlaubten sie ihm, in die Gemeinde zu kommen.[744]

Mischna Jadajim IV, 4

Das Blut der Märtyrer

Rabbi Chija, Awins Sohn, sagte, Rabbi Jehoschua, Korchas Sohn, habe gesagt: Ein alter Mann von den Leuten Jerusalems erzählte mir: In diesem Tal ermordete Nebusaradan, der Oberste der Leibwache,[745] zweihundertundelf Myriaden. Und in Jerusalem ermordete er vierundneunzig Myriaden auf einem einzigen Stein, bis ihr Blut so weit floß, daß es das Blut Sacharjas berührte,[746] damit erfüllt werde, was gesagt wurde:[747] *Blut berührt Blut.* Als er bemerkte, daß das Blut Sacharjas kochte und aufstieg, sagte er: Was ist denn das? Sie sagten zu ihm: Opferblut, das vergossen wurde. Er ließ Opferblut bringen, es glich diesem aber nicht. Er sagte zu ihnen: Wenn ihr es mir sagt, ist es gut, wenn aber nicht, so lasse ich euch das Fleisch mit eisernen Kämmen abkämmen. Sie sagten zu ihm: Was sollen wir dir sagen? Ein Prophet war unter uns, der uns mit Worten des Himmels vermahnte. Da standen wir gegen ihn auf und töteten ihn. Und es sind schon viele Jahre, daß sein Blut nicht zur Ruhe kommt. Er sagte zu ihnen: Ich will ihn besänftigen. Er ließ das Große Synedrium und das Kleine Synedrium kommen, tötete sie über ihm, doch es kam nicht zur Ruhe; Jünglinge und Jungfrauen tötete er über ihm, doch es kam nicht zur Ruhe. Er ließ kleine Kinder aus der Schule kommen und tötete sie über ihm, doch es kam nicht zur Ruhe. Da sagte er zu ihm: Sacharja, Sacharja! Die Besten unter ihnen habe ich vernichtet. Wäre es dir eine Beruhigung, wenn ich sie alle vernichten würde? Als er

743 Rabbi Jehoschua erschließt: So wie Israel noch nicht zurückgekehrt ist, so ist auch Ammon noch nicht zurückgekehrt.

744 In der Parallelstelle heißt es weiter: »Rabban Gamliel sagte: Nun wohl, wenn es sich so verhält, dann will ich gehen und Rabbi Jehoschua besänftigen.«

745 Nach 2. Könige 25,*8 ff.* war er ein Beamter Nebukadnezars. »Leibwache« kann auch »Schlächter« bedeuten; diese Bedeutung klingt hier mit.

746 Dazu 2. Chronik 24,*20–22.*

747 Hosea 4,2.

so zu ihm gesagt hatte, kam es zur Ruhe. In ebendieser Stunde besann er sich auf Umkehr, indem er zu sich sagte: Wenn es wegen einer einzigen Seele so ist, wie wird es dann erst dem Mann ergehen, der alle diese Seelen getötet hat? Er entfloh, ging hin und sandte ein Vermächtnis nach Hause und wurde Proselyt.[748]

Es wird gelehrt: Naeman ist ein Beisaßproselyt geworden.[749] Nebusaradan ist ein wahrer Proselyt geworden.[750] Einige der Kindeskinder Hamans lernten die Weisung in Bne Berak.[751] Einige der Kindeskinder Siseras lehrten kleine Kinder in Jerusalem.[752] Einige der Kindeskinder Sanheribs lehrten die Weisung vor vielen. Wer sind diese? Es sind Schmaja und Awtaljon.[753] Das ist es, was geschrieben steht.[754] *Ich gebe ihr Blut auf die Felsenplatte, damit es nicht verdeckt werde.* Gittin 57b

Der Fackelträger

Onkelos, Kalonymos' Sohn, wurde Proselyt. Da schickte der Kaiser ihm einen Trupp Römer nach. Er lockte sie durch Schriftworte an, da wurden sie Proselyten. Wiederum schickte er ihm einen Trupp Römer nach und sagte zu ihnen: Redet nicht mit ihm, gar nichts! Als sie ihn nahmen und gingen, sagte er zu ihnen: Ich will euch bloß ein Wörtchen sagen: Ein Fackelträger hält das Feuer vor dem Sänftenträger, der Sänftenträger für den Hauptmann, der Hauptmann für den Statthalter, der Statthalter für den Minister, der Minister – hält denn der das Feuer vor den Leuten? Sie sagten zu ihm: Nein. Er sagte zu

748 Es ist ein häufiges Motiv in Märtyrergeschichten, daß sich die Verfolger bekehren. Es folgen nun oben einige Beispiele dafür.

749 Dazu 2. Könige 5,*1 ff*. Beisaßproselyten haben Wohnrecht in jüdischen Gemeinden, halten aber nur die noachitischen Gebote.

750 Er ist dem Judentum ganz beigetreten.

751 Dazu das Estherbuch. Die Nachkommen des Verfolgers sollen an einem der bedeutendsten Lehrhäuser gelernt haben.

752 Dazu Richter 4 und 5.

753 Zu Sanherib: etwa 2. Könige 18,*13*. Zu Schmaja und Awtaljon: Awot I, 10–12, Seite 366. Die ganze, oben aufgeführte Reihe der umgekehrten Verfolger bzw. ihrer Nachfahren enthält eine Steigerung.

754 Hesekiel 24,*8*.

ihnen: Der Heilige, gelobt sei er, hält das Feuer vor Israel, denn es steht geschrieben:[755] *Und der Herr geht vor ihnen am Tage* ... Da wurden sie allesamt Proselyten. Wiederum schickte er ihnen einen anderen Trupp nach und sagte zu ihnen: Unterhaltet euch unter gar keinen Umständen mit ihnen! Als sie ihn nahmen und gingen, sah er eine Pfosteninschrift, die an einer Türe befestigt war. Er legte seine Hand darauf und sagte zu ihnen: Was ist das? Sie sagten zu ihm: Sage du es uns! Er sagte zu ihnen: Es ist ein Brauch der Welt: Ein König von Fleisch und Blut sitzt innen, und seine Diener behüten ihn von außen, während die Diener des Heiligen, gelobt sei er, innen sind und er sie von außen behütet, denn es heißt:[756] *Der Herr behütet dein Ausgehen und dein Kommen von jetzt an auf immerdar.* Da wurden sie Proselyten. Weiter schickte er ihm keinen mehr nach.

Awoda sara 11 a

Die Völker mögen im Frieden kommen

Unsere Meister lehrten: Es geschah, daß ein Hoherpriester aus dem Heiligtum kam, und alle Welt folgte ihm nach. Aber als sie Schmaja und Awtaljon sahen, ließen sie von jenem ab und folgten Schmaja und Awtaljon nach. Schließlich gingen Schmaja und Awtaljon, um sich von dem Hohenpriester zu verabschieden. Da sagte er zu ihnen: Mögen die Söhne der Völker im Frieden kommen![757] Sie sagten zu ihm: Mögen die Söhne der Völker, die Aarons Tat tun, im Frieden kommen! Möge aber nicht im Frieden kommen ein Sohn Aarons, der Aarons Tat nicht tut![758]

Joma 71 b

755 2. Mose 13,*21*. Der Satz geht weiter: »in einer Wolkensäule, sie den Weg zu leiten, und des Nachts in einer Feuersäule, ihnen zu leuchten.«

756 Psalm 121,*8*.

757 Zu Schmaja und Awtaljon: Awot I, 10–12, Seite 366. Die beiden sollen Nachkommen von Fremden gewesen sein (dazu Gittin 57b, Seite 235). Durch die Erinnerung an ihre fremde Abstammung will der Hochpriester die beiden beleidigen, was aber (etwa nach Bawa mezia 58b, Seite 230) verboten ist.

758 Die beiden Gelehrten wenden des Hochpriesters Vorwurf zum Positiven. Zugleich erinnern sie ihn an seine eigene Abstammung von Aaron, der als Urbild eines Friedensstifters gilt. Die Antwort der beiden besagt, daß es nicht auf die Abstammung ankomme, sondern auf das Tun.

DIE MEISTER

In besonderer Weise trugen die Meister Verantwortung für die Erziehung des Volkes. Sie mußten Mittel und Wege finden, daß Israel in allen Versuchungen und Gefahren bestehen konnte. Neben den Synagogen schufen sich die Gemeinden im Einvernehmen mit dem zentralen Lehrhaus und Obersten Gericht mannigfache Einrichtungen: Gemeindeverwaltungen, Fürsorge-Organisationen, Richterkollegien, Schulen – von den Knabenschulen bis zu den Lehrhäusern für Erwachsene. Durch die gelehrte und organisatorische Arbeit, die in allen diesen Bereichen von den Meistern geleistet wurde, ordneten sie das Leben der Gemeinden und regelten sie das Tun jedes einzelnen. Dabei verstanden sie sich als Nachfolger der Propheter und mit heiligem Geiste begabt. Aus solchem Aufbau und Ausbau der Gemeinden empfing das Judentum eine Kraft, mit der es selbst die schwersten Zeiten überdauerte.

D i e L e h r h ä u s e r. Die Meister, ordinierte Älteste, waren in ihren Gemeinden Träger und Hüter der Tradition. Als Erzieher und Seelsorger, oberste Lehrer und Richter ihrer Gemeinden zugleich,[1] sorgten sie dafür, daß alle Gemeindeämter rechtschaffen verwaltet wurden und daß die ganze Gemeinde im Sinne der Forderung des Gebotes lebte. Diese Aufsicht führten die Meister ehrenamtlich; ihren Lebensunterhalt verdienten sie sich durch einen handwerklichen Beruf.[2] Die bedeutendsten unter den Meistern waren zugleich Leiter eines Lehrhauses;[3] Schüler aus dem betreffenden Ort und von auswärts scharten

1 Der »Älteste« führte die oberste Aufsicht über alle Gemeindeämter. Er war zwar Vorsitzender des ständigen Gemeindegerichts, mußte sich aber für die leichteren Fälle, die dort zu entscheiden waren, meist vertreten lassen.

2 Fast alle Berufe wurden von den Gelehrten ausgeübt; so gab es unter ihnen etwa Nagelschmiede, Schuhmacher, Töpfer und Weber. Von Gemeindeabgaben waren diese gelehrten Handwerker frei.

3 In Sanhedrin 32b, Seite 291, wo die Anordnung allerdings nicht durchschaubar ist, werden Lehrhäuser aufgezählt, die zum größten Teil im ersten Jahrhundert nach der Tempelzerstörung nebeneinander bestanden.

sich um den Meister, um bei ihm – unentgeltlich – zu lernen und in einer Gemeinschaft mit ihm zu leben.

Es läßt sich nicht mit Sicherheit sagen, wann die ersten Lehrhäuser in Israel entstanden sind. Aber diese Einrichtung muß schon eine längere Geschichte hinter sich gehabt haben, als Hillel von Babylonien her in Schmajas und Awtaljons Lehrhaus kam.[4]

Die Forderung der »Großen Versammlung«,[5] viele Schüler aufzustellen und einen Zaun für die Weisung zu machen, war auch noch Aufgabe dieser Akademien. Im Lernen, Durchsprechen und Lehren wurden die 613 Gebote und Verbote der Weisung einer kostbaren Pflanzung gleich umzäunt, um einer absichtlichen oder auch einer versehentlichen Zerstörung derselben vorzubeugen. Es ist der Versuch, einerseits fest an der Offenbarung vom Sinai festzuhalten, andererseits aber alle Bereiche des Lebens der Gegenwart von diesem Gebot her zu ordnen. Mit dieser Umgrenzung wurden Vorsichtsmaßregeln geschaffen, die es selbst den Schwachen ermöglichen sollten, dem Gebot der Bibel gemäß zu leben.[6] Und was mit dem Zaun für die Weisung von den Meistern als Lebenshilfe gegeben wurde, das haben die Vielen als eine Möglichkeit und Erleichterung der konkreten Verwirklichung erfahren.

Die Diskussionen der Gelehrten waren öffentlich. Hinter den Schülern konnten andere Interessierte sitzen und zuhören. Verlauf und Ergebnisse der Debatte wurden möglichst wortgetreu und mit Angabe des Autors, dann auch der Tradenten,

4 Dazu Awot I, 1–15, Seite 366. – Erst die Akademie von Jawne wird aber geschichtlich recht erfaßbar.

5 Zur »Großen Versammlung«: Awot I, 1–15, Seite 365.

6 Die Meister des Talmud haben die Gebote der Bibel umzäunt. So wurden aus dem biblischen Gebot (2. Mose 23,*19;* 34,*26* und 5. Mose 14,*21)* »Du sollst das Böcklein nicht in der Milch seiner Mutter kochen« die ganzen Vorschriften betreffend der strengen Trennung von Milch- und Fleisch-Speisen abgeleitet. Mit diesem Gebot wehrte Israel einen alten Milchzauber ab, wie er sich in der kanaanäischen Kultur, von der Israel umgeben und gefährdet war, fand. Erst durch neuere Funde in Ras Schamra [Ugarit] wird dieses Wort als ein Gebot der Abgrenzung um Gottes willen verständlich. Dazu auch die Radikalisierung von Geboten in der priesterlichen Gemeinde von Qumran, bei dem Täufer Johannes und durch Jesus (Matthäus 5,*21 f.* und 5,*27 f.*).

mündlich festgehalten.[7] Schriftlich fixiert war zunächst nur die hebräische Bibel. Sie galt, besonders mit ihrem ersten Teil, als Grund und Norm der Diskussionen und der Entscheidungen, die neu gefällt werden mußten. Durch Auslegung der Bibel wurde in Lehrdebatten und Gerichtssitzungen neues Recht geschaffen, wie es vom Leben jeweils gefordert war. Diese Ergebnisse brachten – nach der Meinung der Ausleger – nur zutage, was in der Weisung, dann auch in den Propheten und Schriften seit Anfang enthalten war.

Zur Rechtsfindung aus der Weisung haben die Meister früh Normen der Auslegung entwickelt. So sind aus der Zeit Hillels – neben anderen – sieben hermeneutische Regeln unter seinem Namen bekannt: (1. und 2.) Schluß vom Leichteren aufs Schwerere und ein Analogieschlußverfahren,[8] (3. und 4.) ein allgemeines Prinzip – in einem Fall aus einer einzigen Schriftstelle und in einem anderen Fall aus zwei Schriftstellen abgeleitet – findet Anwendung auf andere, inhaltlich verwandte Fälle, (5.) Allgemeines wird durch Besonderes und umgekehrt Besonderes durch einen Beleg, der Allgemeines bringt, näher bestimmt, (6.) eine Stelle wird durch eine andere, die ihr ähnlich ist, erläutert, und (7.) eine Stelle wird aus dem Zusammenhang erklärt. Die Methodik der Schriftinterpretation wurde später – von grundsätzlich verschiedenen Erwägungen her – weiter ausgebaut. Rabbi Jischmael[9] fragte nach dem einfachen Wortsinn,

7 Bis Zeiten der Not zur Fixierung drängten, wurde die »Mündlichkeit« der Lehre bewahrt. Mnemotechnische Mittel waren Anordnungen nach Autorennamen, nach einem einheitlichen Thema, nach Stichworten oder Bibelstellen. Im vorliterarischen Zustand ist die Tradition umbildsamer und beweglicher, auch nicht so sehr der Gefahr ausgesetzt, an andere verlorenzugehen. Seit die Bibel in Form der Septuaginta auch den heidnischen Völkern zugänglich und damit preisgegeben war, wurde die mündliche Lehre als der eigentliche Besitz Israels verstanden und verwahrt.

8 Diese beiden Beweisverfahren waren die wichtigsten. Der Schluß a minori ad maius war häufig; ein Beispiel dafür ist etwa Awot I, 5, Seite 365 f.: Von der eigenen Frau gilt das schon – um wieviel mehr von der Frau des Gefährten! – Im Analogieschlußverfahren werden zwei Stellen, die durch gleiche Worte verbunden sind, auch gleich angewandt, soweit sie sachlich zusammengehören. Dazu Schabbat 10a, Seite 301 f.; Bawa kamma 83b/84a, Seite 333 ff.

9 Unter seinem Namen sind 13 Regeln bekannt, die im wesentlichen eine Erweiterung der sieben »Hillelschen« darstellen.

weil die Bibel in der Menschensprache rede, für Rabbi Akiwa dagegen hatte jede Besonderheit des Textes, etwa die auffallende Schreibung eines Wortes, ihre tiefe Bedeutung; kein Buchstabe erschien ihm überflüssig, weil sich die Sprache der Weisung von der Menschensprache unterscheide.[10] In den Exegetenschulen sind Regeln entwickelt worden, die teils bis in die Gegenwart bei Textinterpretationen angewandt werden; daneben finden sich freilich auch solche, die modernem Verstehenwollen unsachgemäß und fremd erscheinen. Aber mit dieser gelehrten Arbeit haben die Meister entscheidende Ansätze gewonnen für eine wissenschaftliche Methode der Bibelauslegung, wie sie auch den frühen christlichen Gemeinden aus einem ähnlichen Gebrauch der Bibel für ihre Belange erwuchsen.

Was mittels solcher Regeln aus der Weisung eruiert wurde, das war gültiges Recht. In aller Vielfalt und Beweglichkeit blieb die nötige Gemeinsamkeit und Einheitlichkeit dadurch gewahrt, daß die verschiedenen Meister im großen und ganzen nach einheitlicher Methode dasselbe Grundgesetz entfalteten. Lehrhausvorsitzende hatten untereinander Verbindungen, Richter erkundigten sich in schwierigen Fragen bei Kollegen. Die Parteien konnten gegen eine Entscheidung beim Bezirksgericht und als letzter Instanz beim Obersten Gericht in Jerusalem Einspruch erheben, indem sie das begründete Urteil einer Autorität dort zur Begutachtung vorlegten. Selbst nach dem Spruch dieses Höchsten Gerichtes konnte ein »Dissenter« bei seiner Meinung verharren und diese sogar weiterhin lehren; verboten war ihm nur, andere zur Befolgung seiner Ansicht aufzufordern.[11]

Das Zentrale Lehrhaus und Oberste Gericht. Einige Zeit vor der Tempelzerstörung tagte das Oberste

10 Die in 1. Mose 1,*1* vor »die Himmel« und »die Erde« stehende Akkusativpartikel etwa wurde von ihm so gefaßt, als ob sie »mit« bedeuten würde und besagen wolle, daß Gott »mit den Himmeln« auch Sonne, Mond und Sternbilder und »mit der Erde« auch Bäume, Pflanzen und das Paradies geschaffen hätte. Aquila, ein Proselyt und Schüler Akiwas, übersetzte dann im Sinne seines Lehrers die Bibel ins Griechische.

11 Solange der Sanhedrin dazu bevollmächtigt war, konnte durch seinen Spruch ein solcher Volksverführer als »widerspenstiger Ältester« zum Tode verurteilt werden. Dazu 5. Mose 17,*12* und 18,*20*.

Gericht der Einundsiebzig im Tempelbezirk zu Jerusalem.[12] Die weite Kompetenz dieser obersten Behörde wurde aber im Verlauf der Zeit mehr und mehr eingeschränkt: Unter Herodes dem Großen fielen die staatlichen und unter den römischen Prokuratoren wohl auch die kriminalrechtlichen Funktionen weithin weg. Aber auch dann verblieb dem Sanhedrin noch eine große und weite Aufgabe in der obersten Gesetzgebung, Verwaltung und Vollzugsgewalt in zivilrechtlichen und religiösen Fragen, die unlösbar miteinander verbunden waren.

Nach der Zerstörung des Tempels gingen die Rechte und Pflichten des Sanhedrin auf das Gelehrtenkollegium über, das sich unter Rabban Jochanan, Sakkais Sohn, und dann unter Gamliel II. im »Weingarten zu Jawne«, einem Platz, an dem sich wohl schon früher ein Lehrhaus befand, versammelte. Als Judäa in der Folge des Bar-Kochba-Aufstandes verwüstet wurde, wanderte das Oberste Gericht nach Galiläa aus, wo es an verschiedenen Orten tagte – in Uscha, Schefaram, Bet Schearim, unter Rabbi Jehuda dann in Sepphoris und für kurze Zeit noch in Tiberias, wo es bis zum Niedergang des Patriarchats im Anfang des fünften Jahrhunderts verblieb.

Neben dem gewählten ersten Vorsitzenden,[13] der in der ersten Zeit sowohl dem Zentralen Lehrhaus als auch dem Obersten Gerichtshofe vorstand, gab es zumindest noch einen weiteren Vorstand des Sanhedrin, den »Vater des Gerichts«.[14] Den Vorstand und die beiden Protokollführer mit eingeschlossen, betrug die Vollzahl der Mitglieder nach altem Vorbild einundsiebzig. Durch Zuwahl ergänzte sich das Gericht bei Bedarf, indem es die fähigsten Gelehrten aus den Ortsgerichten über die Bezirks-

12 Die ehemalige Gerusie wurde in dieser Zeit mit einem anderen griechischen Wort »Sanhedrin« benannt. Der »Sanhedrin Israels« oder »Große Sanhedrin« versammelte sich in der sogenannten Quaderhalle am Tempel, später in einer Halle des äußeren Vorhofs. Die Frage, ob der Sanhedrin 70 oder 71 Mitglieder hatte, wurde diskutiert.

13 Seit Hillel bekleideten mit Ausnahme Rabban Jochanans (Gamliel II. wurde allerdings einmal für kurze Zeit abgesetzt und durch Elasar, Asarjas Sohn, den Priester, der von Esra abstammte, ersetzt) nur Nachfahren Hillels dieses höchste Amt. Die Dynastie wurde auf David zurückgeführt.

14 Umstritten ist, ob mit dem »Weisen« ein dritter Vorstand gemeint sein kann, da dieser Titel auch jedem der übrigen Beisitzer zukam.

gerichte, die »Kleinen Synedrien«, nachrücken ließ. Die Zahl der anwesenden Mitglieder schwankte bei den einzelnen Sitzungen, da die Meister zum Teil von auswärts an den Sitz des Obersten Gerichts kamen. Bei den Verhandlungen, die auch hier meist öffentlich geführt wurden, waren neben den Schülern der zentralen Akademie auch andere Jünger anwesend, die mit ihren Meistern hergekommen waren, um durch diesen »Anschauungsunterricht« zu lernen.

Die Aufgaben des Obersten Gerichtes waren mannigfacher Art. Wenn etwa die Auslegungen zweier Gelehrter erheblich voneinander abwichen, so daß die Einheitlichkeit der Halacha gefährdet war, dann mußte durch eine letztinstanzliche Entscheidung gemäß dem Grundgesetz der Weisung eine allein gültige Norm für die Tatregelung geschaffen werden. Aber das Leben brachte auch Fragen, die sich nicht mit Hilfe der hermeneutischen Regeln unmittelbar aus der Weisung beantworten ließen, weil sie in der Bibel noch gar nicht vorgesehen waren. »Um der Erhaltung der Weltordnung willen« wurden daher in außerordentlichen Situationen auch Gebote, sogenannte »Verbesserungen« erlassen, die nicht in der Schrift begründet waren. Zum Erlaß derartiger Notverordnungen war aber – im Unterschied zu solchen Entscheidungen, die mittels Auslegung der Schrift in jedem Lehrhaus und von jedem Gerichtshof gefällt werden konnten – ausschließlich das Oberste Gericht ermächtigt.[15] Schon zur Zeit Hillels hatte sich eine Verordnung von solch großer Tragweite als notwendig erwiesen;[16] nach der Katastrophe des Jahres 70 waren vor allem Fragen zu klären, die infolge der Tempelzerstörung aufkamen.[17] Um der Einheit der jüdischen Gemeinde willen wurde damals auch der Umfang der hebräischen Bibel festgelegt und der Ketzerspruch ins Acht-

15 Von Späteren wurden auch derartige Verordnungen mit der Weisung in Zusammenhang gebracht.

16 Zum Prosbul: Mischna Schwiit X, 3 f., Seite 317 f.

17 In der Weisung wird der Bestand des Tempels vorausgesetzt. Darum mußten nach der Tempelzerstörung die Fragen der Priesterabgaben, der Verzehntung und der Verwendung von Erstlingsfrüchten, die zuvor der Sanhedrin zu Jerusalem als oberste Verwaltungs- und Aufsichtsbehörde des Tempels zu klären hatte, neu geregelt werden.

zehngebet eingefügt.[18] Das Material der mündlichen Überlieferung wurde sorgfältig gesammelt und aus der Fülle das fortan als Halacha Gültige durch Mehrheitsbeschluß ausgewählt. In anderen Lehrhäusern dagegen wurde die Tradition auch weiterhin nach ihrem gesamten Umfang zur Rechtsfindung herangezogen, bis sich ab 200 die Mischna-Sammlung Rabbi Jehudas durchsetzte und zur alleingültigen Norm aller Auslegung wurde. Indem die Späteren, die Amoräer, den durch Rabbi ausgeschiedenen Traditionsstoff nur noch insoweit gelten ließen, als er zum Verständnis der Mischna beitragen konnte, war die Einheitlichkeit der Lehre wieder auf eine dauerhafte Weise gesichert.

Der Vorsitzende des Zentralen Lehrhauses und des Obersten Gerichtshofes trug den Titel »Fürst«. Dadurch kam vor allem seine Stellung zum jüdischen Volk im Israelland und in den Länder der Zerstreuung zum Ausdruck. Er hatte für die rechte Durchführung der Beschlüsse des Obersten Gerichts in den Gemeinden zu sorgen. Die Ältesten, die Richter und Lehrer, wurden von ihm ordiniert[19] und eingesetzt. Die Richter hatten bei Zivilsachen in den Dreiergerichten der Ortschaften, bei Strafsachen in den Dreiundzwanzigmänner-Gerichten der Bezirksstädte – unbestechlich und unparteiisch ihres Amtes zu walten und sollten die Parteien möglichst zum Vergleich, dieser Synthese von Gerechtigkeit und Frieden, bewegen.[20] Auch die Lehrer sollten rechtschaffene Männer sein. Wenn die Knaben mit sieben Jahren aus der Hand ihrer Väter, die sie zuvor schon in die Anfangsgründe des Unterrichts eingeführt hatten, in die Schule kamen, dann sollten sie dort so gründlich mit Bibel und Mischna vertraut werden, daß sie später auf diesem Fundament weiterbauen und die Begabtesten unter ihnen auf einer Akademie wei-

18 Der Kanon der hebräischen Bibel umfaßt 24 Bücher (wobei die 12 kleinen Propheten, die Bücher Samuels, der Könige, Esra-Nehemia und der Chronik je als ein Buch gezählt werden); alles übrige wurde als außerkanonische bzw. als Ketzerschrift ausgeschieden. – Zur 12. Bitte des Achtzehngebets: Brachot 28b/29a, Seite 547 ff.

19 Bis zum Ende des 2. Jahrhunderts ordinierte jeder Lehrer seine Schüler selber.

20 Auch die Versorgung Schwerkranker und Vormundschaftssachen oblagen ihnen, zugleich wurden sie von einer Reihe verschiedener Organisationen unterstützt, die sich etwa mit Armenpflege und Totenbestattung befaßten.

terlernen konnten. Auf diese Weise sollten wieder Männer herangebildet werden, die befähigt wären, eine Gemeinde verantwortlich zu leiten. Diese vielfältigen Dienste in den Gemeinden zu beaufsichtigen, war Amt und Auftrag des Fürsten. Er reiste zu diesem Zwecke von Ort zu Ort, oder er schickte bewährte Männer, die in seinem Namen die Gemeinden besuchten, trösteten und mahnten,[21] lässige Gemeindebeamte tadelten oder gar absetzten. Die wichtigsten Aufgaben dieser Apostel waren wohl, in den Gemeinden Steuern für den Patriarchen zu erheben[22] und den vom Patriarchen festgesetzten Kalender bekanntzumachen.[23] Die Verbundenheit der Gemeinde, wie sie durch diese festen Beziehungen geschaffen wurde, zu erhalten, war um so wichtiger, je mehr Israel zerstreut war und auf die Einheit, wie sie etwa der gemeinsame Boden und die gemeinsame Sprache anderen Völkern gewährt, verzichten mußte.

Auch mit den jüdischen Gemeinden Babyloniens wußte man sich in der Einheit des Lebens und der Lehre verbunden. Raw, der Neubegründer der Akademien Babyloniens,[24] hat bei Rabbi Jehuda, dem Fürsten, gelernt und hat dessen Mischna-Sammlung mit in seine babylonische Heimat gebracht. Auch noch in der zweiten Generation, als sich das Selbstbewußtsein der babyloni-

21 Solche Apostel, ausnahmslos sehr gelehrte Männer, wurden in den Gemeinden mit Freuden empfangen, weil sie vom Heiligen Land her kamen, von dort vieles zu berichten hatten, lehrten und predigten.

22 Neben seiner Hofhaltung, zu der auch eine Art Polizeitruppe, die »Goten«, gehörte, hatte der Patriarch mit diesen Mitteln die Gehälter für die Apostel zu bezahlen, die Kosten für die Akademie aufzubringen, an der auch Mittellose studierten; außerdem mußten die auswärtigen Beisitzer des Gerichts während der Sitzungsperioden verpflegt werden.

23 Die Feste zur rechten Zeit zu feiern war göttliches Gebot. Darum wurde der Kalenderfestsetzung durch Beobachtung des Neumondes die größte Sorgfalt gewidmet. Auch noch zu einer Zeit, da man längst schon den Kalender für Jahrzehnte im voraus zu berechnen verstand, wurde an dieser Einrichtung der jeweils neuen Bestimmung und Bekanntgabe als einem der wichtigsten Mittel der Verbundenheit Israels festgehalten.

24 Raw begründete 219 die Akademie von Sura und brachte sie zu hohem Ansehen. Unter Schmuel erstand in Nehardea kurze Zeit später eine zweite bedeutsame Akademie. Raw Jehuda, ein Schüler Raws und Schmuels, gründete dann in Pumbedita das dritte Zentrum babylonisch-jüdischer Gelehrsamkeit.

schen Schulhäupter steigerte und es zu Rivalitäten zwischen dem Patriarchat in Israel und dem babylonischen Exilarchat kam, blieben dennoch der Vorrang des Israellandes und die Verbindung der beiden Zentren durch regen Austausch von Gelehrten und besonders durch Anfragen der Babylonier im Israelland, das bis zum Niedergang seiner Gelehrsamkeit durch die Ungunst der politischen Verhältnisse zu Beginn des 5. Jahrhunderts als Lehrautorität anerkannt blieb, erhalten.

Innerhalb Babyloniens kamen die Gelehrten der verschiedenen Schulen zweimal im Jahr je für einen Monat am Zentrum zusammen, um von ihrer Tätigkeit zu berichten. Auch Gelehrte, die sich nach der Zeit, die sie ganz dem Studium widmen konnten, vor allem einem praktischen Beruf zuwenden und darum ihre Studien einschränken mußten, trafen sich während dieser Monate zu Wiederholungskursen, bei denen jeweils ganz bestimmte Themen behandelt wurden, auf die sich jeder vorbereitet hatte. Auf diese Weise blieb eine Verbindung nicht nur der verschiedenen Lehrhäuser untereinander, sondern vor allem der Gelehrten mit dem Volk bewahrt. Durch diese erzieherische Arbeit auf breitester Grundlage festigte sich die Judenschaft Babyloniens; eine Geistigkeit entstand, in der sich auch die Gelehrsamkeit weiterentwickelte, die zuletzt eine Ganzheit und Abgerundetheit erhielt, wie sie gerade für den Babylonischen Talmud bezeichnend ist.

Gebot und Verwirklichung. Mit aller gelehrten Arbeit drängten die Meister des Talmud zur Klärung und zur Verwirklichung des Gottesgebots. Die Spannung zwischen Lehre und Leben mußte zu gehorsamer Tat hingeführt werden, weil alle Lehre nur so weit reicht wie das tätige Leben. Denn das Judesein beginnt da, wo die Idee Gestalt gewinnt und begreifbar wird in der Verleiblichung, im Tun. Jüdisches Leben ist Bewährung der Wahrheit.

Das Gebot ist vielschichtig. Es enthält Ordnungen, die den zwischenmenschlichen Umgang regeln, wie sie ähnlich auch andere Völker und Religionen kennen; dabei handelt es sich teils um uraltes orientalisches Rechtsgut, das die einwandernden Stämme ins Land mitgebracht und dann vor allem auch von der hochstehenden kanaanäischen Stadtstaatenkultur, der sie dort begegneten, übernommen haben. Diejenigen Ordnungen aber, die diesen allgemein-menschlichen und allgemein-orientalischen Bräuchen und Vorstellungen nicht entsprechen, sind weithin aus dem erklärten Gegensatz zu den »kanaanäischen« Kulten entstanden. Israel mußte sich nämlich um seines besonderen Gottesverhältnisses willen gegen das Heidnische seiner Umgebung abgrenzen. So richtet sich etwa das Verbot der Opferung und deshalb auch der Schlachtung bestimmter Tiere ausdrücklich gegen Kulte fremder Götter, in denen die entsprechenden Tiere als Opfer dargebracht wurden.[25] Ebenso haben die strengen Vorschriften für das Verhalten gegenüber Toten in der Abwehr entsprechender Praktiken der Umgebung Israels ihre Begründung.[26] Andere Bräuche dagegen, wie die Beschneidung etwa, sind erst im Verlaufe der Geschichte zu Zeichen der Unterscheidung geworden.[27]

25 Die Aufzählung untauglicher Tiere (3. Mose 11 und 5. Mose 14) sollte die Teilnahme am Kult anderer Götter verhindern; besonders auch der Eber galt als ein heiliges Tier. Von den Seleukiden wurde später der Kampf an dieser Stelle besonders heftig geführt (dazu etwa 2. Makkabäer, 7,*1 ff.*), indem sie Juden zum Opfern und Essen von Schweinefleisch zwingen wollten. In diesen Zusammenhang gehört auch die Vorschrift der strengen Trennung von Fleisch- und Milchspeisen (dazu Anmerkung 6, Seite 238). – Freilich wurden auch in anderen Kulten zum Teil dieselben Opfertiere dargebracht wie in Israel (etwa Rinder, Schafe und Ziegen), aber in diesen Fällen wurde kein Bezug mehr gesehen und darum die Scheidung nicht für notwendig erachtet.

26 Es gab die Kulte der sterbenden und auferstehenden Götter. Die Priester Ägyptens waren mit dem Totenkult beschäftigt, auch in Babylonien beschworen Priester die Toten und vertrieben ihre Geister. Weil aber der Dienst für den Gott des Lebens mit allem Totendienst unvereinbar ist, darum wurden alle mit dem Totenkult zusammenhängenden Bräuche wie Kahlscheren, Zerreißen der Kleider und Einschneiden der Haut eingeschränkt bzw. verboten. Besonders streng waren die Bestimmungen für die Priester; dazu etwa 3. Mose 21,*1–6*.

27 Die meisten Völker im vorderorientalischen Raum kannten diesen Brauch (eine Ausnahme bildeten die Philister, die vom Meer her eingedrungen waren). In Babylonien, wo die Beschneidung nicht üblich war, wurde sie dann für die Gefangenen zum Zeichen der Sonderung. Unter der Seleukidenherrschaft wurde die Beschneidung verboten; der Abfall vom Judentum zeigte sich dann daran, wenn Eltern diesem Verbot folgten und ihre Kinder nicht beschneiden ließen. Dazu 1. Makkabäer, 1,*43–56*, bes. *51*.

Das Gebot hat seinen Grund in Gott. Um der Sonderung Israels willen hat er es gegeben, und immer wieder in der Geschichte wurde dadurch Israels Sonderung aktualisiert. Allein für Israel ist das Gebot bestimmt; und um seiner Bestimmung und Erhaltung willen ist Israel zu ganzem Gehorsam verpflichtet.[28] Darum sind Menschen nicht ermächtigt, nach ihrem Dafürhalten Gebote abzubauen und einzureißen. Selbst in Zeiten, da ihre Bewahrung unnötig und ungerechtfertigt zu sein scheint, werden sie doch festgehalten und gleichsam durchgetragen, weil die Erfahrung lehrte – was dann einem langen Gedächtnis eingeprägt wurde –, daß gute Zeiten trügen und daß es ratsam ist, Formen, die sich in Zeiten der Bedrängnis bewährten, zu erhalten, damit man in der Stunde der Gefahr nicht unbereitet angetroffen werde.

Was von außen her ein starrer Zaun zu sein schien, das war in Wirklichkeit eine lebendige Hecke. Weil das Gebot vor allem dann betont werden mußte, wenn andere es vernachlässigten oder auflösten, darum konnte es als Gesetz mißverstanden werden. Aber das »Gesetzliche« war oft eher eine Folge der Auseinandersetzung als deren Voraussetzung; es war die schützende Schale für den weichen Kern. Im Innenbereich war das Judentum anpassungsfähig und beweglich, sollte doch das Gebot die Tage und Stunden bestimmen und von jedem wirklich erfüllt werden können. So wurden in Notjahren Regeln und selbst Gebote der Weisung, die von der Mehrheit nicht mehr erfüllt werden konnten, erleichtert und aufgehoben, um gerade dadurch das Eigentliche des Gebotes zu wahren.[29]

28 Im Midrasch heißt es, daß die Gebote nur gegeben wurden, um Israel zu läutern, »denn was liegt dem Heiligen, gelobt sei er, daran, ob einer ein Tier am Hals oder am Nacken schlachtet«?

29 Mit der Tempelzerstörung fielen nicht nur die Gebote der Opferdarbringung weg; auch die Fluchwasserzeremonie (dazu 4. Mose 5,*11 ff.)* wurde abgeschafft, Schabbat- und Erlaßjahrvorschriften wurden erleichtert; Hillel schon hatte den sogenannten Prosbul eingeführt; das Verbot 5. Mose 23,*4*, nach dem keine Ammoniter und Moabiter in die Gemeinde kommen durften, wurde für hinfällig erklärt; die Todesstrafe war durch die vielen Einschränkungen, etwa die Vorschriften über Zeugenverhör und Abstimmungsprozeduren, praktisch abgeschafft. Es war erlaubt, bei Lebensgefahr alle Gebote zu übertreten außer Götzendienst, Mord und Unzucht. – Diese

Darum wird auch kein Wort der Klage über den Zwang oder über die Last des Gebotes laut. Mag auch die halbe Welt für Juden verboten sein, so wird doch die verbleibende Hälfte um so mehr als der Raum wahrer Freiheit geliebt.[30] Der Dank für das Gebot, das Menschen ermöglicht, menschlich voreinander und vor Gott zu leben,[31] verstummt nicht. Je mehr Juden selber unter Unrecht zu leiden hatten, desto mehr wußten sie die Wohltat des Rechts zu schätzen. Gebot und Recht ist umschlossen vom Bunde Gottes; gerade das Fünfbuch Moses, die Weisung, ist der frohen Botschaft und der Verheißung voll. Und wie die Verheißung, so kennt auch das Gebot für die Weltzeit kein Ende. Kein Perfektionismus ist gefordert, wohl aber ein ganzer Gehorsam, der als Lohn in der hiesigen Welt die Leiden nimmt, die Gott denen zuteilt, die er erwählt und liebt. In der messianischen Zeit wird das Gebot zum selbstverständlichen Besitztum werden, und am Ende der Zeit wird Gott selber auch das Gebot zu Ende bringen.

Anfang, Mitte und Ende für die Meister ist dieses Gebot. Mit

Auswahl, der noch vieles zugefügt werden könnte, zeigt, wie mutig die Meister durch ihre Beweglichkeit die ihnen notwendig erscheinenden Maßnahmen, oft gegen einen erheblichen Widerstand, getroffen haben; manche von ihnen mußten sich dafür Erleichterer oder Auflöser heißen lassen.

30 Zum Gebot, das dem Gehorsamen die Freiheit schenkt: Awot VI, 2, Seite 389 f.

31 Gerade die Behandlung des Wortes »Auge um Auge« (dazu Bawa kamma 83b/84a, Seite 333 – Seite 342) kann zeigen, daß alle Gebote der Menschen Menschlichkeit bewirken. Das Gebot 2. Mose 21,*23–25* ist sinngemäß so wiederzugeben: So sollst du geben Leben als Ersatz für Leben, ein Auge als Ersatz für ein Auge, einen Zahn als Ersatz für einen Zahn ... Es handelt sich dabei nicht um ein allgemeines ethisches Prinzip, vollends nicht um einen Freibrief der Rache, sondern im Gegenteil um eine Begrenzung der Strafe bei bestimmten Fällen von Körperverletzung; anders verhält es sich bei Mord (dazu 4. Mose 35,*31*). Wahrscheinlich sind die Ausdrücke »Auge«, »Zahn« usw. schon in der Bibel jeweils symbolische Bezeichnungen für die Höhe der entsprechenden Geldbuße, die ein Schädiger dem Geschädigten zu leisten hat. Gewiß ist aber in talmudischer Zeit mit dieser Haftbarkeitsklausel längst ausschließlich die Wiedergutmachung des Schadens durch eine Geldentschädigung gemeint und keinesfalls eine Vergeltung und Legalisierung der Körperverstümmelung eines anderen nach der Regel »wie du mir – so ich dir«. Alle Vergeltung ist mit ausdrücklicher Berufung auf die Schrift bekämpft worden.

ihrem Studieren und Auslegen, im Lernen und im Lehren, ständig unterwegs, immer im Gespräch, so versuchten sie, seinen stets gleichen Sinn im Wechsel der Geschichte zu zeigen. In ihren Sprüchen faßten sie die Erfahrung und den Ertrag ihres Lebens zusammen.[32] Gelerntes und Erlebtes verdichtete sich zu Maximen, die in ihrer Einprägsamkeit und durch ihre Wiederholbarkeit eine tiefe Wahrheit erkennen ließen. Am meisten aber waren die Meister Vorbilder einer Verwirklichung des Gehorsams aus der Kraft, die das Gebot schenkt. Was sie dachten, redeten und der Nachwelt überlieferten, das lebten sie um Gottes willen. Und weil sie um seines Gebotes willen bereit waren, zu leiden und zu sterben, darum hat die Weisung auch die Scheiterhaufen, auf denen die Meister verbrannt wurden, überdauert.

32 Auch die Spruchweisheit der Meister ist von einem großen Ernst getragen, und doch hatte der Scherz den ihm zukommenden Platz. Vor allem Orte des Unheimlichen, Friedhöfe, Meer und Wüste, beschäftigten die Phantasie der Erzähler und vermochten eine wirksame Synthese von Gruseligem und Spielerischem vor die Hörer zu zaubern.

Von Gottes Liebe umschlossen

Rabbi Simlai legte aus: Die Weisung – ihr Anfang ist ein Erweis von Liebestaten, und ihr Ende ist ein Erweis von Liebestaten. Ihr Anfang ist ein Erweis von Liebestaten, denn es steht geschrieben:[1] *Da machte der Herr, Gott, für den Menschen und für sein Weib Fellröcke, damit er sie bekleide.* Und ihr Ende ist ein Erweis von Liebestaten, denn es steht geschrieben:[2] *Da begrub Er ihn im Tale.* Sota 14 a

Nachfolge

Rabbi Chama, Rabbi Chaninas Sohn, sagte auch: Was bedeutet es, daß geschrieben steht:[3] *Dem Herrn, eurem Gott, folget nach*? Ist es denn einem Menschen möglich, der Einwohnung nachzufolgen? Heißt es denn nicht schon:[4] *Denn der Herr, dein Gott, ist ein fressendes Feuer*? Nein, sondern den Verhaltensweisen des Heiligen, gelobt sei er, nachzufolgen: Wie er Nackte kleidete – es steht nämlich geschrieben:[5] *Da machte der Herr, Gott, für den Menschen und für sein Weib Fellröcke, damit er sie bekleide* –, so kleide auch du Nackte! Der Heilige, gelobt sei er, besuchte Kranke, wie geschrieben steht:[6] *Da erschien ihm der Herr bei den Eichen Mamres* – besuche auch du Kranke! Der Heilige, gelobt sei er, tröstete Trauernde, wie geschrieben steht:[7] *Es geschah nach Abrahams Tod: Da segnete Gott Isaak, seinen Sohn* – tröste auch du Trauernde! Der Heilige, gelobt sei

1 1. Mose 3,*21*.
2 5. Mose 34,*6*.
3 5. Mose 13,*5*.
4 5. Mose 4,*24*.
5 1. Mose 3,*21*.
6 1. Mose 18,*1*. Gott besuchte Abraham, als dieser drei Tage nach der Beschneidung Schmerzen litt; dazu Bawa mezia 86b, Seite 114 f.
7 1. Mose 25,*11*.

er, begrub Tote, wie geschrieben steht:[8] *Da begrub Er ihn im Tale* – begrabe auch du Tote! Sota 14 a

Studium und Tun

Einst waren Rabbi Tarphon und die Ältesten im Obergemach des Hauses Nitsa in Lud versammelt, da wurde unter ihnen diese Frage gestellt: Ist Studium größer, oder ist Tun größer? Rabbi Tarphon antwortete und sagte: Tun ist größer; Rabbi Akiwa antwortete und sagte: Studium ist größer. Da antworteten alle und sagten: Studium ist größer, denn das Studium führt zum Tun. Kidduschin 40 b

Das Ziel der Weisheit

Ein Wahlspruch war's im Munde Rawas: Das Endziel der Weisheit ist Umkehr und gute Werke. Ein Mensch soll nämlich nicht lesen und lernen und dann verächtlich handeln an seinem Vater und an seiner Mutter, an seinem Lehrer und dem, der größer ist an Weisheit und Ansehen, denn es heißt:[9] *Anfang der Weisheit ist Furcht des Herrn, eine Einsicht, gut all denen, die sie tun.* Es heißt nicht: Denen, die sie lernen, sondern: *denen, die sie tun,* nämlich denen, die sie um ihrer selbst willen tun, nicht aber denen, die sie nicht um ihrer selbst willen tun. Jedem aber, der sie nicht um ihrer selbst willen tut, wäre es besser, er wäre nicht erschaffen worden. Brachot 17 a

Der Weg zum Ziel

Rawa warf eine Frage auf: Es steht geschrieben:[10] *Denn groß bis zu den Himmeln ist deine Liebe,* ferner steht geschrieben:[11] *Denn über die Himmel groß ist deine Liebe.* Wie ist das zu erklären? Das eine gilt für diejenigen, die das Gebot um seiner

8 5. Mose 34,*6*.
9 Psalm 111,*10*.
10 Psalm 57,*11*.
11 Psalm 108,*5*.

selbst willen tun, das andere für diejenigen, die es nicht um seiner selbst willen tun. Das entspricht der Meinung Raw Jehudas. Raw Jehuda sagte nämlich, Raw habe gesagt: Immer soll sich ein Mensch mit der Weisung befassen und mit den Geboten, auch wenn es nicht um ihrer selbst willen geschieht. Denn vom Tun nicht um ihrer selbst willen kommt er zum Tun um ihrer selbst willen. Pesachim 50 b

Kritikloser Gehorsam

Unsere Meister lehrten: *Meine Rechtsgeheiße tut!*[12] Wären diese Dinge nicht geschrieben, so wäre zu urteilen, daß sie geschrieben werden müßten.[13] Und diese sind's: Götzendienst, Unzucht, Blutvergießen, Raub und Lästerung des Namens.[14]

Meine Satzungen wahrt![15] Gegen diese Dinge wendet sich der Widersacher, und gegen sie wenden sich die Völker der Welt.[16] Und diese sind's: Das Essen von Schweinefleisch,[17] Kleidung aus Mischgewebe,[18] das Schuhausziehen der Schwägerin,[19] die Reinigung von Aussätzigen[20] und der Bock, der weggeschickt wird.[21] Vielleicht sagst du: Das ist sinnloses Getue, so besagt doch die Schrift:[22] *Ich bin der Herr.* Ich bin der Herr, ich habe es als Satzung verordnet, und du bist nicht befugt, darüber nachzugrübeln. Joma 67 b

12 3. Mose 18,*4a*.
13 So groß ist ihre Wichtigkeit für den Bestand der Welt.
14 »Name« ist Umschreibung für Gott.
15 3. Mose 18,*4b*.
16 Der zweite Halbsatz fehlt in zensierten Texten. Nach 3. Mose 18,*3* wurden diese Satzungen aus dem Gegensatz zu den anderen Völkern begründet. Nur im Festhalten an den Geboten ließ sich die gottgewollte Sonderung Israels bewahren.
17 Dazu 3. Mose 11,*7*.
18 Dazu 3. Mose 19,*19*.
19 Dazu 5. Mose 25,*5–10*.
20 Dazu 3. Mose 14.
21 Dazu 3. Mose 16,*10*.
22 3. Mose 18,*4* Schluß.

Nicht um Lohn

Wohl dem Mann, der den Herrn fürchtet.[23] *Wohl dem Mann,* aber nicht: Wohl der Frau? Raw Amram sagte, Raw habe gesagt: Wohl dem, der Umkehr tut, solange er noch ein Mann ist. Rabbi Jehoschua, Levis Sohn, sagte: Wohl dem, der seine Leidenschaft überwindet wie ein Mann.

An seinen Geboten recht seine Lust hat.[24] Rabbi Elasar sagte: *An seinen Geboten,* aber nicht am Lohn seiner Gebote. Das ist es, was gelehrt wird:[25] Er sagte: Seid nicht wie Knechte, die dem Meister dienen, um Lohn zu erhalten, sondern seid wie Knechte, die dem Meister dienen, nicht um Lohn zu erhalten!

Awoda sara 19 a

Die Arznei

Es wird gelehrt: Rabbi Bnaa sagte: Jeder, der sich mit der Weisung befaßt um ihrer selbst willen, für den wird seine Weisung eine Arznei zum Leben, denn es heißt:[26] *Ein Holz des Lebens ist sie denen, die sie ergreifen.* Ferner sagt die Schrift:[27] *Heilung wird sie für deinen Leib sein.* Ferner sagt die Schrift:[28] *Denn wer mich findet, der hat das Leben gefunden.* Und jeder, der sich mit der Weisung befaßt nicht um ihrer selbst willen, für den wird sie eine Arznei zum Tode, denn es heißt:[29] *Es träufle wie Regen meine Lehre,* aber nicht: Träuflung, sondern: Tötung, denn es heißt:[30] *Sie sollen dort im Bachtal dem Kalb das Genick brechen.*

Taanit 7 a

23 Psalm 112,*1a*.
24 Psalm 112,*1b*.
25 In der Mischna Awot I, 3, Seite 365.
26 Sprüche 3,*18*.
27 Sprüche 3,*8*.
28 Sprüche 8,*35*.
29 5. Mose 32,*2*.
30 5. Mose 21,*4*. Im Hebräischen hat »träufeln« und »Genick brechen« denselben Konsonantenbestand. Das dadurch entstehende Wortspiel soll beweisen, daß mißbrauchte Weisung zum Tod führt.

Macht der Weisung

Raw Chananel, Pappas Sohn, sagte: Was bedeutet es, daß geschrieben steht:[31] *Höret zu, denn ich will Fürstliches reden?* Warum werden die Worte der Weisung mit einem Fürsten verglichen? Um dir zu sagen: Wie ein Fürst Macht hat, zu töten und lebendig zu machen, so hat auch das Wort der Weisung Macht, zu töten und lebendig zu machen. Das ist es, was Rawa sagte: Denen zu ihrer Rechten ist sie eine Arznei zum Leben, denen zu ihrer Linken ist sie eine Arznei zum Tod.[32] Eine andere Erklärung für *Fürstliches:* Jedem einzelnen Spruch, der aus dem Munde des Heiligen, gelobt sei er, hervorgeht, werden zwei Kränze gebunden.[33] Schabbat 88 b

Die Bewährten leben

Rabbi Chija und Rabbi Jonatan gingen an den Grabanlagen umher. Da fiel eine Purpurfranse von Rabbi Jonatan herunter.[34] Rabbi Chija sagte zu ihm: Hebe sie auf, damit sie nicht sagen: Morgen kommen sie zu uns, und jetzt beschimpfen sie uns.[35] Er sagte zu ihm: Wissen sie denn das alles? Es steht doch geschrieben:[36] *Aber die Toten wissen nicht das geringste.* Er sagte zu ihm: Wenn du auch gelesen hast, so hast du doch nicht gelernt; wenn du auch gelernt hast, so doch nicht dreimal; wenn auch dreimal, so haben sie es dir doch nicht erklärt:[37] *Denn die Lebenden wissen, daß sie sterben werden.* Das sind die Bewährten, die noch in ihrem Tod Lebende genannt werden, denn es heißt:[38] *Und Benaja, Jojadas Sohn, der Sohn eines lebenden Mannes, ein arbeitsreicher Mann aus Kabzeel; er schlug die*

31 Sprüche 8,*6*.
32 Dazu Prediger 10,*2*.
33 Mit diesen beiden Kränzen ist die offene und die verborgene Bedeutung gemeint, die jedes Wort der Weisung besitzt.
34 Dazu 4. Mose 15,*38 f*.
35 Die Toten würden sich durch den Purpurfaden verspottet fühlen, weil er sie an die Gebote erinnert, die sie doch nicht mehr erfüllen können.
36 Prediger 9,*5b*.
37 Prediger 9,*5a*.
38 2. Samuel 23,*20*.

beiden Ariel aus Moab; er stieg hinab und schlug den Löwen in der Zisterne am Tag des Schnees.

Der Sohn eines lebenden Mannes. Sind denn alle anderen auf der Welt Söhne von Toten? Nein, sondern *der Sohn eines lebenden Mannes* meint, daß er sogar im Tod ein Lebender genannt wird.

Ein arbeitsreicher Mann aus Kabzeel. Das bedeutet: Einer, der Arbeiter mehrte und sammelte für die Weisung.[39]

Er schlug die beiden Ariel aus Moab. Das bedeutet: Er hinterließ niemand seinesgleichen, weder zur Zeit des ersten Heiligtums noch zu der des zweiten Heiligtums.[40]

Er stieg hinab und schlug den Löwen in der Zisterne am Tag des Schnees. Es gibt solche, die sagen: Er hat Eisschollen zerschlagen und ist hinabgestiegen, um unterzutauchen.[41] Es gibt solche, die sagen: Er hat »das Buch« des Lehrhauses Raws an einem Wintertag gelernt.[42]

Aber die Toten wissen nicht das geringste. Das sind die Frevler, die schon zu ihren Lebzeiten Tote genannt werden, denn es heißt:[43] *Aber du erschlagener Frevler, Fürst Israels.* Wenn du aber willst, so sage ich es hieraus:[44] *Auf die Aussage von zwei Zeugen oder drei Zeugen hin soll der Tote getötet werden.* Er lebt doch noch! Vielmehr war er zuvor schon tot.

Brachot 18 a/18 b

Wie Fische auf dem Trockenen

Raw Jehuda sagte, Schmuel habe gesagt: Was bedeutet es, daß geschrieben steht:[45] *Du machtest die Menschen Fischen des Mee-*

39 Im Hebräischen handelt es sich um ein dreifaches Wortspiel.

40 »Ariel« wird nach Jesaja 29,*1* als Tempel gedeutet.

41 Dieser Bewährte nahm sein Ritualbad im Eiswasser.

42 »Das Buch« heißt der Kommentar zum 3. Buch Mose, der auf die Arbeit Rabbi Akiwas zurückgeht. Dieses »Buch« wird hier mit dem Löwen in Zusammenhang gebracht, weil es als besonders schwierig gilt. Aber Benaja »besiegte« es an einem einzigen kurzen Wintertag.

43 Hesekiel 21,*30*. So wird der König Zedekia um seines Eidbruchs willen beschimpft. Er lebte noch als ein Zeitgenosse Hesekiels und starb als Gefangener in Babylonien; dazu Jeremia 52,*11*.

44 5. Mose 17,*6*.

45 Habakuk 1,*14*.

res gleich, dem Gewürm gleich, das keinen Herrn hat? Warum werden die Menschenkinder mit Fischen des Meeres verglichen? Um dir zu sagen: Wie Fische, die im Meere sind, sofort sterben, wenn sie aufs Trockene gelangen, so sterben auch die Menschenkinder sofort, wenn sie sich von den Worten der Weisung und von den Geboten entfernen. Awoda sara 3b

Wer will Leben?

Rabbi Alexandri rief öffentlich aus: Wer will Leben? Wer will Leben? Da lief alle Welt bei ihm zusammen. Sie sagten zu ihm: Gib uns Leben! Er sagte zu ihnen:[46] *Wer ist der Mann, der Lust hat zum Leben . . .: Wahre deine Zunge vor dem Bösen . . .! Weiche von dem Bösen und tue Gutes . . .!* Awoda sara 19b

Der Verführer zum Leben

Chiskija sagte: Was bedeutet es, daß geschrieben steht:[47] *Er lockt dich sogar weg vom Rachen der Enge in eine Weite ohne Einengung darunter*? Komm und sieh: Die Art von Fleisch und Blut gleicht nicht der Art des Heiligen, gelobt sei er. Das ist die Art von Fleisch und Blut: Ein Mensch lockt den anderen weg von den Lebenswegen zu den Todeswegen. Aber der Heilige, gelobt sei er, lockt den Menschen weg von den Todeswegen zu den Lebenswegen, denn es heißt: *Er lockt dich sogar weg vom Rachen der Enge*, nämlich von der Hölle, deren Rachen eng ist, damit sich Rauch darin ansammle. Vielleicht willst du aber sagen: Wie ihr Rachen eng ist, so ist das Ganze eng,[48] so besagt doch die Schrift:[49] *Er hat ausgetieft, er hat ausgeweitet.* Vielleicht willst du aber sagen: Für einen König ist sie nicht bereitet,[50] so

46 Psalm 34,*13–15*.
47 Hiob 36,*16a*. Dieser schwierige Halbvers wird im folgenden mit einem Vers aus Jesaja erklärt. Ende und Höhepunkt der Auslegung ist dann die zweite Hälfte des Verses Hiob 36,*16*.
48 Die Hölle hätte demnach nicht Raum für viele.
49 Jesaja 30,*33*. Auch der Urtext handelt von einer Art Hölle und wird hier im Einzelnen ausgedeutet.
50 Nach Sprüche 8,*15*, wo die Weisheit spricht: »Durch mich herrschen die Könige«, werden die Gelehrten Könige genannt.

besagt die Schrift:[51] *Auch für den* König *ist sie bereitet.* Vielleicht willst du aber sagen: In ihr gibt es kein Holz, so besagt doch die Schrift: *Ihr Feuerloch hat Feuer und Holz in Menge.* Vielleicht willst du aber sagen: Dies ist der Lohn,[51] so besagt doch die Schrift:[52] *Und die Behaglichkeit deines Tisches, der voll ist von Fett.* Menachot 99b/100a

Die Fülle des Gebotes ist Gnade

Rabbi Chanina, Akaschjas Sohn, sagt: Der Heilige, gelobt sei er, wollte Israel würdigen, darum mehrte er ihnen Weisung und Gebote, denn es heißt:[53] *Der Herr hatte Lust, um seiner Gnade willen die Weisung groß zu machen und herrlich.*[54]

Mischna Makkot III, 16

Die Größe der Weisung

Raw Chisda sagte: Mari, Mars Sohn, legte aus: Was bedeutet es, daß geschrieben steht:[55] *Aller Vollendung sehe ich eine Grenze, überaus weit ist dein Gebot*? Dies Wort sagte David, aber erklärte es nicht. Hiob sagte es, aber erklärte es nicht. Hesekiel sagte es, aber erklärte es nicht. Bis Sacharja, Iddos Sohn, kam und es erklärte.[56] David sagte es, aber erklärte es nicht, denn es steht geschrieben: *Aller Vollendung sehe ich eine Grenze, überaus weit ist dein Gebot.* Hiob sagte es, aber erklärte es nicht, denn es steht geschrieben:[57] *Länger als die Erde ist ihr Maß, sie ist weiter als das Meer.* Hesekiel sagte es, aber erklärte es nicht,

51 Dieser Einwand will besagen, für das Studium der Weisung sei kein weiterer Lohn zu erwarten als die Errettung vor der Hölle; dann würde sich aber nur erfüllen, was im ersten Teil des Anfangszitates steht.

52 Hiob 36,*16b*. »Fett« ist ein Bild für die Fülle dessen, was Menschen zum Leben brauchen.

53 Jesaja 42,*21*.

54 Dies ist der einzige talmudische Ausspruch von Rabbi Chanina, Akaschjas Sohn; er wird aber um seiner großen Bedeutung willen oft zitiert.

55 Psalm 119,*96*.

56 Alle sagten, daß das Gebot sehr groß und weit sei, aber nur Sacharja, Berechjas Sohn, des Sohnes Iddos, erklärte genau, wie groß es sei.

57 Hiob 11,*9*.

denn es steht geschrieben:[58] *Und er breitete sie vor mir aus, und sie war auf der Vorderseite und auf der Rückseite beschrieben, und es waren darauf geschrieben: Klagelieder, Seufzen und Wehschrei.* – *Klagelieder*, das sind die Strafen für die Bewährten in der hiesigen Welt, denn so sagt die Schrift:[59] *Ein Klagelied ist dies, sie sollen es klagen!* – *Seufzen*, das ist die Gabe des Lohnes für die Bewährten in der Zukunft, die da kommt, denn so sagt die Schrift:[60] *Zum Getön auf der Harfe.* – *Und Wehschrei*, das ist die Strafe für die Frevler in der Zukunft, die da kommt, denn so sagt die Schrift:[61] *Wehe kommt auf Wehe.* Bis Sacharja, Iddos Sohn, kam und es erklärte, denn es steht geschrieben:[62] *Da sprach er zu mir: Was siehst du? Ich sagte: Ich sehe eine zusammengefaltete Rolle, zwanzig Ellen lang und zehn Ellen breit.* Und wenn du sie auseinanderfaltest, so ist sie zwanzig auf zwanzig. Und da geschrieben steht: *Sie war auf der Vorderseite und auf der Rückseite beschrieben*, und wenn du sie dann spaltest, wie groß ist sie? Vierzig auf zwanzig. Und da geschrieben steht:[63] *Wer mißt mit seiner hohlen Hand die Wasser und bestimmt die Himmel mit der Spanne ...?* so findet man, daß die ganze Welt ein dreitausendzweihundertster Teil der Weisung ist.[64] Eruwin 21 a

Einheit in der Vielheit

Rabbi Simlai legte aus: Sechshundertunddreizehn Gebote wurden Mose gesagt: Dreihundertfünfundsechzig Verbote nach der

58 Hesekiel 2,*10*.
59 Hesekiel 32,*16*.
60 Psalm 92,*4*. Im Hebräischen sind die Worte für »Getön« und »Seufzen« sehr ähnlich.
61 Hesekiel 7,*26*.
62 Sacharja 5,*2*. Das Wort für »zusammengefaltet« kann auch »fliegend« bedeuten, wie es an dieser Stelle gewöhnlich übersetzt wird.
63 Jesaja 40,*12*.
64 Die auseinandergefaltete und gespaltene Lederrolle mißt 20 auf 40 Ellen = 800 Quadratellen = 3200 Quadratspannen, da eine Quadratelle 4 Quadratspannen hat. Nach Gottes Maß mißt die Welt nur eine einzige Spanne (= Quadratspanne), also 3200mal weniger als die Weisung nach der obigen Berechnung.

Zahl der Tage des Sonnenjahres und zweihundertachtundvierzig Gebote entsprechend den Gliedern des Menschen.[65] Raw Hamnuna sagte: Was ist der Schriftvers dafür?[66] *Die Weisung hat uns Mose geboten zum Erbteil.* Der Zahlenwert von Weisung beträgt soviel. Weisung ist nämlich gleich sechshundertundelf.[67] Dazu noch:[68] *Ich bin* und: *Du sollst nicht haben* – aus dem Munde des Allmächtigen selber haben wir sie gehört.

David kam und stellte sie zu Elfen zusammen, denn es steht geschrieben:[69] *Ein Psalm Davids. Herr, wer darf gasten in deinem Zelte, wer darf weilen auf deinem heiligen Berge? Der rechtschaffen wandelt und der Bewährung übt und der die Wahrheit redet in seinem Herzen, der nicht verleumdet mit seiner Zunge, der nicht Böses tut seinem Genossen und der nicht Schmähung bringt auf seinen Nächsten, in dessen Augen ein Verworfener verachtet ist, der aber ehrt, die den Herrn fürchten, der es nicht ändert, wenn er sich zum Schaden schwur, der sein Geld nicht um Zins gibt und der nicht Bestechung gegen einen Unschuldigen annimmt. Wer dies tut, wird nicht wanken für immerdar.*

Der rechtschaffen wandelt, das ist Abraham, denn es steht geschrieben:[70] *Wandle vor mir und sei rechtschaffen!*

Der Bewährung übt, wie Abba Chilkijahu.[71]

Der die Wahrheit redet in seinem Herzen, wie Raw Saphra.[72]

Der nicht verleumdet mit seiner Zunge, das ist Jakob, unser

65 Dies ist die Zahl aller in den fünf Büchern Moses enthaltenen Verbote und Gebote.

66 5. Mose 33,*4*.

67 Im Hebräischen hat jeder Buchstabe auch einen Zahlenwert. Das Wort für »Weisung« ergibt als Zahl gelesen 611.

68 2. Mose 20,*2 f*. Am Anfang des Zehnwortes fallen die beiden »Selbstvorstellungsformeln« auf, die sich stilistisch von der Form der übrigen Gebote abheben. An diese Beobachtung knüpft Raschi an: Gott habe die beiden ersten Aussprüche selber erklärt, während die übrigen von Mose erklärt worden seien.

69 Psalm 15.

70 1. Mose 17,*1*. Der Psalm wird nun an elf Einzelbeispielen verifiziert.

71 Von diesem Enkel Chonis, des Kreisziehers, sind an anderer Stelle im Talmud Beispiele großer Treue und Bescheidenheit erzählt.

72 Auch dringender Geschäfte wegen ließ er sich nicht vom Gebet abhalten.

Vater, denn es steht geschrieben:[73] *Vielleicht betastet mich mein Vater, dann bin ich in seinen Augen wie ein Spötter.*

Der nicht Böses tut seinem Genossen, der seinem Kollegen keine Konkurrenz macht.[74]

Der nicht Schmähung bringt auf seinen Nächsten, das ist, der sich seine Nächsten näherbringt.[75]

In dessen Augen ein Verworfener verachtet ist, das ist Hiskia, der König, der die Gebeine seines Vaters auf einer Bahre aus Stricken schleifte.[76]

Der aber ehrt, die den Herrn fürchten, das ist Josaphat, der König von Juda, denn zur Stunde, da er einen Gelehrten sah, stand er auf von seinem Thron, umarmte ihn, küßte ihn und rief ihm zu: Mein Vater, mein Vater! Mein Meister, mein Meister! Mein Herr, mein Herr![77]

Der es nicht ändert, wenn er sich zum Schaden schwur, wie Rabbi Jochanan. Rabbi Jochanan sagte nämlich: Ich will im Fasten bleiben, bis ich nach Hause komme.[78]

Der sein Geld nicht um Zins gibt, auch nicht einem aus den Völkern um Profit.[79]

Der nicht Bestechung gegen einen Unschuldigen annimmt, wie Rabbi Jischmael, Joses Sohn.[80]

Und es steht geschrieben: *Wer dies tut, wird nicht wanken für immerdar.* Wenn Rabban Gamliel zu diesem Bibelvers ge-

73 1. Mose 27,*12*. Aus diesem Vers soll hervorgehen, daß Jakob seinen Vater nicht betrügen wollte. Er wurde dann aber von seiner Mutter dazu gezwungen.

74 Noch im Mittelalter gab es strenge Gesetze, die den Konkurrenzkampf innerhalb der jüdischen Gemeinden ausschlossen.

75 Der sich in besonderer Weise seiner Verwandten annimmt.

76 Dazu 2. Chronik 28,*27*. Die Art des Begräbnisses bleibt aber völlig unklar; deshalb konnte sich später eine solche Legende bilden, die mehrfach in der Gemara vorkommt. Durch diese Schändung sollten die Freveltaten des Königs Ahas gesühnt werden.

77 Dazu 2. Chronik 17,*1–9* und 19,*4–11*.

78 Nach einer anderen Stelle des Talmud hielt er seine Selbstverpflichtung ein, obwohl der Grund zu diesem Fasten weggefallen war.

79 Im zensierten Text steht: »einem von den Sternendienern«. Wie später bei den Christen bis weit ins Mittelalter, so war es auch bei Juden verboten, untereinander Zins zu nehmen.

80 Nach einer anderen Talmudstelle bewahrte sich dieser Gelehrte leidenschaftlich selbst vor dem Schein der Bestechlichkeit.

langte, weinte er und sagte: Wer dies schafft, dies alles, der allein *wird nicht wanken;* aber wenn nur eines davon, so wird er wanken. Sie sagten zu ihm: Steht denn geschrieben: Wer all dies tut? *Wer dies tut* steht geschrieben, und sei es auch nur eines davon. Wenn du nicht so sagen willst, so steht doch ein anderer Vers geschrieben:[81] *Bemakelt euch nicht durch all dies!* Ist dort etwa erst der bemakelt, der all dies berührt; aber durch eines davon noch nicht? Nein, sondern schon durch eines von all diesem. So auch hier: Durch eines davon.

Jesaja kam und stellte sie zu Sechsen zusammen, denn es steht geschrieben:[82] *Der in Bewährung wandelt, der in Geradheit redet, der Gewinn aus Erpressung verschmäht, der lieber seine Hände abschüttelt, als Bestechung annimmt, der lieber sein Ohr verstopft, als Blutpläne anhört, der lieber seine Augen zudrückt, als auf Böses zu sehen.*

Der in Bewährung wandelt, das ist Abraham, unser Vater, denn es steht geschrieben:[83] *Denn ich habe ihn erkannt, auf daß er gebiete . . .*

Der in Geradheit redet, das ist, der das Angesicht seines Kollegen nicht vor den Vielen kränkt.

Der Gewinn aus Erpressungen verschmäht, wie Rabbi Jischmael, Elischas Sohn.[84]

Der lieber seine Hände abschüttelt, als Bestechung annimmt, wie Rabbi Jischmael, Rabbi Joses Sohn.

Der lieber sein Ohr verstopft, als Blutpläne anhört, der nicht auf eine Geringschätzung eines Feuerkopfes unter unseren Meistern hört und schweigt.[85]

Der lieber seine Augen zudrückt, als auf Böses zu sehen, wie

81 3. Mose 18,*24*.

82 Jesaja 33,*15*.

83 1. Mose 18,*19*. Der Satz heißt weiter: »seinen Kindern und seinem Hause nach ihm, sie sollen den Weg des Herrn wahren, Bewährung und Recht zu tun.« – Bemerkenswert ist, wie durch die Wahl der Beispiele das Gebot, auf das der Text zielt, radikalisiert wird.

84 Von ihm wird im Talmud eine ähnliche Geschichte erzählt wie oben von Rabbi Jischmael, Joses Sohn; letzterer wird auch für das folgende Zitat wieder als Beispiel genannt.

85 Manche Texte haben hier als Beispiel: »wie Rabbi Elasar, Rabbi Schimons Sohn«.

Rabbi Chija, Abbas Sohn; Rabbi Chija, Abbas Sohn, sagte nämlich: Das ist, der keine Frauen betrachtet in der Stunde, da sie bei der Wäsche stehen.

Und es steht geschrieben:[86] *Er wird auf Höhen wohnen ...* Micha kam und stellte sie zu Dreien zusammen, denn es steht geschrieben:[87] *Er hat dir verkündet, Mensch, was gut ist und was der Herr von dir fordert: Nichts als Recht tun und gerne Liebe erweisen und unauffällig gehen mit dem Herrn, deinem Gott.*

Recht tun, das ist die Rechtspflege.

Gerne Liebe erweisen, das sind Taten der Liebe.

Und unauffällig gehen, das ist das Hinausbringen eines Toten und das Hereinführen einer Braut.[88] Ist dann nicht von den leichteren auf die schwereren Dinge zu schließen? Wenn von Dingen, deren Art es nicht entspricht, sie in Unauffälligkeit zu tun, die Weisung sagt: *Und unauffällig gehen,* um wieviel mehr von Dingen, deren Art es entspricht, sie in Unauffälligkeit zu tun.

Jesaja kam wiederum und stellte sie zu Zweien zusammen, denn es heißt:[89] *So spricht der Herr: Wahret das Recht und verwirklicht Bewährung!*

Amos kam und stellte sie zu einem zusammen, denn es heißt:[90] *So spricht der Herr zum Haus Israel: Suchet mich, damit ihr lebet!* Raw Nachman, Jizchaks Sohn, wandte gegen ihn ein: Das würde besagen: Suchet mich in der gesamten Weisung! Nein, sondern Habakuk kam und stellte sie zu einem zusammen, denn es heißt:[91] *Und ein Bewährter lebt in seinem Glauben.* Makkot 23 b/24 a

86 Jesaja 33,*16*. Diese Verheißung an die Bewährten schließt direkt an die Gebote an, und sie geht weiter: »wie Felsenburgen ist sein Hort, Brot ist ihm gegeben, sein Wasser ist beständig«.

87 Micha 6,*8*.

88 Bestatten von Toten und Ausstattung von Bräuten gelten als gute Werke mehr als andere.

89 Jesaja 56,*1*.

90 Amos 5,*4*.

91 Habakuk 2,*4*.

Gnade auch bei geringem Tun

Raw legte aus: Was bedeutet es, daß geschrieben steht:[92] *Ich bin lieb, denn der Herr erhört*? Die Gemeinde Israels sagte: Herr der Welt, wann bin ich geliebt vor dir? In der Zeit, da du die Stimme meines Flehens erhörst.

Ich bin arm, aber Hilfe wird mir zuteil.[93] Die Gemeinde Israels sagte vor dem Heiligen, gelobt sei er: Herr der Welt, obwohl ich arm bin an Gebotserfüllung, so bin ich doch dein; darum geht es an, daß du mir hilfst. Pesachim 118 b

Nicht als Last, sondern aus Liebe

Im Lehrhaus Rabbi Jischmaels wird gelehrt: Die Worte der Weisung sollen nicht als Verpflichtung auf dir liegen; aber du bist auch nicht befugt, dich selber von ihnen zu befreien.

Menachot 99 b

VOM LERNEN DER LEHRER UND SCHÜLER

Die Bauleute

Rabbi Elasar sagte, Rabbi Chanina habe gesagt: Die Gelehrten mehren den Frieden der Welt, denn es heißt:[94] *Und alle deine*

92 Psalm 116,*1*. Mit der Übersetzung »Ich bin lieb« soll schon der Auslegung Rawas entgegengekommen werden, der dies Wort als »mein Geliebtsein, wenn« versteht, was bei anderer Vokalisation möglich ist.

93 Psalm 116,*6*. Der Psalm gehört zu den Hallelpsalmen (113–118), die zur Liturgie der Pesachnacht gehören. Durch diesen Zusammenhang und durch die obige Interpretation des Zitats wird auf die geschichtliche Situation vor der Gesetzgebung Bezug genommen. Raschi erklärte zu 2. Mose 12 nach Hesekiel 16,7 *f*., Gott habe Israel »nackt und bloß« gefunden und habe ihm dann wenigstens die zwei Gebote der Beschneidung und des Pesach gegeben, damit sie seiner Hilfe würdig würden. Später wurde dies allgemein verstanden: So wie Gott sein Volk, obwohl es nur diese zwei Gebote hatte, aus Ägypten erlöste, so erlöst er sie auch jetzt bei geringer Gebotserfüllung, weil Israel sein Eigentum ist, also aus Gnade.

94 Jesaja 54,*13*.

Söhne sind Gelehrte des Herrn, und groß ist der Friede deiner Söhne. Lies nicht: *deiner Söhne*, sondern: deiner Bauleute:[95] *Viel Frieden denen, die deine Weisung lieben, und für sie gibt es kein Straucheln.*[96] *Friede herrsche in deinen Umwallungen, Zufriedenheit in deinen Palästen; um meiner Brüder und meiner Genossen willen will ich um Frieden für dich reden; um des Hauses des Herrn, unseres Gottes, willen will ich Gutes für dich erbitten.*[97] *Der Herr gibt seinem Volke Kraft, der Herr segnet sein Volk mit Frieden.*[98] Brachot 64 a

Aufbau der Welt

Wer sind die Bauleute? Rabbi Jochanan sagte: Das sind die Gelehrten, denn sie befassen sich ihrer Lebtage mit dem Aufbau der Welt. Schabbat 114 a

Der Hauch der Schulkinder

Raw Jehuda sagte, Raw habe gesagt: Was bedeutet es, daß geschrieben steht:[99] *Tastet meine Gesalbten nicht an, und meinen Propheten tut kein Leid? Tastet meine Gesalbten nicht an*, das sind die Schulkinder, *und meinen Propheten tut kein Leid*, das sind die Gelehrten. Resch Lakisch sagte im Namen Rabbi Jehudas, des Fürsten: Die Welt besteht nur um des Hauches der Schulkinder willen. Raw Pappa sagte zu Abbaje: Wie ist es aber mit meinem und wie mit deinem? Er sagte zu ihm: Der Hauch des, der schon Verfehlung an sich hat, gleicht nicht dem Hauch des, der noch keine Verfehlung an sich hat. Ferner sagte Resch Lakisch im Namen Rabbi Jehudas, des Fürsten: Man darf die Schulkinder nicht stören, nicht einmal wegen der Erbauung des Heiligtums. Resch Lakisch sagte im Namen Rabbi Jehudas, des

95 Um diese Bedeutungswandlung zu erreichen, wird im Hebräischen nur ein einziger – ungeschriebener – Vokal geändert.
96 Psalm 119,*165*.
97 Psalm 122,*7–9*.
98 Psalm 29,*11*. Mit diesem Vers schließt der Traktat Brachot; mit ihm wird auch der letzte Talmudtraktat beschlossen.
99 Psalm 105,*15* und parallel 1. Chronik 16,*22*.

Fürsten: So wurde es mir von meinen Vätern, es wird auch gesagt: von deinen Vätern, überliefert: Jede Stadt, in der keine Schulkinder sind, wird zerstört.[100] Rawina sagte: Sie wird gebannt. Schabbat 119 b

Die Anfänge

Abbaje sagte: Mutter sagte zu mir: Als Sechsjähriger zur Schrift, als Zehnjähriger zur Mischna, als Dreizehnjähriger zum ganztägigen Fasten.[101] Ketubbot 50 a

Früher Anfang

Raw Katina sagte: Jeder, der seinen Sohn in die Schule gehen läßt, bevor dieser sechs Jahre alt ist, der läuft ihm nach, erreicht ihn aber nicht.[102] Es gibt solche, die sagen: Seine Altersgenossen laufen ihm nach, erreichen ihn aber nicht.[103] Es gilt aber beides: Er ist zwar kränklich, aber zugleich gelehrt. Wenn du willst, so sage ich: Das eine bei einem Schwächlichen, das andere bei einem Kräftigen. Ketubbot 50 a

Alles für die Gelehrten

Rabbi Chija, Abbas Sohn, sagte, Rabbi Jochanan habe gesagt: Sämtliche Propheten haben nur über den verkündigt, der seine Tochter einem Gelehrten zur Frau gibt, der für den Gelehrten ein Geschäft betreibt und der dem Gelehrten von seinem Vermögen zugute kommen läßt. Für die Gelehrten selber aber gilt:[104] *Kein Auge hat's geschaut, o Gott, außer dir, was er für den tut, der seiner harrt.* Brachot 34 b

100 Dieser Abschnitt stammt aus einer Diskussion über die Gründe der Zerstörung Jerusalems; dazu Seite 185 ff.

101 Als 13jähriger »Sohn des Gebotes« ist ein Junge religiös mündig und also auch zum Fasten am Versöhnungstag verpflichtet.

102 Die Eltern laufen ihm mit ihrer Pflege nach, das Kind bleibt aber trotzdem schwächlich.

103 Sie kommen ihm nicht gleich an Wissen.

104 Jesaja 64,3.

Wichtigkeit des Studiums

Das sind die Dinge, für die es kein Maß gibt:[105] Die Ackerecke,[106] die Erstlinge,[107] das Erscheinen,[108] der Erweis von Liebestaten, das Lernen der Weisung.

Das sind die Dinge, deren Früchte ein Mensch in der hiesigen Welt genießt, während ihm das Guthaben für die kommende Welt verbleibt: Das Ehren von Vater und Mutter, der Erweis von Liebestaten und das Friedenstiften zwischen einem Menschen und seinem Genossen. Das Lernen der Weisung aber entspricht ihnen allen.[109] Mischna Pea I, 1

Die Hauptsache

Rabba, Chanas Sohnessohn, sagte, Rabbi Jochanan habe im Namen von Rabbi Jehuda, Rabbi Eleais Sohn, gesagt: Komm und sieh, daß die späteren Geschlechter nicht wie die früheren Geschlechter sind. Die früheren Geschlechter machten ihre Weisung zum Feststehenden und ihre Arbeit zum Gelegentlichen. Sowohl das eine als auch das andere hatte Bestand in ihren Händen. Die späteren Geschlechter machten ihre Arbeit zum Feststehenden und ihre Weisung zum Gelegentlichen. Weder das eine noch das andere hatte Bestand in ihren Händen.

Brachot 35 b

Die große Geduld

Rabbi Perida hatte einen Schüler, den er vierhundertmal lehrte, bis er es konnte. Eines Tages forderten sie ihn zu einer Gebotserfüllung auf. Er lehrte ihn, dieser aber konnte es einfach nicht. Er sagte zu ihm: Was ist denn jetzt anders? Er sagte zu ihm: Von

105 Für die Erfüllung der folgenden Gebote ist in der Weisung kein bestimmtes Maß angegeben; dies zu bestimmen ist dem einzelnen überlassen.

106 Dazu 3. Mose 19,*9*.

107 Dazu 5. Mose 26,*1–11*.

108 Zu den drei Wallfahrtsfesten soll keiner mit leeren Händen kommen; dazu 5. Mose 16,*16*.

109 Die Beschäftigung mit der Weisung erst führt einen Menschen zum Gebot und zum Gehorsam hin.

der Stunde an, da sie zum Meister sagten: Es gibt eine Gebotserfüllung, wandte ich meine Gedanken ab und dachte die ganze Zeit: Jetzt steht der Meister auf, jetzt steht der Meister auf. Er sagte zu ihm: Nimm deine Gedanken zusammen, so will ich dich lehren! Wiederum lehrte er ihn vierhundertmal.[110] Da ging eine Art Stimme hervor, die sprach zu ihm: Ist es dir lieber, daß dir vierhundert Jahre hinzugefügt werden oder daß du und dein Geschlecht der kommenden Welt gewürdigt werdet? Er sagte: Daß ich und mein Geschlecht der kommenden Welt gewürdigt werden. Der Heilige, gelobt sei er, sprach zu ihnen:[111] Gebt ihm das eine und das andere! Eruwin 54 b

Die Lehrer der Lehrer

Rabbi Chama sagte, Rabbi Chanina habe gesagt:[112] *Eisen schärft Eisen,* das besagt dir: Wie beim Eisen eines das andere schärft, so schärfen auch zwei Gelehrte einander.[113] Rabba, Chanas Sohnessohn sagte: Warum werden die Worte der Weisung mit Feuer verglichen, wie es heißt:[114] *Ist mein Wort nicht so, wie Feuer – Spruch des Herrn*? Das besagt dir: Wie Feuer nicht allein brennt, so bleiben die Worte der Weisung nicht bei einem allein bestehen. Das ist es, was Rabbi Jose, Chaninas Sohn, sagte: Was bedeutet es, daß geschrieben steht:[115] *Ein Schwert über die einzelnen, sie werden zu Narren*? Ein Schwert über die Hasser der Gelehrten,[116] die sich jeder einzeln mit der Weisung befassen. Und nicht nur das, sondern sie werden auch töricht. Hier steht geschrieben: *Sie werden zu Narren,* und dort steht geschrieben:[117] *Daß wir zu Narren wurden und daß wir*

110 Für Rabbi Perida war es die wichtigste Gebotserfüllung, seinen schwächsten Schüler so lange zu lehren, bis er verstanden hatte. Für diese Hingabe wurde er von Gott belohnt.
111 Zu den Dienstengeln, die seinen Willen ausführen.
112 Sprüche 27,*17*.
113 Sie schärfen einander den Verstand.
114 Jeremia 23,*29*.
115 Jeremia 50,*36*. Das Wort, das hier »einzelne« übersetzt werden konnte, wird gewöhnlich mit »Schwätzer« wiedergegeben.
116 Eine kakophemistische Umschreibung für »Gelehrte«, weil nicht »berufen« werden sollte, daß sie sich als Einzelne mit der Weisung befassen.
117 4. Mose 12,*11*.

uns verfehlten. Wenn du aber willst, so sage ich es hieraus:[118] *Zu Narren wurden die Minister von Zoan.*

Rabbi Nachman, Jizchaks Sohn, sagte: Warum werden die Worte der Weisung mit Holz verglichen, wie es heißt:[119] *Ein Holz des Lebens ist sie denen, die sie ergreifen?* Das besagt dir: Wie ein kleines Stück Holz ein großes in Brand steckt, so schärfen die kleinen Gelehrten die großen. Das ist es, was Rabbi Chanina sagte: Viel habe ich von meinen Lehrern gelernt, von meinen Kollegen mehr als von meinen Lehrern, und von meinen Schülern mehr als von ihnen allen. Taanit 7 a

Ernstnehmen des Geschöpflichen

Raw Huna sagte zu seinem Sohn Rabba: Warum sitzest du nicht vor Raw Chisda, dessen Abhandlungen scharf sind? Er sagte zu ihm: Was soll ich zu ihm gehen? Denn wenn ich zu ihm gehe, so argumentiert er mit mir über weltliche Dinge. So sagte er zu mir: Wer auf den Abort geht, setze sich nicht zu schnell und plage sich nicht zu sehr. Der Mastdarm sitzt nämlich an drei Zotten. Vielleicht lösen sich diese Zotten vom Mastdarm, und man kommt in Gefahr. Er sagte zu ihm: Er befaßt sich also mit dem Leben der Geschöpfe, und du sagst: mit weltlichen Dingen. Auf alle Fälle – geh zu ihm! Schabbat 82 a

Treuhänder

Raw Jehuda sagt, Raw habe gesagt: Jeder, der vor einem Schüler eine Lehrentscheidung zurückhält, ist wie einer, der ihm das Erbe seiner Väter raubt, denn es heißt:[120] *Die Weisung hat uns Mose geboten, zum Erbteil der Gemeinde Jakobs.* Ein Erbteil ist sie für ganz Israel seit den sechs Schöpfungstagen.

Sanhedrin 91 b

118 Jesaja 19,*13*. Zoan ist eine Stadt im Nildelta.
119 Sprüche 3,*18*.
120 5. Mose 33,*4*.

Die Würde der Meister

Rabbi Chama, Chaninas Sohn, sagte: Jeder, der mit seinem Meister hadert, ist wie einer, der mit der Einwohnung hadert, denn es heißt:[121] *Das sind die Haderwasser, wo Israels Söhne mit dem Herrn haderten.*

Rabbi Chanina, Pappas Sohn, sagte: Jeder, der über seinen Meister murrt, ist, als ob er über die Einwohnung murre, denn es heißt:[122] *Nicht gegen uns ist euer Gemurr, sondern gegen den Herrn.*

Rabbi Awahu sagte: Jeder, der seinen Meister verdächtigt, ist, als ob er die Einwohnung verdächtige, denn es heißt:[123] *Da redete das Volk gegen Gott und gegen Mose.*

Sanhedrin 110 a

Splitter und Balken

Ferner sagte Rabbi Jochanan: Was bedeutet es, daß geschrieben steht:[124] *Es geschah in den Tagen, da die Richter richteten*? Ein Zeitalter, das seine Richter richtet. Sagt dieser zu jenem: Nimm den Splitter aus deinen Augen, so sagt jener zu diesem: Nimm den Balken aus deinen Augen! Sagt dieser zu jenem:[125] *Dein Silber wurde zu Schlacken,* so sagt jener zu diesem:[126] *Dein edler Wein ist mit Wasser verschnitten.* Bawa batra 15 b

Wahrhaftigkeit

Mar Sutra, Raw Nachmans Sohn, der gerade von Sichra nach Mechusa ging, und Rawa mit Raw Saphra, die gerade von Mechusa nach Sichra kamen, begegneten einander. Er meinte,

121 4. Mose 20,*13*. Weil in den Versen *1–12* allein davon berichtet wurde, daß Israel mit Mose (und Aaron) haderte, es aber in Vers *13* dann heißt, daß Israel mit Gott haderte, ist der Schluß möglich: Wer mit Mose rechtet, der rechtet mit Gott selber.

122 2. Mose 16,*8*.

123 4. Mose 21,*5*.

124 Ruth 1,*1*.

125 Jesaja 1,*22a*.

126 Jesaja 1,*22b*.

sie seien ihm entgegengekommen,[127] und sagte zu ihnen: Warum bemühten sich die Meister so sehr und sind gekommen? Raw Saphra sagte zu ihm: Wir wußten gar nicht, daß der Herr kommen wird. Wenn wir es aber gewußt hätten, so hätten wir uns erst recht bemüht.

Rawa sagte zu ihm:[128] Aus welchem Grunde hast du so zu ihm gesagt? Du hast ihn nämlich gekränkt. Er sagte zu ihm: Wir hätten ihn doch sonst getäuscht. Chullin 94 b

Das Ebenbild

Ein Schriftvers besagt:[129] *Sein Gewand ist weiß wie Schnee und Sein Haupthaar rein wie Wolle.* Ferner steht geschrieben:[130] *Seine Locken sind wie Dattelrispen und rabenschwarz.* Das ist kein Widerspruch. Hier ist gemeint: In der Sitzung, und da ist gemeint: Im Kampf. Der Meister sagte nämlich: Es gibt nichts Schöneres in der Sitzung als einen Greis, und es gibt nichts Schöneres im Kampf als einen Jüngling. Chagiga 14 a

Die Zunge

Rabbi Chama, Rabbi Chaninas Sohn, sagte: Was bedeutet es, daß geschrieben steht:[131] *Tod und Leben sind in der Zunge Hand*? Hat denn die Zunge eine Hand? Das besagt dir: Wie eine Hand tötet, so tötet auch eine Zunge. Wie eine Hand nur in der Nähe tötet, tötet so auch eine Zunge nur in der Nähe? Die Schrift besagt doch:[132] *Ein mörderischer Pfeil ist ihre Zunge.* Wie ein Pfeil bis vierzig, fünfzig Ellen reicht, reicht so auch eine Zunge bis vierzig, fünfzig Ellen? Die Schrift besagt doch:[133]

127 Um ihm einen ehrenvollen Empfang zu bereiten.

128 Er machte seinem Begleiter später einen Vorwurf.

129 Daniel 7,*9*.

130 Hoheslied 5,*11* wurde von den Meistern ebenfalls auf Gott bezogen. Durch den scheinbaren Widerspruch zum vorigen Zitat wurde der folgende Vergleich ermöglicht.

131 Sprüche 18,*21*.

132 Jeremia 9,*7*.

133 Psalm 73,*9*.

Sie versetzen zu den Himmeln ihr Maul, und ihre Zunge ergeht sich auf Erden.

Wenn schon geschrieben steht: *Sie versetzen zu den Himmeln ihr Maul*, warum noch: *Ein mörderischer Pfeil ist ihre Zunge*? Dies läßt er uns vernehmen: Weil sie tötet wie ein Pfeil. Und wenn schon geschrieben steht: *Ein mörderischer Pfeil ist ihre Zunge*, warum noch: *Tod und Leben sind in der Zunge Hand*? Dies entspricht nämlich Rawa, denn Rawa sagte: Wer leben will – mit seiner Zunge! Wer sterben will – mit seiner Zunge!

Arachin 15 b

Von der Vorsicht

Der Meister sagte: Lehre deine Zunge sagen: Ich weiß nicht; vielleicht könntest du der Lüge überführt und ergriffen werden.

Brachot 4 a

Vom Schweigen

Rabbi Jehuda aus Kfar-Gewurja, es wird auch gesagt: aus Kfar-Gibor Chajil, legte aus: Was bedeutet es, daß geschrieben steht:[134] *Dir ist Schweigen ein Loblied*? Schweigsamkeit ist die allerbeste Medizin. Als Raw Dimi kam, sagte er: Im Westen sagen sie: Ein Wort für einen Sela, Schweigsamkeit für deren zwei.[135]

Megilla 18 a

Von der Selbstbeherrschung

Sie sagten im Lehrhause Rabbi Jannais: Was bedeutet es, daß geschrieben steht:[136] *Denn das Pressen von Milch bringt Butter hervor, und das Pressen des Zorns bringt Blut hervor, und das*

134 Psalm 65,2.

135 Silbermünze im Wert eines heiligen Doppelschekels. »Sela« bedeutet aber auch: »Felsenstein«. Daher haben andere Handschriften den Text: »Reden ist gleich dem Felsenstein, Schweigsamkeit gleich dem Edelstein.«

136 Sprüche 30,33. Der Ausleger las zwar im Bibeltext: »Nase« (im Versteil *b)* und »Zorn« (im Versteil *c)*, hörte aber zugleich die ebenfalls mögliche Bedeutung: »Zorn« und »zwiefacher Zorn« mit. Diese Doppeldeutigkeit ermöglichte die folgende Exegese.

Pressen des zwiefachen Zorns bringt Rechtsstreit hervor? Bei wem findest du die Butter der Weisung? Bei dem, der über sie die Milch, die er aus den Brüsten seiner Mutter gesaugt hat, ausspeit.[137]

Und das Pressen des Zorns bringt Blut hervor. Jeder Schüler, auf den sein Meister ein erstes Mal zornig ist, der aber schweigt, ist würdig, zwischen makligem und tauglichem Blut zu unterscheiden.[138]

Und das Pressen des zwiefachen Zorns bringt Rechtsstreit hervor. Jeder Schüler, auf den sein Meister ein erstes und ein zweites Mal zornig ist, der aber schweigt, ist würdig, zwischen Zivilrecht und Strafrecht zu unterscheiden. Brachot 63 b

Vom Hören

Rabbi Seïra, es wird auch gesagt: Rabbi Chinena, Pappas Sohn, sagte: Komm und sieh, daß die Art des Heiligen, gelobt sei er, nicht der Art von Fleisch und Blut gleicht. Das ist die Art von Fleisch und Blut: Ein leeres Gefäß nimmt auf, ein volles Gefäß nimmt nicht auf. Aber bei dem Heiligen, gelobt sei er, ist es anders: Das volle nimmt auf, das leere nimmt nicht auf,[139] denn es heißt:[140] *Und er sprach: Wollst hören, so wirst du hören. Wollst hören, so wirst du hören,* willst aber nicht, so wirst du nicht hören.

Eine andere Erklärung: Wollst auf das Alte hören, so wirst du auf das Neue hören. Will sich aber dein Herz abwenden, so wirst du nicht wieder hören. Brachot 40 a

137 Bei einem, der schon in frühester Kindheit Weisung zu lernen beginnt.

138 Es handelt sich um eine medizinische Frage. Der Gelehrte muß entscheiden können, ob es sich um Menstruationsblut handelt oder um Blut, das von einer inneren Verletzung herrührt. – In der Auslegung des zweiten und dritten Versteiles soll gezeigt werden, daß erst der zum Gelehrten befähigt ist, der so gepreßt und geprüft wird und dabei seinen Zorn beherrschen, (nach Raschi) den Zorn seines Meisters »aufsaugen«, schlucken kann. Dabei wird von »Blut« und »Rechtsstreit« auf den jeweils erreichten Grad des Verständnisses geschlossen.

139 Jedem Schüler, der da hat, wird gegeben, jedem aber, der nicht hat, wird auch das genommen, was er noch hatte.

140 2. Mose 15,*26*. Die verstärkende Infinitivform wird verselbständigt; dadurch wird diese Auslegung ermöglicht.

Vom Weghören

Kapparas Sohn legte aus: Was bedeutet es, daß geschrieben steht:[141] *Einen Keil sollst du bei deinem Zubehör haben*? Lies nicht: *bei deinem Zubehör,* sondern: bei deinem Gehör.[142] Wenn einer ein ungehöriges Wort hört, stecke er seinen Finger in die Ohren! Und das ist es, was Rabbi Elasar sagte: Weshalb gleichen die Finger eines Menschen Keilen? Was ist der Grund? Man könnte sagen: Weil sie jeder einzelne voneinander getrennt sind, so kann jeder seine besondere Aufgabe erfüllen. Der Meister sagte nämlich: Das ist der Spannfinger,[143] das ist der Hebefinger,[144] das ist der Ellenfinger,[145] das ist der Tauchfinger[146] und das ist der Daumen.[147] Vielmehr, was ist der Grund, daß sie wie Keile zugespitzt sind? Damit einer seine Finger in die Ohren stecke, wenn er ein ungehöriges Wort hört.

Im Lehrhaus Rabbi Jischmaels wird gelehrt: Warum ist das ganze Ohr fest, das Läppchen aber weich? Damit einer sein Läppchen ins Ohr bringen kann, wenn er ein ungehöriges Wort hört. Unsere Meister lehrten: Keiner soll seine Ohren unnütze Worte hören lassen, da sie eher als die übrigen Glieder verbrennen.[148]

Ketubbot 5 a/5 b

Studium und Gebet

Rawa sah, wie Raw Hamnuna sein Gebet in die Länge zog. Da sagte er: Sie lassen das ewige Leben liegen und beschäftigen sich mit dem zeitlichen Leben.[149] Dieser aber meinte: Die Zeit des Gebets für sich und die Zeit der Weisung für sich.

141 5. Mose 23,*14*.

142 Das hebräische Wort für »Zubehör« kann auch anders vokalisiert werden und bedeutet dann: »Ohr«.

143 Der kleine Finger, vom Daumen abgestreckt, mißt die Spanne.

144 Der Ringfinger hebt nach 3. Mose 2,*2* das Mehl des Speiseopfers ab.

145 Der Mittelfinger als längster bestimmt das Ellenmaß.

146 Der Zeigefinger taucht nach 3. Mose 4,*6* ins Opferblut.

147 Der Daumen wird nach 3. Mose 14,*14* und *25* bei der Reinigung eines Aussätzigen mit Opferblut bestrichen.

148 Die hohe Empfindlichkeit des Ohres für Schmerzen wird zum Gleichnis seiner Empfindlichkeit für böse Worte.

Rabbi Jirmeja saß vor Rabbi Seïra. Sie waren mit Erörterungen beschäftigt, und es wurde Zeit zum Gebet. Da beeilte sich Rabbi Jirmeja. Rabbi Seïra las über ihn:[150] *Wer sein Ohr vom Hören der Weisung abwendet, dessen Gebet sogar ist ein Greuel.*

Schabbat 10 a

Wie schwer das Vergessen wiegt

Die du zerbrochen hast, lege sie in die Lade![151] Raw Joseph lehrte: Dies lehrt, daß die Tafeln und die Tafelbruchstücke in die Lade gelegt waren. Hieraus ergibt sich für einen Gelehrten, der durch höhere Gewalt seine Lehre vergessen hat, daß man ihm nicht mit Geringschätzung begegnet.[152]

Resch Lakisch sagte: Manchmal ist die Aufhebung der Weisung ihre Gründung, denn es steht geschrieben: *Die du zerbrochen hast.* Der Heilige, gelobt sei er, sprach zu Mose: Wohl dir, daß du sie zerbrochen hast![153]

Ferner sagte Resch Lakisch: Einen Gelehrten, der verdirbt, mache man in der Öffentlichkeit nicht gering, denn es heißt:[154] *Strauchelst du bei Tag, so strauchelt auch der Prophet mit dir bei Nacht* – bedecke ihn wie die Nacht!

Ferner sagte Resch Lakisch: Jeder, der auch nur ein Wort von seiner Lehre vergißt, übertritt ein Verbot, denn es heißt:[155] *Hüte dich und hüte deine Seele sehr, damit du die Worte nicht*

149 Das Studium, das sich mit der Sache Gottes befaßt, ist wichtiger als der Teil des Gebetes, in dem es um menschliche Wünsche geht.

150 Sprüche 28,9.

151 5. Mose 10,2. Im biblischen Zusammenhang meint der Satz, Mose solle die neuen Tafeln, die wie die zerbrochenen sind, in die Lade legen. Den Nebensatz (»die du zerbrochen hast«) trennte der Ausleger als Hauptsatz ab und gewann dadurch den Sinn: Lege die zerbrochenen Tafeln in die Lade.

152 Raw Joseph war erblindet und hatte darum Verständnis für eine derartige Lage. Auch zur Zeit seiner Blindheit galt er noch für ungewöhnlich gelehrt.

153 Gott gibt seine Zustimmung zur Tat Moses. Im Hebräischen liegt hier ein Wortspiel vor zwischen »die« du zerbrochen hast und (wörtlich): »Wohl« deiner Kraft.

154 Hosea 4,5.

155 5. Mose 4,9.

vergißt! Und das entspricht dem, was Rabbi Awin sagte, daß Rabbi Ila gesagt habe. Rabbi Awin sagte nämlich, Rabbi Ila habe gesagt: An jeder Stelle, wo es heißt: *Hüte dich, damit nicht* und: *Nicht,* handelt es sich nur um ein einziges Verbot.[156] Rawina sagte: *Hüte dich* und: *Damit nicht,* das sind zwei Verbote. Raw Nachman, Jizchaks Sohn, sagte: Drei Verbote, denn es heißt: *Hüte dich und hüte deine Seele sehr, damit du die Worte nicht vergißt!* Menachot 99 a/99 b

Der Zorn verdirbt alles

Raw Jehuda sagte, Raw habe gesagt: Jeder, der hochmütig ist: wenn er ein Weiser ist, so entfernt sich seine Weisheit von ihm, wenn er ein Prophet ist, so entfernt sich seine Prophetengabe von ihm. Wenn er ein Weiser ist, so entfernt sich seine Weisheit von ihm. Von Hillel sagte nämlich der Meister: Nachdem er mit Worten zu sticheln begann, mußte er zu ihnen sagen: Diese Entscheidung habe ich gehört, aber vergessen. Wenn er ein Prophet ist, so entfernt sich seine Prophetengabe von ihm. Von Debora steht nämlich geschrieben:[157] *Es fehlte an Edlen in Israel, es fehlte an ihnen, bis ich, Debora, aufstand, ich aufstand, eine Mutter in Israel ...* Ferner steht geschrieben:[158] *Wach auf, wach auf, Debora! Wach auf, wach auf, sing ein Lied! ...*

Resch Lakisch sagte: Jeder Mensch, der in Zorn gerät: wenn er ein Weiser ist, so entfernt sich seine Weisheit von ihm, wenn er ein Prophet ist, so entfernt sich seine Prophetengabe von ihm. Wenn er ein Weiser ist, so entfernt sich seine Weisheit von ihm. Von Mose steht nämlich geschrieben:[159] *Da war Mose wütend über die Anführer des Heeres ...* Ferner steht geschrieben:[160]

156 Hier wird das eine Verbot betont, während bei den beiden anderen Auslegungen die einzelnen Verneinungen des Satzes voneinander getrennt und dann als zwei bzw. drei Verbote verstanden werden. Mit dieser Steigerung soll die Schwere des Vergessens noch deutlicher gemacht werden.

157 Richter 5,*7*.

158 Richter 5,*12*. Zur Strafe für ihre Überheblichkeit mußte sie jetzt ihre Prophetengabe wieder zurückrufen.

159 4. Mose 31,*14*.

160 4. Mose 31,*21*.

Da sagte Eleasar, der Priester, zu den Kriegsleuten, die zum Kampf gezogen waren: Das ist die Satzung der Weisung, die der Herr dem Mose geboten hat ... Daraus folgt, daß sie Mose entschwunden war. Wenn er ein Prophet ist, so entfernt sich seine Prophetengabe von ihm. Von Elisa steht nämlich geschrieben:[161] *Wenn ich nicht auf Josaphat, den König von Juda, Rücksicht nähme, so wollte ich weder auf dich blicken noch dich ansehen.* Ferner steht geschrieben:[162] *Nun holt mir einen Saitenspieler! Und sobald der Saitenspieler spielte, kam* der Geist *des Herrn über ihn ...*

Rabbi Mani, Pattischs Sohn, sagte: Jeder, der in Zorn gerät: selbst wenn sie vom Himmel Größe über ihn bestimmt haben, so setzen sie ihn herab. Woher haben wir das? Von Eliab nämlich heißt es:[163] *Da geriet Eliab über David in Zorn und sagte: Warum bist du herabgekommen, und wem hast du jene paar Schafe in der Steppe überlassen? Ich kenne deine Frechheit und die Bosheit deines Herzens: ja, um den Krieg anzusehen, bist du herabgekommen.* Ging denn Samuel daran, sie zu salben? Über alle anderen steht geschrieben:[164] *Diesen hat der Herr nicht erwählt,* über Eliab aber steht geschrieben:[165] *Der Herr sprach zu Samuel: Sieh nicht auf sein Aussehen und nicht auf seinen hohen Wuchs, denn ich verwerfe ihn.* Daraus folgt, daß er ihn bis dahin geliebt hatte. Pesachim 66 b

161 2. Könige 3,*14*.

162 2. Könige 3,*15*. Elisa braucht nun einen Saitenspieler, um der verlorenen Inspiration wieder teilhaftig zu werden. Um diese Tatsache ganz deutlich werden zu lassen, hat der talmudische Text hier »Geist« statt des Wortes »Hand« in der Bibel.

163 1. Samuel 17,*28*.

164 1. Samuel 16,*8–10*. Das Zitat stimmt so, wie der Talmud es bringt, mit keinem der drei ablehnenden Worte genau überein, ist vielmehr eine Art Zusammenfassung des breiteren biblischen Berichtes.

165 1. Samuel 16,*7*. Weil es für die talmudische Auslegung in der Bibel kein Früher oder Später gibt, ist es hier nicht wichtig, daß von Davids Salbung und Eliabs »Verwerfung« im biblischen Zusammenhang früher erzählt wurde als von dem Zorn Eliabs, der im Talmud als Grund der Verwerfung gilt.

Das Feuer

Rawa sagte: Wenn ein Feuerkopf unter den Meistern erglüht, so ist es die Weisung, die in ihm glüht, denn es heißt:[166] *Ist denn nicht mein Wort so, wie Feuer – Spruch des Herrn!* Da sagte Raw Aschi: Jeder Gelehrte, der nicht so hart ist wie Eisen, der ist kein Gelehrter, denn es heißt:[167] *und wie ein Hammer, der Felsen zersprengt.* Rabbi Abba sagte zu Raw Aschi: Ihr lernt es daraus, wir aber lernen es hieraus, wo geschrieben steht:[168] *Ein Land, dessen Steine Eisen sind.* Lies nicht: *dessen Steine,* sondern: dessen Bauleute![169] Rawina sagte: Trotzdem ist von einem Menschen zu fordern, seine Seele an Sanftmut zu gewöhnen, denn es heißt:[170] *Und entferne den Zorn aus deinem Herzen!* ...

Taanit 4 a

Wer sich abwendet

Rabbi Levi sagte: Jeder, der sich von den Worten der Weisung trennt und sich mit Worten des Geschwätzes befaßt, wird mit Ginsterkohlen gespeist, denn es heißt:[171] *Die von der Tafel abreißen zum Geschwätz hin – Ginsterkohle ist ihr Brot!*

Chagiga 12 b

Wer wieder zur Weisung kommt

Rabbi Chelbo sagte: Der Wein von Prugita und die Wasser von Dimsit haben die zehn Stämme Israels beeinträchtigt.[172] Rabbi

166 Jeremia 23,*29a*.

167 Jeremia 23,*29b*.

168 5. Mose 8,*9*. Aus diesem Schriftwort lernten es die Meister im Israelland, aus dem vorher zitierten lernten es die babylonischen Meister.

169 Wenn ein Buchstabe ausgelassen wurde, war »dessen Bauleute« zu lesen anstelle von »dessen Steine«. Zu dem Würdetitel »Bauleute«: Brachot 64a und Schabbat 114a, Seite 263 f.

170 Prediger 11,*10*.

171 Hiob 30,*4*. Durch andere Vokalisation wird aus »Salzkraut« des Urtextes im Talmud: »von der Tafel« (von der Tafel des Zehngebotes). Das Wort »Gesträuch« (so hier in der Bibel) kann auch (wie hier im Talmud) als »Geschwätz« verstanden werden.

172 Prugita ist ein bekannter Weinort im Norden des Israellandes, wohl nahe Tiberias. »Dimsit« wird von manchen als Ortsangabe verstanden und mit

Elasar, Arachs Sohn, kam dorthin und wurde von diesen Dingen angezogen. Da wurde sein Wissen unfruchtbar. Als er wieder zurückkam, fing er an, in einem Buch zu lesen. Er wollte lesen:[173] *Dieser Monat ist für euch,* sagte aber:[174] Taub ist ihr Herz. Unsere Meister flehten für ihn um Erbarmen, da kam er wieder zu seinem Wissen. Das ist es, was gelehrt wird: Rabbi Nehorai sagt: Wandere aus zu einem Ort der Weisung, und sage nicht, sie werde zu dir kommen. Schabbat 147 b

Erlaubte Unterbrechung

Unsere Meister lehrten: Man unterbreche das Studium der Weisung, um einen Toten hinauszubringen und um eine Braut hereinzuführen.[175] Sie sagten von Rabbi Jehuda, Rabbi Ilais Sohn, daß er das Studium der Weisung unterbrochen habe, um einen Toten hinauszubringen und um eine Braut hereinzuführen. Für welche Fälle ist dies gesagt? Wenn nicht so viele dabei sind, wie er bedarf. Wenn aber so viele dabei sind, wie er bedarf, so unterbreche man nicht. Wie viele aber sind es denn, deren er bedarf? Raw Schmuel, Injas Sohn, sagte im Namen Raws: Zwölftausend Mann und sechstausend Hörner.[176] Andere sagen: Dreizehntausend Mann und unter ihnen sechstausend Hörner. Ula sagte: Wenn die Menschen ein Spalier bilden vom Stadttor bis zur Grabanlage. Raw Scheschet, es wird auch gesagt: Rabbi Jochanan sagte: Sie wird weggenommen,[177] wie sie gegeben wurde. Wie sie durch sechzig Myriaden gegeben wurde, so wird sie auch durch sechzig Myriaden weggenommen. Diese Worte

Emmaus identifiziert, andere erkennen darin ein Fremdwort »öffentlich« und denken an ein Thermalbad. – Nach der obigen Auslegung tranken und badeten die Stämme des Nordreiches zuviel. Infolge davon vernachlässigten sie das Studium der Weisung und wurden dadurch wiederum so frevelhaft, daß sei Gott zur Strafe in die Verbannung führte.

173 2. Mose 12,2.

174 Er las etwas ganz Falsches, weil er den mittleren Buchstaben eines jeden Wortes mit einem ähnlich aussehenden verwechselte. Auf diese Weise klagte er sich selber an.

175 Die Bestattung eines Toten und die Ausstattung einer Braut gehören zu den wichtigsten Liebeswerken.

176 »Hörner«, das sind die Hornisten, die das Ereignis bekanntmachen.

gelten für einen, der Bibel gelesen und Mischna gelernt hat; aber für einen, der auch gelehrt hat, gibt es kein Maß.

Ketubbot 17 a/17 b

Die Anvertraute

Rabbi Jochanan und Rabbi Elasar sagten beide: Die Weisung wurde in vierzig Tagen gegeben,[178] und die Seele wird in vierzig Tagen gebildet. Jeder, der seine Weisung bewahrt, dessen Seele wird bewahrt. Und jeder, der seine Weisung nicht bewahrt, dessen Seele wird nicht bewahrt. Im Lehrhaus Rabbi Jischmaels wird gelehrt: Das ist gleich einem Menschen, der seinem Knecht eine Schwalbe anvertraut und sagt: Scheint es dir, daß ich einen Isar[179] als Ersatz von dir nehme, wenn du sie verlorengehen läßt – deine Seele nehme ich von dir!

Menachot 99 b

Das Einprägen

Rabbi Jose, der Galiläer, war einst unterwegs. Da traf er Brurja[180] und sagte zu ihr: Auf welchem Wege kommen wir nach Lud? Sie sagte zu ihm: Närrischer Galiläer, sagen die Weisen etwa nicht so: Mache nicht viel Geschwätz mit einer Frau! Du hättest sagen sollen: Auf welchem Weg nach Lud?

Einst traf Brurja einen Schüler, der gerade im Flüsterton studierte.[181] Da trat sie ihn und sagte zu ihm: Steht denn nicht so

177 Durch den Tod eines Gelehrten wird gleichsam die Weisung weggenommen.

178 Dazu 2. Mose 24,*18*.

179 Eine kleine römische Münze.

180 Brurja, die Frau Rabbi Meïrs, war für ihre Gelehrsamkeit berühmt. Die Geschichte ist an den Satz angehängt: »Wohl dir Israel, die ihr alle sehr weise seid, von groß bis klein!« – Im weiteren Zusammenhang wird der Name Brurja gleichsam als Stichwort benützt für eine weitere Geschichte. In dieser zweiten Geschichte kommt das Wort »Flüsterton« vor, das zum Stichwort für eine dritte Erzählung wird. Das ist ein kleines Beispiel dafür, wie im Talmud oft ganze Reihen von Stücken nach Stichworten angeordnet sind.

181 Zur besseren Einprägung wird gewöhnlich in singendem Ton und mit bewegtem Oberkörper gelernt.

geschrieben:[182] *Sie ist in allem geordnet und bewahrt?* Wenn sie in deinen zweihundertundachtundvierzig Gliedern geordnet ist, so bleibt sie dir bewahrt, wenn aber nicht,[183] so bleibt sie dir nicht bewahrt.

Es wird gelehrt: Rabbi Elieser hatte einen Schüler, der im Flüsterton lernte. Aber nach drei Jahren hatte er das Gelernte vergessen. Es wird gelehrt: Rabbi Elieser hatte einen Schüler, der sich gegenüber dem Allgegenwärtigen des Todes durch Verbrennen schuldig machte. Da sagten sie: Laßt ihn in Ruhe, er diente einem großen Menschen! Schmuel sagte zu Rabbi Jehuda: Scharfsinniger, tu deinen Mund auf und lies, tu deinen Mund auf und lerne, damit dir so dein Lernen erhalten bleibe und du lange lebest, denn es heißt:[184] *Denn sie sind Leben denen, die sie finden, und Heilung für all sein Fleisch.* Lies nicht:[185] *denen, die sie finden,* sondern: denen, die sie aussprechen mit dem Mund!

Eruwin 53 b/54 a

Die Weisung bleibt bei den Demütigen

Rabbi Chanina, Idis Sohn, sagte: Warum werden die Worte der Weisung mit Wasser verglichen? Weil geschrieben steht:[186] *Oh, ihr Durstigen alle, gehet zum Wasser!* Das besagt dir: Wie hochliegende Wasser von ihrem Ort schließlich zu einem niederen Ort fließen, so bleiben auch die Worte der Weisung nur bei dem bestehen, der von Herzen demütig ist. Taanit 7 a

Die Weisung besiegt den Widersacher

Im Lehrhaus Rabbi Jischmaels wird gelehrt: Wenn dir dieser Ungestalte begegnet, so ziehe ihn zum Lehrhaus.[187] Wenn er

182 2. Samuel 23,*5*. In der Bibel ist die Nathan-Weissagung von 2. Samuel 7 gemeint, im Talmud die Weisung.

183 Wenn nicht der ganze Körper beteiligt ist.

184 Sprüche 4,*22*. Dies bezieht sich auf die Worte der Weisung.

185 Die andere Lesung wurde durch Einfügung zweier Vokalbuchstaben ermöglicht.

186 Jesaja 55,*1*.

187 Der Satan, die böse Leidenschaft, wird im Lehrhaus durch das Studium der Weisung zugrunde gerichtet.

Stein ist, wird er ausgewaschen; wenn er Eisen ist, wird er zersprengt. Wenn er Stein ist, wird er ausgewaschen, denn es steht geschrieben:[188] O, *ihr Durstigen alle, gehet zum Wasser!* Ferner steht geschrieben:[189] *Das Wasser zerreibt Steine.* Wenn er Eisen ist, wird er zersprengt, denn es steht geschrieben:[190] *Ist denn nicht mein Wort so, wie Feuer – Spruch des Herrn, und wie ein Hammer, der Felsen zersprengt?* Sukka 52 b

Die Länge des Studiums

Rabbi Simlai kam vor Rabbi Jochanan und sagte zu ihm: Der Meister möge mich das Buch der Genealogien lehren. Er sagte zu ihm: Woher bist du? Er sagte zu ihm: Aus Lud. Und wo wohnst du? In Nehardea. Er sagte zu ihm: Man disputiert weder mit Leuten aus Lud noch mit Leuten aus Nehardea;[191] mit dir also um so weniger, da du aus Lud bist und in Nehardea wohnst. Da drängte er ihn, bis er zustimmte. Rabbi Simlai sagte zu ihm: Möge er es mich in drei Monaten lehren. Da nahm er einen Erdklumpen, warf nach ihm und sagte zu ihm: Wenn sogar Brurja, die Frau Rabbi Meïrs und Tochter Rabbi Chaninas, Tradjons Sohn, die an einem Tag dreihundert Lehren von dreihundert Myriaden lernte, ihrer Verpflichtung in drei Jahren nicht gerecht wurde – wie kannst du sagen: in drei Monaten! Pesachim 62 b

Nächtliches Studium

Resch Lakisch sagte: Jeder, der sich mit der Weisung befaßt in der Nacht, um den zieht der Heilige, gelobt sei er, ein Band der Liebe am Tag, denn es heißt:[192] *Es gebietet der Herr seine Liebe am Tag.* Und warum *gebietet der Herr seine Liebe am Tag*? Weil *in der Nacht sein Lied mit mir ist.*[193]

188 Jesaja 55,*1*.
189 Hiob 14,*19*.
190 Jeremia 23,*29*.
191 Lud liegt etwa 40 km nordwestlich von Jerusalem; Nehardea, am Euphrat in Babylonien, hatte ein berühmtes Lehrhaus.
192 Psalm 42,*9a*.
193 Psalm 42,*9b*. »Lied« bedeutet hier die Weisung und ihr Studium.

Es gibt solche, die sagen, Resch Lakisch habe gesagt: Jeder, der sich mit der Weisung befaßt in der hiesigen Welt, die der Nacht gleicht, um den zieht der Heilige, gelobt sei er, ein Band der Liebe für die kommende Welt, die dem Tage gleicht, denn es heißt: *Es gebietet der Herr seine Liebe am Tag, da in der Nacht sein Lied mit mir ist.* Chagiga 12 b

Die Hungrigen

Rabbi Jehuda, Rabbi Simons Sohn, legte aus: Jedem, der sein Gesicht in der hiesigen Welt über den Worten der Weisung schwarz werden läßt, dem läßt der Heilige, gelobt sei er, seinen Glanz leuchten für die kommende Welt, denn es heißt:[194] *Sein Aussehen ist gleich dem Libanon, auserlesen wie Zedern.*

Rabbi Tanchum, Chanilais Sohn, sagte: Jeden, der in der hiesigen Welt sich selber über den Worten der Weisung hungern läßt, sättigt der Heilige, gelobt sei er, für die kommende Welt, denn es heißt:[195] *Sie laben sich vom Fette deines Hauses, aus dem Bache deiner Wonnen tränkst du sie.* Sanhedrin 100 a

Die aus Liebe lernen

Es wird gelehrt:[196] *Den Herrn, deinen Gott, zu lieben, auf seine Stimme zu hören und ihm anzuhangen.* Es soll niemand sagen: Ich will die Bibel lesen, damit sie mich einen Weisen nennen; ich will die Mischna lernen, damit sie mich einen Meister nennen; ich will scharfsinnig werden, damit ich als Ältester im Kollegium sitze. Sondern lerne aus Liebe, dann kommt zuletzt auch die Ehre, denn es heißt:[197] *Binde sie auf deine Finger, schreibe sie auf die Tafel deines Herzens!* Ferner sagt die Schrift:[198] *Ihre Wege sind liebliche Wege.* Ferner sagt die Schrift:[199] *Ein Baum des*

194 Hoheslied 5,*15*. Der Libanon hat seinen Namen, der »weißglänzend« bedeutet, von seinen schneebedeckten Gipfeln; daher wird er hier als Vergleich für den Glanz Gottes gebraucht.

195 Psalm 36,*9*.

196 5. Mose 30,*20*.

197 Sprüche 7,*3*.

198 Sprüche 3,*17*.

199 Sprüche 3,*18*.

Lebens ist sie denen, die sie ergreifen, und wer sie festhält, ist beglückt.

Rabbi Elieser, Rabbi Zadoks Sohn, sagt: Tue die Dinge um des willen, der sie gemacht hat,[200] und rede von ihnen um ihrer selbst willen! Mache sie nicht zum Diadem, um mit ihnen großzutun! Mache sie nicht zur Hacke, um damit zu graben![201] Das ist ein Schluß vom Leichteren aufs Schwerere: Wenn schon Belsazar, der sich doch nur der heiligen Geräte bediente, die zu profanen Geräten geworden sind, aus der Welt gerissen wurde, um wieviel mehr gilt das von einem, der sich sogar der Krone der Weisung bedient. Nedarim 62 a

Studium statt Opfer

An jedem Ort wird geräuchert, dargebracht meinem Namen.[202] *An jedem Ort*? Was kommt dir in den Sinn? Rabbi Schmuel, Nachmanis Sohn, sagte, Rabbi Jonatan habe gesagt: Das sind die Gelehrten, die sich an jedem Ort mit der Weisung befassen: Ich lasse es ihnen gelten, als ob sie räucherten und darbrächten meinem Namen.

Auch eine reine Gabe.[203] Das ist einer, der Weisung lernt in Reinheit; der eine Frau nimmt und hernach Weisung lernt.[204]

Ein Wallfahrtslied. So lobet doch den Herrn, alle Diener des Herrn, die da stehen im Hause des Herrn in den Nächten![205] Was bedeutet: *in den Nächten*? Rabbi Jochanan sagte: Das sind die Gelehrten, die sich bei Nacht mit der Weisung befassen. Ihnen läßt es die Schrift gelten, als ob sie sich mit dem Tempeldienst befaßten. Menachot 110 a

200 Um Gottes, ihres Schöpfers willen. »Dinge« kann auch mit »Worte« übersetzt werden; gemeint ist hier die Weisung und alles, was mit ihr zusammenhängt.

201 Als Beispiel dafür, daß man sich von seiner Gelehrsamkeit keinen Vorteil verschaffen soll, dient die Geschichte von Rabbi Tarphon, die im Talmud unmittelbar vor dieser Stelle kommt; dazu Seite 436 f.

202 Maleachi 1,*11b*.

203 Maleachi 1,*11c*.

204 Normalerweise waren die Gelehrten verheiratet; sie sind dann weniger versucht und können sich ihren Aufgaben eher zuwenden.

205 Psalm 134,*1*.

Die Weisung heilt

Rabbi Jehoschua, Levis Sohn, sagte: Wer unterwegs ist und keine Begleitung bei sich hat, befasse sich mit der Weisung, denn es heißt:[206] *Eine liebliche Begleitung* ... Wer Kopfschmerzen hat, befaßte sich mit der Weisung, denn es heißt:[207] *Eine liebliche Begleitung sind sie für dein Haupt.* Wer Halsschmerzen hat, befasse sich mit der Weisung, denn es heißt:[208] *und Schmuckkettchen für deinen Hals.* Wer Leibschmerzen hat, befasse sich mit der Weisung, denn es heißt:[209] *Heilung wird sie für deinen Leib sein.* Wer Gliederschmerzen hat, befasse sich mit der Weisung, denn es heißt:[210] *ein Labetrunk für deine Glieder.* Wer Schmerzen an seinem ganzen Körper hat, befasse sich mit der Weisung, denn es heißt:[211] *und Heilung für all sein Fleisch.*

Rabbi Jehuda, Chijas Sohn, sagte: Komm und sieh, daß die Art des Heiligen, gelobt sei er, nicht der Art von Fleisch und Blut gleicht. Die Art von Fleisch und Blut ist so: Gibt einer seinem Genossen eine Arznei, so ist sie für das eine gut und für das andere schädlich. Aber bei dem Heiligen, gelobt sei er, ist es nicht so: Er gab die Weisung für Israel als eine Arznei des Lebens für den ganzen Körper, denn es heißt: *und Heilung für all sein Fleisch.* Eruwin 54 a

Immer ergiebig

Rabbi Huna sagte: Was bedeutet es, daß geschrieben steht:[212] *Dein Tier wohnt darin, du bereitest es nach deiner Güte, Gott, für den Armen?* Wenn ein Mensch sich selber wie ein Tier verhält, das niedertritt und frißt, und es gibt solche, die sagen: das packt und frißt, so wird sein Lernen bei ihm bestehen bleiben.[213]

206 Sprüche 1,*9a*. Die Belehrung des Vaters und die Weisung der Mutter begleiten den Sohn; im Talmud ist die Weisung gemeint.

207 Sprüche 1,*9b*.

208 Sprüche 1,*9c*.

209 Sprüche 3,*8a*.

210 Sprüche 3,*8b*.

211 Sprüche 4,*22*.

212 Psalm 68,*11*.

213 Ein Schüler soll begierig auf die Worte seines Lehrers losgehen. Andere Kommentatoren meinen, ein Mensch soll in seiner Lebensführung einfach und gerade sein.

Wenn aber nicht, so wird sein Lernen nicht bei ihm bestehen bleiben. Wenn er es so macht, wird der Heilige, gelobt sei er, selber ein Festmahl für ihn machen, denn es heißt: *Du bereitest es nach deiner Güte, Gott, für den Armen.*

Rabbi Chija, Abbas Sohn, sagte, Rabbi Jochanan habe gesagt: Was bedeutet es, daß geschrieben steht:[214] *Wer den Feigenbaum hütet, wird seine Frucht essen*? Warum werden die Worte der Weisung mit einem Feigenbaum verglichen? Wie bei diesem Feigenbaum, an dem ein Mensch Feigen findet, sooft er ihn absucht, so ist es auch bei den Worten der Weisung: Sooft ein Mensch über sie nachsinnt, findet er an ihnen Geschmack.

Rabbi Schmuel, Nachmanis Sohn, sagte: Was bedeutet es, daß geschrieben steht:[215] *Die liebliche Hinde und die anmutige Gazelle*? Warum werden die Worte der Weisung mit einer Hinde verglichen? Um dir zu sagen: Wie die Hinde einen engen Muttermund hat und so bei ihrem Männchen zu jeder einzelnen Stunde wie in der ersten Stunde beliebt ist, so sind auch die Worte der Weisung bei denen, die sie lernen, beliebt, zu jeder einzelnen Stunde wie in der ersten Stunde. *Und die anmutige Gazelle*: Sie erhöht ihre Anmut bei denen, die sie lernen.[216]

Ihre Brüste werden dich zu jeder Zeit stillen.[217] Warum werden die Worte der Weisung mit einer Brust verglichen? Wie bei dieser Brust, in der ein Säugling Milch findet, sooft er sie absucht, so ist es auch bei den Worten der Weisung: Sooft ein Mensch in ihnen lernt, findet er an ihnen Geschmack.

Durch ihre Liebe bist du immer benommen,[218] wie Rabbi Elasar, Pedats Sohn. Sie sagten über Rabbi Elasar, daß er auf dem unteren Markt in Sepphoris saß und sich mit der Weisung befaßte. Seinen Umhang aber hatte er auf dem oberen Markt von Sepphoris liegenlassen. Es wird gelehrt: Rabbi Jizchak, Elasars Sohn, sagte: Einmal kam einer, um ihn wegzunehmen, da fand er eine Schlange darin. Eruwin 54 a/54 b

214 Sprüche 27,*18*.

215 Sprüche 5,*19a*. Im Bibelvers ist das Bild auf die Ehefrau bezogen, im Talmud auf die Liebe zur Weisung.

216 Im Hebräischen liegt ein Wortspiel zwischen »Gazelle« und »erhöhen« vor.

217 Sprüche 5,*19b*.

218 Sprüche 5,*19c*.

Verächter und Verehrer der Weisung

Achers Tochter[219] trat vor Rabbi und sagte zu ihm: Rabbi, versorge mich! Er sagte zu ihr: Wessen Tochter bist du? Sie sagte zu ihm: Ich bin Achers Tochter. Er sagte zu ihr: Gibt es denn von ihm immer noch Nachkommen auf der Welt? Es steht doch geschrieben:[220] *Weder Sproß bleibt ihm noch Schoß in seinem Volk, auch kein Entronnener in seiner Wohnstatt.* Sie sagte zu ihm: Gedenke seiner Gelehrsamkeit, doch gedenke nicht seiner Taten! Sogleich fiel ein Feuer vom Himmel und umgab die Bank Rabbis. Da weinte Rabbi und sagte: Wenn so etwas für ihre Verächter geschieht, um wieviel mehr für ihre Verehrer!

Chagiga 15 b

ÜBER GERICHTE UND RICHTER

Der König, der das Recht liebt

Rabbi Jochanan sagte im Namen Rabbi Schimons, Jochais Sohn: Was bedeutet es, daß geschrieben steht:[221] *Ich bin der Herr, der das Recht liebt, der Raub und Fälschung haßt?* Das gleicht einem König von Fleisch und Blut, der an einem Zollhaus vorüberging und zu seinen Dienern sagte: Gebt den Zöllnern den Zoll! Sie sagten zu ihm: Ist nicht der Zoll ganz und gar dein? Er sagte zu ihnen: Von mir sollen alle lernen, die des Weges vorübergehen, selber dem Zoll nicht zu entfliehen. So spricht auch der Heilige, gelobt sei er: *Ich bin der Herr, der Raub durch Fälschung haßt.* Von mir sollen meine Söhne lernen und selber vom Geraubten fliehen.

Sukka 30 a

219 Acher war ein großer Gelehrter, der später abtrünnig wurde.
220 Hiob 18,*19*.
221 Jesaja 61,*8*.

Mehr tun, als das Recht fordert

Rabbi Jochanan sagte: Jerusalem ist nur zerstört worden, weil sie dort nach dem Rechte der Weisung richteten. – Sollten sie denn nach den Rechtssprüchen von Unqualifizierten[222] richten? – Vielmehr besagt dies: Weil sie ihre Rechtssprüche nach dem Rechte der Weisung aufstellten und nicht innerhalb der Rechtslinie handelten.[223] Bawa mezia 30b

Die Gelehrten sind die Nachfolger der Propheten

Welches sind die ersten Propheten?[224] Raw Huna sagte: Dies sind David, Samuel und Salomo. Raw Nachman sagte: In den Tagen Davids stieg es manchmal auf, und manchmal stieg es nicht auf,[225] denn siehe, Zadok befragte es, und es stieg für ihn auf, Abjathar befragte es, und es stieg nicht für ihn auf, denn es heißt:[226] *Und Abjathar stieg hinauf.* Rabba, Schmuels Sohn, erhob den Einwand:[227] *Es geschah, daß er Gott suchte,* alle *Tage*

222 Unsicheres Wort, gewöhnlich von Richtern verstanden, die sich nicht an gültiges Recht halten, sondern nach Gutdünken urteilen.

223 Dieser wichtige Grundsatz betrachtet das Recht als eine Grenzlinie, der man nicht nahe kommen sollte. Fromme haben das Recht eigentlich gar nicht nötig, weil sie in der Liebe immer mehr tun und weniger schaden, als das Gebot angibt. Ähnlich erfolgt auch in der Bergpredigt, Matthäus 5, *17–48*, eine Interpretation der Weisung innerhalb der Rechtslinie.

224 Diese Frage schließt an den Mischnasatz an: »Mit dem Tode der ersten Propheten hörten die Lichtenden und Schlichtenden auf.« Die Urim und Tummim genannten heiligen Losorakel in der Brusttasche des Hochpriesters sollen nach der Zeit der ersten Propheten zu wirken aufgehört haben.

225 In alter Zeit wurden zwei Holzstäbe geworfen, später stellte man sich vor, daß auf der Brusttasche des Hochpriesters Zeichen oder Buchstaben aufstiegen, die gedeutet werden mußten.

226 2. Samuel 15,*24*. Die Stelle meint wohl ursprünglich: »Und Abjathar brachte Opfer dar.« Abjathar wurde aber schon früh von Zadok, dem später allein anerkannten Priester, in den Hintergrund gedrängt. Nach talmudischer Auslegung habe er sein Priesteramt niedergelegt, weil für ihn das Losorakel nicht aufgestiegen sei.

227 2. Chronik 26,*5*. Gegenüber der Bibel hat der Talmud hier die Verstärkung »alle« Tage. Der Urtext kann auch übersetzt werden: »der in Gottesfurcht unterwies«. – Rabba stellte die Frage, ob die Losorakel nicht auch in der späteren Königszeit noch wirksam gewesen seien.

Sacharjas, der sich auf die Gottesschau verstand. Ist das nicht durch die Lichtenden und Schlichtenden geschehen? Nein, durch die Propheten.

Komm, höre! Mit der Zerstörung des ersten Heiligtums hörten die Levitenstädte auf,[228] es gab die Lichtenden und Schlichtenden nicht mehr, und es gab keinen König aus dem Hause Davids mehr. Wenn dich aber einer irreführt und sagt:[229] *Da sagte der Statthalter zu ihnen, daß sie nicht vom Hochheiligen essen sollen, bis ein Priester aufstehe für die Lichtenden und Schlichtenden,* so sage zu ihm: Das ist wie einer, der zu seinem Genossen sagt: Bis die Toten leben und Messias, der Sohn Davids, kommt.

Nein, sagte Raw Nachman, Jizchaks Sohn: Welches sind die ersten Propheten?[230] Damit sollen Haggai, Sacharja und Maleachi als die letzten ausgeschlossen werden. Das ist es, was unsere Meister lehrten: Mit dem Tode von Haggai, Sacharja und Maleachi entfernte sich der heilige Geist von Israel. Aber trotzdem bedienten sie sich weiter einer Art Stimme. Als sie einmal im Obergemach des Hauses Gurja in Jericho versammelt waren, wurde ihnen eine Art Stimme vom Himmel her zuteil, die sprach: Es gibt einen unter euch, der würdig ist, daß die Einwohnung auf ihm ruhe, aber sein Zeitalter ist dessen nicht würdig. Da richteten sie ihre Augen auf Hillel, den Älteren. Als er starb, hielten sie auf ihn einen Nachruf: O Frommer, o Demütiger, Schüler von Esra![231] Als sie ein andermal in einem Obergemach in Jawne versammelt waren, wurde ihnen eine Art Stimme vom Himmel her zuteil, die zu ihnen sprach: Es gibt einen unter euch, der würdig ist, daß die Einwohnung auf ihm ruhe, aber sein Zeitalter ist dessen nicht würdig. Da richteten sie ihre Augen auf Schmuel, den Kleinen. Als er starb, hielten sie auf ihn einen Nachruf: O Demütiger, o Frommer, Schüler von Hillel! Er sagte in der Stunde seines Todes auch voraus: Schim-

228 Dazu 4. Mose 35,*2–8*. Wörtlich heißt es »die Städte des Weideplatzes«.
229 Esra 2,*63*.
230 Raw Nachman nahm die Frage vom Anfang wieder auf, um die Bezeichnung »erste Propheten« durch eine negative Abgrenzung zu bestimmen.
231 Esra galt als der erste Schriftgelehrte. Nach ihm genannt zu werden war eine große Ehre.

on und Jischmael werden durchs Schwert hingerichtet, auch ihre Genossen werden getötet,[232] und des Volkes Rest wird geplündert, und große Bedrängnisse kommen zukünftig über das Volk. Auch auf Rabbi Jehuda, Bawas Sohn, wollten sie sagen: O Frommer, o Demütiger; aber es war eine unruhige Zeit. Auf Menschen, die von der Regierung hingerichtet wurden, wird nämlich kein Nachruf gehalten.[233] Sota 48 b

Das Erbe muß erworben werden

Unsere Meister sagten zu Rabbi Prida: Rabbi Esra, der Enkel von Rabbi Awtolos, der das zehnte Glied von Rabbi Elasar, Asarjas Sohn, ist, der wiederum das zehnte Glied von Esra ist, steht an der Tür. Er sagte: Was soll das alles? Wenn er ein Mann der Gelehrsamkeit ist – schön! Wenn er ein Mann der Gelehrsamkeit und ein Sohn von Berühmten ist – schön! Und wenn er ein Sohn von Berühmten, aber kein Mann der Gelehrsamkeit ist – Feuer soll ihn verzehren![234] Sie sagten zu ihm: Er ist ein Mann der Gelehrsamkeit. Er sagte zu ihnen: Er soll heraufkommen und eintreten! Menachot 53 a

Die Schüler Hillels

Unsere Meister lehrten: Achtzig Schüler hatte Hillel, der Ältere. Dreißig von ihnen waren würdig, daß die Einwohnung auf ihnen ruhe, wie auf Mose, unserem Meister, und dreißig von ihnen waren würdig, daß für sie die Sonne stillstehe, wie bei Josua, Nuns Sohn.[235] Zwanzig waren mittelmäßige Leute. Der Größte von ihnen allen war Jonatan, Usiels Sohn, der Kleinste von ihnen allen war Rabban Jochanan, Sakkais Sohn.[236] Über

232 Diese beiden berühmten Lehrer starben zusammen mit acht anderen unter Hadrian den Märtyrertod.

233 Man fürchtete sich davor, sie als Märtyrer zu verherrlichen, weil sonst die Regierung wieder Anlaß genommen hätte, einzugreifen.

234 Dazu Richter 9,*15*.

235 Dazu Josua 10,*12 f*.

236 In einem solchen Zusammenhang »der Kleinste« genannt zu werden bedeutete eine Auszeichnung.

Rabban Jochanan, Sakkais Sohn, sagten sie: Er ließ nichts liegen:[237] Bibel und Mischna, Talmud, Halacha und Aggada, grammatische Feinheiten der Weisung und grammatische Feinheiten der Schriftkundigen, Schlüsse vom Leichteren aufs Schwerere, Wortanalogien, Kalenderberechnungen, geometrische Berechnungen,[238] Gespräche von Dienstengeln und Gespräche von Dämonen, Gespräche der Palmen, Fabeln der Wäscher, Fabeln der Füchse, große Dinge und kleine Dinge. Große Dinge: Der Himmelswagen.[239] Kleine Dinge: Die Erörterungen zwischen Abbaje und Rawa,[240] damit sich erfülle, was gesagt ist:[241] *Die mich lieben, lasse ich Bleibendes ererben, und ihre Schatzkammern fülle ich.* Wenn aber schon der Kleinste unter ihnen allen so war, um wieviel mehr ist dann der Größte unter ihnen allen gewesen. Über Jonatan, Usiels Sohn, sagten sie: Zu der Stunde, da er saß und sich mit der Weisung befaßte, ist jeder Vogel, der über ihn hinflog, sofort verbrannt.

Sukka 28 a

Die Gerichtshöfe zur Zeit des zweiten Tempels

Es wird gelehrt: Rabbi Jose sagte: Zu Anfang gab es nicht viele Meinungsverschiedenheiten in Israel,[242] sondern in der Quaderhalle saß der Gerichtshof der Einundsiebzig. Und es gab zwei Gerichtshöfe der Dreiundzwanzig; einer saß am Eingang des Tempelberges, und einer saß am Eingang des Vorhofes. Die restlichen Gerichtshöfe der Dreiundzwanzig saßen in allen Städten Israels.

237 Er ließ nichts übrig, was er nicht studiert hätte.

238 Darunter kann auch die Zahlendeutung verstanden werden.

239 Mystische Ausdeutung von Hesekiel 1, einem wichtigen Gebiet der späteren Kabbala. Dazu die Arbeiten von G. Scholem, bes. Ursprung und Anfänge der Kabbala, Berlin 1962.

240 Die Art, wie Abbaje und Rawa die Dinge im einzelnen diskutierten, ist hier beispielhaft um zweieinhalb Jahrhunderte vorweggenommen.

241 Sprüche 8,*21*.

242 Gemeint sind Meinungsverschiedenheiten unter den Gelehrten, die als Richter die verschiedenen Gerichtshöfe bildeten. In der Quaderhalle des Tempels saß der Oberste Gerichtshof, der in allen strittigen Fällen als letzte Instanz entschied.

Bedurfte ein Fall der Anfrage, so fragten sie beim Gerichtshof ihrer Stadt an. Wenn sie von einer ähnlichen Entscheidung gehört hatten, so sagten sie es ihnen, wenn aber nicht, dann gingen sie zu dem Gerichtshof, der ihrer Stadt benachbart war. Wenn diese so etwas gehört hatten, so sagten sie es ihnen, wenn aber nicht, dann gingen sie zu dem Gerichtshof am Eingang des Tempelberges. Wenn diese so etwas gehört hatten, so sagten sie es ihnen, wenn aber nicht, dann gingen sie zu dem Gerichtshof am Eingang des Vorhofes. Dann sagte er:[243] So habe ich ausgelegt, und so haben es meine Kollegen ausgelegt; so habe ich gelehrt, und so haben es meine Kollegen gelehrt. Wenn sie so etwas gehört hatten, so sagten sie es ihnen, wenn aber nicht, dann gingen beide Parteien zur Quaderhalle. Dort saß das Gericht vom ständigen Morgenopfer bis zum ständigen Abendopfer, an Schabbat- und Feiertagen saßen sie im Umgang.[244] Die Anfragen wurden ihnen vorgetragen. Wenn sie so etwas gehört hatten, so sagten sie es ihnen, wenn aber nicht, standen sie zur Abstimmung auf. Hielt es die Mehrheit für maklig, so erklärten sie es für maklig, hielt es die Mehrheit für tauglich, so erklärten sie es für tauglich.

Seitdem aber die Schüler Schammais und Hillels, die nicht so lange famulierten, wie sie es nötig gehabt hätten, sich mehrten, da mehrten sich auch die Meinungsverschiedenheiten in Israel. Dadurch wurde die eine Weisung wie zwei Weisungen.[245] Von dort[246] aus schickten sie Schreiben an alle Orte: Jeder, der weise ist und demütig,[247] von dem die Mitmenschen eine günstige Meinung haben, der kann Richter in seiner Stadt sein. Von dort

243 Bei dem Fragesteller handelt es sich um einen Gelehrten, der eine Meinung vertritt, die der Mehrheit seiner Kollegen widerstreitet.

244 An diesen Tagen fanden keine öffentlichen Gerichtssitzungen statt.

245 Besonders in der Zeit des Aufstandes (von 66 bis 70) büßte das Synedrium an Ansehen und Macht ein, mit der Zerstörung des Tempels hörte es zunächst auf. Dadurch konnten die Meinungsverschiedenheiten unter den Gelehrten oft nicht mehr geschlichtet werden, besonders wenn sie, wie etwa die Schüler Hillels und Schammais oder später wie Rabbi Elieser und Rabbi Jehoschua gleich großes Ansehen hatten.

246 Vom Obersten Gericht in der Quaderhalle.

247 Wörtlich: »von niedrigem Knie«.

aus beförderten sie ihn zum Richter am Tempelberg;[248] von dort aus zum Richter am Vorhof; von dort aus zum Richter in der Quaderhalle. Sanhedrin 88 b

Die Lehrhäuser nach der Tempelzerstörung

Unsere Meister lehrten:[249] *Der Bewährung, ja der Bewährung jage nach!* Folge den Weisen nach auf die Hochschule:[250] dem Rabbi Elieser nach Lud, Rabban Jochanan, Sakkais Sohn, nach Brur Chajil, Rabbi Jehoschua nach Pekiin, Rabban Gamliel nach Jawne, Rabbi Akiwa nach Bne Brak, Rabbi Matja nach Rom, Rabbi Chananja, Tradjons Sohn, nach Sichni, Rabbi Jose nach Sepphoris, Rabbi Jehuda, Beteras Sohn, nach Nizibis, Rabbi Jehoschua nach dem Exil, Rabbi nach Bet Schearim, den Weisen nach der Quaderhalle! Sanhedrin 32 b

Die Kette der Ordinierten

Es wird gelehrt: Die Handauflegung[251] und die Handauflegung der Ältesten geschieht durch drei. Was bedeutet: Handauflegung? Und was bedeutet: Handauflegung der Ältesten? Rabbi Jochanan sagte: Es bedeutet: Die Ordination durch Presbyter. Abbaje sagte zu Raw Joseph: Woher haben wir, daß die Ordination der Presbyter durch drei geschieht? Wollte man sagen: Weil geschrieben steht:[252] *Da legte er ihm die Hände auf*, so würde ja ein Einzelner genügen; und wenn du sagen wolltest:

248 Vom städtischen Gericht aus wurde einer zum nächsthöheren Gericht befördert, wenn durch den Tod eines Richters dort eine Stelle frei wurde.

249 5. Mose 16,*20*.

250 Es folgen nun einige der bedeutendsten Talmudhochschulen und ihrer großen Lehrer in den ersten hundert Jahren nach der Tempelzerstörung; die zuerst genannten fünf Orte liegen dicht beieinander im Süden des Israellandes; nach Rom folgen zwei galiläische Orte, dann zwei babylonische. Bet Schearim liegt zwischen dem Karmelgebirge und Südgaliläa. Ganz anachronistisch folgt zum Schluß die Quaderhalle des Tempels.

251 Zur Handauflegung bei Opfertieren: 3. Mose 3 und 4; dasselbe hebräische Wort für die Handauflegung wird bei der Ordination gebraucht.

252 4. Mose 27,*23*.

Mose stehe für einundsiebzig,[253] so würden ja einundsiebzig erforderlich sein. Dies bleibt eine Schwierigkeit.

Raw Acha, Rawas Sohn, sagte zu Raw Aschi: Ordinieren sie tatsächlich mit den Händen? Er sagte zu ihm: Sie ordinieren ihn durch Verleihung des Titels. Sie ernennen ihn zum Rabbi, dann übergeben sie ihm die Vollmacht, in solchen Fällen zu richten, die mit Geldstrafen geahndet werden.

Kann denn ein einzelner nicht ordinieren? Raw Jehuda sagte doch, Raw habe gesagt: Wahrlich, jenes Mannes werde zum Guten gedacht: Rabbi Jehuda, Bawas Sohn, ist sein Name; denn wenn er nicht gewesen wäre, so wären die Urteile über Geldstrafen in Israel vergessen worden. Wären sie vergessen worden? Ihre Kenntnis hätte doch wieder erworben werden können. Nein, die Urteile über Geldstrafen wären in Israel verlorengegangen, denn die frevelhafte Regierung verordnete einst Vernichtung über Israel:[254] Wer immer ordiniert, soll getötet werden, und wer immer ordiniert wird, soll getötet werden; und eine Stadt, in der sie ordinieren, soll verwüstet werden; und Bezirke,[255] in denen sie ordinieren, sollen radikal zerstört werden. Was tat Jehuda, Bawas Sohn? Er ging und setzte sich zwischen zwei große Berge, die zwischen zwei großen Städten liegen, nämlich zwischen den zwei Schabbat-Bezirken von Uscha und Schepharam.[256] Dort ordinierte er fünf Älteste. Und diese waren es: Rabbi Meïr, Rabbi Jehuda, Rabbi Schimon, Rabbi Jose und Rabbi Elasar, Schamuas Sohn. Raw Iwja fügte auch noch Rabbi Nechemja hinzu. Sobald ihre Feinde sie bemerkten, sagte er zu ihnen: Meine Söhne, flieht! Sie sagten zu ihm: Meister, was wird über dich kommen? Er sagte zu ihnen: Da liege ich vor ihnen wie ein Stein, den sie nicht wenden.[257] Es wird ge-

253 Die einundsiebzig Mitglieder des Großen Synedriums haben später die Autorität Moses repräsentiert.

254 In den zensierten Texten fehlt »Vernichtung«. Gemeint ist hier die Verfolgung unter Hadrian zu Beginn des zweiten nachchristlichen Jahrhunderts.

255 Damit ist das vom Stadtrand aus jeweils um zwei Meilen erweiterte Stadtgebiet gemeint, bis zu dessen Grenze am Schabbat gegangen werden darf.

256 Zwei Städte in Galiläa. Rabbi Jehuda wählte diesen Platz außerhalb der Schabbat-Bezirke, damit niemand wegen seiner Handlung mit dem Gesetz in Konflikt kommen solle.

257 Die Feinde werden sich so wenig um ihn kümmern wie um irgendeinen Stein.

sagt: Die Feinde wichen nicht von dort, bevor sie ihn nicht dreihundertmal mit eiserner Lanze gestochen und ihn wie ein Sieb gemacht hatten.

Mit Rabbi Jehuda, Bawas Sohn, waren auch noch andere,[258] aber um der Ehrung von Rabbi Jehuda, Bawas Sohn, willen wurden sie nicht erwähnt. Ist aber Rabbi Meïr wirklich von Rabbi Jehuda, Bawas Sohn, ordiniert worden? Rabba, Chanas Sohnessohn, sagte doch, Rabbi Jochanan habe gesagt: Jeder, der sagt: Rabbi Meïr ist nicht von Rabbi Akiwa ordiniert worden, befindet sich gewiß im Irrtum. Nein, Rabbi Akiwa ordinierte ihn, aber sie erkannten es nicht an;[259] dann ordinierte ihn Rabbi Jehuda, Bawas Sohn, und sie erkannten es an.

Sanhedrin 13 b/14 a

Präsidentenwahl

Rabbi Jochanan sagte: Rabban Schimon, Gamliels Sohn, und unsere Meister sind darin geteilter Meinung: Die einen sagten: Ein »Sinai« ist vorzüglicher, und die anderen sagten: Ein »Berge-Entwurzler« ist vorzüglicher.[260] Raw Joseph war ein »Sinai«, Rabba ein »Berge-Entwurzler«. Sie schickten eine Botschaft nach dort,[261] welcher von ihnen den Vorrang habe; da schickten sie ihnen die Botschaft: Ein »Sinai« ist vorzüglicher, denn der Meister sagte: Den Kornbesitzer brauchen alle. Trotzdem nahm

258 Damit geht die Diskussion wieder auf die Frage zurück, ob ein einzelner ordinieren dürfe. Es wird nun behauptet, daß noch Ungenannte bei dieser Ordination zugegen gewesen seien, da sie sonst nicht hätte anerkannt werden können, weil sie erst durch die Anwesenheit von drei Ältesten gültig vollzogen wird.

259 Andere Gelehrte ließen diese Ordination nicht gelten, sei es, daß Rabbi Meïr damals noch zu jung war oder aber, daß er auf einer der Reisen, bei denen er Rabbi Akiwa begleitete, ordiniert wurde; Ordinationen außerhalb des Landes Israel wurden aber nicht anerkannt.

260 Ein »Sinai« besitzt die Kenntnis der ganzen Überlieferung, die am Berg Sinai ihren Ursprung hat; seine Gelehrsamkeit umfaßt die ganze mündliche Tradition. Ein »Berge-Entwurzler« ist ein scharfsinniger Lehrer, der einzelne Lehrsätze aus ihrem Zusammenhang reißt und immer neue Folgerungen daraus zieht.

261 Von Pumbedita in Babylonien nach Israelland.

es Raw Joseph nicht an.[262] Rabba präsidierte dann zweiundzwanzig Jahre, danach erst präsidierte Raw Joseph. Und alle die Jahre, da Rabba präsidierte, ließ Raw Joseph nicht einmal den Bader in sein Haus kommen.

Abbaje, Rawa, Rabbi Seïra und Rabba, Matnas Sohn, saßen beieinander, denn sie brauchten wieder ein Oberhaupt.[263] Sie sagten: Wer immer etwas sagt und nicht widerlegt wird, der soll Oberhaupt werden. Da wurden sie alle widerlegt, nur Abbaje wurde nicht widerlegt. Als Rawa sah,[264] wie Abbaje sein Haupt erhob, sagte er zu ihm: Nachmani,[265] beginne und sage etwas!

Es wurde die Frage gestellt: Wer war vorzüglicher, Rabbi Seïra oder Rabba, Raw Matnas Sohn? Rabbi Seïra war scharfsinnig, dabei aber unentschieden, und Rabba, Raw Matnas Sohn, war langsam, dann aber entschieden. Wer von ihnen vorzüglicher war, blieb als Frage stehen. Horajot 14 a

Die Würde des Fürstenamts

Unsere Meister lehrten: Wenn der Fürst eintritt, steht alles Volk auf und setzt sich nicht hin, bevor er nicht zu ihnen sagt: Setzt euch! Wenn der Gerichtsvorsitzende eintritt, machen sie für ihn eine Reihe von der einen Seite und eine Reihe von der anderen Seite frei, bis er sich auf seinen Platz gesetzt hat. Wenn der Weise eintritt, steht jeder einzeln auf und setzt sich wieder, bis dieser sich auf seinen Platz gesetzt hat . . .[266]

Rabbi Jochanan sagte: Diese Mischna wurde in den Tagen Rabban Schimons, Gamliels Sohn, gelehrt, als Rabban Schimon, Gamliels Sohn, Fürst war, Rabbi Meïr Weiser und Rabbi Natan

262 Die Anfrage hatte sich auf die Eignung zum Präsidentenamt bezogen. Raw Joseph wurde dann zwar gewählt, ließ aber in seiner Bescheidenheit (von der sogleich ein Beispiel erzählt wird) Rabba den Vortritt. Erst nach dessen Tod übernahm er das Amt.

263 Nach Raw Josephs Tod.

264 Manche Texte haben hier: »Rabba«; dieser war Abbajes Lehrer.

265 »Nachmani« ist Abbajes Beiname; so wurde er nach seinem Großvater genannt, in dessen Haus er aufwuchs.

266 Eine andere Lesart heißt: »bleibt jeder sitzen, und dann steht jeder auf« jeweils, wenn der Weise an seinem Platz vorbeikommt. Hier fällt ein Abschnitt aus, der für den Fortgang von geringerer Bedeutung ist.

Gerichtsvorsitzender. Wenn Rabban Schimon, Gamliels Sohn, hereinkam, stand alles vor ihm auf. Wenn Rabbi Meïr und Rabbi Natan hereinkamen, stand auch alles vor ihnen auf. Rabban Schimon, Gamliels Sohn, sagte: Sollte denn kein Unterschied zwischen mir und ihnen sein?[267] Und er ordnete jene Mischna an.

An jenem Tag waren Rabbi Meïr und Rabbi Natan nicht da. Am nächsten Tag, als sie kamen und sahen, daß man nicht wie gewöhnlich vor ihnen aufstand, sagten sie: Was soll das? Sie sagten zu ihnen: Rabban Schimon, Gamliels Sohn, hat es so angeordnet. Da sagte Rabbi Meïr zu Rabbi Natan: Ich bin Weiser, und du bist Gerichtsvorsitzender. Wir wollen etwas unternehmen, wie er etwas gegen uns getan hat. Was sollen wir ihm antun? Wir wollen zu ihm sagen: Lege den Traktat Ukzin aus; den beherrscht er nämlich nicht.[268] Und da er das nicht vollbringt, wollen wir zu ihm sagen:[269] *Wer kann von den gewaltigen Taten des Herrn reden, sein ganzes Lob hören lassen?* Wem also geziemt es, *von den gewaltigen Taten des Herrn* zu reden? Dem, der *sein ganzes Lob* hören lassen kann. Dann wollen wir ihn absetzen. Ich werde dann Gerichtsvorsitzender, und du wirst Fürst. Rabbi Jaakow, Kodschis Sohn, hörte sie und sagte: Diese Sache führt, behüte und bewahre, vielleicht zu seiner Beschämung. Er ging, setzte sich hinter das Obergemach Rabban Schimons, Gamliels Sohn, rezitierte den Traktat Ukzin, lernte und wiederholte, lernte und wiederholte. Rabban Schimon, Gamliels Sohn, sagte: Was liegt da vor? Vielleicht, behüte und bewahre, hat es im Lehrhaus etwas gegeben! Er richtete seinen Sinn darauf und lernte ihn.

Am andern Tag sagten sie zu ihm: Möge der Meister kommen und möge über Ukzin lehren. Da begann er zu reden. Nachdem er es behandelt hatte, sagte er zu ihnen: Wenn ich es nicht studiert hätte, so hättet ihr mich beschämt. Darauf befahl er, sie aus dem Lehrhaus zu weisen.

Nun schrieben sie schwierige Fragen auf Täfelchen und war-

267 Dies geschah nicht aus Hochmut. Rabban Gamliel, der sonst sehr bescheiden war, wollte damit das Ansehen seines Fürstenamtes stärken.

268 Dies ist der letzte Traktat des Talmud; er gilt als besonders schwierig.

269 Psalm 106,2.

fen sie dort ein.[270] Die er lösen konnte, die galten als gelöst; von denen aber, die er nicht lösen konnte, schrieben sie selber die Lösungen und warfen sie ein. Da sagte Rabbi Jose zum Kollegium: Die Weisung kommt von draußen, und wir sind drinnen. Da sagte Rabban Schimon, Gamliels Sohn, zu ihnen: Wir sollten sie wieder einlassen, sie aber damit bestrafen, daß wir keine Lehre in ihrem Namen zitieren. Anstelle von »Rabbi Meïr« tritt: »andere«, und anstelle von »Rabbi Natan«: »es gibt solche, die sagen«.[271]

Im Traume wurde ihnen bedeutet: Gehet hin und besänftiget Rabban Schimon, Gamliels Sohn! Rabbi Natan ging hin; Rabbi Meïr ging nicht hin, denn er sagte: Traumworte führen weder hinauf noch hinab.[272] Als Rabbi Natan hinging, sagte Rabban Schimon, Gamliels Sohn, zu ihm: Wenn dir auch der Gürtel deines Vaters genützt hat,[273] um Gerichtsvorsitzender zu werden – sollen wir dich auch noch zum Fürsten machen?

Horajot 13 b

Richter sollen einander respektieren

Rabbi Schephatja sagte, Rabbi Jochanan habe gesagt: Gegen jeden, der die Bibel ohne ihre Melodie und der die Mischna ohne Stimmklang lernt,[274] sagt die Schrift:[275] *Doch selbst ich gab ihnen Satzungen, die nicht gut sind* ... Abbaje wandte gegen ihn ein: Soll nur deshalb, weil einer keine angenehme Stimme hat, *Rechte, durch die sie nicht leben können,*[276] über ihn gelesen werden? Nein, dies ist entsprechend dem zu verstehen, was Raw Mescharscheja sagte: Gegen zwei Gelehrte, die in derselben Stadt wohnen, aber ihre Entscheidung gegenseitig nicht respek-

270 Die beiden Ausgewiesenen warfen ihre ausgesucht schwierigen schriftlichen Anfragen im Lehrhaus ein, um den Fürsten auf diese Weise doch zu beschämen.

271 Das sind die Formeln, unter denen ihre Traditionen im Talmud erscheinen.

272 Er meinte, Träume brauchten nicht beachtet zu werden.

273 »Gürtel« meint hier ein ehrenvolles Abzeichen des Vaters.

274 Bibeltexte werden so gelesen, wie es die alten Notenzeichen anzeigen, die bei den einzelnen Worten stehen. Auch die Mischna wird zur leichteren Einprägung in einer Art Singsang gelernt.

275 Hesekiel 20,*25a*.

276 Hesekiel 20,*25b*.

tieren, sagt die Schrift: *Doch selbst ich gab ihnen Satzungen, die nicht gut sind, Rechte, durch die sie nicht leben können.*

Megilla 32 a

Die Verantwortung der Richter

Rabbi Schmuel, Nachmanis Sohn, sagte, Rabbi Jonatan habe gesagt: Jeder Richter, der ein wahres Urteil sucht, das wirklich der Wahrheit entspricht, bewirkt, daß die Einwohnung in Israel weilt, denn es heißt:[277] *Gott steht in der Gottesgemeinde, inmitten der Richter richtet er.* Aber jeder Richter, der nicht das wahre Urteil sucht, das wirklich der Wahrheit entspricht, veranlaßt, daß sich die Einwohnung von Israel entfernt, denn es heißt:[278] *Ob der Bedrückung von Elenden und ob des Stöhnens von Armen – jetzt erhebe ich mich, spricht der Herr . . .*

Ferner sagte Rabbi Schmuel, Nachmanis Sohn, Rabbi Jonatan habe gesagt: Von jedem Richter, der dem einen nimmt und dem anderen gibt, wie es nicht dem Recht entspricht, nimmt der Heilige, gelobt sei er, seine Seele, denn es heißt:[279] *Beraube nicht einen Geringen, weil er gering ist, und zermalme nicht einen Elenden im Tor, denn der Herr führt ihren Rechtsstreit und raubt ihren Räubern die Seele.*

Ferner sagte Rabbi Schmuel, Nachmanis Sohn, Rabbi Jonatan habe gesagt: Immerzu sehe sich ein Richter selber so an, als ob ihm ein Schwert zwischen den Hüften liege und die Hölle unter ihm offen sei, denn es heißt:[280] *Siehe, das ist das Bett Salomos; sechzig Helden von den Helden Israels umgeben es, Schwertbelehnte, Kampferfahrene, jeder sein Schwert an der Hüfte, gegen den Schrecken der Nächte* – gegen den Schrecken der Hölle, die der Nacht gleicht.

Rabbi Joschia, es wird auch gesagt: Raw Nachman, Jizchaks Sohn, legte aus: Was bedeutet es, daß geschrieben

277 Psalm 82,*1*. Für »Richter« steht im Bibeltext eigentlich »Gottwesen«. Dieses Wort wurde nach Stellen wie 2. Mose 22,*7 f.* als »Richter« interpretiert.
278 Psalm 12,*6*.
279 Sprüche 22,*22 f.* Im Tor wurde Gericht gehalten.
280 Hoheslied 3,*7 f.* Das Bett Salomos steht bildlich für die Einwohnung, die Helden Israels für die Gelehrten und die Kampferfahrung für ihre Erfahrung in der Diskussion.

steht:[281] *Haus Davids! so spricht der Herr, sprechet am Morgen Recht und rettet den Beraubten aus der Hand des Bedrückers?* Richtet man denn etwa nur am Morgen, und den ganzen Tag richtet man nicht? Nein, wenn dir der Fall klar ist wie der helle Morgen, so sage es, wenn aber nicht, so sage nichts.

Sanhedrin 7 a/7 b

Richter sollen unabhängig sein

Als Raw Dimi kam,[282] sagte er, Raw Nachman, Kahans Sohn, habe ausgelegt: Was bedeutet es, daß geschrieben steht:[283] *Durch Recht gibt ein König einem Lande Bestand, ein Mann aber, der viel Steuern erhebt, ruiniert es?* Wenn ein Richter einem Könige gleicht, der überhaupt nichts nötig hat, so gibt er einem Lande Bestand, wenn er aber einem Priester gleicht, der in den Tennen herumgeht,[284] so ruiniert er es. Sanhedrin 7 b

Unvoreingenommenheit

Unsere Meister lehrten:[285] *Du sollst keine Bestechung annehmen.* Unnötig ist, dies von einer Bestechung durch Geld zu sagen, weil sogar eine Bestechung durch Worte[286] verboten ist, da ja nicht geschrieben steht: Du sollst kein Bestechungsgeld annehmen. Wie soll man sich eine Bestechung durch Worte vorstellen? Wie es bei Schmuel war: Er setzte einmal in einer Fähre über. Da kam ein Mann und reichte ihm seine Hand. Er sagte zu ihm: Was für Geschäfte hast du vor? Er sagte zu ihm: Ich habe einen Prozeß. Er sagte zu ihm: Als Richter in deiner Sache wäre ich befangen. Ketubbot 105 b

281 Jeremia 21,*12*.
282 Raw Dimi kam vom Israelland nach Babylonien.
283 Sprüche 29,*4*.
284 Priester suchten die Getreideböden ab, um die ihnen zukommenden, ausstehenden Priesterabgaben einzutreiben.
285 2. Mose 23,*8*.
286 »Durch Worte« kann auch bedeuten »durch Dinge«, hier sogar »durch Handlungen«, wie das folgende Beispiel zeigt, wo ein Fremder dem ihm unbekannten Gelehrten eine Gefälligkeit erweist, indem er ihm beim Übergang über eine Furt behilflich ist.

Unwürdige Richter

Resch Lakisch sagte: Jeder, der einen unfähigen Richter über die Gemeinde bestellt, tut, als ob er einen Götzenpfahl in Israel aufpflanze, denn es heißt:[287] *Richter und Ordner sollst du dir geben,* und nahe dabei:[288] *Einen Götzenpfahl sollst du dir nicht aufpflanzen aus irgendwelchem Holz.* Raw Aschi sagte: Und wenn das an einem Ort geschieht, in dem Gelehrte wohnen,[289] dann ist es, als ob man ihn neben dem Altar aufpflanze, denn es heißt:[290] *neben dem Altar des Herrn, deines Gottes.*

Sanhedrin 7 b

Über die Bindung des Richters an einen Rechtsstreit

Rabbi Schimon, Menasjas Sohn, sagt: Wenn zwei zum Gericht vor dich kommen: solange du ihren Fall noch nicht gehört hast, oder wenn du ihren Fall angehört hast, du aber noch nicht weißt, wohin das Urteil, das zu fällen ist, sich neigt, so lange bist du befugt, zu ihnen zu sagen: Geht und vergleicht euch! Hast du dir aber ihren Fall angehört und weißt du, wohin das Urteil, das zu fällen ist, sich neigt, so bist du nicht mehr befugt, zu ihnen zu sagen: Geht und vergleicht euch! Denn es heißt:[291] *Wer einen Prozeß anfängt, ist wie einer, der Wasser ausbrechen läßt; darum laß ab vom Rechtsstreit, bevor er losbricht!* Ehe der Streit losbricht, kannst du noch von ihm ablassen; ist der Streit aber losgebrochen, kannst du nicht mehr von ihm ablassen.

Ferner sagte Resch Lakisch: Wenn zwei zum Gericht kommen, der eine sanft, der andere heftig: solange du ihren Fall noch nicht gehört hast, oder wenn du dir ihren Fall angehört hast, du aber noch nicht weißt, wohin das Urteil, das zu fällen ist, sich neigt, so lange bist du befugt, zu ihnen zu sagen: Ich bin euch nicht verpflichtet. Vielleicht könnte der Stärkere für schuldig befunden werden; dann könnte es geschehen, daß der

287 5. Mose 16,*18*.
288 5. Mose 16,*21a*.
289 Wenn ein unfähiger Richter am Ort von Gelehrten eingesetzt wird.
290 5. Mose 16,*21b*. Wie das Studium an die Stelle der Opfer getreten ist, so wurde der Altar ein Bild für die Gelehrten.
291 Sprüche 17,*14*.

Stärkere den Richter verfolgt. Hast du dir aber ihren Fall angehört und weißt du, wohin das Urteil, das zu fällen ist, sich neigt, so kannst du nicht mehr zu ihnen sagen: Ich bin euch nicht verpflichtet.[292] Denn es heißt:[293] *Ihr sollt nicht bangen vor eines Mannes Ansehen.*

Rabbi Jehoschua, Korchas Sohn, sagt: Woher haben wir, daß ein Schüler, der während der Verhandlung vor seinem Lehrer sitzt und Entlastendes für den Armen oder Belastendes für den Reichen sieht, woher haben wir, daß er dies nicht verschweigen soll? Weil es heißt: *Ihr sollt nicht bangen vor eines Mannes Ansehen.* Rabbi Chanin sagt:[294] Du sollst deine Worte nicht zurückhalten vor eines Mannes Ansehen. Die Zeugen sollen stets wissen, gegen wen sie zeugen, vor wem sie zeugen und wer zukünftig Rechenschaft von ihnen fordern wird, denn es heißt:[295] *So sollen sich die zwei Männer, die einen Streit haben, vor den Herrn stellen.* Und die Richter sollen stets wissen, wen sie richten, vor wem sie richten und wer zukünftig Rechenschaft von ihnen fordern wird, denn es heißt:[296] *Gott steht in der Gottesgemeinde.* Und ebenso sagt die Schrift bei Josaphat:[297] *Da sagte er zu den Richtern: Sehet zu, was ihr tut, denn ihr richtet nicht für Menschen, sondern für den Herrn.* Wenn aber der Richter sagen wollte: Was soll mir diese Last? so besagt doch die Schrift:[298] *Er ist mit euch beim Rechtsprechen.* Sanhedrin 6 b

Partner am Werke der Schöpfung

Raw Chisda und Rabba, Raw Hunas Sohn, saßen den ganzen Tag zu Gericht. Als ihnen das Herz schwach wurde,[299] lehrte sie

292 Ein Richter ist verpflichtet, eine Rechtssache ohne Ansehen der Person anzufassen. Dazu gehört, daß er nicht mehr zurücktreten darf, sobald er Recht und Unrecht erkannt hat.

293 5. Mose 1,*17*.

294 Rabbi Chanin gibt mit dem folgenden Wort seine Auslegung dieser Bibelstelle wieder.

295 5. Mose 19,*17*.

296 Psalm 82,*1*. Das Zitat geht weiter: »inmitten der Richter richtet er.«

297 2. Chronik 19,*6a*.

298 2. Chronik 19,*6b*.

299 Vor Hunger, weil sie ohne Pause Recht gesprochen hatten, oder aus Kummer, weil keine Zeit zum Studieren blieb.

Raw Chija, Raws Sohn, aus Diphte:[300] *Das Volk stellte sich vor Mose vom Morgen bis zum Abend.* Wenn es dir aber in den Sinn kommen sollte, daß Mose den ganzen Tag nur dasaß und richtete, wann hätte er dann die Weisung studieren sollen?[301] Vielmehr besagt dir das: Jedem Richter, der auch nur eine einzige Stunde ein wahres Urteil sucht, das wirklich der Wahrheit entspricht, dem läßt es die Schrift gelten, als ob er dem Heiligen, gelobt sei er, zum Partner am Werke der Schöpfung geworden wäre. Hier steht geschrieben: *Das Volk stellte sich vor Mose vom Morgen bis zum Abend,* und dort steht geschrieben:[302] *Abend ward und Morgen ward: ein Tag.* Schabbat 10a

ZU DEN REGELN DER SCHRIFTAUSLEGUNG

Zurück zum Wortsinn

Abbaje sagte zu Raw Dimi, andere sagen: zu Raw Iwja, andere sagen aber: Raw Joseph zu Raw Dimi, andere sagen: zu Raw Iwja, wieder andere sagen: Abbaje zu Raw Joseph:[303] Was war der Grund für Rabbi Elieser, daß er sagte: Das sind Schmuckstücke für ihn?[304] Weil geschrieben steht:[305] *Gürte, Held, dein Schwert an die Hüfte, deinen Stolz und deinen Glanz!*

Raw Kahana sagte zu Mar, Rawinas Sohn:[306] Ist denn das in

300 2. Mose 18,*13*.

301 Mose hat demnach die vorgeschriebene Pause eingehalten, um Körper und Geist wieder zu stärken.

302 1. Mose 1,*5*. Weil es beim Schöpfungswerk »Abend und Morgen« heißt, ähnlich wie beim richtenden Mose, wird geschlossen, der gerechte Richter sei wie einer, der bei der Schöpfung beteiligt gewesen sei.

303 Das ist ein schönes Beispiel dafür, wie sorgfältig die Meister auch auf die Varianten der Überlieferung achteten.

304 Der Abschnitt entstammt einer Diskussion über die Frage, ob es erlaubt sei, am Schabbat Waffen zu tragen. Als Schmuckstück ist es unter Umständen erlaubt, nicht aber als Kampfgerät. Dazu die entsprechende Mischna, Seite 636 f.

305 Psalm 45,*4*.

306 Andere Texte haben: »Raw Hunas Sohn«.

den Worten der Weisung geschrieben?[307] Er sagte zu ihm: Kein Schriftvers kann von seinem einfachen Wortsinn abgehen. Raw Kahana sagte: Als Achtzehnjähriger hatte ich die ganze Lehre durchstudiert, wußte aber bis jetzt noch nicht, daß kein Schriftvers von seinem einfachen Wortsinn abgehen darf. Was läßt er uns daraus vernehmen? Ein Mensch soll lernen, später versteht er.

Schabbat 63a

Interpretation aus dem Gesamtzusammenhang

Unsere Meister lehrten:[308] *Du sollst nicht stehlen!* Die Schrift redet hier über einen Menschendieb. Du sagst: Über einen Menschendieb? Aber vielleicht ist das nicht so, sondern sie redet von einem Gelddieb? Ich will dir sagen: Gehe hin und lerne von den dreizehn Regeln, nach denen die Weisung ausgelegt wird:[309] Ein Wort wird von seinem Gesamtzusammenhang her ausgelegt. Worüber redet der Text? Über Menschen. So redet er auch hier über Menschen.[310]

An anderer Stelle wird gelehrt:[311] *Ihr sollt nicht stehlen!* Die Schrift redet hier über einen Gelddieb. Du sagst: Über einen Gelddieb? Aber vielleicht ist das nicht so, sondern sie redet über einen Menschendieb? Ich will dir sagen: Gehe hin und lerne von den dreizehn Regeln, nach denen die Weisung ausgelegt wird: Ein Wort wird von seinem Gesamtzusammenhang her ausgelegt. Worüber redet der Text? Über Geld. So redet er auch hier über Geld.

Sanhedrin 86 a

307 Raw Kahana zweifelt die Worte der Weisung nicht an, aber er will sie in einer metaphorischen Weise auslegen, wie dies normalerweise damals von den Meistern geübt wurde. So galt etwa das Schwert diesen friedliebenden Männern als Bild für die Gelehrsamkeit, die ihre einzige wirkliche Waffe war. – Mar, Rawinas Sohn, ist ein Gegner einer nur metaphorischen Auslegung, die den einfachen Wortsinn preisgeben würde.

308 2. Mose 20,*15*.

309 Es folgt jetzt eine der dreizehn Auslegungsregeln Rabbi Jischmaels.

310 Im biblischen Zusammenhang, dem Zehngebot, handelt es sich um Gebote, die den Menschen betreffen. So ist zu erschließen, daß hier an Freiheitsberaubung gedacht ist.

311 3. Mose 19,*11*. Dieses Mal ist das formal fast gleichlautende Gebot aus einem anderen Zusammenhang zitiert, in dem von Belangen des Eigentums die Rede ist.

Interpretation aus benachbarten Stellen

Ein Ketzer[312] sagte zu Rabbi Awahu: Es steht geschrieben:[313] *Ein Psalm Davids, als er vor seinem Sohn Absalom auf der Flucht war.* Ferner steht geschrieben:[314] *Ein Sühnelied Davids, als er vor Saul auf der Flucht war in der Höhle.* Welches Ereignis war zuerst? Wenn das Ereignis mit Saul zuerst war, dann hätte es auch zuerst geschrieben werden sollen. Er sagte zu ihm: Für euch, die ihr nicht von benachbarten Stellen her auslegt, ist das ein Problem; für uns, die wir von benachbarten Stellen her auslegen, ist das kein Problem. Rabbi Jochanan sagte nämlich: Woher wissen wir etwas aus der Weisung über benachbarte Stellen? Daher, daß es heißt:[315] *Benachbart sind sie auf immer und ewig, gemacht in Treue und Geradheit.*

Warum ist der Abschnitt von Absalom dem Abschnitt von Gog und Magog benachbart?[316] Wenn ein Mensch zu dir sagt: Gibt es etwa einen Sklaven, der sich gegen seinen Herrn empört? so kannst auch du zu ihm sagen: Gibt es etwa einen Sohn, der sich gegen seinen Vater empört?[317] Wie also dies geschah, so kann auch das andere geschehen. Brachot 10 a

Über Folgerungen aus allgemeinen Prinzipien

Alle Gebote, deren Zeit ...[318] Unsere Meister lehrten: Welches sind Gebote, deren Zeit festgesetzt ist? Laubhütte,[319] Palm-

312 In den gebräuchlichen Texten heißt es: »ein Sadduzäer«.

313 Psalm 3,*1*.

314 Psalm 57,*1*.

315 Psalm 111,*8*.

316 Psalm 2, der dem oben zitierten Vers (Psalm 3,*1*) unmittelbar vorangeht, wurde von den Meistern auf den Krieg bezogen, den Gog und Magog (Hesekiel 38,*2* und Offenbarung des Johannes 20,*8*) vor der Ankunft des Messias führen werden.

317 Auf die Frage, wie es möglich sei, daß sich die Völker (Sklaven) gegen Gott empören, gibt die Bibel aus der benachbarten Stelle die Antwort: ebenso wie es möglich war, daß sich Absalom gegen seinen Vater David erhoben hat.

318 Die folgende Gemara schließt an den Mischnasatz an: »Alle Gebote, deren Zeit festgesetzt ist: Männer sind dazu verpflichtet, und Frauen sind davon befreit.«

319 Dazu 3. Mose 23,*42*: »Ihr sollt sieben Tage lang in Hütten wohnen.«

zweig,[320] Widderhorn,[321] Fransen[322] und Gebetsriemen.[323] Und welches sind Gebote, deren Zeit nicht festgesetzt ist? Türpfostenkapsel,[324] Dachzaun,[325] Fundgegenstände[326] und das Fliegenlassen vom Nest.[327] Ist denn das ein allgemeines Prinzip?[328] Da sind doch Mazze,[329] Festfreude[330] und Versammlung,[331] Gebote nämlich, deren Zeit festgesetzt ist und zu denen Frauen verpflichtet sind.[332] Und weiter: Da sind doch Studium der Weisung,[333] Fruchten und Mehren[334] und Auslösung des Sohnes,[335] Gebote nämlich, deren Zeit nicht festgesetzt ist und von denen Frauen befreit sind. Rabbi Jochanan sagte: Aus allgemeinen Prinzipien können wir nicht lernen, nicht einmal, wenn an einer Stelle gesagt wird: »Ausgenommen ...« Wir haben nämlich gelernt: Mit allem darf man eine Grenzverschiebung und eine Teilhaberschaft machen,[336] ausgenommen mit Wasser oder

320 Zum Feststrauß des Laubhüttenfestes: 3. Mose 23,*40*.

321 Zum Widderhorn, das zum Neuen Jahr geblasen wird: 3. Mose 23,*24*.

322 Dazu 4. Mose 15,*38*. Die Schaufäden brauchen nicht ins Nachtgewand geknüpft zu werden.

323 Zu den Gebetsriemen, die jeweils zum Beten angelegt werden: 5. Mose 6,*8*.

324 Dazu 5. Mose 6,*9*.

325 Dazu 5. Mose 22,*8*.

326 Dazu 2. Mose 23,*4* und 5. Mose 22,*1–3*.

327 Zum Fliegenlassen der Vogelmutter: 5. Mose 22,*6 f*.

328 Es ist die Frage, ob der angeführte Mischnasatz ein Prinzip sei, von dem her alle entsprechenden Fälle beurteilt werden können. Mit der Aufzählung der nun folgenden Ausnahmen soll gezeigt werden, daß ein derartiges Prinzip als Hilfe zur Systematisierung, nicht aber als bindende Norm der Auslegung geeignet ist.

329 Dazu 2. Mose 12,*18*.

330 Dazu 5. Mose 16,*14*.

331 Dazu 5. Mose 31,*10–13*.

332 Die Verpflichtung für Frauen wird beim ungesäuerten Brot von den Gelehrten erschlossen, bei der Festfreude und Versammlung werden Frauen in der Bibel ausdrücklich mit eingeschlossen.

333 Dieses Gebot für die Männer wird aus 5. Mose 11,*19* erschlossen.

334 Dazu 1. Mose 1,*28*. Anderwärts wird im Talmud diskutiert, ob nur der Mann, als der aktivere Teil, zur Fortpflanzung verpflichtet sei.

335 Dazu 2. Mose 34,*20*.

336 Wenn ein Gebiet von mehreren Menschen bewohnt wird, so können sich diese durch gemeinsamen Besitz einer Speise zu einer Gemeinschaft zusammenschließen, deren Bereich als ein geschlossenes Gebiet betrachtet wird, in dem am Schabbat etwas getragen werden darf.

Salz. Gibt es denn weiter nichts? Es gibt doch Schwämme und Pilze.[337] Also ist aus allgemeinen Prinzipien nichts zu lernen, nicht einmal wenn an einer Stelle gesagt wird: »Ausgenommen ...« Kidduschin 33 b/34 a

Vernunftgründe und Schriftgründe

Raw Huna sagte: Man prüft der Nahrung wegen, aber man prüft nicht der Bekleidung wegen.[338] Wenn du willst, so sage ich einen Schriftgrund, und wenn du willst, so sage ich einen Vernunftgrund. Wenn du willst, so sage ich einen Vernunftgrund: Der eine[339] ist der Verachtung ausgesetzt, und der andere ist nicht der Verachtung ausgesetzt. Und wenn du willst, so sage ich einen Schriftgrund:[340] *Ist's nicht dies: Auszulesen den Hungrigen wegen deines Brotes.* Das ist mit Schin geschrieben.[341] Also lies aus und danach gib ihm! Und dort steht auch geschrieben:[342] *Wenn du einen Nackten siehst, dann bekleide ihn!* Wenn du siehst – auf der Stelle!

Aber Raw Jehuda sagte: Man prüft der Bekleidung wegen, aber man prüft nicht der Nahrung wegen. Wenn du willst, so sage ich einen Vernunftgrund, und wenn du willst, so sage ich einen Schriftgrund. Wenn du willst, so sage ich einen Vernunftgrund: Hier geht es um die Erhaltung von Leben, und dort geht es nicht um die Erhaltung von Leben.[343] Wenn du willst, so sage

337 Ein Satz der Mischna bestimmt zwar, man dürfe mit allen Speisen eine Grenzverschiebung machen, außer mit Wasser und Salz, die dazugehörige Gemara erklärt aber, auch Schwämme und Pilze seien ausgenommen. Damit wird der Kernsatz dieses Abschnittes, der zum Abschluß wiederholt wird, noch einmal bestätigt.

338 Bei der Versorgung der Armen wird geprüft, ob sie wirklich der Unterstützung bedürftig sind, besonders wegen der Betrüger.

339 Der mangelhaft gekleidet ist.

340 Jesaja 58,7*a*.

341 »Schin« ist ein hebräischer Buchstabe. Das Wort für »auszulesen« ist im Talmud mit einem anderen S-Laut geschrieben als in der Bibel und bekommt dadurch die angegebene Bedeutung. Auch in der Bibel werden an anderer Stelle in verschiedenen Lesarten diese beiden Buchstaben vertauscht.

342 Jesaja 58,7*c*.

343 In anderen Texten heißt es: »Der eine leidet Schmerzen, und der andere leidet keine Schmerzen.«

ich einen Schriftgrund: Hier steht geschrieben: *Ist's nicht dies: Dem Hungrigen dein Brot zu brechen.* Zu brechen – auf der Stelle! nach unserer Lesart nämlich.[344] Und dort steht geschrieben: *Wenn du einen Nackten siehst, dann bekleide ihn!* nämlich wenn du es einsiehst. Bawa batra 9 a

FESTLEGUNG DER TRADITION

Mündliche Tradition und Schrift

Die Auflösung von Gelübden[345] schwebt in der Luft, und nichts hat sie, auf das sie sich stützen kann.[346] Die halachischen Traditionen von Schabbat, Festopfern und Veruntreuungen,[347] siehe, sie sind wie Berge, die an einem Haar hängen, denn sie haben wenig Bibeltext, aber die halachischen Traditionen sind zahlreich geworden.

Die Vorschriften über Zivilrecht, Tempeldienst, Tauglichkeit und Makligkeit und verbotene Ehen haben Grund, auf den sie sich stützen können,[348] und diese sind Hauptbestandteile der Weisung.[349] Mischna Chagiga I, 8

344 Raw Jehuda liest den gebräuchlichen Bibeltext, bei dem das umstrittene Wort nicht mit »Schin« geschrieben ist und demnach keine andere Bedeutung als »brechen« hat.

345 Dies ist eine Vorschrift, wonach ein Gelehrter Gelübde auflösen kann, wenn ihm jemand erklärt, mit welcher Absicht er das Gelübde getan hat und wie nun neue Umstände eingetreten sind, die ihn dieses Gelübde bereuen lassen.

346 Dies ist eine alte Mischna aus der Zeit vor der Tempelzerstörung im Jahr 70. Hier wird eine Tradition angeführt, die keinen Schriftgrund hat. Gerade dies beweist ihr hohes Alter, denn von Rabbi Akiwa ab (gestorben im Jahre 135) wurde für jede einzelne halachische Bestimmung ein Schriftzitat zur Begründung beigebracht. Während in dieser Mischna noch ausdrücklich gesagt wird, es gebe keinen Schriftgrund für sie, werden in der unmittelbar folgenden Diskussion der Gemara mehrere Belege gefunden.

347 Der Mißbrauch von Geheiligtem; dazu 3. Mose 5,*14–19*.

348 Dabei ist besonders an den großen Komplex von Geboten gedacht, der sich von 2. Mose 20 bis zu 4. Mose 9 erstreckt und das sogenannte »Heiligkeitsgesetz« (3. Mose 17–26) in seiner Mitte hat.

349 Während in der Mischna gesagt wird, daß allein die letztgenannte Reihe

Ein Gerichtshof hebt den Spruch eines anderen auf

Wie konnte Rabbi Jehuda, der Fürst, eine Verordnung der Schüler Schammais und Hillels auflösen?[350] Wir haben gelernt: Ein Rechtskollegium kann nur dann den Spruch eines anderen Rechtskollegiums aufheben, wenn es größer ist als dieses an Weisheit und Zahl. Und Rabba, Chanas Sohnessohn, sagte noch, Rabbi Jochanan habe gesagt: In jedem anderen Fall kann ein Rechtskollegium den Spruch eines anderen Rechtskollegiums aufheben,[351] ausgenommen die achtzehn Dinge.[352] Und selbst wenn Elia mit seinem Rechtskollegium käme, sollten wir nicht auf ihn hören.

Raw Mescharscheja sagte: Was ist der Grund dafür?[353] Weil ihr Verbot bei der Mehrheit Israels verbreitet ist.[354] Aber das Verbot des Öls ist bei der Mehrheit Israels nicht verbreitet. Rabbi Schmuel, Abbas Sohn, sagte nämlich, Rabbi Jochanan habe gesagt: Unsere Lehrer[355] saßen und berieten sich über das Verbot des Öls: Es sei nämlich bei der Mehrheit Israels nicht verbreitet. Da stützten sich unsere Lehrer auf die Worte Rabban Schimons, Gamliels Sohn, und auf die Worte Rabbi Elasars, Zadoks Sohn, die gesagt haben: Man solle nur eine solche Verordnung über die Gemeinde festsetzen, in der die Mehrheit der Gemeinde bestehen kann.[356] Raw Adda, Ahawas Sohn, sagte:

von Geboten Hauptbestandteil der Weisung sei, weil sie in einer großen Breite im Fünfbuch Moses behandelt werde, wird am Schluß der Gemara auch von Gruppe 1 und 2 gesagt, sie seien Hauptbestandteile, nicht wegen der Menge und Ausführlichkeit der Schriftbelege, sondern wegen der Gewichtigkeit auch nur kleinerer Gebote oder gar nur deren Andeutungen.

350 Diese hatten Öl, das von Leuten aus den Völkern kam, für Israel verboten.

351 Vorausgesetzt ist dabei, daß es andere an Weisheit des Präsidenten und an Zahl seiner Mitglieder überragt.

352 Achtzehn Bestimmungen über tauglich und maklig, über die sich die beiden großen Schulen Hillels und Schammais einig waren.

353 Der Grund dafür, daß diese achtzehn Vorschriften eine Ausnahme bilden.

354 Manche Texte haben hier an allen drei Stellen anstatt »bei der Mehrheit Israels«: »bei der Gesamtheit Israels«. Mit der Verbreitung ist die Anerkennung dieser Verbote gemeint.

355 Rabbi Jehuda, der Fürst, und sein Gelehrtenkollegium.

356 Da Öl ein Hauptprodukt des Landes war und auch Andersgläubige immer mehr bei dessen Erzeugung und Handel beteiligt waren, mußte das frühere Verbot aufgehoben werden.

Was ist der Schriftvers dafür?[357] *Mit dem Fluch seid ihr verflucht; denn mich beraubt ihr, das ganze Volk.* Wenn das ganze Volk beraubt, wird es verflucht, wenn nicht, dann nicht.

Awoda sara 36 a/36 b

Die Schule Hillels revidierte ihr Urteil

Wer zur Hälfte Sklave und zur Hälfte Freier ist,[358] der diene einen Tag seinem Herrn und einen Tag sich selber – so nach den Worten derer vom Lehrhause Hillels. Die vom Lehrhause Schammais sagten: Ihr habt es in bezug auf seinen Herrn richtig geordnet, in bezug auf ihn selber aber habt ihr es nicht richtig geordnet: Eine Sklavin heiraten kann er nicht, eine Freie heiraten kann er nicht[359] – soll er es ganz lassen? Ist es aber nicht so: Die Welt wurde doch nur zum Fruchten und Mehren erschaffen, denn es heißt:[360] *Nicht zur Öde hat er sie erschaffen, zum Wohnen hat er sie gebildet.* Nein, um der Weltordnung willen zwingt man seinen Herrn, daß er ihn zu einem Freien macht; und er schreibt einen Schein über die Hälfte seines Wertes.[361] Darauf änderten die vom Lehrhause Hillels ihre Ansicht und lehrten wie die vom Lehrhause Schammais.

Mischna Edujjot I, 13

357 Maleachi 3,*9*. Dieser schwierige Vers wird hier so erklärt: Wenn ein Gebot, welches das Volk auf sich genommen hat, nicht befolgt wird, so wird Gott dadurch beraubt. Als Strafe dafür ist der Fluch angedroht. Wenn das Volk in seiner Gesamtheit angenommen und übertreten hat, dann kommt die Strafe. Diese müssen die Gelehrten verhüten, indem sie keine Gebote auferlegen, die nicht gehalten werden können.

358 Etwa in dem Fall, wenn er Sklave zweier Herren war und der eine ihn freigelassen hat, oder wenn erst die Hälfte des Lösegeldes für ihn bezahlt wurde.

359 Sklaven und Freie durften nicht untereinander heiraten. Wer noch zur Hälfte Sklave war, durfte noch keine Freie heiraten; weil er aber schon zur Hälfte Freier war, durfte er keine Sklavin mehr heiraten.

360 Jesaja 45,*18*.

361 Der Halbfreie soll einen Schuldschein über die ausstehende Hälfte seines Kaufpreises schreiben. Er ist dann zwar frei, schuldet aber seinem Herrn die Rückzahlung.

Der Einzelne und die Mehrheit

Hillel sagt: Ein Hin voll geschöpften Wassers[362] macht das Tauchbad untauglich.[363] Ein Mensch ist nämlich verpflichtet, in der Sprache seines Meisters zu reden.[364] Schammai sagt aber: Neun Kaw.[365] Die Weisen aber sagen: Weder nach den Worten des einen noch nach den Worten des anderen. Als nämlich zwei Weber vom Misttor in Jerusalem kamen und im Namen Schmajas und Awtaljons bezeugten:[366] Drei Log geschöpften Wassers machen das Tauchbad untauglich,[367] da bestätigten die Weisen ihre Worte.[368]

Warum aber führt man die Worte Schammais und Hillels an, um sie dann aufzuheben?[369] Um kommende Geschlechter zu lehren, daß ein Mensch sich nicht auf seine Worte versteifen soll, denn siehe, die Väter der Welt haben sich nicht auf ihre Worte versteift.

Warum aber führt man die Worte eines Einzelnen unter einer Mehrheit an, obwohl sich die Lebensregel nur nach den Worten einer Mehrheit richtet? Damit ein Rechtskollegium, wenn es die Worte eines Einzelnen einsieht, sich dann darauf stützen kann. Ein Rechtskollegium kann nämlich nur dann den Spruch eines anderen Rechtskollegiums aufheben, wenn es größer ist als die-

362 Das »Hin« ist ein altes biblisches Maß, etwa 6,5 Liter fassend.

363 Das Tauchbad (zu rituellen Waschungen) besteht aus einer Ansammlung von 40 Sea, etwa 520 Litern (ursprünglich fließenden) Wassers. Fehlt es aber an fließendem Wasser, so darf das Tauchbad auch nicht durch ein Hin geschöpften Zisternenwassers aufgefüllt werden.

364 Diese Regel erklärt, warum Hillel hier den altertümlichen Ausdruck »Hin« gebrauchte, obwohl zu seiner Zeit dieses Maß nicht mehr verwendet wurde.

365 »Kaw« ist gleich einem Drittel Hin. Nach Schammai machen also erst etwa 20 Liter Zisternenwasser das Tauchbad untauglich.

366 Nach Awot I, 10–12 (dazu Seite 366) waren sie die Lehrer Hillels und Schammais.

367 »Log« ist ein Zwölftel Hin, also etwa ein Halbliter; nach den Webern machen also schon anderthalb Liter Schöpfwasser das Bad untauglich.

368 »Die Weisen«, die Männer von Jawne, beachteten das Zeugnis dieser ganz einfachen Leute, weil es auf eine alte Überlieferung gestützt war, und revidierten danach ihr bisheriges Urteil.

369 Es wird die Frage gestellt, warum eine alte Tradition auch dann noch weiter bewahrt wird, wenn sie geändert wurde.

ses an Weisheit und Zahl.[370] Ist es größer als dieses an Weisheit, aber nicht an Zahl, an Zahl, aber nicht an Weisheit, so kann es dessen Spruch nicht aufheben; erst wenn es größer ist als dieses an Weisheit und Zahl.

Rabbi Jehuda sagte: Wenn es sich so verhält, warum führt man dann die Worte eines Einzelnen unter einer Mehrheit an, um sie dann aufzuheben?[371] Damit, wenn jemand sagt: So habe ich es als Tradition empfangen, man zu ihm sagen kann: Du hast dies nach den Worten des Soundso gehört.[372]

Mischna Edujjot I, 3–6

Einer, der die Tradition festhält

Akawja, Mehalalels Sohn, bezeugte vier Dinge.[373] Sie sagten zu ihm: Akawja, ändere deine Ansicht in den vier Dingen, die du gewöhnlich sagst, so wollen wir dich zum Gerichtsvorsitzenden in Israel machen! Er sagte zu ihnen: Lieber will ich meiner Lebtag ein Dummkopf heißen, als eine einzige Stunde vor dem Angesicht des Allgegenwärtigen Frevel zu tun.[374] Sie sollen nicht sagen: Um die Herrschaft zu erlangen, änderte er seine Ansicht ...[375]

In der Stunde seines Todes sagte er zu seinem Sohn: Mein Sohn, ändere deine Ansicht in den vier Dingen, die ich gewöhnlich gesagt habe! Er sagte zu ihm: Aber warum hast du deine Ansicht nicht geändert? Er sagte zu ihm: Ich hörte es aus dem Mund einer Mehrheit, und sie hörten es aus dem Mund einer

370 Diese Bestimmung gilt, wenn die erste Entscheidung nach der Mehrheit gefällt worden war. Wenn nach der Meinung eines Einzelnen entschieden worden war, kann dies von der Mehrheit eines anderen Kollegiums aufgehoben werden.

371 Wenn dieser eine völlig unhaltbare Meinung vertreten hat.

372 Die Gelehrten können seine Meinung mit dem Hinweis ablehnen, daß sie schon früher von einem bestimmten Manne vertreten und durch die Mehrheit widerlegt worden sei.

373 Er bezeugte vier ihm überlieferte alte Lehren, die von der Meinung der Mehrheit seiner Kollegen abwichen. Auch wenn er damit allein blieb, konnte er nicht davon abgehen, diese Lehren empfangen zu haben.

374 Indem er die Überlieferung, die er erhalten hat, gegen seine Überzeugung verleugnen würde.

375 Im talmudischen Text folgen nun die vier strittigen Rechtssätze.

Mehrheit. Ich habe mich auf das versteift, was ich gehört habe, und sie haben sich auf das versteift, was sie gehört haben. Du aber, du hast es aus dem Mund eines Einzelnen gehört und aus dem Mund einer Mehrheit.[376] Es ist besser, die Worte eines Einzelnen zu lassen und sich an die Worte der Mehrheit zu halten.

Er sagte zu ihm: Vater, suche deine Kollegen meinetwegen auf![377] Er sagte zu ihm: Ich suche sie nicht auf. Er sagte zu ihm: Vielleicht hast du etwas Unrechtes an mir gefunden? Da sagte er zu ihm: Deine Taten befreunden dich, und deine Taten entfremden dich. Mischna Edujjot V, 6 f.

Das Ringen um die Entscheidung

Anderswo haben wir gelernt: Haben sie ihn in Einzelteile zerlegt und Sand zwischen die einzelnen Teile getan, so erklärt ihn Rabbi Elieser für tauglich, und die Weisen erklären ihn für maklig.[378] Das ist der Schlangenofen. Was bedeutet hier Schlange? Raw Jehuda sagte, Schmuel habe gesagt: Weil sie ihn mit Argumenten umringten wie eine Schlange. Sie erklärten ihn dann für maklig.

Es wird gelehrt: An jenem Tage brachte Rabbi Elieser alle Einwendungen der Welt vor. Aber sie nahmen diese nicht von ihm an.[379] Er sagte zu ihnen: Wenn die geltende Norm meiner Meinung entspricht, so wird es dieser Johannisbrotbaum beweisen. Da rückte der Johannisbrotbaum hundert Ellen weit von seinem Ort, andere sagen: Vierhundert Ellen. Sie sagten zu ihm: Von dem Johannisbrotbaum bringt man keinen Beweis. Wiederum sagte er zu ihnen: Wenn die geltende Norm meiner Mei-

376 Die eine Überlieferung hatte er von seinem Vater, die anderslautende von den übrigen Gelehrten.

377 Der Vater soll seinen Einfluß bei seinen Kollegen zugunsten seines Sohnes geltend machen.

378 Es handelt sich um einen transportablen Backofen aus Lehmziegeln. Rabbi Elieser meint, die einzelnen Teile blieben durch den Sand getrennt und der Ofen könne darum nicht maklig werden, weil er als zerbrochenes Gerät gilt. Die Weisen aber meinen, der äußere Anstrich mit Lehm mache ein einziges Gerät daraus, das demnach auch maklig werden könne.

379 Alle Begründungen für seine Entscheidung wurden von der Mehrheit abgelehnt.

nung entspricht, so wird es dieser Wasserlauf beweisen. Da zog sich der Wasserlauf zurück. Sie sagten zu ihm: Von dem Wasserlauf bringt man keinen Beweis. Wiederum sagte er zu ihnen: Wenn die geltende Norm meiner Meinung entspricht, so werden es die Wände des Lehrhauses beweisen. Da neigten sich die Wände des Lehrhauses, um einzustürzen. Da bedrohte sie Rabbi Jehoschua und sagte zu ihnen: Wenn Gelehrte miteinander um den Sieg der geltenden Norm ringen – ihr da, was ist denn das für eine Art von euch! Sie stürzten nicht ein wegen der Ehre Rabbi Jehoschuas, und sie richteten sich nicht auf wegen der Ehre Rabbi Eliesers. Und noch immer stehen sie geneigt. Wiederum sagte Rabbi Elieser zu ihnen: Wenn die geltende Norm meiner Meinung entspricht, so werden sie es vom Himmel her beweisen. Da ging eine Art Stimme hervor und sprach: Was habt ihr mit Rabbi Elieser? Die geltende Norm ist auf jeden Fall, wie er sagt. Da stellte sich Rabbi Jehoschua auf seine Füße und sagte:[380] *Nicht im Himmel ist sie.* Was bedeutet: *Nicht im Himmel ist sie*? Rabbi Jirmeja sagte: Daß die Weisung schon am Berge Sinai gegeben worden ist. Wir kümmern uns nicht um eine Art Stimme, denn schon am Berge Sinai hast du in die Weisung geschrieben:[381] *Sich zur Mehrheit neigen.*

Rabbi Natan traf Elia und sagte zu ihm: Was tat der Heilige, gelobt sei er, in dieser Stunde? Er sagte zu ihm: Er lächelte und sprach: Meine Söhne haben mich besiegt, meine Söhne haben mich besiegt. Bawa mezia 59 a/59 b

Der Hinweis auf die Praxis

Rawa, Raw Chanans Sohn, sagte zu Abbaje: Wie ist die Lebensregel? Er sagte zu ihm: Gehe hin und sieh, wie es das Volk hält![382]

380 5. Mose 30,*12*.

381 2. Mose 23,*2*. Das Zitat ist hier verkürzt, und in dieser Form besagt der Text das Gegenteil von dem, was er im biblischen Zusammenhang sagen will.

382 Dies ist der Schluß einer Diskussion darüber, wie bestimmte Grenzverschiebungen zur Erleichterung der Schabbatgebote durchgeführt werden sollen. Selbst die bestdurchdachten Gebote müssen sich doch erst noch in der Praxis bewähren, damit sie zur gültigen Lebensregel werden.

Es gibt solche, die dies mit Bezug auf das Folgende lehren: Wer Wasser trinkt, um seinen Durst zu stillen, der sage:[383] Alles entsteht durch sein Wort. Rabbi Tarphon sagt: Schöpfer vieler Seelen und dessen, was sie bedürfen. Raw Chanan sagte zu Abbaje: Wie ist die Lebensregel? Er sagte zu ihm: Gehe hin und sieh, wie es das Volk hält! Eruwin 14 b

Nicht jede Theorie wird zur Praxis

Unsere Meister lehrten: Man soll keine Lebensregel erschließen, weder aus der Theorie noch aus der Praxis, sondern erst, wenn sie zu einem sagen: Dies ist eine Lebensregel für die Praxis. Fragt einer, und sie sagen zu ihm:[384] Dies ist eine Lebensregel für die Praxis, so soll er gehen und danach handeln. Nur soll er nicht vergleichen.[385] Was bedeutet das: Nur soll er nicht vergleichen? Es werden doch im ganzen Bereich der Weisung Vergleiche gezogen! Raw Aschi sagte: Nur bei fehlerhaften Schlachttieren soll er keine Vergleiche ziehen. Es wird nämlich gelehrt: Bei fehlerhaften Schlachttieren sagen sie nicht: Dies gleicht jenem.[386] Sei nicht darüber erstaunt, denn siehe, er schneidet das Tier hier, und es stirbt, er schneidet es dort, und es bleibt leben.

Rabbi Assi sagte zu Rabbi Jochanan: Wenn der Meister zu uns sagt:[387] So ist die Lebensregel! – dürfen wir danach eine praktische Entscheidung treffen? Er sagte: Ihr dürft keine treffen, bevor ich sage: Es ist eine Lebensregel für die Praxis.

383 Jetzt werden zwei verschiedene Segenssprüche angeführt, die über einem Becher Wasser gesprochen werden; dabei wird der übliche Anfang (»Gelobt seist du, Herr, unser Gott, König der Welt«) als bekannt vorausgesetzt und weggelassen. Die Frage, welcher der beiden Sprüche verbindlich ist, wird nicht theoretisch, sondern mit dem Hinweis auf die Praxis entschieden.

384 Dazu Sanhedrin 38 b, Seite 70.

385 Er kann danach in seiner richterlichen Praxis für gleiche Fälle Entscheidungen treffen. Er darf dies aber nicht auch auf anders gelagerte Fälle übertragen.

386 Ein Fehler der Leber etwa gleicht nicht einem Fehler der Lunge.

387 Bei den Diskussionen im Lehrhaus wurden die Fälle nach allen Seiten hin erwogen. Dabei wurden auch extreme Ansichten vorgebracht, die zur praktischen Durchführung nicht geeignet und bestimmt waren.

Rawa sagte zu Raw Pappa und zu Raw Huna, Raw Jehoschuas Sohn: Wenn ein Gerichtsbescheid von mir vor euch kommt und ihr eine Widerlegung dagegen seht, so zerreißt ihn nicht, bevor ihr nicht vor mich gekommen seid. Wenn ich einen Grund dafür habe, so sage ich es euch, wenn aber nicht, so nehme ich es zurück. Nach meinem Tode sollt ihr ihn erst recht nicht zerreißen, aber ebensowenig sollt ihr aus ihm lernen.[388] Ihr sollt ihn nicht zerreißen, denn wenn ich noch dagewesen wäre, so hätte ich euch vielleicht den Grund sagen können; aber ihr sollt auch nicht aus ihm lernen, denn ein Richter soll nur das beurteilen, was seine Augen sehen. Bawa batra 130 b/131 a

Regelbildung

Raw Joseph, Rawas Sohn, sagte zu Rawa:[389] Ich erfragte von Raw Joseph: Geht die Lebensregel nach Rabbi? da sagte er zu mir: Ja; geht die Lebensregel nach Rabban Schimon, Gamliels Sohn? da sagte er zu mir: Ja. Hat er sich denn über mich lustig gemacht? Er sagte zu ihm: Nein, aber hier handelt es sich um anonyme Mischna.[390] Bezüglich der Verheiratung und der Geißelung erklärte er es dir nach Rabbi; bezüglich der Menstruation und des über seinen stößigen Ochsen Verwarnten erklärte er es dir nach Rabban Schimon, Gamliels Sohn.

Bezüglich der Verheiratung: das, was wir eben gesagt

388 Wenn sie eine Widerlegung gefunden haben, sollen sie keine Entscheidung nach diesem Gerichtsbescheid Rawas treffen.

389 Es handelt sich um ein Gespräch zwischen Vater und Sohn.

390 Der junge Raw Joseph hatte seinen Lehrer Raw Joseph in bezug auf vier Fälle gefragt, ob man ein Geschehen, das sich schon zweimal ereignet hat, mit einer genügenden Wahrscheinlichkeit auch ein drittes Mal erwarten könne. Rabbi hatte dies bejaht, während man es nach Rabban Schimon, Gamliels Sohn, zuvor noch ein drittes Mal feststellen muß. In seiner Antwort hat sich Raw Joseph in zwei der zur Diskussion stehenden Fälle nach Rabbi, in zwei aber nach Rabban Schimon gerichtet. Weil es sich hierbei um Entscheidungen handelte, die Rabbi anonym in seine Mischna aufgenommen hatte, da sie allgemein anerkannt waren und ihre Autorität auf diese Weise gesteigert werden sollte, deshalb konnte Raw Joseph, wenn er ganz allgemein gefragt wurde, jeweils mit Ja antworten.

haben.[391] Bezüglich der Geißelung: was wir gelernt haben: Wenn einer schon zweimal gegeißelt wurde, so bringt ihn das Gericht dann[392] in den Kerker, und man läßt ihn Gerstenbrei essen, bis sein Magen platzt. Bezüglich der Menstruation: was wir gelernt haben: Eine Frau kann erst nach dreimaliger Wiederholung ihren Menstruationszyklus festlegen. Und erst wenn der Zyklus dreimal unterbrochen wurde, gilt er als aufgehoben.[393] Bezüglich des über seinen stößigen Ochsen Verwarnten: was wir gelernt haben: Der Besitzer des Ochsen gilt erst dann als verwarnt, wenn man ihn dreimal verwarnt hat.[394]

Jewamot 65 a

Den Demütigen läßt es Gott gelingen

Rabbi Abba sagte, Schmuel habe gesagt: Drei Jahre lang diskutierten die vom Lehrhause Schammais und die vom Lehrhause Hillels: Die einen sagten: Die Lebensregel geht nach unserer Meinung, und die andern sagten: Die Lebensregel geht nach unserer Meinung. Da ging eine Art Stimme hervor und sprach: Diese und jene sind Worte des lebendigen Gottes, die Lebensregel aber geht nach der Meinung derer vom Lehrhause Hillels.

Nachdem diese und jene Worte des lebendigen Gottes sind – warum wurden die vom Lehrhause Hillels gewürdigt, daß die Lebensregel nach ihrer Auslegung festgesetzt wurde? Weil sie sanftmütig und demütig waren: sie lernten ihre Worte und die Worte derer vom Lehrhause Schammais. Aber nicht nur das, sondern sie stellten die Erwähnung derer vom Lehrhause Schammais ihrer eigenen voran, wie in dem Fall, den wir gelernt haben: Wenn einer seinen Kopf und den größeren Teil sei-

391 Der erste der hier behandelten vier Mischnasätze hat zu der obigen Diskussion geführt; er bestimmt, daß eine Frau, die mit zwei Männern je zehn Jahre verheiratet war und kinderlos blieb, nicht noch ein drittes Mal heiraten soll. Diese Entscheidung geht also nach Rabbi.

392 Beim dritten Vergehen; also nach Rabbi.

393 Diese für die Ordnung des Ehelebens wichtige Entscheidung wurde also nach der Ansicht von Rabban Schimon, Gamliels Sohn, gefällt.

394 Zu dieser Entscheidung nach Rabban Schimon, Gamliels Sohn: die Gemara Bawa kamma 37a/37b, Seite 346 f.

nes Körpers in der Festhütte hat, sein Tisch aber im Haus ist,[395] so erklären sie die vom Lehrhause Schammais für unbrauchbar, die vom Lehrhause Hillels aber für brauchbar. Die vom Lehrhause Hillels sagten zu denen vom Lehrhause Schammais: Ist es nicht einst geschehen, daß die Ältesten vom Lehrhause Schammais und die Ältesten vom Lehrhause Hillels kamen, um Rabbi Jochanan, Hachoranits Sohn, zu besuchen,[396] und sie ihn fanden, wie er mit seinem Kopf und dem größeren Teil seines Körpers in der Hütte saß, sein Tisch aber im Hause war? Da sagten die vom Lehrhause Schammais zu ihnen: Von daher ergibt sich aber ein Erweis für uns; sie sagten doch auch zu ihm: Wenn du es immer so gehalten hast, so hast du deiner Lebtag nie das Gebot der Festhütte erfüllt.

Jeden, der sich selbst erniedrigt, den erhöht der Heilige, gelobt sei er; und jeden, der sich selbst erhöht, den erniedrigt der Heilige, gelobt sei er. Vor jedem, der die Größe sucht, flieht die Größe; und nach jedem, der vor der Größe flieht, sucht die Größe. Jeden, der die Stunde bedrängt, den bedrängt die Stunde; jedem, der wegen der Stunde zurückgestoßen wird, dem steht die Stunde bei. Eruwin 13 b

AUFHEBUNG VON GEBOTEN

Hillels Prosbul

Der Prosbul bewirkt, daß nicht erlassen wird.[397] Das ist eines von den Dingen, die Hillel, der Ältere, angeordnet hat. Als er sah, daß das Volk sich abhalten ließ, einander zu leihen, und sie

395 Die Laubhütte ist direkt an das Haus gebaut; sie ist so klein, daß nicht einmal ein Mensch ganz in ihr Platz hat, Geräte schon gar nicht.

396 Hier erwähnen die Gelehrten der Schule Hillels höflicherweise zuerst die Ältesten der anderen Schule.

397 Nach biblischem Gebot (5. Mose 15,*1–6*) sollten in Israel alle ausstehenden Schulden am Ende jeden Jahrsiebents erlassen werden. Schon der biblische Text (Vers *7–11*) wendet sich gegen die Schwierigkeiten, die sich dadurch ergaben, daß es vor allem gegen Ende dieser Frist für Arme schwer wurde, Anleihen zu bekommen. Da Hillel sah, daß die Durchführung dieses Ge-

damit übertraten, was in der Weisung geschrieben steht:[398] *Hüte dich, daß in deinem Herzen kein nichtswürdiger Gedanke sei ...*, da ordnete er den Prosbul an.

Dies ist der Text des Prosbul: »Ich übergebe euch, dem Soundso und dem Soundso, Richtern in dem und dem Ort, die Erklärung, daß ich jede Schuld, die ich ausstehen habe, von dem Schuldner zu jeder Zeit, zu der ich will, erheben kann.« Dann unterschreiben die Richter oder die Zeugen.

Mischna Schwiit X, 3 f.

Es geht um den Menschen

Rawa sagte: Wie dumm sind doch solche Menschen, die zwar vor einer Rolle der Weisung aufstehen, aber vor einer großen Persönlichkeit nicht aufstehen. Obwohl nämlich in der Rolle der Weisung von vierzig geschrieben steht,[399] kamen unsere Meister und haben sie um eins verringert. Makkot 22 b

In der Zeit der Wirren

Als sich die Mörder mehrten, wurde das Genickbrechen des Kalbes[400] abgeschafft. Das war, als Elieser, Dinais Sohn, kam,

botes bei der Mehrheit des Volkes unmöglich war und daß diese ursprünglich soziale Maßnahme zu völlig unsozialen Ergebnissen führen konnte, suchte er nach einem Weg, die Gläubiger einerseits vor einer Ausbeutung durch Schuldner, andererseits vor Übertretung des Gebotes (5. Mose 15,*9*) zu schützen, den Armen aber die Möglichkeit des Borgens zu bewahren. Sein sogenannter Prosbul (der Name kommt aus dem Griechischen und bedeutet »für das Gericht«) hob zwar ein biblisches Gebot auf, war aber eine wichtige und mutige Tat zur Erhaltung der sozialen Ordnung.

398 5. Mose 15,*9*. Der Satz geht weiter: »– nämlich: Das Siebentjahr, das Jahr des Erlasses, ist nahe – und dein Auge böse werde gegen deinen armen Bruder, daß du ihm nichts gebest, und er deinetwegen zu dem Herrn rufe, und an dir eine Verfehlung sei.«

399 Nach 5. Mose 25,*2 f*. durften bei der Prügelstrafe als Höchstmaß vierzig Schläge gegeben werden, damit der Bestrafte nicht entehrt werde. Dieses Maximum wurde aber von den Meistern auf neununddreißig Schläge festgesetzt.

400 Dazu 5. Mose 21,*1–9*.

der auch Techina, Perischas Sohn, genannt wurde; später nannten sie ihn Sohn des Mörders.[401]

Als sich die Ehebrecher mehrten, wurden die Wasser der Bitternisse[402] beendet, und es war Rabbi Jochanan, Sakkais Sohn, der sie beendete; denn es heißt:[403] *Nicht werde ich es an euren Töchtern ahnden, wenn sie huren, und an euren Schwiegerinnen, wenn sie ehebrechen* ... Mischna Sota IX, 8 f.

In Verfolgungszeiten

Rabbi Jochanan sagte im Namen Rabbi Schimons, Jehozadaks Sohn: Im Obergemache des Hauses Nitsa zu Lud stimmten sie ab und beschlossen:[404] Jede Übertretung, die in der Weisung genannt ist, außer Götzendienst,[405] Unzucht und Mord, darf ein Mensch übertreten, damit er nicht getötet werde, wenn sie zu ihm sagen: Übertritt, damit du nicht getötet wirst!

Oder etwa Götzendienst nicht? Es wird doch gelehrt: Rabbi Jischmael sagte: Woher haben wir, daß ein Mensch Götzen dienen darf, damit er nicht getötet werde, wenn sie zu ihm sagen: Diene Götzen, damit du nicht getötet wirst? Ein Schriftwort besagt:[406] *Er soll durch sie leben* und nicht: er soll durch sie sterben. Kann das bedeuten: Sogar auch in der Öffentlichkeit? Ein Schriftwort besagt doch:[407] *Entweihet nicht den Namen meiner Heiligkeit, damit ich geheiligt werde!*

401 Josephus erwähnt diesen Mann als einen der Zelotenführer um das Jahr 50 der christlichen Zeitrechnung; etwa Jüdischer Krieg II, 235. Römer und Römerfreunde bezeichneten die Freiheitskämpfer durchweg als Räuber und Aufrührer.

402 Dazu 4. Mose 5, *11–31*.

403 Hosea 4,*14*. Das Zitat geht weiter: »denn sie selber gehen mit Huren abseits«. Wenn die Männer selber ehebrechen, entfällt der ursprüngliche Grund, daß durch die Zeremonie des Bitterwassertrinkens die Ehre des Mannes geschützt und wiederhergestellt werde.

404 In einer Zeit schwerer äußerer Bedrohung setzten Rabbi Akiwa, Rabbi Tarphon und Rabbi Jose diese Verordnung fest. Weder Jesus von Nazareth noch Paulus von Tarsus, wohl aber andere bedeutende pharisäische Lehrer haben zu Zeiten (der Not) biblische Gebote aufgehoben.

405 Im zensierten Text heißt es dafür: »Sternendienst«.

406 3. Mose 18,*5*. Die Weisung soll dem Menschen das Leben ermöglichen.

407 3. Mose 22,*32*. Gerade in Zeiten der Verfolgung war es wichtig, für seinen Glauben öffentlich Zeugnis abzulegen.

Sie sind der Ansicht Rabbi Eliesers. Es wird nämlich gelehrt: Rabbi Elieser sagt:[408] *So liebe den Herrn, deinen Gott, mit deinem ganzen Herzen, mit deiner ganzen Seele und mit deiner ganzen Macht.* Wenn es heißt: *Mit deiner ganzen Seele,* warum heißt es: *mit deiner ganzen Macht*? Und wenn es heißt: *Mit deiner ganzen Macht,* warum heißt es: *mit deiner ganzen Seele*? Weil es Menschen gibt, denen ihr Leben lieber ist als ihr Geld, darum heißt es: *mit deiner ganzen Seele.* Und weil es Menschen gibt, denen ihr Geld lieber ist als ihr Leben, darum heißt es: *mit deiner ganzen Macht.* Sanhedrin 74 a

ÜBER SCHRIFTROLLEN

Achtung der heiligen Schriften

Alle heiligen Schriften rettet man aus einem Brand, ohne Unterschied, ob sie verlesen werden oder ob sie nicht verlesen werden.[409] Denn sogar, wenn sie in irgendeiner anderen Sprache geschrieben sind, müssen sie ja in die Verwahrkammer gebracht werden.[410] Weshalb lesen wir nicht in ihnen? Weil sonst das Lehrhaus versäumt würde.[411] Mischna Schabbat XVI, 1

408 5. Mose 6,5. In der Auslegung entspricht dann das Wort »Leben« dem Wort »Seele« des Zitats, beziehungsweise das Wort »Geld« dem Wort »Macht«.

409 Es handelt sich hier um die Frage, ob trotz des Verbotes, am Schabbat etwas zu tragen, heilige Schriften aus einem Brand gerettet werden dürfen. Verlesen wurden am Schabbat ein Abschnitt aus dem Fünfbuch Moses und ein dazu passender Abschnitt aus den Propheten. Aus den übrigen Schriften (Hagiographen) wurde nicht im Schabbatgottesdienst gelesen.

410 Unbrauchbar gewordene Rollen wurden nicht vernichtet, sondern in einem besonderen Raum abgelegt.

411 Man sollte sich am Schabbat nicht in Studien über die Hagiographen vertiefen, um nicht die öffentlichen Vorträge (Predigt) der Gemeinde im Lehrhaus zu versäumen.

Verkauf von Schriftrollen

Komm und höre! Rabbi Jochanan sagte nämlich im Namen Rabbi Meïrs: Man darf eine Rolle der Weisung nur verkaufen, um die Weisung zu lernen oder um eine Frau zu nehmen. Vernimm daraus: Eine Rolle der Weisung um eine andere Rolle der Weisung geht wohl an. Vielleicht ist Studium aber doch anders, denn das Studium führt zum Tun.[412] Auch um eine Frau zu nehmen, denn es steht geschrieben:[413] *Nicht zur Öde hat er sie erschaffen, zum Wohnen hat er sie gebildet.* Aber eine Rolle der Weisung um eine andere Rolle der Weisung darf man nicht verkaufen.

Unsere Meister lehrten: Ein Mensch soll eine Rolle der Weisung nicht verkaufen, nicht einmal wenn er sie nicht braucht. Rabbi Schimon, Gamliels Sohn, ging noch weiter und sagte: Selbst dann, wenn er nichts zu essen hat und daraufhin eine Rolle der Weisung oder seine Tochter verkauft, wird er niemals ein Zeichen des Segens davon erblicken. Megilla 27 a

Verwahrung abgenutzter Rollen

Rawa sagte: Eine Rolle der Weisung, die abgenutzt ist, verwahren sie neben einem Gelehrten,[414] sogar, wenn dieser nur die Halacha gelernt hat.[415] Raw Acha, Jaakows Sohn, sagte: Und zwar in einem Tongefäß, denn es heißt:[416] *Gib sie in ein Tongefäß, damit sie viele Tage bestehen!* Megilla 26 b

412 Dieser Einwand widerlegt den vorigen Schluß, man dürfe eine Rolle um den Erlös einer anderen kaufen. Das Studium ist wertvoller als der Besitz einer Rolle.

413 Jesaja 45,*18*.

414 Normalerweise wurden unbrauchbar gewordene Rollen in einer eigens dazu bestimmten Kammer verwahrt; hier wird eine solche Rolle zu einem Gelehrten ins Grab gelegt.

415 Wenn er nur die verschiedenen Mischnajot gelernt hat, nicht aber die Diskussionen der Gemara und deshalb auch keine eigenen Entscheidungen fällte.

416 Jeremia 32,*14*.

Festlegung des Purimfestes

Rabba, Chanas Sohnessohn, sagte, Rabbi Jochanan habe gesagt: Dies sind Worte Rabbi Akiwas, des Autors dieser anonymen Mischna,[417] welcher »Zeit«, »ihre Zeit« und *ihre Zeiten*[418] auslegte. Die Weisen aber sagen: Man lese sie nur zu ihrer Zeit. Es wurde der Einwand erhoben, Rabbi Jehuda habe gesagt: Wann gilt dies? Wenn die Jahre richtig geordnet sind und Israel auf seinem Boden weilt. Aber in der jetzigen Zeit, wo alle danach rechnen, soll man sie nur zu ihrer Zeit lesen.[419] Megilla 2 a

Über die Festsetzung des Schaltjahres

Unsere Meister lehrten: Man verlängert das Jahr nur dann, wenn der Fürst zustimmt.[420] Es geschah einmal, daß Rabban Gamliel ging, um sich bei einem Statthalter in Syrien eine Bestä-

417 In der Mischna, auf die hier Bezug genommen wird, geht es um die genaue Festlegung der Tage, an denen die Estherrolle am Purimfest gelesen wird. Rabbi Akiwa, dessen Meinung die Mischna gewöhnlich folgt, wenn sie keinen Autor angibt, bestimmte, daß die Estherrolle vom 11. bis zum 15. des Monats Adar gelesen werden könne. Es wird daher angenommen, daß er die Ausdrücke »Zeit«, »ihre Zeit« und »ihre Zeiten«, die in der Diskussion der Gemara zur Festlegung der bestimmten Tage vorkommen, schon für seine Mischna benutzt habe.

418 Esther 9,*31*.

419 Zur Zeit des herodianischen Tempels wurde der Kalender auf Grund der Aussagen von Zeugen, die den Neumond sahen, durch das Gericht festgesetzt. Auch die Feste wurden so durch Mondbeobachtung festgelegt. Später wurden die Festzeiten kalendarisch festgelegt. Wenn sich für das Purimfest dadurch Fehler ergeben hätten, daß ein Spielraum von zu vielen Tagen dafür eingeräumt worden wäre, so hätte sich dadurch auch der Termin für das Pesachfest verschoben, weil man dafür nicht mehr eigens den Mond beobachtete, sondern vom Purimfest an dreißig Tage zählte. Die endgültige Festlegung des jüdischen Kalenders, der auf einem 19jährigen Zyklus beruht, wird Hillel II. in der ersten Hälfte des 4. nachchristlichen Jahrhunderts zugeschrieben.

420 Gegen Ende der Regenzeit mußte entschieden werden, ob das Jahr ein Schaltjahr sein soll. Im Bedarfsfalle wurde ein 13. Monat, der sogenannte zweite Adar, eingeschoben. Das geschah mit Zustimmung des Präsidenten des Synedriums.

tigung einzuholen;[421] aber seine Rückkehr verzögerte sich. Da verlängerten sie das Jahr unter der Bedingung, daß Rabban Gamliel zustimme. Als Rabban Gamliel kam, sagte er: Ich stimme zu. So ergab sich, daß das Jahr verlängert war.

Unsere Meister lehrten: Man verlängert das Jahr nur dann, wenn dies notwendig ist wegen der Wege, wegen der Brücken, wegen der Pesachöfen[422] und wegen der Zerstreuten Israels, die von ihren Wohnplätzen aufgebrochen, aber noch nicht angekommen sind;[423] aber nicht wegen Schnees und nicht wegen Kälte, auch nicht wegen der Zerstreuten Israels, die nicht von ihren Wohnplätzen aufgebrochen sind. Sanhedrin 11a

Unsere Meister lehrten: Aus drei Gründen verlängert man das Jahr: Auf Grund der Ährenreife,[424] auf Grund der Baumfrüchte[425] und auf Grund des Frühlingspunktes.[426] Auf Grund von zwei dieser Anzeichen verlängert man, aber auf Grund von einem von ihnen verlängert man nicht. In einer Zeit, wo die Ährenreife eines dieser Anzeichen ist, sind alle froh.[427] Rabban

421 Manche Erklärer meinen, er habe dort die Bestätigung seines Fürstenamtes eingeholt.

422 Nach der Regenzeit sind die Wege verschlammt, die Brücken beschädigt und die im Freien stehenden, aus Lehm gebauten Öfen, in denen das Pesachlamm gebraten wurde, aufgeweicht. Wenn bis zum Pesachfest nicht genügend Zeit ist, um die Schäden zu beheben, dann ist es notwendig, einen Monat einzuschieben.

423 Ebenso ist ein Monat einzuschieben, wenn die Pilger, die von weit entfernten Teilen der Diaspora zum Pesachfest kommen, sonst nicht rechtzeitig nach Jerusalem gelangen würden.

424 Wenn sie verspätet ist.

425 Wenn ihre Reife noch nicht so weit fortgeschritten ist, daß zum Wochenfest (Pfingsten) die ersten reifen Früchte dargebracht werden können.

426 Das Jahr wurde nach dem Mond berechnet. Die jährliche Differenz zum Sonnenjahr (von beinahe 11 Tagen) wurde innerhalb eines 19jährigen Zyklus so ausgeglichen, daß das Pesachfest jeweils nach der Frühlings-Tag- und Nachtgleiche zu liegen kam.

427 Wenn interkaliert wird, weil auch die Ähren noch nicht gereift sind, so fällt die Ernte mit dem Jahresanfang zusammen. Wird aber ein Monat eingeschaltet, weil die Baumfrüchte noch nicht reif sind und weil das Frühlingsäquinoktium noch nicht erreicht ist, so ist zwar das Getreide gereift, kann aber auf Grund der Vorschrift von 3. Mose 23,*14* noch nicht geerntet und verwertet werden.

Schimon, Gamliels Sohn, sagt: Auf Grund des Frühlingspunktes. Es wurde die Frage von ihnen gestellt:[428] Auf Grund des Frühlingspunktes sind sie froh?[429] oder: Auf Grund des Frühlingspunktes verlängert man?[430] Dies bleibt als Frage stehen.

Unsere Meister lehrten: Auf Grund dreier Länder verlängert man das Jahr: Judäa, Transjordanien und Galiläa.[431] Auf Grund zweier von ihnen verlängert man, aber auf Grund eines von ihnen verlängert man nicht. In einer Zeit, wo Judäa eines von ihnen ist, sind alle froh, denn die Erstlingsgarbe kommt nur aus Judäa.

Unsere Meister lehrten: Man verlängert das Jahr nur in Judäa.[432] Wenn aber die Verlängerung in Galiläa erfolgte, so ist das Jahr verlängert. Dagegen bezeugte Chananja aus Oni: Wenn eine Verlängerung in Galiläa erfolgte, so ist es nicht verlängert. Rabbi Jehuda, der Sohn von Rabbi Schimon, Pasis Sohn, sagte: Was ist der Grund Chananjas aus Oni? Ein Schriftvers besagt:[433] *Nach seiner Stätte sollt ihr forschen, und dorthin sollst du kommen.* Alles, was du erforschest, sollst du nur an der Stätte des Allgegenwärtigen erforschen. Sanhedrin 11 b

Unsere Meister lehrten: In Jahren der Hungersnot verlängert man das Jahr nicht.[434] Es wird gelehrt: Rabbi sagt:[435] *Es kam*

428 Die Lehrer diskutierten später, worauf sich die Bemerkung Rabban Schimons bezogen habe.

429 Die Festpilger aus der Diaspora hatten es lieber, daß auch auf Grund der Abweichung vom Frühlingspunkt interkaliert wurde, weil nur dann das letzte Wallfahrtsfest im Herbst so früh lag, daß sie vor Einbruch des Winters wieder rechtzeitig heimkommen konnten.

430 Ohne einen zweiten Grund wie sonst.

431 Der Reifegrad der Früchte in diesen drei Landesteilen war Maßstab für die Interkalation.

432 Nach dieser Meinung war normalerweise nur ein Gelehrtenkollegium in Judäa zur Interkalation befugt.

433 5. Mose 12,5.

434 Durch eine Verlängerung würde sich die Darbringung der Erstlingsgarbe und folglich auch die Nutzung der neuen Ernte noch um einen Monat verzögern.

435 2. Könige 4,42. Der Text geht weiter: »nämlich zwanzig Gerstenbrote ...« In diesem Zusammenhang wird von einer wunderbaren Speisung von hundert Menschen in einem Hungerjahr erzählt.

aber ein Mann aus Baal-Salisa und brachte dem Gottesmann Erstlingsbrote, nämlich Brot aus der neuen Ernte ...[436] Du wirst im ganzen Land Israel keinen Ort finden, an dem die Früchte leichter reifen als in Baal-Salisa. Aber trotzdem war nur diese Art so früh gereift. Vielleicht möchtest du sagen: Es war Weizen,[437] so besagt doch der Text:[438] *Gerste*. Vielleicht möchtest du sagen: Es war vor der Darbringung der Erstlingsgarbe, so besagt doch der Text:[439] *Gibt dem Volk, damit sie essen!* Folglich war es nach der Darbringung der Erstlingsgarbe. Schließe daraus: Jenes Jahr wäre geeignet gewesen, verlängert zu werden. Warum hat aber Elisa keine Verlängerung gemacht? Weil es ein Jahr der Dürre war und alles zu den Tennen lief.[440]

Sanhedrin 11 b/12 a

Verwirrung bei der Neumondsbekundung

Unsere Meister lehrten: Welche Verwirrung richteten die Ketzer an?[441] Einmal versuchten die Boethusäer, die Weisen irrezuführen.[442] Sie mieteten zwei Männer für vierhundert Sus,[443]

436 In manchen Texten erscheint die Erklärung »nämlich Brot aus der neuen Ernte« (wörtlich: »Brot der Ährenreife«) als Bestandteil des Bibelzitats.

437 Weizen reift verhältnismäßig spät; demnach wäre das meiste schon gereift.

438 2. Könige 4,*42*.

439 2. Könige 4,*42* Schluß.

440 Obwohl der größte Teil des Getreides noch nicht reif gewesen sei, habe Elisa keine Einschaltung gemacht, damit die Leute bald das Getreide von den Tennen zum Verbrauch holen konnten und nicht hungern mußten.

441 Diese Gemara bezieht sich auf den vorangegangenen Mischnasatz: »Anfangs nahmen sie die Bezeugung des Neumondes von jedem Menschen an. Als aber die Ketzer Verwirrung anrichteten, ordnete man an, daß man die Bezeugung nur von Bekannten annehme.«

442 Die Boethusäer waren eine religiöse Gruppe innerhalb des Judentums zur Zeit des zweiten Tempels, die mit den Sadduzäern zusammenhing, aber nicht mit diesen identisch war. Diese Gruppe versuchte, das Pesachfest auf einen Termin ihrer Auslegung zu verschieben. Von ihren Gegnern, den Pharisäern, wurden ihnen dabei unlautere Methoden vorgeworfen. Das Wort »Ketzer«, das in vielen Ausgaben aus dem Zusammenhang heraus durch »Boethusäer« ersetzt ist, beziehen manche Ausleger auf Judenchristen. Diese waren daran interessiert, daß der erste Tag des Pesachfestes auf einen Freitag (Karfreitag) und Pfingsten auf einen Sonntag fiel.

443 Silbermünzen je im Wert eines halben Schekels.

einen von den Unsrigen und einen von den Ihrigen. Der Ihrige gab seine Bezeugung und ging hinaus. Zu dem Unsrigen sagten sie: Sage, wie hast du den Mond gesehen? Er sagte zu ihnen: Ich ging den Aufstieg von Adummim hinauf[444] und sah ihn, wie er zwischen zwei Felsen lagerte. Sein Kopf glich dem eines Kalbes, seine Ohren glichen denen eines Bockes, seine Hörner glichen denen eines Hirsches, und sein Schwanz lag zwischen seinen Oberschenkeln. Als ich ihn erblickte, da erbebte ich und fiel nach hinten. Wenn ihr mir nicht glaubt, siehe, so habe ich hier zweihundert Sus in mein Leinengewand eingewickelt. Da sagten sie zu ihm: Wer hat dich dazu genötigt? Er sagte zu ihnen: Ich hörte, daß die Boethusäer versuchten, die Weisen irrezuführen. So sagte ich: Ich will selbst gehen und sie dies wissen lassen. Vielleicht kommen sonst nichtswürdige Leute, um die Weisen irrezuführen. Da sagten sie zu ihm: Die zweihundert Sus seien dir als Geschenk überlassen. Wer dich aber gemietet hat, der soll zur Geißelung an die Säule gestellt werden. In dieser Stunde ordneten sie an, daß man die Bezeugung des Neumondes nur von den Bekannten annehme. Rosch Haschana 22 b

Schwierigkeiten der Festberechnung

Mischna. Es geschah einmal, daß zwei Leute kamen und sagten: Wir sahen ihn morgens im Osten und abends im Westen.[445] Rabbi Jochanan, Nuris Sohn, sagte: Sie sind Falschzeugen.[446] Als sie aber nach Jawne kamen, da nahm sie Rabban Gamliel an.[447] Und wiederum kamen zwei und sagten: Wir haben ihn zur rechten Zeit gesehen. Doch in der Neumondnacht war er dann nicht zu sehen; aber Rabban Gamliel hatte sie schon ange-

444 Dazu Josua 15,7.

445 Diese Leute gaben wohl an, sie hätten die schmalste Sichel des abnehmenden Mondes mit der Sonne aufgehen und die schmalste Sichel des zunehmenden Mondes dann mit der Sonne untergehen sehen.

446 Die meisten Weisen nahmen an, daß der Neumond ganze 24 Stunden nicht zu sehen sei.

447 Jawne war nach der Tempelzerstörung zunächst der Sitz des maßgebenden Gelehrtenkollegs. Der Fürst dieses Kollegs, der damals Rabban Gamliel war, hatte die alleinige Befugnis, den Kalender und damit die Festzeiten festzusetzen.

nommen.[448] Rabbi Dosa, Horkinas' Sohn, sagte: Sie sind Falschzeugen. Wie können sie bezeugen, eine Frau habe geboren, wenn am nächsten Tag ihr Bauch noch bis an die Zähne reicht? Rabbi Jehoschua sagte zu ihm: Ich sehe deine Worte ein.[449]

Da schickte Rabban Gamliel zu ihm: Ich gebiete dir, daß du mit deinem Stock und mit deinem Geld zu mir kommst, an dem Tage, der nach deiner Berechnung der Versöhnungstag sein soll.[450] Da ging Rabbi Akiwa und fand ihn betrübt und sagte zu ihm: Ich kann beweisen, daß alles gilt, was Rabban Gamliel gemacht hat, denn es heißt:[451] *Dies sind die Festzeiten des Herrn, heilige Verkündigungen, die ihr verkündigen sollt* – ob zur rechten Zeit oder ob nicht zur rechten Zeit, ich habe nur diese Festzeiten. Dann kam Rabbi Jehoschua zu Rabbi Dosa, Horkinas' Sohn. Der sagte zu ihm: Wenn wir kommen würden, um den Gerichtshof von Rabban Gamliel in Frage zu stellen, so wären wir genötigt, jeden einzelnen Gerichtshof in Frage zu stellen, der seit Moses Tagen bis jetzt bestand, denn es heißt:[452] *Da stiegen hinauf Mose und Aaron, Nadab und Abihu und siebzig der Ältesten Israels.* Warum aber werden die Namen der Ältesten nicht ausdrücklich genannt? Daraus ist zu lernen, daß jedes einzelne Dreimännergericht, das in Israel besteht, siehe, daß es wie der Gerichtshof Moses ist.[453]

Da nahm er seinen Stock und sein Geld in die Hand und ging nach Jawne zu Rabban Gamliel, an dem Tag, der nach seiner Berechnung der Versöhnungstag war. Da stand Rabban Gamliel auf, küßte ihn auf sein Haupt und sagte zu ihm: Komm im

448 Der Neumondstag war vom Obergericht festgesetzt worden, aber als dann der neue Mond hätte gesehen werden müssen, war er noch nicht sichtbar.

449 Rabbi Jehoschua und Rabbi Dosa fochten die Kalenderbestimmung Rabban Gamliels an. Infolge davon wollte Rabbi Jehoschua den Versöhnungstag auf einen Tag später festsetzen als das Obergericht in Jawne. Rabban Gamliel erfuhr davon und ließ ihn vor sich kommen.

450 Rabbi Jehoschua sollte also eben den Tag entweihen, der nach seiner Berechnung als Versöhnungstag zu feiern gewesen wäre.

451 3. Mose 23,4.

452 2. Mose 24,9.

453 Weil auch in Moses Gericht die meisten Mitglieder keine bekannten und bedeutenden Männer waren.

Frieden, mein Lehrer und mein Schüler: mein Lehrer in Weisheit und mein Schüler, weil du meine Worte angenommen hast.

Gemara ... Da ging Rabbi Akiwa und fand ihn betrübt ...[454] Es wurde von ihnen die Frage gestellt: Wer war betrübt? War Rabbi Akiwa betrübt, oder war Rabbi Jehoschua betrübt? Komm und höre! Es wird nämlich gelehrt: Rabbi Akiwa ging und fand Rabbi Jehoschua, als er betrübt war. Er sagte zu ihm: Meister, warum bist du betrübt? Er sagte zu ihm: Rabbi Akiwa, es wäre besser für einen, er würde zwölf Monate krank im Bett liegen, als diese Verordnung über sich ergehen zu lassen. Er sagte zu ihm: Meister, erlaube mir doch, vor dir ein Wort zu sagen, das du mich gelehrt hast. Er sagte zu ihm: Rede! Er sagte zu ihm: Siehe, die Schrift sagt:[455] *Sie, sie, sie*, dreimal. *Sie*: sogar, wenn man sich irrt; *sie*: sogar, wenn man es beabsichtigt; *sie*: sogar wenn man irregeführt ist. Da sagte er zu ihm diesen Ausspruch: Akiwa, du hast mich getröstet, du hast mich getröstet. Rosch Haschana 24 b/25 a

Über das Siebentjahr

Was ist es mit den Tagen vor dem Neujahrsfest?[456] Wir haben nämlich gelernt: Bis wann darf man ein Baumfeld im Vorsiebentjahr pflügen? Die vom Lehrhause Schammais sagen: Solange es für die Frucht nützlich ist.[457] Die vom Lehrhause Hillels aber sagen: Bis zum Wochenfest. Es kommen also die Worte der einen und die Worte der andern einander nahe.[458]

454 In der Gemara wird nun dieser Satz aus der Mischna besonders erklärt.

455 In den Versen 3. Mose 23, *2*, *4* und *37* wird jeweils das pronominale Akkusativobjekt herausgehoben und in sich steigernder Weise interpretiert. »Sie« meint die gültig festgesetzten Festzeiten.

456 In diesem Zusammenhang geht es um das Schabbatjahr, in dem das Land ruhen soll. Dazu 3. Mose 25. Bestimmungen über den Landbau waren deshalb besonders wichtig, weil die meisten Juden im Land Israel Landwirte waren. – Damit keine Landbearbeitung eine Einwirkung auf das Siebentjahr habe, sollte sie nach der Meinung mancher Gelehrter schon 30 Tage vor Beginn des neuen Jahres eingestellt werden. Diese Ansicht wird nun eingehend diskutiert.

457 Damit ist noch die Frucht des 6. Jahres gemeint.

458 Nach der strengen Ansicht dieser beiden Schulen durfte also im 6. Jahr schon vom Beginn des Sommers ab nicht mehr auf den Feldern gearbeitet

Bis wann darf man ein helles Feld[459] im Vorsiebentjahr pflügen? Bis die Feuchtigkeit aufhört, und solange die Leute noch pflügen, um Gurken und Kürbisse zu pflanzen.[460] Rabbi Schimon sagt: Wenn sich das so verhielte, dann hätte ja die Weisung jedem einzelnen den Maßstab in seine Hand gegeben. Nein, ein helles Feld pflügt man bis zum Pesachfest und ein Baumfeld bis zum Wochenfest.[461] Da sagte Rabbi Schimon, Pasis Sohn, Rabbi Jehoschua, Levis Sohn, habe im Namen von Kapparas Sohn gesagt: Rabban Gamliel und sein Gelehrtenkolleg stimmten über diese zwei Zeitpunkte ab und machten sie ungültig.[462] Rabbi Seïra sagte zu Rabbi Awahu, andere sagen: Resch Lakisch zu Rabbi Jochanan: Wie konnte Rabban Gamliel und sein Gelehrtenkolleg eine Anordnung derer vom Lehrhaus Schammais und derer vom Lehrhaus Hillels ungültig machen? Wir haben doch gelernt: Ein Gelehrtenkolleg kann die Entscheidungen eines anderen Gelehrtenkollegs nur dann ungültig machen, wenn es größer ist als jenes an Weisheit und Zahl. Da war er für einen Augenblick verblüfft.[463] Dann sagte er zu ihm: Ich würde sagen: Sie haben es so untereinander zur Bedingung gemacht: Jeder, der es ungültig machen will, kann kommen und es ungültig machen.[464] Ist es denn überhaupt ihre Anordnung? Es ist doch eine Lebensregel Moses vom Sinai.[465] Rabbi Assi sagte nämlich, Rabbi Jochanan habe im Namen Rabbi Nechunjas, eines Mannes aus dem Tale Bet Hauran, gesagt:[466] Die zehn

werden. Bis zum Neujahrsfest im Herbst ergab sich dadurch gegenüber der erstgenannten Ansicht eine Fristverlängerung um mehrere Monate.

459 Ein Feld für Getreide oder Gemüse, das keine Bäume hat, die Schatten werfen.

460 Diese brauchen viel Feuchtigkeit.

461 Eingeklammert folgt hier ein Satz, der dem Vorhergehenden widerspricht: »Die Schule Hillels sagt: Bis zum Pesachfest.«

462 Danach konnte man also wieder bis zu den dreißig Tagen vor Neujahr pflügen.

463 Rabbi Awahu oder Rabbi Jochanan war einen Moment um die Antwort verlegen. Der Wortlaut stammt aus Daniel 4,*16*.

464 Dann nämlich, wenn neue Fragen neue Antworten verlangen.

465 Nach dieser Meinung haben nicht erst Hillel und Schammai diese Regel aufgestellt, sondern sie reicht in unvordenkliche Zeit zurück.

466 Die Überlieferung des Namens und der Ortsangabe ist in den einzelnen Handschriften verschieden.

Setzlinge, die Bachweide und die Wasserspende sind Lebensregeln Moses vom Sinai.[467] Rabbi Jizchak sagte: Nur über den Zeitraum von dreißig Tagen vor dem Neujahrsfest haben sie eine überlieferte Lebensregel. Sie aber kamen[468] und ordneten an: Vom Pesachfest an oder vom Wochenfest an. Sie machten in bezug auf das Ihrige zur Bedingung:[469] Jeder, der es ungültig machen will, kann kommen und es ungültig machen.

Handelt es sich denn hier überhaupt um Lebensregeln? Es handelt sich doch um etwas in der Schrift Begründetes. Es wird nämlich gelehrt:[470] *Auch mit Pflügen und mit Ernten sollst du ruhen.* Rabbi Akiwa sagt: Es ist ja unnötig, dies vom Pflügen und vom Ernten im Siebentjahr zu sagen, denn siehe, es heißt doch schon:[471] *Dein Feld besäe nicht und deinen Weinberg beschneide nicht!* Vielmehr gilt dies vom Pflügen im Vorsiebentjahr, soweit es hineinwirkt in das Siebentjahr, und vom Ernten im Siebentjahr, soweit etwas nachreift im Nachsiebentjahr. Rabbi Jischmael sagt:[472] So wie etwa das Pflügen freigestellt ist, so ist auch das Ernten freigestellt, ausgenommen das Ernten der Erstlingsgarbe, denn dies ist ein Gebot. Vielmehr, sagte Raw Nachman, Jizchaks Sohn, aus der überlieferten Lebensregel

467 Bachweide und Wasserspende gehören zur gottesdienstlichen Feier des Laubhüttenfestes. Der Lehrsatz wird aber hier wegen der zehn Setzlinge angeführt. Nach einer anderen Mischna darf ein Feld mit mindestens zehn jungen Setzlingen bis Neujahr bearbeitet werden. Diese Ausnahme gilt aber nur für Jungpflanzen, die im nächsten Jahr noch keine Frucht tragen. Die älteren Bäume aber, die schon Früchte tragen werden, dürfen schon mindestens 30 Tage vorher nicht mehr gepflegt werden.

468 Die Schulen Schammais und Hillels.

469 In bezug auf ihre eigene Fristverlängerung.

470 2. Mose 34,*21*. In der Bibel ist vom Schabbattag die Rede, Rabbi Akiwa bezieht das Zitat aber auf das Schabbatjahr.

471 3. Mose 25,*4;* dieser Vers bezieht sich auf das Schabbatjahr.

472 Der Einwand Rabbi Jischmaels wird erst nachher für die Argumentation wichtig. An dieser Stelle soll damit Rabbi Akiwa das Recht bestritten werden, den Vers 2. Mose 34,*21* vom Schabbattag auf das Schabbatjahr zu übertragen. Rabbi Jischmael argumentiert damit, daß es am Schabbattag wohl ein Gebot in bezug aufs Ernten geben kann, nämlich das Ernten der Erstlingsgarbe (3. Mose 23,*10 f.*); folglich ist auch ein Verbot hier gerechtfertigt, im Siebentjahr aber nicht, da es hier keinerlei Gebot in bezug auf Pflügen oder Ernten gibt.

haben wir, daß es bei Jungpflanzen erlaubt ist;[473] aus der Schrift haben wir, daß es für Altpflanzen verboten ist. Wenn es aber die Lebensregel für die Jungpflanzen erlaubt, ist es dann nicht wie von selbst für die Altpflanzen verboten? Vielmehr ist die Lebensregel nach Rabbi Jischmael nötig, die Schriftverse sind nach Rabbi Akiwa nötig.

Aber Rabbi Jochanan sagte: Rabban Gamliel und sein Gelehrtenkolleg haben von der Weisung her diese Anordnung aufgehoben.[474] Was ist der Grund dafür? Er schloß es aus *Schabbat*,[475] vom *Schabbat* der Schöpfung[476] auf das *Schabbat*-Jahr.[477] Denn wie dort nur am Tage selber ein Verbot für die Arbeit besteht, man sie aber vorher und nachher erlaubt, so besteht auch hier ein Verbot für das Pflügen im Jahr selber, vorher und nachher erlaubt man es. Raw Aschi griff ihn an: Wenn einer sagt, daß es sich hier um eine Lebensregel handele, wie kann er dann mit einer Wortanalogie kommen und die Lebensregel entwurzeln? Und wenn einer sagt, daß sich diese Anordnung auf einen Schriftvers gründe, wie kann er dann mit einer Wortanalogie kommen und den Schriftvers entwurzeln?[478] Nein, sagte Raw Aschi, Rabban Gamliel und sein Gelehrtenkolleg urteilten hier wie Rabbi Jischmael, der die Fristverlängerung für eine überlieferte Lebensregel hielt. Aber diese überlieferte Lebensregel war wie die Wasserspende[479] nur in Geltung in der Zeit, in der das Heiligtum bestand, aber nicht mehr seit der Zeit, da das Heiligtum nicht mehr besteht.

Moed katan 3 b/4 a

473 Sie dürfen also bis Neujahr gepflügt werden im Gegensatz zu fruchttragenden Bäumen.

474 Gemeint ist die zusätzliche Fristverlängerung Schammais und Hillels.

475 Gamliel habe einen Analogieschluß gezogen, den er auf verschiedenen Gebrauch des gleichen Wortes »Schabbat« gründete.

476 Dazu 1. Mose *2,2 f.* und die schon angeführte Stelle 2. Mose *34,21;* an beiden Stellen kommt das Wort als Verb (»ruhen«) vor und bezieht sich auf die Ruhe des siebten Tages.

477 3. Mose 25,*2;* hier kommt dasselbe Wort in der Bedeutung Schabbatjahr vor.

478 Mit diesem Einwand hat Raw Aschi die ganze bisherige Diskussion in Frage gestellt und gibt nun selber die richtige Antwort.

479 Dieser zuvor schon erwähnte Zusammenhang wird jetzt für die Argumentation entscheidend.

Über Mischfrucht

Weizen und Taumellolch sind keine Mischfrucht untereinander.[480] Gerste und Hafer oder Spelt und Roggen oder Bohnen und Kichererbsen oder Platterbsen und gemeine Platterbsen oder weiße Bohnen und Langbohnen sind keine Mischfrucht untereinander.

Gurken und Gurkenmelonen sind keine Mischfrucht untereinander. Rabbi Jehuda sagt: Sie sind Mischfrucht. Meerrettich und Hügelmeerrettich oder Endivien und Feldendivien oder Lauch und Feldlauch oder Koriander und Feldkoriander oder Senf und ägyptischer Senf oder ägyptischer und bitterer Kürbis oder ägyptische Bohnen und johannisbrotähnliche Bohnen sind keine Mischfrucht untereinander.

Rüben und Steckrüben oder Kohl und Blumenkohl oder Spinat und Gartenmelde sind keine Mischfrucht untereinander. Rabbi Akiwa fügte hinzu: Knoblauch und wilder Knoblauch oder Zwiebel und wilde Zwiebel oder Lupine und wilde Lupine sind keine Mischfrucht untereinander.

Und bei Bäumen: Birne und Krustumenbirne oder Quitte und Speierling sind keine Mischfrucht untereinander. Apfel und Holzapfel oder Pfirsich und Mandel oder Brustbeere und Artischocke, obwohl sie einander gleichen, sind Mischfrucht untereinander.

Rettich und Steckrübe oder Senf und Ackersenf oder griechischer Kürbis mit ägyptischem oder mit bitterem, obwohl sie einander gleichen, sind Mischfrucht untereinander.

Mischna Kilajim I, 1–5

480 In dieser Mischna handelt es sich um Feldfrüchte, die zu Mehl gemahlen werden können. In dem ganzen Abschnitt wird die Frage der Mischfrucht behandelt, die auf 3. Mose 19,*19* zurückgeht. Danach dürfen auf demselben Feld nicht verschiedenartige Früchte angebaut werden. Zunächst werden Arten aufgeführt, die trotz ihrer Verschiedenheit einander so ähnlich sind, daß sie zusammen angebaut werden dürfen; später werden auch Früchte genannt, die trotz ihrer Ähnlichkeit so verschieden voneinander sind, daß sie nicht zusammen angebaut werden dürfen.

Das weite Gebiet des Zivilrechts

Rabbi Jischmael sagt: Wer weise werden will, der befasse sich mit dem Zivilrecht,[481] denn es gibt innerhalb der Weisung kein Gebiet für dich, das mehr wäre als dieses, denn es ist eine Art sprudelnde Quelle. Brachot 63 b

Nicht: Auge um Auge

Mischna. Wer seinen Nächsten verletzt, kann ihm gegenüber wegen fünferlei verpflichtet werden: Für Wertminderung, für Schmerz, für Kur, für Zeitverlust und Beschämung. Auf welche Weise für Wertminderung? Hat er ihm ein Auge geblendet, eine Hand abgehauen oder einen Fuß zerbrochen, so sieht man den Geschädigten an, als ob er ein Sklave sei, der auf dem Markt verkauft wird, und man schätzt, wieviel er wert war und wieviel er jetzt wert ist. Schmerz: Hat er ihn mit einem Bratspieß oder mit einem Nagel gebrannt, und sei es auch nur auf seinem Fingernagel, also an einer Stelle, an der keine Wunde entsteht, so veranschlagt man, wieviel ein Mensch wie er verlangen würde,[482] wenn er Gleiches zu ertragen hätte. Kur: Hat er ihn geschlagen, so ist er für die Heilungskosten ersatzpflichtig. Sind ihm Geschwüre gewachsen, so ist er ersatzpflichtig, wenn sie wegen des Schlages entstanden sind, aber frei, wenn sie nicht wegen des Schlages entstanden sind. War die Wunde geheilt und ist aufgebrochen, wieder geheilt und aufgebrochen, so ist er für die Heilungskosten ersatzpflichtig; war die nötige Heilung schon ganz erreicht, so ist er für die Heilungskosten nicht ersatzpflichtig. Zeitverlust: Man sieht ihn an, als ob er einer sei, der Gurken bewacht;[483] denn er hat ihm ja den Wert für seine

481 Wörtlich »Geldurteile«, das meint Rechtsstreitigkeiten, die mit Geldwert ausgeglichen werden.

482 Einer, der ebensoviel aushalten kann.

483 Diese Arbeit, die selbst ein Lahmer oder Einarmiger ausüben kann, wird der Berechnung des bloßen Zeitverlustes zugrunde gelegt, da ihm die Differenz des Wertes einer solchen untergeordneten Beschäftigung zu seiner vorigen schon unter »Wertminderung« ersetzt wurde.

Hand oder den Wert für seinen Fuß schon ersetzt. Beschämung: Alles entsprechend dem Stand des Beschämers und des Beschämten.

Gemara. Wie kann das sein?[484] *Auge um Auge*[485] sprach doch der Allbarmherzige. Sollte ich da nicht sagen: Wirklich das Auge? Das komme dir ja nicht in den Sinn; denn es wird gelehrt: Man könnte meinen: Wer ein Auge geblendet hat, dem blendet man ein Auge, wer eine Hand abgehauen hat, dem haut man eine Hand ab, wer einen Fuß zerbrochen hat, dem zerbricht man einen Fuß – so besagt doch der Text:[486] *Wer einen Menschen schlägt* und:[487] *Wer ein Tier erschlägt.* Wie derjenige, *der ein Tier erschlägt,* zu Ersatzleistungen verpflichtet ist, so ist auch derjenige, *der einen Menschen schlägt,* zu Ersatzleistungen verpflichtet. Wenn du aber etwas dagegen sagen wolltest, siehe, so sagt doch die Schrift:[488] *Nehmt kein Lösegeld für das Leben eines Mörders, der schuldig ist zu sterben!* Für das Leben eines Mörders also darfst du kein Lösegeld nehmen, wohl aber sollst du Lösegeld nehmen, sogar für

484 Die Gemara setzt mit der grundsätzlichen Frage ein, warum die Mischna für Verletzungen eines Menschen eine Geldentschädigung festsetzt, wo doch in der Bibel eine körperliche Vergeltung als Strafe bestimmt sei. Dieses sogenannte ius talionis (2. Mose 21,*23 ff.* und 3. Mose 24,*19 f.*) ist ein uralter Rechtssatz, der ursprünglich die Angemessenheit der Bestrafung forderte und damit also die Vergeltung begrenzte: einer, dem ein Auge zerstört wurde, durfte den Täter dafür nicht etwa erschlagen. Schon in der Bibel aber wird nicht mehr mit einer Vergeltung der Schädigung gerechnet, sondern mit einer Ersatzleistung, wie der Zusammenhang der Stelle 2. Mose 21 (Vers *18* – Vers *27*) deutlich zeigt. Vollends in der Rechtsprechung der talmudischen Zeit kam nur Schadenersatz in Frage. Da aber in der zweiten Bibelstelle (3. Mose 24,*19 f.*) der Text noch die alte Erklärung der Vergeltung zuzulassen scheint, sahen sich die Ausleger gezwungen, die entsprechenden Einwendungen, die sich vom ursprünglichen Wortlaut der Bibel her gegen ihre Gerichtspraxis ergaben, in immer neuen Anläufen zu entkräften. Darum geht es in diesem ganzen Abschnitt.

485 2. Mose 21,*24* und 3. Mose 24,*20*.

486 3. Mose 24,*21b*.

487 3. Mose 24,*21a*.

488 4. Mose 35,*31*. Der Mörder ist nicht von der Todesstrafe zu befreien; für alle Arten von Körperverletzung aber gibt es keine Vergeltung, sondern nur Wiedergutmachung. Dies ist der Angelpunkt der ganzen folgenden Diskussion.

die hauptsächlichen Gliedmaßen, die nicht wiederherzustellen sind.

Auf welchen Schriftvers bezieht sich: *Der schlägt*? Man könnte sagen:[489] *Wer ein Tier erschlägt, soll es ersetzen, wer aber einen Menschen erschlägt, soll getötet werden.* Ist dies aber nicht vom Mord geschrieben?[490] Nein, es ist aus diesem Schriftvers zu entnehmen:[491] *Wer ein Tier an seinem Leben schlägt, soll es ersetzen, Leben um Leben.* Nahe dabei steht:[492] *Wenn jemand seinem Nächsten einen Schaden beibringt: wie er getan hat, so soll ihm getan werden.* Dieser Schriftvers erwähnt aber nicht: *Der schlägt.* Es ist aber Schlagen gemeint. Mit Schlagen wollen wir sagen: Wie das Schlagen, das beim Tier gesagt ist, zu Ersatzleistungen verpflichtet, so verpflichtet auch das Schlagen, das beim Menschen gesagt ist, zu Ersatzleistungen. Es steht aber doch geschrieben:[493] *Wenn jemand irgendeinen Menschen an seinem Leben schlägt: getötet, ja getötet soll er werden.* Dies bezieht sich auf Geldentschädigung. Welchen Beweis gibt es dafür, daß sich dies auf Geldentschädigung bezieht? Ich möchte sagen: Es bezieht sich wirklich auf Tötung. Das komme dir ja nicht in den Sinn, einmal, weil es verglichen wird mit[494] *Wer ein Tier erschlägt, soll es ersetzen*, zum andern, weil danach geschrieben steht:[495] *Wie er einem Menschen Schaden beigebracht hat, so*

489 3. Mose 24,*21*.

490 Da der Bibelvers von Mord spricht, im talmudischen Zusammenhang aber nach Körperverletzung gefragt wird, muß ein anderer Vers gemeint sein.

491 3. Mose 24,*18*.

492 3. Mose 24,*19*. Hier stehen wieder das Schlagen von Mensch und Tier beieinander. Die beiden Schwierigkeiten dieses Textes werden in der weiteren Diskussion erörtert: einmal, daß für das Schlagen eines Menschen ein anderer Ausdruck als zuvor gebraucht wird, und daß zum anderen, entgegen dem geltenden Rechtsgrundsatz der Wiedergutmachung, wörtlich genommen von Vergeltung die Rede zu sein scheint.

493 3. Mose 24,*17*. Dieser Einwand wird aber von seiner Fortsetzung in der Bibel her (»Bruch um Bruch, Auge um Auge«) gleichsam als Teiltötung und deren Vergeltung verstanden und wird nun sofort wieder in Frage gestellt.

494 3. Mose 24,*21*.

495 3. Mose 24,*20*. Wahrscheinlich wurden beim auswendigen Zitieren die beiden fast gleichlautenden Verse *18* und *21* miteinander verwechselt.

wird er ihm beigebracht, und vernimm hieraus: Es ist Geldentschädigung gemeint.

Was bedeutet aber:[496] Wenn du aber etwas dagegen sagen willst? Für den Mischnalehrer besteht noch folgende Schwierigkeit: Welchen Gesichtspunkt hattest du dafür, es gerade von *Wer ein Tier erschlägt* zu lernen? lerne es doch aus *Wer einen Menschen erschlägt*.[497] Ich würde sagen: Man folgert für Schädigungen von Schädigungen, aber man folgert nicht für Schädigungen von Tötung. Im Gegenteil: Man folgert für einen Menschen vom Menschen, aber man folgert nicht für einen Menschen vom Tier. Das ist es nämlich, was er lehrt: Wenn du aber etwas dagegen sagen wolltest, siehe, so sagt doch die Schrift:[498] *Nehmt kein Lösegeld für das Leben eines Mörders, der schuldig ist zu sterben, denn getötet, ja getötet soll er werden*. Für das Leben eines Mörders also darfst du kein Lösegeld nehmen, wohl aber sollst du Lösegeld nehmen, sogar für die hauptsächlichen Gliedmaßen, die nicht wiederherzustellen sind. Aber geht denn der Schriftvers *Nehmt kein Lösegeld für das Leben eines Mörders* auf die Ausschließung der hauptsächlichen Gliedmaßen? War er denn nicht deshalb erforderlich, da der Allbarmherzige sagen wollte: Du sollst ihm nicht Zweifaches antun, ihm nicht Geldentschädigung und Todesstrafe verhängen? Dies geht aber schon aus[499] *Entsprechend seinem Frevel* hervor. Für einen Fre-

Auch in diesem Vers wird die Vergeltung durch Analogieschluß als Ersatzleistung gedeutet und damit der zuvor erfragte Beweis geliefert.

496 Diese Frage bezieht sich auf den gleichlautenden Satz fast zu Anfang der Gemara, wo zum erstenmal der Analogieschluß von der Schädigung eines Tieres auf die Schädigung eines Menschen gezogen wurde.

497 Dieser Einwand besagt, daß man für die Verletzung eines Menschen ebensogut von der Tötung eines Menschen her schließen könnte wie von der Verletzung eines Tieres her. Anschließend werden die Möglichkeiten der Auslegung erwogen, wobei es die Frage ist, wie die Schädigung eines Menschen zu beurteilen sei. Als Analogien stehen zwei biblische Rechtssätze zur Verfügung: Schädigung von Tieren und Tötung von Menschen, die jeweils ein Vergleichsglied und ein zu vernachlässigendes Glied haben. Der eine der beiden Gesprächspartner will »Schädigung« vergleichen und »Tier« vernachlässigen, der andere dagegen »Mensch« vergleichen und dabei »Tötung« vernachlässigen.

498 4. Mose 35,*31*.

499 5. Mose 25,*2*.

vel allein kannst du ihn für schuldig erklären, aber nicht kannst du ihn für zwei Frevel für schuldig erklären. War der Schriftvers jetzt nicht doch erforderlich, da der Allbarmherzige sagen wollte: Du sollst nicht Geldentschädigung von ihm nehmen und ihn dann freilassen? Wenn aber das so wäre, dann hätte der Allbarmherzige schreiben können:[500] *Nehmt kein Lösegeld für den, der schuldig ist zu sterben.* Was soll mir noch: *Für das Leben eines Mörders*? Vernimm daraus: Für das Leben eines *Mörders* allein darfst du kein Lösegeld nehmen, wohl aber sollst du Lösegeld nehmen, sogar für die hauptsächlichen Gliedmaßen, die nicht wieder herzustellen sind. Aber da ja geschrieben steht: *Nehmt kein Lösegeld*, was soll mir noch die Analogie von *Der schlägt* und *Der schlägt*?[501] Ich würde sagen: Wenn man von hier folgert,[502] so hätte ich sagen können: Entweder will er sein eigenes Auge dafür geben, oder aber will er den Wert eines Auges dafür geben.[503] Darum läßt er uns vernehmen: Der Analogieschluß vom Tier her ist erforderlich. Wie derjenige, der ein Tier erschlägt, zu Ersatzleistungen verpflichtet ist, so ist auch derjenige, der einen Menschen schlägt, zu Ersatzleistungen verpflichtet.

Es wird gelehrt:[504] Rabbi Dostai, Jehudas Sohn, sagt: *Auge um Auge* bezieht sich auf Geldentschädigung. Du sagst: Es bezieht sich auf Geldentschädigung? Aber vielleicht ist es nicht so, sondern es bezieht sich wirklich auf das Auge? Aber siehe, was willst du sagen, wenn das Auge des einen groß war und das Auge

500 Aus dem Zitat 4. Mose 35,*31* wurde ein Teil weggelassen, der dann gesondert zitiert wird.

501 Dies meint den Analogieschluß vom Tier, das erschlagen wird, auf den Menschen, der geschlagen wird, wodurch anfangs in dieser Diskussion die Wiedergutmachung mit Geld abgeleitet wurde.

502 Von 4. Mose 35,*31* aus.

503 Der Schädiger hätte demnach die Wahl, sich entweder zur Vergeltung das Auge ausstechen zu lassen, oder aber den Wert des Auges dem Verletzten in Geld zu ersetzen. Da es diese Wahl aber nicht wirklich gibt, muß weiter argumentiert werden, daß die Analogie zum Tier, das erschlagen wurde, doch notwendig ist.

504 Nachdem die Diskussion des Problems bisher anonym überliefert wurde, werden nun die Meinungen verschiedener Autoritäten namentlich aufgeführt; von verschiedenen Ausgangspunkten her kommen sie alle (bis auf Rabbi Elieser am Schluß) zum selben Ergebnis.

des andern klein ist? Wie soll ich in diesem Fall das *Auge um Auge* anwenden? Und wenn du sagen wolltest: In einem solchen Fall ist von ihm eine Geldentschädigung zu nehmen, so sagt doch die Weisung:[505] *Ein einziges Recht soll für euch gelten,* das gleiche Recht soll für euch alle gelten. Ich möchte sagen: Was ist hier die Schwierigkeit? Hat jemand einem das Augenlicht genommen, vielleicht sagt da der Allbarmherzige: Das Augenlicht soll diesem genommen werden?[506] Wenn du nämlich nicht so sagen willst, wie können wir einen Kleinen, der einen Großen ermordet hat, oder einen Großen, der einen Kleinen ermordet hat, zum Tod verurteilen, da doch die Weisung sagt: *Ein einziges Recht soll für euch gelten* – das gleiche Recht soll für euch alle gelten? Also: Hat jemand einem das Leben genommen, so sagt der Allbarmherzige: Das Leben soll diesem genommen werden.[507] So auch hier: Hat jemand einem das Augenlicht genommen, so sagt der Allbarmherzige: Das Augenlicht soll diesem genommen werden.

Ein anderes wird gelehrt: Rabbi Schimon, Jochais Sohn, sagt: *Auge um Auge* bezieht sich auf Geldentschädigung. Du sagst: Es bezieht sich auf Geldentschädigung? Aber vielleicht ist es nicht so, sondern es bezieht sich wirklich auf das Auge? Aber siehe, was willst du sagen, wenn da ein Blinder war, der blendete, ein Verstümmelter, der verstümmelte, ein Lahmer, der lähmte? Wie soll ich in diesem Fall das *Auge um Auge* aufrechterhalten, da doch die Weisung sagt: *Ein einziges Recht soll für euch gelten,* das gleiche Recht soll für euch alle gelten? Ich möchte sagen: Was ist hier die Schwierigkeit? Vielleicht ist gemeint: Wo es durchführbar ist, da ist es durchzuführen, wo es aber nicht durchführbar ist, da ist es nicht durchzuführen, und wir lassen ihn frei. Wenn du nämlich nicht so sagen willst, was sollten wir dann mit einem tödlich Verletzten tun, der einen Gesunden ermordet hat? Also: Wo es durchführbar ist, da ist es durchzufüh-

505 3. Mose 24,22.
506 Ohne dabei die Größe des Auges zu berücksichtigen, da es nur um das Sehen selber geht.
507 Ohne Rücksicht auf Gewicht und Größe.

ren, wo es aber nicht durchführbar ist, da ist es nicht durchzuführen, und wir lassen ihn frei.

Im Lehrhause Rabbi Jischmaels wird gelehrt: Der Schriftvers besagt:[508] *So wird er ihm beigebracht,* und »Beibringen« meint nur Geldentschädigung. Nein, dann müßte ja auch mit[509] *Wie er einem Menschen Schaden beigebracht hat* Geldentschädigung gemeint sein. Ich möchte sagen: Im Lehrhause Rabbi Jischmaels wurde dies als ein überflüssiger Schriftvers ausgelegt, da ja schon geschrieben steht:[510] *Wenn jemand seinem Nächsten einen Schaden beibringt: wie er getan hat, so soll ihm getan werden.* Was soll mir dann noch: *So wird er ihm beigebracht*? Vernimm daraus: Das bezieht sich auf Geldentschädigung! Aber was soll mir dann noch: *Wie er einem Menschen Schaden beigebracht hat*? Weil er schreiben wollte:[511] *So wird er ihm beigebracht,* so schrieb er auch: *Wie er einem Menschen Schaden beigebracht hat.*

Im Lehrhause Rabbi Chijas wird gelehrt: Der Schriftvers besagt:[512] *Hand für Hand,* das bezieht sich auf etwas, das von Hand zu Hand gegeben wird. Und was ist es? Geld. Nein, dann müßte dasselbe ja auch mit[513] *Fuß für Fuß* gemeint sein. Ich möchte sagen: Im Lehrhause Rabbi Chijas wurde dies doch als ein überflüssiger Schriftvers ausgelegt, da ja schon geschrieben steht:[514] *Ihr sollt ihm tun, wie er seinem Bruder zu tun gesonnen war.* Wenn dir aber in den Sinn kommen sollte, das sei wirklich gemeint,[515] was soll mir dann noch: *Hand für Hand*? Vernimm daraus: Das bezieht sich auf Geldentschädigung![516]

508 3. Mose 24,*20c*.
509 3. Mose 24,*20b*.
510 3. Mose 24,*19*. Dieses Zitat würde schon vollkommen genügen, wenn wirklich an Vergeltung gedacht worden wäre.
511 3. Mose 24,*20c*. Um durch diese überschießenden Worte klarzustellen, daß sie auf Geldentschädigung anzuwenden sind.
512 5. Mose 19,*21*.
513 5. Mose 19,*21*.
514 5. Mose 19,*19*.
515 Wenn er wirklich an Vergeltung denken würde.
516 Dieser Ausleger hält die Spezifizierung der Vergeltung für unnötig und legt sie deshalb in übertragenem Sinn als das von Hand zu Hand gehende Geld aus.

Aber was soll mir dann noch: *Fuß für Fuß*? Weil geschrieben steht: *Hand für Hand*, so schrieb er auch: *Fuß für Fuß*.

Abbaje sagt: Es ist davon abgeleitet, was im Lehrhause Chiskijas gelehrt wird.[517] Im Lehrhause Chiskijas wird nämlich gelehrt:[518] *Auge um Auge, Leben um Leben*, aber nicht: Leben und Auge um Auge. Wenn dir aber in den Sinn kommen sollte, das sei wirklich gemeint, so könnte es ja zuweilen vorkommen, daß Auge und Leben um ein Auge genommen wird, wenn nämlich seine Seele schiede, während er geblendet wird. Was ist aber hier die Schwierigkeit? Vielleicht ist gemeint, wir sollten ihn abschätzen: Wenn er fähig wäre, es zu ertragen, so würden wir es tun,[519] wenn er aber nicht fähig wäre, es zu ertragen, so würden wir es nicht tun. Und wenn wir ihn abgeschätzt hätten, daß er fähig wäre, es zu ertragen, und wir es an ihm tun würden und dann doch sein Geist dabei schiede, so soll er sterben, wenn er stirbt. Denn haben wir nicht über die Geißelung gelernt: Wenn sie ihn geschätzt hatten und er dennoch unter seiner Hand starb, so ist er frei.[520]

Raw Swid sagte im Namen Rawas: Der Schriftvers besagt:[521] *Wunde um Wunde*. Es ist also außer für die Wertminderung auch für den Schmerz Ersatz zu leisten. Wenn dir aber in den Sinn kommen sollte, dies sei wirklich gemeint,[522] so würde ja ebenso wie jener Schmerz gehabt hatte, auch dieser Schmerz haben.[523] Was ist aber die Schwierigkeit? Vielleicht gibt es einen Menschen, der verweichlicht ist und viel Schmerz empfindet, und einen anderen Menschen, der nicht verweichlicht ist und nicht viel Schmerz empfindet. Was geht daraus hervor? Es ist

517 Es ist immer noch vom Prinzip der Geldentschädigung die Rede.

518 2. Mose 21,*24* und *23*.

519 Wenn er die Blendung aushielte, ohne zu sterben, würde sie vollzogen; dies ist aber nur eine theoretische Erwägung.

520 Wenn der zu Geißelhieben Verurteilte stirbt, obwohl angenommen wurde, daß er die Strafe überstehe, so ist der ausführende Gerichtsdiener frei von Schuld.

521 2. Mose 21,*25*.

522 Wenn er wirklich an Vergeltung denken würde.

523 Aus der Bezahlung von Schmerzensgeld wird geschlossen, daß keine schmerzverursachende Vergeltung stattfinden kann.

der Unterschied zwischen dem einen und dem anderen zu erstatten.[524]

Raw Pappa sagte im Namen Rawas: Der Schriftvers besagt:[525] *Er lasse heilen, ausheilen.* Es ist also außer für die Wertminderung auch für die Kur Ersatz zu leisten. Wenn dir aber in den Sinn kommen sollte, dies sei wirklich gemeint,[526] so würde ja ebenso wie jener ärztliche Hilfe gebraucht hatte, auch dieser ärztliche Hilfe brauchen. Was ist aber die Schwierigkeit? Vielleicht gibt es einen, dessen Fleisch schnell heilt und einen anderen, dessen Fleisch nicht schnell heilt. Was geht daraus hervor? Es ist der Unterschied zwischen dem einen und dem anderen zu erstatten.

Raw Aschi sagte: Dies wird aus *um* abgeleitet, denn *um* kommt ja auch beim Ochsen vor.[527] Hier steht geschrieben:[528] *Auge um Auge*, und dort steht geschrieben:[529] *Er zahle, bezahle einen Ochsen um den Ochsen.* Wie beim letzteren Geldentschädigung gemeint ist, so ist auch beim ersteren Geldentschädigung gemeint. Welchen Gesichtspunkt hast du dafür, dieses *um* mit dem *um* zu vergleichen, das beim Ochsen vorkommt? Wir vergleichen doch dieses *um* mit dem *um*, das beim Menschen vorkommt; es steht nämlich geschrieben:[530] *Du sollst geben: Leben um Leben.* Wie es hier wirklich gemeint ist, so ist es auch dort wirklich gemeint.[531] Ich würde sagen: Man folgert für Schädigungen von Schädigungen, aber man folgert nicht für Schädi-

524 Der Unterschied, der aus den verschiedenen Schmerzempfindungen resultieren würde, ist zu bewerten und ein entsprechender Ersatz zu leisten.

525 2. Mose 21,*19*.

526 Wenn in der Bibel wirklich Vergeltung gemeint wäre, so müßte in diesem Schluß des Verses die gegenseitige Heilung gemeint sein. Dies wird im folgenden Abschnitt wie im vorigen ad absurdum geführt.

527 Das Prinzip der Geldentschädigung wird nun mit einem neuen Analogieschluß begründet. Das »um« bei »Auge um Auge« wird mit dem »um« verglichen, das tatsächlich eine Ersatzleistung meint, nämlich bei der Schädigung von Tieren; dazu die beiden folgenden Bibelstellen.

528 2. Mose 21,*24*.

529 2. Mose 21,*36*.

530 2. Mose 21,*23*.

531 Der Mörder wird ja wirklich hingerichtet; so wäre demnach auch das Auge zu nehmen. Aber dieser Einwand wird widerlegt.

gungen von Tötung. Im Gegenteil: Man folgert für einen Menschen vom Menschen, aber man folgert nicht für einen Menschen vom Tier. Vielmehr sagte Raw Aschi:[532] *Um dessentwillen, daß er sie geschwächt hat;* es wird also Mensch mit Mensch und Schädigung mit Schädigung verglichen.

Es wird gelehrt: Rabbi Elieser sagt: *Auge um Auge* – das ist wirklich gemeint. Ist das wirklich gemeint? Was kommt dir in den Sinn! Sollte sich Rabbi Elieser gegen alle diese Mischnalehrer stellen?[533] Rabba sagte: Das besagt, daß man ihn nicht als Sklaven einschätzen soll.[534] Abbaje sagte zu ihm: Wie soll man diesen sonst einschätzen? Etwa als Freien? Ein Freier hat doch keinen Geldwert. Nein, Raw Aschi sagte:[535] Das besagt, daß man es nicht beim Geschädigten einschätzen soll, sondern beim Schädiger. Bawa kamma 83 b/84 a

Über Fahrlässigkeit

Rabba sagte: Wenn einer einen Stein in seinem Rockbausch liegen hatte, ohne davon zu wissen, dann aufstand, so daß der Stein herunterfiel, so ist er hinsichtlich eines Schadens für die Wertminderung ersatzpflichtig, hinsichtlich der vier anderen Entschädigungen ist er aber ersatzfrei.[536] Hinsichtlich der

532 5. Mose 22,29. Raw Aschi hat hier durch Konkordanzvergleich einen Vers mit dem Stichwort »um« beigebracht, in dem sowohl vom Menschen als auch von der Schädigung gesprochen und in dem Ersatzleistung bestimmt wird. Dieser Vers ist die gegebene Analogie, weil er alle Bedingungen erfüllt und somit erweist, daß mit dem Satz »Auge um Auge« nicht Vergeltung, sondern Wiedergutmachung gemeint ist.

533 Rabbi Elieser hält die wörtliche Auslegung des Bibelverses gegen die ganze Überlieferung aufrecht, während alle bisherigen gleichlautenden Einwände fiktiv waren. Diese Meinung des großen und unbeugsamen Gelehrten wird danach im Gespräch zwischen Rabba und Abbaje, ebenso dann von Raw Aschi im Sinn der Tradition umgedeutet.

534 Wie es in der Mischna zu Anfang dieses Abschnittes festgelegt ist.

535 Nach Raw Aschis Auslegung der Meinung Rabbi Eliesers wird die Entschädigungssumme nach dem Wert des Auges des Schädigers bestimmt, das ja bei einer Vergeltung hätte herausgenommen werden müssen.

536 Bei schuldhafter Verletzung eines Menschen hat der Täter außer der Wertminderung noch Schmerzensgeld, Heilungskosten, Ersatz des Zeitverlustes und Schamgeld zu bezahlen. Bei unverschuldeter Verletzung hat er nur die Wertminderung zu ersetzen.

Schabbatübertretung hat die Weisung nur eine Arbeit verboten, die mit Bedacht getan wurde.[537] Hinsichtlich der Schutzhaftverbannung ist er frei.[538] Hinsichtlich eines Sklaven gibt es eine Meinungsverschiedenheit zwischen Rabban Schimon, Gamliels Sohn, und unseren Meistern. Es wird nämlich gelehrt: Ist etwa sein Meister ein Arzt, und der Sklave sagte zu ihm: Schminke mir mein Auge! und dabei hat jener ihn geblendet, oder: Bohre mir meinen Zahn! und dabei hat jener den Zahn ausgerissen, dann kann er über seinen Herrn lachen, denn er darf jetzt in die Freiheit gehen. Rabban Schimon, Gamliels Sohn, sagt aber:[539] *Indem er es verdirbt,* das besagt: Nur wenn er beabsichtigte, es zu verderben.

Wenn er davon gewußt, den Stein aber vergessen hat, dann aufstand, so daß der Stein herunterfiel, so ist er hinsichtlich eines Schadens für die Wertminderung ersatzpflichtig, hinsichtlich der vier anderen Entschädigungen ist er aber ersatzfrei. Hinsichtlich der Schutzhaftverbannung ist er schuldig, denn der Schriftvers besagt:[540] *Im Irrtum,* daraus folgt, daß er darum wußte, und in diesem Fall hat er darum gewußt. Hinsichtlich der Schabbatübertretung ist er frei. Hinsichtlich eines Sklaven gibt es die Meinungsverschiedenheit zwischen Rabban Schimon, Gamliels Sohn, und unseren Meistern.

Beabsichtigte einer, nur zwei Ellen weit zu werfen, warf aber vier Ellen weit, so ist er hinsichtlich eines Schadens für die Wertminderung ersatzpflichtig, hinsichtlich der vier anderen Entschädigungen ist er aber ersatzfrei. Hinsichtlich der Schabbatübertretung ist eine Arbeit erforderlich, die mit Bedacht ge-

537 Danach hat er in diesem Fall auch am Schabbat kein Verbot übertreten und ist darum frei.

538 Nach 4. Mose 35 findet jemand, der fahrlässig einen anderen Menschen getötet hat, Schutz vor Blutrache innerhalb bestimmter Freistädte. In obigem Fall handelt es sich demnach nicht einmal um fahrlässige Tötung. Darum muß sich der Täter nicht in Schutzhaft begeben.

539 2. Mose 21,*26*. Der biblische Zusammenhang spricht von der Freilassung eines von seinem Herrn beschädigten Sklaven. Während die übrigen Meister dies auch für eine versehentliche Schädigung anwenden, nimmt es Rabban Schimon, Gamliels Sohn, nur für eine beabsichtigte an.

540 4. Mose 35,*11*.

tan wurde.[541] Hinsichtlich der Schutzhaftverbannung sprach der Allbarmherzige:[542] *Hat er ihm aber nicht nachgestellt,* das schließt den Fall aus, daß einer nur zwei Ellen weit zu werfen beabsichtigte, aber vier Ellen weit warf.[543] Hinsichtlich eines Sklaven gibt es die Meinungsverschiedenheit zwischen Rabban Schimon, Gamliels Sohn, und unseren Meistern.

Beabsichtigte einer, nur vier Ellen weit zu werfen, warf aber acht Ellen weit, so ist er hinsichtlich eines Schadens für die Wertminderung ersatzpflichtig, hinsichtlich der vier anderen Entschädigungen ist er aber ersatzfrei. Hinsichtlich der Schabbatübertretung ist er, wenn er sagt: Wo immer es hinfallen mag, da soll es auch liegenbleiben, schuldig, wenn nicht, dann nicht. Hinsichtlich der Schutzhaftverbannung: *Hat er ihm aber nicht nachgestellt,* das schließt den Fall aus, daß einer nur vier Ellen weit zu werfen beabsichtigte, aber acht Ellen weit warf. Hinsichtlich eines Sklaven gibt es die Meinungsverschiedenheit zwischen Rabban Schimon, Gamliels Sohn, und unseren Meistern.

Bawa kamma 26 b

Schädigung auf öffentlichem und privatem Grundstück

Rabbi Jirmeja erfragte von Rabbi Seïra: Ging ein Tier auf öffentlichem Grundstück und schlug aus, so daß etwas wegspritzte und Schaden anrichtete, was ist dann? Sollen wir dies einem Schaden vergleichen, der durch Hornstoß angerichtet wurde[544] und darum den Eigentümer ersatzpflichtig macht? Oder ist es vielleicht eine Abart des Schadens, der durch Huftritt angerichtet wurde und damit den Eigentümer ersatzfrei

541 Da er den Stein absichtlich nur über die erlaubte Entfernung von zwei Ellen werfen wollte, über die verbotene Entfernung von vier Ellen aber versehentlich getroffen hat, so ist er frei.

542 2. Mose 21,*13*.

543 Hier handelt es sich um einen Fall von derart grober Fahrlässigkeit, daß er als Totschlag gewertet wird und also die Flucht in die Freistatt ausschließt.

544 »Hornstoß« und »Huf« sind termini technici für verschiedene Arten der Schädigung und besonders für die Art der Haftbarkeit des Schädigers beziehungsweise des Besitzers. Der Hufschaden auf öffentlichem Gebiet macht nicht ersatzpflichtig.

macht? Er sagte zu ihm: Es leuchtet ein, daß es eine Abart des durch Huftritt angerichteten Schadens ist.

Spritzte ein Tier auf öffentlichem Grundstück, richtete aber auf einem Privatgrundstück Schaden an, was ist dann? Er sagte zu ihm: Gibt es hier etwa kein Wegbewegen, nur ein Daliegen?[545] Rabbi Jirmeja brachte einen Einwand gegen ihn vor: Ging ein Tier auf dem Weg, so daß etwas wegspritzte, sei es nun auf privatem Grundstück oder sei es auf öffentlichem Grundstück, so ist der Eigentümer ersatzpflichtig. Handelt es sich nicht etwa darum, daß etwas auf öffentlichem Grundstück wegspritzte und auch der Schaden auf öffentlichem Grundstück angerichtet wurde? Nein, es spritzte zwar etwas auf öffentlichem Grundstück weg, aber der Schaden muß wohl auf privatem Grundstück angerichtet worden sein. Hast du aber nicht gesagt: Gibt es hier etwa kein Wegbewegen, nur ein Daliegen? Er sagte zu ihm: Ich bin von dieser Ansicht zurückgetreten.

Er brachte einen weiteren Einwand gegen ihn vor: Trat ein Tier auf ein Gerät und zerbrach es, und ein Bruchstück fiel auf ein anderes Gerät, so daß auch dieses zerbrach, dann ist für das erste der vollständige Schaden zu bezahlen und für das letzte der halbe Schaden zu bezahlen. Dazu wird noch gelehrt: Über welchen Fall ist das gesagt? Wenn der Schaden auf dem Grundstück des Geschädigten angerichtet wurde. Ist aber der Schaden auf einem öffentlichen Grundstück angerichtet worden, so ist er für das erste ersatzfrei, für das letzte aber ist er ersatzpflichtig. Handelt es sich nicht etwa darum, daß etwas auf öffentlichem Grundstück wegspritzte und auch der Schaden auf öffentlichem Grundstück angerichtet wurde? Nein, es spritzte zwar etwas auf öffentlichem Grundstück weg, aber der Schaden muß wohl auf privatem Grundstück angerichtet worden sein. Hast du aber nicht gesagt: Gibt es hier etwa kein Wegbewegen, nur ein Daliegen? Er sagte zu ihm: Ich bin von dieser Ansicht zurückgetreten.

545 Das bedeutet, daß Rabbi Seïra die Wirkung nur mit Berücksichtigung der Ursache beurteilen will. Ihm ist also wichtig, daß das Tier auf öffentlichem Grundstück ging und die Ursache des Schadens in dem Gebiet lag, das nicht voll ersatzpflichtig macht; darum ist nach seiner Meinung der Besitzer auch nicht zum Schadenersatz verpflichtet.

Das ist aber nicht so. Rabbi Jochanan hat doch gesagt: Es gibt bei der halben Entschädigung keinen Unterschied zwischen privatem Grundstück und öffentlichem Grundstück.[546] Handelt es sich nicht etwa darum, daß etwas auf öffentlichem Grundstück wegspritzte und auch der Schaden auf öffentlichem Grundstück angerichtet wurde? Nein, es spritzte zwar etwas auf öffentlichem Grundstück weg, aber der Schaden muß wohl auf privatem Grundstück angerichtet worden sein. Hast du aber nicht gesagt: Gibt es hier etwa kein Wegbewegen, nur ein Daliegen? Er sagte zu ihm: Ich bin von dieser Ansicht zurückgetreten. Wenn du aber willst, so sage ich, daß Rabbi Jochanan es von dem Schaden sagte, der durch Hornstoß angerichtet wurde.

Bawa kamma 19 a/19 b

Wann der volle Schaden zu ersetzen ist

Unsere Meister lehrten: Wenn ein Tier[547] einen Ochsen sieht und ihn stößt, wieder einen Ochsen und ihn nicht stößt, wieder einen Ochsen und ihn stößt, wieder einen Ochsen und ihn nicht stößt, wieder einen Ochsen und ihn stößt und wieder einen Ochsen und ihn nicht stößt, so ist es verwarnt[548] als eines, das allander Ochsen stößt.

Unsere Meister lehrten: Wenn ein Tier einen Ochsen sieht und ihn stößt, einen Esel und ihn nicht stößt, ein Pferd und es stößt, ein Kamel und es nicht stößt, ein Maultier und es stößt und einen Wildesel und ihn nicht stößt, so ist es verwarnt als eines, das allander Tier von allen stößt.

Von den Meistern wurde die Frage gestellt: Wenn es einen

546 Indirekte Beschädigung gehört zu den Fällen, die nur zu halber Entschädigung verpflichten.

547 Die entsprechende Mischna behandelt die Frage des stößigen Ochsen nach 2. Mose 21,*28–32* und *35 f.* Diese zu bäuerlichen Arbeiten verwendeten Tiere waren nicht kastriert (nach 3. Mose 22,*24* war dies verboten) und deshalb gefährlich.

548 »Verwarnt« ist terminus technicus, der für ein Tier gebraucht wird, das dreimal nacheinander einen bestimmten Schaden angerichtet hat. Dadurch ist sein Besitzer gewarnt und zum Ersatz des vollen Schadens verpflichtet, während er bei den beiden ersten Malen nur zum Ersatz der Hälfte des Schadens verpflichtet war.

Ochsen stößt, wieder einen Ochsen, dann wieder einen Ochsen, einen Esel und dann ein Kamel, was ist dann? Sollen wir den letzten Ochsen in der Reihe der Ochsen zählen, so daß das Tier auch jetzt noch nur verwarnt ist als eines, das Ochsen stößt, aber noch nicht verwarnt ist als eines, das auch ein anderes Tier stößt? Oder sollen wir vielleicht den letzten Ochsen in der Reihe von Esel und Kamel zählen, so daß das Tier verwarnt ist als eines, das alle Arten von Tieren stößt? Wenn einen Esel, dann ein Kamel, einen Ochsen, wieder einen Ochsen und dann wieder einen Ochsen – was ist dann?[549] Sollen wir den ersten Ochsen in der Reihe von Esel und Kamel zählen, so daß das Tier verwarnt ist als eines, das alle Arten von Tieren stößt? Oder sollen wir ihn vielleicht in der Reihe der Ochsen zählen, so daß das Tier auch jetzt noch nur verwarnt ist als eines, das Ochsen stößt, aber noch nicht verwarnt ist als eines, das andere Arten von Tieren stößt? Wenn an einem Schabbat, wieder an einem Schabbat, dann wieder an einem Schabbat, an einem ersten Wochentag und dann an einem zweiten Wochentag[550] – was ist dann? Sollen wir den letzten Schabbat in der Reihe der Schabbate zählen, so daß das Tier auch jetzt noch nur verwarnt ist als eines, das an Schabbaten stößt,[551] aber noch nicht verwarnt ist als eines, das auch an Werktagen stößt? Oder sollen wir ihn vielleicht in der Reihe des ersten Wochentags und des zweiten Wochentags zählen, so daß das Tier verwarnt ist als eines, das an allen Tagen stößt? Wenn an einem fünften Wochentag, dann am Schabbatvortag, dann an einem Schabbat, an einem Schabbat und wieder an einem Schabbat – was ist dann? Sollen wir den ersten Schabbat in der Reihe des fünften Wochentags und des Schabbatvortages zählen, so daß es verwarnt ist als eines, das an allen Tagen stößt? Oder sollen wir den ersten Schabbat vielleicht in der Reihe der Schabbate zählen, so daß es verwarnt ist als eines, das an Schabbaten stößt? Dies bleibt unentschieden. Bawa kamma 37 a/37 b

549 Die Folge innerhalb der Reihe ist diesmal gegenüber der vorigen Reihe verschieden, aber das Problem, wie der beide Male an dritter Stelle aufgezählte Ochse einzuordnen sei, ist gleichgeblieben.

550 Wenn ein Ochse für den Schabbat als verwarnt gilt, so ist er dadurch noch nicht für die Wochentage verwarnt; ebenso gilt das Umgekehrte.

551 Dieses Tier stößt also nur, wenn es nicht zur Arbeit geführt wird.

Die zerbrochene Bank

Fünf saßen auf einer Bank und zerbrachen sie nicht. Da kam noch einer und setzte sich auch darauf; da zerbrach sie. Der letzte ist ersatzpflichtig.

Raw Pappa sagte: Wenn es sich etwa um einen wie Pappa, Abbas Sohn, handelt.[552] Wie soll man sich das vorstellen? Soll das sagen: Wenn die Bank ohne ihn nicht zerbrochen wäre, so ist es ja klar.[553] Wenn aber die Bank ohne ihn ebenfalls zerbrochen wäre – was hat er denn überhaupt getan? Wie kann aber schließlich die Baraita gerechtfertigt werden? Sie gilt, wenn die Bank ohne ihn nach zwei Stunden zerbrochen wäre, jetzt aber schon nach einer Stunde zerbrochen ist. Dann könnten sie zu ihm sagen:[554] Wenn du nicht gekommen wärst, dann hätten wir noch ein bißchen gesessen und wären dann aufgestanden. Er aber könnte zu ihnen sagen: Wenn ihr nicht mehr mit mir da gesessen hättet, dann wäre die Bank nicht zerbrochen.[555] Die Baraita gilt also in diesem Fall: Während er sich nämlich auf sie stützte, zerbrach die Bank, und so ist es ja klar.[556]

Bawa kamma 10 b

RECHTE UND PFLICHTEN AUS DEM BESITZTUM

Aus dem Nachbarschaftsrecht

Abbaje sagte: Wenn zwei Häuser zu beiden Seiten eines öffentlichen Grundstücks stehen, so errichte der Besitzer des einen Hauses ein Geländer für die Hälfte seines Daches[557] und ebenso

552 Dieser Gelehrte war bekannt für seinen großen Leibesumfang.

553 Nach dieser Meinung ist er eindeutig zum Ersatz verpflichtet.

554 Die fünf könnten so zu dem Dazugekommenen sagen.

555 Also sind sie mit ersatzpflichtig, da sie nicht aufstanden, sondern sich durch ihn aufhalten ließen und so die Entstehung des Schadens mit verursachten.

556 Auch nach dieser Meinung ist der Letzte allein ersatzpflichtig, denn die Kraft, mit der er sich stehend auf die Sitzenden stützte, hat den Schaden verursacht, ohne daß er sagen konnte, die anderen hätten ja aufstehen können, da er sie selber auf die Bank niederdrückte und so festhielt.

557 Dazu 5. Mose 22,8. Ein solches Geländer ist hier als Sichtschutz gedacht.

der Besitzer des anderen für die Hälfte seines Daches – und zwar der eine nicht an der entsprechenden Seite wie der andere[558] – und etwas überstehend. Was hat das mit einem öffentlichen Grundstück zu tun? Gilt nicht dasselbe auch bei einem privaten Grundstück? Bei einem öffentlichen Grundstück ist es notwendiger, dies zu erwähnen; denn, so könntest du sagen: Der andere könnte ja sagen:[559] Schließlich willst du ja dies, um dich vor dem Straßenpublikum zu verbergen.[560] So aber erfahren wir, daß dieser zu ihm sagen kann: Das Publikum kann mich zwar am Tage sehen, in der Nacht aber kann es mich nicht sehen. Du aber kannst mich sowohl am Tag als auch in der Nacht sehen. Oder auch: Das Publikum kann mich zwar sehen, wenn ich stehe, aber wenn ich sitze, kann es mich nicht sehen. Du aber kannst mich sehen, sowohl wenn ich stehe, als auch wenn ich sitze. Das Publikum kann mich nur sehen, wenn es absichtlich hinschaut, es kann mich aber nicht sehen, wenn es nicht absichtlich hinschaut. Du aber kannst mich auch wie von selbst sehen.[561] Bawa batra 6 b

Integrität des Eigentums

Es war einmal ein Mann, der baute eine Mauer vor die Fenster seines Nachbarn. Er sagte zu ihm: Da machst du mir dunkel. Er sagte zu ihm: Ich verbaue dir hier und mache dir Fenster oberhalb meiner Mauer. Er sagte zu ihm: Da beschädigst du meine Wand. Er sagte zu ihm: Ich reiße dir deine Wand bis zur Höhe der Fenster nieder und erbaue sie wieder und mache dir Fenster in dem Neugebauten oberhalb meiner Mauer. Er sagte zu ihm:

558 Wenn ihn etwa der eine an der Nordseite seines Daches baut, so soll ihn der andere an der Südseite seines Daches bauen, damit durch diesen Sichtschutz die Intimsphäre gegenseitig gewahrt bleibe; dem dient auch der etwas über die Mitte geführte Schutz.

559 Der nämlich, der sich weigern will, ebenfalls einen Sichtschutz auf seinem Dach zu erstellen.

560 Was der Nachbar mit einem eigenen Geländer gegen die Sicht des Straßenpublikums unternehme, reiche auch gegen die Sicht seines Gegenübers, der sich deshalb weigert, auch einen Sichtschutz auf seinem Dach zu erstellen.

561 Deshalb kann er seinen auch auf der öffentlichen Straße gegenüber wohnenden Nachbarn zwingen, einen Sichtschutz auf seinem Dach zu errichten.

Eine Mauer, von unten her alt und von oben her neu, hält nicht. Er sagte zu ihm: Ich reiße sie bis zum Grund nieder und erbaue sie wieder und mache dir Fenster darin. Er sagte zu ihm: Eine neue Mauer in einem ganzen, alten Haus hält nicht. Er sagte zu ihm: Ich reiße das ganze Haus nieder und baue dir Fenster in dem neugebauten. Er sagte zu ihm: Ich habe keinen Raum, um darin zu wohnen.[562] Er sagte zu ihm: Ich miete dir einen Raum. Er sagte zu ihm: Ich nehme mir nicht die Mühe. Da sagte Raw Chama: Mit Recht verhindert er dies. Bawa batra 7 a

Bindende Wirkung bedingter Verträge

Raw Huna sagte, Raw habe gesagt: Wenn einer zu seinem Genossen sagt: Das Feld, das ich gerade kaufe, soll von da an, da ich es gekauft habe, dein Erwerb sein, so hat er es erworben.[563] Das Wort Raws ist einleuchtend bei einem unbestimmten Feld, aber bei diesem Feld nicht; denn wer kann sagen, daß er es an ihn verkaufen wird? Raw sagte nämlich seine Entscheidung entsprechend Rabbi Meïr, der sagte:[564] Ein Mensch kann sogar etwas, das überhaupt noch nicht da ist, einem anderen übereignen. Es wird nämlich gelehrt: Wenn einer zu einer Frau sagt: Du sollst mir angeheiligt sein, nachdem ich Proselyt geworden sein werde –, nachdem du Proselytin geworden sein wirst –, nachdem ich freigelassen sein werde –, nachdem du freigelassen sein wirst –, nachdem dein Mann gestorben sein wird –, nachdem dein Schwager dich gelöst haben wird[565] –, nachdem deine Schwester gestorben sein wird,[566] so ist sie nicht angeheiligt.

562 Nämlich in der Zeit, da der Neubau erstellt würde.

563 Ein Zwischenhändler verspricht einem Kauflustigen ein Feld, das er gerade aufkaufen will. Wenn das Versprechen auf irgendein beliebiges Grundstück sich bezieht, das der Händler demnächst erwerben kann, so gilt es als bindend. Die Verpflichtung wird aber in Frage gestellt, sobald es sich um ein bestimmtes Grundstück handelt, da es nicht sicher ist, daß dieses Grundstück gerade verkäuflich ist, denn sonst könnte ja das Geschäft ohne Aufschub getätigt werden.

564 Nach der Lehre von Rabbi Meïr ist auch ein spezielles Versprechen bindend, selbst wenn es in die Zukunft gerückt ist.

565 Zur Schwagerehe und zum Vollzug ihrer Lösung: 5. Mose 25,*5–10*.

566 Wenn er etwa mit ihr verheiratet ist.

Rabbi Meïr sagt: Sie ist angeheiligt. Und bei der Frau ist es hier ähnlich wie bei diesem Feld.[567] Und Rabbi Meïr hat gesagt: Sie ist angeheiligt. Bawa mezia 16 b

Aus dem Erbrecht

Es war einmal einer, der sagte zu ihnen:[568] Mein Besitz gehöre meiner Großmutter, und nach ihr gehöre er meinen Erben. Er hatte eine Tochter, die verheiratet war. Sie entschlief zu Lebzeiten ihres Ehemannes und zu Lebzeiten der Großmutter. Nachdem die Großmutter entschlafen war, kam der Ehemann und forderte. Raw Huna sagte: Meinen Erben,[569] das meint sogar: Den Erben meiner Erben. Raw Anan aber sagte: Meinen Erben, das meint aber nicht: Den Erben meiner Erben.

Von dort schickten sie Botschaft:[570] Die Lebensregel ist gemäß der Raw Anans, aber nicht aus seinem Grund. Die Lebensregel ist gemäß der Raw Anans: Der Ehemann soll nämlich nicht erben. Aber nicht aus seinem Grund: Wenn nämlich Raw Anan meinte, nicht einmal, wenn die Tochter einen Sohn gehabt hätte, hätte dieser erben können, so stimmt das nicht. Denn wenn die Tochter einen Sohn gehabt hätte, so hätte dieser gewiß geerbt. Der Ehemann aber erbt aus dem Grunde nicht, weil es sich hier nur um eine Anwartschaft handelt,[571] und weil ein Ehemann von Anwartschaftlichem nicht wie von tatsächlichem Besitztum erhält. Daraus folgt, daß Raw Huna meinte: Ein Ehemann erhält von Anwartschaftlichem wie von tatsächlichem Besitztum. Bawa batra 125 a/125 b

567 Diese Heiratsbedingungen sind nicht vom Willen der beiden Gesprächspartner, sondern vom Schicksal abhängig, wie der Kauf eines bestimmten Grundstücks vom Willen des ersten Eigentümers abhängig ist, und nicht vom Willen des Maklers und des Interessenten.

568 Er bestimmte vor seinen Testamentsvollstreckern, daß sein Vermögen zuerst von seiner Großmutter und erst nach ihrem Tod von den gesetzlichen Erben, in diesem Fall von seiner Tochter, ererbt werden solle.

569 Im folgenden wird diese Bestimmung des Testamentes verschieden interpretiert.

570 Babylonische Gelehrte hatten von Israelland her eine Entscheidung angefordert.

571 Der Ehefrau war das Erbe zwar in Aussicht gestellt, aber sie starb, ehe es in ihren Besitz kam. Der Mann aber kann nur erben, was seine Frau tatsächlich besessen hat.

Über Fundsachen

Mischna. Bis wann nun ist er verpflichtet, ausrufen zu lassen?[572] Bis seine Nachbarn davon wissen; das sind Worte Rabbi Meïrs. Rabbi Jehuda sagt: An drei Wallfahrtsfesten und nach dem letzten Wallfahrtsfest noch sieben Tage, damit er drei Tage lang heimreisen und drei Tage lang zurückreisen und einen Tag lang ausrufen lassen kann.

Gemara. Es wird gelehrt: Die Nachbarn der Verlustsache. Was bedeutet das: Die Nachbarn der Verlustsache? Sollen wir etwa sagen: Die Nachbarn des Verlierers? Wenn er den Verlierer kennt, dann soll er doch hingehen und es ihm zurückgeben. Nein, das bedeutet: Die Nachbarn des Platzes, an dem die Verlustsache gefunden wurde.

Rabbi Jehuda sagt...[573] Ich will einen Einwand erheben: Vom dritten Marcheschwan ab erbittet man den Regen.[574] Rabban Gamliel sagt: Vom siebten dieses Monats ab. Rabbi Jehoschua sagt:[575] Fünfzehn Tage nach dem Laubhüttenfest, damit auch der Letzte, der als Wallfahrer im Land Israel war, den Euphratfluß erreiche.[576] Raw Joseph sagte: Das ist keine Schwierigkeit: Hier[577] bezieht es sich auf das erste Heiligtum, und hier[578] bezieht es sich auf das zweite Heiligtum. Während des ersten Heiligtums, da Israel sehr groß war – denn es steht von ihnen geschrieben:[579] *Juda und Israel waren viel, wie der*

572 Der Finder eines verlorenen Gegenstandes muß diesen durchs Fundbüro ausrufen lassen.

573 Hier wird an den obigen Mischnasatz Rabbi Jehudas angeknüpft, und zwar mit einer Lehre aus einem anderen Zusammenhang, aus der aber ebenfalls die Dauer der Heimreise der Festpilger hervorgeht.

574 Marcheschwan, der achte Monat des jüdischen Jahres, fällt in den Spätherbst, den Beginn der Regenzeit.

575 In manchen Texten fehlt Rabbi Jehoschuas Name und steht dafür nur »das ist: Fünfzehn Tage...«; diese Aussage ist mit der vorigen von Rabban Gamliel sachlich identisch.

576 Ehe die Regenzeit beginnt. In dieser Lehre wird besonders an den Heimweg der zahlreichen babylonischen Festpilger gedacht, die ihre Heimat nicht in drei Tagen erreichen konnten.

577 In der Gemara.

578 In der Mischna.

579 1. Könige 4,*20*.

Sand, der am Meer ist, an Fülle –, brauchten sie diese ganze Zeit. Während des zweiten Heiligtums, da Israel nicht sehr groß war – denn es steht von ihnen geschrieben:[580] *Die ganze Gemeinde zusammen war zweiundvierzigtausenddreihundertundsechzig* –, brauchten sie nicht diese ganze Zeit. Abbaje sagte zu ihm: Es steht doch geschrieben:[581] *Da wurden ansässig die Priester und die Leviten ... und die Torhüter und die Sänger ... und ganz Israel in ihren Städten.* Da es sich aber so verhält,[582] ist das Gegenteil einleuchtend: Während des ersten Heiligtums, da Israel sehr groß war, tat sich alles zusammen, und Karawanen fanden sich, die bei Tag und bei Nacht reisten, und sie brauchten nicht diese ganze Zeit, da genügten drei Tage. Während des zweiten Heiligtums, da Israel nicht sehr groß war, tat sich nicht alles zusammen, und Karawanen fanden sich nicht, die bei Tag und bei Nacht reisten, und sie brauchten diese ganze Zeit. Rawa sagte: Während des ersten Heiligtums verhielt es sich nicht anders als während des zweiten Heiligtums: Unsere Meister wollten ihn mit einer Verlustsache nicht übermäßig belästigen.[583] Bawa mezia 28 a

Von Handelsbestimmungen

Unsere Meister lehrten: Man exportiert aus dem Land Israel keine Früchte und Güter, die lebenswichtig sind, wie etwa Weine, Öle und Mehle. Rabbi Jehuda, Beteras Sohn, erlaubt es beim Wein, weil dadurch der Leichtsinn vermindert wird. Und wie man aus dem Inland nicht ins Ausland exportiert, so exportiert man aus dem Land Israel auch nicht nach Syrien.[584] Rabbi aber erlaubt es, von Provinz zu Provinz.[585]

580 Esra 2,64 und Nehemia 7,66.
581 Nehemia 7,73 und Esra 2,70. Die Textüberlieferung ist bei den beiden letzten Zitaten in Bibel und Talmud nicht ganz einheitlich.
582 Der Tatbestand ist nach Abbaje so, daß die verhältnismäßig wenigen Rückkehrer aus der babylonischen Gefangenschaft auf das ganze Gebiet des Landes Israel und alle seine früheren Städte verteilt wurden.
583 Ein Finder sollte nicht über einen so langen Zeitraum hin verpflichtet sein, die Fundsache auszurufen.
584 Obwohl das benachbarte Syrien zum Großreich Davids gehört hatte.
585 Von einer Provinz Israels, die an der syrischen Grenze liegt, zu der benachbarten syrischen Provinz.

Unsere Meister lehrten: Man soll im Land Israel an Gütern, die lebenswichtig sind, nicht verdienen,[586] wie etwa an Weinen, Ölen und Mehlen. Sie sagten über Rabbi Elasar, Asarjas Sohn, daß er an Wein und Öl verdiente. Was den Wein betrifft, so dachte er wie Rabbi Jehuda;[587] was das Öl betrifft, so war davon am Ort Rabbi Elasars, Asarjas Sohn, in Fülle vorhanden.[588] Bawa batra 90 b/91 a

Haftung für verwahrtes Gut

Es war einmal ein Mann, dem wurde ein Silberbecher zur Verwahrung übergeben. Als Diebe bei ihm einstiegen, nahm er ihn und übergab ihn diesen. Als er vor Rabba kam,[589] sprach dieser ihn frei. Abbaje sagte zu ihm: Rettete sich dieser nicht selbst mit dem Vermögen seines Nächsten? Nun, so sagte Raw Aschi, wir wollen sehen: wenn es ein wohlhabender Mensch ist, so sind sie wahrscheinlich seinetwegen gekommen, wenn aber nicht, so sind sie wahrscheinlich des Silbers wegen gekommen.[590]

Bawa kamma 117 b

Vom Zins

Man nimmt kein ›eisernes Vieh‹[591] von einem aus Israel, weil das Profit ist; aber man nimmt ›eisernes Vieh‹ von den Sternen-

586 Um den Zwischenhandel auszuschalten, der den Preis steigern würde, müssen die Produzenten lebenswichtige Güter direkt an die Verbraucher verkaufen.

587 Gemeint ist die vorhin zitierte Ansicht des Rabbi Jehuda, Beteras Sohn, der den Weinverbrauch zur Verhütung des Lasters eingeschränkt wissen wollte.

588 Der Ölpreis wurde trotz seines Aufschlages auf Grund des großen Angebots nicht höher.

589 Der Mann wurde dafür zur Rechenschaft gezogen.

590 Im ersten Fall wäre er ersatzpflichtig, weil er sein Eigentum mit fremdem Gut gerettet hätte; im zweiten Fall aber wäre er von der Ersatzleistung frei.

591 Vieh- oder Sachwerte, für die der Pächter dem Eigentümer gegenüber in voller Höhe des geschätzten Geldwertes haftet, so daß er das Risiko bei Schadensfällen oder Preissenkung allein zu tragen hat. – Diese Talmudstelle ist zu heftiger Polemik gegen Juden mißbraucht worden. Es handelt sich hier aber um internationale Handelspraxis, die auf Gegenseitigkeit beruhte.

dienern. Und man leiht von ihnen und verleiht an sie um Profit; das gilt auch für einen Beisassen. Einer aus Israel kann Geld von Sternendienern verleihen mit Wissen der Sternendiener, aber nicht mit Wissen eines aus Israel.[592]

Mischna Bawa mezia V, 6

Für und wider

Wer sein Vermögen durch Zins und Profit mehrt, der sammelt es für den, der sich der Geringen erbarmt.[593] Was meint: *der sich der Geringen erbarmt*? Raw sagte: Zum Beispiel König Schawor.[594] Raw Nachman sagte: Huna sagte zu mir: Dies ist nur nötig wegen des Profits sogar von einem Sternendiener.[595] Rawa wandte gegen Raw Nachman ein: *Einen Fremdgläubigen kannst du bezinsen.*[595a] Was meint: *bezinsen*? Doch wohl Zins nehmen? Nein, Zins geben! Geht es nicht anders?[595b] Nämlich um *deinen Bruder* davon auszuschließen. – Ist denn nicht bezüglich deines Bruders ausdrücklich geschrieben:[595c] *aber deinen Bruder sollst du nicht bezinsen*? Damit dieserhalb ein Gebot und ein Verbot übertreten werde.[595d] Er wandte weiter gegen ihn ein: Man leiht von ihnen und verleiht an sie um Profit; das

592 In diesem Falle darf nur der heidnische Geldleiher selber, nicht aber der Jude das Darlehen weitergeben und dabei verdienen.

593 Sprüche 28,*8*: Gott nimmt es ihm und schenkt es einem Frommen. – Diese Gemara zeigt eine Tendenz, die Zinserlaubnis der obigen Mischna möglichst einzudämmen. Das Zinsgeschäft soll auch mit Fremdgläubigen auf ein unumgängliches Maß beschränkt werden. Von der Erlaubnis für Wucherzinsen kann also keine Rede sein

594 König Schawor I. von Persien (drittes nachchristliches Jahrhundert), der einen sagenhaften Reichtum besaß, zog von Juden Steuern ein und verteilte davon an arme Heiden.

595 Der Bibelvers soll besagen, daß auch ein Vermögen, das durch Bezinsung eines Heiden zustande kam, zugrunde gehe. Man soll also auch von ihnen keinen Zins verlangen.

595a 5. Mose 23,*21a*.

595b Demnach wäre das Zinsgeben an einen Fremdgläubigen nicht nur Erlaubnis, sondern sogar Gebot.

595c 5. Mose 23,*21b*.

595d Die Bibelstelle bringt dasselbe Gebot positiv und negativ.

gilt auch für einen Beisassen.[595e] Raw Chija, Raw Hunas Sohn, sagte: Nur soweit es für seinen Lebensbedarf nötig ist.[595f]

Bawa mezia 70 b/71 a

FINDUNG UND VOLLSTRECKUNG VON URTEILEN

Die Beobachtungsgabe eines Richters

Aus einer Herberge, in der Mar Sutra, der Fromme, war, wurde ein Silberbecher gestohlen.[596] Als er einen Schüler beobachtete, der seine Hände wusch und sie am Gewand seines Gefährten trocknete, sagte er: Dieser ist es, denn er kümmert sich nicht um das Vermögen seines Gefährten. Er wurde gebunden und gestand.

Bawa mezia 24 a

Beweisregel

Rabbi Jose, der Priester, und Rabbi Sacharja, der Sohn des Fleischers, bezeugten über eine Tochter aus Israel: Sie wurde in Aschkalon verpfändet.[597] Daraufhin entfernten sie ihre Familienangehörigen,[598] obwohl ihre Zeugen für sie bezeugten,[599] daß sie sich nicht verborgen habe und daß sie nicht befleckt worden sei. Da sagten die Weisen zu ihnen:[600] Wenn ihr glaubt,

595e Rawa zitiert wieder den Wortlaut der obigen Mischna gegen Raw Nachmans Einschränkungen.

595f Damit ist die Spannung zwischen der Erlaubnis, mit einem Fremdgläubigen Zinsgeschäfte abzuschließen (5. Mose 23,*21a*) und der Verurteilung eines solchen Tuns (Sprüche 28,*8*) ausgeglichen.

596 Nach anderen Handschriften gehörte der Becher Mar Sutra. Kommentatoren halten es aber für unwahrscheinlich, daß dieser als Richter in eigener Sache handelte.

597 Sie wurde von Fremdvölkischen wohl um einer Geldforderung willen zurückbehalten.

598 Es handelt sich um eine priesterliche Familie, die fürchtete, die Tochter könnte vergewaltigt worden sein, wonach sie disqualifiziert gewesen wäre und keinen Priester mehr hätte heiraten können.

599 Die beiden Gelehrten, die auch ihre Verpfändung bezeugten.

600 Zu den Familienangehörigen.

daß sie verpfändet worden ist, so glaubt auch, daß sie sich nicht verborgen hat und daß sie nicht befleckt worden ist. Wenn ihr aber nicht glaubt, daß sie sich nicht verborgen hat und daß sie nicht befleckt worden ist, so sollt ihr auch nicht glauben, daß sie verpfändet worden ist. Ketubbot 26 b/27 a

Beweiswert uninteressierter Erzählung

Als Raw Dimi kam, sagte er, Raw Chana von Kartagene habe erzählt: Es kam ein Fall vor Rabbi Jehoschua, Levis Sohn – andere sagen: Rabbi Jehoschua, Levis Sohn, habe erzählt: Es kam ein Fall vor Rabbi. Es handelte sich um einen Menschen, der ganz harmlos plauderte und sagte: Ich und meine Mutter waren bei denen aus den Völkern gefangen.[601] Wenn ich ging, um Wasser zu schöpfen, achtete ich auf meine Mutter; – um Holz zu sammeln, achtete ich auf meine Mutter. Und auf Grund seiner Aussage ließ sie Rabbi in die Priesterschaft einheiraten.[602]

Ketubbot 27 b

Selbstzeugnis und Fremdzeugnis

Mischna. Wenn zwei Frauen gefangen waren und eine sagt: Ich war gefangen, und ich bin unberührt, und die andere sagt: Ich war gefangen, und ich bin unberührt, so sind sie nicht beglaubigt.[603] Wenn sie aber eine für die andere zeugen, siehe, so sind sie beglaubigt.

Gemara. Unsere Meister lehrten:[604] Ich bin befleckt, und meine Gefährtin ist unberührt, so ist sie beglaubigt. Ich bin unberührt, und meine Gefährtin ist befleckt, so ist sie nicht beglaubigt. Ich und meine Gefährtin sind befleckt, so ist sie für sich selber beglaubigt, und für ihre Gefährtin ist sie nicht beglaubigt.

601 In zensierten Texten heißt es: »bei Sternendienern gefangen«.

602 Diese glaubwürdige, weil unbeabsichtigte Zeugenaussage des Sohnes dieser Witwe war wichtig, weil es einem Priester verboten ist, eine vergewaltigte Frau zu heiraten.

603 Es handelt sich hier nicht um einen Zweifel an ihrer Ehrlichkeit, sondern grundsätzlich wird ein Zeugnis, das ein Mensch über sich selbst abgibt, nicht anerkannt.

604 Für jeden der folgenden Sätze ist etwa zu ergänzen: Wenn eine Frau, die gefangen war, sagt: . . .

Ich und meine Gefährtin sind unberührt, so ist sie für ihre Gefährtin beglaubigt, und für sich selber ist sie nicht beglaubigt.

Ketubbot 23 b

Vermahnung als gerichtliche Vorstufe

Unsere Meister lehrten:[605] *Hasse nicht deinen Bruder in deinem Herzen!* Man könnte meinen, man soll ihn lediglich nicht schlagen, ihn nicht ohrfeigen, ihm nicht fluchen, so besagt doch der Text: *in deinem Herzen.* Von einem Haß, der im Herzen ist, spricht die Schrift. Woher haben wir, daß derjenige, der an seinem Gefährten etwas Häßliches sieht, verpflichtet ist, ihn zu vermahnen? Weil es heißt:[606] *Mahne, vermahne!* Wenn er ihn vermahnte, dieser es aber nicht annahm, woher haben wir, daß er ihn wiederholt vermahnen soll? Der Text besagt: *Mahne, vermahne,* allerdings![607] Man könnte meinen, sogar wenn sich sein Gesicht verändert, so besagt doch der Text:[608] *Aber trage seinethalben nicht Verfehlung!*

Es wird gelehrt: Rabbi Tarphon sagte: Ich würde mich wundern, wenn es in diesem Zeitalter einen gäbe, der eine Vermahnung annähme, denn wenn einer zu ihm sagt: Ziehe den Splitter aus deinem Auge, so sagt dieser zu ihm: Ziehe den Balken aus deinem Auge!

Rabbi Elasar, Asarjas Sohn, sagte: Ich würde mich wundern, wenn es in diesem Zeitalter einen gäbe, der sich aufs Vermahnen verstünde. Und Rabbi Jochanan, Nuris Sohn, sagte: Ich rufe Himmel und Erde als Zeugen an, daß Akiwa viele Male deshalb durch mich Schläge empfing, weil ich vor Rabban Schimon, Rabbis Sohn,[609] über ihn klagte. Aber um so mehr liebte er mich, damit erfüllt werde, was verheißen ist:[610] *Vermahne den*

605 3. Mose 19,*17a*.

606 3. Mose 19,*17b*.

607 Die Wiederholung der Verbform im Bibeltext wird als Gebot zur Wiederholung der Mahnung verstanden.

608 3. Mose 19,*17c*. Die Beschämung des Nächsten in der Öffentlichkeit gilt im Talmud als streng verboten; dazu etwa Bawa mezia 59a, Seite 509.

609 Die Überlieferung dieses Namens ist unsicher, da sich Schwierigkeiten der historischen Einordnung ergeben; eine Variante bringt hier: »Rabban Gamliel, Beribbi«.

610 Sprüche 9,*8*.

Spötter nicht, sonst wird er dich hassen, vermahne den Weisen, und er wird dich lieben! Arachin 16 b

Einer haftet für den andern

Raw und Rabbi Chanina, Rabbi Jochanan und Raw Chawiwa lehrten – in der ganzen Ordnung von den Festen,[611] immer, wenn dieses Paar vorkommt, bringt man Rabbi Jonatan anstatt Rabbi Jochanan –: Jeder, dem es möglich ist, den Menschen seines Hauses zu wehren, aber nicht wehrt, der haftet für die Menschen seines Hauses; – bei den Menschen seiner Stadt, der haftet für die Menschen seiner Stadt; – bei der gesamten Welt, der haftet für die gesamte Welt.

Raw Pappa sagte: Siehe, die vom Hause des Oberhaupts der Zerstreuung, die haften für die ganze Welt. Denn das ist es, was Rabbi Chanina sagte: Was bedeutet es, daß geschrieben steht:[612] *Der Herr geht ins Gericht mit den Ältesten seines Volkes und seinen Fürsten*? Wenn auch die Fürsten sich verfehlten – wie haben sich die Ältesten verfehlt? Sage lieber: Gegen die Ältesten, weil sie bei den Fürsten nicht wehrten.

Schabbat 54 b/55 a

Der hohe Preis des Friedenstiftens

Es war einmal einer, der sagte zu seiner Frau: Verbot![613] daß du von mir etwas nutzest, bis du Rabbi Jehuda und Rabbi Schimon von deiner gekochten Speise kosten ließest. Rabbi Jehuda kostete. Er sagte: Das Leichtere folgt hier aus dem Schwereren: Wenn schon die Weisung gesagt hat: Mein Name, der in Heiligkeit geschrieben war, darf im Zweifelsfall in den *fluchbringenden Wassern* ausgelöscht werden,[614] um dadurch Frieden zu stiften zwischen einem Mann und seiner Frau – um wieviel mehr gilt das für mich.[615] Rabbi Schimon aber kostete nicht. Er

611 Das ist die zweite der sechs Ordnungen in der Mischna.

612 Jesaja 3,*14*.

613 Im Text steht hier die veränderte Form des Wortes für Opfer, Weihung. Mit ihm werden Gelübde eingeleitet, die eine Enthaltsamkeit, also ein Verbot bewirken sollen.

614 Dazu 4. Mose 5,*23 f*.

615 Um Frieden zwischen Ehegatten zu stiften, muß auch er zu solcher Erniedrigung bereit sein.

sagte: Und wenn gleich alle Kinder der Witwe sterben[616] – Schimon wird nicht von seinem Standpunkt weichen, damit es ja nicht zur Gewohnheit werde, Gelübde abzulegen.

Nedarim 66 b

Straffreiheit bei Selbstanzeige

Der da sagt: Ich habe die Tochter des Soundso verführt, bezahlt für die Scham und die Minderung auf Grund seiner Selbstanzeige, aber Strafe bezahlt er nicht.[617] Der da sagt: Ich habe gestohlen, bezahlt den Grundwert auf Grund seiner Selbstanzeige, bezahlt aber nicht doppelten Ersatz und nicht vier- und fünffachen Ersatz.[618]

– Mein Ochse hat den Soundso oder den Ochsen des Soundso getötet: Siehe, dieser bezahlt auf Grund seiner Selbstanzeige.[619]

– Mein Ochse hat den Sklaven des Soundso getötet: der bezahlt auf Grund seiner Selbstanzeige nichts.[620]

Dies ist die Regel: Jeder, der eigentlich mehr als das Beschädigte bezahlen müßte, bezahlt dies auf Grund seiner Selbstanzeige nicht.

Mischna Ketubbot III, 9

Haftung der Urteilsvollstrecker

Rawa wandte ein: Hat er ihm einen einzigen Geißelhieb zuviel gegeben,[621] so daß er daran stirbt, siehe, so wird dieser deshalb

616 Dann müßte also zuerst ihr Mann sterben. Dies ist eine starke Beteuerungsformel Rabbi Schimons, mit der er allem leichtfertigen Ablegen von Gelübden wehren will. – In diesem Abschnitt geht es um die Abwägung verschiedenen Rechtsgutes: Rabbi Jehuda hält die Wiederherstellung des Friedens für das wichtigste, Rabbi Schimon dagegen die Würde des Gelübdes.

617 Bei einer Selbstanzeige muß der Preis, der 2. Mose 22,*16* genannt ist, nicht bezahlt werden, da er als Strafe empfunden wurde.

618 Dazu 2. Mose 21,*37* (22,*1*) und 2. Mose 22,*3* (*4*), *6* (*7*).

619 Wie in den bisherigen Fällen hat er den bloßen Schaden zu ersetzen. Dazu 2. Mose 21, *28–31* und *35 f.*

620 Die dreißig Schekel, die 2. Mose 21,*32* für die Tötung eines Sklaven festgesetzt sind, werden als Strafe empfunden und entfallen darum bei Selbstanzeige.

621 Hier wird der Fall erwogen, daß ein Gerichtsdiener einem zu Schlägen verurteilten Mann einen Geißelhieb mehr gegeben hat, als das Urteil forderte.

verbannt. Kommt denn dieses Versehen hier nicht dem Mutwillen nahe? Es hätte ihm doch in den Sinn kommen sollen, daß Menschen an einem einzigen Hieb sterben können. Warum wird dann gelehrt: Siehe, dieser wird verbannt? Raw Schimi aus Nehardea sagte: Er hat sich nämlich beim Zählen geirrt. Da trat ihn Rawa auf die Sandale und sagte zu ihm: Hat denn etwa dieser zu zählen? Es wird doch gelehrt: Der Oberste der Richter liest den Schriftabschnitt,[622] und der zweite zählt, und der dritte sagt jedesmal: Schlag ihn! Nein, sagte Raw Schimi aus Nehardea, der Richter selbst hat sich nämlich geirrt.[623]

Bawa kamma 32 b

Vom Bann

Ein Feuerkopf von unseren Meistern war in schlechten Ruf gekommen. Raw Jehuda sagte: Was ist da zu machen? Ihn zu bannen geht nicht, denn unsere Meister brauchen ihn. Ihn nicht zu bannen geht nicht, denn dadurch würde der Name des Himmels entweiht. Er sagte zu Rabba, Chanas Sohnessohn: Hast du etwas darüber gehört? Er sagte zu ihm: So hat Rabbi Jochanan gesagt: Was bedeutet es, daß geschrieben steht:[624] *Denn Priesters Lippen sollen Erkenntnis wahren, und sie sollen Weisung erfragen aus seinem Munde, denn ein Bote des Herrn der Heere ist er*? Wenn der Meister einem Boten des Herrn gleicht, so sollen sie Weisung erfragen aus seinem Munde, wenn aber nicht, so sollen sie keine Weisung erfragen aus seinem Munde. Da bannte ihn Raw Jehuda.

Schließlich erkrankte Raw Jehuda. Da kamen die Meister, um sich nach ihm zu erkundigen, und mit ihnen kam auch der Gebannte. Als Raw Jehuda ihn sah, lächelte er. Da sagte er zu ihm: Genügt es dir nicht, daß du diesen Mann gebannt hast,[625] vielmehr lachst du auch, lachst über mich? Er sagte zu ihm: Nicht über dich lache ich, vielmehr wenn ich nämlich in jene

622 Während der Bestrafung wird ein Wort von Gottes Zorn und Gnade verlesen: 5. Mose 28,*58 ff.* und Psalm 78,*38*.
623 Demnach muß der zweite Richter selber in die Verbannung.
624 Maleachi 2,7.
625 So redete der Gebannte von sich selber.

Welt gehe, ist mein Sinn froh, weil ich sogar einem solchen Mann wie dir nicht geschmeichelt habe. Als Raw Jehudas Seele zur Ruhe ging, sagten unsere Meister zu ihm:[626] Wir haben hier keinen Mann, der so bedeutend ist wie Raw Jehuda, daß er dich löse. Gehe doch aber zu Rabbi Jehuda, dem Fürsten, daß er dich löse! Da ging er zu ihm. Dieser sagte zu Rabbi Ammi: Gehe daran und untersuche seinen Fall! Wenn du es für wünschenswert findest, ihn zu lösen, so löse ihn! Da untersuchte Rabbi Ammi seinen Fall und gedachte, ihn zu lösen. Da stellte sich Rabbi Schmuel, Nachmanis Sohn, auf seine Füße und sagte: Wenn die Weisen schon mit dem Bann der Magd aus dem Hause Rabbis während dreier Jahre nicht leichtfertig umgingen, um wieviel weniger mit dem unseres Kollegen Jehuda. Da sagte Rabbi Seïra: Wie kommt es denn, daß dieser Älteste[627] gerade jetzt in das Lehrhaus gekommen ist, wo er doch schon manche Jahre nicht gekommen ist? Folgere daraus, daß es nicht wünschenswert ist, ihn zu lösen. Der Gebannte ging hinaus. Als er weinend fortging, kam eine Biene und stach ihn in sein Glied, worauf er entschlief. Sie brachten ihn zur Grabhöhle der Frommen, und sie nahmen ihn nicht an. Sie brachten ihn zur Grabhöhle der Richter, und sie nahmen ihn an. Was war der Grund?[628] Weil er entsprechend Rabbi Ilai tat. Es wird nämlich gelehrt: Rabbi Ilai sagt: Wenn ein Mensch sieht, daß ihn seine Leidenschaft überwindet, so gehe er an einen Ort, wo er unbekannt ist, kleide sich schwarz, umhülle sich schwarz und tue, was sein Herz begehrt,[629] aber er entweihe nicht öffentlich den Namen des Himmels.

626 Zu dem Gebannten. Im Text der Wilna-Ausgabe wurde der hier fehlende Zusammenhang ergänzt: »Da kam der Mann in das Lehrhaus und sagte: Löst mich!«

627 Gemeint ist Rabbi Schmuel, Nachmanis Sohn. Im Auftreten dieses Gelehrtengreises sahen die Meister einen Wink, seinem bewährten Rat zu folgen.

628 Warum wurde er in die Gräber der Richter aufgenommen, obwohl er gebannt war und Böse nicht neben Guten begraben wurden?

629 Die Tosaphisten erklären dazu, hier werde nicht der Zügellosigkeit freier Lauf gelassen; im Gegenteil. Sie sind so gewiß, diese Übung treibe den Leidenschaftlichen in die Umkehr, daß sie ihm geradezu angeraten werden kann.

Wie verhielt es sich denn mit der Magd aus dem Hause Rabbis? Sie war eine der Sklavinnen des Hauses Rabbi. Als sie einen Mann sah, der seinen erwachsenen Sohn schlug, sagte sie: Möge dieser Mann im Bann sein, denn er übertrat das Wort:[630] *Vor einen Blinden sollst du keinen Fallstrick legen.* Es wird nämlich gelehrt: Der Schriftvers *Vor einen Blinden sollst du keinen Fallstrick legen* spricht von dem,[631] der seinen erwachsenen Sohn schlägt.

Moed katan 17 a

Vier Arten der Todesstrafe

Vier Todesarten sind dem Gerichtshof übergeben: Steinigung, Verbrennung, Enthauptung und Erdrosselung. Rabbi Schimon sagt:[632] Verbrennung, Steinigung, Erdrosselung und Enthauptung.

Mischna Sanhedrin VII, 1

Für und wider die Todesstrafe

Ein Synedrium, das einmal in sieben Jahren hinrichtet, wird ein verderbenbringendes genannt. Rabbi Elieser, Asarjas Sohn, sagt: Einmal in siebzig Jahren. Rabbi Tarphon und Rabbi Akiwa sagen: Wenn wir im Synedrium wären, so würde niemals ein Mensch hingerichtet. Rabban Schimon, Gamliels Sohn, sagt: Sie würden auch die Blutvergießer in Israel mehren.

Mischna Makkot I, 10

Gott straft selber

Es wird gelehrt: Rabbi Schimon, Schetachs Sohn, sagte: Möge ich keinen Trost sehen,[633] wenn ich nicht einen gesehen habe,

630 3. Mose 19,*14*.

631 Das Gebot wird hier ganz allgemein und in übertragenem Sinne verstanden: In seiner Blindheit und Unreife könnte der Sohn gegen seinen Vater zurückschlagen.

632 Die verschiedene Reihenfolge ist dadurch bestimmt, wie schwer jeweils die einzelnen Strafen empfunden wurden. Die schwerste ist zuerst, die leichteste zuletzt aufgezählt.

633 Dies ist eine gebräuchliche jüdische Schwurformel; dazu auch Römer 9,*3*.

der hinter seinem Gefährten her in eine Ruine lief; ich lief hinter ihm her und sah ein Schwert in seiner Hand, von dem Blut tropfte, und einen Erschlagenen in Zuckungen. Da sagte ich zu ihm: Frevler, wer hat den da erschlagen, ich oder du? Aber was kann ich machen, da dein Blut meiner Hand nicht ausgeliefert ist? Denn siehe, die Weisung spricht:[634] *Auf die Aussage von zwei Zeugen hin . . . sterbe, der sterben muß*. Der die Gedanken kennt, wird es von jenem Mann einfordern, der seinen Gefährten erschlagen hat. Es wird erzählt: Ehe sie von dort gewichen waren, kam eine Schlange und biß jenen, so daß er starb.

Aber sollte er denn ein Raub der Schlange werden? Raw Joseph sagte doch, und ebenso wurde auch im Lehrhaus Chiskijas gelehrt: Seit dem Tage, da das Heiligtum zerstört wurde – obgleich das Synedrium aufgehört hat –, hörten doch die vier Todesarten nicht auf.[635] Sie hörten nicht auf? Sie hörten doch auf! Ja, aber das Recht von den vier Todesarten hörte nicht auf: Wer der Steinigung für schuldig befunden wird, der fällt entweder vom Dach oder ein wildes Tier zertrampelt ihn. Wer der Verbrennung für schuldig befunden wird, der fällt entweder in einen Brand oder eine Schlange beißt ihn.[636] Wer der Enthauptung für schuldig befunden wird, der wird entweder der Regierung übergeben oder Räuber kommen über ihn. Wer der Erdrosselung für schuldig befunden wird, der ertrinkt entweder in einem Fluß oder er stirbt an Diphtherie. Ich will dir sagen: Jener hatte noch eine andere Verfehlung begangen, denn der Meister sagte: Wer durch den Gerichtshof zweier Todesarten für schuldig befunden wird, der wird zur schwereren verurteilt.

Sanhedrin 37 b

634 5. Mose 17,6. Das Zitat geht weiter: »Nicht soll er auf die Aussage eines einzigen Zeugen hin sterben.«

635 Bis um die Zeit vor der Zerstörung des zweiten Tempels (im Jahr 70) konnte der Oberste Gerichtshof wohl Todesstrafen verhängen (dazu Mischna Sanhedrin VII, 1, Seite 363). Aber seit dieser Zeit vergilt Gott selber den Frevlern entsprechend ihren Taten.

636 An diesem Satz entstand das Problem, weil die Erzählung berichtet, daß der Mörder von einer Schlange gebissen wurde; Mörder werden aber der Strafe der Enthauptung für schuldig befunden.

DIE SPRÜCHE DER VÄTER

Die Anfänge der Überlieferung

Mose empfing die Weisung vom Sinai und überlieferte sie Josua und Josua den Ältesten und die Ältesten den Propheten, und die Propheten überlieferten sie den Männern der Großen Versammlung.[637] Diese sagten drei Worte: Seid vorsichtig beim Richten! und: Stellet viele Schüler auf! und: Machet einen Zaun für die Weisung!

Schimon, der Bewährte, war einer vom Überrest der Großen Versammlung.[638] Er sagte: Auf drei Dingen steht die Welt: Auf der Weisung, auf dem Dienst und auf Liebeserweisen.

Antigonos von Socho empfing von Schimon, dem Bewährten. Er sagte: Seid nicht wie Knechte, die dem Meister dienen mit der Bedingung, Lohn zu empfangen, sondern seid wie Knechte, die dem Meister dienen ohne die Bedingung, Lohn zu empfangen, und die Furcht des Himmels sei auf euch!

Jose, Joesers Sohn, von Zreda und Jose, Jochanans Sohn, von Jerusalem empfingen von ihnen.[639] Jose, Joesers Sohn, von Zreda sagt: Dein Haus sei ein Haus der Begegnung für die Weisen: bedecke dich mit dem Staub ihrer Füße und trinke mit Durst ihre Worte! Jose, Jochanans Sohn, von Jerusalem sagt: Dein Haus sei weit geöffnet und Arme seien deine Hausgenossen! und: Mache nicht zu viel Geschwätz mit der Frau![640] Von der eigenen Frau, sagten sie, gilt das schon, um wieviel mehr

637 In der Zeit nach dem babylonischen Exil herrschten anstelle der Könige die Priester aus zadokidischem Geschlecht, deren Bestreben es war, eine Theokratie aufzurichten. Die Entwicklung und Überlieferung des Rechtes, auch die Wahrnehmung der obersten gerichtlichen Funktionen, waren nach der Tradition die Aufgaben einer Körperschaft, die mit dem Namen »Große Versammlung« bezeichnet wurde.

638 Schimon, der Bewährte, ist wohl identisch mit dem Hochpriester Schimon I. (300–270). Dienst bedeutet hier: Tempel- und Synagogengottesdienst.

639 Auf die »Große Versammlung« folgt die Periode der sogenannten Paare, die von der Zeit der Makkabäerkämpfe bis in die Zeit von Herodes dem Großen reicht. Nach der Tradition war jeweils der zuerst Genannte der Fürst, der an zweiter Stelle Genannte der Vorsitzende des Gerichts.

640 Die beiden folgenden Sätze sind späterer Zusatz, die das Wort von Jose, Jochanans Sohn, verdeutlichen sollen.

von der Frau des Gefährten. Von daher sagten die Weisen: Jeder, der zu viel Geschwätz macht mit der Frau, bewirkt Böses für sich selber, läßt ab von den Worten der Weisung und ererbt schließlich die Hölle.

Jehoschua, Perachjas Sohn, und Nittai, der Arbelit, empfingen von ihnen. Jehoschua, Perachjas Sohn, sagt: Verschaffe dir einen Meister und erwirb dir einen Gefährten! und: Beurteile alle Menschen nach der vorteilhaftesten Seite! Nittai, der Arbelit, sagt: Bleibe fern von einem bösen Nachbarn, und geselle dich nicht zu einem Frevler! und: Verzweifle nicht an der ausgleichenden Gerechtigkeit!

Jehuda, Tabbais Sohn, und Schimon, Schetachs Sohn, empfingen von ihnen. Jehuda, Tabbais Sohn, sagt: Mache dich nicht den Rechtsbeiständen gleich![641] und: Wenn die Prozeßgegner vor dir stehen, so seien sie in deinen Augen wie Schuldige, und wenn sie von dir verabschiedet sind, so seien sie in deinen Augen wie Unschuldige, sobald sie das Urteil über sich angenommen haben. Schimon, Schetachs Sohn, sagt: Wende viel daran, die Zeugen auszuforschen, und sei vorsichtig mit deinen Worten, vielleicht würden sie sonst daraus zu lügen lernen.

Schmaja und Awtaljon empfingen von ihnen. Schmaja sagt: Liebe die Arbeit und hasse die Ämterstreberei und mache dich nicht bekannt bei der Obrigkeit! Awtaljon sagt: Ihr Weisen, seid vorsichtig mit euren Worten, sonst könntet ihr euch der Schuld zur Verbannung schuldig machen und verbannt werden an einen Ort schlechten Wassers,[642] und die Schüler, die euch nachkommen, könnten trinken und sterben, dann fände sich der Name des Himmels entweiht.

Hillel und Schammai empfingen von ihnen. Hillel sagt: Sei von den Schülern Aarons, Frieden liebend und Frieden erstrebend, die Geschöpfe liebend und sie der Weisung näherbringend. Er sagt: seinen Namen voranstellen, das ist: seinen Namen verlieren. Wer nicht zunimmt, der nimmt ab. Wer nicht lernen will, der sollte eigentlich sterben. Wer die Krone mißbraucht,[643]

641 Sachwalter sind gemeint, die versuchen, die Richter zu beeinflussen und dadurch ein unparteiisches Urteil zu verhindern.

642 »Schlechtes Wasser« ist ein Bildwort für falschen Glauben.

643 Wer Worte der Weisung, besonders den Gottesnamen, magisch gebraucht.

der schwindet hin. Er sagte: Wenn ich nicht für mich bin, wer ist dann für mich? Solang ich aber nur für mich selber bin, was bin ich? und: Wenn nicht jetzt, wann sonst? Schammai sagt: Mache dein Weisunglernen zu einer Regel. Rede wenig und tue viel. Empfange alle Menschen mit freundlich heiterem Gesicht.

Mischna Awot I, 1 – I, 15

Sprüche von Hillels späteren Nachfahren und von ihm selber

Rabban Gamliel sagt:[644] Verschaffe dir einen Meister, erhebe dich so aus dem Zweifel und verzehnte nicht zu oft nach bloßer Schätzung.

Schimon, sein Sohn, sagt: Alle meine Tage bin ich unter den Weisen aufgewachsen, und ich habe nichts Besseres für eine Person gefunden als Schweigen; und: Nicht das Forschen ist die Hauptsache, sondern das Tun; und: Jeder, der viele Worte macht, bringt Verfehlung bei. Rabban Schimon, Gamliels Sohn,[645] sagt auch: Auf drei Dingen besteht die Welt: Auf dem Recht, auf der Treue und auf dem Frieden, denn es heißt:[646] *Treue und Friedens-Recht richtet in euren Toren!*

Rabbi sagt:[647] Welches ist der gerade Weg, den ein Mensch für sich erwählen soll? All das, was ein Ruhm ist für den, der es tut, und ihm Ruhm bringt von den Menschen. Und: Sei vorsichtig bei einem leichten Gebot wie bei einem schweren, da du nicht weißt, welch ein Lohn für die Gebotserfüllung geschenkt wird. Und: Berechne den Verlust durch das Gebot gegenüber dem Gewinn dafür und den Gewinn durch die Übertretung gegenüber dem Verlust dafür. Und: Achte auf drei Dinge, dann wirst du nicht zu einer Übertretung kommen: Wisse, was über

644 Rabban Gamliel II. war Schulhaupt zu Jawne nach Rabban Jochanan, Sakkais Sohn (etwa von 80 bis 100). Von den Gliedern zwischen Hillel und Gamliel II. (Gamliel I. ist Apostelgeschichte 5,*34* erwähnt) wird später berichtet (Seite 369 ff.).

645 Schimon, hier mit dem Titel Rabban, »unser Meister«, eingeführt, ist identisch mit dem eben schon Genannten.

646 Sacharja 8,*16*.

647 Rabbi Jehuda I., der Fürst, der Sohn von Rabban Schimon, Gamliels Sohn, lebte etwa von 136 bis 217.

dir ist: ein sehendes Auge und ein hörendes Ohr und alle deine Taten, in das Buch geschrieben.

Rabban Gamliel, Sohn Rabbi Jehudas, des Fürsten, sagt: Schön ist das Studieren der Weisung und dabei einem Beruf nachgehen, denn die Bemühung um diese beiden läßt Verschuldung vergessen. Aber alles Weisunglernen ohne Handarbeit wird schließlich zunichte und zieht Verschuldung nach sich. Alle, die sich im Dienst der Gemeinde plagen, sollen sich ihretwegen um des Himmels willen plagen, denn ihren Vätern zulieb wird ihnen geholfen; deren Bewährung besteht für immer, und für euch will Ich reichen Lohn gelten lassen, so als ob ihr es getan hättet. Und: Seid vorsichtig mit der Obrigkeit, denn sie kommt Menschen nur aus Eigennutz nahe: sie erscheint freundlich zur Stunde ihres Vorteils, aber sie steht nicht zu Menschen in der Stunde ihrer Bedrängnis. Er sagte: Tue Seinen Willen wie deinen Willen, damit Er deinen Willen tue wie Seinen Willen. Vernichte deinen Willen vor Seinem Willen, damit Er den Willen anderer vernichte vor deinem Willen.

Hillel sagte: Sondere dich nicht von der Gemeinde ab, und vertraue nicht auf dich selber bis zum Tage deines Todes. Richte deinen Gefährten nicht, ehe du nicht in seine Lage gekommen bist. Sage kein Wort, das man nicht hören soll, denn schließlich wird es doch gehört.[648] Und sage nicht: Wenn ich Zeit dazu habe, will ich studieren – vielleicht hast du nie Zeit dazu. Er sagte: Kein Rohling fürchtet Verfehlung, und ein Laie ist nicht fromm. Der Schüchterne kann nicht lernen und der Aufbrausende nicht lehren. Und nicht jeder, der viel Handel treibt, wird weise. An einem Ort, wo keine Männer sind, sei du bestrebt, ein Mann zu sein. Auch sah er einmal einen Schädel, der auf der Oberfläche des Wassers trieb. Er sagte zu ihm: Weil du ertränkt hast, bist du ertränkt worden; und endlich werden, die dich ertränkt haben, selber ertrinken. Er sagte: Wer Fleisch mehrt – Gewürm mehrt; wer Güter mehrt – Sorge mehrt; wer Frauen mehrt – Zauber mehrt; wer Mägde mehrt – Unzucht mehrt; wer Knechte mehrt – Diebstahl mehrt. Wer Weisung mehrt – Leben mehrt; wer Schule mehrt – Weisheit mehrt; wer Rat

648 Dieser Satz könnte auch übersetzt werden: »Sage kein Wort, das unverständlich ist, in der Annahme, daß es schließlich doch verstanden werde.«

mehrt – Einsicht mehrt; wer Wohltun mehrt – Frieden mehrt. Wer einen guten Namen erworben hat, der hat ihn für sich selber erworben; wer sich Worte der Weisung erworben hat, der hat sich das Leben der kommenden Welt erworben.

Mischna Awot I, 16 – II, 7

Rabban Jochanan, Sakkais Sohn, und seine Schüler

Rabban Jochanan, Sakkais Sohn, empfing von Hillel und von Schammai.[649] Er sagte: Wenn du viel Weisung gelernt hast, so halte dir es nicht selber zugute, denn dazu wurdest du gebildet.

Fünf Schüler hatte Rabban Jochanan, Sakkais Sohn. Und diese sind es: Rabbi Elieser, Hyrkanos' Sohn, Rabbi Jehoschua, Chananjas Sohn, Rabbi Jose, der Priester, Rabbi Schimon, Netanels Sohn, und Rabbi Elasar, Arachs Sohn.

Er zählte ihre Vorzüge auf: Rabbi Elieser, Hyrkanos' Sohn, ist eine gekalkte Zisterne, die keinen Tropfen verliert. Rabbi Jehoschua, Chananjas Sohn – glücklich ist, die ihn geboren! Rabbi Jose, der Priester, ist fromm. Rabbi Schimon, Netanels Sohn, fürchtet Verfehlung, und Rabbi Elasar, Arachs Sohn, ist wie eine immer ergiebiger werdende Quelle.

Er sagte: Wenn alle •Weisen Israels in einer Waagschale wären und Rabbi Elieser, Hyrkanos' Sohn, in einer zweiten Schale wäre, so würde er sie alle aufwiegen. Abba Schaul sagt in seinem Namen:[650] Wenn alle Weisen Israels in einer Waagschale wären und Rabbi Elieser, Hyrkanos' Sohn, wäre auch mit ihnen, Rabbi Elasar, Arachs Sohn, aber wäre in einer zweiten Schale, so würde er sie alle aufwiegen.

649 Damit wird die Traditionskette des ersten Abschnittes wieder aufgenommen und weitergeführt. Rabban Jochanan, Sakkais Sohn, gehörte (in der Zeit des jüdisch-römischen Krieges von 66 bis 70) der Friedenspartei an. Nach dem Fall Jerusalems begründete er das Lehrhaus von Jawne. Seine Schüler waren die Führer im geistigen Leben des Judentums der folgenden Generation. – In der ersten Hälfte des folgenden Abschnittes sind ausschließlich Aussprüche von Rabban Jochanan zitiert, in der zweiten Hälfte dann die Sprüche seiner Schüler, die in der Reihenfolge der ersten Aufzählung angeführt werden.

650 Abba Schaul brachte diese anderslautende Tradition ebenfalls im Namen Rabban Jochanans, Sakkais Sohn.

Er sagte zu ihnen:[651] Gehet aus und sehet, welches der gerade Weg ist, an den sich ein Mensch halten soll. Rabbi Elieser sagt: Ein gutes Auge. Rabbi Jehoschua sagt: Ein guter Gefährte. Rabbi Jose sagt: Ein guter Nachbar. Rabbi Schimon sagt: Der da sieht, was entstehen wird. Rabbi Elasar sagt: Ein gutes Herz. Er sagte zu ihnen: Ich sehe, daß mit den Worten Rabbi Elasars, Arachs Sohn, die eurigen zusammengefaßt sind.

Er sagte zu ihnen: Gehet aus und sehet, welches der schlechte Weg ist, von dem sich ein Mensch fernhalten soll. Rabbi Elieser sagt: Ein böses Auge. Rabbi Jehoschua sagt: Ein böser Gefährte. Rabbi Jose sagt: Ein böser Nachbar. Rabbi Schimon sagt: Der leiht und nicht bezahlt. Einer, der von Menschen leiht, ist wie einer, der vom Allgegenwärtigen leiht, denn es heißt:[652] *Ein Frevler leiht und kann nicht bezahlen, der Bewährte aber gönnt und gibt.* Rabbi Elasar sagt: Ein böses Herz. Er sagte zu ihnen: Ich sehe, daß mit den Worten Elasars, Arachs Sohn, die eurigen zusammengefaßt sind.

Diese sagten drei Worte:

Rabbi Elieser sagt: Es sei dir die Ehre deines Gefährten so lieb wie die deinige. Und: Sei nicht leicht zu erzürnen, und einen Tag vor deinem Tode kehr um.[653] Und: Sei einer, der sich am Feuer der Weisen erwärmt; sei aber achtsam mit ihrer glühenden Kohle, damit du dich nicht verbrennst; ihr Beißen ist das Beißen eines Fuchses, ihr Stechen ist das Stechen eines Skorpions, und ihr Zischen ist das Zischen einer Schlange; und alle ihre Worte sind wie eines Feuers glühende Kohlen.

Rabbi Jehoschua sagt: Das böse Auge, die böse Leidenschaft und der Haß auf Geschöpfe bringen einen Menschen aus der Welt.

651 Hier und im folgenden Abschnitt stellt der Lehrer (Rabban Jochanan, Sakkais Sohn) Fragen und bewertet dann die Antworten seiner Schüler. Fragen und Bewertungen werden jeweils mit der Formel »Er sagte zu ihnen« eingeleitet.

652 Psalm *37,21.* Wer seinem Genossen Geld geliehen hat und es von diesem nicht zurück bekommt, dem gibt es Gott wieder. Darum ist der Schuldner, der nicht zurückbezahlen konnte, gleichsam auch zu Gottes Schuldner geworden.

653 Zur Erläuterung des Wortes von der Umkehr: Schabbat 153a, Seite 92 f.

Rabbi Jose sagt: Es sei dir das Vermögen deines Gefährten so lieb wie das deinige. Und: Bereite dich selber, die Weisung zu lernen, denn sie ist kein Erbteil für dich. Und: Alle deine Taten sollen im Namen des Himmels geschehen.

Rabbi Schimon sagt: Sei achtsam beim Bekenntnis *Höre Israel!*[654] und beim Gebet. Und: Wenn du betest, so mache dein Gebet nicht zu einer Formel, sondern zu einem Flehen um Erbarmen und um Gnade vor dem Allgegenwärtigen, denn es heißt:[655] *Denn ein erbarmender und ein gnädiger* Gott *ist er, langsam zum Zorn und reich an Liebe, leidwerden läßt er sich's des Bösen.* Und: Sei auch vor dir selber nicht frevlerisch.[656]

Rabbi Elasar sagt: Sei eifrig, die Weisung zu lernen. Und: Wisse, wie du einem Freidenker antworten sollst. Und: Wisse, vor wem du dich mühst und wer dein Arbeitgeber ist,[657] der dir den Lohn für dein Werk auszahlen wird.

Rabbi Tarphon sagt:[658] Kurz ist der Tag, reichlich die Arbeit, und träge sind die Werkleute; aber reich ist der Lohn, und der Hausherr drängt.

Er sagte auch: Nicht liegt es auf dir, das Werk zu vollenden, aber du bist auch nicht frei, von ihm abzulassen. Wenn du viel Weisung gelernt hast, so geben sie dir reichen Lohn, da dein Arbeitgeber treu ist, der dir den Lohn für dein Werk auszahlen wird. Und wisse, daß der Bewährten Lohn eine Gabe ist für die Zukunft, die da kommt. Mischna Awot II, 8 – II, 16

654 Dazu 5. Mose 6,*4*.

655 Joel 2,*13*.

656 Was die Weisung verboten hat, das soll auch im hintersten Zimmer nicht getan werden.

657 Andere Texte haben hier: »und zuverlässig ist dein Arbeitgeber«. Diese Version ist wohl durch den im Anschluß zitierten Ausspruch Rabbi Tarphons bestimmt.

658 Rabbi Tarphon war ein Zeitgenosse der Schüler Rabban Jochanans, Sakkais Sohn. Aus diesem Grund, vor allem aber wohl, weil sein zweiter Spruch eine Parallele darstellt zu dem zuletzt zitierten Spruch Rabbi Elasars (dazu auch die vorige Anmerkung), wurde er hier im Anschluß an die Reihe der Schüler Rabban Jochanans angeführt.

Sammlung verschiedener Sprüche

Akawja, Mahalalels Sohn, sagt: Achte auf drei Dinge, dann wirst du nicht zu einer Übertretung kommen: Wisse, woher du gekommen bist, wohin du gehst und vor wem du zukünftig Rechenschaft zu geben hast. Woher du gekommen bist? Aus einem stinkenden Tropfen. Wohin du gehst? Zum Ort von Staub, Made und Gewürm. Und vor wem du zukünftig Rechenschaft zu geben hast? Vor dem König über die Könige der Könige, dem Heiligen, gelobt sei er.

Rabbi Chanina, der Stellvertreter des Hohenpriesters, sagt: Bete für das Wohl der Regierung, denn ohne die Furcht vor ihr würde einer den anderen lebendig verschlingen.

Rabbi Chananja, Tradjons Sohn, sagt: Wo zwei beisammensitzen und nicht Worte der Weisung mitten unter ihnen sind, siehe, da ist ein Sitz von Spöttern, denn es heißt:[659] *Am Sitz der Spötter sitzt er nicht.* Wo aber zwei beisammensitzen und Worte der Weisung mitten unter ihnen sind, da ist die Einwohnung mitten unter ihnen, denn es heißt: [660] *Da redeten, die den Herrn fürchten, einer mit dem anderen, der Herr aber merkte auf, und er hörte; und es wurde vor ihm ein Gedenkbuch geschrieben für die, so den Herrn fürchten, und für die, so seines Namens achten.* Da habe ich es aber nur für zwei. Woher wissen wir denn, daß sogar für einen einzelnen, der dasitzt und sich mit der Weisung befaßt, der Heilige, gelobt sei er, einen Lohn festsetzt? Weil es heißt:[661] *Einsam und still sitzt er, denn Er legt es ihm auf.*

Rabbi Schimon sagt: Wo drei an einem Tisch essen und an ihm nicht von Worten der Weisung reden, so ist es, als ob sie von Schlachtopfern für Tote essen würden, denn es heißt:[662] *Ja,*

659 Psalm 1,*1*. Direkt im Anschluß (mit Vers 2) heißt es weiter: »sondern er findet Gefallen an der Weisung des Herrn, und über Seiner Weisung murmelt er tags und nachts.«

660 Maleachi 3,*16*.

661 Klagelieder 3,*28*. Der Satz ist hier so verstanden, daß Gott dem fleißig Studierenden Seinen Lohn schenkt und auflegt.

662 Jesaja 28,*8*. Das Wort für »der Allgegenwärtige« ist in der Bibel in seiner Grundbedeutung (»Raum«) verstanden. – Rabbi Schimon kam wohl auf die Dreizahl, weil es bei frommen Juden üblich ist, gemeinsam den Segen zu sagen, wenn drei Männer zusammen gegessen haben.

alle Tische sind von Gespei, von Unrat voll – nirgends ist mehr der Allgegenwärtige. Wo aber drei an einem Tisch essen und an ihm von Worten der Weisung reden, so ist es, als ob sie vom Tische des Allgegenwärtigen essen würden, denn es heißt:[663] *Und er redete zu mir – dies ist der Tisch, der vor dem Herrn ist.*

Rabbi Chanina, Chachinais Sohn, sagt: Wer bei Nacht wacht, wer allein des Wegs geht und wer sein Herz Nichtigem zuwendet, der verschuldet sich an seiner Seele.[664]

Rabbi Nechunja, Hakanas Sohn, sagt: An jedem, der das Joch der Weisung auf sich nimmt, lassen sie das Joch der Regierung und das Joch des Berufskampfes vorübergehen.[665] Jedem aber, der das Joch der Weisung von sich lädt, geben sie das Joch der Regierung und das Joch des Berufskampfes auf.

Rabbi Chalaphta, ein Mann aus Kfar-Chananja, sagt: Wo zehn beisammensitzen und sich mit der Weisung befassen, da weilt die Einwohnung mitten unter ihnen, weil es heißt:[666] *Gott steht in der Gottesgemeinde.* Und woher wissen wir, daß dies sogar schon für fünf gilt? Weil es heißt:[667] *Seine Schar gründet Er auf Erden.* Und woher wissen wir, daß dies sogar schon für drei gilt? Weil es heißt:[668] *inmitten der Richter richtete Er.* Und woher wissen wir, daß dies sogar schon für zwei gilt? Weil es heißt:[669] *Da redeten, die den Herrn fürchten, einer mit dem anderen, der Herr aber merkte auf, und er hörte.* Und woher wissen wir, daß dies sogar schon für einen gilt? Weil es heißt:[670] *An jedem Ort, da ich meines Namens gedenken lasse, will ich zu dir kommen und dich segnen.*

663 Hesekiel 41,*22*.

664 Manche erklären: Der ist an seinem Unglück selbst schuld; andere erklären: Der hat eine derartige Schuld auf sich geladen, daß sie nur durch sein Leben (seine Seele) gesühnt werden kann.

665 Gemeint ist der Druck der Staatslasten und des Existenzkampfes.

666 Psalm 82,*1a*. Eine gottesdienstliche Gemeinde wird durch mindestens zehn männliche Erwachsene gebildet.

667 Amos 9,*6*. »Schar« bedeutet im biblischen Zusammenhang »Gewölbe«. Im Talmud ist das Wort für »Schar« oder Bündel als eine Anzahl von Dingen verstanden worden, die darum auf die Fünfzahl deuten, weil sie von den fünf Fingern einer Hand umschlossen sind.

668 Psalm 82,*1b*. Das kleinste jüdische Gericht besteht aus drei Richtern.

669 Maleachi 3,*16*.

670 2. Mose 20,*24*.

Rabbi Elasar, ein Mann aus Bartota, sagt: Gib Ihm von Seinem, denn du mitsamt dem Deinen gehörst zu Seinem. Und ebenso sagt die Schrift durch David:[671] *Ja, von Dir ist alles, und aus Deiner Hand geben wir Dir.*

Rabbi Schimon sagt: Wer des Wegs geht und lernt, sein Lernen aber unterbricht und sagt: Wie herrlich ist dieser Baum, wie herrlich ist dieser Furchenacker – dem läßt es die Schrift gelten, als ob er sich an seiner Seele verschuldet habe.

Rabbi Dostai, Rabbi Jannais Sohn, sagt im Namen Rabbi Meïrs: Jedem, der ein einziges Wort von seinem Lernen vergißt, läßt es die Schrift gelten, als ob er sich an seiner Seele verschuldet habe, denn es heißt:[672] *Hüte dich nur, und hüte deine Seele sehr, damit du die Worte nicht vergißt, die deine Augen sahen.* Man könnte meinen, dies gelte auch für einen, dem sein Lernen zu schwer geworden ist, so sagt doch der Text:[673] *und damit sie nicht aus deinem Herzen weichen alle Tage deines Lebens.* Er verschuldet sich also an seiner Seele erst dann, wenn er sich hinsetzt und sie aus seinem Herzen weichen läßt.[674]

Rabbi Chanina, Dosas Sohn, sagt: Jedem, dessen Furcht vor Verfehlung seiner Weisheit vorangeht, bleibt seine Weisheit bestehen; und jedem, dessen Weisheit seiner Furcht vor Verfehlung vorangeht, bleibt seine Weisheit nicht bestehen.

Er sagte: Jedem, dessen Taten reichlicher sind als seine Weisheit, bleibt seine Weisheit bestehen; und jedem, dessen Weisheit reichlicher ist als seine Taten, bleibt seine Weisheit nicht bestehen.

Er sagte: Jeder, vor dem sich der Geist der Mitgeschöpfe besänftigt, vor dem besänftigt sich auch der Geist des Allgegenwärtigen; und jeder, vor dem sich der Geist der Mitgeschöpfe nicht besänftigt, vor dem besänftigt sich auch der Geist des Allgegenwärtigen nicht.

Rabbi Dosa, Horkinas' Sohn, sagt: Morgenschlaf, Mittags-

671 1. Chronik 29,*14*.

672 5. Mose 4,*9a*.

673 5. Mose 4,*9b*.

674 Wenn er in bloßer Untätigkeit dasitzt und aus Nachlässigkeit sogar das Gelernte wieder in Vergessenheit geraten läßt.

wein, Kindergeschwätz und Herumsitzen in den Versammlungshäusern der Laien bringen einen Menschen aus der Welt.

Rabbi Elasar aus Modiim sagt: Wer Heiliges entweiht und wer die Feste mißachtet, wer das Gesicht seines Gefährten öffentlich erbleichen läßt,[675] wer den Bund unseres Vaters Abraham bricht, wer die Weisung frech behandelt, wie es nicht der Lebensregel entspricht[676] – sogar wenn er Weisung und gute Taten hat –, der hat keinen Anteil an der kommenden Welt.

Rabbi Jischmael sagt: Sei behende gegen einen Oberen und zugänglich für einen Hilfesuchenden,[677] und empfange jeden Menschen mit Freuden.

Rabbi Akiwa sagt: Scherzen und Leichtsinn führen einen Menschen zu Sittenlosigkeit. Überlieferung ist ein Zaun für die Weisung, Verzehntung ist ein Zaun für den Reichtum, Gelübde sind ein Zaun für die Enthaltsamkeit, ein Zaun für die Weisheit ist das Schweigen.

Er sagte: Geliebt ist der Mensch, denn er ist im Ebenbild erschaffen; aus überreicher Liebe wurde ihm bewußt gemacht, daß er im Ebenbild erschaffen ist, denn es heißt:[678] *Im Ebenbilde Gottes machte er den Menschen.* Geliebt ist Israel, denn sie sind Söhne des Allgegenwärtigen genannt; aus überreicher Liebe wurde ihnen bewußt, daß sie Söhne des Allgegenwärtigen genannt sind, denn es heißt:[679] *Söhne seid ihr dem Herrn, eurem Gott.* Geliebt ist Israel, denn es ist ihnen ein begehrenswertes Gerät gegeben; aus überreicher Liebe wurde ihnen bewußt gemacht, daß ihnen ein begehrenswertes Gerät gegeben ist, durch

675 Wer seinen Nächsten in der Öffentlichkeit beschämt.

676 Lehrer, die einem gnostisierenden Judentum zugehörten, interpretierten die Weisung allegorisch, teilweise antipharisäisch. Traditionelles wurde aufgehoben, ja sogar (wie durch den Epispasmos etwa, dazu 1. Korinther 7,*18*) rückgängig gemacht. – Manche Forscher haben bei dem Wort Rabbi Elasars aus Modiim an eine Polemik speziell gegen die Lehre des Apostels Paulus gedacht, der zwei Menschenalter vorher lebte.

677 Anstelle von »Hilfesuchender« könnte das schwierige Wort auch mit »Fronbehörde« oder mit »Jugendlicher« (der noch schwarze Haare hat) übersetzt werden.

678 1. Mose 9,*6*.

679 5. Mose 14,*1*.

das die Welt erschaffen ist, denn es heißt:[680] *Ja, gute Ware gebe ich euch; meine Weisung verlasset nicht.*

Alles ist vorhergesehen, aber es ist Willensfreiheit gegeben. In Güte wird die Welt gerichtet, aber alles nach der Mehrzahl der Taten.[681]

Er sagte: Alles ist nur gegen Bürgschaft gegeben, und ein Fangnetz ist über alles ausgebreitet, was da lebt. Der Laden ist offen, der Besitzer gewährt Kredit; das Heft ist offen, und die Hand schreibt. Jeder, der leihen will, kann kommen und leihen. Die Einnehmer gehen regelmäßig und täglich umher und fordern Schulden ein vom Menschen, ob er es merkt oder ob er es nicht merkt. Und sie haben etwas, worauf sie sich stützen können, und ihr Gericht ist ein Gericht der Wahrheit. Und alles ist bereitet zum Festmahl.

Rabbi Elieser,[682] Asarjas Sohn, sagt: Wo keine Weisung ist, da ist kein Anstand;[683] wo kein Anstand ist, da ist keine Weisung. Wo keine Weisheit ist, da ist keine Furcht; wo keine Furcht ist, da ist keine Weisheit. Wo kein Verstehen ist, da ist kein Wissen; wo kein Wissen ist, da ist kein Verstehen. Wo kein Mehl ist, da ist keine Weisung; wo keine Weisung ist, da ist kein Mehl.

Er sagte: Jeder, dessen Weisheit reichlicher ist als seine Taten – wem gleicht er? Einem Baum, dessen Zweige reichlich und dessen Wurzeln spärlich sind. Kommt ein Wind, so entwurzelt er ihn und kehrt ihn auf den Kopf, denn es heißt:[684] *Er wird*

680 Sprüche 4,2.

681 Manche Texte haben hier eine Negation (nicht werde nach der Mehrheit der Taten gerichtet), so daß der zweite Halbsatz ebenfalls vom ersten her bestimmt wird. Manche Ausleger beziehen die erste Hälfte des Spruches (»die Welt«) auf die hiesige Welt, die zweite Hälfte dann (»alles«) auf die kommende Welt.

682 Hier und in der Einleitung zum Spruch der übernächsten Mischna schwankt, wie das auch sonst oft der Fall ist, die Textüberlieferung zwischen Rabbi Elasar und Rabbi Elieser.

683 Wer sich nicht mit dem Studium der Weisung befaßt, der bringt es auch sonst zu nichts Ordentlichem. Die Bedeutung des Wortes, das hier mit »Anstand« wiedergegeben wurde, ist umfassend: von »einem Beruf nachgehen« bis »gute Sitten haben«.

684 Jeremia 17,6.

sein wie ein kahler Strauch in der Steppe und wird nicht sehen, daß Gutes kommt; er wird in dürren Gegenden der Wüste wohnen, in einem Land, salzig und unbewohnbar. Aber jeder, dessen Taten reichlicher sind als seine Weisheit – wem gleicht er? Einem Baum, dessen Zweige spärlich und dessen Wurzeln reichlich sind. Sogar alle Winde der Welt, die kommen und ihn anwehen, können ihn doch nicht von seinem Platze bewegen, denn es heißt:[685] *Er wird sein wie ein Baum, gepflanzt ans Wasser und der zum Strom hin seine Wurzeln streckt. Und er wird nichts fürchten, wenn Hitze kommt. Sein Laub bleibt frisch, und im Jahr der Dürre sorgt er nicht; er läßt nicht ab, Frucht zu schaffen.*

Rabbi Elieser, Chismas Sohn, sagt: Nester und Beginn der Absonderung[686] sind wesentliche Lebensregeln, Kalenderkunde und Mathematik[687] sind Beiwerk der Weisheit.

Somas Sohn sagt: Wer ist ein Weiser? Der von jedem Menschen lernt, denn es heißt:[688] *Von allen, die mich lehren, gewinne ich Weisheit.* Wer ist ein Held? Der seine Leidenschaft bezwingt, denn es heißt:[689] *Besser ist ein Langmütiger als ein Held, und der seinen Geist beherrscht als ein Städteeroberer.* Wer ist ein Reicher? Der sich über seinen Anteil freut, denn es heißt:[690] *Wenn du vom Ertrag deiner Hände issest – wohl dir, du hast es gut! Wohl dir* – in der hiesigen Welt; *du hast es gut* – in der kommenden Welt. Wer ist ein Geehrter? Der die Mitge-

685 Jeremia 17,*8*.

686 Gemeint sind die Vorschriften des Talmud über das Geflügelopfer und den Menstruationsbeginn.

687 »Kalenderkunde«, wörtlich (Lehre von den) »Sonnenwenden«. Das Wort für »Mathematik« ist mehrdeutig, es kann die Grammatik umfassen, die Geometrie und die Gematria. – Rabbi Elieser, Chismas Sohn, war selber ein großer Astronom. Aber er erklärte, daß er die am geringsten erscheinenden Dinge der Weisung für wesentlicher erachte als hohe Dinge weltlicher Wissenschaft.

688 Psalm 119,*99*. Im biblischen Zusammenhang bedeutet der Satz: »Mehr als meine Lehrer begreife ich.« Somas Sohn, der den Spruch als Beleg für seine Antwort faßt, kann denselben Wortbestand im oben angegebenen Sinn verstehen.

689 Sprüche 16,*32*.

690 Psalm 128,*2*.

schöpfe ehrt, denn es heißt:[691] *Meine Verehrer werde Ich ehren, Meine Verächter aber werden gering geachtet.*

Asais Sohn sagt: Eile zu einem leichten Gebot wie zu einem gewichtigen, und fliehe vor der Übertretung; denn Gebotserfüllung zieht Gebotserfüllung nach sich, und Übertretung zieht Übertretung nach sich; denn der Lohn für eine Gebotserfüllung ist eine Gebotserfüllung, und der Lohn für eine Übertretung ist eine Übertretung.

Er sagte: Du sollst nicht Verachtung hegen gegen irgendeinen Menschen, und du sollst nicht achtlos sein gegen irgendein Ding; denn es gibt keinen Menschen, der nicht seine Stunde hätte, und es gibt kein Ding, das nicht seinen Ort hätte.

Rabbi Levitas, ein Mann aus Jawne, sagt: Sehr, sehr demütigen Sinnes sollst du sein, denn eines Menschen Erwartung ist – Made.

Rabbi Jochanan, Brokas Sohn, sagt: Jeder, der den Namen des Himmels heimlich entweiht, von dem fordern sie es offen ein, einerlei, ob er sich versah oder ob er sich bedachte bei der Entweihung des Namens.

Rabbi Jischmael sagt: Wer lernt mit der Absicht, es zu lehren, der wird genugsam ausgerüstet, zu lernen und zu lehren; und wer lernt mit der Absicht, es zu tun, der wird genugsam ausgerüstet, zu lernen und zu lehren, zu bewahren und zu tun.

Rabbi Zadok sagt: Du sollst keinen Kranz machen, um dich damit großzutun, und keine Hacke, um damit zu graben.[692] Und ebenso sagte Hillel:[693] Wer die Krone mißbraucht, der schwindet hin. Du lernst also: Jeder, der aus den Worten der Weisung Nutzen zieht, nimmt sein Leben aus dieser Welt.

Rabbi Jose sagt: Jeder, der die Weisung ehrt, dessen Person wird durch die Mitgeschöpfe geehrt, und jeder, der die Weisung verunehrt, dessen Person wird durch die Mitgeschöpfe verunehrt.

Rabbi Jischmael sagt: Wer sich selber von Rechtshändeln zurückhält, lädt ab von sich Feindschaft, Raub und Meineid.

691 1. Samuel 2,*30*.

692 Wer aus der Beschäftigung mit der Weisung etwa finanziellen Vorteil ziehen wollte, der würde sie mißbrauchen.

693 Dazu Seite 368 f.

Und: Wessen Herz dreist ist bei der Rechtsentscheidung, der ist töricht, frevlerisch und dreisten Geistes.

Er sagte: Du sollst nicht allein richten, denn keiner richtet allein außer dem Einen. Und: Du sollst nicht sagen: Nehmt meine Erkenntnis an; denn sie sind dazu befugt, du aber nicht.[694]

Rabbi Jonatan sagt:[695] Jeder, der die Weisung aus Armut erfüllt, wird schließlich dazu kommen, sie aus Reichtum zu erfüllen, und jeder, der die Weisung aus Reichtum auflöst, wird schließlich dahin kommen, sie aus Armut aufzulösen.

Rabbi Meïr sagt: Beschränke dich im Geschäft und beschäftige dich mit der Weisung. Sei demütigen Sinnes vor jedem Menschen. Und: Wenn du dich von der Weisung abhalten läßt, hast du viele Abhaltungen gegen dich, wenn du dich aber um die Weisung plagst, hast du einen Lohn, der reichlich gegeben wird.

Rabbi Elieser, Jaakows Sohn, sagt: Wer ein einziges Gebot tut, erwirbt sich einen Fürsprecher, wer aber eine einzige Übertretung begeht, erwirbt sich einen Ankläger. Umkehr und gute Taten sind wie ein Schild vor Bestrafung.

Rabbi Jochanan, der Sandalenmacher, sagt: Jede Versammlung um des Himmels willen wird am Ende dahin kommen zu bestehen, wenn aber nicht um des Himmels willen, wird sie am Ende nicht dahin kommen zu bestehen.

Rabbi Elasar, Schamuas Sohn, sagt: Es sei dir die Würde deines Schülers lieb wie die deinige und die Würde deines Gefährten wie die Ehrfurcht vor deinem Meister und die Ehrfurcht vor deinem Meister wie die Ehrfurcht vor dem Himmel.

Rabbi Jehuda sagt: Sei achtsam beim Studium; beim Studium gilt Versehen nämlich wie Bedachtheit.

Rabbi Schimon sagt: Drei Kronen sind's: Die Krone der Weisung, die Krone des Priestertums und die Krone des Königtums; aber die Krone des guten Namens übertrifft sie.

Rabbi Nehorai sagt: Wandere aus nach einer Stätte der Wei-

694 Die Mehrheit des Gerichtskollegiums kann wohl den Einzelnen bitten, er möge sich ihrer Meinung anschließen; nicht aber darf der Einzelne so die Mehrheit bitten.

695 Nach manchen Handschriften: »Rabbi Jochanan sagt«.

sung – und sage nicht, daß sie dir nachkommen soll –, denn durch deine Gefährten nur bleibt sie für dich bestehen:[696] *Auf deine eigene Einsicht verlasse dich nicht.*

Rabbi Jannai sagt: Wir haben keinen Begriff, weder von dem Wohl der Frevler noch von den Züchtigungen der Bewährten.

Rabbi Matja, Chereschs Sohn, sagt: Komme jedem Menschen mit dem Friedensgruß zuvor. Und: Sei ein Schwanz bei den Löwen, sei aber kein Haupt bei den Füchsen.

Rabbi Jaakow sagt: Die hiesige Welt gleicht einer Vorhalle zu der kommenden Welt. Bereite dich in der Vorhalle, damit du in den Festsaal eintreten kannst.

Er sagte: Schöner ist eine einzige Stunde in Umkehr und guten Taten in der hiesigen Welt als das ganze Leben der kommenden Welt; und schöner ist eine einzige Stunde der Erquikkung in der kommenden Welt als das ganze Leben der hiesigen Welt.

Rabbi Schimon, Elasars Sohn, sagte: Du sollst deinen Gefährten nicht besänftigen in der Stunde seines Zornes. Und: Du sollst ihn nicht trösten in der Stunde, da sein Toter vor ihm liegt. Und: Du sollst ihn nicht ausfragen in der Stunde seines Gelübdes. Und: Du sollst dich nicht mühen, ihn zu sehen in der Stunde seines Verderbens.

Schmuel, der Kleine, sagt:[697] *Fällt dein Feind, so sollst du dich nicht freuen, und strauchelt er, so soll dein Herz nicht jubeln, sonst könnte der Herr, der das sieht, es für böse in seinen Augen erachten und seinen Zorn von ihm herzukehren.*

Elischa, Awujas Sohn, sagt: Wer als Kind lernt – wem gleicht er? Auf neuem Papier geschriebener Tinte. Und wer als Alter lernt – wem gleicht er? Auf radiertem Papier[698] geschriebener Tinte.

696 Sprüche 3,5. Das Zitat soll die Meinung stützen, daß die Weisung nur in der Gemeinschaft der Lernenden bewahrt wird.

697 Sprüche 24,17 f. Dieser Wahlspruch Schmuels, des Kleinen, besagt, Gottes Zorn könnte sich von dem anderen abwenden und gegen den kehren, der sich über den Schaden des anderen freuen wollte.

698 In alter Zeit wurde das kostbare Schreibmaterial (etwa Papyrus oder Pergament) oft mehrmals gelöscht und wieder beschrieben. Auf der rauh-

Rabbi Jose, Jehudas Sohn, ein Mann aus Kfar-Habawli, sagt: Wer von den Kleinen lernt – wem gleicht er? Einem, der unreife Trauben ißt und Wein aus seiner Kelter trinkt. Und wer von den Alten lernt – wem gleicht er? Einem, der reife Trauben ißt und alten Wein trinkt.

Rabbi sagt:[699] Du sollst nicht auf den Krug achten, sondern auf das, was darin ist. Es gibt manchen neuen Krug voll alten Weins und manchen alten, in dem nicht einmal neuer ist.

Rabbi Elieser, Hakappar,[700] sagt: Eifersucht, Habsucht und Ehrsucht bringen einen Menschen aus der Welt.

Er sagte: Wir sind geboren, um zu sterben, sterben, um belebt zu werden, und werden belebt, um gerichtet zu werden, zu erkennen, zu bekennen und bekanntzugeben, daß er Gott ist, er, der Bildner, er, der Schöpfer, er, der Verstehende, er, der Richter, er, der Zeuge, er, der Kläger und er, der zukünftig richtet – gelobt sei er; vor dem es kein Unrecht gibt und kein Vergessen, kein Ansehen der Person und keine Annahme von Bestechung, denn alles ist sein. Und wisse, daß alles in Rechnung kommt. Und du solltest dich von deiner Leidenschaft nicht sicher machen lassen, daß die Totenstätte ein Ort der Zuflucht für dich sei. Ohne dein Zutun wurdest du nämlich gebildet, und ohne dein Zutun wurdest du geboren, ohne dein Zutun lebst du, ohne dein Zutun stirbst du, und ohne dein Zutun wirst du zukünftig Rechenschaft geben vor dem König über die Könige der Könige, dem Heiligen, gelobt sei er.

Mischna Awot III, 1 – IV, 22

Anonyme Zahlensprüche

Durch zehn Worte wurde die Welt erschaffen. Und was besagt diese Lehre?[701] Wäre es etwa nicht möglich gewesen, sie mit

radierten Fläche verfloß die Tinte, außerdem konnte das früher Geschriebene gelegentlich durchscheinen und die Lesbarkeit des zuletzt geschriebenen Textes beeinträchtigen.

699 Rabbi Jehuda, der Fürst, widersprach aus seiner eigenen Erfahrung dem Satz von Rabbi Jose, Jehudas Sohn.

700 Nach manchen Handschriften: »Rabbi Elasar«. Der Beiname »Hakappar« ist von unsicherer Bedeutung; manche vermuten: »der Asphalthändler« oder »der Gummihändler«.

701 Im ersten Schöpfungsbericht heißt es zehn Mal »da sprach er«. Da aber

einem einzigen Worte zu erschaffen? Nein, es geschah vielmehr, um von den Frevlern um so mehr einzufordern, weil sie die Welt zerstören, die durch zehn Worte erschaffen wurde, und um den Bewährten um so mehr guten Lohn zu geben, weil sie die Welt erhalten, die durch zehn Worte erschaffen wurde.

Zehn Geschlechter gab es von Adam bis Noah, um bekanntzumachen, wie groß die Langmut vor Ihm ist; denn alle diese Geschlechter erzürnten Ihn fort und fort, bis Er die Wasser der Flut über sie brachte.

Zehn Geschlechter gab es von Noah bis Abraham, um bekanntzumachen, wie groß die Langmut vor Ihm ist; denn alle diese Geschlechter erzürnten Ihn fort und fort, bis unser Vater Abraham kam und ihrer aller Lohn empfing.[702]

In zehn Versuchungen wurde unser Vater Abraham versucht, und er bestand in ihnen allen, um bekanntzumachen, wie groß die Liebe unseres Vaters Abraham,[703] Friede sei mit ihm, war.

Zehn Wunder wurden für unsere Väter in Ägypten bereitet und zehn am Meer.

In zehn Versuchungen versuchten unsere Väter den Allgegenwärtigen in der Wüste, denn es heißt:[704] *Da versuchten sie mich diese zehn Mal und hörten nicht auf meine Stimme.*

Zehn Wunder wurden für unsere Väter im Heiligtum bereitet: Nie hat eine Frau durch den Geruch des heiligen Fleisches fehlgeboren;[705] niemals wurde das heilige Fleisch stinkend; nie wurde eine Fliege im Schlachthause gesehen, nie widerfuhr einem Hohenpriester ein nächtliches Ereignis am Versöhnungs-

das »da sprach er« von 1. Mose 1,*28* als Gebot verstanden wird, verbleiben nur noch neun »Schöpfungsworte«. Um zur Zehnzahl zu gelangen, nahmen manche Gelehrte (aufgrund von Psalm 33,*6*) den Vers »Im Anfang schuf er . . .« (1. Mose 1,*1*), andere dagegen das Wort »da sprach er« des zweiten Schöpfungsberichtes (1. Mose 2,*18*) dazu.

702 Abraham empfing auch ihren Lohn, weil sie dessen nicht würdig gewesen waren.

703 Manche übersetzen hier: »die Beliebtheit unseres Vaters Abraham«; dazu Jesaja 41,*8b*.

704 4. Mose 14,*22*.

705 Das Fleisch auf dem Brandopferaltar, dessen Geruch den Appetit anregte, war für Frauen zum Essen verboten.

tag;[706] nie löschten Regengüsse das Feuer des Holzstoßes; nie bezwang der Wind die Rauchsäule;[707] nie fand sich Fehlerhaftes bei der Schwingegarbe, bei den zwei Broten und bei den Schaubroten;[708] standen sie, so waren sie gedrängt, warfen sie sich aber nieder, so hatten sie viel Platz;[709] niemals richteten eine Schlange und ein Skorpion in Jerusalem Schaden an; nie sagte einer zum anderen: Mir ist der Platz zu eng, als daß ich in Jerusalem übernachten würde.

Zehn Dinge wurden am Vorabend des Schabbat im Zwielicht erschaffen.[710] Das sind sie: Der Erdschlund, die Brunnenöffnung, das Eselinnenmaul, der Regenbogen,[711] das Manna,[712] der Stab,[713] der Schneidewurm, die Schriftform, der Griffel und die Tafeln. Und es gibt solche, die sagen: Auch die Schädigenden,[714] Moses Grab und der Widder unseres Vaters Abraham.[715] Und es gibt solche, die sagen: Auch eine Zange wird mit einer Zange gemacht.[716]

Sieben Dinge sind bei einem Unreifen zu bemerken und sieben bei einem Weisen. Ein Weiser redet nicht vor einem, der größer

706 Durch Samenerguß in der Nacht vor dem großen Versöhnungstag wäre er für seinen Dienst, der völlige Makellosigkeit voraussetzte, untauglich geworden.

707 Der große Brandopferaltar im Hof des Tempels stand im Freien, trotzdem konnten Regen und Winde sein Feuer nicht löschen.

708 Dazu 3. Mose 23,*10 ff.*, 3. Mose 23,*15 ff.* und 2. Mose 25,*30*.

709 Trotz der vielen Besucher, die zu den drei Wallfahrtsfesten Jahr für Jahr nach Jerusalem kamen, war sogar genug Raum für die Menge derer, die sich anbetend im Tempelbezirk niederwarfen.

710 Im Zwielicht des Schabbatvorabends wurden die Dinge erschaffen, die zwar nicht den Gesetzen der Natur unterliegen, aber trotzdem nicht ihrer von Gott gesetzten Ordnung widersprechen. Zum einzelnen die Parallelüberlieferung Pesachim 54a, Seite 66 ff.

711 Dazu 1. Mose 9,*13*.

712 Dazu 2. Mose 16,*4 ff.*

713 Dazu 2. Mose 4,*17*.

714 Geister und Dämonen konnten erst nach dem Zeitpunkt erschaffen werden, da Gott sein »Siehe, es war sehr gut« (1. Mose 1,*31*) am sechsten Tag gesprochen hatte.

715 Dazu 1. Mose 22,*13*.

716 Weil Werkzeuge nur mit Hilfe anderer Werkzeuge gemacht werden, wurde das erste, gleich allen unerklärten Dingen des Anfanges, für göttlichen Ursprunges gehalten.

ist als er an Weisheit und an Zahl;[717] er fällt seinem Gefährten nicht ins Wort; er überstürzt sich nicht beim Antworten; er fragt der Sache gemäß und antwortet der Lebensregel gemäß; er redet über Erstes zuerst und über Letztes zuletzt; über das, was er nicht gehört hat, sagt er: Ich habe es nicht gehört; er anerkennt die Wahrheit. Und ihr Gegenteil ist bei einem Unreifen zu bemerken.

Sieben Arten von Bestrafungen kommen über die Welt wegen siebenerlei Übertretungen. Verzehnten manche und manche verzehnten nicht, so kommt eine Hungersnot durch Dürre, so daß manche hungrig und manche satt sind; beschlossen sie, nicht zu verzehnten, so kommt eine Hungersnot durch Wirren und durch Dürre; – und nicht die Teighebe zu entrichten,[718] so kommt eine vernichtende Hungersnot; Pest kommt über die Welt wegen der Verbrechen, über die von der Weisung Todesstrafen ausgesprochen werden, die aber keinem Gericht übergeben wurden, und wegen der Früchte des Siebentjahres;[719] das Schwert kommt über die Welt wegen Rechtsquälerei,[720] wegen Rechtsbeugung und wegen derer, die nicht der Lebensregel gemäß die Weisung lehren; böses Getier kommt über die Welt wegen Meineid und wegen Entweihung des Namens;[721] Verbannung kommt über die Welt wegen Götzendienstes, wegen Unzucht, wegen Blutvergießens und wegen der Brache des Landes.[722]

In vier Zeitabschnitten mehrt sich die Pest: Im vierten und im siebten Jahr, beim Ausgang des siebten Jahres und beim

717 Diese stehende Redeweise meint bei einem Einzelnen die Zahl der Lebensjahre, bei einer Gruppe die Mehrheit, die zu einer einheitlichen Meinung kam.

718 Dazu 4. Mose 15,*17–21*.

719 Zu den Vorschriften, die das Ernten im Siebentjahr betreffen: 3. Mose 25,*1–7*.

720 »Rechtsquälerei« ist ein terminus technicus für die Verzögerung der Urteilsvollstreckung.

721 Wegen der Entweihung des Gottesnamens.

722 Wegen Übertretung der Vorschriften, das Brachjahr betreffend; dazu 2. Mose 23,*10 f.* und 3. Mose 25,*1–7*.

Ausgang des alljährlichen Festes.[723] Im vierten Jahr wegen des Armenzehnten im dritten Jahr,[724] im siebten wegen des Armenzehnten im sechsten Jahr, beim Ausgang des siebten wegen der Früchte des siebten Jahres[725] und beim Ausgang des alljährlichen Festes wegen des Raubes der Armengaben.[726]

Vier Arten gibt es bei Menschen: Meines ist Meines und Deines ist Deines – dies ist mittelmäßige Art, und es gibt solche, die sagen: dies ist Sodomsart; – Meines ist Deines und Deines ist Meines – ein Laie;[727] – Meines ist Deines und Deines ist Deines – ein Frommer; – Meines ist Meines und Deines ist Meines – ein Frevler.

Vier Gemütsarten –: Leicht zu erzürnen und leicht zu besänftigen – sein Gewinn geht in seinem Schaden auf; schwer zu erzürnen und schwer zu besänftigen – sein Schaden geht in seinem Gewinn auf; schwer zu erzürnen und leicht zu besänftigen – ein Frommer; leicht zu erzürnen und schwer zu besänftigen – ein Frevler.

Vier Arten gibt es bei Schülern: Rasch beim Aufnehmen und rasch beim Verlieren – sein Gewinn geht in seinem Schaden auf; schwerfällig beim Aufnehmen und schwerfällig beim Verlieren – sein Schaden geht in seinem Gewinn auf; rasch beim Aufnehmen und schwerfällig beim Verlieren – ein Weiser; schwerfällig beim Aufnehmen und rasch beim Verlieren – das ist ein böses Teil.

Vier Arten gibt es bei Almosengebern: Wer wünscht, daß er selber gibt, nicht aber, daß andere geben, dessen Auge ist neidisch gegen das, was des andern ist; daß andere geben, nicht

723 Im vierten und siebten Jahr eines jeden Siebentjahrkreises, nach Ablauf dieses Siebentjahrkreises und nach Ablauf des Laubhüttenfestes, des dritten und letzten Wallfahrtsfestes im Jahreszyklus.

724 Wegen der Vernachlässigung des Armenzehnten; dazu die Vorschrift in 5. Mose 14,*28 f.*

725 Wegen der Mißachtung der betreffenden Vorschriften; dazu besonders 2. Mose 23,*11b* und 3. Mose 25,*6 f.*

726 Ährenlese, Ackerecke und Vergessenes gehören den Armen (dazu auch 3. Mose 19,*9 f.* und 5. Mose 24,*19 ff.*). Mit dem Ende des Laubhüttenfestes, also zum Jahresschluß, bestraft Gott, was an den Armen versäumt wurde.

727 Wer die Weisung nicht kennt, der besitzt keine Wertmaßstäbe.

aber, daß er selber gibt, dessen Auge ist neidisch gegen das, was sein ist;[728] daß er selber gibt und daß andere geben – ein Frommer; daß er selber nicht gibt und daß andere nicht geben – ein Frevler.

Vier Arten gibt es bei denen, die ins Lehrhaus gehen: Der geht und nicht tut – in seiner Hand ist der Lohn für das Gehen; tut und nicht geht – in seiner Hand ist der Lohn für die Tat; geht und tut – ein Frommer; nicht geht und nicht tut – ein Frevler.

Vier Arten gibt es bei denen, die vor den Weisen sitzen: Schwamm und Trichter, Filter und Sieb. Ein Schwamm, weil er alles aufsaugt; ein Trichter, weil er am einen Ende einläßt und am anderen Ende hinausläßt; ein Filter, weil er den Wein hinausläßt und die Hefe zurückhält; ein Sieb, weil er das Mehl hinausläßt und den Grieß zurückhält.[729]

Von jeder Liebe, so sie von einer Sache abhängt, gilt: Hört die Sache auf, so hört die Liebe auf; und so sie nicht von einer Sache abhängt, gilt: Sie höret nimmer auf. Welches ist etwa eine Liebe, die von einer Sache abhängt? Die Liebe Amnons und Thamars war so.[730] Und etwa eine, die nicht von einer Sache abhängt? Die Liebe Davids und Jonathans war so.[731]

Von jedem Streit um des Himmels willen gilt, daß er schließlich zu etwas Beständigem führt; wenn aber nicht um des Himmels willen, gilt, daß er schließlich nicht zu etwas Beständigem

728 Im ersten Fall bringt er andere, im zweiten Fall aber sich selber um die Freude des Gebens.

729 »Sieb«, »Mehl« und »Grieß« sind Ausdrücke, deren Bedeutung nicht ganz sicher ist. Mit dem Bild vom Sieb könnte einer gemeint sein, der, wenn er selber zu lehren haben wird, das Leichte und weniger Wertvolle an seine Schüler weitergibt und das Wertvolle für sich behält; dann wäre mit dem Bild vom Filter einer gemeint, der nur das Gute lehrt. Andere verstehen umgekehrt unter »Filter« einen schlechten Gelehrten, weil er nur Schlechtes behält und das Gute fahrenläßt; mit »Sieb« wäre dann ein Gelehrter gemeint, der das Beste behält und das weniger Wertvolle ausscheidet.

730 Dazu 2. Samuel 13,*1–22*.

731 Dazu 1. Samuel 19 und 20; 2. Samuel 1,*17–27*, besonders Vers *26*.

führt. Welches ist etwa ein Streit um des Himmels willen? Der Streit Hillels und Schammais war so.[732] Und etwa einer nicht um des Himmels willen? Der Streit Korahs und seiner ganzen Rotte war so.[733]

Jedem, der viele zur Rechtfertigung leitet, kommt keine Verfehlung zur Hand; jedem aber, der viele zur Verfehlung verleitet, wird keine Möglichkeit in die Hand gegeben, Umkehr zu tun. Mose war gerechtfertigt und leitete viele zur Rechtfertigung; so wurde ihm die Rechtfertigung vieler beigelegt, denn es heißt:[734] *Bewährung tat er vor dem Herrn, seine Rechtsgeheiße bei Israel.* Jerobeam verfehlte sich und verleitete viele zur Verfehlung; so wurde ihm die Verfehlung vieler beigelegt, denn es heißt:[735] *Wegen der Verfehlungen Jerobeams,* Nebats Sohn, *der sich verfehlte und der Israel zur Verfehlung verleitete.*

Jeder, der diese drei Dinge zur Hand hat, ist von den Schülern unseres Vaters Abraham; wenn aber drei andere Dinge, so ist er von den Schülern des Frevlers Bileam: Ein gutes Auge, einen gebeugten Geist und eine demütige Seele – der ist von den Schülern unseres Vaters Abraham; ein böses Auge, einen überheblichen Geist und eine gierige Seele – der ist von den Schülern des Frevlers Bileam. Was ist der Unterschied zwischen den Schülern unseres Vaters Abraham und den Schülern des Frevlers Bileam? Die Schüler unseres Vaters Abraham haben ihr Auskommen in der hiesigen Welt und ererben die kommende Welt, denn es heißt:[736] *Die mich lieben, lasse ich Bleibendes ererben, und ihre Schatzkammern fülle ich.* Aber die Schüler des Frevlers Bileam ererben die Hölle und steigen in die Brunnentiefe der Grube hinab, denn es heißt:[737] *Du aber, Gott, wirst sie in die Brunnentiefe der Grube hinabsteigen lassen; Männer des Bluts und des Betrugs bringen ihre Tage nicht auf die Hälfte; ich aber, ich vertraue auf dich.*

732 Zu dem »Paar« Schammai und Hillel: Mischna Awot I, 15, Seite 366 f.
733 Dazu 4. Mose 16,*1–35*.
734 5. Mose 33,*21*.
735 1. Könige 14,*16*.
736 Sprüche 8,*21*.
737 Psalm 55,*24*.

Jehuda, Temas Sohn, sagt:[738] Sei scharf wie ein Leopard und behend wie ein Adler, eilend wie eine Gazelle und kühn wie ein Löwe, den Willen deines Vaters, der im Himmel ist, zu tun.

Er sagte: Ein Frechling – zur Hölle, und ein Schamhafter – zum Paradies. Es möge vor dir ein Wohlgefallen sein, Herr, unser Gott, daß deine Stadt schnell, in unseren Tagen, erbaut werde. Und gib, daß wir unser Teil in deiner Weisung haben.

Er sagte: Als Fünfjähriger zum Bibellesen, als Zehnjähriger zum Mischnalernen, als Dreizehnjähriger zur Gebotserfüllung, als Fünfzehnjähriger zum Gemarastudium, als Achtzehnjähriger zum Trauhimmel; als Zwanzigjähriger zum Streben,[739] als Dreißigjähriger zur Kraft, als Vierzigjähriger zur Einsicht, als Fünfzigjähriger zum Rat, als Sechzigjähriger zum reifen Alter, als Siebzigjähriger zum grauen Alter, als Achtzigjähriger zum höchsten Alter,[740] als Neunzigjähriger zum Gebeugtsein, als Hundertjähriger ist einer, als ob er tot wäre, fortgegangen und aus der Welt geschwunden.

Bagbags Sohn sagt:[741] Wende sie hin und wende sie her, denn alles ist in ihr; betrachte sie, werde grau und abgenutzt in ihr; von ihr weiche nicht, denn es gibt kein besseres Maß für dich als sie.

Hehes Sohn sagt: Entsprechend der Mühsal ist der Gewinn.

Mischna Awot V, 1 – V, 23

Der Abschnitt von der Erwerbung der Weisung

Weise lehrten in der Sprache der Lehre – gelobt sei, der sie und ihre Lehre erwählt hat:

738 Die beiden folgenden Sprüche von Jehuda, Temas Sohn, bildeten ursprünglich wohl den Abschluß des ganzen Traktats; es ist bezeichnend dafür, wie eine derartige Sammlung durch ähnliche Stoffe angereichert wird, daß dann zunächst noch ein weiterer Spruch desselben Autors und die Sprüche von Bagbags Sohn und Hehes Sohn angefügt worden sind.

739 Manche Erklärer verstehen darunter das Streben nach dem Idealen, die meisten aber denken hier an den Beruf, durch den das zum Leben Nötige verdient werden soll.

740 Dazu Psalm 90,*10*.

741 Bagbags Sohn und Hehes Sohn sind vielleicht identisch. Manche Kommentatoren nehmen an, daß es sich um einen Proselyten unter Hillels Schülern handelt, der hier zwei seiner Wahlsprüche über die Weisung sagt.

Rabbi Meïr sagt:[742] Jedem, der sich mit der Weisung um ihrer selbst willen beschäftigt, sind viele Dinge beschieden; ja noch mehr: der gesamten Welt ist er würdig. Er wird Freund genannt und Geliebter, liebt den Allgegenwärtigen und liebt die Mitgeschöpfe, erfreut den Allgegenwärtigen und erfreut die Mitgeschöpfe. Und sie bekleidet ihn mit Sanftmut und Ehrfurcht; und sie befähigt ihn, bewährt und fromm, rechtschaffen und beständig zu sein; und sie hält ihn von der Verfehlung fern und bringt ihn der Würdigkeit nahe, so daß Menschen durch ihn an Rat und Hilfe, Einsicht und Stärke gewinnen, denn es heißt:[743] *Mein ist Rat und Hilfe, ich bin Einsicht, mein ist Stärke.* Und sie gibt ihm Königtum, Herrschaft und Rechtsfindung; und die Geheimnisse der Weisung werden ihm offenbart; und er wird einer Quelle gleichgemacht, die nicht versiegt, und einem Flusse gleich, der immer ergiebiger fließt. Er aber sei bescheiden und langmütig, verzeihe, wenn er geschmäht wird, so erhebt sie ihn und erhöht sie ihn über alles, was gemacht wurde.

Rabbi Jehoschua, Levis Sohn, sagte: Tag für Tag geht vom Berg Horeb eine Art Stimme aus, die verkündigt und spricht: Wehe den Geschöpfen ob der Schmähung der Weisung! Denn jeder, der sich nicht mit der Weisung beschäftigt, wird ein Getadelter genannt, denn es heißt:[744] *Ein goldner Reif im Rüssel eines Schweins – so ist eine schöne und geschmacklose Frau.*

Weiter sagt die Schrift:[745] *Und die Tafeln sind Gottes Werk, und die Schrift ist Gottes Schrift, eingelassen in die Tafeln.* Lies nicht:[746] *eingelassen*, sondern: *freigelassen*! Denn es gibt für

742 Der »Abschnitt von der Erwerbung der Weisung«, gelegentlich auch »Abschnitt von Rabbi Meïr« genannt, gehörte anfänglich nicht zum Traktat »Sprüche der Väter«, sondern ist erst später angehängt worden (dazu Anmerkung 738).

743 Sprüche 8,*14;* so spricht die Weisheit (Gottes).

744 Sprüche 11,*22.*

745 2. Mose 32,*16.*

746 Die Übersetzung versucht das Wortspiel des talmudischen Textes nachzubilden, wo durch andere Vokalisierung, aber unter Beibehaltung des gleichen Konsonantenbestandes, diese Bedeutungsverschiebung erwirkt wird. Wörtlich heißt es: »eingegraben« (in Stein gehauen) und »Freiheit«. Gemeint ist, etwa in der Umkehrung eines Wortes wie 2. Korinther 3,*6b f.*: Der Buchstabe des Gebotes, auf den Tafeln geschrieben, schenkt denen, die das Geheiß erfüllen, die rechte Freiheit.

dich keinen Freien, außer dem, der sich mit dem Studium der Weisung beschäftigt. Denn jeder, der sich mit der Weisung beschäftigt, siehe, dieser wird erhoben, denn es heißt:[747] *Vom Geschenk zum Gotteserbe und vom Gotteserbe zu den Höhen.*

Und: Wer von seinem Gefährten einen einzigen Abschnitt lernt oder eine einzige Lebensregel oder einen einzigen Schriftvers oder einen einzigen Spruch oder sogar nur einen einzigen Buchstaben, der hat es nötig, diesem Ehre zu erweisen. Denn so finden wir es bei David, dem König Israels, daß er von Ahitophel einzig und allein zwei Dinge lernte[748] und ihn doch seinen Meister, seinen Vertrauten und seinen Bekannten nannte, denn es heißt:[749] *Ja, du bist ein Mensch, mir gleichwert, mein Vertrauter und mein Bekannter.* Handelt es sich dabei nicht etwa um einen Schluß vom Leichteren aufs Schwerere? Was war es doch bei David, dem König Israels? Daß er von Ahitophel einzig und allein zwei Dinge lernte und ihn doch seinen Meister, seinen Vertrauten und seinen Bekannten nannte. Um wieviel mehr gilt von dem, der von seinem Gefährten einen einzigen Abschnitt lernt oder eine einzige Lebensregel oder einen einzigen Schriftvers oder einen einzigen Spruch oder sogar nur einen einzigen Buchstaben, daß er es nötig hat, diesem Ehre zu erweisen. Ehre meint aber nichts anderes als Weisung, denn es heißt:[750] *Ehre ererben die Weisen* und: *Die Beständigen ererben Gutes. Gutes* meint aber nichts anderes als Weisung, denn es heißt:[751] *Ja, Gutes gebe ich euch; meine Weisung verlasset nicht.*

So ist der Weg der Weisung: Das Stück Brot sollst du mit Salz essen, *und das Wasser sollst du nach Maß trinken,*[752] auf der Erde sollst du schlafen, und ein Leben der Entbehrung sollst du führen und dich um die Weisung mühen. Und wenn du also

747 4. Mose 21,*19*. Die Ortsnamen des biblischen Berichtes werden im Talmud so verstanden, als ob es sich um gewöhnliche Hauptworte handelte. Dadurch ergibt sich der oben wiedergegebene Sinn.

748 Dazu 2. Samuel 15,*12*. Spätere Auslegung definierte diese »zwei Dinge« als gemeinsames Studium und als gemeinsamen Gottesdienstbesuch.

749 Psalm 55,*14*. Psalm 55 ist David zugeschrieben.

750 Sprüche 3,*35a* und Sprüche 28,*10c*.

751 Sprüche 4,*2*.

752 Hesekiel 4,*11*.

tust – *Wohl dir, du hast es gut!*[753] *Wohl dir* – in der hiesigen Welt; *du hast es gut* – in der kommenden Welt.

Erbitte keine Größe für dich selbst und begehre keine Ehre. Tu mehr als du lernst.[754] Und laß dich nicht gelüsten nach dem Tische der Mächtigen; denn dein Tisch ist größer als ihr Tisch, und deine Krone ist größer als ihre Krone,[755] da dein Arbeitgeber treu ist, der dir den Lohn für dein Werk auszahlen wird.

Größer als das Priestertum und als das Königtum ist die Weisung, denn das Königtum wird durch dreißig Vorrechte erworben[756] und das Priestertum durch vierundzwanzig,[757] die Weisung aber wird durch achtundvierzig Dinge erworben.[758] Und diese sind es: Durch Studium, durch Horchen mit dem Ohr, durch Formung mit den Lippen,[759] durch Einsicht des Herzens, durch Verstand des Herzens, durch Scheu, durch Ehrfurcht, durch Sanftmut, durch Freude, durch Dienst an Weisen,[760] durch Erörterung mit Kollegen, durch Disputationen der Schüler, durch Überlegung, durch Bibellesen, durch Mischnalernen, durch Mäßigung im Handel, durch Mäßigung im Schlaf, durch Mäßigung im Vergnügen, durch Mäßigung im Scherz, durch Mäßigung in Berufsdingen, durch Langmut, durch ein gütiges Herz, durch die Beständigkeit der Weisen,[761] durch Hinnahme der Züchtigungen; wer seinen Platz kennt, wer sich an seinem Teil

753 Psalm 128,*2*.

754 So heißt es in den gängigen Ausgaben. Manche Texte aber lauten: »und begehre keine Ehre, die mehr als dein Lernen wäre.«

755 Die Krone der Weisung überragt alles. Die Weisung erhält den, der sie lernt und tut.

756 Dazu 1. Samuel 8,*10–17*. Zu dem hier Aufgezählten kam noch eine Reihe weiterer Vorschriften, von denen im Traktat Sanhedrin berichtet wird.

757 Es gab insgesamt 24 Abgaben an die Priester; dazu 4. Mose 18,*8–19*.

758 In den einzelnen Ausgaben sind die verschiedenen Eigenschaften, die von den Studierenden gefordert sind, in verschiedener Weise zusammengenommen, jedoch immer so, daß sich die Zahl 48 ergibt.

759 Das laute Lernen ist im Judentum zur selbstverständlichen Grundforderung geworden: Der Lehrer spricht seinen Schülern alles laut vor, und die Schüler sprechen ihrem Lehrer das Gehörte laut nach; das Ungefähre und Ungeformte hat hier keinen Raum.

760 Zur Ausbildung eines Gelehrten gehörte es, daß er einige Zeit bei einem der Meister diente.

761 Nach manchen ist hier zu übersetzen: »durch das Vertrauen zu den Weisen«.

freut, wer einen Zaun für seine Worte macht, wer sich selbst nichts zugute hält, geliebt ist, den Allgegenwärtigen liebt, die Mitgeschöpfe liebt, das Almosengeben liebt, die Vermahnungen liebt, die Aufrichtigkeit liebt, sich fernhält von der Ehrung, sein Herz bei seinem Studium nicht dreist werden läßt, sich nicht auf ein Lehramt freut, am Joch mitsamt seinem Gefährten trägt, dessen vorteilhafteste Seite überwiegen läßt, ihm in der Wahrheit zu stehen verhilft, ihm im Frieden zu stehen verhilft, der sein Herz durch Studium stillt, fragt und antwortet, hört und hinzufügt,[762] der lernt mit der Absicht, es zu lehren, der lernt mit der Absicht, es zu tun, der seinen Lehrer weise macht, der genau auf das achtet, was er gehört hat und einen Ausspruch tut im Namen dessen, der ihn gesagt hat. Du hast doch gelernt, daß jeder, der einen Ausspruch tut im Namen dessen, der ihn gesagt hat, Erlösung für die Welt bringt, denn es heißt:[763] *Und Esther redete davon im Namen Mordechais zum König.*

Groß ist die Weisung, denn sie gibt denen, die sie tun, Leben in der hiesigen Welt und in der kommenden Welt, denn es heißt:[764] *Denn sie sind Leben denen, die sie finden, und Heilung für all sein Fleisch.* Weiter sagt die Schrift:[765] *Heilung wird sie für deinen Leib sein und ein Labetrunk für deine Glieder.* Weiter sagt die Schrift:[766] *Ein Baum des Lebens ist sie denen, die sie ergreifen, und wer sie festhält, ist beglückt.* Weiter sagt die Schrift:[767] *Ein liebliches Gewinde sind sie für dein Haupt und Schmuckkettchen für deinen Hals.* Weiter sagt die Schrift:[768] *Deinem Haupt gibt sie ein liebliches Gewinde, beschert dir ein prächtiges Diadem.* Weiter sagt die Schrift:[769] *Dauer der Tage ist in ihrer Rechten, in ihrer Linken Reichtum und Ehre.* Weiter

762 Der Gehörtes aufnimmt und selbständig weiterführt.

763 Esther 2,*22*. Indem sich Esther auf Mordechais Worte berief, schuf sie Erlösung für die bedrängte jüdische Gemeinde in Persien.

764 Sprüche 4,*22*. Die Worte der Weisheit werden im Talmud mit den Worten der Weisung gleichgesetzt.

765 Sprüche 3,*8*.

766 Sprüche 3,*18*.

767 Sprüche 1,*9*.

768 Sprüche 4,*9*.

769 Sprüche 3,*16*.

sagt die Schrift:[770] *Denn Dauer der Tage und Jahre des Lebens und Frieden werden sie dir mehren.*

Rabbi Schimon, Menasjas Sohn, sagt im Namen von Rabbi Schimon, Jochais Sohn: Schönheit und Kraft und Reichtum und Ehre und Weisheit und Alter und Graualter und Kindersegen geziemt den Bewährten und geziemt der Welt, denn es heißt:[771] *Ein prächtiges Diadem ist das Graualter, auf dem Wege der Bewährung wird's erlangt.* Weiter sagt die Schrift:[772] *Ein Diadem der Ältesten sind Kindeskinder, und eine Pracht der Kinder sind ihre Väter.* Weiter sagt die Schrift:[773] *Der Jünglinge Pracht ist ihre Kraft, und Grauhaar ist ein Schmuck der Ältesten.* Weiter sagt die Schrift:[774] *Der Mond errötet, und die Glutsonne verblaßt, denn der Herr der Heere tritt die Königsherrschaft an auf dem Berge Zion und in Jerusalem, und vor seinen Ältesten ist Ehre.* Rabbi Schimon, Menasjas Sohn, sagt: Diese sieben Eigenschaften,[775] welche die Weisen für die Bewährten aufgezählt haben, verwirklichten sich alle an Rabbi und an seinen Söhnen.

Rabbi Jose, Kismas Sohn, sagte: Ich ging einmal des Weges, da begegnete mir ein Mensch und entbot mir den Friedensgruß, und ich erwiderte ihm den Friedensgruß. Er sagte zu mir: Meister, von welchem Ort bist du? Ich sagte zu ihm: Aus einer großen Stadt von Weisen und Schriftkundigen bin ich. Er sagte zu mir: Meister, gefällt es dir, bei uns an unserem Orte zu wohnen, ich würde dir tausendmal tausend Golddenare,[776] Edelsteine und Perlen geben. Ich sagte zu ihm: Mein Sohn, wenn du mir auch alles Silber und Gold und alle Edelsteine und Perlen der Welt geben würdest, ich will nur an einem Orte der Weisung wohnen, weil in der Stunde des Abscheidens eines Menschen ihn nicht Silber und nicht Gold, nicht Edelsteine und nicht Perlen

770 Sprüche 3,*2*.

771 Sprüche 16,*31*. »Graualter« meint zunächst: »Grauhaar«.

772 Sprüche 17,*6*.

773 Sprüche 20,*29*.

774 Jesaja 24,*23*.

775 Daß es sich bei der vorhergehenden Aufzählung tatsächlich um acht Gaben handelt, ist verschieden erklärt worden, etwa so, daß mit »Schönheit« alle übrigen zusammengefaßt seien.

776 Ein Golddenar entspricht 24 Silberdenaren.

begleiten, sondern Weisung und gute Taten allein, denn es heißt:[777] *Wenn du dich ergehst, leitet sie dich, wenn du dich legst, wacht sie über dir, und wenn du erwachst, ist sie mit dir im Gespräch. Wenn du dich ergehst, leitet sie dich* – in der hiesigen Welt; *wenn du dich legst, wacht sie über dir* – im Grab; *und wenn du erwachst, ist sie mit dir im Gespräch* – in der kommenden Welt. Und so steht es auch im Buche der Psalmen durch David, den König Israels, geschrieben:[778] *Die Weisung deines Mundes ist mir lieber als Tausende Goldes und Silbers.* Weiter sagt die Schrift:[779] *Mir gehört das Silber, und mir gehört das Gold – Spruch des Herrn der Heere.*

Fünf Erwerbungen erwarb sich der Heilige, gelobt sei er, in seiner Welt. Und diese sind es:[780] Die Weisung ist eine Erwerbung, Himmel und Erde sind eine Erwerbung, Abraham ist eine Erwerbung, Israel ist eine Erwerbung, und das Heiligtum ist eine Erwerbung.

Die Weisung ist eine Erwerbung. Woher haben wir dies? Es steht nämlich geschrieben:[781] *Der Herr hat mich als Anfang seines Wegs erworben, als vorderstes seiner Werke von je.* Himmel und Erde sind eine Erwerbung. Woher haben wir dies? Es heißt nämlich:[782] *So spricht der Herr: Die Himmel sind mein Stuhl, und die Erde ist meiner Füße Schemel. Was für ein Haus ist's, das ihr für mich bauen wollt, und was für ein Ort meiner Ruhestatt?* Weiter sagt die Schrift:[783] *Wie viel sind deine Werke, Herr! Sie alle hast du in Weisheit gemacht; voll ist die Erde, deine Erwerbung.* Abraham ist eine Erwerbung. Woher haben wir dies? Es steht nämlich geschrieben:[784] *Da segnete er*

777 Sprüche 6,*22*.
778 Psalm 119,*72*.
779 Haggai 2,*8*.
780 Zur Parallele in Pesachim 87a/87b, Seite 157; anders in Pesachim 54a, Seite 68. In der Reihenfolge ihrer Erschaffung sind die verschiedenen »Erwerbungen« hier aufgezählt. Die Weisung wurde vor Himmel und Erde erschaffen, ist darum von Gott und seiner Gemeinde auch für wertvoller erachtet als alles, was später gestiftet worden ist.
781 Sprüche 8,*22*.
782 Jesaja 66,*1*.
783 Psalm 104,*24*.
784 1. Mose 14,*19*, ein Segensspruch Melchisedeks über Abram.

ihn und sagte: Gesegnet, Abram, dem höchsten Gott, der Himmel und Erde erworben hat. Israel ist eine Erwerbung. Woher haben wir dies? Es steht nämlich geschrieben:[785] *Bis hindurchschritt dein Volk, Herr, bis hindurchschritt dieses Volk, das du erworben hast.* Weiter sagt die Schrift:[786] *Den Heiligen, die im Lande sind, und den Edlen, an denen all mein Wohlgefallen ist.* Das Heiligtum ist eine Erwerbung. Woher haben wir dies? Es heißt nämlich:[787] *Das Heiligtum, Herr, das deine Hände gegründet haben.* Weiter sagt die Schrift:[788] *Da brachte er sie zu seinem heiligen Bereich, zu diesem Berge, den seine Rechte erworben hat.*

Und alles, was der Heilige, gelobt sei er, in seiner Welt erschaffen hat, das hat er nur zu seiner Ehre erschaffen, denn es heißt:[789] *Alles, was bei meinem Namen genannt wird – zu meiner Ehre hab ich es erschaffen, es gebildet, ja, es gemacht.* Weiter sagt die Schrift:[790] *Der Herr wird König sein auf ewig und immerdar.* Mischna Awot VI, 1 – VI, 14

WEITERES SPRUCHGUT

Gewißheit

Im Lehrhaus Elias wurde gelehrt: Jeder, der jeden Tag Lebensregeln lernt, kann gewiß sein, daß er ein Kind der kommenden Welt ist, denn es heißt:[791] *Lebenswege – die Welt ist sein.* Lies nicht: *Lebenswege*, sondern: *Lebensregeln*! Nidda 73 a

785 2. Mose 15,*16*.

786 Psalm 16,*3*. »Die Heiligen« bezieht der Autor auf Israel, das Gott zu besitzen, zu erwerben wünscht (»an denen all mein Wohlgefallen ist«).

787 2. Mose 15,*17*.

788 Psalm 78,*54*.

789 Jesaja 43,*7*.

790 2. Mose 15,*18*. – In manchen Handschriften folgt hier noch aus liturgischen Gründen als 15. Mischna der Satz von Rabbi Chanina, Akaschjas Sohn, aus Mischna Makkot III, 16, Seite 257.

791 Habakuk 3,*6*. Dieser unsichere Text bedeutet im biblischen Zusammenhang etwa: »Urzeitliche Pfade sind's ihm.«

Bescheidung

Hast du vieles ergriffen, so hast du nichts ergriffen; hast du weniges ergriffen, so hast du es ergriffen. Chagiga 17 a

Freude aus dem Gebot

Die Einwohnung verweilt nicht, wo Trübsinn ist, und nicht, wo Trägheit ist, und nicht, wo Ausgelassenheit ist, und nicht, wo Leichtsinn ist, und nicht, wo Geschwätz ist, und nicht, wo unnützes Gerede ist, sondern wo ein Antrieb der Freude ist auf Grund von Gebotserfüllung. Schabbat 30 b

Sorget nicht

Rabbi Elieser, der Große, sagt: Jeder, der ein Stück Brot in seinem Korb hat und sagt: Was werde ich morgen essen? – der ist nichts als einer von den Kleingläubigen. Sota 48 b

Von den Kraftlosen

Drei Dinge schwächen die Kraft eines Menschen, und das sind sie: Schrecken, Weg und Schuld. Schrecken, denn es steht geschrieben:[792] *Mein Herz pocht, verlassen hat mich meine Kraft.* Weg, denn es steht geschrieben:[793] *Er hat meine Kraft auf dem Wege gebeugt.* Schuld, denn es steht geschrieben:[794] *Gestrauchelt ist meine Kraft durch meine Schuld.* Gittin 70 a

Von den Unwürdigen

Raw Jirmeja, Abbas Sohn, sagte: Vier Gruppen empfangen das Angesicht der Einwohnung nicht: Die Gruppe der Spötter, die Gruppe der Heuchler, die Gruppe der Lügner und die Gruppe derer, die böse Nachrede sagen. Die Gruppe der Spötter, denn es steht geschrieben:[795] *Er entzieht seine Hand den Spöttern.* Die

792 Psalm 38,*11*.
793 Psalm 102,*24*.
794 Psalm 31,*11*.
795 Hosea 7,*5*.

Gruppe der Heuchler, denn es steht geschrieben:[796] *Denn vor sein Angesicht kommt kein Heuchler.* Die Gruppe der Lügner, denn es steht geschrieben:[797] *Wer Lügen redet, kann vor meinen Augen nicht aufrecht bleiben.* Und die Gruppe derer, die böse Nachrede sagen, denn es steht geschrieben:[798] *Denn du bist nicht ein Gott, der Lust hat am Frevel; ein Böser darf nicht bei dir wohnen.* Gerecht bist du, Herr, ein Böser darf nicht wohnen in deiner Wohnung. Sota 42 a

Der ins Verborgene sieht

Raw Jehuda sagte, Raw habe gesagt: Wo immer die Weisen etwas des Anscheins wegen verboten haben – sogar im allerhintersten Zimmer ist es verboten. Schabbat 146 b

Gesegnetes Leiden

Rabbi Awahu sagte: Immerdar gehöre ein Mensch zu den Verfolgten und nicht zu den Verfolgern. Denn du hast unter Vögeln keine, die mehr verfolgt wären als Turteltauben und Jungtauben; und diese hat die Schrift[799] für den Altar geeignet gemacht. Bawa kamma 93 a

Die Kraft des Leidens

Unsere Meister lehrten: Die gedemütigt werden und nicht demütigen, die ihre Schmähungen anhören und nicht erwidern, die aus Liebe handeln und sich über ihre Leiden freuen – über sie sagt die Schrift:[800] *Die ihn lieben, sind wie der Aufgang der Sonne in ihrer Gewalt.* Schabbat 88 b

796 Hiob 13,*16*.
797 Psalm 101,*7*.
798 Psalm 5,*5*.
799 Nach 3. Mose 1,*14* sind diese beiden Taubenarten die einzigen Vögel, die als Opfer dargebracht werden.
800 Richter 5,*31*.

Ernst, mit Heiterem gewürzt

Wenn immer Rabba begann, sagte er zu den Schülern etwas Heiteres, und die Schüler wurden erheitert. Schließlich saß er ehrfürchtig da und begann mit dem Lehrvortrag.

Schabbat 30 b

Vom Himmelskreis

Unsere Meister lehrten: Die Weisen Israels sagen: Der Himmelskreis steht fest, und die Gestirne bewegen sich; und die Weisen der Völker der Welt sagen: Der Himmelskreis bewegt sich, und die Gestirne stehen fest. Rabbi sagte: Eine Entgegnung auf ihre Worte ist, daß wir seit Menschengedenken den Wagen nicht im Süden und den Skorpion nicht im Norden gefunden haben. Raw Acha, Jaakows Sohn, wandte gegen ihn ein: Aber vielleicht ist es wie bei der Achse eines Mühlsteins oder auch wie bei der Angel einer Tür.[801]

Die Weisen Israels sagen: Bei Tag läuft die Glutsonne unterhalb des Firmaments und bei Nacht oberhalb des Firmaments. Und die Weisen der Völker der Welt sagen: Bei Tag läuft die Glutsonne unterhalb des Firmaments und bei Nacht unterhalb der Erde. Rabbi sagte: Ihre Worte sind einleuchtender als unsere Worte, denn bei Tag sind die Quellen kalt und bei Nacht warm.

Rabbi Natan sagt: In den Tagen der Glutsonne[802] läuft die Glutsonne auf der Höhe des Firmaments, deshalb ist die gesamte Welt warm, und die Quellen sind kalt; in den Tagen der Regen[803] läuft die Glutsonne am Saum des Firmaments, deshalb ist die gesamte Welt kalt, und die Quellen sind warm.

Pesachim 94 b

801 Wie bei der Tür die Angel, so steht bei einer antiken Mühle die Achse in der Mitte des Mahltroges fest. Um sie als den Mittelpunkt wird mit einer Stange der Mühlstein gerollt.

802 Im Sommer.

803 Im Winter.

Von einem Kometen

Als Rabban Gamliel und Rabbi Jehoschua mit einem Schiff reisten, hatte Rabban Gamliel Brot bei sich, Rabbi Jehoschua hatte Brot und Mehl bei sich. Als Rabban Gamliel das Brot ausging, verließ er sich auf Rabbi Jehoschuas Mehl. Er sagte zu ihm: Wußtest du denn, daß es all diese Verzögerungen gibt, weil du Mehl mitgebracht hast? Er sagte zu ihm: Einmal in siebzig Jahren steigt ein Stern herauf und führt die Schiffe irre. Da sagte ich mir: Vielleicht steigt er herauf und führt uns irre. Er sagte zu ihm: So viel kannst du und gehst auf ein Schiff![804] Er sagte zu ihm: Während du dich über mich wunderst, wundere ich mich über zwei Schüler, die du an Land hast, Rabbi Elasar Chisma und Rabbi Jochanan, Gudgadas Sohn, die abzuschätzen verstehen, wieviel Tropfen es im Meer gibt, die aber kein Stück Brot zu essen haben und kein Gewand, sich zu kleiden. Er schenkte dem Aufmerksamkeit, um sie zu Vorsitzenden zu machen.[805] Als er aufs Festland stieg, schickte er nach ihnen, aber sie kamen nicht. Wiederum schickte er nach ihnen; da sie kamen, sagte er zu ihnen: Bildet ihr euch denn ein, daß ich euch Herrschaft gebe – Dienst gebe ich euch, denn es heißt:[806] *Da sagten sie zu ihm: Wenn du heute Diener sein wirst für dieses Volk.*

Horajot 10 a/10 b

Von Sonnen- und Mondfinsternis

Unsere Meister lehrten: Wenn sich die Glutsonne verfinstert, so ist das ein böses Zeichen für die Völker der Welt, verfinstert sich der Mond, so ist das ein böses Zeichen für die Hasser Israels,[807] weil Israel nach dem Mond rechnet[808] und die Völker

804 Rabban Gamliel wunderte sich, daß ein Mann so großer Gelehrsamkeit wie Rabbi Jehoschua seinen Broterwerb durch Reisen finden mußte.

805 Er wollte ihnen ein Gemeindeamt geben, das sie ernähren könne; aber sie waren dann zu bescheiden, es gleich anzunehmen.

806 1. Könige 12,7; ein Rat der Ältesten an König Rehabeam.

807 »Die Hasser Israels« ist eine kakophemistische Umschreibung für Israel; das böse Zeichen soll nicht berufen werden.

808 In Israel wurden die Monate nach dem Mondlauf berechnet, aber dem Sonnenlauf entsprechend wurde jeweils interkaliert.

der Welt nach der Glutsonne. Verfinstert sie sich im Osten, so ist das ein böses Zeichen für die Bewohner des Ostens; im Westen, so ist das ein böses Zeichen für die Bewohner des Westens; in der Mitte des Firmaments, so ist das ein böses Zeichen für die gesamte Welt. Gleicht ihr Angesicht dem Blut, so kommt das Schwert über die Welt; einem Sackgewand, so kommen die Pfeile des Hungers über die Welt; diesem und jenem, so kommen das Schwert und die Pfeile des Hungers. Verfinstert sie sich bei ihrem Untergang, so zögert das Unglück zu kommen; bei ihrem Aufgang, so eilt es zu kommen. Es gibt aber solche, die sagen: Die Sache ist umgekehrt. Und du hast kein einziges Volk, dessen Götter sich nicht zugleich mit ihr verfinstern, wenn sie sich verfinstert, denn es heißt:[809] *An allen Göttern Ägyptens will ich Gerichte vollziehen.* Solange aber Israel den Willen des Allgegenwärtigen tut, braucht sich's vor all dem nicht zu fürchten, denn es heißt:[810] *So spricht der Herr: Zum Weg derer aus den Völkern laßt euch nicht belehren, und von den Zeichen des Himmels laßt euch nicht schrecken, mögen sich denn die aus den Völkern von ihnen schrecken lassen* – ja, die aus den Völkern mögen sich schrecken lassen, Israel aber soll sich nicht schrecken lassen! Sukka 29 a

Erdkundliches

Raw Jehuda sagte, Raw habe gesagt: Der Jordan entspringt der Höhle von Paneas.[811] So wird auch gelehrt: Der Jordan entspringt der Höhle von Paneas und fließt durch das Meer von Siwki und durch das Meer von Tiberias; dann schlängelt er sich hinab zum großen Meer,[812] dann schlängelt er sich hinab, bis er

809 2. Mose 12,*12*.
810 Jeremia 10,*2*.
811 Das alte Cäsarea Philippi im Norden Galiläas.
812 Auch Josephus beschreibt den Ursprung des Jordan bei Panium und seinen Verlauf durch die Sümpfe und Niederungen des Semechonitis-Sees und durch den See Genezareth (See von Tiberias), seinen langen Weg durch Wüstengebiete bis hin zum Asphalt-See (Totes Meer, Meer von Sodom), einer trostlosen und unheimlichen Gegend. Die Wasser des Toten Meeres, das etwa 400 m unter der Meereshöhe (NN) liegt, haben keinen Abfluß, sondern verdunsten in der großen Hitze.

zum Maule des Lindwurms gelangt,[813] wie es heißt:[814] *Er ist zufrieden, wenn ihm der Jordan ans Maul dringt.* Rawa, Ulas Sohn, wandte gegen ihn ein: Dies steht vom Urgetier auf dem Tausendgebirge geschrieben. Aber, sagte Rawa, Ulas Sohn, wann ist denn das Urgetier auf dem Tausendgebirge zufrieden? Solange dem Lindwurm der Jordan ins Maul dringt.

Als Raw Dimi kam, sagte er im Namen Rabbi Jochanans: Was bedeutet es, daß geschrieben steht:[815] *Er hat es über Meere gegründet und es über Strömen befestigt*? Das sind die sieben Meere und die vier Ströme, die das Land Israel umgeben. Und dies sind die sieben Meere: Das Meer von Tiberias, das Meer von Sodom und das Meer von Cheilat, das Meer von Chulta, das Meer von Siwki, das Meer von Paneas und das große Meer.[816] Und dies sind die vier Flüsse:[817] Der Jordan, der Jarmuk, der Kramjon und der Piga. Bawa batra 74 b

Das Land, wo Milch und Honig fließt

Raw Chija, Addas Sohn, war Bibellehrer der kleinen Kinder von Resch Lakisch. Einst machte er drei Tage Ferien und kam nicht. Als er kam, sagte er zu ihm:[818] Warum hast du Ferien gemacht? Ein Weinspalier hat mir mein Vater hinterlassen. Ich las von ihm am ersten Tag dreihundert Trauben; jede Traube gab einen großen Tonkrug. Am zweiten Tag las ich dreihundert Trauben; zwei Trauben gaben einen großen Tonkrug. Am dritten Tag las ich von ihm dreihundert Trauben; drei Trauben

813 Zu »Lindwurm«, einem mythischen See-Ungeheuer: etwa Jesaja 27,*1*.

814 Hiob 40,*23*.

815 Psalm 24,*2*. Im Psalm ist das feste Land ganz allgemein, im talmudischen Zusammenhang aber ist das Land Israel allein gemeint.

816 Zuerst werden die drei großen Seen im Osten des Landes von Norden nach Süden aufgezählt: Genezareth-See, Totes Meer und Rotes Meer, hier nach dem Golf von Eilat (Cheilat) genannt; dann folgen drei Seen nördlich des Genezareth-Sees im Chulegebiet; »das große Meer« bedeutet hier: Mittelmeer.

817 Es ist vermutet worden, daß auch Kramjon und Piga Nebenflüsse des Jordan seien wie der Jarmuk, der kurz nach dessen Ausfluß aus dem Genezareth-See von Osten herkommend in diesen einmündet.

818 Resch Lakisch stellte Raw Chija, Addas Sohn, wegen dieses Versäumnisses zur Rede.

gaben einen großen Tonkrug. Und mehr als die Hälfte gab ich preis. Er sagte zu ihm: Wenn du nicht Ferien gemacht hättest,[819] so hätte es noch mehr getragen.

Rami, Jecheskels Sohn, traf in Bne Brak ein,[820] wo er Ziegen unter Feigenbäumen fressen sah und wo Honig von den Feigenbäumen tropfte und Milch von ihnen getropft war und diese sich miteinander vermischten. Er sagte: Dies ist,[821] *wo Milch und Honig fließt.*

Rabbi Jaakow, Dostais Sohn, sagte: Von Lud nach Ono[822] sind es drei Meilen. Einmal stand ich im Morgengrauen auf und ging bis zu den Knöcheln in Feigenhonig.

Resch Lakisch sagte: Ich für mein Teil sah, *wo Milch und Honig fließt* bei Sepphoris;[823] und es waren sechzehn Meilen auf sechzehn Meilen.

Rabba, Chanas Sohnessohn, sagte: Ich für meinen Teil sah, *wo Milch und Honig fließt* im ganzen Land Israel, und es war wie von Be-Mikse bis zur Burg Tulbanki,[824] von zweiundzwanzig Parasangen Länge und von sechs Parasangen Breite.

Ketubbot 111 b/112 a

Geheimnisvolles aus dem Reich der Natur

Es wird nämlich gelehrt: Eine männliche Hyäne[825] wird nach sieben Jahren zu einer Art Fledermaus; diese Fledermaus wird nach sieben Jahren zu einer Art Vampir; dieser Vampir wird

819 Hätte er seine Pflichten als Lehrer nicht versäumt, so wäre der Ertrag des Weinspaliers noch größer gewesen. Das zeigte sich daran, daß mit jedem weiteren Tag des Versäumnisses auch der Erntesegen abnahm.

820 Bne Brak nordöstlich von Jaffa gelegen, wurde im ersten und zweiten nachchristlichen Jahrhundert zu einem Gelehrtenzentrum, besonders bekannt als Ort der Akademie Rabbi Akiwas.

821 2. Mose 3,8 und von da ab oft, besonders im 4. und im 5. Buch Moses.

822 Die beiden Orte sind ebenfalls in der fruchtbaren Küstenebene östlich Jaffa gelegen.

823 Im galiläischen Bergland nahe Nazareth.

824 Orte in Babylonien. – Eine Parasange ist eine persische Meile, etwa 5,5 km.

825 Die männliche Hyäne galt im Altertum auch bei anderen Völkern als ein Tier, das häufig seine Gestalt wechsle und daher verschiedene Namen hatte.

nach sieben Jahren zu einer Art Chamäleon;[826] dieses Chamäleon wird nach sieben Jahren zu einer Art Dornschlange; diese Dornschlange wird nach sieben Jahren zu einer Art Schrat. Das Rückgrat eines Menschen wird nach sieben Jahren zu einer Art Schlange; siehe, dies gilt aber nur, wenn es sich beim »Wir danken«[827] nicht verbeugt hat. Bawa kamma 16 a

Medizinisches

Von wo aus haben sie gemessen?[828] Worin unterscheiden sie sich? Der eine meint: Des Lebens Ursprung liegt in der Nase; und der andere meint: Des Lebens Ursprung liegt im Nabel. Es ist zu sagen, dies sei wie bei den folgenden Mischnalehrern: Von wo aus bildet sich das Embryo? Von seinem Kopf aus; und ebenso sagt die Schrift:[829] *Von meiner Mutter Leib hast du mich abgetrennt;* und weiter sagt die Schrift:[830] *Trenn ab dein Weihehaar und wirf es fort* ... Abba Schaul sagt: Von seinem Nabel aus, und es breitet seine Wurzeln weiter und weiter aus.

Du kannst es sogar von Abba Schaul sagen,[831] denn Abba Schaul hat das nur in bezug auf die Embryobildung gesagt; wenn sich nämlich ein Embryo bildet, so bildet er sich von der Mitte aus. Aber in bezug auf das Leben ist alles darüber einig,

826 Die Bedeutung der meisten dieser Tiernamen ist unsicher.

827 Mit »Wir danken« beginnt der vorletzte Segensspruch des Achtzehngebetes. Fromme Juden verbeugen sich bei diesem Gebet. Zum Achtzehngebet: Seite 471 ff.

828 In diesem Satz aus der vorangehenden Mischna geht es um die Frage, welche Stadt für einen auf freiem Feld gefundenen Erschlagenen das Opfer darzubringen habe; dazu 5. Mose 21,*1–9*. Wenn er genau zwischen zwei Orten liegt, ist wichtig, von welchem Körperteil aus gemessen werden soll. Eine Meinung ist, daß vom Nabel, die andere, daß von der Nase aus zu messen sei. – Weiteres zur Medizin im Abschnitt Krankheit, Seite 526 ff.

829 Psalm 71,*6*.

830 Jeremia 7,*29*. – Aus dem Gleichklang am Ende des ersten und am Beginn des zweiten Schriftzitates wird herausgehört, daß die Bildung des Embryos an derselben Stelle beginnt, an der später das Haar geschoren wird, nämlich am Kopf.

831 Abba Schauls Meinung wird als beweiskräftiges Argument für diesen Streit abgelehnt, denn obwohl die Embryobildung am Nabel beginne, sei der Sitz des Lebens in der Nase, und man müsse bei jenem Toten deshalb an der Nase zu messen beginnen.

daß es in der Nase liegt, denn es steht geschrieben:[832] *Alles, was Lebensodem in seiner Nase hat ...* Sota 45 b

Gespräche der Geister

Es geschah einmal, daß ein Frommer einem Armen einen Denar gab.[833] Das war am Vorabend von Neujahr in einem Jahr der Dürre. Da seine Frau ihn darob kränkte, ging er hin und übernachtete in der Gräberstätte.[834] Da hörte er zwei Geister einander erzählen. Der eine sagte zu seinem Gefährten: Mein Gefährte, komm, wir wollen die Welt durchstreifen und hinter dem Vorhang hervor erhorchen, was an Unglück in die Welt kommt.[835] Er sagte zu seinem Gefährten: Ich vermag es nicht, denn ich bin in einer Matte von Rohr begraben.[836] Aber gehe du und sage mir, was du erhorcht hast. Er ging, streifte umher und kam wieder. Sein Gefährte sagte zu ihm: Mein Gefährte, was hast du hinter dem Vorhang hervor erhorcht? Er sagte zu ihm: Ich hörte, daß jeder, der beim ersten Herbstregen sät, vom Hagelschlag betroffen wird. Da ging der Fromme hin und säte erst beim zweiten Herbstregen.[837] Jedermanns Saat wurde betroffen, die seinige wurde nicht betroffen.[838]

Auch im nächsten Jahr ging er hin und übernachtete in der Gräberstätte. Da hörte er jene zwei Geister einander erzählen. Der eine sagte zu seinem Gefährten: Komm, wir wollen die Welt durchstreifen und hinter dem Vorhang hervor erhorchen, was an Unglück in die Welt kommt. Er sagte zu ihm: Mein Gefährte, habe ich es dir nicht schon so gesagt: Ich vermag es nicht, denn ich bin in einer Matte von Rohr begraben. Aber ge-

832 1. Mose 7,22.

833 Denar ist eine römische Münze vom Wert eines halben Schekels.

834 Grabkammern wurden aus dem natürlichen Felsen gehauen; es entstanden Zimmer und Säle unter der Erde, in denen sich auch Lebende aufhalten konnten.

835 Die Wohnung Gottes, wo am Neujahrstag das Schicksal der Welt für das kommende Jahr bestimmt wird, ist wie im Tempel hinter einem Vorhang gedacht.

836 Üblich war es dagegen, die Toten in linnene Tücher zu wickeln.

837 Das ist etwa eine Woche später.

838 Die Frucht war noch nicht groß genug.

he du, komme wieder und sage mir, was du erhorcht hast. Er ging, streifte umher und kam wieder. Sein Gefährte sagte zu ihm: Mein Gefährte, was hast du hinter dem Vorhang hervor erhorcht? Er sagte zu ihm: Ich hörte, daß jeder, der beim zweiten Herbstregen sät, vom Getreidebrand betroffen wird. Da ging der Fromme hin und säte schon beim ersten Herbstregen. Jedermanns Saat wurde brandig, die seinige wurde nicht brandig.[839]

Seine Frau sagte zu ihm: Warum wurde voriges Jahr jedermanns Saat betroffen, und deine wurde nicht betroffen, heuer aber jedermanns Saat brandig und deine nicht brandig? Da erzählte er ihr alle diese Dinge. Man sagte: Nur wenige Tage vergingen, bis ein Zank zwischen der Frau jenes Frommen und der Mutter jenes Mädchens[840] vorfiel. Jene sagte zu ihr: Geh und ich werde dir deine Tochter zeigen; sie ist ja in einer Matte aus Rohr begraben.

Auch im nächsten Jahr ging er hin und übernachtete in der Gräberstätte. Da hörte er jene Geister einander erzählen. Er sagte zu ihm: Mein Gefährte, komm, wir wollen die Welt durchstreifen und hinter dem Vorhang hervor erhorchen, was an Unglück in die Welt kommt. Er sagte zu ihm: Mein Gefährte, laß mich in Ruhe; das Gespräch zwischen mir und dir ist unter den Lebenden erhorcht.

So sind sie also Wissende? Vielleicht ging ein anderer Mensch, der inzwischen entschlafen war, hin und sagte es ihnen.

Brachot 18 b

Aus einem Traumbuch

Unsere Meister lehrten: Fünf Dinge werden von einem Ochsen gesagt:[841] Wer von seinem Fleisch ißt, wird reich; wen er stößt, der wird Söhne haben, die sich der Weisung wegen stoßen; wen er beißt, über den kommen Leiden; wen er tritt, dem steht eine weite Reise bevor; wer auf ihm reitet, steigt zu Größe auf. Es

839 Sie war schon kräftig genug, um der Krankheit widerstehen zu können.
840 Das Mädchen ist gemeint, dessen Geist aus der Rohrmatte gesprochen hatte.
841 In diesem Ausschnitt aus einer längeren Abhandlung über Träume werden zunächst solche gedeutet, die mit einem Ochsen zu tun haben.

wird aber gelehrt: Reitet er auf ihm, so stirbt er. Das ist kein Widerspruch. Im einen Fall reitet er auf dem Ochsen, im andern Fall reitet der Ochse auf ihm.

Wer einen Esel im Traum sieht, der soll auf Hilfe hoffen, denn es heißt:[842] *Siehe, dein König kommt zu dir, bewährt und hilfreich ist er, demütig und reitet auf einem Esel.*

Wer eine Katze im Traum sieht, und zwar an einem Ort, wo man sie Schunara nennt, dem wird ein schönes Lied zuteil; aber an einem Ort, wo man sie Schinra nennt, wird ihm eine böse Veränderung zuteil.[843]

Wer Trauben im Traum sieht, dem bedeuten weiße zur Zeit oder zur Unzeit Gutes,[844] schwarze zur Zeit Gutes, zur Unzeit Böses.

Wer ein weißes Pferd im Traum sieht, dem bedeutet es im Schritt oder im Trab Gutes, ein braunes im Schritt Gutes, im Trab Schweres. Brachot 56 b

Rabbi Chija, Abbas Sohn, sagte: Wer Weizen im Traum sieht, der sieht Frieden, denn es heißt:[845] *Der deinem Gebiet Frieden setzt, der sättigt dich mit dem Fett des Weizens.*

Wer Gerste im Traum sieht, von dem weichen seine Missetaten, denn es heißt:[846] *Gewichen ist deine Missetat und deine Verfehlung bedeckt.* Rabbi Seïra sagte: Ich zog nicht eher von Babylonien nach dem Land Israel hinauf, bevor ich nicht Gerste im Traum geschaut hatte.

Wer einen tragenden Weinstock im Traum sieht, dessen Frau wird keine Mißgeburt haben, denn es heißt:[847] *Deine Frau ist wie ein fruchttragender Weinstock.*

Wer einen Rebzweig im Traum sieht, der soll auf den Messias

842 Sacharja 9,*9*.

843 Die Bezeichnung Schunara klingt im Hebräischen wie »schönes Lied«; Schinra wie »böse Veränderung«.

844 In der Zeit der Reife bedeuten sie Gutes wie zur Zeit, da es keine reifen Trauben gibt.

845 Psalm 147,*14*.

846 Jesaja 6,7. Im Hebräischen klingt der Anfang des Bibelzitats wie das Wort Gerste.

847 Psalm 128,*3*.

hoffen, denn es heißt:[848] *Er bindet sein Füllen an den Weinstock und an den Rebzweig das Junge seiner Eselin.* Brachot 57 a

Fragen und ihre verschiedenen Antworten

Rabbi Chija, Abbas Sohn, und Rabbi Assi saßen vor Rabbi Jochanan, und Rabbi Jochanan saß da und schlummerte. Rabbi Chija, Abbas Sohn, sagte zu Rabbi Assi: Warum ist das Geflügel in Babylonien so fett?[849] Er sagte zu ihm: Wende dich der Steppe von Gaza zu,[850] so zeige ich dir noch fettere als diese. Warum sind die Feste in Babylonien so fröhlich? Darum, weil sie dort arm sind. Warum sind die Gelehrten in Babylonien so ausgezeichnet?[851] Weil sie sich die Weisung nicht angeeignet haben. Warum sind die aus den Völkern so schmutzig?[852] Darum, weil sie Ekeltiere und Kriechtiere essen.[853]

Als Rabbi Jochanan davon erwachte, sagte er zu ihnen: Kinder! Habe ich nicht so zu euch gesagt:[854] *Sage zur Weisheit: Du bist meine Schwester*? Wenn dir die Sache so klar ist wie dies, daß dir deine Schwester verboten ist, so sage sie; wenn aber nicht, so sage sie nicht. Sie sagten zu ihm: Will uns der Herr nun einiges davon sagen:

Warum ist das Geflügel in Babylonien so fett? Darum, weil es nicht verbannt worden ist, denn es heißt:[855] *Sorglos war Moab von Jugend auf, stille lag es auf seinen Hefen . . . in die Verban-*

848 1. Mose 49,*11*.
849 Nach dieser Meinung soll dort das Geflügel fetter sein als im Land Israel.
850 Gaza liegt an der Mittelmeerküste.
851 Die babylonischen Gelehrten waren durch ihre Kleidung vor anderen ausgezeichnet.
852 In manchen Texten heißt es: »die Sternenanbeter«. »Schmutzig« ist hier übertragen gebraucht im Sinne von unkeusch, zuchtlos.
853 Dazu 3. Mose 7,*21*, besonders 3. Mose 11.
854 Sprüche 7,*4*.
855 Jeremia 48,*11*. Der Satzteil, der ausgelassen wurde, ist als bekannt vorausgesetzt und zu ergänzen; er heißt: »ward nicht geleert von Gefäß in Gefäß«. – »Moab« steht hier für die Völker des Ostens, die nicht im Exil gewesen sind und die deshalb auch nicht die körperlichen Leiden der Verbannung auf sich nehmen und ertragen mußten. Der zitierte Vers geht nämlich weiter: »Daher haftet an ihm sein Geschmack, sein Duft hat sich nicht geändert.«

nung mußte es nicht weggehen. Woher haben wir aber, daß es von hier verbannt worden ist?[856] Es wird nämlich gelehrt: Rabbi Jehuda sagt: Zweiundfünfzig Jahre lang durchzog niemand Judäa, denn es heißt:[857] *Über die Berge hin hebe ich Weinen und Wehgesang an ...; vom Geflügelten unter dem Himmel bis zum Getier sind sie geflohen, weggegangen. Getier* hat den Zahlenwert zweiundfünfzig.[858] Rabbi Jaakow sagte, Rabbi Jochanan habe gesagt: Alle kehrten zurück, ausgenommen der spanische Thunfisch. Raw sagte nämlich: Die Kanäle Babyloniens bringen die Wasser zur Quelle Etam zurück;[859] aber da dieser Fisch doch kein festes Rückgrat hat, konnte er nicht heraufkommen.

Warum sind die Feste in Babylonien so fröhlich? Darum, weil sie nicht unter jenem Fluche waren, denn es steht geschrieben:[860] *Ich mache ein Ende all ihrer Lust, ihrem Feiern, ihrem Neumond und ihrem Schabbat und all ihrer Festzeit.* Weiter steht geschrieben:[861] *Eure Neumonde und eure Festzeiten haßt meine Seele, sie sind mir zur Last geworden.* Was bedeutet: *sie sind mir zur Last geworden*? Rabbi Elasar sagte: Der Heilige, gelobt sei er, sprach: Es ist nicht genug für Israel, daß sie sich vor mir verfehlen, sie belästigen mich auch, indem sie wissen wollen, wel-

856 Dies bezieht sich auf das magere Geflügel im Land Israel.

857 Jeremia 9,*9*. Das ausgelassene Zwischenstück lautet: »und über die Triften der Steppe Klage, denn ausgebrannt sind sie, und niemand zieht durch. Sie hören nicht mehr den Laut der Herde«.

858 Im Hebräischen hat jeder Buchstabe zugleich einen Zahlenwert, der bei dem hebräischen Wort für Getier zweiundfünfzig beträgt. Mit Hilfe dieser Zahldeutung ist Rabbi Jehuda zu seiner Aussage von der 52jährigen Dauer der babylonischen Gefangenschaft gekommen.

859 Die Quelle Etam, von der Jerusalem mit Wasser versorgt wurde, lag südlich von Jerusalem, vielleicht in der Nähe von Bethlehem, und soll nach dem Talmud die höchste Erhebung Israels sein. Es bestand die Vorstellung, daß diese ergiebige Quelle von den reichen Wassern Babyloniens gespeist würde und daß mit diesen Wassern einst auch die Fische aus der babylonischen Gefangenschaft wieder zurückgekommen seien. – Diese ganze Unterhaltung über das Geflügel war wohl ein geistreiches Spiel zur Erholung nach schwerem Studium, ebenso wie viele der folgenden Stücke.

860 Hosea 2,*13*.

861 Jesaja 1,*14*.

ches schwere Verhängnis ich über sie bringen werde. Rabbi Jizchak sagte: Du hast kein einziges Wallfahrtsfest, an dem nicht Einquartierung nach Sepphoris käme.[862] Rabbi Chanina sagte: Du hast kein einziges Wallfahrtsfest, an dem nicht ein Statthalter oder ein hoher Beamter oder ein Zenturio nach Tiberias gekommen wäre.

Warum sind die Gelehrten in Babylonien so ausgezeichnet? Weil sie keine Einheimischen sind.[863] Die Leute sagen nämlich: In der Heimat gilt mein Name, fern der Heimat meine Kleider. *Die aus Jakob kommen, sollen Wurzel schlagen; Israel wird knospen und blühen.*[864] Raw Joseph lehrte: Dies sind die Gelehrten in Babylonien, die für die Weisung Knospen und Blüten machen.

Warum sind die aus den Völkern so schmutzig? Weil sie nicht am Berg Sinai gestanden sind. In der Stunde nämlich, da die Schlange über Eva kam, goß sie Schmutz in sie ein. Von Israel, das am Berg Sinai stand, gilt, daß sein Schmutz ein Ende nahm, und von denen aus den Völkern, die nicht am Berg Sinai standen, gilt, daß ihr Schmutz kein Ende nahm. Raw Acha, Rawas Sohn, sagte zu Raw Aschi: Was ist mit den Proselyten? Er sagte zu ihm: Obgleich diese nämlich nicht da waren, so war doch ihr Schicksal da, denn es steht geschrieben:[865] *Mit dem, der hier ist, heute mit uns vor dem Herrn, unserem Gott, steht, und mit dem, der nicht hier ist.* Das unterscheidet sich aber von der Meinung Rabbi Abbas, Kahanas Sohn. Rabbi Abba, Kahanas Sohn, sagte nämlich: Bis zur dritten Generation nahm der Schmutz bei unseren Vätern kein Ende: Abraham zeugte Ismael, Isaak

862 Sepphoris, in der Nähe von Nazareth, und Tiberias am See Genezareth sind hellenistische Gründungen. – Rabbi Jizchak und Rabbi Chanina bringen Beispiele dafür, wie durch göttliche Fügung die Festfreude im Land Israel gemindert wird.

863 Sie stammen aus dem Israelland.

864 Jesaja 27,*6*.

865 5. Mose 29,*14*. Die Stelle beginnt: »Aber nicht mit euch allein schließe ich diesen Bund und diese Eidgemeinschaft, sondern . . .« – Das bedeutet, daß der Gottesbund am Sinai nicht nur mit den Anwesenden geschlossen wurde, sondern mit allen, die durch Geburt oder Entschluß zukünftig hinzutreten.

zeugte Esau,[866] Jakob zeugte zwölf Stämme, an denen keinerlei Tadel war. Schabbat 145 b/146 a

Von einem, der keine Antwort schuldig blieb

Sie sagten zu ihm:[867] Erzähle uns etwas Erdichtetes! Er sagte zu ihnen: Es war einmal eine Mauleselin, die gebar ein Junges, dem ein Täfelchen umhing, darauf geschrieben stand, daß es vom Hause seines Vaters hunderttausend Sus zu erheben habe.[868] Sie sagten zu ihm: Gebiert denn eine Mauleselin? Er sagte zu ihnen: Das ist eben etwas Erdichtetes!

Wenn das Salz schlecht wird, womit soll man es salzen? Er sagte zu ihnen: Mit der Nachgeburt einer Mauleselin! Gibt es denn die Nachgeburt einer Mauleselin? Und wird denn Salz schlecht?

Baue uns ein Haus im Luftraum! Er sagte den Namen,[869] hing zwischen Firmament und Erde und sagte zu ihnen: Reicht mir Backsteine und Mörtel herauf!

Wo ist die Mitte der Welt? Er hob seine Finger auf und sagte zu ihnen: Hier! Sie sagten zu ihm: Und wer beweist es? Bringet Seile und messet aus!

Wir besitzen eine Grube auf dem Felde; bringe sie herein in die Stadt! Er sagte zu ihnen: Dreht mir Stricke aus Kleie zusammen, dann bringe ich sie herein!

Wir besitzen einen zerbrochenen Mühlstein; flicke ihn! Er sagte: Zieht mir Fäden aus ihm, dann flicke ich ihn damit!

Womit soll man ein Beet aus Messern abhauen? Mit dem Horn eines Esels! Gibt es denn ein Eselshorn? Und gibt es denn ein Messerbeet?

Sie brachten ihm zwei Eier und sagten zu ihm: Welches ist von einer dunklen Glucke, und welches ist von einer hellen

866 Im Unterschied zu den Söhnen Jakobs waren Ismael und Esau nicht erwählt; daran zeigt sich, daß trotz ihrer Frömmigkeit der Sündenschmutz von Abraham und Isaak noch nicht gewichen war. Nach Rabbi Abbas Meinung wich er aber schon von den Jakobssöhnen, nicht erst am Sinai.

867 Aus dem sagenhaften Wortstreit zwischen Rabbi Jehoschua, Chananjas Sohn, und den Alten der Athenischen Schule.

868 Silbermünze im Wert eines halben Schekel.

869 Er sprach den Gottesnamen aus.

Glucke? Da brachte er ihnen zwei Käse und sagte zu ihnen: Welcher ist von einer dunklen Ziege, und welcher ist von einer hellen Ziege? Bechorot 8 b

Ein Totengräber erzählt von Unheimlichem

Es wird gelehrt: Abba Schaul, es wird auch gesagt: Rabbi Jochanan, sagt: Ich war Totengräber. Einmal lief ich hinter einer Gazelle her, trat in den Oberschenkelknochen eines Toten ein und lief drei Parasangen weit[870] hinter ihr her, aber ich erreichte weder die Gazelle noch das Ende des Oberschenkelknochens. Als ich zurückgekehrt war, sagten sie zu mir: Er war von Og, dem König von Basan.[871]

Es wird gelehrt: Abba Schaul sagt: Ich war Totengräber. Einmal öffnete sich eine Höhle unter mir, und ich stand bis an meine Nase in der Augenhöhlung eines Toten. Als ich zurückgekehrt war, sagten sie: Es war Absaloms Auge. Aber vielleicht möchtest du sagen: Abba Schaul war ein Zwerg? Abba Schaul war der Längste seines Geschlechts, und Rabbi Tarphon reichte bis an seine Schulter! Und Rabbi Tarphon war der Längste seines Geschlechts, und Rabbi Meïr reichte bis an seine Schulter. Rabbi Meïr war der Längste seines Geschlechts, und Rabbi reichte bis an seine Schulter. Rabbi war der Längste seines Geschlechts, und Rabbi Chija reichte bis an seine Schulter. Und Rabbi Chija war der Längste seines Geschlechts, und Raw reichte bis an seine Schulter. Raw war der Längste seines Geschlechts, und Raw Jehuda reichte bis an seine Schulter. Und Raw Jehuda war der Längste seines Geschlechts, und Adda, der Diener, reichte bis an seine Schulter. Parschatbina von Pumbedita[872] ging Adda, dem Diener, gerade bis an die Hälfte, und

870 »Parasange« ist eine persische Meile oder Wegstunde von etwa 5,5 km Länge.

871 Zum biblischen Bericht über Og von Basan etwa 4. Mose 21,*33*, besonders auch 5. Mose 3,*11*. Nach talmudischer Sage war Og ein Riese, der einen Berg gegen Mose schleuderte, von Mose jedoch mit einer Axt getötet wurde.

872 Manche lesen: »Puschtawna von Pumbedita«; andere meinen, es handle sich hier um keinen Personennamen, sondern um einen Titel, der etwa »Ortsvorsteher« bedeute. Pumbedita ist eine Stadt am Euphrat.

alle Welt ging Parschatbina von Pumbedita gerade bis an die Hüfte. Nidda 24 b/25 a

Jägerlatein

Rabba sagte: Was mich angeht, so sah ich eine junge Antilope, einen Tag alt, die war wie der Berg Tabor. Und wie groß ist der Berg Tabor? Vier Parasangen.[873] Ihr gestreckter Hals maß drei Parasangen und der Lagerplatz ihres Kopfes anderthalb Parasangen. Als sie Kot auswarf, da verstopfte er den Jordan.

Weiter sagte Rabba, Chanas Sohnessohn: Was mich angeht, so sah ich einen Frosch, der war wie das Fort von Hagronja.[874] Und wie groß ist das Fort von Hagronja? Sechzig Häuser. Da kam eine Riesenschlange und verschlang ihn. Da kam ein Rabe und verschlang die Riesenschlange, flog auf und setzte sich auf einen Baum. Komm und sieh, wie gewaltig stark dieser Baum ist! Raw Pappa, Schmuels Sohn, sagte: Wenn ich nicht dort gewesen wäre, würde ich es nicht glauben. Bawa batra 73 b

Unheimliches in der Wüste

Weiter sagte Rabba, Chanas Sohnessohn: Einst befanden wir uns auf einer Reise in der Wüste. Da sahen wir Gänse, denen die Federn ausfielen vor Fett und unter denen Ströme von Schmalz flossen. Ich sagte zu ihnen: Gibt es für uns in der kommenden Welt einen Anteil an euch? Da hob die eine den Flügel, und die andere hob den Schenkel.[875] Als ich vor Rabbi Elasar kam, sagte dieser zu mir: Zukünftig hat Israel ihretwegen Rechenschaft zu geben.[876]

Weiter sagte Rabba, Chanas Sohnessohn: Einst befanden wir uns auf einer Reise in der Wüste. Da gesellte sich ein Araber zu uns. Wenn der ein wenig Staub nahm und an ihm roch, so

873 Dazu Anmerkung 870.
874 Hagronja ist eine Stadt in Babylonien.
875 Dies war ihm ein Zeichen dafür, daß ihm diese Gliedmaßen beim himmlischen Mahl zuteil würden.
876 Die längst schlachtreifen Gänse müssen daran leiden, daß die Ankunft des Gottesreiches immer noch verzögert wird.

konnte er sagen: Das ist der Weg zu diesem Ort, und das ist der Weg zu jenem Ort. Wir sagten zu ihm: Wie weit sind wir vom Wasser entfernt? Da sagte er zu uns: Gebt mir Staub! Wir gaben ihm, und er sagte zu uns: Acht Parasangen. Als wir ihm wieder gaben, sagte er zu uns: Wir sind drei Parasangen entfernt. Ich vertauschte Staub, aber es gelang mir nicht, ihn zu täuschen. Er sagte zu mir: Komm, ich will dir die Toten der Wüstenwanderung zeigen. Ich ging und sah sie. Sie sahen aus, als ob sie angeheitert wären, und schliefen auf dem Rücken. Einer von ihnen hatte das Knie aufgerichtet. Da ging der Araber, auf seinem Kamel reitend und mit aufgerichtetem Speer, unter dem Knie durch und berührte es nicht. Einem von ihnen schnitt ich die Ecke seines purpurblauen Schals ab.[877] Da kamen wir nicht weiter. Er sagte zu mir: Vielleicht hast du etwas von ihnen genommen? Dann bring es zurück! Denn es ist überliefert, daß einer, der etwas von ihnen genommen hat, nicht weiterkommt. Ich ging und brachte es zurück. Da kamen wir weiter. Als ich vor unsere Meister kam, sagten sie zu mir: Jeder Abba[878] ist ein Esel und jeder Sohnessohn von Chana ein Narr. Wozu tatest du es denn? Tatest du es, um zu erfahren, ob die Lebensregel nach denen vom Lehrhause Schammais oder nach denen vom Lehrhause Hillels geht? Dann hättest du die Fäden zählen und die Abteilungen messen sollen. Bawa batra 73 b/74 a

Seemannsgarn

Rabba sagte: Seefahrer erzählten mir: Eine Welle, die ein Schiff versenkt, sieht aus, als habe sie einen Strahl weißen Feuers an ihrer Spitze. Wir schlagen sie aber mit einer Keule, auf der ein-

877 Dazu 4. Mose 15,*38 f.*

878 Rabba, der Name des Erzählers, ist eine Kontraktion von Raw und Abba. Rabba, Chanas Sohnessohn, war nicht sehr angesehen ob seiner phantastischen Geschichten; er war aber einsichtig und witzig genug, dies zuzugeben. Hier wird er verspottet und im folgenden auf das Lernen der Lebensregel verwiesen. – Die Anzahl der Fäden und der durch Knoten angezeigten Abteilungen des oberen gedrehten Teiles und die Länge des nachhängenden ungedrehten Teiles der Schaufäden waren Gegenstand der Diskussion, auch zwischen den Schulen Hillels und Schammais.

geritzt ist:[879] *Ich bin da, als der ich da bin: der Herr, Herr der Heere; Amen, Amen, Sela.* Dann ist sie ruhig.

Rabba sagte: Seefahrer erzählten mir: Zwischen Welle und Welle sind dreihundert Parasangen, und die Höhe einer Welle ist dreihundert Parasangen. Einst waren wir auf einer Reise unterwegs, da hob uns eine Welle hoch, bis wir die Lagerstatt des kleinsten Sternes schauten. Und es erschien mir wie eine Fläche, auf die man vierzig Griwa Senfsaat sät.[880] Wenn sie uns aber noch höher gehoben hätte, so wären wir von seiner Hitze verbrannt worden. Da schrie die eine Welle ihrer Gefährtin zu: Meine Gefährtin, hast du irgend etwas auf der Welt übriggelassen, das du nicht überschwemmt hast, so will ich selbst hingehen und es vernichten. Da sagte sie zu ihr: Geh und sieh doch die Mächtigkeit deines Herrn! Nicht einmal eine Fadenbreite darf ich den Strand überschreiten, denn es heißt:[881] *Mich wollt ihr nicht fürchten – Spruch des Herrn –, vor mir nicht erbeben, der ich den Strand als Grenze für das Meer gesetzt habe, eine immerwährende Ordnung, die es nicht überschreiten kann.*

Bawa batra 73 a

Weiter sagte Rabba, Chanas Sohnessohn: Einst befanden wir uns auf einer Schiffsreise. Da sahen wir einen Fisch, in dessen Nase ein Schmutzfresser wohnte.[882] Die Wasser spülten den Fisch auf und warfen ihn ans Ufer. Durch ihn wurden sechzig Städte zerstört, von ihm aßen sechzig Städte, und von ihm salzten sechzig Städte ein. Von einem seiner Augäpfel füllten sie dreihundert Faß Öl. Als wir nach einem Jahr von zwölf Monaten zurückkamen,[883] sahen wir, wie sie dabei waren, aus seinem Skelett Dachbalken zu sägen, um jene Städte wieder aufzubauen.

Weiter sagte Rabba, Chanas Sohnessohn: Einst befanden wir

879 Die erste Hälfte des Bannspruches ist Zitat von 2. Mose 3,*14*.

880 Griwa ist ein Trockenmaß, das gleich Sea etwa 13 Liter faßt. Die Größe der angegebenen Saatfläche soll die Größe der Lagerstätte des kleinsten Sternes anschaulich machen.

881 Jeremia 5,*22*.

882 Ein Parasit, der auf Fischen wohnt, war in ihn eingedrungen und hatte ihn getötet.

883 Es war also kein Schaltjahr, das 13 Monate hat.

uns auf einer Schiffsreise. Da sahen wir einen Fisch, auf dessen Rücken sich Sand abgelagert hatte und eine Wiese hervorgesproßt war. Wir meinten, dies sei festes Land und stiegen hinauf. Dann backten wir und kochten auf seinem Rücken. Als aber sein Rücken heiß wurde, da drehte er sich um. Und wenn das Schiff nicht so nahe gewesen wäre – wir wären ertrunken.

Bawa batra 73 b

Rabbi Jochanan erzählte: Einst befanden wir uns auf einer Schiffsreise. Da sahen wir einen Fisch, der seinen Kopf aus dem Meere streckte. Seine Augen glichen zwei Monden, und seine beiden Nasenlöcher schütteten Wasser aus wie die zwei Flüsse von Sura.[884]

Raw Saphra erzählte: Einst befanden wir uns auf einer Schiffsreise. Da sahen wir einen Fisch, der seinen Kopf aus dem Meere streckte. Er hatte Hörner, auf denen eingeritzt war: Ich bin ein winziges Geschöpf des Meeres und bin dreihundert Parasangen lang, und ich gehe in das Maul des Lindwurms. Raw Aschi sagte: Dies war eine Meerziege, die Nahrung sucht, und dazu hat sie Hörner. Bawa batra 74 a

Vom Lindwurm und vom Urgetier

Raw Jehuda sagte, Raw habe gesagt: Alles, was der Heilige, gelobt sei er, in seiner Welt erschaffen hat, das hat er männlich und weiblich erschaffen. Auch den Lindwurm Fluchtschlange und den Lindwurm Ringelschlange hat er männlich und weiblich erschaffen.[885] Wenn sich aber wirklich eines mit dem andern gepaart hätte, so hätten sie die Welt ganz und gar zerstört.[886] Was tat der Heilige, gelobt sei er? Er kastrierte das Männchen und tötete das Weibchen und salzte es ein für die Be-

884 Sura ist eine babylonische Stadt, die neben einem Fluß einen Kanal besaß, auf dem Fährschiffe verkehrten. Manche übersetzen die Stelle: »wie zwei Fährschiffe von Sura.« Dies meint, das Wasser sei so hoch geschossen, wie zwei Fährschiffe lang sind.

885 Dazu Jesaja 27,*1*.

886 So groß wäre ihre Nachkommenschaft geworden.

währten in der Zukunft, die da kommt, denn es heißt:[887] *Er tötet den Drachen, der im Meer ist.*

Auch das Urgetier auf dem Tausendgebirge hat er männlich und weiblich erschaffen. Wenn sich aber wirklich eines mit dem andern gepaart hätte, so hätten sie die Welt ganz und gar zerstört. Was tat der Heilige, gelobt sei er? Er kastrierte das Männchen und kühlte das Weibchen und verwahrte es für die Bewährten in der Zukunft, die da kommt, denn es heißt:[888] *Siehe doch, welche Kraft in seinen Lenden*, dies meint das Männchen; *und welche Stärke in den Muskeln seines Leibes*, dies meint das Weibchen.

Er hätte doch auch beim Lindwurm das Männchen kastrieren und das Weibchen kühlen können. Fische sind ausschweifend.[889] Er hätte doch auch das Gegenteil machen können.[890] Wenn du willst, so sage ich:[891] Ein eingesalzenes Weibchen ist schmackhafter; und wenn du willst, so sage ich: Weil geschrieben steht:[892] *Der Lindwurm, den du gebildet hast, um mit ihm zu spielen*; aber mit einem Weibchen wäre das nicht schicklich. Er hätte doch auch beim Urgetier das Weibchen einsalzen können. Eingesalzener Fisch ist schmackhaft, eingesalzenes Fleisch ist nicht schmackhaft. Bawa batra 74 b

VOM LEBEN DER MEISTER

Choni, der Kreiszieher

Unsere Meister lehrten: Einmal war der Großteil des Adar vorüber,[893] und es war kein Regen gefallen. Da schickten sie zu

887 Jesaja 27,*1*.
888 Hiob 40,*16* (40,*11*).
889 Damit ist gemeint, die Kühlung hätte die Fruchtbarkeit nicht verhindern können. Wie hier, so wechseln auch im folgenden Einwendungen und Antworten einander unmittelbar ab.
890 Er hätte das Männchen töten und das Weibchen leben lassen können.
891 Es folgt zuerst ein Vernunftgrund, dann eine Begründung aus der Schrift.
892 Psalm 104,*26*.
893 Adar ist der letzte Monat des jüdischen Kalenders; er fällt in den Vorfrühling und damit auf das Ende der Regenzeit.

Choni, dem Kreiszieher:[894] Bete, daß Regen falle! Er betete, aber es fiel kein Regen. Da zog er einen Kreis und trat in seine Mitte, in der Weise, wie es Habakuk, der Prophet, getan hatte, wie es heißt:[895] *Auf meine Wacht will ich treten, auf den Wartturm mich stellen* ... Er sagte vor ihm: Herr der Welt, deine Kinder richten ihr Angesicht auf mich, weil ich wie ein Kind des Hauses vor dir sei. Ich schwöre bei deinem großen Namen, daß ich nicht von hier weiche, bis du dich über deine Kinder erbarmst. Da begann der Regen zu tröpfeln. Seine Schüler sagten zu ihm: Meister, auf dich schauen wir und wollen nicht sterben:[896] uns scheint, daß der Regen nur fällt, um deinen Schwur zu lösen. Er sagte vor ihm: Nicht so habe ich gebeten, sondern um Regen für Gruben, Gräben und Höhlen.[897] Da fiel er mit Heftigkeit, bis jeder einzelne Tropfen so groß war wie die Öffnung eines Fasses; und die Weisen schätzten, daß kein Tropfen geringer war als ein Log.[898] Seine Schüler sagten zu ihm: Meister, auf dich schauen wir und wollen nicht sterben: uns scheint, daß der Regen nur fällt, um die Welt zu vernichten. Er sagte vor ihm: Nicht so habe ich gebeten, sondern um Regen des Wohlgefallens, des Segens und der Freigebigkeit. Da fiel er, wie sich's gehört, bis das ganze Volk des Regens wegen auf den Tempelberg stieg. Sie sagten zu ihm: Meister, wie du gebetet hast, daß er falle, so bete auch, daß er aufhöre. Er sagte zu ihnen: So ist es mir überliefert, daß man wegen Übermaß an Gutem nicht beten soll. Trotzdem, bringet mir einen Stier für ein Dankopfer! Sie brachten ihm einen Stier fürs Dankopfer. Er stützte seine beiden Hände auf ihn[899] und sagte vor ihm: Herr der Welt, dein Volk Israel, das du aus Ägypten geführt hast, kann weder im

894 Legendäre Gestalt aus dem 2./1. vorchristlichen Jahrhundert. Choni war ein Wundertäter, der seinen Beinamen wohl dadurch erhielt, daß er die Gewohnheit hatte, einen Kreis um sich zu ziehen, den er erst verließ, wenn sein Gebet erhört worden war.

895 Habakuk 2,*1*.

896 Sie blickten ihn weiter bittend an, denn die wenigen Regentropfen vermochten die Dürre und die drohende Hungersnot noch nicht abzuwenden.

897 Er hat um so viel Regen gebeten, daß sich auch die Zisternen füllen.

898 Log, ein Hohlmaß, etwa einen halben Liter fassend.

899 Zur Handauflegung bei Opfertieren: 3. Mose 1,*4*, besonders 3. Mose 3 und 4.

Übermaß des Guten noch im Übermaß der Bestrafung bestehen. Zürnst du über sie, können sie nicht bestehen; schüttest du Gutes über sie, können sie nicht bestehen. Dein Wille geschehe, daß der Regen ende und für die Welt Erholung werde! Sogleich wehte der Wind, die Wolken zerstreuten sich, und die Glutsonne strahlte auf. Da ging das Volk hinaus aufs Feld, und sie holten sich Trüffeln und Pilze.

Da schickte Schimon, Schetachs Sohn,[900] zu ihm: Wenn du nicht Choni wärest, würde ich über dich den Bann verhängen. Selbst wenn diese Jahre wie die Jahre Elias wären, als die Schlüssel des Regens in Elias Hand waren[901] – fände der Name des Himmels sich nicht durch dich entweiht? Aber was soll ich dir tun, wo du dich vor dem Allgegenwärtigen verfehlst und er dir doch deinen Willen tut, wie einem Kind, das sich gegen seinen Vater verfehlt und er ihm doch seinen Willen tut? Wenn er zu ihm sagt: Vater, laß mich warm baden! übergieße mich kalt! gib mir Nüsse, Mandeln, Aprikosen und Granatäpfel! so gibt er's ihm. Und über dich sagt die Schrift:[902] *Es freut sich dein Vater und deine Mutter, und es jubelt, die dich gebar.*

Taanit 23 a

Hillels Sanftmut

Unsere Meister lehrten: Immerdar sei ein Mensch sanftmütig wie Hillel, aber er sei nicht aufbrausend wie Schammai.[903] Es geschah einmal, daß zwei Menschen miteinander wetteten und sagten: Jeder, der hingeht und Hillel erzürnt, hat Anspruch auf vierhundert Sus.[904] Einer von ihnen sagte: Ich erzürne ihn.

900 Schimon, Schetachs Sohn, der zusammen mit Jehuda, Tabbais Sohn, das dritte Paar der Traditionskette bildete (dazu Awot I, Seite 366), soll ein Bruder der Königin Salome Alexandra gewesen sein und während ihrer Regierungszeit (von 76 bis 67) den Einfluß der pharisäischen Partei im öffentlichen und privaten Leben durchgesetzt haben.

901 Dazu 1. Könige 17,*1*.

902 Sprüche 23,*25*.

903 Hillel und Schammai bilden das letzte der sogenannten Paare, dazu Awot I, Seite 366 f. Mit diesen beiden größten Lehrern des ersten vorchristlichen Jahrhunderts begann eigentlich die jüdische Traditionsbildung, wie sie im Talmud greifbar wird.

904 Sus, eine Silbermünze von 3–4 Gramm.

Jener Tag war ein Schabbatvortag, und Hillel wusch sich den Kopf. Da ging er, schritt an der Türe seines Hauses vorüber und sagte: Ist vielleicht Hillel hier, ist vielleicht Hillel hier?[905] Da umhüllte er sich, trat hinaus, ihm entgegen, und sagte zu ihm: Mein Sohn, was wünschest du? Er sagte zu ihm: Eine Frage habe ich zu erfragen. Er sagte zu ihm: So frage, mein Sohn! Er fragte: Warum sind die Köpfe der Babylonier kugelrund?[906] Er sagte zu ihm: Mein Sohn, eine große Frage erfragst du – darum, weil sie keine geschickten Geburtshelferinnen haben.

Da ging er, wartete eine Weile, kehrte wieder und sagte: Ist vielleicht Hillel hier, ist vielleicht Hillel hier? Da umhüllte er sich, trat hinaus, ihm entgegen, und sagte zu ihm: Mein Sohn, was wünschest du? Er sagte zu ihm: Eine Frage habe ich zu erfragen. Er sagte zu ihm: So frage, mein Sohn! Er fragte: Warum sind die Augen der Tarmodiner tränend?[907] Er sagte zu ihm: Mein Sohn, eine große Frage erfragst du – darum, weil sie zwischen sandigen Plätzen wohnen.

Da ging er, wartete eine Weile, kehrte wieder und sagte: Ist vielleicht Hillel hier, ist vielleicht Hillel hier? Da umhüllte er sich, trat hinaus, ihm entgegen, und sagte zu ihm: Mein Sohn, was wünschest du? Er sagte zu ihm: Eine Frage habe ich zu erfragen. Er sagte zu ihm: So frage, mein Sohn! Er fragte: Warum sind die Füße der Afrikaner breit? Er sagte zu ihm: Mein Sohn, eine große Frage erfragst du – darum, weil sie an Wassersümpfen wohnen. Er sagte zu ihm: Viele Fragen hätte ich noch zu erfragen, aber ich befürchte, du könntest vielleicht zornig werden. Da umhüllte er sich, setzte sich vor ihn und sagte zu ihm: Alle Fragen, die du zu erfragen hast, erfrage! Er sagte zu ihm: Bist du der Hillel, den sie den Fürsten Israels nen-

905 Solches auf der Straße zu rufen war auch darum unverschämt, weil er ohne Titel und ohne Höflichkeitsformel nur den Namen des großen Gelehrten nannte.

906 Mit dieser Frage sollte Hillel, der selber aus Babylonien stammte, gekränkt werden.

907 Tarmodiner sind die Bewohner der Oase Palmyra, die in der syrischen Wüste liegt. – Das Adjektiv, oben mit »tränend« wiedergegeben, bedeutet nach anderen »schlitzförmig« oder »rund«.

nen?[908] So ist's! Er sagte zu ihm: Wenn du es bist – hoffentlich gibt es nicht viele wie dich in Israel! Er sagte zu ihm: Warum, mein Sohn? Er sagte zu ihm: Darum, weil ich deinetwegen vierhundert Sus verliere. Er sagte zu ihm: Sei bedachtsam! Der Hillel ist es wert, daß du seinetwegen vierhundert Sus und noch vierhundert Sus verlierst. Hillel braust nicht auf.

Schabbat 30 b/31 a

Der Glaube fürchtet nichts

Unsere Meister lehrten: Es geschah einmal, daß Hillel, der Ältere, seines Weges heimkam und lautes Geschrei in der Stadt hörte: Er sagte: Ich bin gewiß, daß dieses Geschrei nicht in meinem Haus ist. Über ihn sagt die Schrift:[909] *Wenn Schlimmes gehört wird, so braucht er sich davor nicht zu fürchten; fest ist sein Herz, gewiß in dem Herrn.* Rawa sagte: Wenn immer du diesen Schriftvers auslegst, so kannst du vom Anfang zum Schluß hin auslegen, oder du kannst vom Schluß zum Anfang hin auslegen. Du kannst vom Anfang zum Schluß hin auslegen: *Wenn Schlimmes gehört wird, so braucht er sich davor nicht zu fürchten.* Was ist der Grund? *Fest ist sein Herz, gewiß in dem Herrn!* Du kannst vom Schluß zum Anfang hin auslegen: *Fest ist sein Herz, gewiß in dem Herrn;* also, *wenn Schlimmes gehört wird, so braucht er sich davor nicht zu fürchten.*

Brachot 60 a

Die Armut hindert nichts

Unsere Meister lehrten: Ein Armer, ein Reicher und ein Frevler kommen zum Gericht.[910] Zu dem Armen sagen sie: Warum hast du dich nicht mit der Weisung befaßt? Wenn er sagt: Ich war arm und war von Nahrungssorgen umgetrieben, so sagen sie zu ihm: Warst du etwa ärmer als Hillel? Man sagt über Hillel, den Älteren, daß er Tag für Tag arbeitete und nur einen Tropaik

908 Hillel wurde als die religiöse Autorität Israels angesehen. Er war der Ahnherr einer ein halbes Jahrtausend währenden Patriarchendynastie.

909 Psalm 112,7.

910 Das himmlische Endgericht ist gemeint.

verdiente.[911] Eine Hälfte gab er für den Hausmeister des Lehrhauses aus und eine Hälfte für seinen Lebensunterhalt und für den Lebensunterhalt seiner Hausgenossen. Einmal fand er nichts, um etwas zu verdienen, und der Hausmeister des Lehrhauses ließ ihn nicht eintreten. Da stieg er hinauf, hing und saß auf der Öffnung der Dachluke, um die Worte des lebendigen Gottes aus dem Munde von Schmaja und Awtaljon zu hören.[912] Man sagte: Jener Tag war ein Schabbatvortag, es war die Sonnenwende im Tewet,[913] und es fiel Schnee vom Himmel auf ihn. Als der Strahl des Morgens aufstieg, sagte Schmaja zu Awtaljon: Awtaljon, mein Bruder, an jedem Tag ist das Haus hell, heute aber ist es dunkel. Ist es vielleicht ein wolkiger Tag? Sie blickten hinauf und sahen die Gestalt eines Menschen in der Dachluke. Sie stiegen hinauf und fanden den Schnee drei Ellen hoch über ihm. Sie machten ihn los, badeten ihn, salbten ihn, ließen ihn der Feuerstelle gegenüber sitzen und sagten: Dieser ist würdig, daß man um seinetwillen den Schabbat entweiht.[914]

Zu dem Reichen sagen sie: Warum hast du dich nicht mit der Weisung befaßt? Wenn er sagt: Ich war reich und hatte meine Güter umzutreiben, so sagen sie zu ihm: Warst du etwa reicher als Rabbi Elasar?[915] Man sagte über Rabbi Elasar, Charsoms Sohn, daß ihm sein Vater tausend Städte auf dem Festland hinterließ und dementsprechend tausend Schiffe auf dem Meer. Tag für Tag nahm er einen Fellsack voll Mehl auf seine Schulter und ging von Stadt zu Stadt und von Bezirk zu Bezirk, um die Weisung zu lernen. Einmal fanden ihn seine Diener und ließen ihn Frondienste tun.[916] Er sagte zu ihnen: Ich bitte euch,

911 Der Tropaik ist eine kleine Münze im Wert eines halben Denars; ein Denar hat etwa 4 Gramm Silber.

912 Die Lehrer Schammais und Hillels und ihre Vorgänger in der Traditionskette; dazu Awot I, Seite 366.

913 Tewet ist der 10. Monat des jüdischen Kalenders, er entspricht etwa dem Dezember (bis Januar); es war jener Tag also der kürzeste Tag des Jahres.

914 Sie machten also Feuer für ihn, was am Schabbat nur zur Rettung und Erhaltung von Leben erlaubt ist.

915 Rabbi Elasar, Charsoms Sohn, war ein Gelehrter aus einer reichen Priesterfamilie zur Zeit des zweiten Tempels.

916 Sie erkannten ihn nicht, da sie ihn wegen seines Studieneifers nie zu Gesicht bekommen hatten.

laßt mich los; ich will gehen und Weisung lernen. Sie sagten zu ihm: Beim Leben Elasars, Charsoms Sohn, wir lassen dich nicht los. Er kam nämlich seiner Lebtag nie dazu, sie zu sehen, sondern er saß da und befaßte sich mit der Weisung, den ganzen Tag und die ganze Nacht.

Zu dem Frevler sagen sie: Warum hast du dich nicht mit der Weisung befaßt? Wenn er sagt: Ich war schön und war von meiner Leidenschaft umgetrieben, so sagen sie zu ihm: Warst du etwa schöner als Joseph? Man sagt über Joseph, den Bewährten: Tag für Tag redete ihm Potiphars Frau mit Worten zu. Gewänder, die sie morgens für ihn anlegte, legte sie abends nicht für ihn an; Gewänder, die sie abends für ihn anlegte, legte sie morgens nicht für ihn an. Sie sagte zu ihm: Erhöre mich doch! Er sagte zu ihr: Nein. Sie sagte zu ihm: Dann lasse ich dich ins Gefängnis sperren. Er sagte zu ihr:[917] *Der Herr macht Gefangene los.* Dann beuge ich deine stolze Gestalt. *Der Herr richtet Gebeugte auf.* Dann blende ich deine Augen. *Der Herr macht Blinde sehend.* Da gab sie ihm tausend Silberbarren,[918] damit er sie erhöre, *sich zu ihr zu legen, mit ihr zusammen zu sein.*[919] Er war aber nicht willens, auf sie zu hören, *sich zu ihr zu legen* – in der hiesigen Welt, *mit ihr zusammen zu sein* – in der kommenden Welt.

So ergibt sich: Hillel beschuldigt die Armen, Rabbi Elasar, Charsoms Sohn, beschuldigt die Reichen, und Joseph beschuldigt die Frevler. Joma 35 b

Rabban Jochanan und sein Lieblingsschüler

Unsere Meister lehrten: Es geschah einmal, daß Rabban Jochanan, Sakkais Sohn,[920] auf einem Esel ritt, als er unterwegs war; und Rabbi Elasar, Arachs Sohn, trieb den Esel hinter ihm an. Er

917 Die Antworten Josephs sind Zitate aus Psalm 146,*7 f.*
918 Ein Silberbarren, auch Talent genannt, entspricht 3000 Schekel.
919 1. Mose 39,*10*.
920 Rabban Jochanan, Sakkais Sohn, war der bedeutendste Schüler Hillels (dazu Awot II, Seite 369), Führer der Friedenspartei im jüdisch-römischen Krieg und Begründer des Lehrhauses in Jawne nach der Zerstörung Jerusalems im Jahr 70.

sagte zu ihm: Meister, lehre mich einen Abschnitt über den Thronwagen![921] Er sagte zu ihm: Habe ich euch nicht so gelehrt: Man lehre auch nicht über den Thronwagen vor einem einzelnen, außer wenn er ein Weiser ist, der aus eigener Erkenntnis versteht? Er sagte zu ihm: Meister, erlaube mir, ein Wort vor dir zu sagen, das du mich gelehrt hast. Er sagte zu ihm: Sag an! Sofort stieg Rabban Jochanan, Sakkais Sohn, von dem Esel ab, umhüllte sich und setzte sich auf einen Stein unter einem Ölbaum. Er sagte zu ihm: Meister, warum bist du von dem Esel abgestiegen? Er sagte: Ist es denn möglich, daß du über den Thronwagen auslegst, die Einwohnung mit uns ist, die Dienstengel uns begleiten und ich, ich würde auf dem Esel reiten? Sofort begann Rabbi Elasar, Arachs Sohn, über den Thronwagen auszulegen. Da fiel Feuer vom Himmel herab und umgab alle Bäume auf dem Felde. Da begannen sie allesamt ein Lied zu sagen. Welches Lied sagten sie?[922] *Lobet den Herrn von der Erde her, ihr Meerdrachen und ihr Urfluten alle, ihr Fruchtbäume und ihr Zedern alle, lobet den Herrn!* Ein Engel entgegnete aus dem Feuer und sagte: Ja dies, ja dies ist der Thronwagen! Da stand Rabban Jochanan, Sakkais Sohn, auf, küßte ihn auf sein Haupt und sagte: Gelobt sei der Herr, der Gott Israels, der Abraham, unserem Vater, einen Sohn schenkte, der über den Thronwagen nachzudenken, nachzuforschen und auszulegen weiß! Der eine legt schön aus, erfüllt aber nicht schön; der andere erfüllt schön, legt aber nicht schön aus. Du legst schön aus und erfüllst schön. Wohl dir, Abraham, unser Vater, daß Elasar, Arachs Sohn, aus deinen Lenden hervorging!

Chagiga 14 b

921 Der Thronwagen Gottes in der Vision Hesekiels (Hesekiel 1 und 10) ist zu einer Bezeichnung für ein wichtiges Gebiet jüdischer Mystik geworden.

922 Die Bäume singen aus Psalm 148 den Vers *7* und Teile aus den Versen *9* und *14*.

Rabban Gamliel unterweist einen aus den Völkern

Der Befehlshaber Agrippa fragte Rabban Gamliel:[923] In eurer Weisung steht doch geschrieben:[924] *Denn der Herr, dein Gott, ist ein fressendes Feuer, ein eifernder Gott.* Ist denn ein Weiser eifersüchtig außer auf einen Weisen, ein Held auf einen Helden oder ein Reicher auf einen Reichen?[925] Er sagte zu ihm: Ich will dir ein Gleichnis sagen. Womit ist dies zu vergleichen? Mit einem Menschen, der zu seiner Frau noch eine Frau nimmt. Ist die zweite geachteter als sie, so ist die erste nicht eifersüchtig auf jene; ist jene geringer als sie, so ist sie eifersüchtig auf jene.[926] Awoda sara 55 a

Rabbi Chanina, der Beter

Unsere Meister lehrten: Es geschah einmal, daß der Sohn Rabban Gamliels erkrankte. Er schickte zwei Gelehrte zu Rabbi Chanina, Dosas Sohn,[927] damit er für ihn um Erbarmen bitte. Sobald er diese sah, stieg er zum Obergemach hinauf und bat für ihn um Erbarmen. Indem er herunterkam, sagte er zu ihnen: Gehet, denn das Fieber hat ihn verlassen. Sie sagten zu ihm: Bist du denn ein Prophet? Er sagte zu ihnen:[928] *Nicht Prophet bin ich, auch nicht eines Propheten Sohn bin ich,* sondern so habe ich es empfangen:[929] Wenn das Gebet meinem Munde geläufig ist,

923 Gamliel II. war ein Nachkomme Hillels und Nachfolger Rabban Jochanans am Lehrhaus und Gerichtshof in Jawne. Er hatte häufig Umgang mit römischen Kriegsleuten, von denen manche sogar bei ihm studierten.

924 5. Mose 4,*24*.

925 Der Gott Israels habe doch nicht nötig, auf die nichtigen Götzen eifersüchtig zu sein.

926 Die Existenz der Götzen ist hier zwar ernstgenommen, sie können aber den Vergleich mit dem einzigartigen Gott Israels nicht aushalten; gerade deshalb muß es Gott kränken, wenn an seiner Stelle Gottnichtse verehrt werden.

927 Rabbi Chanina, Dosas Sohn, war ob seiner Frömmigkeit und seiner freiwilligen Armut bekannt.

928 Rabbi Chanina, Dosas Sohn, antwortete den Boten Gamliels auf ihre verwunderte Frage, indem er einen Satz des Propheten Amos zitierte: Amos 7,*14*.

929 Manche erklären: aus seiner Erfahrung, andere: aus einer Tradition.

so weiß ich, daß er[930] angenommen wurde, wenn aber nicht, so weiß ich, daß er verworfen wurde. Da setzten sie sich und schrieben, indem sie die Stunde genau angaben. Als sie zu Rabban Gamliel kamen, sagte er zu ihnen: Beim Kult! Nichts habt ihr abgezogen und nichts habt ihr hinzugefügt, sondern genau so ist es geschehen: in ebendieser Stunde hat ihn das Fieber verlassen, und bat er uns um Wasser zum Trinken.

Und wiederum geschah es, daß Rabbi Chanina, Dosas Sohn, ging, um bei Rabban Jochanan, Sakkais Sohn, Weisung zu lernen. Da erkrankte der Sohn Rabban Jochanans, Sakkais Sohn. Er sagte zu ihm: Chanina, mein Sohn, bitte für ihn um Erbarmen, damit er auflebe! Da legte er seinen Kopf zwischen seine Knie[931] und bat für ihn um Erbarmen, worauf dieser auflebte. Rabban Jochanan, Sakkais Sohn, sagte: Selbst wenn Sakkais Sohn auch den ganzen Tag über seinen Kopf zwischen die Knie geklemmt hätte, hätten sie ihn doch nicht beachtet.[932] Da sagte seine Frau zu ihm: Ist denn Chanina größer als du? Er sagte zu ihr: Nein, sondern er gleicht einem Diener vor dem König,[933] aber ich gleiche einem Fürsten vor dem König. Brachot 34 b

Elieser lehrt die Wege des Lebens

Unsere Meister lehrten: Als Rabbi Elieser erkrankte,[934] traten seine Schüler ein, um ihn zu besuchen. Sie sagten zu ihm: Meister, lehre uns die Wege des Lebens, damit wir dadurch für das Leben der kommenden Welt gewürdigt werden. Er sagte zu ihnen: Seid auf die Ehre eurer Gefährten bedacht. Haltet eure Söhne von der Spekulation fern und laßt sie zwischen den

930 Der Beter weiß, ob der Kranke von Gott angenommen oder abgewiesen ist. In manchen Handschriften ist die Aussage auf das Gebet bezogen; ihr Text lautet: »So weiß ich, daß es angenommen wurde, wenn aber nicht, so weiß ich, daß es verworfen wurde.«

931 Nach 1. Könige 18,*42*, dem Vorbild mystischer Gebetshaltung.

932 Rabban Jochanans Gebet wäre im Himmel nicht erhört worden.

933 Der Knecht hat, obwohl er unbedeutender ist als der Fürst, doch vor diesem einen direkten Zugang zum König.

934 Rabbi Elieser, Hyrkanos' Sohn, Schüler von Rabban Jochanan, Sakkais Sohn, war ein strenger Vertreter der Tradition, hatte zugleich aber Verbindung mit Gruppen, die einem randhaften Judentum zugehörten.

Knien der Gelehrten sitzen. Wenn ihr betet, so wisset, vor wem ihr stehet. Und auf diesem Wege werdet ihr gewürdigt für das Leben der kommenden Welt. Brachot 28 b

Rabbi Jehoschua und die Kaiserstochter

Die Tochter des Kaisers sagte zu Rabbi Jehoschua, Chananjas Sohn:[935] Eine so herrliche Weisung in einem so häßlichen Gefäß! Er sagte zu ihr: Lerne vom Hause deines Vaters: worin lagert man Wein? Sie sagte zu ihm: In irdenen Gefäßen. Er sagte zu ihr: Alle Welt lagert ihn in irdenen Gefäßen – und ihr lagert ihn auch bloß in irdenen Gefäßen? Ihr solltet ihn in silbernen und goldenen Gefäßen halten. Sie ging und füllte den Wein in silberne und goldene Gefäße; da verdarb er. Er sagte zu ihr: So ist es auch mit der Weisung. Sie sagte zu ihm: Aber es gibt doch schöne Menschen, die auch gelehrt sind. Er sagte zu ihr: Wenn sie häßlich wären, dann wären sie noch viel gelehrter.

Nedarim 50 b

Rabbi Jischmael – ein Gefangenenschicksal

Unsere Meister lehrten: Es geschah einmal, daß Rabbi Jehoschua, Chananjas Sohn, in eine große römische Stadt kam. Man sagte ihm: Ein kleiner Knabe befindet sich im Gefängnis mit schönen Augen, feinem Aussehen und Kraushaar, das in Locken geordnet ist. Er ging hin, stellte sich an die Türe des Gefängnisses und sagte:[936] *Wer gab Jakob dem Raube hin und Israel den Plünderern?* Jener kleine Knabe antwortete und sagte:[937] *Ist es etwa nicht der Herr, an dem wir uns verfehlt haben, in dessen Wegen zu gehen sie nicht willens waren und auf dessen Weisung sie nicht hörten?* Er sagte: Ich bin darin gewiß, daß dieser zum

935 Rabbi Jehoschua, Chananjas Sohn, war in der Halacha ein Gegner Rabbi Eliesers, von dem der vorige Abschnitt handelte. Dieser Gelehrte von auffallend häßlicher Gestalt war ob seiner Klugheit und Friedfertigkeit unter seinen Kollegen besonders beliebt. Bekannt sind seine Gespräche mit Kaiser Hadrian, anläßlich seiner Romreise, die er wohl im Jahre 95 der christlichen Zeitrechnung mit Rabban Gamliel II., Rabbi Akiwa und Rabbi Elasar, Asarjas Sohn, unternahm.

936 Jesaja 42,*24a*.

937 Jesaja 42,*24b, c*.

Lehrer und Richter in Israel wird.[938] Beim Kult! Ich weiche nicht von hier, bis ich ihn losgekauft habe um jeden Preis, den sie für ihn festsetzen. Man sagt: Er wich nicht von dort, bis er ihn um einen hohen Preis losgekauft hatte. Und nur wenige Tage vergingen, bis er Lehrer und Richter in Israel wurde. Und wer war es? Es war Rabbi Jischmael, Elischas Sohn.[939]

Raw Jehuda sagte, Raw habe gesagt: Es geschah einmal, daß der Sohn und die Tochter Rabbi Jischmaels, Elischas Sohn, zu zwei Herren in Gefangenschaft gerieten. Nach einigen Tagen trafen die zwei Herren zusammen. Der eine sagte: Ich habe einen Sklaven, dessen Schönheit auf der ganzen Welt nichts gleicht; und der andere sagte: Ich habe eine Sklavin, deren Schönheit nichts auf der gesamten Welt gleicht. Da sagten sie: Komm, wir wollen sie miteinander verheiraten und uns in ihre Kinder teilen. Da führten sie diese in ein Zimmer. Er setzte sich in diesen hintersten Winkel, und sie setzte sich in jenen hintersten Winkel. Er sagte sich: Ich, ein Priester, ein Sohn von Hohenpriestern, soll eine Sklavin heiraten? Und sie sagte sich: Ich, eine Priesterin, eine Tochter von Hohenpriestern, soll einem Sklaven verheiratet werden? Und sie weinten die ganze Nacht. Als der Strahl des Morgens aufstieg, erkannte einer den anderen wieder, sie stürzten aufeinander zu und schrien auf vor Weinen, bis ihr Lebensodem ausging. Und über sie stimmt Jeremia ein Klagelied an:[940] *Über diese weint mein Auge, mein Auge zerfließt in Wasser.* Gittin 58 a

Akiwas Lehrjahre

Die Tochter von Kalba Sawuas Sohn ließ sich Rabbi Akiwa anheiligen.[941] Als Kalba Sawuas Sohn dies hörte, gelobte er ihr

938 Wörtlich heißt es: »zum Lehrer von Gerichtsentscheidungen«. Jehoschuas Prophetie stützte sich auf die hohe Gelehrsamkeit, die er bei diesem kleinen Knaben schon fand.

939 Rabbi Jischmael, Elischas Sohn, war Schüler Rabbi Jehoschuas und Rabbi Eliesers und wurde in der Kontroverse mit Rabbi Akiwa zu einem der bedeutendsten Sammler und Interpreten der Überlieferung.

940 Klagelieder 1,*16*.

941 Kalba Sawuas Sohn war einer der Reichsten Jerusalems zur Zeit der Tem-

jegliche Annehmlichkeiten von allen seinen Gütern ab. Sie aber ging und verheiratete sich mit ihm. Im Winter schliefen sie im Stroh, und er mußte sich das Stroh aus den Haaren lesen. Er sagte zu ihr: Wenn ich's nur hätte, dann würde ich dir ein goldenes Jerusalem schenken.[942] Da kam Elia, aber er erschien ihnen wie ein Mensch. Er rief an der Tür und sagte zu ihnen: Gebt mir ein wenig Stroh, denn meine Frau hat geboren, und ich habe nichts, um sie darauf zu legen. Da sagte Rabbi Akiwa zu seiner Frau: Schau, ein Mann, der nicht einmal Stroh hat!

Sie sagte zu ihm: Geh und bleibe im Lehrhaus! Da ging er zwölf Jahre vor Rabbi Elieser und Rabbi Jehoschua. Als die zwölf Jahre vollendet waren, kam er heim und hörte hinter seinem Haus hervor einen Bösewicht zu seiner Frau sagen:[943] Dein Vater hat dir recht getan; denn erstens ist er dir nicht gleichgestellt, und ferner warst du alle die Jahre eine Witwe zu seinen Lebzeiten. Sie sagte zu ihm: Wenn es nach mir geht, so soll er noch weitere zwölf Jahre dort sein. Er sagte sich: Da sie mir ja die Erlaubnis gegeben hat, gehe ich zurück. Da ging er wieder und blieb weitere zwölf Jahre. Dann kam er mit vierundzwanzigtausend Schülerpaaren.[944] Alle Welt ging ihm entgegen; auch sie stand auf, um ihm entgegenzugehen. Da sagte jener Bösewicht zu ihr: Wohin willst denn du? Sie sagte zu ihm:[945] *Es kennt der Bewährte die Seele seines Viehs.* Da ging sie, um sich ihm zu zeigen; aber die Meister stießen sie zurück. Er sagte zu

pelzerstörung (dazu Gittin 56a, Seite 179); Akiwa war nach einer Parallelstelle einer seiner Hirten. Später wurde er einer der bedeutendsten Lehrer und der geistige Führer im letzten jüdischen Aufstand gegen Rom in den Jahren 132 bis 135. Wie Rabbi Jischmael und viele andere erlitt er das Martyrium durch die Römer.

942 Ein Schmuckstück, auf dem die Silhouette Jerusalems eingraviert ist. Viel später konnte Akiwa es seiner Frau schenken.

943 Er wollte Akiwa, ihren Mann, verächtlich machen. Als dieser die vertrauensvolle Antwort seiner Frau hörte, zog er seine Folgerungen.

944 In der Parallelstelle heißt es »vierundzwanzigtausend Schüler«; aber auch diese Zahl ist legendär.

945 Sprüche 12,*10*. Wenn der Bewährte sogar sein Vieh kennt, dann kennt er erst recht seine Frau in all ihrer Armut und Niedrigkeit.

ihnen: Laßt sie in Ruhe! Meines und Eures ist Ihres.[946] Als Kalba Sawuas Sohn davon hörte, kam er und bat darum, sein Gelöbnis zu lösen. Da löste er es ihm. Nedarim 50 a

Mose im Lehrhaus Akiwas

Raw Jehuda sagte, Raw habe gesagt: In der Stunde, da Mose zur Höhe aufstieg, fand er den Heiligen, gelobt sei er, wie er dasaß und den Buchstaben Kronen anknüpfte.[947] Er sagte vor ihm: Herr der Welt, wer hindert deine Hand?[948] Er sprach zu ihm: Es ist ein Mensch, der zukünftig, am Ende vieler Generationen, sein wird – Akiwa, Josephs Sohn, ist sein Name –, der zukünftig über jedes einzelne Strichlein ganze Berge von Lebensregeln auslegen wird.[949] Er sagte vor ihm: Herr der Welt, laß mich ihn sehen! Er sprach zu ihm: Wende dich nach hinten! Er ging und setzte sich am Schluß von acht Reihen hin.[950] Er verstand aber nicht, was sie sagten. Da verlor er seine Fassung.

Als er zu einer bestimmten Sache kam, sagten seine Schüler zu ihm:[951] Meister, woher hast du das? Er sagte zu ihnen: Es ist eine Lebensregel an Mose vom Sinai.[952] Da beruhigte sich sein Sinn.[953]

946 Wie er selber, so haben auch seine Schüler all ihr Wissen dieser Frau zu verdanken.

947 Das sind Striche in Form einer Krone, die in manchen Bibelhandschriften auf sieben bestimmte Buchstaben gesetzt werden. Dazu Matthäus 5,*18*. – Es könnte auch übersetzt werden: »und den Buchstaben Kränze wand«.

948 Wer hindert dich, die Weisung ohne diese Krönlein zu geben; fehlt es ihr denn an irgend etwas, so daß derlei Zusätze nötig wären?

949 Akiwa fand durch geniale Interpretationsmethoden für kleinste Einzelheiten der mündlichen Tradition einen Grund in der Weisung und benützte dazu auch Beobachtungen von genau kopierten Schreibeigentümlichkeiten.

950 Mose wurde ins Lehrhaus Akiwas versetzt und nahm hinter der stattlichen Schülerzahl Platz.

951 Akiwa mußte seine Ausführungen vor seinen Schülern begründen.

952 Sehr alte Traditionen, die nicht in der Weisung begründet waren, wurden als »Halacha des Mose vom Sinai« bezeichnet.

953 Mose konnte sich wieder beruhigen, nachdem er bemerkte, daß Akiwa mit seiner Auslegung die Weisung so deutete, wie sie von Gott gemeint war und wie er sie in seiner Vorsehung für Akiwa plante und zubereitete.

Da wandte sich Mose, kam vor den Heiligen, gelobt sei er, und sagte vor ihm: Herr der Welt, du hast einen Menschen wie diesen, und du gibst die Weisung durch mich! Er sprach zu ihm: Schweige! So erstand's im Plan vor mir. Da sagte er vor ihm: Herr der Welt, du hast mich seine Weisung sehen lassen – laß mich seinen Lohn sehen! Er sprach zu ihm: Wende dich nach hinten! Er wandte sich nach hinten und sah, wie sie sein Fleisch auf der Fleischbank auswogen.[954] Er sagte vor ihm: Herr der Welt! Solche Weisung und solcher Lohn? Er sprach zu ihm: Schweige! So erstand's im Plan vor mir. Menachot 29 b

Akiwas Versuchung

Rabbi Akiwa verspottete gern Übertreter.[955] Eines Tages erschien ihm der Widersacher als Frau am Wipfel einer Dattelpalme. Da ergriff Rabbi Akiwa die Palme und kletterte hinauf. Als er die Hälfte der Palme erreicht hatte, ließ der Widersacher von ihm ab und sagte: Würden sie nicht am Firmament verkündigen: Habt acht auf Rabbi Akiwa und seine Weisung! – so hätte ich dein Blut nur zwei Mea gleich[956] erachtet.

Kidduschin 81 a

Rabbi Akiwa im Gefängnis

Unsere Meister lehrten: Es geschah einmal, daß Rabbi Akiwa gefesselt im Gefängnis war, und Rabbi Jehoschua, der Schröter,[957] diente ihm. Tag für Tag ließen sie ihm Wasser nach Maß zukommen. Eines Tages fand ihn[958] der Gefängniswärter und sagte zu ihm: Heute hast du zuviel Wasser. Vielleicht brauchst du's, um damit das Gefängnis zu untergraben? Dabei schüttete er die eine Hälfte aus und gab ihm die restliche Hälfte.

954 Das ist ein Hinweis auf Akiwas Martyrium; dazu Brachot 61b, Seite 431 ff.

955 Wörtlich: »Übertreter der Übertretung«, wobei die Buhlerei gemeint ist, über die er selber sich erhaben dünkte.

956 Mea ist eine kleine Silbermünze von weniger als 1 Gramm.

957 Unsicher ist, ob das Wort »Schrotmüller« oder ob es »Schrothändler« bedeutet. Raschi hat das Wort als einen Ortsnamen verstanden: »ein Mann aus Geres«.

958 Rabbi Jehoschua wurde beim Betreten des Gefängnisses untersucht.

Als er zu Rabbi Akiwa kam, sagte dieser zu ihm: Jehoschua, weißt du nicht, daß ich ein Greis bin und mein Leben von deinem Leben abhängt?[959] Da erzählte er ihm jene ganze Begebenheit. Er sagte zu ihm:[960] Gib mir Wasser, damit ich mir die Hände abspüle! Er sagte zu ihm: Wo es zum Trinken nicht reicht, wie soll es da zum Abspülen deiner Hände reichen? Er sagte zu ihm: Was soll ich machen, wenn man deshalb den Tod verdient?[961] Lieber würde ich des natürlichen Todes sterben[962] – aber ich will nicht gegen die Ansicht meiner Kollegen verstoßen.[963] Man sagte: Er hat nichts davon gekostet, bis dieser ihm Wasser gebracht und er die Hände abgespült hatte. Als die Weisen von der Sache hörten, sagten sie: Wenn er es in seinem Greisenalter tut, um wieviel mehr hätte er es in seinem Jugendalter getan; und wenn er es im Gefängnis tut, um wieviel mehr hätte er es getan, wäre er nicht im Gefängnis. Eruwin 21 b

Rabbi Akiwas Martyrium

Unsere Meister lehrten: Einst ordnete die frevelhafte Regierung an,[964] daß sich Israel nicht mit der Weisung befasse. Da kam Papos, Jehudas Sohn, und fand Rabbi Akiwa, wie er öffentlich Gemeinden versammelte und sich mit der Weisung befaßte. Er sagte zu ihm: Akiwa, fürchtest du dich denn nicht vor der frevelhaften Regierung? Er sagte zu ihm: Ich will es dir mit einem Gleichnis erklären. Womit ist die Sache zu vergleichen? Mit einem Fuchs, der an einem Fluß entlangging. Da er Fische sah,

959 Niemandem sonst war es erlaubt, dem Gefangenen etwas zu bringen.

960 Es folgt ein Zwiegespräch zwischen Rabbi Akiwa und Rabbi Jehoschua über die rechte Verwendung des restlichen Wassers.

961 Die Erfüllung des Gebots schafft Leben, die Vernachlässigung des Gebots erwirkt Tod. Auch in der Bedrängnis ist Rabbi Akiwa selbst in den geringen Dingen treu geblieben.

962 Wenn er das Gebot streng nimmt, dann verhungert er zwar, weil er ja mit makligen Händen nicht essen kann, vor Gott aber wäre er errettet; andernfalls würde er zwar sein Leben fristen, aber vor Gott wäre er tot.

963 Gemeint ist die Ansicht, nach der das Händewaschen vor dem Essen geboten ist.

964 »Frevelhafte Regierung« ist eine Umschreibung für die römische Besatzungsmacht.

die sich bald an diesem Ort, bald an jenem Ort versammelten, sagte er zu ihnen: Wovor flieht ihr denn? Sie sagten zu ihm: Vor den Netzen, die Menschenkinder über uns bringen. Er sagte zu ihnen: So möge es euch gefallen, aufs Trockene zu steigen, damit wir beisammen wohnen, ich und ihr, wie meine Väter mit euren Vätern gewohnt haben. Sie sagten zu ihm: Bist du es, den man den Klügsten unter den Tieren nennt? Du bist nicht klug, sondern du bist dumm. Wenn wir uns schon am Ort unseres Lebens fürchten, um wieviel mehr am Ort unseres Todes. So auch wir: Wenn es schon jetzt so ist, da wir sitzen und uns mit der Weisung befassen, von der geschrieben steht:[965] *Das ist doch dein Leben und die Länge deiner Tage*, um wieviel mehr ist es so, wenn wir gehen und uns von ihr lossagen.

Man sagte: Nur wenige Tage vergingen, bis sie Rabbi Akiwa ergriffen und ihn im Gefängnis fesselten. Sie ergriffen auch Papos, Jehudas Sohn, und fesselten ihn neben jenem. Er sagte zu ihm: Papos, wer hat dich hierhergebracht? Er sagte zu ihm: Wohl dir, Rabbi Akiwa, denn du wurdest um der Worte der Weisung willen ergriffen; aber wehe dem Papos, denn er wurde um nichtsnutziger Worte willen ergriffen.

In der Stunde, da sie Rabbi Akiwa zur Hinrichtung hinausführten, war es Zeit, das *Höre Israel* zu bekennen.[966] Als sie sein Fleisch mit Kämmen aus Eisen kämmten, nahm er das Joch der Herrschaft des Himmels auf sich.[967] Seine Schüler sagten zu ihm: Unser Meister! Bis hierher?[968] Er sagte zu ihnen: Alle Tage meines Lebens habe ich mich über diesen Vers gegrämt:[969] *Mit deiner ganzen Seele* – sogar, wenn er deinen Odem wegnimmt. Ich sagte mir: Wann wird es mir zuteil werden, daß ich es erfüllen kann? Und jetzt, da es mir zuteil wird, soll ich es nicht erfüllen? Er dehnte das *Einer*[970] so lange, bis sein Odem bei *Einer*

965 5. Mose 30,*20*.

966 Dazu 5. Mose 6,*4* und die Einleitung zum Abschnitt vom Gebet, Seite 464 ff.

967 Wer das »Höre Israel« betet, nimmt damit das Joch des Himmelreiches auf sich, weil in diesem Gebet die Einzigkeit Gottes proklamiert wird.

968 Sie stellten an Rabbi Akiwa die Frage, ob die Erfüllung des Gebotes zu weit gehe.

969 5. Mose 6,*5*.

970 »Einer« ist das wichtigste Wort des Gebetes »Höre Israel« und wurde zum Losungs- und Sterbewort vieler Märtyrer seit der Makkabäerzeit.

ausging. Da ging eine Art Stimme hervor, die sprach: Wohl dir, Rabbi Akiwa, daß dein Odem bei *Einer* ausging! Die Dienstengel sagten vor dem Heiligen, gelobt sei er:[971] Solche Weisung und solcher Lohn? *Von den Sterblichen? Durch deine Hand, Herr! Von den Sterblichen ...?* Er sprach zu ihnen:[972] *Ihr Anteil ist im Leben.* Da ging eine Art Stimme hervor, die sprach: Wohl dir, Rabbi Akiwa, denn du bist bestimmt zum Leben der kommenden Welt! Brachot 61 b

Elischa, Awujas Sohn, und seine Abkehr

Acher schnitt an Setzlingen herum.[973] Über ihn sagt die Schrift:[974] *Gib nimmer deinen Mund her, dein Fleisch zur Verfehlung zu leiten.* Was bedeutet dies? Er schaute, wie Metatron[975] die Erlaubnis gegeben wurde, sich zu setzen und die gün-

971 Die Dienstengel stellen dieselbe Frage wie Mose beim Anblick von Akiwas Martyrium (dazu Menachot 29b, Seite 429 f.) und zitieren anschließend den Anfang von Psalm 17,*14a*. Die Dunkelheit dieses Textes gab Anlaß zu verschiedenen Deutungen. Er ist hier so verstanden worden, daß die Dienstengel Gott fast entrüstet fragen, warum dieser Bewährte, der durch Gottes eigene Hand zu sterben würdig gewesen wäre, durch Frevlerhände sterben muß.

972 Gottes Antwort an die Dienstengel ist der Schluß von Psalm 17,*14a*.

973 Elischa, Awujas Sohn, der nach seinem Abfall zu Weltlichkeit, Übertretung und Ketzerei »Acher«, das bedeutet: der Andere (dessen Namen man nicht aussprechen mag) genannt wurde, war ein Zeitgenosse Akiwas, ein scharfsinniger Gelehrter, von dem zu lernen sich selbst nach dessen Abkehr der berühmte Rabbi Meïr nicht schämte. Die Treue und Liebe des Schülers Meïr zu seinem Lehrer Acher noch über das Grab hinaus zeigt der nächste Abschnitt. Hier folgt zuerst aus der weitläufig erzählten Legende über den Besuch von vier Gelehrten im Paradies der Abschnitt über Acher. Dies Schauen des Paradieses wird meist als eine Umschreibung für ihre mystische Spekulation gedeutet. Während Somas Sohn darüber starb, Asais Sohn irre wurde und Acher Pflanzungen beschädigte, trat allein Rabbi Akiwa im Frieden ein und schied wieder im Frieden. Über den Grund von Achers Abkehr gibt es viele Versionen, die darauf hinauslaufen, daß er am Widerspruch zwischen Gotteswort und Wirklichkeitserfahrung scheiterte.

974 Prediger 5,*5*.

975 Metatron ist der Name eines der höchsten Dienstengel.

stigen Urteile über Israel aufzuschreiben. Da sagte er:[976] Es ist doch überliefert: Droben gibt es kein Sitzen, kein Wetteifern, keine Rückseite[977] und keine Ermattung. Vielleicht – behüte und bewahre – gibt es da zwei Obrigkeiten![978] Sie führten Metatron ab, versetzten ihm sechzig Feuerschläge und sagten zu ihm: Warum bist du nicht vor ihm aufgestanden, als du ihn gesehen hast?[979] Dann gab man ihm die Erlaubnis, die günstigen Urteile über Acher auszustreichen. Da ging eine Art Stimme hervor, die sprach:[980] *Kehret um, ihr abgekehrten Söhne* – außer Acher! Dieser sagte: Da der Mann[981] von jener Welt vertrieben ist, so will ich hingehen, um in dieser Welt zu genießen. So ging Acher hin zu bösem Gehabe. Da er hinging, traf er auf eine Hure und forderte sie auf. Sie sagte zu ihm: Bist du nicht Elischa, Awujas Sohn? Da er aber am Schabbat einen Rettich aus dem Beete zog und ihn ihr gab, sagte sie: Es ist ein Anderer.[982] Chagiga 15 a

Achers Bestrafung und Errettung

Unsere Meister lehrten: Es geschah einmal, daß Acher an einem Schabbat auf einem Pferde ritt. Rabbi Meïr[983] aber ging hinter ihm, um Weisung aus seinem Munde zu lernen. Er sagte zu ihm: Meïr, gehe zurück, denn an den Schritten meines Pferdes habe ich schon abgeschätzt, daß bis hierher der Schabbatbezirk

976 Als Acher dies beim Besuch im Paradies sah, fiel ihm eine Überlieferung ein, in der es heißt, daß man im Himmel nicht sitzt.

977 Zugrunde liegt die Vorstellung, daß Engel nach allen Seiten Gesichter haben. Im übrigen ist aber die Überlieferung dieser vier Worte recht unsicher und verschieden.

978 Mit Obrigkeiten sind hier Gottheiten gemeint: eine, in deren Bereich das Sitzen erlaubt ist, und die andere, in deren Bereich niemand sitzt. Nach dieser Überlieferung ist Acher also einer dualistischen Ketzerei verfallen.

979 Ausleger sagen, daß der Engel Metatron bestraft wurde zum Zeichen dafür, daß er nicht mehr sei als andere. Er hätte vor Acher aufstehen sollen.

980 Jeremia 3,*22*.

981 Acher gebraucht hier eine Umschreibung für »ich«.

982 Da er am Schabbat eine verbotene Arbeit tat, glaubte die Hure, es könne sich nicht um den bekannten Gelehrten handeln. Sie nannte ihn darum »Anderer«, hebräisch »Acher«, was dann zu seinem Schimpfnamen wurde.

983 Zu Rabbi Meïr: Eruwin 13b, Seite 440 f.

geht.[984] Er sagte zu ihm: Geh auch du zurück! Er sagte zu ihm: Habe ich dir nicht schon gesagt, daß ich schon hinter dem Vorhang hervor gehört habe:[985] *Kehret um, ihr abgekehrten Söhne* – außer Acher! Da bemächtigte er sich seiner und brachte ihn zu einem Lehrhaus. Acher sagte zu einem kleinen Kind: Sage mir deinen Vers auf![986] Es sagte zu ihm:[987] *Keinen Frieden, spricht der Herr, gibt es für die Frevler.* Da führte er ihn in eine andere Synagoge. Er sagte zu einem kleinen Kind: Sage mir deinen Vers auf! Es sagte zu ihm:[988] *Ja, wolltest du dich auch mit Laugensalz waschen und viel Seife an dich wenden – schmutzig bleibt doch deine Missetat vor mir.* Er führte ihn zu einer anderen Synagoge. Er sagte zu einem kleinen Kind: Sage mir deinen Vers auf! Es sagte zu ihm:[989] *Du Zerstörter, was willst du tun? Wenn du dich auch in Scharlach kleidest, wenn du dich auch schmückst mit goldenem Schmuck, wenn du auch deine Augen mit Bleiglanz aufschminkst – vergebens richtest du dich schön her ...* Er führte ihn zu einer anderen Synagoge, bis er ihn zu dreizehn Synagogen geführt hatte, und alle sagten in ähnlicher Weise auf. Als er zu dem letzten sagte: Sage mir deinen Vers auf, sagte es zu ihm:[990] *Und zum Frevler spricht Gott: Was hast du meine Satzungen aufzuzählen . . .?* Dieses Kind war stammelnder Zunge, so hörte es sich an, als hätte es zu ihm gesagt:[991] *Und zu* Elischa *spricht Gott.* Es gibt solche, die sagen, Acher habe ein Messer bei sich gehabt, ihn zerschnitten und an die dreizehn Synagogen geschickt. Und es gibt solche, die sagen, er habe gesagt: Wenn ich ein Messer in meiner Hand hätte, so würde ich ihn zerschneiden.[992]

984 Am Schabbat darf man nur etwa einen Kilometer weit aus der Stadt gehen.

985 Jeremia 3,22. Acher hörte diese Worte aus der Wohnung Gottes, die wie im Tempel hinter einem Vorhang gedacht ist.

986 Das Kind sollte den Vers aufsagen, den es gerade gelernt hatte. Dies galt als eine Art Orakel.

987 Jesaja 48,*22*.

988 Jeremia 2,*22*.

989 Jeremia 4,*30*.

990 Psalm 50,*16*.

991 »Und zum Frevler« klingt im Hebräischen ähnlich wie »und zu Elischa«.

992 Von solcher Verzweiflung wurde Acher erfaßt, weil er keinen einzigen

Als Achers Seele zur Ruhe einging, sagten sie: Wir können ihn nicht verurteilen, und er kann nicht in die kommende Welt kommen. Wir können ihn nicht verurteilen, weil er sich mit der Weisung befaßt hat; und er kann nicht in die kommende Welt kommen, weil er sich verfehlt hat. Rabbi Meïr sagte: Es wäre aber besser, ihn zu verurteilen, damit er in die kommende Welt komme. Wenn ich sterbe, werde ich einen Rauch aus seinem Grab aufsteigen lassen. Als Rabbi Meïrs Seele zur Ruhe einging, stieg aus Achers Grab Rauch auf.[993] Rabbi Jochanan sagte: Welche Kraft, seinen Meister zu verbrennen! Einer war unter uns, den konnten wir nicht retten. Wenn ich ihn bei der Hand genommen hätte, wer hätte ihn mir entrissen? Er sagte: Wenn ich sterbe, werde ich den Rauch aus seinem Grab auslöschen. Als Rabbi Jochanans Seele zur Ruhe einging, verschwand der Rauch aus Achers Grab.[994] Der Klagesänger begann so über jenen: Sogar der Wächter an der Pforte[995] konnte nicht vor dir bestehen, unser Meister. Chagiga 15 a/15 b

Rabbi Tarphons Gram

Ein Mann fand einst Rabbi Tarphon[996] zu einer Zeit, da die Feigenmesser schon zusammengeklappt waren, wie er Feigen aß.[997] Da steckte er ihn in einen Sack, nahm ihn und brachte ihn fort, um ihn in den Fluß zu werfen. Da sagte Rabbi Tarphon zu sich selbst: Wehe dem Tarphon, denn dieser wird ihn töten! Als jener Mann dies hörte,[998] ließ er von ihm ab und entfloh.

tröstlichen Spruch zu hören bekommen hatte, der ihm eine Möglichkeit zur Umkehr gezeigt hätte.

993 Acher wurde also gerichtet.

994 Dies war ein Zeichen dafür, daß Acher vergeben worden war.

995 Gemeint ist die Pforte der Hölle, aus der Rabbi Jochanan Acher erretten konnte.

996 Rabbi Tarphon stammte aus einer Priesterfamilie. Er lebte nach streng moralischen Maßstäben und war besonders dafür bekannt, daß er es mit seinen Priesterpflichten auch nach der Tempelzerstörung (im Jahr 70) sehr genau nahm.

997 Da die Feigenernte beendet war, meinte Rabbi Tarphon, daß es sich um Freigut handle, das gleichsam keinen Besitzer mehr hat und darum von jedem genommen werden kann.

998 Als der Mann den Namen des bekannten Gelehrten hörte, erkannte er seinen Irrtum.

Rabbi Awahu sagte im Namen Rabbi Chananjas, Gamliels Sohn: Alle seine Tage grämte sich jener Bewährte über diese Sache und sagte: Wehe mir, daß ich mich der Krone der Weisung bedient habe![999] Rabba, Chanas Sohnessohn, sagte doch, Rabbi Jochanan habe gesagt: Jeder, der sich der Krone der Weisung bedient, wird aus der Welt gerissen. Das ist ein Schluß vom Leichteren aufs Schwerere: Wenn schon Belsazer – der sich der heiligen Geräte bediente, die entweiht waren, wie es heißt:[1000] *Es kommen Räuber hinein und entweihen es*, sobald sie nämlich diese raubten, waren sie entweiht – aus der Welt gerissen wurde, wie geschrieben steht:[1001] *In derselben Nacht wurde Belsazer getötet* – um wieviel mehr einer, der sich der Krone der Weisung bedient, die doch lebt und besteht in Ewigkeit.

Die meisten Feigenmesser waren doch schon zusammengeklappt, als Rabbi Tarphon aß. Wie kam es denn, daß dieser Mann ihn quälte? Weil ihm jemand das ganze Jahr Trauben gestohlen hatte. Als er nun Rabbi Tarphon fand, meinte er: Der ist's, der sie gestohlen hat. Wenn dem so ist, wie kam es dann, daß er sich so grämte?[1002] Weil Rabbi Tarphon schwer reich war, hätte er ihn doch durch Geld besänftigen können.

Nedarim 62 a

Das Martyrium des Rabbi Chanina, Tradjons Sohn

Unsere Meister lehrten: Als Rabbi Jose, Kismas Sohn, erkrankte, ging Rabbi Chanina, Tradjons Sohn,[1003] ihn zu besu-

999 Er hielt es für einen Mißbrauch des Gotteswortes, daß er in seiner Bedrängnis seinen Gelehrtennamen genannt hatte, um sich dadurch zu retten.

1000 Hesekiel 7,*22*. Das »Kleinod«, in das Räuber eindringen, es zu entweihen, ist der Jerusalemer Tempel. Von Belsazer wird in Daniel 5 berichtet.

1001 Daniel 5,*30*.

1002 Hier wird gefragt, wie er sich anders als durch die Bekanntgabe seines Namens hätte retten sollen, wenn er doch irrtümlicherweise für den Feigendieb gehalten wurde.

1003 Mit dem Jahr 135 der christlichen Zeitrechnung begann eine große Judenverfolgung unter Kaiser Hadrian. Aber Chanina, Tradjons Sohn, setzte seine Lehrtätigkeit in seinem Lehrhaus zu Sichni in Galiläa trotz des Verbotes fort, bis er deshalb von den Römern zum Tode verurteilt wurde. Eine seiner gelehrten Töchter wurde die Frau Rabbi Meïrs.

chen. Er sagte zu ihm: Chanina, mein Bruder, mein Bruder! Weißt du nicht, daß diese Nation, die Sein Haus verwüstet und Seinen Tempel verbrannt,[1004] Seine Frommen ermordet und Seine Besten vernichtet hat, vom Himmel zur Herrschaft eingesetzt wurde, die noch immer Bestand hat? Aber ich hörte über dich, daß du dasitzt, dich mit der Weisung befaßt und eine Rolle in deinem Schoß liegt.[1005] Er sagte zu ihm: Vom Himmel her werden sie sich erbarmen. Er sagte zu ihm: Ich sage dir vernünftige Dinge, und du sagst zu mir: Vom Himmel her werden sie sich erbarmen. Es sollte mich wundern, wenn sie dich nicht mitsamt deiner Rolle der Weisung im Feuer verbrennen. Er sagte zu ihm: Meister, wie steht es mit mir? Gelange ich zum Leben der kommenden Welt?[1006] Er sagte zu ihm: Hast du irgendeine Tat vollbracht? Er sagte zu ihm: Ich habe Purimgelder mit Almosengeldern verwechselt und verteilte sie an Arme.[1007] Er sagte zu ihm: Wenn das so ist, dann sei mein Teil wie dein Teil und mein Los wie dein Los.

Man sagt: Wenige Tage nur vergingen, bis Rabbi Jose, Kismas Sohn, verschied. Da kamen alle römischen Großen[1008] zu seinem Begräbnis und hielten eine große Klagefeier ab. Und als sie zurückkehrten, fanden sie Rabbi Chanina, Tradjons Sohn, wie er dasaß, sich mit der Weisung befaßte, öffentlich eine Gemeinde versammelt hatte und wie eine Rolle der Weisung in seinem Schoß lag. Sie holten ihn, umwickelten ihn mit der Rolle

1004 »Haus« meint hier den ganzen Tempelbezirk von Jerusalem, »Tempel« speziell das Tempelgebäude, das aus Vorhalle, Heiligem und Allerheiligstem bestand.

1005 Es war unter anderem verboten, Bibelrollen zu besitzen, und erst recht, daraus zu lehren.

1006 Rabbi Chanina, Tradjons Sohn, soll sich nur mit Studium und Lehre befaßt und darum Liebeswerke vernachlässigt haben. So erklärt sich seine besorgte Frage, ob er in die kommende Welt gelange.

1007 Rabbi Chanina, Tradjons Sohn, war Verwalter der Armenkasse. Er legte Geld, das zum Purimfest für ein Armenfestmahl gestiftet wurde und zu keinem anderen Zweck verwendet werden durfte, versehentlich in die Armenkasse und gab es als allgemeine Armenfürsorge aus. Als das Purimfest kam und das dafür bestimmte Geld weggegeben war, ersetzte Rabbi Chanina es aus eigenem.

1008 Die Vertreter der römischen Besatzungsmacht in Cäsarea kamen, um den mit ihnen befreundeten Gelehrten zu betrauern.

der Weisung, umringten ihn mit Rebenbüscheln und entzündeten an ihnen das Feuer. Dann holten sie wollene Lappen, tauchten sie in Wasser und legten sie auf sein Herz, damit seine Seele nicht so schnell hinausgehe.

Da sagte seine Tochter zu ihm: O Vater, muß ich dich so sehen! Er sagte zu ihr: Wäre ich allein verbrannt worden, so wäre mir dies schwer gewesen; jetzt aber, da ich verbrannt werde und die Rolle der Weisung mit mir, so wird Er, der auf die Beleidigung einer Rolle der Weisung achtet, auch auf meine Beleidigung achten. Seine Schüler sagten zu ihm: Meister, was siehst du? Er sagte zu ihnen: Die Pergamente verbrennen, und die Buchstaben fliegen hoch. Sie sagten zu ihm: So öffne du doch den Mund, damit das Feuer in dich eindringe! Er sagte zu ihnen: Es ist besser, daß der die Seele wegnimmt, der sie gegeben hat, aber nicht verderbe einer sich selber. Der Scharfrichter sagte zu ihm: Meister, wenn ich die Flamme vergrößere und den wollenen Lappen von deinem Herzen wegnehme, bringst du mich dann in das Leben der kommenden Welt? Er sagte zu ihm: Ja. Schwöre mir! Er schwur ihm. Sofort vergrößerte er die Flamme und nahm den wollenen Lappen von seinem Herzen weg. Da ging sein Odem schnell aus. Da sprang auch dieser auf und ließ sich ins Feuer fallen. Da ging eine Art Stimme aus, die sprach: Rabbi Chanina, Tradjons Sohn, und der Scharfrichter, sie sind zum Leben der kommenden Welt bestimmt.

Rabbi weinte darüber: Es gibt solche, die ihre Welt in einer einzigen Stunde erwerben, und es gibt solche, die ihre Welt in so viel Jahren erwerben. Awoda sara 18 a

Lohn der Treue

Rabbi Chanina, Chachinais Sohn,[1009] ging zum Lehrhaus gegen Ende der Hochzeitsfeier von Rabbi Schimon, Jochais Sohn. Dieser sagte zu ihm: Warte auf mich, bis ich mit dir gehe! Er wartete aber nicht auf ihn, sondern ging und saß zwölf Jahre im Lehrhaus. Bis er zurückging, hatten sich die Gassen des

1009 Einer der hervorragenden Schüler Akiwas, der besonderen Wert auf das Lernen der Weisung legte; dazu Awot III, Seite 373.

Städtchens so verändert, daß er den Weg nach Hause nicht mehr erkannte. Als er ging und sich an das Ufer des Flusses setzte, hörte er, wie sie einem Mädchen zuriefen: Tochter Chachinais, Tochter Chachinais, fülle deinen Krug; komm, wir wollen gehen! Da sagte er bei sich: Vernimm daraus, daß dies Mädchen unseres ist; und er ging ihr nach. Seine Frau saß gerade da und siebte Mehl. Als sie ihre Augen hob und ihn erblickte, wurde ihr Herz so überfroh, daß ihr Geist entflog. Da sagte er vor ihm: Herr der Welt – diese Arme! Soll das ihr Lohn sein? Er flehte für sie um Erbarmen, und sie lebte auf.

Ketubbot 62 b

Die Ehre der Handarbeit

Wenn Rabbi Jehuda zum Lehrhaus ging, nahm er einen Krug auf seine Schulter und sagte: Groß ist das Handwerk, denn es ehrt seinen Meister. Rabbi Schimon nahm einen Korb auf seine Schulter und sagte: Groß ist das Handwerk, denn es ehrt seinen Meister.[1010]

Nedarim 49 b

Der Erleuchter

Rabbi Acha, Chaninas Sohn, sagte: Es ist offenbar und bekannt vor dem, der sprach, und die Welt ward, daß in der Generation Rabbi Meïrs keiner war wie er. Weshalb wurde dann die Lebensregel nicht nach ihm festgesetzt? Weil seine Kollegen die Tiefe seiner Erkenntnis nicht zu begreifen vermochten; denn er sagte über Makliges: Es ist tauglich – und machte es einsichtig,

1010 Die Gelehrten waren vielfach Handwerker, denn durch Forschung und Lehre wurde nichts für den Lebensunterhalt erworben. Diese beiden Meister konnten auf dem Erzeugnis ihrer Hände im Lehrhaus erhöht sitzen, was ihnen als Zeichen der Würde galt. Beide waren neben Rabbi Meïr hervorragende Schüler Akiwas in der jüngeren Generation und hatten einen großen Anteil am Wiederaufbau jüdischen Lebens nach dem großen Zusammenbruch im Jahr 135. Jehuda, Ilais Sohn, ein Römerfreund, war ein bedeutender Kenner und Vermittler alter Tradition; Schimon, Jochais Sohn, ein Hasser der Römer, war bekannt als Ordner und Sichter eines umfassenden Wissens. Beide waren oft Gegner in der Halacha.

und über Taugliches: Es ist maklig – und machte es einsichtig. Es wird gelehrt: Nicht Rabbi Meïr war sein Name, sondern Rabbi Nehorai[1011] war sein Name. Weshalb wurde er Rabbi Meïr genannt? Weil er die Augen der Weisen in der Lebensregel erleuchtete.[1012] Auch nicht Nehorai war sein Name, sondern Rabbi Nechemja, und andere sagen: Rabbi Elasar, Arachs Sohn, war sein Name. Warum wurde er Nehorai genannt? Weil er die Augen der Weisen in der Lebensregel erleuchtete.[1013]

Rabbi sagte: Ich bin deshalb scharfsinniger als meine Kollegen, weil ich von hinten her auf Rabbi Meïr blickte.[1014] Wenn ich ihn aber von vorn erblickt hätte, wäre ich noch viel scharfsinniger, denn es steht geschrieben:[1015] *Deine Augen sollen deinen Lehrer sehen.* Eruwin 13 b

Brot für die Raben

Rabbi[1016] öffnete in Notjahren seine Vorratskammern. Er sagte: Es sollen eintreten Kenner der Bibel, Kenner der Mischna, Kenner des Talmud, Kenner der Halacha und Kenner der Aggada; aber ungelehrte Leute sollen nicht eintreten. Rabbi Jonatan, Amrams Sohn, drängte sich vor, trat ein und sagte zu ihm: Meister, versorge mich! Er sagte zu ihm: Mein Sohn, hast du Bibel gelesen? Er sagte zu ihm: Nein. Mischna gelernt? Er sagte zu ihm: Nein. Wenn das so ist, woraufhin soll ich dich versorgen? Er sagte zu ihm: Versorge mich wie einen Hund und wie einen

1011 Manche Handschriften haben anstelle von Nehorai hier: Maischa. Der Name Nehorai kann aus der gleich folgenden Baraita in diese Stelle gedrungen sein.

1012 Meïr bedeutet im Hebräischen: Erleuchter.

1013 Der Name Nehorai wird nun von einem anderen Wortstamm her als gleichbedeutend mit Meïr erklärt.

1014 Rabbi Jehuda, der Fürst, saß im Lehrhaus an einem Platz, von dem aus er noch den Rücken Rabbi Meïrs sehen konnte.

1015 Jesaja 30,20.

1016 Rabbi Jehuda I., der Fürst, gewöhnlich Rabbi genannt, stammte aus dem Geschlecht Hillel-Gamliel und war der bedeutendste Gelehrte seiner Zeit, der die Fürstenwürde seines Vaters Schimon zu hohem Glanz führte und das Ordnungs- und Sammelwerk seiner beiden großen Vorgänger Akiwa und Meïr zum Abschluß brachte: die Festlegung der im Talmud diskutierten Mischna ist sein Werk.

Raben![1017] Da versorgte er ihn. Nachdem er weggegangen war, saß Rabbi da, war bekümmert und sagte: Wehe mir, daß ich mein Brot einem Ungelehrten gegeben habe! Da sagte Rabbi Schimon, Rabbis Sohn, vor ihm: Vielleicht war es Jonatan, Amrams Sohn, dein Schüler, der seiner Lebtag keinen Vorteil von der Ehre der Weisung haben will? Sie forschten nach, und es fand sich so. Da sagte Rabbi: Es können alle eintreten.

Bawa batra 8 a

Das sühnende Leiden Rabbis

Ein Tag, an dem Rabbi lachte, brachte der Welt Unglück.[1018] Er sagte zu Kapparas Sohn:[1019] Erheitere mich nicht, so will ich dir vierzig Maß[1020] Weizen geben. Er sagte zu ihm: Der Herr wird sehen, daß ich jedes Maß nehme, das ich will. Er nahm einen großen Korb, bestrich ihn mit Pech und stülpte ihn über seinen Kopf. So ging er und sagte zu ihm: Herr, miß mir die vierzig Maß Weizen ein, die ich von dir zu fordern habe. Da lachte Rabbi und sagte zu ihm: Habe ich dich nicht gewarnt, daß du mich nicht erheitern sollst? Er sagte zu ihm: Nur den Weizen, den ich zu fordern habe, will ich holen. Nedarim 50 b/51 a

Der Segen des Blinden

Rabbi und Rabbi Chija[1021] packten auf und gingen ihres Weges. Als sie zu einer Stadt gelangten, sagten sie: Gibt es hier einen

1017 Dazu Psalm 147,9.

1018 Rabbi ertrug dreizehn Jahre lang ein schweres Leiden (dazu Bawa mezia 85a, Seite 77), das der Welt Sühne brachte. Während dieser Jahre soll es keine Dürre gegeben haben. Hörte aber das Leiden auf, so hörte auch der Segen dafür auf.

1019 Dieser Gelehrte aus der engeren Umgebung Rabbis war nicht nur wegen seiner großen Gelehrsamkeit, sondern auch wegen seines etwas groben Witzes bekannt.

1020 Hier ist ein bestimmtes Maß, nämlich vierzig Griwa zu je dreizehn Liter, gemeint. In der Antwort wird aber Griwa als Maß in einem allgemeinen Sinne verstanden.

1021 Rabbi Chija war wie Hillel ein Babylonier und gehörte zum engeren Kreis um Rabbi. Er sammelte die Traditionen außerhalb der Mischna Jehudas, des Fürsten, und machte sich besonders um die Verbreitung der Lehre verdient, wie die nächste Geschichte zeigt.

Feuerkopf[1022] unter den Gelehrten, so wollen wir gehen und ihn besuchen. Sie sagten: Es gibt hier einen Feuerkopf unter den Gelehrten, der ein Blinder ist.[1023] Rabbi Chija sagte zu Rabbi: Bleibe du sitzen und erniedrige deine Fürstenwürde nicht! Ich will gehen und ihn besuchen. Er hielt sich aber an ihm fest und ging mit ihm. Als sie sich von ihm verabschiedeten, sagte er zu ihnen: Ihr habt ein Angesicht besucht, das gesehen wird, aber nicht sieht. Möget ihr gewürdigt sein, das Angesicht zu besuchen, das sieht, aber nicht gesehen wird. Rabbi sagte: Jetzt hättest du mich doch um diesen Segen gebracht. Chagiga 5 b

Rabbi Chija, der Kinderlehrer

Wenn Rabbi Chanina[1024] und Rabbi Chija miteinander stritten, sagte Rabbi Chanina zu Rabbi Chija: Mit mir streitest du? Wenn – behüte und bewahre! – die Weisung von Israel vergessen würde, so würde ich sie durch meine scharfsinnige Erörterung wiederbringen. Da sagte Rabbi Chija zu ihm: Ich arbeite daran, daß die Weisung von Israel gar nicht vergessen wird; denn ich bringe Flachs zur Aussaat, flechte Netze davon und jage Gazellen damit.[1025] Ihr Fleisch gebe ich Waisen zu essen, und aus den Fellen der Gazellen fertige ich Pergamentrollen. Dann reise ich in eine Stadt, in der keine Kinderlehrer sind, schreibe die fünf Bücher des Fünfbuchs für fünf kleine Kinder und lehre sechs kleine Kinder die sechs Ordnungen der Mischna. Zu jedem einzelnen sage ich: Lehre deine Gefährten deine Ordnung!

Dies ist es, wovon Rabbi sagte: Wie groß sind die Taten Chijas! Rabbi Schimon, Rabbis Sohn, sagte zu ihm:[1026] Sogar größer als deine? Er sagte zu ihm: Ja. Rabbi Jischmael, Rabbi Joses

1022 »Feuerkopf« ist ein Beiname für einen besonders gewandten Gelehrten.

1023 Im hebräischen Text steht der euphemistische Ausdruck »Augenlicht« für »Blinder«.

1024 Rabbi Chanina, Chamas Sohn, war wie Chija ein bedeutender Gelehrter aus Babylonien.

1025 Da nur nach Vorschrift geschlachtetes Fleisch gegessen werden darf, muß das Wild unverletzt eingefangen werden.

1026 Rabbi wird von seinem Sohn gefragt.

Sohn, sagte zu ihm: Sogar größer als die meines Vaters?[1027] Er sagte zu ihm: Behüte und bewahre! So etwas darf in Israel nicht sein. Ketubbot 103 b

Von den Wundern um Rabbi Pinchas

Rabbi Pinchas, Jaïrs Sohn,[1028] ging einst, um Gefangene loszukaufen; da traf er auf den Fluß Ginnai. Er sagte zu ihm: Ginnai, teile für mich deine Wasser, damit ich dich durchschreite! Er sagte zu ihm: Du gehst, den Willen deines Erlösers zu tun, und ich gehe, den Willen meines Erlösers zu tun. Bei dir ist es zweifelhaft, ob du es tun kannst oder ob du es nicht tun kannst, bei mir ist es gewiß,[1029] daß ich es tun kann. Er sagte zu ihm: Wenn du dich nicht teilst, verhänge ich über dich, daß nie mehr Wasser durch dich fließe. Da teilte er sich für ihn. Es war noch ein Mann da, der Weizen mit sich führte für das Pesachfest. Er sagte zu ihm: Teile dich auch für diesen, denn er ist mit einer Gebotserfüllung beschäftigt! Da teilte er sich für ihn. Es war noch ein Araber in ihrer Begleitung. Er sagte zu ihm: Teile dich auch für diesen, damit man nicht sage: So machen sie es mit Begleitern. Da teilte er sich für ihn.

Raw Joseph sagte: Wieviel größer ist doch dieser Mann als Mose und die sechzig Myriaden.[1030] Was nämlich dort einmal geschah – hier geschah es dreimal. Aber vielleicht geschah es

1027 Rabbi Jischmaels Vater, Rabbi Jose, Chalaphtas Sohn, war Rabbis Lehrer. Indem Rabbi die Möglichkeit zurückwies, daß sein Gefährte Chija größer sei als sein Lehrer Jose, brachte er die große Verehrung zum Ausdruck, die unter Juden den Eltern und Lehrern entgegengebracht wird.

1028 Rabbi Pinchas, der Rabbi Schimon, Jochais Sohn, zum Schwiegervater hatte, war ein scharfsinniger Gelehrter, der aber vor allem für seine »essenisch« strenge Frömmigkeit bekannt war. Seine Genauigkeit, mit der er auf die Entrichtung der Zehntabgabe achtete, wurde in der Legende sogar auf sein Reittier übertragen.

1029 Ob Pinchas die Gefangenen zu befreien vermag, ist noch nicht sicher, daß aber der Fluß seiner Bestimmung gemäß zur Mündung hin fließt, ist gewiß.

1030 Mit Mose sollen 600 000 Israeliten durch das Schilfmeer gezogen sein; dazu 2. Mose 12,37.

hier auch nur einmal?[1031] Nein, sondern er ist gleich Mose und den sechzig Myriaden.

Als er einmal in einem Gasthaus eintraf, schütteten sie seinem Esel Gerste auf, aber er fraß nicht. Sie wurde gesiebt, aber er fraß nicht. Sie wurde ausgelesen, aber er fraß nicht. Er sagte zu ihnen: Vielleicht ist sie nicht verzehntet? Sie wurde verzehntet, da fraß er. Er sagte: Das arme Tier geht, den Willen seines Erlösers zu erfüllen, und ihr gebt ihm zu fressen, was noch nicht verzehntet ist! Chullin 7 a/7 b

Rabbi Jehoschua empfängt die Weisung vom Sinai

Rabbi Jehoschua, Levis Sohn,[1032] sagte: Jedem, der seines Sohnes Sohn Weisung lehrt, läßt es die Schrift gelten, als hätte er sie vom Berg Sinai empfangen, denn es heißt:[1033] *Und mache sie bekannt deinen Söhnen und den Söhnen deiner Söhne!* und direkt daneben:[1034] *Der Tag ist's, da du vor dem Herrn, deinem Gott, stehst am Horeb.*

Rabbi Chija, Abbas Sohn, traf Rabbi Jehoschua, Levis Sohn, der ein Tuch[1035] um seinen Kopf geworfen hatte und gerade ein kleines Kind zur Synagoge führte.[1036] Er sagte zu ihm: Was soll das alles? Er sagte zu ihm: Ist es denn etwas Kleines, was da geschrieben steht: *Und mache sie bekannt deinen Söhnen!* und direkt daneben: *Der Tag ist's, da du vor dem Herrn, deinem Gott, stehst am Horeb*? Von da an genoß Rabbi Chija, Abbas Sohn, nie sein Morgenfleisch, ehe er nicht ein kleines Kind seinen Bibelabschnitt lesen ließ und es noch einen dazu lehrte.

Kidduschin 30 a

1031 Der Einwand bezieht sich darauf, daß darüber nichts berichtet wurde, ob sich der Fluß dreimal nacheinander oder für alle drei zusammen nur einmal öffnete.

1032 Rabbi Jehoschua, Levis Sohn, ein Schüler von Kapparas Sohn, war einer der bedeutenden frühen Amoräer des Landes Israel, über den besonders viele Legenden erzählt wurden.

1033 5. Mose 4,*9*.

1034 5. Mose 4,*10*.

1035 Das Wort ist sonst unbekannt. Es handelt sich nicht um die übliche Kopfbedeckung, das Sudarium, sondern um irgendein Tuch oder Laken, das sichtlich hastig um den Kopf geschlungen war.

1036 In der Synagoge wurde der Unterricht erteilt.

Der verhinderte Fluch

Rabbi Jehoschua, Levis Sohn, wurde von einem Ketzer mit Schriftversen gequält.[1037] Eines Tages ergriff er einen Hahn, stellte ihn zwischen die Füße des Bettes, paßte auf[1038] und dachte: Wenn jene Stunde herankommt, verfluche ich ihn. Als jene Stunde herankam, war er eingeschlummert. Er sagte sich: Vernimm daraus: Es ist nicht anständig, so zu handeln. *Und Sein Erbarmen waltet über all Seinen Werken* steht doch geschrieben;[1039] ferner steht geschrieben:[1040] *Auch zu strafen ist für den Bewährten nicht gut.* Awoda sara 4 b

Klage über die Vergänglichkeit

Rabbi Elasar erkrankte. Als Rabbi Jochanan zu ihm kam,[1041] bemerkte er, daß jener in einem dunklen Raum lag.[1042] Als er seinen Arm entblößte und Licht davon fiel, bemerkte er, daß Rabbi Elasar weinte.[1043] Er sagte zu ihm: Warum weinst du denn? Ist es wegen der Weisung, weil du sie nicht genug ge-

1037 Aus der vielfältigen Überlieferung dieser Stelle wurde hier die gebräuchlichste übernommen.

1038 Er achtete darauf, wann der Kamm des Hahnes weiß sei. Das soll in den ersten drei Stunden nach Mitternacht der Fall sein. In diesen Stunden zürne Gott, darum wollte sie Rabbi Jehoschua nützen, um den Ketzer zu verfluchen.

1039 Psalm 145,*9*.

1040 Sprüche 17,*26*. Im biblischen Zusammenhang ist das Verbum passivisch verstanden: »Auch bestraft zu werden . . .«

1041 Rabbi Elasar, Pedats Sohn (manche Handschriften haben aber: Rabbi Elieser), war ein gebürtiger Babylonier priesterlicher Abstammung. In Israel wurde er einer der hervorragenden Gelehrten, der auch den großen Gelehrten des Landes, Rabbi Jochanan und Rabbi Schimon, Lakischs Sohn, gegenüber seine Selbständigkeit wahrte. Ihr Verhältnis war deshalb nicht ungetrübt. Rabbi Jochanan war der bedeutendste Amoräer des Israellandes. Seine Schule legte den Grund für den Jerusalemischen Talmud, dessen Fertigstellung ihm von der späteren Tradition zugeschrieben wurde.

1042 Rabbi Elasar war so arm, daß er einen Raum bewohnte, der fensterlos war.

1043 Rabbi Jochanan soll von solcher Schönheit gewesen sein, daß Licht von seinem Körper ausstrahlte.

mehrt hast? Wir haben doch gelernt: Ob einer mehr tut oder ob einer weniger tut – wenn er nur sein Herz gen Himmel richtet. Oder ist es wegen der Nahrung? Nicht jeder Mensch ist beider Tische gewürdigt.[1044] Ist es wegen der Kinder? Siehe, das ist ein Knochen von meinem zehnten Sohn.[1045] Er sagte zu ihm: Wegen dieser Schönheit, die im Staube vermodern wird, weine ich. Er sagte zu ihm: Darum weinst du mit Recht. Und sie weinten beide. Inzwischen sagte er zu ihm: Sind dir deine Leiden lieb? Er sagte zu ihm: Weder sie noch ihre Belohnung. Er sagte zu ihm: Gib mir deine Hand! Er gab ihm seine Hand, und jener richtete ihn auf. Brachot 5 b

Der Verlust des Partners

Eines Tages war Rabbi Jochanan beim Baden im Jordan. Da erblickte ihn Resch Lakisch[1046] und sprang ihm in den Jordan nach. Er sagte zu ihm: Deine Kraft der Weisung![1047] Er sagte zu ihm: Deine Schönheit den Frauen! Er sagte zu ihm: Wenn du in dich gehst, will ich dir meine Schwester geben, die schöner ist als ich. Da nahm er es auf sich. Er wollte zurück, um seine Ausrüstung zu holen, aber er konnte nicht mehr zurück.[1048] Er ließ ihn Bibel lesen und ließ ihn Mischna lernen und machte ihn zu einem großen Mann.

Eines Tages stritten sie im Lehrhaus darüber, von wann ab ein Schwert, ein Messer, ein Dolch, eine Lanze, eine Handsichel

1044 Mit den beiden Tischen sind Gelehrsamkeit und Reichtum gemeint oder die hiesige Welt und die kommende.

1045 Jochanan zeigte den Zahn des zehnten seiner verstorbenen Söhne.

1046 Rabbi Schimon, Lakischs Sohn, abgekürzt Resch Lakisch genannt, hatte ein frühes Studium unterbrochen, um durch Gladiatorenkämpfe in römischen Theatern sein Geld zu verdienen. Rabbi Jochanan leitete ihn wieder zu Studium und geregeltem Leben zurück und hatte bald an ihm einen unentbehrlichen Freund und Gesprächspartner, der überall mit unerschrockenem Mut für die Sache der Weisung eintrat.

1047 Rabbi Jochanan meinte, diese fehlgeleitete Manneskraft sei des Studiums der Weisung würdig.

1048 Der Entschluß, sich dem Studium zu widmen, hatte Resch Lakischs physische Kraft so erlahmen lassen, daß er nicht mehr imstande war, seine schwere Bewaffnung aufzunehmen.

und eine Erntesichel einen Makel empfangen können: Von der Stunde an, da ihre Herstellung vollendet ist. Und von wann ab ist ihre Herstellung vollendet? Rabbi Jochanan sagte: Von da ab, wenn sie im Ofen geschmolzen werden; Resch Lakisch sagte: Von da ab, wenn sie im Wasser geglättet werden. Er sagte zu ihm: Ein Räuber kennt sich in seinen Räuberdingen aus.[1049] Er sagte zu ihm: Und was hast du mir genützt? Dort nannten sie mich Meister, hier nennen sie mich Meister.[1050] Er sagte zu ihm: Ich habe dir wohl genützt; ich habe dich nämlich unter die Flügel der Einwohnung gebracht. Und Rabbi Jochanan war in seinem Gemüt gekränkt. Darüber wurde Resch Lakisch krank. Da kam seine Schwester weinend[1051] und sagte zu ihm: Tu etwas um meiner Kinder willen! Er sagte zu ihr:[1052] *Laß nur deine Waisen, Ich selber will sie am Leben halten.* Tu etwas um meiner Witwenschaft willen! Er sagte zu ihr:[1053] *und deine Witwen sollen auf Mich vertrauen.* Da ging die Seele von Rabbi Schimon zur Ruhe ein, und Rabbi Jochanan trauerte ihm sehr nach.

Unsere Meister sagten: Wer mag hingehen, um sein Gemüt zu beruhigen? Rabbi Elasar, Pedats Sohn, mag hingehen, denn seine Diskussionsbeiträge sind scharfsinnig. Er ging hin und setzte sich vor ihn. Auf jedes Wort, das Rabbi Jochanan sagte, sagte er zu ihm: Es gibt eine Baraita, die dich stützt. Er sagte: Du willst dem Sohn Lakischs gleichen? Wenn ich ein Wort sagte, brachte der Sohn Lakischs vierundzwanzig Einwände gegen mich vor, und ich gab ihm vierundzwanzig Lösungen zurück. Dadurch gewann die Diskussion an Fülle. Du aber, du sagst: Es gibt eine Baraita, die dich stützt. Weiß ich denn nicht selbst, daß das, was ich sage, vortrefflich ist! Da ging er hin und zerriß sein Gewand und sagte weinend: Wo bist du, Sohn

1049 Rabbi Jochanan hat ihn damit nicht nur an seine unrühmliche Vergangenheit erinnert, was bei den Gelehrten sehr verpönt war, sondern hat die Tatsachen noch übertrieben und so gegen ihn polemisiert. Darauf gab ihm Resch Lakisch eine ebenso polemische Antwort.

1050 Auch zu der Zeit, da er im Zirkus kämpfte, war er ein Anführer.

1051 Die Schwester Rabbi Jochanans, die Resch Lakischs Frau war.

1052 Jeremia 49,*11a*.

1053 Jeremia 49,*11b*.

Lakischs, wo bist du, Sohn Lakischs? So schrie er, bis ihn der Verstand verließ. Da flehten die Meister für ihn um Erbarmen, und seine Seele ging zur Ruhe ein. Bawa mezia 84 a

Raw Kahana, der Löwe aus Babylonien

Raw Kahana ging[1054] und fand Resch Lakisch sitzen und das Thema des Tages mit den Meistern durchsprechen. Er sagte zu ihnen: Wo ist Resch Lakisch? Sie sagten zu ihm: Wieso denn? Er sagte zu ihnen: Dies ist ein Einwand und das ist ein Einwand, dies ist eine Lösung und das ist eine Lösung. Sie sagten es zu Resch Lakisch, Resch Lakisch ging und sagte zu Rabbi Jochanan: Ein Löwe ist aus Babylonien heraufgekommen. Möge der Herr das morgige Thema genau bedenken. Anderntags setzten sie ihn in die erste Reihe vor Rabbi Jochanan. Dieser sagte einen Lehrsatz, jener aber erhob keinen Einwand, wieder einen Lehrsatz, jener aber erhob keinen Einwand. Er ließ ihn sieben Reihen zurücksitzen, bis er in der letzten Reihe saß. Da sagte Rabbi Jochanan zu Rabbi Schimon, Lakischs Sohn: Der Löwe, von dem du gesagt hast, ist ein Fuchs geworden. Raw Kahana sagte: Möge es Sein Wille sein, daß diese sieben Reihen anstelle der sieben Jahre seien, von denen Raw zu mir gesagt hat. Dann stellte er sich auf die Füße und sagte zu ihm: Möge der Herr von vorn anfangen! Dieser sagte einen Lehrsatz, und jener erhob einen Einwand. Da ließ er ihn in die erste Reihe aufrücken. Er sagte einen Lehrsatz, und jener erhob einen Einwand. Rabbi Jochanan saß auf sieben Polstern. Es wurde ein Polster unter ihm weggezogen, wenn er einen Lehrsatz sagte und jener einen Einwand erhob, bis alle Polster unter ihm weggezogen waren und bis er auf der Erde saß. Rabbi Jochanan war ein alter Mann, und er hatte herabhängende Augenlider. Er sagte zu ihnen: Zieht mir meine Augen hoch, damit ich ihn sehen kann! Da zogen sie ihm diese mit einem silbernen Augenschminkstift hoch. Als er Raw Kahana sah, dessen Lippen gespalten waren,

1054 Raw Kahana mußte wegen eines Totschlags aus Babylonien fliehen. Sein Lehrer Raw wies ihn an die Schule Rabbi Jochanans, legte ihm aber als Buße auf, sieben Jahre lang keine Einwendungen gegen ihn zu machen.

meinte er, daß dieser lache, ihn auslache, und war in seinem Gemüt gekränkt. Darüber ging seine Seele zur Ruhe ein.[1055]

Anderntags sagte Rabbi Jochanan zu unseren Meistern: Habt ihr gesehen, was der Babylonier getan hat? Sie sagten zu ihm: So ist seine Natur. Da ging er zur Grabhöhle und sah sie von einer Schlange umwunden. Er sagte zu ihr: Schlange, Schlange, öffne dein Maul,[1056] damit der Meister zu dem Schüler hineingehen kann! Sie öffnete aber nicht. Damit der Kollege zu dem Kollegen hineingehen kann! Sie öffnete aber nicht. Damit der Schüler zu dem Meister hineingehen kann! Da öffnete sie es. Er flehte um Erbarmen, ließ ihn auferstehen und sagte zu ihm: Wäre mir die Natur des Herrn bekannt gewesen, so wäre mein Gemüt nicht gekränkt gewesen. Jetzt möge der Herr mit uns kommen. Er sagte zu ihm: Wenn du um Erbarmen zu flehen vermagst, daß ich nicht wiederum entschlafe,[1057] dann gehe ich mit; wenn aber nicht, dann gehe ich nicht mit. Da sich ja die Stunde ändert, kannst auch du dich ändern. Da erweckte er ihn, ließ ihn auferstehen und befragte ihn über alle Zweifel, die er hatte, und er erklärte sie ihm. Das ist's, was Rabbi Jochanan sagte: Ich sagte, es ist die eurige, sie ist aber die ihrige.[1058]

Bawa kamma 117 a/117 b

Ein Freund von Sündern

Einige sittenlose Gesellen lebten in der Nachbarschaft von Rabbi Seïra.[1059] Er befreundete sich aber mit ihnen, um sie so

1055 Die Folge der Kränkung Rabbi Jochanans war diesmal noch schlimmer als bei Resch Lakisch: Raw Kahana mußte sofort sterben.

1056 Manche Texte sagen: »Öffne die Tür!« Der übersetzte Text besagt, daß die Schlange sich ganz um den Eingang gewunden hat und ihren Schwanz im Maul hält.

1057 Raschi erklärt, Raw Kahana habe die Zusicherung verlangt, daß er nicht mehr wegen einer Kränkung Rabbi Jochanans sterben müsse.

1058 Rabbi Jochanan gab damit zu, daß aus Babylonien der bessere Lehrer der Weisung gekommen war.

1059 Rabbi Seïra (sein Name erscheint auch häufig als Sera), der aus Babylonien eingewandert ist und eine ausgeprägte Persönlichkeit war, wurde zum bekanntesten und beliebtesten Amoräer in der Zeit nach Rabbi Jochanan.

zur Umkehr zu bewegen. Unsere Meister wurden darüber ärgerlich. Als die Seele Rabbi Seïras zur Ruhe einging, sagten sie: Bis heute war der Kleine mit den verbrannten Schenkeln da,[1060] der für uns um Erbarmen flehte. Jetzt aber – wer fleht für uns um Erbarmen? Sie bewegten es in ihrem Herzen und taten Umkehr.

Sanhedrin 37 a

Einzig die Gottesfurcht

Rabbi Simon und Rabbi Elasar saßen da, und Rabbi Jaakow, Achas Sohn, ging vorüber.[1061] Da sagte der eine zu seinem Gefährten: Wir wollen vor ihm aufstehen, denn er ist ein Mann, der Verfehlung fürchtet. Der andere sagte zu ihm: Wir wollen vor ihm aufstehen, denn er ist ein Mann, der die Weisung kennt. Er sagte zu ihm: Ich sagte dir doch: Er ist ein Mann, der Verfehlung fürchtet, und du sagst mir noch: Er ist ein Mann, der die Weisung kennt.[1062] Es ist erwiesen, daß es Rabbi Elasar war, der gesagt hat: Er ist ein Mann, der Verfehlung fürchtet. Rabbi Jochanan sagte nämlich im Namen Rabbi Elasars: Nichts hat der Heilige, gelobt sei er, in der Welt, als allein die Furcht des Himmels, denn es heißt:[1063] *Nun aber Israel, was fordert der Herr, dein Gott, von dir, als zu fürchten ...*; ferner steht geschrieben:[1064] *Und zum Menschen sprach er: Siehe, die Furcht des Herrn ist Weisheit ...* Da es in griechischer Sprache »hen« für »eins« heißt,[1065] ist es erwiesen. Schabbat 31 b

1060 Die schlimmen Nachbarn spielten auf seinen Namen an, der »klein« bedeutet. Vom Ursprung seines Spottnamens wird an anderer Stelle im Talmud erzählt, daß er sich bei asketischen Übungen am Feuer die Schenkel verbrannt habe. Manche übersetzen aber: »Der Verbrannte (der Dunkelhäutige, da er aus dem wärmeren Babylonien kam) mit den kurzen Beinen.«

1061 Rabbi Jaakow, Achas Sohn, war ein Gelehrter aus dem Kreise Rabbi Seïras.

1062 Der erste Satz bedeutet mehr, darum braucht der zweite nicht mehr besonders erwähnt zu werden.

1063 5. Mose 10,*12*.

1064 Hiob 28,*28*.

1065 Zum Erweis dafür, daß es einzig und allein um die Gottesfurcht geht, liest der Ausleger das »Siehe« im Hiobzitat (hebräisch »hen«), als ob es ein griechisches Wort wäre; und im Griechischen heißt »hen«: »eins«.

Lehrer in Babylonien

Raw[1066] traf in einem Ort ein und ordnete ein Fasten an, aber es kam kein Regen.[1067] Der Gemeindevertreter stieg zum Gebet hinab.[1068] Er sagte:[1069] »Der den Wind wehen läßt«, und ein Windstoß wehte. Er sagte: »Der den Regen fallen läßt«, und Regen kam. Raw sagte zu ihm: Was ist dein Beruf?[1070] Er sagte zu ihm: Bibellehrer für kleine Kinder bin ich und lehre Bibel für die Kinder von Armen wie für die Kinder von Reichen. Und von jedem, dem es nicht möglich ist, nehme ich nichts an. Und ich habe einen Fischgraben; und einen jeden, der störrisch ist, versuche ich mit Fischen zu gewinnen. Wir machen sie für ihn zurecht, und wir besänftigen ihn, bis er kommt und Bibel liest.

Taanit 24 a

Aus der Schule Rawas

Das sind Worte Rabbi Eliesers:[1071] Raw Brona sagte, Raw habe gesagt: Die Lebensregel geht nach Rabbi Elieser. Raw Adda, Ahawas Sohn, sagte, Raw habe gesagt: Dies sind die Worte

1066 Raw Abba Arika, das heißt »Abba, der Hochgewachsene«, wurde kurz Raw genannt, da er der erste Meister Babyloniens war. Er hatte in Israel bei Rabbi Jehuda, dem Fürsten, gelernt und brachte die ganze Gelehrsamkeit von dort nach seiner Heimat Babylonien, wo er bald in Sura (neben der alten Schule in Nehardea) ein eigenes Lehrhaus gründete.

1067 Die Regenzeit hatte begonnen, aber der Regen setzte nicht ein. Durch ein Fasten sollte das Gebet um Regen intensiviert werden.

1068 Der Vorbeter steht an einer vertieften Stelle des gottesdienstlichen Raumes.

1069 Vom Ausgang des Laubhüttenfestes bis zum Beginn des Pesachfestes (das ist die gewöhnliche Dauer der Regenzeit) werden die folgenden beiden Sätze in die zweite Bitte des Achtzehngebetes eingeschaltet; zum Achtzehngebet: Seite 471 ff.

1070 Raw wunderte sich, warum auf das Gebet dieses einfachen Mannes hin Regen eingesetzt hatte, nachdem das von ihm angesetzte Fasten nutzlos geblieben war.

1071 Dies bezieht sich auf eine vorausgehende Mischna, die nach Rabbi Elieser den Zeitraum festsetzt, den Männer verschiedener Berufe von ihren Frauen ohne besondere Erlaubnis fernbleiben dürfen. Gelehrten wurde eine Frist von dreißig Tagen zugestanden.

Rabbi Eliesers, aber die Weisen sagen: Die Schüler dürfen zum Studium der Weisung zwei, ja drei Jahre ohne Erlaubnis ausziehen.[1072] Rawa sagte: Unsere Meister stützen sich auf Raw Adda, Ahawas Sohn, und handeln entsprechend und setzen ihre Seele dran,[1073] wie Raw Rechumi, der sich bei Rawa in Machusa befand.[1074] Gewöhnlich ging er zu jedem Vortag des Versöhnungsfestes heim. Eines Tages aber war er vom Thema allzusehr angezogen.[1075] Währenddessen hoffte seine Frau: Jetzt kommt er, jetzt kommt er! Als er nicht kam, bekümmerte sich ihr Sinn, und Tränen flossen aus ihren Augen. Er saß gerade auf einem Flachdach. Da brach das Flachdach unter ihm durch, und seine Seele ging zur Ruhe ein. Ketubbot 62 b

Versucht und getröstet

Als Abbaje einst einen Mann hörte, der zu einer Frau sagte: Früh wollen wir uns auf den Weg machen – da sagte er bei sich: Ich will mich aufmachen und sie von Verbotenem abhalten.[1076] Er machte sich hinter ihnen her, drei Parasangen weit[1077] auf einer Wiese. Als sie sich voneinander trennten,[1078] hörte er sie sagen: Der Weg ist weit und Gesellschaft angenehm.

1072 Die Worte Rabbi Eliesers sind die Meinung eines einzelnen, die Halacha geht aber nach der Mehrheit.

1073 Die Gelehrten um Rawa blieben bis zu zwei oder drei Jahren an entfernten Schulen, entgegen der menschlicheren Bestimmung Rabbi Eliesers, selbst wenn sie diesen Eifer um die Weisung mit einem frühen Tod bezahlen mußten, als Strafe für die Vernachlässigung ihrer Frauen.

1074 Rawa und der im nächsten Abschnitt behandelte Abbaje wurden gemeinsam von Rabba und Joseph, den beiden damaligen Autoritäten in Babylonien, erzogen und gelehrt (dazu Horajot 14a, Seite 294 f.). Wie so manche der Gelehrtenpaare waren auch diese beiden Freunde einander besonders gut ergänzende Gesprächspartner: Rawa der scharfsinnige Dialektiker, Abbaje der umfassende Kenner der Überlieferung. Während Abbaje Raw Josephs Nachfolger als Schulhaupt in Pumbedita wurde, gründete Rawa in seiner reichen Vaterstadt Machusa ein eigenes Lehrhaus, das bald zum Mittelpunkt jüdischer Gelehrsamkeit in Babylonien wurde.

1075 Er vergaß darüber das Heimgehen.

1076 Gelehrte sind in besonderer Weise verpflichtet, Versuche vor der Sünde zu warnen, um dadurch Übertretungen zu verhindern.

1077 Eine Parasange ist eine persische Wegstunde, ungefähr 5,5 km.

1078 Von da ab gingen die beiden verschiedene Wege, ohne daß sich Abbajes Verdacht bestätigt hatte.

Abbaje sagte: Wenn dies mein Hasser gewesen wäre,[1079] so hätte ich wohl nicht dagegen bestehen können. Da machte er sich auf, lehnte sich an den Riegel einer Tür und grämte sich. Da kam ein alter Mann[1080] und lehrte ihn: Jeder, der größer ist als sein Gefährte, dessen Leidenschaft ist auch größer.

Sukka 52 a

1079 Abbaje gebraucht eine kakophemistische Umschreibung für: »Wenn ich dies gewesen wäre«, um eine solche Situation nicht zu berufen.

1080 Dieser Alte wird in der Tradition mit dem Propheten Elia identifiziert.

ALLTAG UND FEST IN ISRAEL

In Synagoge und Haus erlebt und feiert Israel den Alltag und die Feste. Die Versammlungsstätten,[1] die während der babylonischen Gefangenschaft, fern vom zerstörten Tempel, entstanden, wurden von den Rückkehrern neben dem wieder erstehenden Tempel beibehalten und wurden dann vor allem für die jüdischen Gemeinden in der Zerstreuung immer wichtiger. Wo immer Juden wohnten, versammelten sie sich als eine Gemeinde des Wortes; der Wortgottesdienst stand neben dem Opferdienst der Priester und während der tempellosen Zeiten an seiner Stelle. Die schlichte Synagoge mit ihrem Bibelrollenschrein, dem Leuchter und den zwei Pulten für den Vorbeter und für die Bibellesung ist geschichtsmächtiger geworden als der prächtige Tempel mit seinem Opferaltar. Die Laiengemeinde hat sich hier für Gebet, Schriftlesung und Schriftauslegung gottesdienstliche Formen geschaffen, durch die nicht allein das Judentum bewahrt, sondern auch die christliche Kirche entscheidend bestimmt worden ist. Wie wichtig aber auch die Synagoge für das Judentum war und ist – eine noch größere Bedeutung besitzt das jüdische Haus als der Ort, an dem das Leben geheiligt und verwirklicht wird. Hinter der Wohnungstür, an deren rechtem Pfosten eine Pergamentrolle befestigt ist,[2] beginnt ein Bereich

1 Das hebräische und das entsprechende griechische Wort (»Synagoge«) bedeutet zunächst die Versammlung, dann erst das Haus, in dem die Versammlung stattfindet. – Die Synagogen waren nicht vor allem Wohnung Gottes wie der Tempel, sondern Gemeindehäuser, Mittelpunkte des Gemeindelebens mit Nebenräumen für Unterricht und Studium, mit Tauchbad und mit Räumen, in denen Wanderer verpflegt und untergebracht werden konnten.

2 Auf Grund von 5. Mose *6,9* und *11,20* wird im oberen Drittel des Türrahmens eine Kapsel aus Holz oder Metall angebracht, in der sich eine kleine Rolle mit der Inschrift der beiden ersten Abschnitte des Bekenntnisses »Höre Israel« (dazu Seite 464 f.) befindet. Auf der Rückseite des Pergaments steht das Wort »Allmächtiger« geschrieben, das durch eine kleine Öffnung an der Kapsel sichtbar ist.

inniger Frömmigkeit mit einer Vielfalt geheiligter Bräuche. Das ganze Leben von der Wiege bis zum Grab steht unter Gottes Angebot und Gebot: Kinder gebären und besorgen, segnen und beschneiden, das Singen, Beten und Lesen, das Essen am Tisch des Hauses, der die Funktionen des Altars gleichsam übernommen hat und um den sich die ganze Familie täglich versammelt; dazu kommt der Dienst an Kranken und an Gästen und das Ehren der Toten. Ohne das Haus, dieses Zentrums des Lebens, hätte sich das Judentum in seiner Weltoffenheit leicht aufgelöst und wäre geworden wie die anderen Völker. Wenn auch über das Brauchtum der talmudischen Zeit im einzelnen oft ein exakter wissenschaftlicher Nachweis fehlt, so ist die Kontinuität jüdischer Tradition doch so stark, daß am ehesten durch Hinzuziehen auch späterer Bräuche ein authentisches und lebendiges Gesamtbild zu erhalten ist.

Frauen und Ehe. Die Schöpfung, diese gute Gabe Gottes, wird im Judentum zugleich als Aufgabe begriffen. Weil das Fruchten und Mehren im göttlichen Gebot begründet ist,[3] darum kann hier alle Geschlechtlichkeit so auffallend nüchtern bejaht werden als Gegebenheit, die weder zu vergöttern noch zu verteufeln ist, der vielmehr ehrfürchtig und unbefangen zu begegnen ist im Denken, im Reden und im Vollzug.

Diese Sauberkeit und Selbstverständlichkeit bestimmt die Ehe,[4] diese von Gott geordnete Begegnung von Mann und Frau.[5] Die Besonderheit des Ehebundes kommt schon darin zum

3 Als erstes Gebot an die Menschen ist 1. Mose 1,*28* vom pharisäischen Judentum ganz besonders ernstgenommen worden.

4 Obwohl die Mehrehe rechtlich zulässig war, hat sich, wohl aus wirtschaftlichen Erwägungen, die Einehe praktisch durchgesetzt. Während nur von wenigen pharisäischen Meistern bekannt ist, daß sie ehelos lebten (so von Asais Sohn, dazu Jewamot 63b, Seite 499; vielleicht ist in diesem Zusammenhang auch der Apostel Paulus zu erwähnen), hat es in anderen, vor allem in stärker endzeitlich bestimmten Gruppen viele gegeben, die nicht in Ehen lebten. So verbrachten die Täufer in Qumran ihr Leben in klösterlicher Enthaltsamkeit, weil sie gleichsam einen Priester- und Kriegsdienst leisteten, während dem aller Umgang mit Frauen verboten war. Mitglieder der essenischen Außengemeinden dagegen waren verheiratet.

5 Die eheliche Gemeinschaft wird geläutert und gefestigt durch die Forderung zeitweiser Enthaltsamkeit. Die Zeit der Hingabe wird unterbrochen durch

Ausdruck, daß die Frauen in Israel ihren Männern »angeheiligt« werden.[6] Bräutigam und Braut beschenken einander zur Hochzeit;[7] der Mann muß für seine Frau eine Geldsumme hinterlegen und ihr einen Heiratsvertrag ausfertigen,[8] auf dem die feierliche Versicherung geschrieben steht: »Du sollst meine Frau sein, und ich will dir dienen, dich ehren und versorgen nach der Weise jüdischer Männer, die ihren Frauen dienen, sie ehren, ernähren und versorgen in Treue.«

In einer Zeit, da Frauen in der Umwelt noch wie Sklavinnen eingeschätzt und behandelt wurden, mußte die außerordentliche Hochschätzung jüdischer Frauen durch ihre Männer besonders auffallen. Aber sie gilt in gleicher Weise noch in späteren Zeiten: An jedem Schabbateingang lobt der Vater die Hausfrau als seinen größten Reichtum mit den Worten eines alten Liedes.[9] Die Hochachtung der Frau, die darin zum Ausdruck kommt, wird zwar außerhalb des Hauses weniger sichtbar, weil der Mann seine Gefährtin mitsamt der Familie in der Öffentlichkeit vertritt. Aber im Innenbereich ist die Frau einer Königin und Priesterin gleich; denn sie bereitet das Haus und bestimmt, welcher Geist darin herrscht. Selbst frei von allen Geboten, die zu festgesetzten Zeiten zu erfüllen sind, gibt doch sie die Jüdischkeit weiter kraft ihres natürlichen Mutterseins.[10]

die Menstruation und eine ihr folgende Zeit der Makligkeit, die durch ein Tauchbad abgeschlossen wird, durch Wochenbettzeit und Trauerzeiten, durch Kult, früher auch durch Krieg.

6 Bei der Hochzeit sagt der Bräutigam zu seiner Braut: »Siehe, du bist mir angeheiligt durch diesen Ring nach der Weisung Moses und Israels.«

7 Unter dem Trauhimmel trägt der Mann einen sogenannten Gebetsmantel und das von der Braut gefertigte weiße Leinengewand, in dem er einst auch begraben werden wird.

8 Derartige Verträge, die Rechtscharakter tragen, sind seit dem ersten vorchristlichen Jahrhundert bekannt; die »Hochzeitsverschreibung« dient der Sicherheit der Frau: Der festgesetzte Betrag fällt der Frau zu, wenn die Ehe geschieden wird oder wenn ihr Mann früher stirbt als sie. Gegenüber der alten, biblischen Zeit bedeutet die Betonung dieser Rechts- und Heiligungsformen im Pharisäertum eine wichtige Weiterentwicklung, wie sie sich ähnlich auch im frühen Christentum findet.

9 Einen wichtigen Teil der häuslichen Schabbatliturgie bildet das Lob der tapferen Frau, Sprüche 31, *10–31*.

10 Die Religionszugehörigkeit der Kinder aus Mischehen richtet sich jüdischem Recht gemäß jeweils nach der Religion der Mutter.

Durch eine sehr ins einzelne gehende Gesetzgebung, die im Talmud die ganze Ordnung über »Frauen« umfaßt, soll die eheliche Gemeinschaft bewahrt und vor allem das Recht der Frauen vor etwaiger Willkür der Männer geschützt werden. War aber der Bund einmal zerbrochen und führten Versöhnungsversuche zu keinem positiven Ergebnis, so konnte um der Menschlichkeit willen die Ehe wieder gelöst werden; sie mußte geschieden werden, wenn eine Frau ihrem Mann durch Unzucht Schande bereitete.[11] Wie schon durch die Zusicherung der »Hochzeitsverschreibung«, so sollten erst recht durch das Verfahren, das für die Ausstellung eines Scheidebriefes vorgeschrieben war, Hemmungen eingeschaltet werden, die geeignet waren, Affekthandlungen von seiten der Männer zu verhindern.[12] Geschiedenen Frauen war es gestattet, sich nach der Lösung einer untragbar gewordenen Ehe wieder von jedem, der sie zur Frau haben wollte, heiraten zu lassen; allerdings verlieren Priester, die eine Geschiedene heiraten – zwar nicht für sich selbst, wohl aber für ihre Nachkommen – die Pflichten und Rechte ihres

11 Die Scheidung ist eine Erlaubnis für Israel auf Grund von 5. Mose 24,*1*. Aber die Worte »findet sie nicht Gunst in seinen Augen, weil er eine schändliche Sache an ihr gefunden hat . . .« sind recht unterschiedlich gedeutet worden. Am weitesten war die Auslegung Akiwas: Wie eine Frau, der ein Umgang mit ihrem Mann nicht länger zugemutet werden kann, auf ihren Wunsch entlassen werden kann, so kann ein Mann, nach Akiwas Meinung, seine Frau von sich aus entlassen, wenn sie ihr Äußeres vernachlässigte, was neben der Besorgung des Hauses zu ihren ehelichen Verpflichtungen gehört. Nach der Meinung der Schule Hillels war sie auch wegen körperlicher Fehler, die sie vor der Eheschließung etwa verheimlichte, zu entlassen, weil der entsprechende Teil des Verses 5. Mose 24,*1* übersetzt wurde: »etwas Schandbares und sonst irgendeine Sache«. Dabei waren sich aber alle darin einig, daß eine Frau entlassen werden mußte, wenn sie ihrem Mann durch Hurerei Schande bereitete, welchen Grund Schammai allein für eine Ehescheidung gelten ließ. Bei Jesus wurde die Frage verschärft; hier gilt eine Ehe als unauflösbar, weil jeder, der eine Frau entlasse, diese in den Ehebruch treibe, und jeder, der sie nach der Scheidung heirate, ihre erste Ehe breche.

12 Schon die Rückzahlung der Eheverschreibung war eine solche Erschwerung, ebenfalls die schon in der Bibel (5. Mose 24,*4*) festgelegte Unmöglichkeit der Rückkehr zueinander. Eine Verzögerung entstand außerdem durch die genau festgelegten Formalitäten der Ausfertigung der Scheidungsurkunde, die von Zeugen unterschrieben und dann ganz formell übergeben werden mußte.

Standes. Trotz all dieser Rechtshilfen und trotz all der auch den Frauen gewährten Freiheiten, wurden aber Scheidungen in Israel als großes Unglück empfunden und darum nach Möglichkeit vermieden.

Die Lebensgemeinschaft der Partner in der Ehe hatte auch das Ziel und die Aufgabe, Kinder zu zeugen und zu erziehen. Verstarb aber der Ehemann, ohne Kinder zu hinterlassen, so hatte ursprünglich dessen Bruder die Witwe zu heiraten;[13] der erste Sohn aus einer solchen Ehe galt dann als Nachkomme des Verstorbenen. Aber schon in biblischer Zeit war der Schwager berechtigt, die Eheschließung mit der Witwe seines Bruders abzulehnen;[14] in talmudischer Zeit wurde teils der Schwagerehe, teils dem »Ausziehen« seines Schuhs, wie die mit der Weigerung verbundene Zeremonie hieß, der Vorzug gegeben.[15]

Von der Beschneidung bis zur Religionsmündigkeit. Die Feier der Geburt eines Knaben wird mancherorts eine Woche lang, überall aber am achten Tag, an dem die Beschneidung, das Zeichen des Bundes,[16] an ihm vollzogen wird, durch festliches Mahl begangen. Wird der Knabe ins Zimmer gebracht, so erheben sich alle Anwesenden und sagen einen Segenswunsch. Der das Kind beschneidet, legt es zuerst auf den sogenannten »Stuhl Elias«,[17] dann auf des Gevatters Schoß.[18] Nach einem Lobspruch des Beschneiders und des

13 Damit der »Name« des Toten in Israel nicht erlösche, sollte nach altem Brauch, wie er in 5. Mose 25,*5 f.* noch erhalten ist und auch anderwärts von Nomaden in der Umwelt Israels geübt wurde, der nächste Anverwandte die Schwagerehe eingehen.

14 »Der seines Bruders Haus nicht bauen will«, wird von ihr in öffentlicher Zeremonie als »Barfüßer« verächtlich gemacht; dazu 5. Mose 25,*7–10*.

15 Die Schwagerehe wurde später bei den sephardischen Juden Jemens, Babyloniens und Nordafrikas üblich, in den aschkenasischen (deutschsprachigen) Judengemeinden – jetzt auch in Israel – die Weigerung.

16 Zur Beschneidung als Bundeszeichen: 1. Mose 17,*10 ff.* Auch für die judenchristlichen Gemeinden war die Beschneidung zunächst ein selbstverständlicher Brauch; dazu Lukas 2,*21* und Philipper 3,*5*.

17 Die Beschneidung steht im Zeichen endzeitlicher Erwartung. Elia ist Vorbote des Messias; dazu Maleachi 3,*23 f.*

18 Die Beschneidung wird mit einem Messer ausgeführt. In späterer Zeit war auf dem wertvollen Griff dieses Messers oft die Bindung Isaaks dargestellt; dazu 1. Mose 22,*1 ff.*

Vaters sagen alle zusammen über dem jüngsten »Sohn des Bundes« die Bitte: »Wie er in den Bund eingeführt wurde, so möge er eingeführt werden in die Weisung, zum Trauhimmel und zu guten Taten.«[19]

Eltern nehmen bei ihren heranwachsenden Kindern die Erziehung ernst als einen Auftrag Gottes mit dem Ziel der Erneuerung und der Bewahrung der Gemeinde. Zuerst lehrt der Vater seinen Sohn daheim, bis er ihn das erste Mal selber in die Schule begleitet, wo er bei dem Lehrer weiter Bibel, dann Mischna, Talmud und die Gebete lernt. Ganz Israel steht auf solchem Lehren und Lernen, Vorleben und Nachvollziehen.[20] Die Gegenwart ist mit der Zukunft verbunden durch das Grundgefühl der Hoffnung bei den Älteren, als Eltern von Kindern und als Lehrer von Lernenden Werkleute für einen zukünftig festen Bau der Gemeinde zu sein. Und die Gegenwart ist mit der Vergangenheit verbunden durch das Wissen der Jüngeren, daß sie mit allem, was sie tun, als Kinder ihrer Eltern und als Enkel ihrer Ahnen auf festem, altem Grunde stehen und darum den Vätern, mehr noch den Lehrern, am meisten aber den Müttern ehrfürchtig und dankbar begegnen müssen.

Am ersten Schabbat nach Vollendung seines 13. Lebensjahres wird der Jüngling zum erstenmal beim Gottesdienst der Gemeinde zur Verlesung eines Teils des Wochenabschnittes aufgerufen. Von dieser Zeit an gilt er als religiös mündig, als »Sohn des Gebotes«, und ist zur Befolgung aller Gebote verpflichtet;[21] er wird zu den zehn Männern gerechnet, die für einen Gemeindegottesdienst als Mindestzahl nötig sind.

D i e v i e l f a c h e N o t a l s e i n e g e m e i n s a m e A u f g a b e. Armut, Krankheit und Tod sind im Volk Israel als

19 Bei der Geburt eines Mädchens lautet das Gebet, sie möge »eingeführt werden zum Trauhimmel und zu guten Taten«; dazu 1. Timotheus 2,*15*. – Ist der Vater kein Priester und kein Levit, so löst er seinen erstgeborenen Sohn, sobald dieser 31 Tage alt ist, in feierlicher Weise bei einem Priester durch Geld aus.

20 Dazu Brachot 64a, Seite 263 f., und Schabbat 119b, Seite 264 f.

21 Von da ab legt er die Gebetsriemen an; dazu in dieser Einleitung den Abschnitt von den Gebeten, Seite 463 ff. – Zur Lesung des Wochenabschnitts: Abschnitt über Schabbat, in dieser Einleitung, Seite 475 ff.

innere und äußere Aufgabe verstanden worden. Die Erfahrung solcher Grenzsituationen soll die Betroffenen zur Umkehr führen; wer immer ihnen begegnet, soll sich ihrer wohltätig und liebend erbarmen, nicht aus Mitleid allein, sondern aus Gehorsam gegenüber dem Gebot[22] und nicht um zeitlichen Lohnes willen, sondern aus Vertrauen zu dem Gott, der ein Helfer der Armen und Kranken und ein Beistand der Einsamen, Sterbenden und Trauernden ist.

Die Gemeinde weiß sich in ihrer Gesamtheit für jeden einzelnen verantwortlich: Ortsarme werden aus der »Kasse«, Durchreisende aus der »Schüssel« versorgt. Innerhalb jeder jüdischen Gemeinde schließen sich Menschen zu Vereinen zusammen, um die mannigfache Not der Seelen und vor allem der Leiber zu lindern: In selbstloser Weise stellen sie sich hier den Aufgaben, versorgen Arme, statten mittellose Brautleute aus, kaufen Gefangene los, betreuen Kranke, bestatten Tote und trösten Trauernde. Daneben bleibt jedem einzelnen noch ein weiter Raum, auf dem Feld[23] und im Hause der Armen zu gedenken. So werden Waisenkinder mit Nahrung und Kleidung versorgt, Gelehrtenschülern wird ein Freitisch, Reisenden Unterkunft gewährt. Besonders an Schabbaten sind die Türen jüdischer Häuser offen und beim Pesachmahl stets Gäste willkommen. Es ergeht die feierliche Einladung: »Jeder, der hungrig ist, komme und esse; jeder, der bedürftig ist, komme und halte Pesach«, und die Hoffnung, unter den Gästen könnte Elia, der Vorbote des endzeitlichen Heilsbringers sein, strahlt auf und beglänzt das Fest.

In solchem Dienst am Nächsten realisiert sich der Dienst für Gott. Darum ist es in Israel zum Bestimmenden geworden, in der Stille und Verborgenheit der Häuser den Bedürftigen Liebes zu erweisen. Aber auch über den umgrenzten Raum der Häuser, sogar über den Umkreis der jüdischen Gemeinde hinaus, reichen Wohltun und Liebestat. So werden bei bestimmten Anlässen, etwa zum Losfest, an Freunde und Bekannte Geschenke verschickt, aber auch die Armen aus den anderen Völkern werden

22 Sittlichkeit ist hier primär sozial verstanden; besonders die Unterstützung der Armen ist ein wichtiges Gebot, dazu 5. Mose 15,*11*.

23 Dazu 3. Mose 19,*9 f.*; 23,*22* und 5. Mose 24,*19–22*.

liebend versorgt – »um des Friedens willen«. Durch Mißernten, Kriege und Teuerungen war die Not oft unsäglich groß, so daß es immer wieder am Notwendigsten fehlte. Aber größer noch war der Wille derer, die mehr hatten, den Notleidenden wirksam zu helfen. So groß konnte die Bereitschaft sein, daß den Gebern eine Grenze gesetzt werden mußte, aus Sorge, sie würden sonst alles geben und darüber selber verarmen.

Die Gabe des Lebens wurde hochgeschätzt, und entsprechend wurden Krankheit und Tod gefürchtet als Minderung dieser Möglichkeit; sie galten im alten Israel sogar als widernatürliche Übel, weil im Tod die Gemeinschaft selbst mit Gott aufgelöst erschien. In großer Hilflosigkeit standen die Menschen der alten Welt diesen Schrecknissen und Rätseln gegenüber, die sich nur als Folgen der Schuld, dem Täter selbst oft verborgen, erklären ließen. Und nur dem hoffenden Ausblick auf die Endzeit, wo es keine Schuld und darum auch keinen Zusammenhang von Schuld und Strafe mehr geben wird, erschien manche Last erträglicher, denn Gott heilt zukünftig alle Kranken und belebt alle Toten. Aber bis zur Verwirklichung dieser Heilszeit ist es Menschen aufgegeben, nach ihren Kräften die Not der anderen zu lindern. Kranke werden innerhalb der Hausgemeinschaft betreut, dort auch von Gemeindegenossen besucht, ist es doch eines der wichtigsten Gebote, Kranke – besonders an Schabbaten – zu besuchen, wie Gott Abraham besuchte[24] und am Lager der Kranken weilt. Durch Besuche sollen Kranke erfreut und getröstet werden; aber auch auf praktische Hilfeleistung wird Wert gelegt[25] und auf das Gebet um Genesung und Errettung. Naht der Tod, so sagt der Sterbende als letztes Wort das Bekenntnis »Höre Israel«. Der Tote wird gewaschen, mit einem Linnengewand, Männer auch mit ihrem Gebetsmantel, umhüllt. Schnell und mit schlichten Formen wird er bestattet, ein Reicher so einfach wie

24 Dazu Bawa mezia 86b, Seite 114 f.

25 Neben Behandlungsmethoden, die (etwa mit Waschungen und Diätvorschriften) durch die Jahrtausende ganz ähnlich geblieben sind, kannte die Volksmedizin der alten Zeit auch Mittel und Wege (Amulette, Besprechungen, Überleitungen, Exorzismen), die zur Heilung führen sollten, wie sie mehr im Babylonischen als im Jerusalemischen Talmud vorkommen und dort besonders auf den Einfluß der Heil- und Zauberkundigen Babyloniens zurückzuführen sind.

ein Armer, wie ja auch vor Gott im Tod alle gleich sind. Die Toten sind in einer Art Zwischenzustand gedacht, in dem sie noch eine gewisse Mächtigkeit über die Lebenden haben. Während aber die Toten in Israels Umgebung als Träger gesteigerter Macht verehrt worden sind, wehrte sich Israel leidenschaftlich gegen jeden Totenkult. Darum gelten in der Gemeinde des Gottes, der ein Herr der Lebendigen ist, die Toten als »unrein«; deshalb haben besonders Menschen im Zustand erhöhter Heiligkeit deren Nähe und vor allem die Berührung mit Toten zu vermeiden.[26] Trauerbräuche, wie sie bei heidnischen Totenfeiern üblich waren, sind verboten. Weil der Tod für den Glauben seinen Schrecken verloren hat, kann die Gemeinde angesichts des Toten Gott loben, der gibt und nimmt, tötet und belebt, den Tod vernichtet und die Tränen von jedem Angesicht abwischt. Darum gilt auch das Trösten von Trauernden als vorzügliches Liebeswerk; auch Trauernde aus den Völkern werden getröstet. Schon auf dem Heimweg vom Begräbnisplatz wird von der mittrauernden Gemeinde den Hinterbliebenen der »Segensspruch der Leidtragenden« gesagt. Die Trauer der einzelnen wird gleichsam aufgehoben im Leiden Gesamt-Israels: »Der Allgegenwärtige tröste euch inmitten der übrigen, die da trauern um Zion und um Jerusalem.« Die Trauer ist – mit Hinweis auf Jeremia 22, 10 – begrenzt und abgestuft. Am Tag des Begräbnisses findet im Trauerhaus ein feierliches Mahl statt. Während der Haupttrauerzeit, die sieben Tage währt, enthalten sich die Angehörigen des Verstorbenen allen starken Getränkes und des geschlechtlichen Umgangs, salben den Körper nicht und tragen keine Lederschuhe. Auch die nächsten dreißig Tage sind von Gebeten erfüllt. Während der mittelalterlichen Judenverfolgungen entstand der Brauch, daß Söhne jeweils aus Anlaß der Wiederkehr des Todestages ihrer Eltern »Kaddisch« sagen, einen Hymnus, dessen erster Satz endzeitliche Bitten um die Heiligung des göttlichen Namens und um das Kommen des Reiches enthält.

Vom Gebet. Als der Opferdienst durch die Zerstörung des ersten Tempels und die Wegführung der Oberschicht Judäas nach

26 Für Priester und Nasiräer galten besonders strenge Vorschriften; dazu 3. Mose 21,*1–6* und *10 f.*, 4. Mose 6,*2–12* sowie Anmerkung 26 auf S. 246.

Babylonien aufgehört hatte, stand diese Gemeinde vor der Aufgabe, die gottesdienstlichen Versammlungen neu zu begründen. Damals wurden besonders Bräuche wie der Schabbat und die Beschneidung wichtig, weil sie nicht im Zusammenhang mit dem Tempelkult standen; die Gemeinde Israels wurde jetzt zu einer Gemeinschaft von Betern. Aber nicht nur in den Synagogen, deren Begründung wohl auf diese Zeit zurückgeht, sondern auch am wiedererstellten zweiten Tempel hatte fortan das Gebet seinen Platz: Die Priester unterbrachen das Morgenopfer, um einige gemeinsame Gebete zu sagen; Vertreter des Volkes in 24 Abteilungen, die sich wöchentlich ablösten, standen betend bei den Opfern. Zur Zeit der Opfer versammelten sich auch die daheimgebliebenen Männer, um sich im Gebet mit den Abgesandten zu Jerusalem zu vereinigen. Was anfänglich jeweils nur in demjenigen Bezirke geschah, aus dem diese sogenannte »Standmannschaft« zum Tempel delegiert war, wurde schließlich zum allgemeinen Brauch. Im Land und in den Ländern der Zerstreuung versammelten sich jüdische Männer zu regelmäßigen Gottesdiensten in ihren Synagogen. Und als dann auch der zweite Tempel zerstört war, bildete diese Art des Wortgottesdienstes schon eine derart feste Grundlage, daß das Judentum auf ihr allein, ohne Priester und Opfer, weiter bestehen konnte.

Aus den Anfängen im Exil entwickelte sich bald ein Gemeindegottesdienst mit festen Formen. Um gemeinsam beten zu können, bedurfte es einer Gebetsordnung, die dann auch für das Privatgebet der einzelnen bestimmend geworden ist.

Das erste Hauptstück jüdischen Gottesdienstes bildet das Bekenntnis »Höre Israel«:[27] »Höre, Israel, der Herr ist unser Gott,

27 Das »Höre Israel«, eine Folge von drei Bibelabschnitten (5. Mose 6,*4–9;* 5. Mose 11,*13–21* und 4. Mose 15,*37–41*), hat seinen Namen nach dem Anfangswort des ersten Abschnitts bekommen. Die Rezitation dieser Stelle und des Zehnwortes, das später der Ketzer wegen nicht mehr gesagt wurde, gehörte schon zur täglichen Liturgie der Priester während der Zeit des zweiten Tempels. Das »Höre« (hebräisch: Schma) ist zum Grundbekenntnis des Judentums von dem einen Gott geworden, der keine anderen Götter neben sich hat. Es wird von jüdischen Männern nicht nur täglich am Morgen und am Abend »gelesen«, sondern auch bei Lebensgefahr und in der Stunde des Todes gesagt. Die Märtyrer der jüdischen Gemeinde starben

der Herr ist Einer![28] Und du sollst den Herrn, deinen Gott, lieben mit deinem ganzen Herzen, mit deiner ganzen Seele und mit deiner ganzen Macht. Und diese Worte, die ich dir heute gebiete, sollen auf deinem Herzen sein. Und du sollst sie deinen Söhnen einschärfen und davon reden, wann du in deinem Hause sitzt und wann du auf dem Wege gehst, wann du dich legst und wann du dich erhebst. Und du sollst sie als ein Zeichen auf deine Hand binden, und sie sollen als Erkennungszeichen zwischen deinen Augen sein. Du sollst sie auf die Türpfosten deines Hauses schreiben und an deine Tore. – Geschehen wird's, wenn ihr hört, auf meine Gebote hört, die ich euch heute gebiete, den Herrn, euren Gott, zu lieben und ihm zu dienen mit eurem ganzen Herzen und mit eurer ganzen Seele, so gebe ich den Regen eures Landes zu seiner Zeit, Herbstregen und Frühjahrsregen, damit du dein Getreide, deinen Most und dein Öl einbringst. Und ich gebe Gras für dein Vieh auf dem Felde, auch du kannst essen und satt sein. Hütet euch, damit sich euer Herz nicht betören läßt, ihr abfallt, anderen Göttern dient und euch ihnen hinwerft; dann entbrennt der Zorn des Herrn gegen euch, und er verschließt die Himmel, dann fällt kein Regen mehr und der Boden gibt seinen Ertrag nicht, ihr schwindet schnell von dem guten Land, das der Herr euch gibt. Und ihr sollt diese meine Worte auf euer Herz und auf eure Seele legen und sie als ein Zeichen auf eure Hand binden, und sie sollen als ein Erkennungszeichen zwischen euren Augen sein. Und ihr sollt sie eure Söhne lehren, davon redend, wann du in deinem Hause sitzt und wann du auf dem Wege gehst, wann du dich legst und wann du dich erhebst. Du sollst sie auf die Türpfosten deines Hauses schreiben und an deine Tore, damit sich eure Tage mehren und die Tage eurer Söhne auf dem Boden, den der Herr euren Vätern zu geben geschworen hat, solange die Himmel über der Erde sind. – Da sprach der Herr zu Mose: Rede zu den Söhnen Israels, sage zu ihnen, sie sollen sich Fransen machen an

seit je mit dem lang hingezogenen ächad (»der Herr ist *Einer*«) auf den Lippen.

28 Um den ersten Satz hervorzuheben, wird im Gebet anschließend leise die Segensformel gesagt: »Gelobt sei der Name seines herrlichen Reiches auf ewig und immerdar.«

die Zipfel ihrer Kleider, für sich und ihre Geschlechter, und sie sollen einen purpurblauen Faden an die Zipfelfransen geben. Und das sollen euch Merkfransen sein: Wenn ihr sie anseht, sollt ihr aller Gebote des Herrn gedenken und sie tun und nicht euren Herzen und euren Augen nachgehen, denen ihr nachhurt; damit ihr aller meiner Gebote gedenkt und sie tut und heilig seid eurem Gott. Ich bin der Herr, euer Gott, der ich euch aus dem Land Ägypten führte, euch Gott zu sein; ich bin der Herr, euer Gott.«

Das Bekenntnis wird durch hinführende und ausleitende Benediktionen gerahmt. Der Rezitation des »Höre« am Morgen gehen zwei Dankgebete voran, das erste, später dazugekommen, ein Lobpreis auf den Schöpfer und Erneuerer der Welt und ihres Lichtes, das zweite, eine alte Einführung zum »Höre«, die auch »Segensspruch der Weisung« genannt wird, weil mit ihr Gott für seine Offenbarung gedankt wird.

Die erste Benediktion vor dem Morgengebet lautet: »Gelobt seist du, Herr, unser Gott, König der Welt, der das Licht bildet und die Finsternis erschafft, der Frieden macht und alles erschafft, der mit Barmherzigkeit die Erde erleuchtet und die auf ihr wohnen, und der in seiner Güte an jedem Tag beständig das Werk der Schöpfung erneuert.[29] Ein neues Licht laß über Zion aufleuchten und uns alle bald erfunden werden würdig seines Lichtes. Gelobt seist du, Herr, der die Lichter bildet.«

Die zweite Benediktion, direkt an die vorige sich schließend, lautet: Mit großer Liebe liebst du uns, Herr, unser Gott, mit großer, übergroßer Schonung verschonst du uns. Unser Vater, unser König, um unserer Väter willen, die auf dich vertraut und welche du Satzungen des Lebens gelehrt, sei auch uns gnädig und lehre uns. Unser Vater, barmherziger, erbarmender Vater, erbarme dich über uns und gib in unser Herz, in Liebe alle Worte der Lehre deiner Weisung zu verstehen und einzusehen, zu hören und zu lernen, zu lehren und zu bewahren, zu tun und zu erfüllen. Erleuchte unsere Augen durch deine Weisung, laß

29 Hier folgt eine spätere Erweiterung, teils mit Endreim, auch mit alphabetischer Reihenfolge der Anfangsbuchstaben. Alt dagegen ist wiederum der oben zitierte Schluß mit der Eulogie.

unser Herz an deinen Geboten hangen, einige unser Herz, deinen Namen zu lieben und zu fürchten, damit wir nicht zuschanden werden auf ewig und immerdar. Denn auf deinen heiligen, großen und ehrfurchtgebietenden Namen vertrauen wir, jauchzen und freuen uns deiner Hilfe. Laß uns in Frieden kommen von den vier Enden der Erde, und laß uns aufrecht in unser Land gehen. Denn ein Gott, der Heilstaten wirkt, bist du. Uns hast du erwählt aus allen Völkern und Zungen und deinem großen Namen nahegebracht; in Wahrheit, dir ist zu danken, du bist zu einen in Liebe. Gelobt seist du, Herr, der sein Volk Israel in Liebe erwählt.«

Nach diesen beiden einleitenden Gebeten wird das Bekenntnis »Höre Israel« gelesen. Dann werden diese biblischen Abschnitte durch ein Gebet abgeschlossen,[30] mit dem die Gemeinde der Beter das Bekenntnis für ihre Gegenwart bestätigt und bekräftigt. Dieses feierliche Ja und Amen im Anschluß an das »Höre Israel« heißt: »Wahrhaftig und beständig, fest und bleibend, gerade und verläßlich, geliebt und liebenswert, anmutig und lieblich, furchtbar und hehr, wohlgeordnet und angenehm, gut und schön ist dieses Wort für uns auf ewig und immerdar. Wahrhaftig ist er, der Gott der Welt, unser König, der Fels Jakobs, der Schild unseres Heils. Von Geschlecht zu Geschlecht bleibt er und bleibt sein Name. Sein Thron ist fest, sein Reich und seine Treue fest auf immerdar. Und seine Worte sind lebendig und bleibend, verläßlich und anmutig auf immerdar und in alle Ewigkeiten über unseren Vätern, über uns, über unseren Söhnen, über unseren Geschlechtern und über allen Geschlechtern des Samens Israels, deiner Knechte. Über den Ersten und über den Letzten ist es ein gutes Wort, bleibend auf ewig und immerdar, wahrhaftig und treu, eine Satzung, die nicht vergeht.

30 Neben seiner Benennung nach den Anfangsworten wird dies Gebet auch der Hymnus von der »Erlösung« geheißen, weil sein zweiter Teil sich auf den dritten Abschnitt des Bekenntnisses bezieht, in dem an die Befreiung Ägyptens erinnert wird; der erste Teil des Hymnus schließt an die beiden ersten Abschnitte des Bekenntnisses an. – Zum Stil des Lobpreises gehört bei Juden und bei Christen solche Häufung von Adjektiven und Aneinanderreihung heilsgeschichtlicher Summarien. Oft beginnt ein Satz in der Form einer Anrede und wechselt dann zur Aussageform, wie sie für den Zeugenstil typisch ist.

Wahrhaftig, du bist der Herr, unser Gott und der Gott unserer Väter, unser König, der König unserer Väter, unser Erlöser, der Erlöser unserer Väter, der uns bildet, der Fels unseres Heils, der uns loskauft und uns errettet – von Ewigkeit ist es dein Name, und es gibt keinen Gott außer dir.

Die Hilfe unserer Väter, das warst du von Ewigkeit, Schild und Heiland ihrer Söhne, die ihnen nachfolgten, Geschlecht um Geschlecht. In der Höhe der Welt ist dein Sitz, deine Rechte und deine Barmherzigkeit reichen bis an die Enden der Erde. Wohl dem Manne, der auf deine Gebote hört und sich deine Weisung und dein Wort zu Herzen nimmt. Wahrhaftig, du bist Herr für dein Volk und ein starker König, ihren Kampf zu kämpfen. Wahrhaftig, du bist der Erste und du bist der Letzte, und außer dir haben wir keinen König, Erlöser und Heiland. Aus Ägypten hast du uns erlöst, Herr, unser Gott, und uns losgekauft aus dem Hause der Sklaven. Alle ihre Erstgeborenen hast du getötet, und deinen Erstgeborenen hast du erlöst, das Schilfmeer hast du gespalten, die Übermütigen versenkt und die Geliebten hindurchgeführt. Die Wasser deckten ihre Bedränger, nicht einer von ihnen blieb übrig. Darob lobten und rühmten die Lieblinge Gott, die Geliebten entboten dem Könige Gesänge, Lieder, Huldigung, Lob und Dank, der ein Gott ist, lebendig und bleibend, hoch und erhaben, groß und furchtbar, der die Hochmütigen erniedrigt und die Niedrigen erhöht, der die Gefangenen herausläßt und die Bedrückten loskauft, der den Schwachen hilft und seinem Volk antwortet zu der Zeit, da sie zu ihm um Hilfe rufen. Ruhm sei dem höchsten Gott, gelobt sei er, gelobt! Mose und die Söhne Israels antworteten dir im Lied mit großer Freude, indem sie alle sagten:[31] ›Wer ist wie du unter den Göttern, Herr, wer ist wie du, hehr in Heiligkeit, furchtbar an Ruhm, Wundertäter!‹ Mit einem neuen Lied lobten die Erlösten deinen Namen am Gestade des Meeres, alle zusammen dankten und riefen den König aus, indem sie sagten:[32] ›Der Herr ist König auf ewig und immerdar!‹ Fels Israels, steh auf zur Hilfe Israels, kaufe los Juda und Israel gemäß deinem Spruch! Unser

31 2. Mose 15,*11*.
32 2. Mose 15,*18*.

Erlöser, Herr der Heere ist dein Name, Heiliger Israels. Gelobt seist du, Herr, der Israel erlöst hat.«

Am Abend wird das Bekenntnis[33] von vier Gebeten umrahmt, zwei gehen voraus, und zwei folgen ihm. Die ersten drei dieser Benediktionen entsprechen denen, die das Bekenntnis des Morgens umrahmen, in der Funktion; die vierte ist ein Nachtsegen. Die beiden Gebete vor dem Bekenntnis am Abend lauten: »Gelobt seist du, Herr, unser Gott, König der Welt, der durch sein Wort die Abende dämmern läßt, durch Weisheit die Tore öffnet,[34] durch Einsicht Zeiten ändert und die Fristen wechselt, der den Sternen ihre Wachtposten am Firmament zuordnet nach seinem Wohlgefallen, der Tag und Nacht erschafft, der das Licht vor der Finsternis und die Finsternis vor dem Licht einrollt, der den Tag vorübergehen und die Nacht kommen läßt, der zwischen Tag und Nacht scheidet, Herr der Heere ist sein Name, der ein Gott ist, lebendig und bleibend, der beständig über uns König ist auf ewig und immerdar. Gelobt seist du, Herr, der die Abende dämmern läßt.«

»Mit ewiger Liebe liebst du das Haus Israel, dein Volk. Weisung und Gebote, Satzungen und Rechte lehrst du uns; darum, Herr, unser Gott: Wann wir uns legen und wann wir uns erheben, reden wir von deinen Satzungen und freuen uns an den Worten deiner Weisung und an deinen Geboten auf ewig und immerdar, denn sie sind unser Leben und die Länge unserer Tage, und über ihnen sinnen wir bei Tag und Nacht. Laß deine Liebe ewiglich nicht von uns weichen. Gelobt seist du, Herr, der sein Volk Israel liebt.«

Im Anschluß an das »Höre Israel« wird gesagt: »Wahrhaftig und treu ist all dies und bleibend für uns, denn der Herr ist unser Gott, es gibt keinen außer ihm, und wir sind Israel, sein Volk. Aus der Hand der Könige kauft uns los unser König, vom Zugriff aller Schrecklichen erlöst uns der Gott, der das Unsrige von unseren Bedrängern einfordert und an allen Feinden unse-

33 Ursprünglich wurden abends nur die beiden ersten Teile des »Höre Israel« rezitiert.

34 Wenn sich die Himmelstore öffnen, treten die Sterne hervor.

rer Seele Vergeltung übt,[35] der große Dinge tut, die nicht zu erforschen, Wunderdinge, die nicht zu zählen sind. Er stellt unsere Seele ins Leben und gibt nicht zu, daß unser Fuß wankt; er leitet uns über die Höhen unserer Feinde und erhebt unser Horn über all unsere Hasser. Er tut Wunder für uns und Rache an Pharao, Zeichen und Wundertaten auf dem Boden der Söhne Hams,[36] der in seinem Grimm alle Erstgeborenen Ägyptens schlägt und sein Volk Israel aus ihrer Mitte zu ewiger Freiheit ausziehen läßt, der seine Söhne durch das geteilte Schilfmeer führt, aber ihre Verfolger und ihre Hasser in den Urfluten versenkt. Als seine Söhne seine Stärke sahen, lobten und dankten sie seinem Namen und nahmen seine Herrschaft willig auf sich. Mose und die Söhne Israels antworteten dir im Lied mit großer Freude, indem sie alle sagten:[37] ›Wer ist wie du unter den Göttern, Herr, wer ist wie du, hehr in Heiligkeit, furchtbar an Ruhm, Wundertäter!‹ Deine Söhne sahen deine Herrschaft, der du das Meer vor Mose gespalten hast. ›Das ist mein Gott!‹[38] antworteten sie, indem sie sagten:[39] ›Der Herr ist König auf ewig und immerdar!‹ Ferner heißt es:[40] ›Denn der Herr kaufte Jakob los, erlöste ihn aus der Hand des Stärkeren.‹ Gelobt seist du, Herr, der Israel erlöst.«

»Laß uns ruhen, Herr, unser Gott, zum Frieden, und laß uns aufstehen, unser König, zum Leben, breite über uns die Hütte deines Friedens und rüste uns durch guten Rat von dir her, heile uns um deines Namens willen und beschütze uns, laß von uns weichen Feind und Pest, Schwert, Hunger und Trübsal, laß den Widersacher vor uns und hinter uns weichen und birg uns im Schatten deiner Flügel; denn, Gott, unser Hüter und unser Retter bist du, denn, Gott, ein gnädiger und barmherziger König bist du. Behüte unseren Ausgang und unseren Eingang zum Leben und zum Frieden von nun an bis in Ewigkeit. Gelobt seist du, Herr, Hüter seines Volkes Israel, auf immerdar.«

35 Die Strafe ist Sache des gerechten Gottes und nicht der Menschen.
36 Ham ist eine Umschreibung für Ägypten.
37 2. Mose 15,*11*.
38 2. Mose 15,*2*.
39 2. Mose 15,*18*.
40 Jeremia 31,*11*.

Das Bekenntnis »Höre Israel« wurde mitsamt den jeweiligen Rahmenbenediktionen ursprünglich gemäß biblischem Gebot beim Aufstehen und beim Schlafengehen gelesen.[41] Als es Brauch wurde, in der Synagoge des Morgens und dann am Spätnachmittag und frühen Abend gemeinsam zu beten, wurde das »Höre Israel« dem Hauptgebet bald als eine Art biblischer Einleitung vorangestellt.

Das sogenannte »Achtzehngebet« ist das zweite Hauptstück des Gottesdienstes. Die einzelnen Segenssprüche entstammen verschiedenen Zeiten, in ihrer Mehrheit jedoch der Zeit vor der Zerstörung des zweiten Tempels. In Jawne wurden die Bitten neu geordnet, dabei ist auch der Spruch gegen die Ketzer eingefügt worden; seit dieser Zeit ist das Achtzehngebet als Ersatz für das Opfer verstanden, gilt als »das Gebet« und wird dreimal täglich gesagt. Das Achtzehngebet besteht aus drei Teilen: Ein einleitender Teil umfaßt die drei ersten hymnischen Segenssprüche, dann folgt der mittlere Teil mit den eigentlichen Bitten, das Ganze wird abgeschlossen von einer Danksagung.[42] Während an Schabbaten und Festen der mittlere Teil mit den Bitten zu einem einzigen Segensspruch für die rechte Heiligung des Tages verkürzt wird, werden an Halbfesten und Fasttagen weitere Bitten zugefügt. Beim öffentlichen Gottesdienst wird das Gebet zuerst von der Gemeinde gesagt, dann vom Vorbeter wiederholt, dabei wird in den dritten Segensspruch ein Gebet eingefügt, dessen Name und Hauptinhalt durch das Dreimal-Heilig der Bibel bestimmt ist,[43] gelegentlich wird auch der Priestersegen[44] zwischen die beiden letzten Segenssprüche eingeschaltet.

41 Dazu 5. Mose 6,*7*.

42 Zwei von den drei letzten (Dank-)Sprüchen sind in Wirklichkeit Bitten aus der Priesterliturgie des Tempels. – Die oben wiedergegebene Übersetzung basiert auf dem ältesten bekannten Text, wie er in der Verwahrkammer der Karäer-Synagoge zu Kairo gefunden wurde. Der alte Text wurde in Babylonien (durch eine messianische Bitte) und im Mittelalter verändert und erweitert.

43 Die sogenannte »Keduscha«. Dazu Jesaja 6,*3*. Dabei wird auch Hesekiel 3,*12b* und Psalm 146,*10* zitiert.

44 Der Priestersegen (4. Mose 6,*24–26*) hatte seinen ursprünglichen Ort ebenfalls im Gottesdienst des Tempels.

Am Anfang steht die Bitte:[45] »Herr, tue meine Lippen auf, daß mein Mund deinen Ruhm verkündige!« Dann folgt das Gebet, das in seiner palästinischen Fassung den Wortlaut hat:

»Gelobt seist du, Herr, unser Gott und Gott unserer Väter, Gott Abrahams, Gott Isaaks und Gott Jakobs, großer, starker und furchtbarer Gott, höchster Gott, Eigner von Himmeln und Erde, unser Schild und Schild unserer Väter, unsere Zuversicht Geschlecht um Geschlecht. Gelobt seist du, Herr, Schild Abrahams.

Du bist ein Held, der die Hochmütigen erniedrigt, der stark ist und die Schrecklichen richtet, der ewiglich lebt, der die Toten auferstehen, den Wind wehen und den Tau fallen läßt, der die Lebenden versorgt und die Toten belebt – in einem Augenblick möge für uns das Heil sprossen! Gelobt seist du, Herr, der die Toten belebt.

Heilig bist du und furchtbar ist dein Name, und es gibt keinen Gott außer dir. Gelobt seist du, Herr, heiliger Gott.

Gewähre uns, unser Vater, Erkenntnis von dir her, Einsicht und Verstand aus deiner Weisung. Gelobt seist du, Herr, der die Erkenntnis gewährt.

Bring uns zurück, Herr, zu dir, damit wir zu dir umkehren, erneuere unsere Tage entsprechend der Urzeit. Gelobt seist du, Herr, der Wohlgefallen hat an der Umkehr.

Vergib uns, unser Vater, denn wir haben uns gegen dich verfehlt; tilge und entferne unsere Vergehen vor deinen Augen, denn groß ist deine Barmherzigkeit. Gelobt seist du, Herr, der viel vergibt.

Sieh auf unser Elend und kämpfe doch unseren Kampf, erlöse uns um deines Namens willen. Gelobt seist du, Herr, der Israel erlöst.

Heile uns, Herr, unser Gott, von dem Schmerz unseres Herzens, entferne von uns Trübsal und Stöhnen, bringe Heilung herbei für unsere Verwundungen. Gelobt seist du, Herr, der die Kranken seines Volkes Israel heilt.

Segne an uns, Herr, unser Gott, dieses Jahr und alle Arten seiner Frucht zum Guten und bringe schnell nahe das Endjahr unse-

45 Psalm 51,*17*.

rer Erlösung; gib Tau und Regen auf den Boden, sättige die Welt aus den Schätzen deiner Güte und gib Segen dem Werk unserer Hände. Gelobt seist du, Herr, der die Jahre segnet.

Stoß in die große Posaune zu unserer Befreiung und erhebe das Panier zur Sammlung unserer Verbannten. Gelobt seist du, Herr, der die Vertriebenen seines Volkes Israel sammelt.

Bring unsere Richter zurück wie zuerst, unsere Ratsherren wie zu Beginn; sei König über uns, du allein. Gelobt seist du, Herr, der das Recht liebt.

Den Abtrünnigen sei keine Hoffnung, die freche Herrschaft nimm schnell hinweg in unseren Tagen; die Nazarener und die Ketzer mögen in einem Augenblick verschwinden,[46] sie sollen aus dem Buche des Lebens gelöscht und nicht mitsamt den Bewährten aufgeschrieben werden. Gelobt seist du, Herr, der die Frechen beugt.

Über die wahren Proselyten möge sich dein Erbarmen regen; gib uns guten Lohn mitsamt denen, die deinen Willen tun. Gelobt seist du, Herr, Zuversicht für die Bewährten.

Erbarme dich, Herr, unser Gott, in deiner großen Barmherzigkeit über Israel, dein Volk, über Jerusalem, deine Stadt, und über Zion, die Wohnung deiner Herrlichkeit, über deinen Tempel und über deine Wohnung, über das Königtum des Hauses David, deines wahren Gesalbten.[47] Gelobt seist du, Herr, der Jerusalem erbaut.

Höre, Herr, unser Gott, auf die Stimme unseres Gebetes und

46 »Freche Herrschaft« meint die römische Besatzungsmacht; manche halten mosrim = Denunzianten für älter als nozrim = Nazarener, setzen also die Scheidung des Judenchristentums vom übrigen, inzwischen offiziell gewordenen Judentum später an. Als die Kirche für die Synagoge kein aktuelles Problem mehr war, fiel – in der babylonischen Rezension, die sich durchsetzte – die ausdrückliche Erwähnung der Christen weg. Dagegen blieb das positive Urteil über die wahren Proselyten in der Liturgie erhalten, wie der direkt angeschlossene Segensspruch zeigt, obwohl im Lauf der Geschichte recht unterschiedlich über Proselyten geurteilt wurde.

47 In Babylonien wurde die Bitte um das baldige Kommen des Messias verselbständigt, so daß von der 14. Bitte ab die Zählung der beiden Rezensionen unterschieden ist. Obwohl auf diese Weise eine 19. Bitte geschaffen worden ist, behielt das Gebet seinen damals längst gebräuchlichen Namen.

erbarm dich unser, denn ein gnädiger und barmherziger Gott bist du. Gelobt seist du, Herr, der Gebet erhört.

Laß es dir wohlgefallen, Herr, unser Gott, und wohne auf Zion, so dienen dir deine Knechte in Jerusalem. Gelobt seist du, Herr, dir dienen wir in Furcht.

Wir danken dir, du bist der Herr, unser Gott und der Gott unserer Väter, für alle Wohltaten, die Liebe und die Barmherzigkeit, die du uns erwiesen und die du an uns und an unseren Vätern vor uns getan hast. Wenn wir sagten: ›Es wankt unser Fuß‹, dann stützte uns der Herr. Gelobt seist du, guter Herr, dir gilt es zu danken.

Lege deinen Frieden auf Israel, dein Volk, auf deine Stadt und auf dein Eigentum, und segne uns allesamt. Gelobt seist du, Herr, der Frieden macht.«

Dem gemeinsamen Gebete folgten ursprünglich die Privatgebete der einzelnen Gottesdienstteilnehmer. Daraus entwickelte sich im Laufe der Zeit wieder eine feste Gebetsordnung, die sogenannten Bittgebete. Mit Psalmen und dem »Kaddisch«[48] wird der öffentliche Gottesdienst beschlossen.

Aber das Beten ist nicht auf die Zeit und auf den Ort beschränkt, da sich eine Gemeinde versammelt. Vielmehr ist das ganze Leben eines frommen Juden umschlossen und getragen vom Gebet. Alle Gebotserfüllungen, aber auch alle frohen und leidvollen Ereignisse des Tages werden ihm zum Anlaß, Gott zu danken und zu loben. Und wenn aus Anlaß des Morgengebetes ein Gebetsmantel und – an Wochentagen – auch die Gebetskapseln angelegt werden, so weisen diese den Beter auf Tod und Leben: auf den Tod, in dem er mit ebendemselben Tuch umhüllt sein wird, und auf das Leben, zu dem ihm das Gebot die Wege weist, von dem auf den kleinen Pergamentstreifen in den Kapseln geschrieben ist.[49]

48 Zum »Kaddisch«: Seite 463.

49 Der Gebetsmantel ist ein wollenes Tuch, an dessen vier Ecken nach 4. Mose 15,*37–41* Fransen, »Schaufäden«, angebracht sind, wie sie nach Markus 6,*56* auch Jesus getragen hat. Die Lederkapseln, die auf vier Pergamentstreifen die vier Bibelstellen 5. Mose 6,*4–9*, 5. Mose 11,*13–21*, 2. Mose 13,*1–10* und 2. Mose 13,*11–16* enthalten, werden mit einem langen, schma-

V o m S c h a b b a t. Die Zeit, die mit ihrem Gleichmaß an die Menschen tritt und sie bestimmt, ist für Israel zur Aufgabe geworden. Indem sie geordnet und ihr ein Rhythmus gegeben wird, so daß sie gegliedert ist nach Stunden, Tagen, Monden und Jahren, ist ihre Allmacht gebrochen und zeichenhaft überwunden. Jeder Schabbat ist dem anderen gleich, und doch ist jeder auch unterschieden von allen anderen Schabbaten durch den wöchentlichen Wechsel der Lesung, so daß sich erst in der Folge aller Wochenfeiern der Jahrkreis schließt, überlagert von den Festen, von denen jedes eine eigene Botschaft hat.

Der Schabbat, dieses Urbild aller jüdischen Feste, ist für Israel zuerst ein Erinnerungsfest an die Schöpfung und ihre Vollendung.[50] An ihm hat der Schöpfer, zum Zeichen der Freiheit gegenüber seinem Werk, die Schöpfung vollendet. Und so darf die Gemeinde, wenn sie sechs Tage an der Erhaltung der Schöpfung mitgewirkt hat, in der Nachahmung Gottes ebenfalls Teil haben an diesem Feiern. Die ganze Woche läuft auf diesen Tag als ihren Höhepunkt zu; der Freitag dient in einer besonderen Weise seiner Vorbereitung. Mit Liebe sorgt die Hausfrau für alles Nötige vor. Das Haus wird geputzt und geschmückt, die Menschen baden und salben sich, die Festtagskleider werden gerichtet. Viel Sorgfalt wird auf die Zubereitung des Essens verwandt, denn das reiche und feierliche Schabbatmahl wird im Gedenken an die Schöpfung zum sakramentalen Geschehen. Auf dem festlich gedeckten Tisch liegen die zwei Schabbatbrote, daneben stehen der Kelch mit Wein und die Schabbatlichter. Wenn der Stuhl der Hausfrau geschmückt und die festliche Kleidung angelegt ist, dann ist alles bereit, den Schabbat zu empfangen. Kurz vor Sonnenuntergang entzündet die Hausfrau die Schabbatlichter. Dabei sagt sie den Segensspruch: »Gelobt seist du, Herr, unser Gott, König der Welt, der uns durch

len Lederriemen am linken Arm bzw. am Kopf befestigt. Das Tragen des Gebetsmantels und der Gebetskapseln ist ein Gebot für den ganzen Tag, darum wurden sie anfänglich möglichst ganztägig getragen.

50 2. Mose 20,*8–11* wird das Schabbat-Gebot (Vers *11*) theologisch begründet, nämlich mit dem Hinweis darauf, daß Gott am siebten Tag sein Schöpfungswerk beendete; dazu auch 1. Mose 2,*1–3*, ein Wort, das vor dem Weihesegen gesagt wird (dazu Seite 476 f.).

seine Gebote geheiligt und uns geboten hat, das Schabbatlicht zu entzünden.« Mit dem Eintritt dieses für Gott ausgesonderten Tages hört jede Werktätigkeit auf. Frei von aller Last und Sorge der übrigen Tage, fühlt sich jeder so, als ob alle seine Werke vollbracht seien.[51] Der Vater ist mit seinen Söhnen zum Abendgebet in die Synagoge gegangen, wo der Schabbat feierlich als eine königliche Braut begrüßt wird. Gegen Schluß des Liedes wendet sich die Gemeinde der Beter um, dem Eingang zu; alle verneigen sich vor ihr, wenn sie kommt und Glanz und Frieden mit sich bringt. Heimgekehrt, werden die Kinder gesegnet und die Engel des Friedens, von denen die Männer begleitet wurden, im Hause begrüßt, sodann die Mutter des Hauses mit dem Lob der tapferen Frau geehrt.[52] Vor Beginn der Abendmahlzeit, bei der es an nichts fehlen und während der alles Judenleid vergessen sein soll, werden die Verse vom vorbildhaften Ruhen Gottes aus der Schöpfungsgeschichte bezeugt, darauf folgt der Segensspruch über Wein und Brot und der eigentliche Schabbat-Weihesegen: »Gelobt seist du, Herr, unser Gott, König der Welt, der uns durch seine Gebote geheiligt, an uns Wohlgefallen gefunden und seinen heiligen Schabbat uns in Liebe und Wohlgefallen zugeteilt hat zum Gedenken des Werkes der Schöpfung. Denn es ist der Tag des Anfangs der Berufungen zur Heiligkeit, ein Gedenken an den Auszug aus Ägypten. Ja,

51 Darum entfallen die 12 bzw. 13 mittleren Bitten des Achtzehngebets und werden durch einen einzigen Segensspruch, »Heiligung des Tages« genannt, ersetzt; dazu Seite 471. Aus dieser grundsätzlichen Scheidung zwischen Wochentagen und Schabbattag sind auch die sehr ins einzelne gehenden Bestimmungen über die 39 verbotenen Hauptarbeiten und ihre Unterarten zu verstehen. Dabei entscheidet nicht die körperliche Anstrengung, die für eine Arbeit nötig ist, vielmehr soll durch diese Abgrenzungen alles zweckgerichtete, planvolle Tun, alles, was den Werktag bestimmt, also auch alles werktägliche Denken, ausschließlich den sechs Werktagen vorbehalten bleiben. Dagegen ist das Studium und die Beschneidung am Schabbat erlaubt. Und selbstverständlich entfallen alle Einschränkungen, wenn ein Menschenleben auch nur im geringsten gefährdet ist; auch in Notzeiten und Kriegen sind Schabbatgebote aufgehoben. Denn nach einem Wort des Midrasch ist der Schabbat den Menschen und sind nicht sie dem Schabbat übergeben. Er soll ein Vergnügen sein, als Wohltat empfunden werden und dem Menschsein der Menschen dienen.

52 Sprüche 31,*10–31*.

uns hast du erwählt, geheiligt aus allen Völkern und deinen heiligen Schabbat uns in Liebe und Wohlgefallen zugeteilt. Gelobt seist du, Herr, der den Schabbat heiligt.« Der Hausvater trinkt, nachdem er diesen Segen gesprochen hat, vom Wein, wäscht die Hände und gibt den Tischgenossen zu trinken. Indem er einen weiteren Segen sagt, bricht er das Brot und teilt es aus. Damit hat das Mahl begonnen, das vom Lesen und Erklären der Bibel und von Gesängen durchwoben ist. Wenn der 126. Psalm verklungen ist, das Lied von der Rückkehr der Gefangenen Zions, die sein werden wie Träumende, wird der Abend mit dem Tischdank beschlossen, die Lichter brennen aus und verlöschen von selbst in der Nacht.

Der Schabbat ist des weiteren ein Tag der erinnernden Vergegenwärtigung der Offenbarung. Darum steht, besonders am Vormittag, die Weisung, die am Schabbat an Israel gegeben wurde, im Mittelpunkt des Gottesdienstes. Dem Gebet werden viele Psalmen hinzugefügt, nachher wird die Rolle der Weisung feierlich aus der Lade gehoben und in die Mitte der Gemeinde getragen. Zur Verlesung des Wochenabschnittes[53] werden dann mindestens sieben mündige Männer aufgerufen. Jeder der Aufgerufenen fordert, ehe er seinen Abschnitt liest, die Gemeinde zum Lob Gottes auf. Hat die Gemeinde geantwortet, sagt er einen Segensspruch, liest und endet wieder mit einem Spruch. Nach der Lesung des Wochenabschnitts wird noch ein Stück aus den Propheten vorgetragen, das eine Beziehung zum Wochenabschnitt oder zum Tag hat. Die Bibelrollen werden unter dem Gebet der Gemeinde wieder eingerollt zur Lade zurückgetragen und in sie eingehoben. Weil der Schabbat der Auferbauung und Vervollkommnung gewidmet sein soll, lesen und lernen viele auch während der übrigen Zeit des Tages einzeln oder in Gruppen besonders die Bibel. Vor dem Nachmittagsgebet wird dann noch der Anfang des nächsten Wochenabschnittes gelesen.

Schließlich ist der Schabbat ein Tag der Erinnerung an die

53 Das Fünfbuch Moses ist in 54 Wochenabschnitte geteilt; an jedem Schabbat wird nach dem Morgengebet ein solcher Abschnitt gelesen, der seinerseits wieder in sieben Unterabschnitte geteilt ist. In alter Zeit war an Stelle des einjährigen Zyklus ein dreijähriger üblich.

Heilstaten Gottes und eine Art Vorwegnahme der endzeitlichen Erlösung. Die Parallelform des Schabbatgebotes[54] erinnert mit ausdrücklichen Worten an Israels Knechtschaft in Ägypten und an die wunderbare Herausführung. Aus dieser entscheidenden Geschichtserfahrung wird das Gebot jetzt ethisch und sozial begründet; es sei gegeben worden aus der Fürsorge um alles, was untergeben ist, Mensch und Tier. Er macht schon in der hiesigen Welt – gleichnishaft und doch ganz konkret – hoch und niedrig, reich und arm einander gleich. Was aber so, vorbildlich und für kurze Zeit, in Erfüllung geht, das wird zur größeren Verheißung, zu deren Erwartung und Bitte. So fleht schon das Gebet des Nachmittags um die baldige Erlösung, vor allem aber sind die Gesänge beim Mahl des Schabbatausgangs voll drängender, gewisser Erwartung des nahen Messias. In diese Gewißheit mischt sich aber beim Abschied vom Schabbat auch die Unsicherheit und Angst vor der Woche, in die es wieder hinauszutreten gilt, in eine feindliche Welt aus dem Raume des Friedens. Darum wird versucht, die Feier des Schabbat, der mit dem Erscheinen dreier Sterne zu Ende geht, noch zu verlängern. Nach dem Abendgebet in der Synagoge wird der Schabbat mit einer kleinen häuslichen Feier verabschiedet. Wieder brennen Lichter, ein Becher Weins steht auf dem Tisch und eine Dose wohlriechender Gewürze, die Wonne des Schabbat symbolisierend und die von ihr Abschiednehmenden stärkend. Nach den Segenssprüchen über Wein, Gewürzen und Licht folgt der Unterscheidungssegen: »Gelobt seist du, Herr, unser Gott, König der Welt, der scheidet zwischen Heiligem und Profanem, zwischen Licht und Finsternis, zwischen Israel und den Völkern, zwischen dem siebten Tag und den sechs Werktagen. Gelobt seist du, Herr, der zwischen Heiligem und Profanem scheidet.« Der den Segen sagte, trinkt den Becher fast leer und löscht mit dem Rest des gesegneten Weins die Kerze. Später wurden mancherorts anschließend noch »Elia-Lieder« gesungen, Ausdruck freudiger und erregter Erwartung des Messiasvorboten.

Die Feste Israels. Wie der Schabbat die Woche gliedert und überhöht, so gibt der Rhythmus der Feste dem Jahr

54 Dazu 5. Mose 5,*12–15*.

und damit dem Leben der Einzelnen wie der ganzen Gemeinde eine feste, von Gott gesetzte Ordnung. Die Geschichte des Volkes wird durch die Reihe der Feste bestimmt, obwohl die Feste ihrerseits wieder ganz stark von dieser lebendigen Geschichte geformt worden sind. So lassen sich Entwicklungen der einzelnen Feste und innerhalb dieser Wandlungsprozesse teilweise noch verschiedene Schichtungen erkennen. Eine frühere Schicht stammt aus der Zeit, da die Stämme noch als Halbnomaden am Rande des Kulturlandes lebten. Was sie aus Wüste und Steppe mitbrachten, wurde dann überlagert durch die kanaanäische Bauern- und Stadtkultur, die sie bei ihrem Eindringen ins Kulturland dort vorfanden und dann auch bald übernahmen, um auch auf diese Weise seßhaft zu werden. Dieser naturhaft-geschichtslose Kreis der Ackerbaufeste, wie sie durch das Land und sein Klima, durch Saat und Ernte bestimmt und sakral gedeutet wurden, ist von Israel, das zunächst ein Bauernvolk wurde, dann aber durchbrochen, entmythisiert und zum Geschichtlich-Linearen hingeführt worden. In das Vorhandene und zunächst Übernommene wurde gleichsam das Material der eigenen Geschichtserfahrung eingeschmolzen. Mit dieser Umformung durch eine »heilsgeschichtliche« Interpretation ist einerseits die Distanz geschaffen worden zu den kanaanäischen Kulten, wodurch allein Israels Sonderdasein ermöglicht wurde und trotz aller Zerstreuung erhalten werden konnte, andererseits der Raum, in dem die Feste als Gaben des einen Gottes begriffen werden konnten, der sein Volk in die Freiheit führte, in der es nun stehen sollte.

Die Feste des Jahres beginnen frühlings im Monat Nisan[55] mit Pesach, dem ersten der drei Wallfahrtsfeste; sieben Wochen später wird das Abschluß- oder Wochenfest und im Herbst das

55 Die jüdischen Monatsnamen sind babylonisch-assyrischen Ursprungs. Auch der Beginn des – religiösen – Jahres im Frühling geht auf assyrischen Einfluß zurück. In älterer Zeit dagegen begann das Jahr im Herbst; dieser Anfang wurde auch später für die Zählung der Jahre noch beibehalten. – Die Monate sind »Mond«-Monate von etwa $29^1/_2$ Tagen Dauer. Die Differenz zum Sonnenjahr wurde durch die Einschaltung von sieben Monaten im Verlaufe eines 19jährigen Zyklus korrigiert. Auf diese Weise kam das Pesachfest jeweils in die erste Zeit nach der Frühlings-Tagundnachtgleiche zu liegen.

Hüttenfest gefeiert. Diese drei Feste, die vor anderen den Jahreslauf bestimmen, haben ihren übergeordneten Namen davon, daß einst die ganze männliche Bevölkerung Israels nach Jerusalem hinaufzog, um sie dort feierlich zu begehen.[56] Sie sind stark von der Geschichte dieses Volkes geprägt, während die beiden Hohen Feiertage, Neujahr und Versöhnungstag, die vor dem Hüttenfest liegen, mehr universal-menschlichen Charakter tragen. Fast über das ganze Jahr verteilt finden sich noch weitere kleinere Feste zur Erinnerung an geschichtliche Ereignisse zu ganz verschiedenen Zeiten.[57]

Pesach ist das erste Wallfahrtsfest. Sein Ursprung liegt im Dunkel der Vorzeit. Manche erkennen darin Züge eines Neujahrsfestes mit seinen »Reinigungs«- und Erneuerungsriten. Andere sehen zwei Wurzeln: einen alten Hirtenbrauch, bei dem durch ein Lammopfer beim Aufbruch in neue Weidegebiete dämonischer Einfluß abgewehrt und dadurch die Fruchtbarkeit der Herde gesichert werden soll,[58] darüber lagerte sich später ein Fest, wie es bei kanaanäischen Bauern zur Zeit der Gerstenernte begangen wurde, die ungesäuertes Brot aßen, um auf

56 Die drei Wallfahrtsfeste waren »für den Herrn« zu begehen. Dabei wurden (nach 2. Mose 23,*14–17* und 5. Mose 16,*16 f.*) Festopfer am Tempel dargebracht. In Israel dauerte Pesach 7 Tage, das Wochenfest 1 Tag und das Hüttenfest 7 + 1 Tag, in der Diaspora, der Unsicherheit der Kalenderbekanntgabe wegen, jeweils einen Tag länger. An allen Wallfahrtsfesten wurde das Große Loblied (Psalm 113 – Psalm 118) vorgetragen, später auch je ein Buch der fünf »Rollen«: das Hohelied wurde am Zwischen-Schabbat von Pesach gelesen, Ruth am Wochenfest und Prediger am Zwischen-Schabbat des Hüttenfestes.

57 Die drei wichtigsten unter den kleineren Festen sind: Der Trauertag am 9. des Monats Aw (Juli/August entsprechend) zum Gedenken an die zweimalige Zerstörung Jerusalems und an den Fall von Betar (im Jahr 135), das Purimfest (»Losefest«) im Vorfrühling zur Erinnerung an die Bedrohung und wunderbare Errettung der Juden Persiens, von der das Buch Esther berichtet, und das Tempelweihfest, an dem der Sieg des Makkabäers Judas über die Hellenisten gefeiert wird, zur Erinnerung an die Neueinweihung des Tempels am 25. Kislev (Dezember) 165 vor der christlichen Zeitrechnung (dazu 1. Makkabäer 4,*36–59*).

58 Mit dem Blut des geschlachteten Erstlingstieres wurden die Zeltstangen bestrichen, damit das Unheil »vorbeigehe«; vielleicht gründet in einer derartigen Vorstellung auch der Name des Festes.

diese Weise Schädliches von der ganzen Ernte fernzuhalten und sie damit zu heiligen. Der nomadische Brauch konnte neben dem bäuerlichen auch darum festgehalten werden, weil die beiden Feste zeitlich zusammenfielen. So wurde beides, Pesach und Mazzot, auch später noch nebeneinander festgehalten. Durch die heilsgeschichtliche Interpretation[59] ist Pesach-Mazzot zum Erinnerungsfest an die Befreiung aus Ägypten geworden: Unter diesen Zeichen hat Israel seine Freiheit erlangt und ist dadurch zum Volk erschaffen worden. Später wurden die Lämmer im Tempelhof geschlachtet, dann von den Pilgern im Kreise der Familien gegessen. Seit der Tempelzerstörung ist Pesach wieder zu einer häuslichen Feier geworden, die gründlich vorbereitet wird durch Wegräumen und Vertilgen alles »Gesäuerten«.[60] Auf dem weißgedeckten Tisch stehen die symbolischen Speisen: Mazzot erinnern an das Brot des Elends, das die Väter in Ägypten aßen, und an den eiligen Aufbruch, ein gerösteter Lammknochen erinnert an das Pesachlamm, das Ei an die Festopfer des Tempels, ein lehmfarbener Brei, aus Äpfeln, Rosinen, Nüssen, Feigen und Wein bereitet, an die Baufron, Bitterkräuter überhaupt an die bittere Not in Ägypten. An jedem Platz steht ein Becher Weins; der kostbarste Becher ist für Elia, den Vorboten des Messias, bestimmt. Für den Hausvater ist ein bequemer Sessel mit vielen Kissen zum Anlehnen aufgestellt; angelehnt, wie ein freier Mann sich anlehnt, soll er sich zusammen mit den anderen Mahlteilnehmern fühlen, als ob er eben selber aus Ägypten befreit worden sei. Mit dem Segensspruch über den Wein beginnt das Mahl des ersten Abends,[61] dieses symbolträch-

59 Besonders 2. Mose 12; dazu auch 5. Mose 16,*1 ff.*

60 Hefe und alle Produkte aus den fünf Getreidearten werden beseitigt, nur Mazzen, aus Mehl und Wasser gebackene Fladen, werden anstatt gesäuerten Brotes gegessen; auch das Alltagsgeschirr wird weggeräumt.

61 Streng genommen wird nur am ersten Abend Pesach gefeiert (in der Diaspora an zwei Abenden; am Tempel wurde einen Monat später das »Kleine Pesach« für die zum ersten Termin Verhinderten gehalten); an den übrigen Tagen des Festes steht das Essen der Mazzot im Mittelpunkt. – Auch wird nur an diesem Abend das Große Loblied (Psalm 113–118) ganz gelesen, an allen anderen Abenden wird es nur halb gelesen, weil – nach der Tradition – die Ägypter am siebten Tag ertrunken sind; dazu Sanhedrin 39b, Seite 74 f.

tige Essen und Trinken, das umrahmt ist von einer Liturgie, in der die Texte der Bibel neben Texten stehen, die von einer zweitausendjährigen Leidensgeschichte des Judentums erzählen. Wenn der jüngste Tischgenosse die Fragen stellt und der Vater darauf antwortet, dann sind alle beteiligt, betroffen von dem uralten und zugleich ganz nah und neu erlebten Drama, das an diesem Abend aufgeführt wird und dessen dreifacher Aspekt – Erinnerung an vergangene Bedrückung und Befreiung, Vergegenwärtigung und drängende Endzeiterwartung – wohl am besten in dem Deutewort zum Ausdruck kommt, das der Hausvater am Anfang der Feier sagt, wenn er das Brot bricht und austeilt: »Siehe, das ist das Brot der Armut, das unsere Väter in Ägypten gegessen haben. Jeder, der hungrig ist, komme und esse, jeder, der bedürftig ist, komme und halte Pesach! Jetzt hier, zum kommenden Jahr im Land Israel; jetzt Knechte, zum kommenden Jahr Freie.«

Das Wochen- oder Abschlußfest war das zweite Wallfahrtsfest des Jahres. Die Getreideernte, die in der alten Zeit am zweiten Tag von Mazzot mit dem Gerstenschnitt und mit der Darbringung eines Gerstenopfers, des Omer, am Tempel begann, wurde sieben Wochen später[62] mit der Ernte des Weizens und mit der Darbringung zweier Weizenbrote beendet. Auch dieses alte Erntedankfest wurde von Israel später umgeformt. Dabei ist es zum Fest des Dankes für die Gabe des Zehngebotes geworden, deren Fromme besonders gedenken, indem sie die erste Nacht studierend durchwachen. Und wie die beiden alten Ackerbaufeste – Mazzot und Abschlußfest – als Beginn und Ende sachlich zusammengehörten, so weist auch und erst recht ihr neuer, geschichtlich und theologisch gefaßter Inhalt bei-

62 Nach 3. Mose 23,*15* ist es geboten, die Tage von dem einen Fest zu dem anderen zu zählen. Der Beginn dieses »Omer«-Zählens war allerdings zwischen den Pharisäern, die am ersten Tag nach der Feier des Mahles, und den Sadduzäern, die erst am Tag nach dem darauffolgenden Schabbat das Gerstenopfer darbringen wollten, kontrovers. Noch in der Gegenwart zählen Juden die Tage vom Pesach- bis zum Wochenfest in Haus und Synagoge. Diese Zeit des Omerzählens steht unter dem Zeichen nationaler Trauer in der Erinnerung an die Märtyrer des letzten jüdischen Aufstandes der Jahre 132 bis 135.

de Feste aufeinander: Israel, aus Ägypten befreit, wurde dem Höhepunkt seiner Geschichte zugeführt, damit es am Sinai durch die Gottesbegegnung die Weisung empfange; denn Freiheit kann sich nur im Gehorsam, am Gebot bewähren, und nur durch das Gebot, nur aus dem Gehorsam gibt es wirkliche Freiheit. So wird denn schon in der Bibel[63] im Zusammenhange mit dem Erstlingsfest als konkretes Gebot der Nächstenliebe eingeschärft, daß jeder, der erntet, um Gottes willen für die Armen und für die Fremdlinge eine Ecke des Feldes stehenlassen und auch nicht Nachlese halten soll.

Das Hüttenfest reicht auch in eine alte Zeit zurück, in der die Menschen während des Herbstens in leichten Hütten auf den Feldern wohnten. Israel hat dieses Herbstdankfest[64] als drittes Wallfahrtsfest gefeiert unter Darbringung von Früchten, Wein und Öl. Die Festpilger wohnten in »Hütten«. Der Altar war festlich geschmückt. Diese Tage waren ausgezeichnet durch Wasseropfer, Umzüge der Priester um den Altar und nächtliche Lichtfeiern. Auch dieses Herbstfest wurde im Verlaufe der Zeit historisiert und theologisiert. Es sollte vor allem an die Zeit erinnern, da Israel unter »Hütten«[65] in der Wüste wohnte. Nichts Festes soll dieses Volk haben bei seiner langen Wanderung vom Sinai durch die Wüste der Völker bis zum Land der Erfüllung hin, außer der Gegenwart Gottes und der Geborgenheit und Ruhe, die sie gewährt. Auch später wurden für die häusliche Feier auf flachen Dächern oder freien Plätzen Laubhütten erbaut. Wichtig ist, daß durch das mit Ästen und Zweigen dichtgedeckte Dach tagsüber die Sonne und nachts Sterne scheinen können. Die Hütte wird mit allem, was zum Wohnen nötig ist, behaglich eingerichtet, außen und innen mit Früchten, Blumen und Bildern reich geschmückt. Wie bei einem Gartenfest, so wohnen und schlafen, essen, beten und singen die Frommen in ihrer Hütte, möglichst während der ganzen Zeit dieses fröhlichen Festes. Eine weitere Besonderheit des Hüttenfestes bilden die Erntesymbole, die bei den täglichen Umzügen in der Syn-

63 Dazu 3. Mose 23,*22*.
64 Nach 2. Mose 23,*16* hieß es auch »Lesefest«.
65 So nach 3. Mose 23,*43*; in Wirklichkeit wohnten sie wohl in Zelten.

agoge getragen werden. Die Beter halten in der linken Hand eine Zitrusfrucht, den Etrog, und in der rechten einen Feststrauß, einen Palmzweig, der mit Bachweide und Myrte gebunden ist.[66] Wenn sie bei ihren Gebeten auf das immer wiederkehrende »Hilf doch!«[67] kommen, so schütteln sie den Feststrauß. Am siebten Tag, dem »Tag der Bachweide«, später »Großes Hosiana« genannt, werden sieben Umzüge gemacht und damit das Fest beschlossen. Ein weiterer Tag, ohne die Symbole, schließt sich an. Es ist der Tag mit dem fröhlichsten Gottesdienst des Jahres geworden, der später den Namen »Tag der Freude an der Weisung« erhielt. Unter Jubel und Tanz werden alle Bibelrollen siebenmal um die Synagoge getragen. Wenn alle Rollen bis auf zwei wieder in den Schrein zurückgebracht wurden, dann wird aus einer der letzte Wochenabschnitt und aus der anderen der Anfang des ersten Wochenabschnittes des Fünfbuches gelesen. Die Bitte um den für das Land Israel so wichtigen Regen wird von da ab bis zum Pesachfest in den zweiten Segensspruch des Achtzehngebetes eingeschaltet. Damit ist das Freudenfest beendet, und der vielfältige Jubel verstummt, in dem es hieß: »Laßt uns jauchzen und fröhlich sein mit dieser Weisung, denn sie ist uns Kraft und Licht; ein Baum des Lebens ist die Weisung, Leben für alle, denn in dir ist die Quelle des Lebens.«

N e u j a h r u n d V e r s ö h n u n g s t a g. Zwei Wochen vor dem Hüttenfest feiert Israel Neujahr. Dieser Tag, dessen Bedeutung nicht näher bestimmt wird, heißt in der Bibel »Tag des Lärmblasens« und »Gedächtnis des Lärmblasens«.[68] Ausführlich wird dagegen vom Versöhnungstag gesagt,[69] daß er neun Tage später als strenges Fasten zu halten sei, das Sühne vor Gott erwirke. Dann wird der Opfer- und Sühnedienst im Einzelnen dargestellt, den an diesem besonderen Tag der Hochpriester, beson-

66 Der Umzug in der Synagoge erinnert an die Priesterprozession im Tempel. Das Tragen der Erntesymbole geht auf das Gebot 3. Mose 23,*40* zurück.

67 Diese Bitten beziehen sich auf das Wort Psalm 118,*25*.

68 So 4. Mose 29,*1* und 3. Mose 23,*24*.

69 Dazu 3. Mose 23,*26–32*.

ders auch im Allerheiligsten, zu verrichten hat.[70] Mit der Zerstörung des zweiten Tempels entfiel alles Formelle und Zeremonielle, und erhalten blieb, gelöst von Tempel und Opfer, als das Wesentliche des Tages Gebet, Fasten und Umkehr.

An Neujahr ward die Welt erschaffen, darum wird sie auch an Neujahr gerichtet. Alle Welt zieht an Gott vorüber und empfängt ihr Urteil. Das Buch ist aufgeschlagen, die Taten werden darein geschrieben und das Geschick für das kommende Jahr bestimmt. Zum großen Rechenschaftsbericht ist die Gemeinde versammelt. Die Farben daheim sind – und bleiben für die nächsten Tage – weiß, wie auch der Vorhang vor dem Bibelrollenschrein, die Hüllen der Bibelrollen und die Decke des Vorlesepultes in der Synagoge weiß sind. Man begrüßt einander mit dem Wunsch: »Zu einem guten Jahre mögest du eingeschrieben und besiegelt werden!« Das Gebet ist an Neujahr um drei Benediktionen erweitert; in jeder wird Gott mit zehn Bibelworten angefleht: als der König, als der sich erinnernde Richter und als der Erlöser. Die Segenssprüche werden jeweils durch den Ton des Widderhorns unterbrochen. Dieses Blasen gibt dem Fest sein eigentümliches Gepräge,[71] es bewirkt Gnade bei Gott, der des Glaubens Abrahams gedenkt, der seinen Sohn Isaak zu binden bereit war, an dessen Statt dann aber ein Widder angenommen wurde; es bewirkt aber durch seinen Alarmruf bei Menschen ein durchdringendes Erschrecken, wenn die ganze Schuld des vergangenen Jahres vor sie hintritt.

Aber Schuld kann getilgt und das gefällte Urteil zurückgenommen werden. Gott kann den Zusammenhang von Sünde und Unheil lösen, denn dem Menschen ist eine Möglichkeit der Umkehr und des Neuanfangs gegeben.[72] Und so sind besonders

70 Dieser Beschreibung dient das ganze 16. Kapitel des 3. Mosebuches.

71 Der dem Neujahrsfest vorangehende Monat dient schon der Bereitung auf das Fest, darum wird auch in den Gottesdiensten schon der »Schofar« geblasen (nicht jedoch am Tag direkt vor dem Fest).

72 Dies kommt in einem mittelalterlichen Neujahrsgebet zum Ausdruck, in dem es heißt: »An Neujahr werden sie eingeschrieben und am Versöhnungstag besiegelt: Wie viele dahingehen und wieviel erschaffen werden, wer leben und wer sterben wird: wer zu seiner Zeit und wer nicht zu seiner Zeit, wer durch Feuer und wer durch Wasser, wer durch Schwert und wer durch Hunger, wer durch Sturm und wer durch Seuche; wer bleiben

die Tage von Neujahr bis zum Versöhnungstag als die »Zehn Tage der Umkehr« begriffen worden, als Tage nicht des Gerichts allein, sondern vor allem des Erbarmens über die Umkehrenden. Aber Gottes Freispruch setzt voraus, daß die Menschen untereinander zuvor all das wiedergutmachen, was ihnen nur möglich ist. Darum werden vor dem Versöhnungstag alle Beleidigten aufgesucht und um Verzeihung gebeten, allen Beleidigern wird Verzeihung gewährt, und alle Arten von Schulden werden in den Tagen der Einkehr und Umkehr beglichen.

Der Versöhnungstag ist ein großes, von der Weisung gebotenes ganztägiges Fasten. Der Abendgottesdienst dehnt sich lang,[73] der Dienst am anderen Tag ist eine einzige lange und schwere Feier. Wie der Hochpriester weiß bekleidet das Allerheiligste betrat, so sind auch die Beter mit dem »Kittel« angetan, der einst ihr Totengewand sein wird. Wie im Tod, so steht jeder unauswechselbar für sich allein und doch inmitten einer großen Gemeinde, in der sich alle füreinander verantwortlich wissen. Das Gebet ist am Versöhnungstag dem des Neujahrstages gleich, nur kommt das Sündenbekenntnis der Gemeinde hinzu.[74] Beim Morgengottesdienst werden alle »Bußpsalmen« eingeschaltet;[75] als Abschluß des Abendgebets hat sich aus der Zeit des Tempels ein Gebet erhalten, das gesagt worden ist, ehe die Tore geschlossen wurden. In der Stunde, da dieses Gebet vor

und wer wanken wird, wer ruhig sein wird und wer zerrissen, wer sicher sein wird und wer gezüchtigt, wer erhoben und wer erniedrigt wird, wer reich sein wird und wer arm – doch Umkehr, Gebet und Wohltun lassen das böse Verhängnis vorübergehen.«

73 Der Abendgottesdienst wird eröffnet durch das in feierlich klagendem Ton vorgetragene Gebet »Alle Gelübde«, durch das irrtümliche oder vergessene Gelübde gelöst werden sollen; die Formel entstammt der nachtalmudischen Zeit.

74 Ähnlich hat auch der Hochpriester einst (nach 3. Mose 16,*21*) ein Sündenbekenntnis gesagt. Der Synagogengottesdienst des Versöhnungstages spiegelt weithin die Geschehnisse des entsprechenden Tempelgottesdienstes wider. Wo z. B. damals der Hochpriester Opfer für die ganze Welt darbrachte, da steht jetzt das Gebet für die ganze Welt. Und wenn der Vorbeter beim Zusatzgebet am Nachmittag dreimal berichtet, wie die Beter einst beim Aussprechen des Gottesnamens im Tempel niederfielen, dann fällt auch die Gemeinde in der Synagoge nieder.

75 Damit sind hier die Psalmen 17, 25, 33, 51, 65, 67, 103 und 104 gemeint.

Gott kommt, wird der Urteilsspruch über jeden Einzelnen für das kommende Jahr besiegelt. Im Hauptgebet wird noch einmal der Wunsch nach guter Besiegelung laut, dann wird das »Kaddisch« gesagt, danach in einer besonders feierlichen Weise die Einheit Gottes mit dem »Höre Israel« bekannt, und ein letzter Ton des Widderhorns beschließt den »langen Tag«. Und noch am selben Abend werden Vorbereitungen getroffen für den Bau der Laubhütte, damit sich der schwere Ernst dieser Tage dann im Jubel der großen Freude an der Weisung löse.

FRAUEN UND EHE

Der ganze Mensch

Rabbi Elasar sagte: Jeder Mensch, der keine Frau hat, ist eigentlich kein Mensch, denn es heißt:[1] *Männlich und weiblich erschuf er sie . . . und rief ihren Namen: Mensch.*

Ferner sagte Rabbi Elasar: Jeder Mensch, der kein Land hat, ist eigentlich kein Mensch, denn es heißt:[2] *Die Himmel sind die Himmel des Herrn, die Erde aber gab er den Menschenkindern.*

Jewamot 63 a

Der Segen im Haus

Und Rabbi Chelbo sagte: Immerdar sei ein Mensch auf die Ehrung seiner Frau bedacht, denn nur um seiner Frau willen waltet Segen im Haus eines Menschen, denn es heißt:[3] *Und er tat Abram Gutes ihretwegen.* Bawa mezia 59 a

Friede im Zelt

Unsere Meister lehrten: Wer seine Frau wie sich selbst liebt und sie mehr als sich selbst ehrt, wer seine Söhne und Töchter auf

1 1. Mose 5,*2*.
2 Psalm 115,*16*.
3 1. Mose 12,*16*. Nach dem Text erweist der Pharao Abram Gutes um Sarais willen.

geradem Wege leitet und sie nahe ihrer Reife verheiratet – über ihn sagt die Schrift:[4] *Du wirst erfahren, daß dein Zelt Frieden hat.*

Jewamot 62 b

Gutes oder Bitteres

Rabbi Chama, Chaninas Sohn, sagte: Sobald ein Mensch eine Frau geheiratet hat, kommen seine Verschuldungen zum Abschluß, denn es heißt:[5] *Wer eine Frau fand, fand etwas Gutes und bekommt Gunst von dem Herrn.*

Im Westen[6] sagten sie zu einem Menschen, der eine Frau genommen hat: *Fand* oder *finde?*[7] *Fand* – denn es steht geschrieben: *Wer eine Frau fand, fand etwas Gutes. Finde* – denn es steht geschrieben:[8] *Da finde ich, bittrer als den Tod, die Frau.*

Jewamot 63 b

Eine unwürdige Frau

Und Rabba, Raw Addas Sohn, sagte, und andere sagen, Rabbi Sala sagte, Raw Hamnuna habe gesagt: Jeden, der eine Frau heiratet, die seiner nicht würdig ist, bindet Elia, und der Heilige, gelobt sei er, geißelt ihn.[9]

Es wird auch gelehrt:[10] Über sie alle[11] schreibt Elia, und der Heilige, gelobt sei er, siegelt es: Wehe dem, der seine Nachkommen beeinträchtigt und seine Familie schädigt! Und den, der eine

4 Hiob 5,*24*.

5 Sprüche 18,*22*. Die hebräischen Worte, die mit »zum Abschluß kommen« und »bekommen« übersetzt wurden, klingen ähnlich. Mit diesem Wortspiel begründete Rabbi Chama seinen Satz.

6 Von Babylonien aus gesehen liegt Israelland im Westen.

7 Diese beiden Worte aus den folgenden Bibelversen stellen eine Art Chiffre dar, mit der die Freunde zu erkunden trachten, ob einer eine gute oder eine böse Frau bekommen hat.

8 Prediger 7,*26*.

9 Ein Verurteilter wird zum Zweck der Geißelung an einen Pflock gebunden. Hier ist es eine Androhung zukünftigen Gerichts.

10 Dasselbe in einer anderen Tradition. Die Wiederholung wird von manchen Erklärern ausgelassen.

11 Priester, Leviten und Israeliten, die Frauen heiraten, die ihnen nach den Geboten nicht zukommen.

Frau heiratet, die seiner nicht würdig ist, bindet Elia, und der Heilige, gelobt sei er, geißelt ihn. Kidduschin 70 a

Eine Frau aus gutem Haus

Unsere Meister lehrten: Immerdar verkaufe ein Mensch alles, was er hat, und heirate die Tochter eines Gelehrten;[12] wenn er nämlich stirbt oder emigriert, so ist er gewiß, daß seine Söhne Gelehrte werden. Er heirate aber nicht die Tochter eines Laien; wenn er nämlich stirbt oder emigriert, werden seine Söhne Laien.

Unsere Meister lehrten: Immerdar verkaufe ein Mensch alles, was er hat, und heirate die Tochter eines Gelehrten und verheirate seine Tochter einem Gelehrten. Dies gleicht einer Mischung von Weinbeeren mit Weinbeeren – eine schöne und angenehme Sache. Er heirate aber nicht die Tochter eines Laien. Dies gleicht einer Mischung von Weinbeeren mit Brombeeren – eine häßliche und unangenehme Sache.[13]

Unsere Meister lehrten: Immerdar verkaufe ein Mensch alles, was er hat, und heirate die Tochter eines Gelehrten. Findet er nicht die Tochter eines Gelehrten, so heirate er die Tochter eines Großen seiner Zeit. Findet er nicht die Tochter eines Großen seiner Zeit, so heirate er die Tochter eines Synagogenvorstehers. Findet er nicht die Tochter eines Synagogenvorstehers, so heirate er die Tochter eines Almoseneinnehmers. Findet er nicht die Tochter eines Almoseneinnehmers, so heirate er die Tochter eines Kleinkinderlehrers. Er heirate aber nicht die Tochter eines Laien, weil sie Scheuel sind und ihre Frauen Geschmeiß; und über ihre Töchter sagt die Schrift:[14] *Verflucht, der bei allerart Tier liegt.* Pesachim 49 a/49 b

12 Ein Frommer soll Hab und Gut drangeben, um zu einer Frau aus einem Gelehrtenhaus zu kommen. Denn sie allein hat bei ihren Eltern gelernt, einen Haushalt und ein Familienleben zu führen, wie es dem Gebot entspricht; außerdem hat sie Verständnis dafür, daß ihr Mann viel Zeit für das Studium braucht.

13 Manche Erklärer denken aber an ein Aufpfropfen von Rebreisern auf Rebstöcke beziehungsweise Rebreisern auf Brombeerstöcke.

14 5. Mose *27,21.* Raschi erklärt, die Frauen und Töchter von Leuten, die sich nicht mit dem Gebot befassen, hätten so wenig Verstand wie Tiere.

Die große Verheißung

Noch größer ist die Verheißung, die der Heilige, gelobt sei er, verheißen hat, für die Frauen als für die Männer; denn es heißt:[15] *Frauen der Sorglosigkeit, steht auf, hört meine Stimme; Töchter der Verheißung, lauscht meiner Rede!*

Raw sagte zu Rabbi Chija: Wodurch werden Frauen dessen würdig? Dadurch, daß sie ihre Söhne im Gemeindehaus Bibel lesen lassen und dadurch, daß sie ihre Männer im Lehrhaus Mischna lernen lassen und auf ihre Männer warten, bis sie vom Lehrhaus kommen. Brachot 17 a

Befreiung von Geboten

Frauen, Sklaven und Minderjährige[16] sind vom Bekenntnis *Höre* und von Gebetsriemen[17] befreit, und sie sind zum Gebet, zur Türpfostenkapsel[18] und zum Tischsegen verpflichtet.

Mischna Brachot III, 3

Die drei Gebote für Frauen

Wegen drei Übertretungen sterben Frauen in der Stunde ihres

15 Jesaja 32,9. Bei den Epitheta der Frauen wurde jeweils aus dem adjektivisch gebrauchten Partizip ein Substantiv gemacht, um auf diese Weise die Beziehung des Bibelverses zu dem vorausgegangenen Ausspruch sichtbar werden zu lassen.

16 Frauen sind von vielen Geboten befreit, vor allem von solchen, die an eine feste Zeit gebunden sind (dazu Kidduschin I,7), da sie durch die Menstruation, durch das Gebären und durch das Besorgen des Hauswesens, besonders der Kleinkinder, vielfältig daran gehindert sind. Andererseits werden die häuslichen Pflichten der Frauen für so wichtig erachtet, daß sie den Vorrang gegenüber der Erfüllung anderer Gebote erhalten. – Die Zusammenstellung der drei Personenkreise hat keinerlei diskriminierende, sondern rein rechtliche Bedeutung. Sie umschreibt vielmehr den Umkreis der häuslichen Intimsphäre, in der Menschen von den Pflichten entbunden sind, die dem Hausvater allein obliegen, der seine Familie in der Öffentlichkeit vertritt.

17 Zum »Höre«: Seite 464 f.; zu Gebetsriemen: Seite 555, Anmerkung 348.

18 Zum Gebet: Seite 464 ff.; zur Türpfostenkapsel: Seite 455, Anmerkung 2.

Gebärens: weil sie nicht achtsam waren bei der Monatsblutung, bei der Teighebe und beim Anzünden der Schabbatlampe.[19]

Mischna Schabbat II, 6

Von den Aufgaben der Frauen

Dies sind die Arbeiten, welche die Frau für ihren Mann tut: sie mahlt, sie bäckt, sie wäscht, sie kocht, sie säugt ihr Kind, sie macht für ihn das Bett zurecht und sie schafft in Wolle. Wenn sie ihm eine Magd einbrachte, so mahlt, bäckt und wäscht sie nicht selber; wenn zwei, so kocht sie nicht selber und säugt ihr Kind nicht selber; wenn drei, so macht sie für ihn das Bett nicht selber zurecht und schafft nicht selber in Wolle; wenn vier, so kann sie in einem Lehnstuhl sitzen. Rabbi Elieser sagt: Sogar wenn sie ihm hundert Mägde eingebracht hätte, sollte er sie zwingen, in Wolle zu schaffen, denn Müßiggang führt zur Unzucht. Rabban Schimon, Gamliels Sohn, sagt: Auch wer seine Frau durch ein Gelübde davon abhält, eine Arbeit zu tun, der sollte sie entlassen und ihr die Eheverschreibung geben,[20] denn Müßiggang führt zum Wahnsinn. Mischna Ketubbot V, 5

Die Freude am Schönen

Drei sind ein Vorschmack der kommenden Welt; das sind: Schabbat, Sonne und Beischlaf.

Drei ermuntern eines Menschen Sinn; das sind: Stimme, Aussehen und Geruch.

Drei erheitern eines Menschen Sinn; das sind: eine schöne Wohnung, eine schöne Frau und schöne Geräte. Brachot 57 b

Verborgene Schönheit

Es geschah, daß sich einer durch einen Schwur versagt hatte, etwas von der Tochter seiner Schwester zu genießen. Da

19 Jüdische Frauen sind verpflichtet, auf den Beginn ihrer Menstruation zu achten, weil während dieser Zeit kein Geschlechtsverkehr stattfinden darf; außerdem haben sie von jedem Teig ein wenig abzusondern, zur Zeit des Tempels für die Priester, später um es zu verbrennen; des weiteren haben Frauen mit einem Segensspruch beim Eingang des Schabbat die Lichter zu entzünden.

20 Zum Einzelnen: Ketubbot 82b, Seite 493 f.

brachte man sie in das Haus Rabbi Jischmaels und machte sie schön. Dann sagte Rabbi Jischmael zu ihm: Mein Sohn, hast du es dir von dieser versagt? Er sagte zu ihm: Nein. Da löste ihn Rabbi Jischmael. Zu dieser Stunde weinte Rabbi Jischmael und sagte: Die Töchter Israels sind schön, doch die Armut verunstaltet sie.[21] Mischna Nedarim IX, 10

Die vier schönsten Frauen

Unsere Meister lehrten: Vier überaus schöne Frauen gab es auf der Welt: Sara, Rahab, Abigail und Esther. Wer aber sagt: Esther war grünlich,[22] läßt Esther aus und läßt Vasthi dafür eintreten.[23]

Unsere Meister lehrten: Rahab verführte durch ihren Namen,[24] Jael durch ihre Stimme,[25] Abigail durch ihr Gedenken[26] und Michal, Sauls Tochter, durch ihren Anblick.[27]

Megilla 15 a

Überhebliche Frauen

Raw Nachman sagte: Überhebung ziemt den Frauen nicht. Zwei Frauen waren überheblich und ihre Namen häßlich. Der Name der einen ist Wespe, und der Name der anderen ist Wiesel.[28] Bei der Wespe steht geschrieben:[29] *Sie sandte und berief*

21 Rabbi Jischmael lebte etwa zwischen den beiden Katastrophen, der Tempelzerstörung und dem Bar-Kochba-Aufstand, einer Zeit, in der Juden unter Armut und Bedrängnis viel zu leiden hatten.

22 Kurz vorher wurden bei der Auslegung des Verses Esther 2,7 myrtenartige Eigenschaften Esthers nach ihrem jüdischen Namen, der Myrte bedeutet, aufgezählt. Ein Gelehrter sagte, sie sei grünlich gewesen, dennoch voll Charme.

23 Vasthi war die Perserkönigin, deren Nachfolgerin Esther wurde; dazu Esther 1,*9 ff*.

24 Sie wird meist Rahab, die Hure, die »Verführerin«, genannt; dazu Josua 2 und 6,*22 ff*.

25 Dazu Richter 4,*18*.

26 Dazu 1. Samuel 25,*31*.

27 Dazu 1. Samuel 18 ff.

28 Die beiden Frauennamen Debora und Hulda erscheinen hier nicht in ihrer hebräischen Form wie in der Bibel, sondern auf aramäisch, wodurch sie als Tiernamen verstanden und negativ gedeutet werden.

29 Richter 4,6.

Barak, aber sie ging nicht selber zu ihm. Bei der Wiesel steht geschrieben:[30] *Saget zu dem Mann,* und sie sagte nicht: Saget zu dem Könige! Megilla 14 b

Die Hauptsache

Rabbi Chija wurde beständig von seiner Frau gequält. Doch wenn sich etwas Passendes fand, wickelte er es in sein Kopftuch und brachte es ihr. Raw sagte zu ihm: Aber der Herr wird doch beständig von ihr gequält! Er sagte zu ihm: Es ist uns genug, daß sie unsere Kinder aufziehen und uns aus der Verfehlung retten.[31] Jewamot 63 a/63 b

Eine böse Frau

Wie soll man sich das vorstellen: eine böse Frau? Abbaje sagte: Eine, die für ihn den Tisch richtet und gegen ihn den Mund richtet. Rawa sagte: Eine, die für ihn den Tisch richtet und gegen ihn den Rücken kehrt. Jewamot 63 b

Ein Rezept

Und Rawa sagte: Eine böse Frau, deren Eheverschreibung hoch ist – eine Nebenfrau an ihre Seite! Die Leute sagen nämlich: Mit ihrer Genossin wohl, nicht aber mit einer Dornrute.[32]

Jewamot 63 b

Schutz der Frauen

Raw Jehuda sagte: Am Anfang verschrieben sie einer Jungfrau Zweihundert und einer Witwe eine Mine;[33] da wurden sie alt

30 2. Könige 22,*15*.

31 Verheiratete bleiben vor geschlechtlichen Verfehlungen eher bewahrt als Ledige.

32 Wenn der Mann eine widerspenstige Frau nicht entlassen kann, weil er das Geld nicht aufbringt, das er ihr auf Grund der Eheverschreibung bezahlen müßte, so soll er versuchen, sie durch eine Rivalin kleinzukriegen.

33 Einer Jungfrau 200 Sus; eine Mine entspricht 100 Sus.

und konnten keine Frauen heiraten.[34] Bis Schimon, Schetachs Sohn, kam und anordnete: Alle seine Güter haften für ihre Eheverschreibung.

So wird auch gelehrt: Am Anfang verschrieben sie einer Jungfrau Zweihundert und einer Witwe eine Mine; da wurden sie alt und konnten keine Frauen heiraten. Da ordneten sie an, daß sie diese[35] im Haus ihres Vaters hinterlegen sollen. Aber immer noch konnte er zu ihr sagen, wenn er über sie zornig war: Geh zu deiner Eheverschreibung![36] Da ordneten sie an, daß sie diese im Haus ihres Schwiegervaters hinterlegen sollen. Die Reichen machten sie zu Silber- oder Goldkörbchen, die Armen machten sie zu einem Uringefäß.[37] Aber immer noch konnte er zu ihr sagen, wenn er über sie zornig war: Nimm deine Eheverschreibung und geh fort! Bis Schimon, Schetachs Sohn, kam und anordnete,[38] daß er ihr verschreiben solle: Alle meine Güter haften für ihre Eheverschreibung. Ketubbot 82 b

In einer Bedrängnis

Man eröffnet einem Menschen eine Möglichkeit wegen der Eheverschreibung seiner Frau.[39] Es geschah, daß sich einer durch

34 In der Eheverschreibung wird der Frau für den Fall der Scheidung eine Entschädigung zugesichert. Da die Männer zunächst nicht mit Immobilien für die betreffende Summe hafteten, Mobilien aber leicht zu beseitigen waren, so konnte es geschehen, daß Frauen um ihre Abfindung gebracht wurden. Dies hatte zur Folge, daß manche durch das Mißtrauen dieser Einrichtung gegenüber weniger zur Eheschließung geneigt waren.

35 Die in der Eheverschreibung genannte Geldsumme.

36 Wie die spätere Deponierung im väterlichen Haus des Mannes, wo das jüngere Paar wohnte, so erwies sich schon die Hinterlegung im väterlichen Haus der Frau als ein zu geringes Hindernis der Ehescheidung, da der Mann ja über das dort von ihm hinterlegte Geld so oder so nicht verfügen konnte.

37 Andere Texte haben: »Zu einem Kupfergefäß.«

38 Durch Schimons Anordnung ist einerseits die Ehescheidung erschwert und andererseits die Sicherheit für die Eheverschreibung gewährleistet worden; durch beides wurde die rechtliche Stellung der Frauen gestützt.

39 Was hier ganz knapp formuliert ist, bedeutet: Der Asket weist auf die Schwierigkeiten hin, in die er durch die Höhe der Eheverschreibung geraten ist. Die Meister sahen in einer durch Unbedachtsamkeit hervorgerufenen Notlage einen Grund, den Mann von seinem Gelübde freizusprechen.

einen Schwur versagt hatte, etwas von seiner Frau zu genießen;[40] und ihre Eheverschreibung war vierhundert Denare.[41] Da kam er vor Rabbi Akiwa, und dieser verpflichtete ihn, ihr ihre Eheverschreibung zu geben. Er sagte zu ihm: Meister, achthundert Denare hat mein Vater hinterlassen, mein Bruder nahm vierhundert und ich vierhundert. Genügt es nicht, daß sie zweihundert nehme und ich zweihundert? Rabbi Akiwa sagte zu ihm: Sogar wenn du das Haar deines Hauptes verkaufst – du gibst ihr die Eheverschreibung! Er sagte zu ihm: Wenn ich gewußt hätte, daß dies so ist, dann hätte ich den Schwur nicht getan. Da löste ihn Rabbi Akiwa. Mischna Nedarim IX, 5

Schuldig geschieden

Und diese werden ohne ihre Eheverschreibung entlassen: Eine, die sich über mosaischen und jüdischen Religionsbrauch hinwegsetzt. Und was ist: sich über mosaischen Religionsbrauch hinwegsetzen? Wenn sie ihm zu essen gibt, was nicht verzehntet ist;[42] wenn sie ihm als Menstruierende beischläft;[43] wenn sie die Teighebe nicht absondert;[44] wenn sie gelobt und nicht erfüllt.[45] Und was ist: sich über jüdischen Religionsbrauch hinwegsetzen? Wenn sie entblößten Hauptes ausgeht;[46] wenn sie auf dem Markt Faden spinnt; wenn sie mit jedermann schwätzt. Abba Schaul sagt: Auch eine, die in seiner Gegenwart geringschätzig von seinen Eltern redet. Rabbi Tarphon sagt: Auch die eine Schreierin ist. Was ist eine Schreierin? Wenn sie in ihrem Haus so schwätzt, daß ihre Nachbarn ihr Geschrei hören.

Mischna Ketubbot VII, 6

40 Da er ja nicht mit seiner Frau leben kann, ohne sich von ihr versorgen zu lassen, müßte er sie nach einem solchen Gelübde entlassen und ihr die Eheverschreibung auszahlen.

41 Ein Denar ist wie ein Sus eine Silbermünze von 3–4 Gramm. Die Frau hatte eine Eheverschreibung über den doppelten Wert des vorgeschriebenen Minimums.

42 Dazu 4. Mose 18,*21 ff*.

43 Dazu 3. Mose 18,*19*.

44 Dazu 4. Mose 15,*19 ff*.

45 Dazu 5. Mose 23,*22 ff*.

46 Verheiratete Frauen tragen ein Kopftuch. Manche übersetzen: »Wenn sie mit einem Strubbelkopf ausgeht.«

Komplikationen bei der Scheidung

Mischna. Wer einen Scheidebrief bringt von einem, den er alt oder krank zurückgelassen hat, gebe ihr diesen in der Annahme, daß der Betreffende noch lebt.[47] Wenn die Tochter eines Israeliten[48] mit einem Priester verheiratet ist und ihr Mann nach Übersee gegangen ist,[49] so esse sie von der Priesterhebe[50] in der Annahme, daß er noch lebt.[51] Wenn einer sein Sündopfer von Übersee schickt, so bringen sie es dar in der Annahme, daß er noch lebt.[52]

Gemara. Rawa sagte: Dies gilt nur von einem Alten, der das hohe Alter noch nicht erreicht hat,[53] und von einem Kranken, denn die meisten Kranken sind des Lebens; aber nicht von einem Alten, der das hohe Alter erreicht hat, und von einem Todkranken, denn die meisten Todkranken sind des Todes. Abbaje wandte gegen ihn ein: Wer einen Scheidebrief bringt von einem, den er alt zurückgelassen hat, sogar von einem Hundertjährigen, gebe ihr diesen in der Annahme, daß der Betreffende noch lebt. Dies ist eine Widerlegung. Wenn du aber willst, so sage ich: Da er es ja überschritten hat, hat er es überschritten.[54]

Abbaje machte Rabba auf einen Widerspruch aufmerksam: Wer einen Scheidebrief bringt von einem, den er alt oder krank zurückgelassen hat, gebe ihr diesen in der Annahme, daß der Betreffende noch lebt. Und hier sehe ich den Widerspruch dazu:

47 Die Scheidung wird nicht schon durch die Ausstellung des Scheidebriefes rechtskräftig, sondern erst durch die Annahme von seiten der Frau. Wäre in der langen Zeit zwischen Ausfertigung und Annahme, die in diesem speziellen Fall verstreicht, der alte oder kranke Mann verstorben, so wäre ja die Frau Witwe und könnte also nicht mehr geschieden werden. Bis zum Erweis des Gegenteils wird dies aber nicht angenommen.

48 Ihr Vater entstammt also nicht priesterlichem Geschlecht.

49 Das Mittelmeer ist gemeint.

50 Dazu etwa 4. Mose 18,*8 ff*.

51 Eine Priesterwitwe aus nichtpriesterlichem Geschlecht dürfte nämlich nach dem Tod ihres Mannes keine Priesterhebe mehr essen.

52 Für einen Toten dürfte das Sündopfer nicht mehr dargebracht werden.

53 Wörtlich ist es eine Anspielung auf Psalm 90,*10*: »und war's in Kräften«, womit das Alter von achtzig Jahren gemeint ist.

54 Wenn er dieses Alter überschritten hat, dann hat er auch eine gewisse Anfälligkeit überschritten.

Siehe, dies ist dein Scheidebrief für eine Stunde vor seinem Tode,[55] so ist es ihr sofort verboten, von der Priesterhebe zu essen.[56] Er sagte zu ihm: Willst du einen Widerspruch zwischen Priesterhebe und Scheidebrief sehen? Bei der Priesterhebe ist es möglich, beim Scheidebrief ist es nicht möglich.[57] Ich sehe aber einen Widerspruch zwischen Priesterhebe und Priesterhebe. Wir haben doch gelernt: Wenn die Tochter eines Israeliten mit einem Priester verheiratet ist und ihr Mann nach Übersee gegangen ist, so esse sie von der Priesterhebe in der Annahme, daß er noch lebt. Und hier sehe ich den Widerspruch dazu: Siehe, dies ist dein Scheidebrief für eine Stunde vor seinem Tode, so ist es ihr sofort verboten, von der Priesterhebe zu essen. Raw Adda, Raw Jizchaks Sohn, sagte: Dort ist es anders, denn siehe, er hat sie sich eine Stunde vor seinem Tode verboten.[58] Raw Pappa griff ihn an: Welchen Beweis gibt es, daß er zuerst stirbt? Vielleicht stirbt sie zuerst.[59] Nein, sagte Abbaje, dies ist keine Schwierigkeit. Das eine ist die Meinung Rabbi Meïrs, der den Tod nicht berücksichtigt, das andere ist die Meinung Rabbi Jehudas, der den Tod berücksichtigt. Wir haben nämlich gelernt: Wer Wein kauft von Samaritanern, der sage: Die zwei

55 Sinngemäß ist dieser Satz so zu ergänzen: Wenn ein Priester zu seiner Frau sagt: Hier hast du deinen Scheidebrief, damit er eine Stunde vor meinem Tode gültig werde, wobei der Ausdruck »vor seinem Tod« im Text euphemistisch für »vor meinem Tod« steht.

56 Weil man nie weiß, ob der Priester nicht schon in der nächsten Stunde sterben wird.

57 Bei dem Fall mit der Priesterhebe ist es möglich, das eventuelle Sterben zu berücksichtigen, da die Frau ja von anderer Speise leben kann. Beim Scheidebrief aber würde die Berücksichtigung des Todes bedeuten, daß kein Scheidebrief von weit her geschickt werden könnte und die Frau eine Verlassene bliebe, die dennoch nicht heiraten kann. Ein Scheidebrief ist also in diesem Fall eine Wohltat für die Frau, und darum ist eine Berücksichtigung des Umstandes, daß der Absender inzwischen gestorben sein könnte, unmöglich.

58 Raw Adda meint: Mit diesem vordatierten Scheidebrief wollte der Priester sich den Verkehr mit seiner Frau verbieten, nicht aber ihr das Essen der Hebe; er hat also sein baldiges Sterben nicht berücksichtigt.

59 Raw Pappa macht diese Erklärung ein wenig lächerlich, da die »Stunde vor dem Tod« ja auch erst nach dem Tode seiner Frau eintreten kann. Er meint: Wenn man das Sterben nicht berücksichtigt, ist es kein richtiger Scheidebrief.

Log,[60] die ich später absondern werde, siehe, sie sollen Priesterhebe sein, und zehn sollen erster Zehnt, weitere neun sollen zweiter Zehnt sein;[61] dann kann er sofort zu trinken beginnen. Dies sind Worte Rabbi Meïrs. Rabbi Jehuda, Rabbi Jose und Rabbi Schimon verbieten dies.[62]

Rawa sagte: Wir berücksichtigen nicht, daß er vielleicht schon gestorben sei, wir berücksichtigen aber wohl, daß er vielleicht sterben wird.[63] Raw Adda, Matnas Sohn, sagte zu Rawa: Der Fall mit dem Schlauch gleicht ja dem Fall, daß er vielleicht sterben wird. Sind da verschiedene Meinungen möglich? Raw Jehuda aus Diskarta sagte: Mit dem Schlauch ist es anders, denn es ist ja möglich, daß er ihn einem Hüter übergibt.[64] Raw Mescharscheja griff ihn an: Dann braucht dein Bürge selber einen Bürgen. Nein, sagte Rawa, wir berücksichtigen nicht, daß er vielleicht schon gestorben sei; aber, daß er vielleicht sterben wird. Das ist eine Differenz zwischen Mischnalehrern.[65]

Gittin 28 a/28 b

Die große Trauer

Rabbi Elieser sagte: Über jeden, der sich von seiner ersten Frau scheidet, vergießt sogar der Altar Tränen, denn es heißt:[66] *Und dies tut ihr zum zweiten: nämlich den Altar des Herrn mit Tränen bedecken, mit Weinen und Stöhnen, so daß Er sich nicht mehr zum Opfer wendet und nichts mit Wohlgefallen aus eurer*

60 Ein Log ist etwa ein halbes Liter.

61 Dazu 5. Mose 14,*22 f.*

62 Sie meinen, der Schlauch könnte platzen. Wenn der Wein verlorengeht, kann der Käufer später nichts mehr absondern und hat dann Wein getrunken, von dem sich rückwirkend zeigt, daß er ihm eigentlich verboten war. Wer das Platzen berücksichtigt, der berücksichtigt auch das Sterben im vorigen Fall.

63 In dem Fall, wo der Mann in Übersee ist, mußte berücksichtigt werden, daß er schon gestorben sei; dies wird verworfen. In dem Fall des Priesters ist es aber wohl möglich, ein zukünftiges Sterben zu berücksichtigen.

64 Der Hüter paßt auf, daß dem Schlauch nichts passiert, deshalb ist es möglich, daß Rabbi Meïr das Platzen nicht berücksichtigt.

65 Eine Differenz zwischen Rabbi Meïr und Rabbi Schimon, wobei die zuvor angeführte Lehre wegen der Priesterhebe nach Rabbi Schimon entschieden wird.

66 Maleachi 2,*13*.

Hand nimmt. Weiter steht geschrieben:[67] *Und ihr sagt: Warum? Darum, weil der Herr Zeuge gewesen ist zwischen dir und der Frau deiner Jugend, an der du treulos gehandelt hast. Und sie ist doch deine Gefährtin und die Frau deines Bundes.*

Sanhedrin 22 a

GEBURT

Seid fruchtbar und mehret euch

Es wird gelehrt: Rabbi Elieser sagt: Jeder, der sich nicht mit Fruchten und Mehren befaßt, ist, als ob er Blut vergieße, denn es heißt:[68] *Wer eines Menschen Blut vergießt, dessen Blut werde durch Menschen vergossen.* Und danach steht geschrieben:[69] *Ihr aber: Fruchtet und mehret euch!* Rabbi Jaakow sagt: Als ob er das Ebenbild beeinträchtige, denn es heißt:[70] *Denn im Ebenbild Gottes machte er den Menschen.* Und danach steht geschrieben: *Ihr aber: Fruchtet . . .!* Asais Sohn sagt: Als ob er Blut vergieße und das Ebenbild beeinträchtige, denn es heißt: *Ihr aber: Fruchtet und mehret euch!*[71] Sie sagten zu Asais Sohn: Der eine legt schön aus und erfüllt schön; der andere erfüllt schön, legt aber nicht schön aus; und du legst schön aus, erfüllst aber nicht schön.[72] Asais Sohn sagte zu ihnen: Was soll ich denn tun, da meine Seele der Weisung anhangt? Die Welt vermag sich auch durch andere in ihrem Bestande zu erhalten. Jewamot 63 b

67 Maleachi 2,*14*.
68 1. Mose 9,*6a*.
69 1. Mose 9,*7*.
70 1. Mose 9,*6b*.
71 Das Gebot der Fruchtbarkeit steht sowohl nach dem Wort vom Blutvergießen als auch nach dem Wort von der Beeinträchtigung des Ebenbildes.
72 Asais Sohn war ehelos, was unter pharisäischen Gelehrten ungewöhnlich und verpönt war, während Menschen aus anderen jüdischen Gruppen, besonders unter Essenern, ehelos gelebt haben, um auf diese Weise Gott ganz dienen zu können.

Partner bei der Zeugung

Unsere Meister lehrten: Drei sind an einem Menschen beteiligt: Der Heilige, gelobt sei er, sein Vater und seine Mutter. Sein Vater sät das Weiße, aus dem die Knochen sind, die Sehnen, die Nägel, das Hirn in seinem Kopf und das Weiße im Auge. Seine Mutter sät das Rote, aus dem die Haut ist, das Fleisch, die Haare und das Schwarze im Auge. Und der Heilige, gelobt sei er, schenkt ihm den Geist, die Seele, den Ausdruck des Gesichts, das Sehen des Auges, das Hören des Ohres, das Reden des Mundes, das Gehen der Füße, Einsicht und Verstand. Sobald seine Zeit erreicht ist, aus der Welt zu scheiden, nimmt der Heilige, gelobt sei er, seinen Teil weg, den Teil seines Vaters und seiner Mutter aber beläßt er vor ihnen. Raw Pappa sagte: Das ist's, was die Leute sagen:[73] Schütte das Salz aus und wirf das Fleisch vor den Hund! Nidda 31 a

Der gute und der böse Blick

Rabbi Jochanan war gewohnt, hinzugehen und an den Toren des Tauchbades zu sitzen. Er sagte: Wenn die Töchter Israels vom pflichtgemäßen Tauchbad heraufsteigen,[74] so sollen sie mir begegnen, damit sie Kinder haben, schön wie ich, gelehrt in der Weisung wie ich.[75] Unsere Meister sagten zu ihm: Fürchtet sich denn der Herr nicht vor einem bösen Auge? Er sagte zu ihnen: Ich komme doch aus dem Samen Josephs, über den das böse Auge keine Gewalt hat, denn es steht geschrieben:[76] *Ein junger Fruchtbaum ist Joseph, ein junger Fruchtbaum über dem Quell.* Und Rabbi Awahu sagte: Lies nicht: *über dem Quell*, sondern: *übertreffend das Auge*![77] Rabbi Jose, Rabbi Chaninas Sohn,

73 »Salz« ist in diesem Sprichwort ein Bild für die Seele. Ein seelenloser Körper ist nichts wert.

74 Nach Beendigung der Menstruation müssen jüdische Frauen ein Tauchbad nehmen; dadurch werden sie wieder für den ehelichen Umgang tauglich.

75 Rabbi Jochanan war der bedeutendste Gelehrte nicht nur seiner Zeit; seine außergewöhnliche Schönheit war berühmt; dazu Bawa mezia 84a, Seite 447 ff. und Brachot 5b, Seite 446 f.

76 1. Mose 49,22.

77 Dieses Wortspiel ist möglich, weil im Hebräischen dasselbe Worte »Quel-

sagte es hieraus:[78] *Fischgleich mögen sie wachsen zur Menge im Innern des Landes.*[79] Wie das Wasser Fische, die im Meere sind, bedeckt und das Auge keine Gewalt über sie hat, so hat das Auge auch keine Gewalt über die vom Samen Josephs.

Bawa mezia 84 a

Das Gleichnis

Rabbi Simlai legte aus: Wem gleicht ein Kind im Leibe seiner Mutter? Einem zusammengefaltet daliegenden Notizbuch. Seine Hände hat es über den beiden Schläfen, seine beiden Ellbogen über den beiden Kniegelenken und seine beiden Fersen über seinen beiden Hinterbacken; seinen Kopf hat es zwischen seinen Knien liegen, sein Mund ist verschlossen, und sein Nabel ist geöffnet. Es ißt von dem, was seine Mutter ißt, und trinkt von dem, was seine Mutter trinkt; es scheidet keinen Unrat aus, sonst könnte es seine Mutter töten.

Sobald es an die Luft der Welt herauskommt, wird, was verschlossen war, geöffnet und was geöffnet war, verschlossen. Wenn das nicht so wäre, so könnte es nicht leben, auch nicht eine einzige Stunde. Und eine Leuchte brennt über seinem Kopf, und es späht und blickt von einem Ende der Welt bis zu ihrem anderen Ende hin, denn es heißt:[80] *Da seine Leuchte über meinem Kopf schien, ich bei seinem Licht im Dunkel ging.* Und du solltest dich nicht wundern, denn siehe, ein Mensch schläft hier und sieht einen Traum in Spanien.[81] Es gibt keine Tage, da ein Mensch in größerer Seligkeit weilt, als diese Tage; denn es heißt:[82] *Wer gibt's mir wie in früheren Monden, wie in den Tagen, da Gott mich behütete?* Welches sind aber die Tage, in

le« und »Auge« bedeutet und weil die Präposition »über« bei gleichbleibendem Konsonantenbestand durch eine andere Vokalisierung in ein Partizip mit der Bedeutung »übertreffend« umgewandelt werden kann.

78 1. Mose 48,*16*. Auch dieses Wort des sterbenden Jakob gilt den Nachkommen Josephs.

79 Das Zeitwort »fischgleich wachsen«, das gewöhnlich mit »zahlreich werden« übersetzt wird, kommt nur an dieser Stelle in der Bibel vor und ist wohl eine Ableitung des Wortes »Fisch«.

80 Hiob 29,*3*.

81 Von Babylonien aus war Spanien am Ende der Welt.

82 Hiob 29,*2*.

denen es Monde gibt, in denen es aber nicht Jahre gibt? Sage doch: Dies sind die Monde bis zur Geburt. Und sie lehren es[83] die Weisung ganz und gar, denn es heißt:[84] *Da unterwies er mich und sagte zu mir: Dein Herz erfasse meine Worte, wahre meine Gebote, so wirst du leben!* Ferner sagt die Schrift:[85] *Da Gottes Einvernehmen über meinem Zelte war.* Was bedeutet: Ferner sagt die Schrift? Wenn du sagen wolltest: Das hat der Prophet gesagt,[86] so komm und höre: *Als Gottes Einvernehmen über meinem Zelte war* – sobald es nämlich an die Luft der Welt kommt, kommt ein Engel und schlägt es auf seinen Mund und läßt es die Weisung ganz und gar vergessen, denn es heißt:[87] *An der Tür lagert die Verfehlung.* Und es kommt von dort nicht heraus, bis sie es haben schwören lassen, denn es heißt:[88] *Denn mir beugt sich jedes Knie, schwört jede Zunge. Denn mir beugt sich jedes Knie,* das ist der Tag des Todes, denn es heißt:[89] *Vor ihm beugen sich alle, die zum Staube sinken. Schwört jede Zunge,* das ist der Tag der Geburt, denn es heißt:[90] *Der unsträflich an Händen und lauter am Herzen, der zum Nichtigen seine Seele nicht hob und der nicht zum Truge schwur.* Und welcher Art ist dieser Schwur, den sie es schwören lassen? Sei ein Bewährter und sei kein Frevler! Und sagt sogar die gesamte Welt zu dir: Du bist ein Bewährter, so sei wie ein Frevler in deinen Augen! Und wisse, daß der Heilige, gelobt sei er, rein ist und daß seine Diener rein sind; auch die Seele, die er in dich gab, ist rein. Wenn du sie in Reinheit bewahrst, so ist es gut, wenn aber nicht, siehe, so nehme ich sie von dir hinweg. Im Lehrhause Rabbi Jischmaels wurde gelehrt: Das ist gleich einem Priester, der einem Laien Hebe übergibt und zu ihm sagt: Wenn

83 Die Engel belehren das werdende Kind vor der Geburt.

84 Sprüche 4,*4*.

85 Hiob 29,*4*.

86 Der gedachte Einwand besagt, vielleicht gelte dieses göttliche Einvernehmen nur für Hiob, nicht aber für andere Menschen. Darauf wird derselbe Vers nochmals aufgenommen und in einer Weise interpretiert, wie er für alle Menschen gilt.

87 1. Mose 4,*7*. »Tür« ist hier als Ausgang aus dem Mutterleib gedeutet.

88 Jesaja 45,*23*.

89 Psalm 22,*30*.

90 Psalm 24,*4*.

du sie in Reinheit bewahrst, so ist es gut, wenn aber nicht, siehe, so verbrenne ich sie vor dir. Nidda 30 b

Geburtshilfe am Schabbat

Raw Nachman sagte: Rabba, Awahus Sohn, sagte, Raw habe gesagt: Alles, was im Abschnitt »Zurechtweisung«[91] gesagt ist, tut man für eine Wöchnerin am Schabbat, denn es heißt:[92] *Und das war deine Geburt: An dem Tage, da du geboren wurdest, wurde deine Nabelschnur nicht abgeschnitten, mit Wasser wurdest du nicht gewaschen zur Reinigung, mit Salz wurdest du nicht besalzt, in Windeln wurdest du nicht gewindelt. Und das war deine Geburt: An dem Tage, da du geboren wurdest* – hieraus ergibt sich, daß man am Schabbat das Kind entbindet. *Wurde deine Nabelschnur nicht abgeschnitten* – hieraus ergibt sich, daß man am Schabbat den Nabel abbindet. *Mit Wasser wurdest du nicht gewaschen zur Reinigung* – hieraus ergibt sich, daß man das Kind am Schabbat wäscht. *Mit Salz wurdest du nicht besalzt* – hieraus ergibt sich, daß man das Kind am Schabbat besalzt. *In Windeln wurdest du nicht gewindelt* – hieraus ergibt sich, daß man das Kind am Schabbat wickelt.

Schabbat 129 b

Gebete bei Beschneidungen

Unsere Meister lehrten: Der Beschneidende sagt: Der uns durch seine Gebote geheiligt und uns die Beschneidung geboten hat. Der Vater des Knaben sagt: Der uns durch seine Gebote geheiligt und uns geboten hat, ihn in den Bund Abrahams, unseres Vaters, einzuführen. Die Beistände sagen: Wie er zum Bund eingeführt wurde, so soll er zur Weisung, zum Trauhimmel und zu guten Werken eingeführt werden. Und der den Segen betet,

91 Das Kapitel Hesekiel 16 enthält eine scharfe Zurechtweisung durch den Propheten.

92 Hesekiel 16,4. Im Text ist von einem ausgesetzten Kind die Rede, an dem nach seiner Geburt alle Handreichungen vernachlässigt wurden. Gott kommt und wartet des Kindes und wird damit zum Vorbild. »An dem Tag« wird als Betonung verstanden und so ausgelegt, daß also auch am Schabbat diese Hilfen für das Kind erlaubt sind.

sagt: Der den Liebling[93] von Mutterleib an geheiligt, der eine Satzung in sein Fleisch gegraben und seine Sprößlinge mit dem Zeichen des heiligen Bundes versiegelt hat. Deshalb, dem zum Lohn, lebendiger Gott, unser Teil, gebiete, diese Lieblichkeit unseres Fleisches vor der Grube zu bewahren,[94] um Seines Bundes willen, den Er in unser Fleisch gegraben hat. Gelobt seist du, Herr, der den Bund schließt.

Der Proselyten Beschneidende sagt: Gelobt seist du, Herr, unser Gott, König der Welt, der uns durch seine Gebote geheiligt und uns die Beschneidung geboten hat. Und der den Segen betet, sagt: Der uns durch seine Gebote geheiligt und uns geboten hat, die Proselyten zu beschneiden und von ihnen das Blut des Bundes tropfen zu lassen. Wenn nämlich das Blut des Bundes nicht wäre, so würden Himmel und Erde nicht bestehen, denn es heißt:[95] *Wär's nicht um meinen Bund Tag und Nacht, so hätte ich die Satzungen Himmels und der Erde nicht gegraben.* Gelobt seist du, der den Bund schließt.

Der Sklaven Beschneidende sagt: Der uns durch seine Gebote geheiligt und uns die Beschneidung geboten hat. Und der den Segen betet, sagt: Der uns durch seine Gebote geheiligt und uns geboten hat, die Sklaven zu beschneiden und von ihnen das Blut des Bundes tropfen zu lassen. Wenn nämlich das Blut des Bundes nicht wäre, so würden Himmel und Erde nicht bestehen, denn es heißt: *Wär's nicht um meinen Bund Tag und Nacht, so hätte ich die Satzungen Himmels und der Erde nicht gegraben.* Gelobt seist du, der den Bund schließt. Schabbat 137 b

93 »Liebling« wird von Raschi auf Isaak und von den Tosaphisten auf Abraham bezogen.

94 Das kleine Kind möge vor der Hölle bewahrt bleiben; vielleicht auch: es möge nicht an der Beschneidung sterben.

95 Jeremia 33,25.

ELTERN UND KINDER

Die Ehrfurcht

Es wird gelehrt: Rabbi sagt: Offenkundig ist es vor dem, der sprach und die Welt ward, daß ein Sohn seine Mutter mehr ehrt als seinen Vater, weil sie ihm mit Worten gut zuredet. Deshalb hat der Heilige, gelobt sei er, das Ehren des Vaters vor das Ehren der Mutter gestellt.[96] Und offenkundig ist es vor dem, der sprach und die Welt ward, daß ein Sohn sich vor seinem Vater mehr fürchtet als vor seiner Mutter, weil er ihn Weisung lehrt. Deshalb hat der Heilige, gelobt sei er, das Fürchten der Mutter vor das Fürchten des Vaters gestellt.[97]

Kidduschin 30 b/31 a

Gottes Gegenwart

Unsere Meister lehrten: Drei sind an einem Menschen beteiligt: Der Heilige, gelobt sei er, sein Vater und seine Mutter. Zu der Zeit, da ein Mensch seinen Vater und seine Mutter ehrt, spricht der Heilige, gelobt sei er: Ich lasse es ihnen gelten, als ob ich unter ihnen wohnte und sie mich ehrten. Kidduschin 30 b

Ein Mischnalehrer lehrte vor Raw Nachman: Zu der Zeit, da ein Mensch seinen Vater und seine Mutter kränkt, spricht der Heilige, gelobt sei er: Das habe ich gut gemacht, daß ich nicht unter ihnen wohne. Wenn ich nämlich unter ihnen wohnte, so kränkten sie mich. Kidduschin 31 a

Das Beispiel

Raw Jehuda sagte, Schmuel habe gesagt: Sie befragten Rabbi Elieser: Wie weit geht das Ehren von Vater und Mutter? Er sagte zu ihnen: Geht und seht, was einer aus den Völkern[98] in Aschkalon, Dama, Netinas Sohn, war sein Name, für seinen

96 Dazu 2. Mose 20,*12*.
97 Dazu 3. Mose 19,*3*.
98 In zensierten Texten heißt es: »ein Sternenanbeter«.

Vater getan hat. Die Weisen verlangten von ihm Steine für das Schulterkleid bei einem Gewinn von sechzig Myriaden,[99] oder wie Raw Kahana lehrte: von achtzig Myriaden. Da aber der Schlüssel dazu unter dem Kopfkissen seines Vaters lag, störte er ihn nicht.

Im nächsten Jahre gab ihm der Heilige, gelobt sei er, seinen Lohn, da ihm in seiner Herde eine rote Kuh geboren wurde.[100] Als die Weisen Israels zu ihm eintraten, sagte er zu ihnen: Ich weiß über euch: Wenn ich von euch auch alles Geld der Welt verlange, so gebt ihr es mir. Ich verlange von euch aber nur jenes Geld, das ich um der Ehrung meines Vaters willen eingebüßt habe. Kidduschin 31 a

Ein Übermaß an Ehrung

Raw Awira legte aus, manchmal sagte er es im Namen von Rabbi Ammi, und manchmal sagte er es im Namen von Rabbi Assi: Was bedeutet es, daß geschrieben steht:[101] *Gut ist's um den Mann, der gönnend zugetan ist und seine Sache nach dem Recht besorgt*? Immerdar esse und trinke ein Mensch weniger, als er hat, kleide und umhülle sich mit dem, was er hat, und ehre seine Frau und seine Kinder mit mehr, als er hat, denn sie hängen von ihm ab, und er hängt von dem ab, der sprach und die Welt ward. Chullin 84 b

DER NÄCHSTE

Er ist wie du

Ein Wahlspruch war's im Munde der Meister von Jawne: Ich bin ein Geschöpf, und mein Gefährte ist ein Geschöpf. Ich habe

99 Dama besaß solche Steine, die man für das Schultergewand des Hochpriesters brauchte. Die Weisen wollten sie von ihm kaufen, so daß er einen Gewinn von 600 000 Denaren davon gehabt hätte.

100 Eine Kuh, die geeignet war für die Gewinnung der Asche für die Herstellung des Reinigungswassers zur Entsühnung von Menschen, die mit einer Leiche in Berührung gekommen waren (dazu 4. Mose 19), war selten und darum kostbar.

101 Psalm 112,5.

meine Arbeit in der Stadt, und er hat seine Arbeit auf dem Feld; ich mache mich früh auf an meine Arbeit, und er macht sich früh auf an seine Arbeit. Gleich wie er sich nicht überhebt über meine Arbeit, so überhebe auch ich mich nicht über seine Arbeit. Aber vielleicht sagst du: Ich tue viel, aber er tut wenig,[102] so haben wir gelernt: Ob einer mehr tut oder ob einer weniger tut – wenn er nur sein Herz gen Himmel richtet.

Brachot 17 a

Zeichen im Dunkel

Rabbi Jose sagte: Alle meine Tage habe ich mich über diesen Schriftvers gequält:[103] *Am Mittag wirst du tappen, wie der Blinde tappt im Dunkel.* Denn was kümmert es den Blinden, ob Dunkel ist oder Licht? Bis mir dies Geschehnis begegnete: Ich ging einmal in einer stockfinsteren Nacht und sah einen Erblindeten, der des Weges ging mit einer Fackel in der Hand. Ich sagte zu ihm: Mein Sohn, was nützet dir diese Fackel? Er sagte zu mir: Alle Zeit, da eine Fackel in meiner Hand ist, sehen mich Menschen und bewahren mich vor Fallgruben, vor Dornen und vor Disteln.

Megilla 24 b

Die Wohltat des guten Urteils

Unsere Meister lehrten: Wer seinen Gefährten so beurteilt, daß das Günstige überwiegt, den beurteilen sie zu seinen Gunsten.[104] Es geschah, daß ein Mann aus Obergaliläa herabkam und sich bei einem Gutsherrn im Süden für drei Jahre verdingte. Am Vorabend des Versöhnungstages sagte er zu ihm: Gib mir meinen Lohn, damit ich gehe und meine Frau und meine Kinder unterstütze! Er sagte zu ihm: Ich habe kein Geld. Er sagte zu ihm: Gib mir Früchte! Er sagte zu ihm: Ich habe keine. Gib mir Land! Ich habe keines. Gib mir Vieh! Ich habe keines. Gib mir Polster und Kissen! Ich habe keine. Da packte er sein Zeug auf den Rücken und ging mit beklemmter Seele nach Hause.

102 Manche Erklärer meinen, mit dem Gefährten sei hier ein Laie gemeint, der wenig für die Weisung tut, während der Gelehrte viel dafür tut.

103 5. Mose 28,*29*.

104 Im himmlischen Gericht.

Nach dem Fest nahm der Gutsherr den Lohn zur Hand und dazu drei beladene Esel, einen mit Speise, einen mit Getränk und einen mit allerlei Süßigkeiten und ging zu ihm nach Hause. Nachdem sie gegessen und getrunken hatten, gab er ihm seinen Lohn und sagte zu ihm: In der Stunde, da du zu mir sagtest: Gib mir meinen Lohn, und ich sagte: Ich habe kein Geld, wessen hast du mich da verdächtigt? Ich sagte mir: Vielleicht ist dir billige Ware begegnet, und du hast es dazu genommen. Und in der Stunde, da du zu mir sagtest: Gib mir Vieh, und ich sagte: Ich habe kein Vieh, wessen hast du mich da verdächtigt? Ich sagte mir: Vielleicht ist es bei anderen verdingt worden. Und in der Stunde, da du zu mir sagtest: Gib mir Land, und ich zu dir sagte: Ich habe kein Land, wessen hast du mich da verdächtigt? Ich sagte mir: Vielleicht ist es an andere verpachtet. Und in der Stunde, da ich zu dir sagte: Ich habe keine Früchte, wessen hast du mich da verdächtigt? Ich sagte mir: Vielleicht sind sie nicht verzehntet. Und in der Stunde, da ich zu dir sagte: Ich habe keine Polster und Kissen, wessen hast du mich da verdächtigt? Ich sagte mir: Vielleicht hat er all seinen Besitz dem Himmel geheiligt. Da sagte er zu ihm: Beim Kult! So war es. Ich hatte all meinen Besitz geweiht, um meines Sohnes Hyrkan willen, der sich nicht mit der Weisung befaßte. Als ich aber zu meinen Gefährten im Süden kam, lösten sie mir alle meine Gelübde. Du aber: wie du mich zu meinen Gunsten beurteilt hast, so möge der Allgegenwärtige dich zu deinen Gunsten beurteilen.

Schabbat 127 b

Wer beschämt, der mordet

Ein Mischnalehrer lehrte vor Raw Nachman, Jizchaks Sohn: Jeder, der das Gesicht seines Gefährten vor den Vielen erbleichen läßt, ist, als ob er Blut vergieße. Er sagte zu ihm: Vortrefflich hast du das gesagt, ich habe es nämlich gesehen,[105] wie die Röte geht und die Blässe kommt. Bawa mezia 58 b

105 Bei einem Beschämten ist wie bei einem Sterbenden zu bemerken, wie die Farbe weicht und er bleich wird.

Lieber sterben als beschämen

Und Raw Sutra, Towijas Sohn, sagte, Raw habe gesagt, und andere sagen: Raw Chana, Bisnas Sohn, sagte, Rabbi Schimon, der Fromme, habe gesagt, wieder andere sagen: Rabbi Jochanan sagte im Namen Rabbi Schimons, Jochais Sohn: Es ist einem Menschen dienlicher, sich selbst in einen feurigen Brennofen fallen zu lassen, als das Gesicht seines Gefährten vor den Vielen erbleichen zu lassen. Woher haben wir das? Von Thamar; denn es steht geschrieben:[106] *Wie sie hinausgeführt wurde, da schickte sie zu ihrem Schwiegervater.* Bawa mezia 59 a

Das Verbot, zu kränken

Unsere Meister lehrten:[107] *Drangsalieret einer seinen Genossen nicht!* – von einer Drangsalierung durch Worte redet die Schrift. Du sagst: Von einer Drangsalierung durch Worte? Oder doch nicht, sondern von einer Drangsalierung durch Geld? Wenn die Schrift aber sagt:[108] *Wenn ihr verkauft – ein Verkaufsgut an deinen Genossen oder beim Kauf aus der Hand deines Genossen,* siehe, so ist von der Drangsalierung durch Geld gesagt. Worauf beziehe ich dann: *Drangsalieret einer seinen Genossen nicht*? Auf die Drangsalierung durch Worte. Bawa mezia 58 b

Eine Kränkung ist schwerwiegender

Rabbi Jochanan sagte im Namen Rabbi Schimons, Jochais Sohn: Ein größeres Unrecht als die Drangsalierung durch Geld ist die Drangsalierung durch Worte; denn bei dieser heißt es:[109] *Fürchte dich vor deinem Gott!* und bei jener heißt es nicht:

106 1. Mose 38,*25*. Thamar ließ sich lieber zum Verbrennen hinausführen, als daß sie ihren Schwiegervater öffentlich beschämt hätte. Vielmehr überließ sie es ihm selber, sich zu seiner Schuld zu bekennen.

107 3. Mose 25,*17*.

108 3. Mose 25,*14*. Der Vers geht fast wie Vers *17* weiter. Bei Vers *14* geht aus dem Zusammenhang hervor, daß es sich um ein Verbot des Betruges handelt. Wenn dann in Vers *17* fast derselbe Wortlaut wiederkehrt, muß nach der Meinung der Meister etwas anderes gemeint sein; deshalb können sie Vers *17* auf die Kränkung beziehen.

109 3. Mose 25,*17*. Allein bei der Kränkung steht dieser Zusatz.

Fürchte dich vor deinem Gott! Und Rabbi Elasar sagt: Diese betrifft seine Person, und jene betrifft sein Geld. Rabbi Schmuel, Nachmanis Sohn, sagte: Für jene kann eine Ersatzleistung gegeben werden, und für diese kann keine Ersatzleistung gegeben werden. Bawa mezia 58 b

Gott sieht das Herz an

Wenn Eseltreiber von einem Futter verlangen, so soll er nicht zu ihnen sagen: Geht zu dem Soundso, denn er verkauft Futter! – während er von jenem weiß, daß er niemals Futter verkauft hat. Rabbi Jehuda sagt: Auch soll keiner die Augen auf einen Kauf richten zu einer Stunde, da er das Geld nicht hat. Denn siehe, diese Sache ist dem Herzen anvertraut. Und von jeder Sache, die dem Herzen anvertraut ist, heißt es:[110] *Fürchte dich vor deinem Gott!* Bawa mezia 58 b

Ablehnung einer kausalen Ableitung

Wenn Züchtigungen über einen kommen, wenn Krankheiten über einen kommen oder einer seine Söhne begräbt, soll man zu ihm nicht dergleichen sagen, wie zu Hiob seine Gefährten sagten:[111] *Ist deine Ehrfurcht nicht deine Zuversicht und deine Hoffnung die Rechtschaffenheit deiner Wege? Bedenke doch: Wer ist je schuldlos verdorben?* Bawa mezia 58 b

Kein Gebet um Rache

Und Rabbi Jizchak sagte: Drei Dinge bringen die Verschuldungen eines Menschen in Erinnerung.[112] Diese sind's: Eine geneigte Mauer,[113] ein berechnendes Gebet[114] und einer, der das Gericht

110 3. Mose 25,*17*.

111 Hiob 4,*6 f.*

112 Bei diesen drei Gelegenheiten erinnert sich das himmlische Gericht der Verfehlungen eines Menschen.

113 Wer an einer baufälligen Mauer vorbeigeht, versucht Gott.

114 Darunter verstehen die Ausleger die Berechnung der Wirkung eines Gebetes oder das Erwarten unbedingter Erfüllung.

über seinen Gefährten bringt.[115] Rabbi Awin sagte nämlich: Jeder, der über seinen Gefährten das Gericht bringt, wird zuerst bestraft, denn es heißt:[116] *Sarai sagte zu Abram: Meine Kränkung komme über dich!* Ferner steht geschrieben:[117] *Da kam Abraham hin, um Totenklage über Sara zu halten und sie zu beweinen.* Rosch Haschana 16 b

Bittet für eure Feinde

Einige sittenlose Gesellen waren in der Nachbarschaft Rabbi Meïrs, die ihn sehr ärgerten. Rabbi Meïr betete wider sie, damit sie sterben sollten. Brurja, seine Frau, sagte zu ihm: Wie kommst du auf den Gedanken? Etwa weil geschrieben stehe:[118] *Es mögen die Sünder verschwinden*? Steht denn geschrieben: *Sünder*? – *Sünden* steht geschrieben! Außerdem, verfolge doch den Vers bis zu Ende: *Dann wird der Frevler keiner mehr sein.* Sobald *die Sünden verschwinden – dann wird der Frevler keiner mehr sein.* Bete lieber für sie, damit sie in Reue umkehren, *dann wird der Frevler keiner mehr sein.* Da betete er für sie, und sie kehrten in Reue um. Brachot 10 a

Versöhne dich zuerst mit deinem Bruder

Komm und höre! Valeria, die Proselytin, fragte Rabban Gamliel: In eurer Weisung steht geschrieben:[119] *Der das Angesicht nicht erhebt.* Ferner steht geschrieben:[120] *Der Herr erhebt sein Angesicht dir zu.* Da trat Rabbi Jose, der Priester, hinzu und sagte zu ihr: Ich will dir ein Gleichnis erzählen. Womit ist dies zu vergleichen? Mit einem Menschen, der seinem Gefährten eine Mine lieh,[121] und er setzte ihm im Angesicht des Königs eine

115 Wenn einer gegen seinen Widersacher Gottes Strafe herabfleht.
116 1. Mose 16,*5*.
117 1. Mose 23,*2*. Zur Strafe mußte Sara zuerst sterben.
118 Psalm 104,*35*. Der unveränderte Konsonantentext kann mit einer ganz geringfügigen Veränderung der Vokale statt »Sünder« »Sünden« gelesen werden.
119 5. Mose 10,*17*.
120 4. Mose 6,*26*.
121 Eine Mine sind 100 Sus.

Frist, und dieser beschwor es ihm beim Leben des Königs. Als die Frist verstrichen war, bezahlte er ihn aber nicht und ging, den König um Nachsicht zu bitten. Und der sagte zu ihm: Meine Demütigung sei dir verziehen. Geh und bitte deinen Gefährten um Nachsicht! So ist es auch hier: Das eine bezieht sich auf Übertretungen zwischen einem Menschen und dem Allgegenwärtigen, das andere bezieht sich auf Übertretungen zwischen einem Menschen und seinem Gefährten.[122]

Rosch Haschana 17 b

Fundament der Weigerung

Es kam nämlich einer vor Rawa und sagte zu ihm: Der Befehlshaber meines Wohnorts hat zu mir gesagt: Geh und töte den Soundso! Wenn aber nicht, so töte ich dich. Rawa sagte zu ihm: Sie mögen dich töten, du aber töte nicht! Wie kommst du zu der Ansicht, daß dein Blut röter sei? Vielleicht ist jenes Mannes Blut röter. Pesachim 25 b

WOHLTÄTIGKEIT

Er hilft in großer Not

Unsere Meister lehrten: Es widerfuhr einem, daß seine Frau starb und ihm einen Knaben hinterließ, der gestillt werden sollte. Er hatte aber nicht genug, um einer Stillamme Lohn zu geben. Da widerfuhr ihm ein Wunder, und ihm wurden Brüste aufgetan wie die zwei Brüste einer Frau, und er stillte seinen Knaben.

Raw Joseph sagte: Komm und sieh, wie groß dieser Mensch ist, daß ihm ein Wunder wie dieses widerfuhr. Abbaje sagte zu

122 Bei Übertretungen gegen ihn selbst erhebt Gott sein Angesicht dem um Verzeihung Bittenden zu und vergibt ihm; bei Verfehlungen zwischen Menschen verzeiht Gott aber erst, wenn sich die Menschen zuvor untereinander ausgesöhnt haben. Diese Deutung wurde durch eine wortwörtliche Übersetzung von 5. Mose 10,*17* ermöglicht.

ihm: Im Gegenteil, wie gering ist dieser Mensch, daß sich für ihn die Ordnungen der Schöpfung verändert haben. Raw Jehuda sagte: Komm und sieh, wie schwierig die Nahrungsbeschaffung eines Menschen ist, daß sich um seinetwillen die Ordnungen der Schöpfung verändert haben. Raw Nachman sagte: Du weißt ja, daß sich Wunder ereignen, aber Nahrung wird so nicht erschaffen. Schabbat 53 b

Hilfe dem bedrängten Sohn

Es wird gelehrt: Rabbi Meïr sagt: Sollte ein Gegner den Einwand machen und zu dir sagen: Wenn euer Gott die Armen liebt, warum versorgt er sie nicht? so sage zu ihm: Damit wir durch sie vom Gericht der Hölle errettet werden.

Diese Frage stellte auch der frevlerische Turnus Rufus[123] an Rabbi Akiwa: Wenn euer Gott die Armen liebt, warum versorgt er sie nicht? Er sagte zu ihm: Damit wir durch sie vom Gericht der Hölle errettet werden. Er sagte zu ihm: Im Gegenteil, ebendies verdammt euch zur Hölle. Ich will dir ein Gleichnis erzählen. Womit ist dies zu vergleichen? Dies gleicht einem König von Fleisch und Blut, der über seinen Diener zürnte und ihn ins Gefängnis sperrte und seinetwegen befahl, ihn nicht zu speisen und ihn nicht zu tränken. Aber ein Mensch ging hin, speiste ihn und tränkte ihn. Wenn es der König hört, sollte er da nicht über jenen zürnen? Auch ihr werdet Diener genannt, denn es heißt:[124] *Denn mir sind die Söhne Israels Diener.* Rabbi Akiwa sagte zu ihm: Ich will dir ein Gleichnis erzählen. Womit ist dies zu vergleichen? Dies gleicht einem König von Fleisch und Blut, der über seinen Sohn zürnte und ihn ins Gefängnis sperrte und seinetwegen befahl, ihn nicht zu speisen und ihn nicht zu tränken. Aber ein Mensch ging hin, speiste ihn und tränkte ihn. Wenn es der König hört, sollte er da nicht jenem ein Präsent senden? Auch wir werden Söhne genannt, denn es

123 Tineius Rufus, Statthalter von Judäa und Befehlshaber der X. römischen Legion im Bar-Kochba-Aufstand, war wegen seiner Gewalttaten berüchtigt. Sein Name wurde polemisch umgeformt, so daß er Turnus, »Tyrann«, bedeutete.

124 3. Mose 25,55.

steht geschrieben:[125] *Söhne seid ihr dem Herrn, eurem Gott.* Er sagte zu ihm: Ihr werdet Söhne genannt und werdet Diener genannt. Zu der Zeit, da ihr den Willen des Allgegenwärtigen tut, werdet ihr Söhne genannt, und zu der Zeit, da ihr den Willen des Allgegenwärtigen nicht tut, werdet ihr Diener genannt. Jetzt aber tut ihr den Willen des Allgegenwärtigen nicht.[126] Er sagte zu ihm: Siehe, die Schrift sagt:[127] *Ist's nicht dies: Dem Hungrigen dein Brot brechen, da du umherschweifende Arme ins Haus bringst.* Wann ist es, daß *du umherschweifende Arme ins Haus bringst?* Jetzt! Und zugleich sagt die Schrift: *Ist's nicht dies: Dem Hungrigen dein Brot brechen.*[128] Bawa batra 10 a

Kreis der Erbarmungen

Es wird gelehrt: Rabbi Gamliel, der Hochgelehrte,[129] sagt:[130] *Er gibt dir Erbarmenskräfte und erbarmt sich dein.* Über jeden, der sich über Mitgeschöpfe erbarmt, erbarmen sie sich vom Himmel her, und über jeden, der sich über Mitgeschöpfe nicht erbarmt, erbarmen sie sich auch vom Himmel her nicht. Schabbat 151 b

Wohltätige werden Gott schauen

Rabbi Dostai, Rabbi Jannais Sohn, legte aus: Komm und sieh, daß die Art des Heiligen, gelobt sei er, nicht der Art von Fleisch und Blut gleicht. Wie ist die Art von Fleisch und Blut? Bringt ein Mensch dem König ein großes Präsent, so ist es zweifelhaft,

125 5. Mose 14,*1*.

126 Aus der notvollen Situation, in der sich Israel befand, schloß Rufus, daß Gott sein Volk wegen Ungehorsams verworfen habe.

127 Jesaja 58,7. Nach der Tradition beziehen sich die Worte »umherstreifende Arme« auf die römischen Steuereinnehmer.

128 Rabbi Akiwa schließt umgekehrt gerade aus der notvollen Situation auf eine Erwählung Israels. Er sieht darin, daß Rufus durch seine Steuereinnehmer das Land ausrauben läßt, die Erfüllung der zweiten Hälfte des Bibelverses. Das Gottesgebot, den Bedrängten zu helfen, gilt aber in der notvollen Gegenwart erst recht. Indem Israel es erfüllt, erweist es sich als geliebter Sohn; dann ist Israel zugleich der Mensch, der hilft und dafür von der Hölle errettet wird.

129 Ehrentitel mancher Gelehrter, von unsicherer Bedeutung.

130 5. Mose 13,*18*.

ob sie es von ihm annehmen oder ob sie es von ihm nicht annehmen. Und selbst wenn du sagen kannst, daß sie es von ihm annehmen, so ist es zweifelhaft, ob er das Angesicht des Königs schaut oder ob er das Angesicht des Königs nicht schaut. Aber der Heilige, gelobt sei er, ist nicht so: Gibt ein Mensch einem Armen eine Pruta,[131] so wird er gewürdigt, das Angesicht der Einwohnung zu empfangen, denn es heißt:[132] *Ich aber, durch Wohltätigkeit werde ich dein Angesicht schauen, mich satt sehen beim Erwachen an deiner Gestalt.* Bawa Batra 10 a

Die Vertauschung

Rabbi Jochanan sagte: Was bedeutet es, daß geschrieben steht:[133] *Dem Herrn leiht dar, wer sich des Schwachen erbarmt?* Wenn es nicht ein geschriebener Vers wäre – es wäre unmöglich, so zu sagen: Gleichsam *ist Knecht der Entleiher dem darleihenden Mann.*[134] Bawa batra 10 a

Wie Götzendiener

Und es lehrte Rabbi Chija, Raws Sohn, aus Diphti:[135] Rabbi Jehoschua, Korchas Sohn, sagt: Jeder, der seine Augen von der Wohltätigkeit abwendet, ist, als ob er Götzen diene. Hier steht geschrieben:[136] *Hüte dich, daß in deinem Herzen kein nichtswürdiger Gedanke sei!* ... Und dort steht geschrieben:[137] *Es sind Männer herausgekommen, nichtswürdige Leute.*[138] Wie es dabei Götzendienst ist, so ist es auch hier Götzendienst.

Ketubbot 68 a

131 Pruta, eine kleine Kupfermünze, ist etwa der zweihundertste Teil eines Denar.

132 Psalm 17,*15*. Das gewöhnlich »in Gerechtigkeit« übersetzte Wort wird hier als »durch Wohltätigkeit« gedeutet, da es dieselbe Grundform hat.

133 Sprüche 19,*17*.

134 Sprüche 22,*7*.

135 Diphti ist eine Stadt in Babylonien.

136 5. Mose 15,*9*.

137 5. Mose 13,*14*.

138 In 5. Mose 13,*14* ist in der Tat von dem Fall die Rede, daß Nichtswürdige kommen und die Bewohner ihrer Stadt zum Götzendienst verleiten.

Von rechtem Wohltun

Im Lehrhause Raw Anans wurde gelehrt: Was bedeutet es, daß geschrieben steht:[139] *Die Wölbungen deiner Hüften*? Warum werden die Worte der Weisung mit einer Hüfte verglichen? Um dir zu sagen: Wie eine Hüfte verborgen ist, so sollen auch die Worte der Weisung verborgen sein. Das ist es auch, was Rabbi Elasar sagte: Was bedeutet es, daß geschrieben steht:[140] *Er hat dir verkündet, Mensch, was gut ist und was der Herr von dir fordert: Nichts als Recht tun und gerne Liebe erweisen und unauffällig gehen mit deinem Gott*? *Recht tun* – das ist die Rechtspflege; *gerne Liebe erweisen* – das sind Taten der Liebe; *unauffällig gehen mit deinem Gott* – das ist einen Toten hinausbringen und eine Braut zum Trauhimmel führen. Sind das nicht Worte, die von Leichterem auf Schwereres schließen lassen? Wenn schon von Dingen, deren Weise es ist, sie in der Öffentlichkeit zu tun, die Weisung sagt: *unauffällig gehen*, um wieviel mehr gilt das von Dingen, deren Weise es ist, sie in der Verborgenheit zu tun.[141]

Rabbi Elasar sagte: Groß ist einer, der Wohltätigkeit erweist – mehr ist's als alle Opfer, denn es heißt:[142] *Wohltätigkeit erweisen und Recht gefällt dem Herrn besser als Schlachtopfer.*

Ferner sagte Rabbi Elasar: Groß sind die Taten der Liebe – sie sind mehr als Wohltätigkeit, denn es heißt:[143] *Ihr säet euch zur Wohltätigkeit, und ihr erntet nach dem Maß eurer Liebe.* Wenn ein Mensch sät, so ist es zweifelhaft, ob er davon essen wird oder ob er nicht davon essen wird. Wenn aber ein Mensch erntet, so wird er gewiß davon essen.

Ferner sagte Rabbi Elasar: Wohltätigkeit wird nur nach dem Maß der Liebe vergolten, das darin enthalten ist, denn es heißt:

Weil auch in 5. Mose 15,*9* im Zusammenhang mit der Armenfürsorge dasselbe Wort »nichtswürdig« vorkommt, so wird exegetisch erschlossen, daß die Verweigerung von Almosen dem Götzendienst gleichkomme.

139 Hoheslied 7,*2*. In der traditionellen Auslegung ist unter der Geliebten im Hohenlied die Weisung zu verstehen.

140 Micha 6,*8*.

141 Wohltätigkeit soll nämlich im Verborgenen getan werden. Dazu auch Matthäus 6, *1–4*.

142 Sprüche 21,*3*.

143 Hosea 10,*12*.

Ihr säet euch zur Wohltätigkeit, und ihr erntet nach dem Maß eurer Liebe.

Unsere Meister lehrten: Durch drei Dinge sind die Taten der Liebe größer als die Wohltätigkeit: Wohltätigkeit geschieht durch Geld, Taten der Liebe geschehen sowohl durch die ganze Person als auch durch Geld; Wohltätigkeit gilt den Armen, Taten der Liebe gelten sowohl den Armen als auch den Reichen; Wohltätigkeit gilt den Lebenden, Taten der Liebe gelten sowohl den Lebenden als auch den Toten.

Ferner sagte Rabbi Elasar: Jeder, der Wohltätigkeit erweist und Recht, ist, als ob er die gesamte Welt mit Liebe erfülle, denn es heißt:[144] *Er liebt Wohltätigkeit und Recht; von der Liebe des Herrn ist die Erde erfüllt.* Vielleicht sagst du: Jeder, der kommt, um zu springen, der springt;[145] so besagt doch die Schrift:[146] *Wie teuer ist deine Liebe, Gott* ... Es könnte einer meinen, dies gelte auch von einem, der den Himmel fürchtet; so besagt doch die Schrift:[147] *Aber die Liebe des Herrn ist auf ewig und immerdar über denen, die ihn fürchten.*

Sukka 49 b

Der Freitisch

Rabbi Jose begann und legte zu Ehren der Gastfreundschaft aus:[148] *Verabscheue einen Edomiter nicht, denn dein Bruder ist er; und verabscheue einen Ägypter nicht, denn ein Fremdling warst du in seinem Lande!* Sind das nicht Worte, die von Leichterem auf Schwereres schließen lassen? Wenn schon die Ägypter Israel aufnahmen – obschon zu ihrem eigenen Nutzen, wie es *heißt:*[149] *Und weißt du, daß unter ihnen tüchtige Männer sind, so setze sie zu Herdenaufsehern über das, was mein ist!* – um wieviel mehr soll einer einen Gelehrten gastlich in seinem Haus aufnehmen, ihn speisen und ihn tränken und ihn von seinen Gütern genießen lassen.

Brachot 63 b

144 Psalm 33,*5*.
145 Dieser sogleich abgewehrte Gedanke besagt, daß jeder, der Liebestaten tun möchte, diese auch in einer rechten Weise zu tun vermöge.
146 Psalm 36,*8*.
147 Psalm 103,*17*.
148 5. Mose 23,*8*.
149 1. Mose 47,*6*.

Vorrang der Gäste

Rabbi Jochanan sagte: Die Gastfreiheit ist so groß wie der zeitige Gang zum Lehrhaus, denn er lehrt ja:[150] Wegen der Gäste und wegen der Behinderung im Lehrhaus. Raw Dimi aus Nehardea[151] sagte: Sie ist größer als der zeitige Gang zum Lehrhaus, denn er lehrt ja: Wegen der Gäste – und hernach: und wegen der Behinderung im Lehrhaus. Raw Jehuda sagte, Raw habe gesagt: Größer ist die Gastfreiheit als der Empfang des Angesichts der Einwohnung, denn es steht geschrieben:[152] *Er sagte: Mein Herr, wenn ich doch Gnade gefunden habe vor deinen Augen, gehe doch nicht vorüber! ...* Schabbat 127 a

Von der Not der Abhängigen

Und Raw Natan, Abbas Sohn, sagte, Raw habe gesagt: Für jeden, der nach dem Tisch anderer Ausschau hält, ist die Welt finster, denn es heißt:[153] *Er schweift umher nach Brot – wo? er weiß, daß ihm ein finsterer Tag bereitet ist.* Raw Chisda sagte: Auch ist sein Leben kein Leben.

Unsere Meister lehrten: Das Leben von Dreien ist kein Leben; und diese sind's: Einer, der nach dem Tisch seines Gefährten Ausschau hält, einer, dessen Frau über ihn herrscht, und einer, über dessen Leib Leiden herrschen. Und es gibt solche, die sagen: Auch einer, der nur ein einziges Hemd hat. Aber der erste Mischnalehrer?[154] Es ist ja möglich, daß er es durchmustert.

Jom tow 32 b

150 Es folgt nun ein Zitat aus der vorangegangenen Mischna, in der gelehrt wird, welche Dinge am Schabbat zur Seite geräumt werden, um für Gäste Platz zu schaffen, oder für Gelehrte, die anders im Lehrhaus keinen Platz mehr finden und darum weggehen würden.

151 Eine Stadt in Babylonien mit einem berühmten Lehrhaus.

152 1. Mose 18,*3*. Im Bibeltext ist »Mein Herr« so vokalisiert, daß es die Anrede an Gott bedeutet, und dies erweckte bei den Auslegern die Vorstellung, außer den drei Wandergästen sei noch Gott gegenwärtig gewesen und Abraham habe ihn gebeten, doch zu warten, bis er die Gäste bewirtet habe.

153 Hiob 15,*23*.

154 Warum hat der erste Mischnalehrer einen, der nur ein einziges Hemd besitzt, nicht mit einbezogen? Weil er meinte, es sei möglich, ein Hemd von Ungeziefer rein zu halten, so daß durch den Besitz von nur einem einzigen Gewand sein Leben noch nicht zu einer Qual werden muß.

Die Achtung vor den Armen

Unsere Meister lehrten: Zuerst führten die Reichen in silbernem und goldenem Flechtwerk, die Armen in Körben aus geschälten Weidenruten Speisen ins Trauerhaus; und die Armen fühlten sich beschämt. Da ordnete man an, daß jeder sie in Körben aus geschälten Weidenruten bringe, wegen der Ehrung der Armen.

Unsere Meister lehrten: Zuerst reichten die Reichen Getränke im Trauerhaus in hellem Glas, die Armen in farbigem Glas; und die Armen fühlten sich beschämt. Da ordnete man an, daß jeder die Getränke in farbigem Glas reiche, wegen der Ehrung der Armen. Zuerst ließen sie die Gesichter der Reichen entblößt, und sie bedeckten die Gesichter der Armen,[155] weil ihre Gesichter vor Hunger geschwärzt waren; und die Armen fühlten sich beschämt. Da ordnete man an, daß sie die Gesichter aller bedecken sollen, wegen der Ehrung der Armen. Zuerst ließen sie die Reichen auf einem Prunkbett hinausbringen und die Armen auf einer Bahre; und die Armen fühlten sich beschämt. Da ordnete man an, daß sie alle auf einer Bahre hinausbringen sollen, wegen der Ehrung der Armen. Moed katan 27 a/27 b

Rücksicht auf Frauen

Wenn ein Waisenknabe und ein Waisenmädchen kommen, um sich versorgen zu lassen, so versorge man das Waisenmädchen, und dann versorge man den Waisenknaben,[156] weil es einem Mann eher ansteht, von Tür zu Tür zu gehen, aber einer Frau steht es nicht an, so herumzugehen.

Wenn ein Waisenknabe und ein Waisenmädchen kommen, um sich verheiraten zu lassen,[157] so verheirate man das Waisenmädchen, und dann verheirate man den Waisenknaben, weil die Schande einer Frau größer ist[158] als die eines Mannes.

Ketubbot 67a/67b

155 Den Toten, die auf offener Bahre hinausgetragen wurden, bedeckte man später auch das Gesicht.

156 Wenn der Armenfonds nicht für die Versorgung von beiden ausreicht, so kann man dem Burschen eher zumuten, daß er betteln geht, als dem Mädchen.

157 Es handelt sich um die Beschaffung einer Aussteuer.

158 Wenn sie wegen mangelnder Mitgift ausgeschlagen werden sollte.

Einen fröhlichen Geber hat Gott lieb

Elasar war ein Mann aus Birat.[159] Wenn den die Spendensammler sahen, verbargen sie sich vor ihm; denn alles, was er bei sich hatte, gab er ihnen. Eines Tages ging er zum Markt hinauf, um für seine Tochter die Aussteuer zu kaufen. Als die Spendensammler ihn sahen, verbargen sie sich vor ihm. Aber er ging eilends hinter ihnen her und sagte zu ihnen: Ich beschwöre euch: womit befaßt ihr euch? Sie sagten zu ihm: Mit einem Waisenknaben und einem Waisenmädchen.[160] Er sagte zu ihnen: Beim Kult, diese gehen meiner Tochter vor! Da nahm er alles, was er mit sich hatte, und gab es ihnen. Ein einziger Sus[161] verblieb ihm; davon kaufte er Weizen, brachte ihn hinauf und warf ihn auf den Speicher. Als seine Frau kam, sagte sie zu ihrer Tochter: Was hat dir dein Vater mitgebracht? Sie sagte zu ihr: Alles, was er mitgebracht hat, das hat er auf den Speicher geworfen. Sie ging, das Speichertor zu öffnen, und sah den Speicher so voll Weizen, daß er sogar durch die Türangel quoll und das Tor vor Weizen nicht zu öffnen war. Die Tochter ging ins Lehrhaus und sagte zu ihm: Komm und siehe, was dir getan hat, der dich liebt! Er sagte zu ihr: Beim Kult, siehe, dies soll für dich als Geheiligtes gelten![162] Und es gehöre dir davon nur soviel, wie irgendeinem von den Armen Israels. Taanit 24 a

Die Grenze des Gebens

Rabbi Ila sagte: In Uscha ordnete man an:[163] Wer verteilt, verteile nicht mehr als ein Fünftel.[164] So wird auch gelehrt: Wer verteilt, verteile nicht mehr als ein Fünftel, er könnte sonst

159 Birat wird von manchen mit Beirut identifiziert.

160 Ein Waisenpaar sollte für die Hochzeit ausgestattet werden.

161 Sus ist eine jüdische Silbermünze.

162 Elasar wollte nicht, daß seine Tochter von einem Wunder Vorteile haben sollte.

163 In Uscha in Galiläa fanden während der Kriegswirren des Bar-Kochba-Aufstandes und während der hadrianischen Religionsverfolgung wichtige Synoden statt, auf denen weitreichende Beschlüsse gefaßt wurden.

164 Wer verschwenderisch Gaben an die Armen verteilt, soll doch nicht mehr als ein Fünftel erstmals von seinem Vermögen, später von seinem Einkommen spenden.

selbst einmal die Mitgeschöpfe nötig haben. Nun geschah es, daß einer mehr als ein Fünftel zu verteilen wünschte; da ließ es ihm sein Gefährte nicht zu. Und wer war es?[165] Rabbi Jeschewaw. Andere sagen: – Rabbi Jeschewaw; da ließ es ihm sein Gefährte nicht zu. Und wer war das? Rabbi Akiwa. Raw Nachman, es wird auch gesagt, Raw Acha, Jaakows Sohn, sagte: Was ist der Schriftbeweis dafür?[166] *Und alles, was du mir geben wirst – verzehnten will ich's, es verzehnten dir.* Der zweite Zehnte ist aber doch nicht gleich dem ersten Zehnten.[167] Raw Aschi sagte: *es verzehnten*[168] – der zweite ist wie der erste.

Ketubbot 50 a

Im Tod fällt die Grenze

In der Nachbarschaft Mar Ukwas wohnte ein Armer, dem er gewohnt war, an jedem Vorabend des Versöhnungstages vierhundert Sus[169] zu schicken. Eines Tages schickte er sie durch seinen Sohn. Dieser kam zurück und sagte zu ihm: Er hat's nicht nötig. Er sagte: Was hast du gesehen? Ich sah, wie sie alten Wein vor ihn sprengten.[170] Er sagte: Ist er so sehr verwöhnt? Da verdoppelte er es und schickte es ihm.[171]

Als seine Seele zur Ruhe einkehren wollte, sagte er: Bringt mir meine Abrechnungen über die Wohltätigkeit! Er fand, daß

165 Hier und nachher bezieht sich diese Frage auf den Freund, der abmahnt.

166 1. Mose 28,22. Im Bibeltext steht die Verbform zur Verstärkung der Aussage doppelt. Daraus wird geschlossen, daß zwei Zehntel, also ein Fünftel, zu geben sei.

167 Nachdem der erste Zehnte weggegeben ist, ergibt der zweite Zehnte, der vom Rest genommen wird, nur noch neun Prozent des ursprünglichen Betrages.

168 Nach Raw Aschi weist das eigentlich überflüssig erscheinende »es« auf »alles« zurück und beweist damit, daß auch der zweite Zehnte vom ursprünglichen Besitz genommen wird.

169 Eine Silbermünze.

170 Damit sich ein guter Duft ausbreite. Der Sohn wunderte sich darüber, daß der Arme so gut lebe und offensichtlich keiner Unterstützung bedürfe.

171 Im Gegensatz zu seinem Sohn sah Mar Ukwa eine um so größere Notwendigkeit zur Unterstützung eines von früher her so verwöhnten Armen und gab ihm daher die doppelte Summe.

siebentausend siankische Denare[172] darin geschrieben standen. Er sagte: Meine Wegzehrung ist gering, und die Reise ist weit. Er richtete sich auf und verteilte die Hälfte seines Geldes. Wie konnte er solches tun? Rabbi Ila sagte doch: In Uscha ordnete man an: Wer verteilt, verteile nicht mehr als ein Fünftel. Diese Worte gelten zu Lebzeiten; er könnte sonst um sein Vermögen kommen. Aber nach dem Tod ist nichts dabei.

Ketubbot 67 b

Jedem das Seine

Unsere Meister lehrten:[173] *Genug seinem Mangel* ist dir geboten, ihn zu versorgen; doch ist dir nicht geboten, ihn zu bereichern. *Woran's ihm eben mangelt*[174] – sogar ein Pferd, um auf ihm zu reiten, und einen Diener, um vor ihm zu laufen. Sie sagten über Hillel, den Älteren, er habe für einen Armen, der aus guten Verhältnissen stammte, ein Pferd genommen, damit dieser auf ihm reite, und einen Diener, damit er vor ihm laufe. Als er einmal keinen Diener fand, damit dieser vor ihm laufe, da lief er selber vor ihm, drei Meilen weit. Ketubbot 67 b

Seid schnell beim Geben

Sie sagten über Nachum, den »Auch dies«-Mann, daß er erblindet auf beiden Augen, verstümmelt an beiden Händen, amputiert an beiden Beinen und an seinem ganzen Leib voll Ausschlag war. Er lag in einem schadhaften Haus, und die Füße seines Bettes standen in Wasserschalen, damit keine Ameisen zu ihm heraufkommen sollten. Einmal wünschten seine Schüler, sein Bett fortzuräumen und hernach die Hausgeräte fortzuräumen. Er sagte zu ihnen: Meine Söhne, räumt die Hausgeräte fort, und hernach räumt mein Bett fort. Ihr könnt nämlich versichert sein: Die ganze Zeit, da ich im Hause bin, fällt das Haus

172 Golddenare mit dem 24fachen Wert eines Silberdenars oder Sus. Sian ist eine Stadt in Persien.

173 5. Mose 15,*8c*.

174 5. Mose 15,*8d*. Die Armenunterstützung muß dem früheren Lebensstandard des Bedürftigen Rechnung tragen.

nicht ein. Sie räumten die Hausgeräte fort, und hernach räumten sie sein Bett fort. Da stürzte das Haus ein.

Seine Schüler sagten zu ihm: Meister, da du doch vollkommen bewährt bist,[175] warum ist solches über dich gekommen? Er sagte zu ihnen: Meine Söhne, ich habe mir das selbst verursacht. Ich ging nämlich einmal meines Weges zum Hause meines Schwiegervaters. Ich hatte drei beladene Esel bei mir, einen mit Speise, einen mit Getränk und einen mit allerlei Süßigkeiten. Da kam ein Armer, stellte sich mir in den Weg und sagte zu mir: Meister, versorge mich! Ich sagte zu ihm: Warte, bis ich's vom Esel ablade! Ich hatte nicht genug Zeit, um vom Esel abzuladen, ehe ihm der Odem ausging. Ich ging hin, warf mich auf sein Gesicht und sagte: Meine Augen, die sich über deine Augen nicht erbarmt haben, sollen erblinden; meine Hände, die sich über deine Hände nicht erbarmt haben, sollen verstümmelt, meine Beine, die sich über deine Beine nicht erbarmt haben, sollen amputiert werden! Aber mein Sinn beruhigte sich nicht, bis ich sagte: Mein ganzer Leib werde voll Ausschlag! Sie sagten zu ihm: Wehe uns, daß wir dich so gesehen haben! Er sagte zu ihnen: Wehe mir, wenn ihr mich nicht so gesehen hättet!

Wie kam es, daß sie ihn Nachum, den »Auch dies«-Mann nannten? Weil er zu allem, was ihm begegnete, sagte: Auch dies ist zum Guten. Taanit 21 a

Immanente Vergeltung

Unsere Meister lehrten: Wer vorgibt, ein blindes Auge, einen geschwollenen Bauch oder einen verkrüppelten Schenkel zu haben, der scheidet nicht von der Welt, bis es wirklich dazu kommt.[176] Wer Wohltätigkeit annimmt, ohne ihrer bedürftig zu sein, der scheidet endlich nicht von der Welt, bis es wirklich dazu kommt![177] Ketubbot 68 a

175 Den Schülern wurde ihres Meisters Gerechtigkeit offenbar, als sie sahen, daß das Haus durch die Kraft seiner Frömmigkeit von Gott gehalten worden war.

176 Wer Derartiges simuliert, um von Mitleidigen Gaben zu erlangen, wird zur Strafe dafür tatsächlich verkrüppelt werden.

177 Er wird arm werden und wirklich Unterstützung brauchen. – Der zweite Satz fehlt in alten Texten.

Auf Treu und Glauben

Unsere Meister lehrten: Man rechnet über Almosen mit Almosensammlern nicht ab, auch nicht über Geheiligtes mit den Schatzmeistern.[178] Und obwohl es für diese Sache keinen Beweis gibt, so gibt es für diese Sache doch eine Andeutung, denn es heißt:[179] *Und nicht abrechnen sollten sie mit den Männern, in deren Hand sie das Geld gaben, daß sie es den Werkleuten gäben, sondern sie hatten's auf Vertrauen zu tun.*

Bawa batra 9 a

Die Fürbitter

Es wird gelehrt: Sie sagten über Binjamin, den Bewährten, der Vorgesetzter über die Almosenkasse war: In den Mangeljahren kam einmal eine Frau vor ihn und sagte zu ihm: Meister, versorge mich! Er sagte zu ihr: Beim Kult! In der Almosenkasse ist überhaupt nichts. Sie sagte zu ihm: Meister, wenn du mich nicht versorgst, siehe, so stirbt eine Frau und ihre sieben Kinder. Er stand auf und versorgte sie vom Seinigen.

Nach einigen Tagen erkrankte er und neigte sich zum Sterben. Die Dienstengel sagten vor dem Heiligen, gelobt sei er: Herr der Welt, du hast gesagt: Jeder, der eine Seele aus Israel erhält, ist, als ob er die volle Welt erhalten hätte. Und Binjamin, der Bewährte, der einer Frau und ihren sieben Kindern das Leben fristete, soll in so frühen Jahren sterben? Sofort zerrissen ihm diese seinen Urteilsspruch. Es wird gelehrt: Sie fügten ihm zweiundzwanzig Jahre zu seinen Jahren hinzu.

Bawa batra 11 a

Wohltätigkeit errettet vom Tod

Auch von Schmuel lernen wir: Für Israel gilt kein Sternbild.[180] Schmuel und Awlet[181] saßen nämlich da, als einige Men-

178 Tempelspenden, die den Verwaltern am Tempel anvertraut waren.

179 2. Könige 12,*16*. Nach mittelalterlicher Erklärung waren diese Männer vollkommen gerecht; darum konnte, was für sie galt, nicht ohne weiteres als ein Beweis für Spätere gelten.

180 Durch das Gebet kann Israel die Macht des Sternenschicksals aufheben, dem andere Völker durch ihren Glauben unterworfen sind.

181 Schmuel war einer der ersten jüdischen Gelehrten Babyloniens, Awlet ein heidnischer Weiser von dort, der mit Schmuel befreundet war.

schen gerade zu einem Sumpf gingen. Awlet sagte zu Schmuel: Dieser Mann geht und kommt nicht wieder; eine Schlange beißt ihn und er stirbt. Schmuel sagte zu ihm: Wenn es ein Sohn aus Israel ist, geht er und kommt wieder. Während sie saßen, ging er und kam wieder. Da stand Awlet auf, warf ihm seine Last ab und fand darin eine Schlange, die zerteilt, in zwei Stücken dalag. Schmuel sagte zu ihm: Was hast du getan?[182] Er sagte zu ihm: Jeden Tag sammelten wir das Brot in einen Korb ein und aßen es. Heute gab es einen unter uns, der kein Brot hatte und sich schämte. Ich sagte zu ihnen: Ich will aufstehen und sammeln. Als ich zu ihm gelangte, verstellte ich mich, als ob ich von ihm Brot nähme, so daß er sich nicht zu schämen brauchte. Er sagte zu ihm: Du hast eine gute Tat getan. Da ging Schmuel hinaus und legte aus:[183] *Wohltätigkeit aber errettet vom Tode.* Und nicht nur vom unnatürlichen Tod, sondern vom Tode selbst.

Auch von Worten Akiwas lernen wir: Für Israel gilt kein Sternbild. Rabbi Akiwa hatte nämlich eine Tochter. Chaldäer[184] sagten zu ihm: An dem Tage, da sie in das Brautgemach geht, beißt sie eine Schlange und sie stirbt. Über diese Sache war er sehr besorgt. An ebendem Tage nahm sie eine Brosche, steckte sie in die Wand, und es traf sich, daß sie in das Auge einer Schlange drang. Am Morgen, als sie die Nadel wieder nahm, haftete die Schlange daran und kam hinterher. Ihr Vater sagte zu ihr: Was hast du getan? Sie sagte zu ihm: Zur Vesperzeit kam ein Armer und rief an der Tür. Aber alle Welt war mit der Mahlzeit beschäftigt, und es gab niemand, der ihn hörte. Da stand ich auf, nahm meine Portion, die du mir gegeben hast, und gab sie ihm. Er sagte zu ihr: Du hast eine gute Tat getan. Da ging Rabbi Akiwa hinaus und legte aus: *Wohltätigkeit aber errettet vom Tode.* Und nicht nur vom unnatürlichen Tod, sondern vom Tode selbst.

Schabbat 156 b

182 Schmuel fragte den Mann, was er wohl Besonderes getan habe, um seinem Schicksal zu entgehen.

183 Sprüche 10,2.

184 Es handelt sich um heidnische Sterndeuter.

Wohltätigkeit beschleunigt die Erlösung

Es wird gelehrt: Rabbi Jehuda sagt: Groß ist die Wohltätigkeit, denn sie bringt die Erlösung näher, wie es heißt:[185] *So spricht der Herr: Wahret das Recht und übet Wohltätigkeit, denn nahe ist mein Heil, zu kommen, und meine Wohltätigkeit, sich zu offenbaren.*

Er sagte auch: Zehn gewaltige Dinge wurden in der Welt erschaffen: Ein Berg ist gewaltig – Eisen zerschneidet ihn; Eisen ist gewaltig – Feuer durchdringt es; Feuer ist gewaltig – Wasser löschen es; Wasser sind gewaltig – Wolken tragen sie; Wolken sind gewaltig – Luft zerstreut sie; Luft ist gewaltig – ein Körper trägt sie; ein Körper ist gewaltig – Angst zerbricht ihn; Angst ist gewaltig – Wein schwächt sie; Wein ist gewaltig – Schlaf vertreibt ihn; und der Tod ist gewaltiger als sie alle – Wohltätigkeit aber errettet von dem Tod, denn es steht geschrieben:[186] *Wohltätigkeit aber errettet vom Tode.* Bawa batra 10 a

KRANKHEIT UND LEIDEN

Maß und Zeit

Rabbi Chija lehrte: Wer wünscht, daß keine Leibschmerzen an ihn kommen, der sollte sich sommers und winters ans Eintauchen gewöhnen.[187] Wenn dir dein Mahl geschmeckt hat, dann greife nicht länger mehr zu; und säume nicht, wenn es für dich Zeit ist, dein Bedürfnis zu verrichten. Gittin 70 a

Mütterliche Ratschläge

Abbaje sagte: Mutter sagte mir:[188] Röstkörner sind zuträglich für das Herz und vertreiben trübe Gedanken. Und Abbaje

185 Jesaja 56,*1*.

186 Sprüche 10,*2*.

187 In Wein oder Essig getauchte Stücke von Brot oder anderen Speisen dienten als Appetitanreger.

188 Abbajes Mutter war in seiner frühen Kindheit gestorben; aber die Sprüche, Rezepte und abergläubischen Regeln seiner Ziehmutter führte er in Diskussionen oft an.

sagte: Mutter sagte mir: Wenn jemand an Herzschwäche leidet, nehme er Fleisch von der rechten Flanke eines männlichen Tieres und nehme Mist von der Viehweide[189] vom Monat Nisan; wenn es aber keinen Mist von der Viehweide gibt, nehme er Weidenzweige und verkohle sie.[190] Dann esse er und trinke darauf verdünnten Wein. Eruwin 29b

Allerlei Rezepte

Gegen Zahnschmerzen, so sagte Rabba, Raw Hunas Sohn, nehme man eine einzelne Knoblauchzehe und zerrühre sie mit Öl und Salz, lege dies auf den Daumennagel auf derjenigen Seite, die einen schmerzt. Dann umgebe man es mit einem Rand aus Teig und nehme sich in acht, das Fleisch nicht zu berühren, denn es verursacht Aussatz.

Gegen Mundabszeß, so sagte Rabbi Jochanan, ist Bertramkamille wie Mamru;[191] aber die Wurzel der Bertramkamille ist vorzüglicher als Mamru, und man nehme diese in den Mund zum Lokalisieren. Zum Ausreifen nehme man Kleie, wie sie oben im Mehlsiebe bleibt, Linsen mitsamt der Erde dran, Bockshornklee und Hopfenknospen und nehme walnußgroß davon in den Mund. Zum Öffnen blase einem sein Gefährte weiße Kresse mit einem Weizenstrohhalm hinein. Zum Heilen nehme man Erde vom Schatten eines Aborts, knete sie mit Honig und esse; das ist nämlich zuträglich.

Gegen Brustentzündung nehme man etwa eine Pistazie Gummi-Ammoniak und etwa eine Walnuß honigsüßes Galbanum, einen gefüllten Löffel weißen Honig, ein gefülltes machusisches Natla[192] klaren Wein und koche sie zusammen; und wenn der Gummi-Ammoniak gar gekocht ist, so ist alles gar gekocht. Und hat man dies nicht, so nehme man ein Viertel[193] Milch von einer

189 Wörtlich: »Mist vom Hirten« (gekauft).

190 Auf den verkohlten Weidenzweigen beziehungsweise auf dem getrockneten Mist soll er das Fleisch braten.

191 Mamru ist der Name einer Heilpflanze.

192 Natla ist ein Flüssigkeitsmaß, etwa ein achtel Liter fassend; Machusa ist eine Stadt in Babylonien.

193 Dies meint ein viertel Log, also ein achtel Liter.

weißen Ziege, lasse es auf drei Kohlstengel tropfen und rühre es mit einem Zweig von Majoran; und wenn der Zweig von Majoran gar gekocht ist, so ist alles gar gekocht. Und hat man dies nicht, so nehme man das Exkrement eines weißen Hundes und knete es mit wohlriechendem Harz. Soweit es aber möglich ist, esse man das Exkrement nicht, weil es verursacht, daß Glieder abfallen. Gittin 69 a/69 b

Aberglaube

Und Abbaje sagte: Mutter sagte mir: Gegen tägliches Fieber[194] nehme man ein blankes Sus-Stück, gehe damit zur Salzlache,[195] wiege sein Gewicht an Salz ab und binde es mit einem hellen Faden um den Halsausschnitt seines Gewandes. Und hat man dies nicht, so setze man sich an einen Scheideweg; und wenn man eine große Ameise sieht, die etwas trägt, so nehme man sie und werfe sie in ein kupfernes Rohr und verschließe es mit Blei und versiegle es mit sechzig Plomben;[196] dann schüttle man es, trage es und sage zu ihr: Deine Last auf mich und meine Last auf dich! Raw Acha, Raw Hunas Sohn, sagte zu Raw Aschi: Vielleicht hatte sie schon ein anderer Mensch gefunden und bei ihr abgeladen; sage lieber zu ihr: Meine Last und deine Last auf dich! Und hat man dies nicht, so nehme man ein neues Krüglein, gehe damit zu einem Fluß und sage zu ihm: Fluß, Fluß, leihe mir ein Krüglein Wasser für die Reise, die mir bevorsteht! Dann drehe man es siebenmal über dem Kopf, werfe es hinter sich und sage zu ihm: Fluß, Fluß, nimm das Wasser, das du mir gegeben hast! Denn die Reise, die mir bevorstand, ist am selben Tag gekommen und am selben Tag wieder gegangen.

Raw Huna sagte: Gegen dreitägiges Fieber nehme man sieben Spitzen von sieben Dattelpalmen, sieben Späne von sieben Balken, sieben Nägel von sieben Brücken, sieben Aschen von sieben Öfen, sieben Stäubchen von sieben Türpfannen, sieben Pech-

194 Ein Wechselfieber, dessen Anfälle täglich wiederkehren.

195 Mit dem Geldstück soll er zu einer Mulde gehen, in der Meerwasser verdunstet wird.

196 Nach Raschi handelt es sich um verschiedene Verschlüsse übereinander, etwa Wachs über dem Blei, dann Pech, dann Lehm usw.

stückchen von sieben Booten, sieben Handvoll Kümmel und sieben Haare vom Bart eines alten Hundes und binde sie mit einem hellen Faden um den Halsausschnitt seines Gewandes.

Schabbat 66 b/67 a

Er ist den Kranken nahe

Rawin sagte, Raw habe gesagt: Woher haben wir, daß der Heilige, gelobt sei er, einen Kranken pflegt? Weil es heißt:[197] *Der Herr stützt ihn auf dem Lager des Siechtums . . .* Und Rawin sagte, Raw habe gesagt: Woher haben wir, daß die Einwohnung über einem Krankenbette weilt? Weil es heißt: *Der Herr stützt ihn auf dem Lager des Siechtums.* So wird auch gelehrt: Wer eintritt, um einen Kranken zu besuchen, setze sich nicht auf ein Bett, nicht auf eine Bank und nicht auf einen Stuhl, sondern umhülle sich und setze sich auf den Boden, weil die Einwohnung über einem Krankenbette weilt; denn es heißt: *Der Herr stützt ihn auf dem Lager des Siechtums.* Nedarim 40 a

Besuchen ohne zu rechnen

Es wird gelehrt: Krankenbesuch hat kein Maß. Was bedeutet: hat kein Maß? Raw Joseph meinte sagen zu können: Kein Maß für den Lohn, der ihm geschenkt wird. Da sagte Abbaje zu ihm: Hat denn aber irgendeines der Gebote ein Maß, nach dem ihm sein Lohn geschenkt wird? Wir haben doch gelernt:[198] Sei vorsichtig bei einem leichten Gebot wie bei einem schweren, da du nicht weißt, welch ein Lohn für die Gebotserfüllung geschenkt wird. Sondern, so sagte Abbaje, sogar ein Großer bei einem Kleinen;[199] Rawa sagte: Sogar hundertmal am Tag.

Nedarim 39 b

197 Psalm 41,*4a*; der Vers geht weiter: »all seine Liegestatt wendest du, da er krank ist.«

198 So wurde in einer Mischna gelehrt: Awot II,1, Seite 367 f.

199 Abbaje erklärt den Satz, daß es kein Maß bei Krankenbesuchen gibt, so, daß dabei kein Ansehen der Person gilt; Rawa bezieht den Satz auf die Zahl der Besuche.

Vom Besuch hängt Leben und Tod ab

Als Raw Chelbo bresthaft wurde, ging Raw Kahana hinaus und machte bekannt: Raw Chelbo ist übel dran! Aber es gab niemand, der kam. Er sagte zu ihnen:[200] Ist es nicht so geschehen, daß einer von den Schülern Rabbi Akiwas erkrankte und die Weisen nicht eintraten, um ihn zu besuchen? Da trat Rabbi Akiwa ein, um ihn zu besuchen. Weil sie dann vor ihm fegten und sprengten, lebte er auf.[201] Er sagte zu ihm: Meister, du hast mich aufleben lassen. Rabbi Akiwa ging hinaus und trug vor: Jeder, der nicht Kranke besucht, ist, als ob er Blut vergieße.

Nedarim 39 b/40 a

Die Frage nach dem Grund

Rawa, es wird auch gesagt, Raw Chisda, sagte: Wenn ein Mensch sieht, daß Leiden über ihn kommen, so untersuche er seine Taten, denn es heißt:[202] *Prüfen und erforschen wir unsere Wege, und kehren wir um zu dem Herrn hin.* Hat er untersucht und nichts gefunden, so schreibe er sie der Vernachlässigung der Weisung zu,[203] denn es heißt:[204] *Wohl dem Manne, den du, Herr, leiden lässest und den du aus deiner Weisung belehrst.* Und wenn er sie dieser zugeschrieben und nichts gefunden hat, so ist es gewiß, daß es Leiden der Liebe sind, denn es heißt:[205] *Wen der Herr liebt, den vermahnt er.*

Rawa sagte: Raw Sechora sagte, Raw Huna habe gesagt: Jeden, nach dem der Heilige, gelobt sei er, Verlangen hat, zerbricht er durch Leiden, denn es heißt:[206] *Der Herr hat Verlangen, er zerbricht ihn, macht ihn krank.* Man könnte meinen:

200 Raw Kahana redete zu den Schülern, die Raw Chelbo in erster Linie hätten besuchen sollen.

201 Rabbi Akiwa hatte veranlaßt, daß das vernachlässigte Zimmer gereinigt wurde.

202 Klagelieder 3,*40*.

203 Wenn es sich aus der Prüfung ergibt, daß sich keine Verfehlungen in seinem Lebenswandel finden, so soll er weiter prüfen, ob der Grund zu seinem Leiden in der Vernachlässigung des Studiums liege.

204 Psalm 94,*12*.

205 Sprüche 3,*12*.

206 Jesaja 53,*10a*.

Sogar dann, wenn er sie nicht aus Liebe annimmt, so besagt doch die Schrift:[207] *Wenn seine Seele sich zum Schuldopfer setzt.* Wie ein Schuldopfer der Zustimmung bedarf, so bedürfen die Leiden der Zustimmung. Und wenn er sie annimmt – was ist sein Lohn? *Er wird Nachkommen sehen und seine Lebenstage verlängern.*[208] Und nicht nur dies, sondern es wird auch sein Studium bei ihm Bestand haben, denn es heißt:[209] *Der Wille des Herrn wird durch seine Hand gelingen.* Brachot 5 a

Leiden führen zur Umkehr

Rabba, Chanas Sohnessohn, sagte: Als Rabbi Elieser erkrankte, traten seine Schüler ein, um ihn zu besuchen. Er sagte zu ihnen: Eine gewaltige Zornesglut ist in der Welt.[210] Da begannen sie zu weinen; aber Rabbi Akiwa lächelte. Sie sagten zu ihm: Warum lächelst du? Er sagte zu ihnen: Und warum weint ihr denn? Sie sagten zu ihm: Ist es möglich, daß dies Buch der Weisung[211] im Schmerz verweilt und wir nicht weinen? Er sagte zu ihnen: Eben deshalb lächle ich. Denn die ganze Zeit, da ich beim Meister sah, daß sein Wein nicht sauer, sein Flachs nicht zerschlagen, sein Öl nicht ranzig und sein Honig nicht gärend wird, sagte ich mir: Vielleicht – behüte und bewahre – hat der Meister schon seine Welt empfangen![212] Aber jetzt, da ich den Meister im Schmerz sehe, bin ich froh. Er sagte zu ihm: Akiwa, habe ich es an irgend etwas von der ganzen Weisung fehlen lassen?[213] Er sagte zu ihm:

207 Jesaja 53,*10b*.
208 Jesaja 53,*10c*.
209 Jesaja 53,*10d*.
210 Manche Erklärer beziehen dies auf die persönliche Leidensempfindung Rabbi Eliesers; andere meinen, er habe damit auf die eben beginnenden Judenverfolgungen Trajans (in den Jahren 116 und 117) hingewiesen.
211 »Buch der Weisung« ist hier ein Ehrentitel für Rabbi Elieser.
212 Rabbi Akiwa hatte Sorge, der Meister habe allen Lohn bloß in der hiesigen Welt empfangen und es bliebe ihm nichts mehr für die kommende Welt.
213 Diese Frage setzt voraus, daß sich Elieser für einen vollkommen Bewährten gehalten hatte, der stellvertretend für die Sünden der anderen leidet; er schloß aber aus Akiwas Ansicht, daß der Mensch entweder in der hiesigen oder in der kommenden Welt zu leiden habe, auf eigene Verfehlung.

Unser Meister, du hast mich gelehrt:[214] *Denn es gibt keinen bewährten Menschen auf Erden, der das Gute tut und sich nicht verfehlt.*

Unsere Meister lehrten: Als Rabbi Elieser erkrankte, traten vier Älteste ein, um ihn zu besuchen: Rabbi Tarphon, Rabbi Jehoschua, Rabbi Elasar, Asarjas Sohn, und Rabbi Akiwa. Rabbi Tarphon wandte sich an ihn und sagte: Du bist für Israel besser als Regentropfen, denn Regentropfen sind in der hiesigen Welt, und der Meister ist in der hiesigen Welt und für die kommende Welt. Rabbi Jehoschua wandte sich an ihn und sagte: Du bist für Israel noch besser als das Rad der Glutsonne, denn das Rad der Glutsonne ist in der hiesigen Welt und der Meister in der hiesigen Welt und für die kommende Welt. Rabbi Elasar, Asarjas Sohn, wandte sich an ihn und sagte: Du bist für Israel noch besser als Vater und Mutter, denn Vater und Mutter sind in der hiesigen Welt, und der Meister ist in der hiesigen Welt und für die kommende Welt. Rabbi Akiwa wandte sich an ihn und sagte: Leiden sind liebenswert. Er sagte zu ihnen: Stützt mich, ich will die Worte Akiwas, meines Schülers, hören, der da sagte: Leiden sind liebenswert. Und zu ihm sagte er: Akiwa, woher hast du dies? Er sagte: Die Schrift lege ich aus:[215] *Zwölfjährig war Manasse, als er König wurde, und fünfundfünfzig Jahre war er König in Jerusalem ... Er tat das Böse in den Augen des Herrn.* Ferner steht geschrieben:[216] *Auch dies sind Sprüche Salomos, welche die Männer Hiskias, des Königs von Juda, abgeschrieben haben.* Hat denn etwa Hiskia, der König von Juda, alle Welt Weisung gelehrt und Manasse, seinen Sohn, hat er nicht Weisung gelehrt? Doch, aber weder alle Mühe, mit der er sich um ihn mühte, noch alle Plage, mit der er sich für ihn plagte, brachten ihn zum Guten, sondern die Leiden; denn es heißt:[217] *Der Herr sprach zu Manasse und zu seinem Volk. Aber sie merkten nicht auf. Da ließ der Herr die Heerführer des Königs von Assur gegen sie*

214 Prediger 7,*20*.

215 2. Könige 21,*1 f*.

216 Sprüche 25,*1*. Hiskia, der Vater Manasses, seines späteren Nachfolgers, galt den Späteren als ein Lehrer und Reformator des Volkes; er ließ von den Sprüchen Salomos Auszüge anfertigen.

217 2. Chronik 33,*10 f*.

herankommen; die nahmen Manasse mit Haken gefangen, banden ihn mit ehernen Ketten und führten ihn nach Babel. Ferner steht geschrieben:[218] *Als er aber bedrängt war, suchte er das Angesicht des Herrn, seines Gottes, zu besänftigen, und er beugte sich sehr vor dem Angesicht des Gottes seiner Väter. Er betete zu ihm, da ließ er sich von ihm erbitten: er erhörte sein Flehen und ließ ihn nach Jerusalem zu seinem Königtum zurückkehren. So erkannte Manasse, daß der Herr Gott ist.* So lernst du, daß Leiden liebenswert sind. Sanhedrin 101 a/101 b

Leiden sühnen wie Opfer

Rabbi Schimon, Lakischs Sohn, sagte nämlich: Beim Salz heißt es *Bund,* und bei den Leiden heißt es *Bund.* Beim Salz heißt es *Bund,* denn es steht geschrieben:[219] *Laß nicht fehlen das Salz des Bundes;* und bei den Leiden heißt es *Bund,* denn es steht geschrieben:[220] *Diese sind die Worte des Bundes.* Wie bei dem Bund, von dem beim Salz gesagt ist, Salz das Fleisch angenehm macht, so auch bei dem Bund, von dem bei den Leiden gesagt ist: Leiden tilgen alle Verschuldungen eines Menschen.

Brachot 5 a

Heil durch Leiden

Rabbi Jehoschua, Levis Sohn, sagte: Jeder, der sich über Leiden freut, die über ihn kommen, bringt Heil in die Welt; denn es heißt:[221] *Durch sie wird die Welt geheilt.* Taanit 8 a

218 2. Chronik 33,*12 f.*

219 3. Mose 2,*13.* Das Salz mit seiner reinigenden, würzenden und erhaltenden Kraft war ein wichtiger Bestandteil bei den Opfern; sie wurden mit Salz bestreut oder vermischt. Auch sonst wurden im Altertum Bündnisse durch gemeinsames Essen von Salz geschlossen.

220 5. Mose 28,*69.* Dieser Vers steht am Ende des Kapitels, in dessen zweitem Teil die Leiden aufgezählt sind, von denen Israel heimgesucht wird, wenn es die Gebote nicht erfüllt.

221 Jesaja 64,*4 Schluß.* Der Text ist stark verderbt und unverständlich. Rabbi Jehoschua versucht, diesen Text so zu verstehen, wie es oben wiedergegeben wurde, wobei ein »und« ausgelassen ist. Den Anfang des Verses bezieht er auf einen Menschen, der freudig die Wege Gottes bejaht.

Vor dem Angesicht des Richters

Als Rabban Jochanan, Sakkais Sohn, erkrankte, traten seine Schüler ein, um ihn zu besuchen. Als er sie sah, begann er zu weinen. Seine Schüler sagten zu ihm: Leuchte Israels, rechte Säule, starker Hammer, warum weinst du? Er sagte zu ihnen: Wenn sie mich vor einen König von Fleisch und Blut führten, der heute hier ist und morgen im Grab, dessen Zorn kein ewiger Zorn ist, wenn er über mich zürnt, dessen Fessel keine ewige Fessel ist, wenn er mich fesselt, und dessen Tötung keine ewige Tötung ist, wenn er mich tötet, den ich mit Worten besänftigen und mit Geld bestechen könnte – so würde ich trotzdem weinen; jetzt aber, da sie mich vor den König über die Könige der Könige führen, vor den Heiligen, gelobt sei er, der lebt und bleibt in Ewigkeit und für die Ewigkeiten der Ewigkeiten, dessen Zorn ein ewiger Zorn ist, wenn er über mich zürnt, dessen Fessel eine ewige Fessel ist, wenn er mich fesselt, und dessen Tötung eine ewige Tötung ist, wenn er mich tötet, den ich nicht mit Worten besänftigen und nicht mit Geld bestechen kann, ja noch mehr: da es zwei Wege vor mir gibt, einen zum Paradies und einen zur Hölle, und ich nicht weiß, auf welchem von ihnen sie mich führen werden – sollte ich da nicht weinen? Sie sagten zu ihm: Unser Meister, segne uns! Er sagte zu ihnen: Möge es sein Wille sein, daß die Furcht des Himmels über euch sei wie die Furcht vor Fleisch und Blut. Seine Schüler sagten zu ihm: Nur so weit? Er sagte zu ihnen: O, daß es doch so wäre! Ihr wißt doch, daß ein Mensch, wenn er eine Übertretung begeht, sagt: Daß mich nur kein Mensch sieht!

In der Stunde seines Verscheidens sagte er zu ihnen: Räumt die Hausgeräte fort wegen der Makligkeit,[222] und stellet einen Thron auf für Hiskia, den König von Juda, der da kommt![223]

Brachot 28 b

222 Dazu Ohalot I, 1–4, Seite 539 f.

223 Rabban Jochanan hoffte, Hiskia, der gleich ihm ein großer Lehrer für Israel gewesen ist, werde kommen, um ihn auf seinem letzten und schweren Weg zu begleiten.

Die große Trauer

Und Rabbi Jochanan sagte: Jedem Menschen, dem seine Frau stirbt, ist es, als ob das Heiligtum in seinen Tagen zerstört würde; denn es heißt:[224] *Menschensohn, siehe, ich nehme von dir die Lust deiner Augen mit einem Schlag; du aber sollst nicht jammern und nicht weinen, und keine Träne soll dir kommen.* Ferner steht geschrieben:[225] *Als ich am Morgen darauf zum Volk redete – am Abend war mir meine Frau gestorben.* Ferner steht geschrieben:[226] *Siehe, ich entweihe mein Heiligtum, den Stolz eurer Macht, die Lust eurer Augen.*

Rabbi Alexandri sagte: Für jeden Menschen, dem seine Frau in seinen Tagen stirbt,[227] verfinstert sich die Welt; denn es heißt:[228] *Das Licht verfinstert sich ob seines Zeltes, und seine Leuchte erlischt über ihm.* Rabbi Jose, Chaninas Sohn, sagte: Seine Tritte verkürzen sich; denn es heißt:[229] *Seine rüstigen Schritte werden beengt.* Rabbi Awahu sagte: Sein Rat fällt hin; denn es heißt:[230] *Sein Rat wirft ihn nieder.* Sanhedrin 22 a

Der Schatz der Tränen

Rabbi Schimon, Pasis Sohn, sagte, Rabbi Jehoschua, Levis Sohn, habe im Namen von Kapparas Sohn gesagt: Jedem, der über einen rechtschaffenen Menschen Tränen vergießt, zählt sie der

224 Hesekiel 24,*16*.

225 Hesekiel 24,*18*. Mit diesem Zitat stellt der Ausleger heraus, daß im biblischen Zusammenhang vom jähen Tod der Frau des Propheten die Rede ist; dies soll als vorweggenommenes Symbol der Zerstörung des Tempels gelten. Das äußere Vergleichsmoment ist im Bibeltext das Epitheton »Lust der Augen«. Die Gelehrten sahen in diesem Vergleich auch einen inneren Zusammenhang, da die Frau es ist, die über die Heiligkeit des Hauses wacht.

226 Hesekiel 24,*21*.

227 Das meint: Wenn die Frau vor ihm stirbt.

228 Hiob 18,*6*. Diese Übersetzung wurde statt des üblichen »in seinem Zelt« gewählt, weil »Zelt« hier als ein Bild für die Frau genommen wird.

229 Hiob 18,*7 a*.

230 Hiob 18,*7 b*. Rabbi Awahu führt einen weiteren Satz aus dem Zusammenhang an und versucht, auch ihn noch auf den Tod einer Frau zu beziehen. Manche erklären den Satz: »Sein Rückgrat fällt zusammen.«

Heilige, gelobt sei er, und legt sie in seiner Schatzkammer nieder; denn es heißt:[231] *Meine bewegte Klage hast du gezählt; in deinen Schlauch ist meine Träne getan – ist nicht auch sie in deiner Zählung?* Schabbat 105 b

Auch die Trauer hat ihr Maß

Und Rabbi Jehuda sagte, Raw habe gesagt: Jeder, der sich wegen seines Toten über die Maßen mit Schmerz belastet, der weint noch über einen anderen Toten. Eine Frau in der Nachbarschaft Raw Hunas hatte sieben Söhne. Einer von ihnen starb, und sie beweinte ihn übermäßig. Da schickte Raw Huna zu ihr: So sollst du nicht tun! Aber sie beachtete ihn nicht. Da schickte er zu ihr: Wenn du gehorchst, ist's gut, wenn aber nicht, so bereite die Totenausstattung für einen anderen! Da starb er. So starben sie alle. Zuletzt sagte er zu ihr: Stümperst du schon an deiner eigenen Totenausstattung herum? Da starb sie. Moed katan 27 b

Kosmische Trauer

Als die Seele Rabbi Awahus zur Ruhe einging, flossen von den Säulen Cäsareas Tränen herab;[232] bei Rabbi Jose strömten die Dachrinnen in Sepphoris von Blut über; bei Rabbi Jaakow wurden am Tage Sterne gesehen; bei Rabbi Assi wurden alle Bäume entwurzelt; bei Rabbi Chija fielen feurige Steine vom Firmament herab; bei Rabbi Menachem, Joses Sohn, wurden die Bildsäulen glatt, und sie wurden als Walzsteine benützt;[233] bei Rabbi Tanchum, Chijas Sohn, wurden alle Statuen abgehauen; bei Rabbi Eljaschiw wurden in Nehardea siebzig Einbrüche verübt;[234] bei Raw Hamnuna fielen Hagelsteine vom

231 Psalm 56,9.

232 Andere Texte haben statt »Tränen«: »Wasser«. In diesem Abschnitt sind entweder legendäre Schilderungen von Ereignissen beim Tode großer Gelehrter gesammelt oder aber Bilder, die bei Leichenreden zugrunde gelegt wurden, um die Größe des Verlustes zu kennzeichnen.

233 Die Gestalten auf den Götzenbildern wurden gleichsam ausgewischt, weil Rabbi Menachem zu seinen Lebzeiten nicht einmal die Bilder der Münzen angeschaut habe.

234 Derartiges geschah zu seinen Lebzeiten nicht.

Firmament herab; bei Rabba und Raw Joseph berührten die Euphratufer einander; bei Abbaje und Rawa berührten die Tigrisufer einander; als die Seele Raw Mescharschejas zur Ruhe einging, trugen die Dattelpalmen Dornen. Moed katan 25 b

Vom Leichenbegängnis

Es wird gelehrt: Zuerst war das Hinausbringen eines Toten für seine Verwandten noch beschwerlicher als sein Tod,[235] so daß sie ihn gar liegenließen und fortliefen; bis Rabban Gamliel kam und durch sein eigenes Beispiel einführte, daß man sich über diese Sitte hinwegsetzte, indem sie ihn in Leinengewändern hinausbrachten.[236] Raw Pappa sagte: Und nun ist es allgemeiner Brauch: sogar in rauhem Stoff von nur einem Sus Wert.[237]

Ketubbot 8 b

Die Ehre der Geschöpfe

Rawa sagte: Mir ist klar: Von Opferdienst und Lesung der Esther-Rolle hat die Lesung der Esther-Rolle den Vorrang, aus dem Grund, den Rabbi Jose, Chaninas Sohn, lehrte.[238] Von Studium der Weisung und Lesung der Esther-Rolle hat die Lesung der Esther-Rolle den Vorrang, weil die vom Lehrhaus Rabbis sich darauf stützten.[239] Von Studium der Weisung und einem Toten der Liebespflicht hat der Tote der Liebespflicht den Vorrang,[240] weil gelehrt wird: Man unterbricht das Studium der

235 Ein immer größerer Aufwand bei der Totenausstattung verursachte hohe Kosten; dazu Moed katan 27a/27b, Seite 519.

236 So entsprach es seinem ausdrücklichen Wunsch.

237 Sus ist eine kleine Silbermünze. Es wurde selbst der allerbilligste Stoff für Totengewänder verwendet.

238 Mit Bezug auf Esther 9,*28* lehrte Rabbi Jose, daß die Priester und Leviten (»Familie um Familie«) das Opfer unterbrechen, um die Verlesung der Esther-Rolle zu hören.

239 Im Hause Rabbis zog man einen Schluß vom Schwereren aufs Leichtere, daß es erst recht geboten sei, das Studium wegen der Lesung der Esther-Rolle zu unterbrechen, wenn schon die Priester deshalb den Tempeldienst unterbrochen hatten.

240 Es ist Pflicht der Angehörigen, einen Verstorbenen zu bestatten; wenn aber keine Verwandten da sind, fällt diese Pflicht, einem Toten den letzten Liebesdienst zu erweisen, jedem zu, der ihn findet, selbst wenn er ein Geweihter oder ein Hoherpriester ist, die sich nach 3. Mose 21,*11* und 4. Mose 6,*6 f.* der Makligkeit wegen nicht einmal mit ihren nächsten An-

Weisung, um einen Toten hinauszubringen und um eine Braut zu führen.[241] Von Opferdienst und einem Toten der Liebespflicht hat der Tote der Liebespflicht den Vorrang, weil es heißt:[242] *Und an seiner Schwester.* Es wird nämlich gelehrt: *Und an seiner Schwester.* Was besagt diese Schriftstelle? Siehe, es geht einer, um sein Pesachlamm zu schlachten oder um seinen Sohn zu beschneiden, und hört, daß ihm jemand gestorben sei; man könnte meinen, er solle sich maklig machen. Aber du mußt sagen:[243] *Er soll sich nicht maklig machen.* Man könnte meinen: Wie er sich an seiner Schwester nicht maklig machen soll, so soll er sich an einem Toten der Liebespflicht nicht maklig machen. Aber die Schriftstelle besagt: *Und an seiner Schwester.* An seiner Schwester soll er sich nämlich nicht maklig machen, aber an einem Toten der Liebespflicht soll er sich maklig machen.[244]

Rawa fragte: Von der Lesung der Esther-Rolle und einem Toten der Liebespflicht – welches von ihnen hat den Vorrang? Hat die Lesung der Esther-Rolle den Vorrang wegen der Bekanntmachung des Wunders,[245] oder hat vielleicht der Tote der Liebespflicht den Vorrang wegen der Ehre der Geschöpfe? Zuerst fragte er, danach erklärt er es: Der Tote der Liebespflicht hat den Vorrang, denn der Meister sagt: Groß ist die Ehre der Geschöpfe, denn sie verdrängt das Gebot, das in der Weisung ist. Megilla 3 b

gehörigen befassen dürfen. Dazu aus dem Gleichnis vom barmherzigen Samariter die Verse Lukas 10, *30–32*.

241 Gemeint ist: einen Toten zur Grabstätte und eine Braut unter den Traühimmel zu bringen.

242 4. Mose 6,7.

243 4. Mose 6,7. Mit dem Hinweis auf dieses Wort aus der Bibel wird die vorige Frage abgelehnt, ob die Bestattung eines Angehörigen einer gottesdienstlichen Handlung vorgehe, da ja beides im selben Zeitraum nicht möglich war, weil einer, der mit Toten in Berührung gekommen war, nach 4. Mose 19,*11* für eine Woche zum Gottesdienst untauglich wird.

244 Die Bibelstelle wird so ausgelegt, daß alle Fälle, die für den Geweihten verboten sind, vollständig aufgezählt sind. Weil aber in dieser auffällig ins einzelne gehenden Verbotsliste der Tote der Liebespflicht nicht ausdrücklich genannt ist, wird geschlossen, daß seine Bestattung selbst dem Geweihten und darum auch jedem, der ein Opfer darbringen will, geboten ist.

245 Die Bekanntmachung des Wunders der Errettung, von dem die Esther-Rolle berichtet, dient der Ehre Gottes.

Abgesondert

Zwei werden durch einen Toten maklig:[246] Eines wird maklig mit siebentägiger Makligkeit, und eines wird maklig mit einer Makligkeit bis zum Abend.[247] Drei werden maklig durch einen Toten: zwei werden maklig mit siebentägiger Makligkeit, und eines wird maklig mit einer Makligkeit bis zum Abend. Vier werden maklig durch einen Toten: drei werden maklig mit siebentägiger Makligkeit, und eines wird maklig mit einer Makligkeit bis zum Abend.[248]

Wie ist es bei zwei? Ein Mensch, der einen Toten berührt, wird maklig mit siebentägiger Makligkeit, und ein Mensch, der diesen berührt, wird maklig mit einer Makligkeit bis zum Abend. Wie ist es bei drei? Gerät, das einen Toten[249] und Gerät, das dieses Gerät berührt, werden maklig mit siebentägiger Makligkeit, das dritte, sei es Mensch oder sei es Gerät, wird maklig mit einer Makligkeit bis zum Abend. Wie ist es bei vier? Gerät, das einen Toten, und ein Mensch, der dies Gerät, und Gerät, das diesen Menschen berührt, werden maklig mit siebentägiger Makligkeit; das vierte, sei es Mensch oder sei es Gerät, wird maklig mit einer Makligkeit bis zum Abend. Rabbi Akiwa sagte: Ich habe noch

246 Unter bestimmten Umständen entstehen zwei Kategorien von »Unreinheiten«, unter anderen Umständen drei oder vier Kategorien, nach Rabbi Akiwa sogar fünf.

247 Nach 4. Mose 19,*11–22* gilt, was mit einem Toten in direkte Berührung kam, für eine Woche als maklig; was mit diesem Makligen wiederum in Berührung kam, ist für diesen einen Tag maklig. Durch eine derartige Makligkeit wurden Menschen untauglich für eine Teilnahme am Tempelgottesdienst.

248 Es gibt 1. den Fall, daß die Kette der Makligkeit nur zwei Glieder hat, nämlich, wenn ein Mensch, der einen Toten berührt hatte, wieder einen Menschen berührt. Sie hat jedoch drei Glieder in dem 2. Fall mit dem Schema: Toter – Gerät – Gerät < Gerät oder Mensch. Im 3. Fall hat die Kette vier Glieder, die jeweils durch Berührung die Makligkeit übernehmen, bis sie an das Schlußglied gekommen ist, das die Makligkeit nicht mehr weitergibt. Dieser 3. Fall hat das Schema: Toter – Gerät – Mensch – Gerät < Gerät oder Mensch.

249 Dabei handelt es sich vor allem um das Gewand, das der Tote anhatte und das in so engem Kontakt mit ihm war, daß es in seinem Makligkeitsgrad dem Toten gleichkommt.

ein fünftes: Wenn ein Spieß im Zelt steckt,[250] so werden das Zelt und der Spieß und ein Mensch, der den Spieß und Gerät, das diesen Menschen berührt, maklig mit siebentägiger Makligkeit, das fünfte, sei es Mensch oder sei es Gerät, wird maklig mit einer Makligkeit bis zum Abend. Sie sagten zu ihm: Das Zelt wird nicht mitgerechnet.[251]

Mensch und Gerät werden durch einen Toten maklig. Schwerer ist es beim Menschen als beim Gerät und beim Gerät als beim Menschen,[252] denn das Gerät macht drei maklig,[253] und der Mensch macht zwei maklig.[254] Schwerer ist es beim Menschen, denn jedesmal, wenn er in der Mitte ist, werden vier maklig,[255] und wenn er nicht in der Mitte ist, werden drei maklig.[256]

Mischna Ohalot I, 1–4

Einer sühnt für Viele

Und er sprach zu dem Engel, der im Volke würgte: Ein Großer![257] Rabbi Elasar sagte: Der Heilige, gelobt sei er, sprach zu dem Engel: Nimm mir einen Großen unter ihnen fort, der hat, was von ihnen an Verschuldungen einzufordern ist![258] In jener

250 »Zelt« bedeutet hier jeden Raum, soweit er von Menschen gemacht ist, in dem ein Toter liegt. In diesem Raum wird alles maklig, auch ohne Berührung, mit Ausnahme verschlossener irdener Gefäße. »Spieß«, allgemein ein metallener Spieß, wird hier nach den einen als mittlere Zeltstange, nach anderen als Zeltpflock außerhalb des Zeltes verstanden. Rabbi Akiwa erklärt: Das »Zelt« erhält dieselbe Ur-Makligkeit wie der Tote, der »Spieß«, der vom Zelt beschattet wird, ebenfalls. Nun beginnt also nach Rabbi Akiwa die Reihe von Fall 3 nach dem Toten mit »Zelt« und dann mit »Spieß«, also mit zwei Gliedern von Geräten.

251 Nach ihnen wird der »Spieß« nicht durch das »Zelt«, sondern mit dem »Zelt« zusammen durch den Toten maklig.

252 In manchen Fällen trifft das eine zu, in manchen das andere.

253 So in Fall 2.

254 So in Fall 1.

255 So in Fall 3.

256 So in Fall 2.

257 2. Samuel *24,16*. Gewöhnliche Übersetzung: »genug«; im Hebräischen »raw« mit der Grundbedeutung: groß, viel; sodann: der Angesehene, der Meister. Daran konnte Rabbi Elasar seine Auslegung knüpfen.

258 Der Tod eines Frommen sühnt die Verfehlungen der Vielen.

Stunde starb Abisai, Zerujas Sohn,[259] der die Mehrheit des Synedriums aufwog.[260] Brachot 62 b

Bewährte schaffen Sühne

Rabbi Ammi sagte: Warum steht vom Tod der Mirjam[261] dicht neben dem Abschnitt von der roten Kuh?[262] Um dir zu sagen: Wie die rote Kuh Sühne bewirkt, so bewirkt auch der Tod der Bewährten Sühne. Rabbi Elasar sagte: Warum steht dicht nebeneinander vom Tod Aarons und von den Priestergewändern?[263] Wie die Priestergewänder Sühne bewirken, so bewirkt auch der Tod der Bewährten Sühne. Moed katan 28 a

GEBET

Lehrer der Gebetsordnung

Da zog der Herr vor seinem Angesicht vorüber und rief.[264] Rabbi Jochanan sagte: Wenn es nicht in der Bibel geschrieben stünde, so wäre es unmöglich, es zu sagen. Dies lehrt, daß der Heilige, gelobt sei er, sich umhüllte wie ein Vorbeter der Gemeinde[265] und Mose die Ordnung des Gebetes zeigte. Er sprach zu ihm: Zu jeder Zeit, da Israel sich verfehlt, sollen sie vor meinem Angesicht nach dieser Ordnung tun, und ich will ihnen verzeihen. Rosch Haschana 17 b

259 Abisai, der Sohn der Zeruja, war einer der Helden und Feldherrn Davids. Hier ist beobachtet, daß nur bis 2. Samuel 23 von ihm die Rede ist.

260 Von den Meistern wurde auch der Oberste Gerichtshof biblischer Zeit »Sanhedrin« genannt.

261 Dazu 4. Mose 20,*1*.

262 Dazu 4. Mose 19, besonders *1–10*.

263 Dazu 4. Mose 20, *26* und *28*. In den beiden Versen werden jeweils die Priestergewänder und der Tod Aarons erwähnt.

264 2. Mose 34,*6*. In diesem Vers und in den nächsten Versen ruft Gott seine »dreizehn Eigenschaften« aus.

265 Wörtlich übersetzt heißt dieser Titel: »wie ein Abgesandter der Versammlung«.

Zur Gebetsordnung der Meister

Am Morgen sagt man zwei Segenssprüche davor[266] und einen danach. Und am Abend sagt man zwei Segenssprüche davor und zwei danach, einen längeren und einen kürzeren. Wo sie sagten: Es ist ein langer zu sagen, ist es einem nicht erlaubt, einen kurzen zu sagen; – Es ist ein kurzer zu sagen, ist es einem nicht erlaubt, einen langen zu sagen; – Es ist mit Segensspruch zu schließen, ist es einem nicht erlaubt, ohne Segensspruch zu schließen; – Es ist ohne Segensspruch zu schließen, ist es einem nicht erlaubt, mit Segensspruch zu schließen.

Mischna Brachot I, 4

Aus der Gebetsordnung des Tempels

Der Vorgesetzte sagte zu ihnen:[267] Saget einen Segensspruch![268] Sie sagten ihn, lasen das Zehngebot,[269] das *Höre Israel, Geschehen wird's, wenn ihr hört* und *Da sprach Er,*[270] und sie segneten das Volk mit drei Segenssprüchen: Mit »Wahrhaftig und beständig«,[271] mit »Dienst«[272] und mit dem Segensspruch der Priester.[273] Und am Schabbat fügten sie noch einen Segensspruch für die weggehende Wache hinzu.[274]

Mischna Tamid V, 1

266 Vor und nach dem Bekenntnis »Höre Israel« werden Segenssprüche gesagt.

267 Die diensttuenden Priester sagten diese Gebete in der Quaderhalle des Tempels.

268 Es ist nicht mehr sicher, welches der später an dieser Stelle üblichen Gebete damals von den Priestern gesagt wurde, ob: »Mit großer Liebe liebst du uns, Herr, unser Gott . . .«, oder ob sie sagten: »Gelobt seist du, Herr, unser Gott, König der Welt, der das Licht bildet und die Finsternis erschafft . . .« Zu den Gebeten im Wortlaut: Seite 466 f.

269 2. Mose 20,*1–17*.

270 Das sind jeweils die Anfangsworte der Abschnitte 5. Mose 6,*4–9;* 5. Mose 11,*13–21* und 4. Mose 15,*37–41,* aus denen das Gebet »Höre Israel« zusammengestellt ist.

271 »Wahrhaftig und beständig . . .« Zum (späteren) Wortlaut des Gebets: Seite 467 f.

272 »Dienst« meint hier die 16. Bitte des Achtzehngebetes: »Laß es dir wohlgefallen, Herr, unser Gott, und wohne auf Zion, so dienen dir deine Knechte . . .«

273 Der letzte Segensspruch des Achtzehngebetes wird auch Segensspruch der Priester genannt.

274 Die Priesterwache im Tempel wechselte jede Woche.

Die Ordnung des Achtzehngebetes

Es wird gelehrt: Schimon, der Flachshechler, ordnete die achtzehn Segenssprüche in ihrer Reihenfolge[275] vor Rabban Gamliel in Jawne. Rabbi Jochanan sagte, andere sagen: In einer Baraita wurde gelehrt: Hundertzwanzig Älteste, unter ihnen viele Propheten, setzten die achtzehn Segenssprüche in ihrer Reihenfolge fest.

Unsere Meister lehrten: Woher haben wir, daß sie den Segen von den Vätern sagen? Weil es heißt:[276] *Gebt dem Herrn – Söhne der Mächtigen!*

Und woher haben wir, daß sie den Segen von den Machttaten sagen? Weil es heißt:[277] *Gebt dem Herrn Ehre und Kraft!*

Und woher haben wir, daß sie den Segen von den Heiligungen sagen? Weil es heißt:[278] *Gebt dem Herrn die Ehre seines Namens, werfet euch nieder vor dem Herrn im Schmuck der Heiligung!*

Und was bewog sie, den Segen von der Einsicht nach dem Segen von der Heiligung zu sagen? Weil es heißt:[279] *Sie halten heilig den Heiligen Jakobs, und vor dem Gott Israels erschrekken sie.* Und unmittelbar daneben: *Die verirrten Geistes waren, gewinnen Einsicht.*

Und was bewog sie, den Segen von der Umkehr nach dem Segen von der Einsicht zu sagen? Weil geschrieben steht:[280] *Und*

275 Im folgenden wird diese Reihenfolge durch Bibelstellen begründet.

276 Psalm 29,*1a*. Die erste Bitte des Achtzehngebetes erwähnt am Anfang die Väter Abraham, Isaak und Jakob, die auch als »Söhne der Mächtigen« bezeichnet wurden; entsprechend ist der Bibelvers hier verstanden worden.

277 Psalm 29,*1b*. In der zweiten Bitte werden die Machttaten Gottes, besonders die Auferweckung, erwähnt.

278 Psalm 29,*2*. Die dritte Bitte beginnt mit den Worten: »Heilig bist du.«

279 Jesaja 29,*23 f*. Die vierte Bitte beginnt: »Gewähre uns, unser Vater, Erkenntnis von dir her, Einsicht und Verstand . . .« Während bisher Stichworte aus dem Beginn des 29. Psalmes als Belege für die Reihenfolge verwendet wurden, wird nun das Stichwort der dritten Bitte, »heilig«, bei Jesaja aufgenommen in einem Vers, in dem sich anschließend das Stichwort »Einsicht« für die vierte Bitte findet.

280 Jesaja, 6,*10*. Die negative Bedeutung des Bibelverses wird zum Positiven gewendet. – Die fünfte Bitte beginnt: »Bring uns zurück, Herr, zu dir, damit wir zu dir umkehren . . .« Zur Festlegung der Reihenfolge wird dasselbe Verfahren wie bei der vorigen Bitte angewendet.

sein Herz werde einsichtig, kehre um und werde heil. Wenn das aber so ist, dann wäre doch der Segen von der Heilung[281] hinter dem Segen von der Umkehr zu sagen. Das komme dir nicht in den Sinn, denn es steht geschrieben:[282] *Er kehre um zu dem Herrn, und Er wird sich seiner erbarmen, und zu unserem Gott, denn groß ist Er im Vergeben.* Was veranlaßt dich, daß du dich auf diesen Schriftvers stützest? Stütze dich auf jenen Schriftvers! Es steht aber noch ein anderer Vers dafür geschrieben:[283] *Der alle deine Schuld vergibt, der alle deine Erkrankungen heilt, der dein Leben aus der Grube erlöst.* Dies besagt, daß der Segen von der Erlösung und der Segen von der Heilung hinter dem Segen von der Vergebung zu sagen sind. Aber es steht doch geschrieben: *Kehre um und werde heil!* Das bezieht sich nicht auf die Heilung von Erkrankungen, sondern auf die Heilung durch Vergebung.[284]

Und was bewog sie, den Segen von der Erlösung als siebten zu sagen? Raw sagte: Weil sie bestimmt sind, zukünftig im siebten Jahr erlöst zu werden, deshalb setzten sie ihn als siebten fest.[285] Aber der Meister sagte doch: Im sechsten Jahre werden Stimmen sein, im siebten Kriege; mit dem Ausgang des siebten wird der Sohn Davids kommen. – Auch Krieg ist ein Anfang der Erlösung.

Und was bewog sie, den Segen von der Heilung als achten zu sagen? Rabbi Acha sagte: Weil die Beschneidung, die der Hei-

281 Der Segen von der Heilung ist der achte Segensspruch: er sollte demnach direkt hinter dem fünften kommen.

282 Jesaja 55,7. Nach diesem Vers wird die Reihenfolge, die Schimon in Jawne festgesetzt hatte, erklärt.

283 Psalm 103,3 *f.* Mit diesem Vers wird wieder die Ordnung Schimons gestützt.

284 Damit wird auch aus dem bisher entgegengestellten Vers die traditionelle Ordnung abgeleitet.

285 Die siebte Bitte ist das Gebet um Erlösung. Nach dieser Lehre der Meister wird die Erlösung im letzten Jahr des endzeitlichen Jahrsiebents kommen. Dem wird aber eine Lehre aus Sanhedrin 97 a (dazu Seite 630 f.) entgegengehalten, nach der auch das siebte Jahr noch von Kriegen erfüllt sei und der Messias erst am Ende dieses Jahrsiebents komme. Auf das Talmudzitat folgt wieder eine Antwort, die auch die Kriege des siebten Jahres als Bestandteil der Erlösung erklärt.

lung bedarf, für den achten Tag gegeben wurde, deshalb setzten sie ihn als achten fest.

Und was bewog sie, den Segen der Jahre als neunten zu sagen? Rabbi Alexandri sagte: Er ist gegen die Preistreiber gerichtet, denn es steht geschrieben:[286] *Zerschmettere den Arm des Frevlers!* Und als David das sagte, sagte er es im neunten Psalm.

Und was bewog sie, den Segen von der Sammlung der Zerstreuten nach dem Segen der Jahre zu sagen? Weil geschrieben steht:[287] *Ihr aber, Berge Israels, ihr sollt euer Gezweig bringen, und ihr sollt eure Frucht tragen für mein Volk Israel, denn sie sind nahe daran, zu kommen.*

Und sobald die Zerstreuten gesammelt sind, wird mit den Frevlern Gericht gehalten, denn es heißt:[288] *Ich lasse meine Hand über dir wiederkehren und schmelze deine Schlacke wie mit Lauge aus.* Ferner steht geschrieben:[289] *Ich lasse deine Richter wiederkehren wie zuvor.*

Und sobald unter den Frevlern Gericht gehalten wird, gehen auch die Ketzer[290] zugrunde, und bei den Ketzern eingeschlossen sind auch die Mutwilligen, denn es heißt:[291] *Zerschmetterung über Abtrünnige und Fehlhafte zusammen!*

Und sobald die Ketzer zugrunde gehen, erhebt sich das Horn der Bewährten, denn es steht geschrieben:[292] *Alle Hörner der Frevler haue ich ab, und die Hörner der Bewährten sollen sich erheben;* und bei den Bewährten eingeschlossen sind die wahren

286 Psalm 10,*15*. In talmudischer Zeit wurden Psalm 1 und 2 auch sonst zusammengenommen, so daß die Zählung sich um eine Nummer verschob.

287 Hesekiel 36,*8*. Der Jahressegen enthält vor allem die Bitte um Tau und Regen, die für das Wachsen der Pflanzen unerläßlich sind. In dem jetzt angeführten Bibelvers ist dann von beginnendem Wachstum und in der Verbindung damit von der Rückführung Israels aus der Verbannung gesagt.

288 Jesaja 1,*25*. Im folgenden wird nach Jesaja 1,*25–28* die Reihenfolge der elften und zwölften Bitte bestimmt.

289 Jesaja 1,*26*.

290 So im unzensierten Text. Im Text der zensierten Ausgaben steht dafür: »die Übertreter«.

291 Jesaja, 1,*28*. Diese zwölfte Bitte gehörte ursprünglich nicht zum Achtzehngebet; zum Einzelnen: Brachot 28b/29a, Seite 547 ff.

292 Psalm 75,*11*. Für die dreizehnte Bitte ist ein Vers gewählt, in dem auf die Vernichtung der Gottlosen die Erhöhung der Gerechten folgt. – »Horn« ist in der Bibel ein häufig gebrauchtes Symbol für Kraft.

Proselyten, denn es heißt:[293] *Vor einem Greis steh auf und einen Ältesten verehre!* Und unmittelbar daneben: *Wenn ein Proselyt bei* euch *weilt.*

Und wo erhebt sich das Horn der Bewährten? In Jerusalem, denn es heißt:[294] *Erbittet Frieden für Jerusalem; die dich lieben, sollen befriedet werden.*

Und sobald Jerusalem erbaut ist, kommt David, denn es heißt:[295] *Danach werden die Söhne Israels umkehren, und sie werden den Herrn, ihren Gott, suchen, und David, ihren König.*

Und sobald David kommt, kommt das Gebet, denn es heißt:[296] *Ich lasse sie zum Berg meines Heiligtums kommen und erfreue sie in meinem Bethaus.*

Und sobald das Gebet kommt, kommt der Opferdienst, denn es heißt:[297] *Ihre Brandopfer und ihre Schlachtopfer seien wohlgefällig auf meinem Altar.*

Und sobald der Opferdienst kommt, kommt der Dank, denn es heißt:[298] *Wer darbringt das Opfer des Dankes, der ehrt mich.*

Und was bewog sie, den Segen der Priester nach dem Segen vom Dank zu sagen? Weil geschrieben steht:[299] *Und Aaron hob seine Hände dem Volke zu und segnete sie und stieg herab, nachdem er das Sündopfer, das Brandopfer und die Friedensopfer besorgt hatte.* Oder kann ich sagen, daß dieser dem Segen

293 3. Mose 19,*32 f.* Die Greise und Ältesten werden hier mit den Bewährten des Psalmverses gleichgesetzt und nach dem folgenden Vers mit den wahrhaften Proselyten der dreizehnten Bitte zusammengenommen.

294 Psalm 122,*6.* Jerusalem wird in der vierzehnten Bitte erwähnt. In Jerusalem werden die Bewährten, die Gott lieben, zum Frieden kommen.

295 Hosea 3,*5.* In der 14. bzw. 15. Bitte wird David erwähnt; dazu Seite 473.

296 Jesaja 56,*7a.* In diesem Vers wird das Heiligtum, zu dem in der Endzeit die Völker kommen, als Haus des Gebetes bezeichnet. Die 15. bzw. 16. Bitte wendet sich an Gott, als an den, der Gebet erhört.

297 Jesaja 56,*7b.* Daß nach dem Gebet der Tempeldienst wiederkommt, wird aus der Folge der beiden Halbverse geschlossen.

298 Psalm 50,*23.* Im Bibeltext folgt auf »Opfer darbringen« unmittelbar das Wort für Dank und Dankopfer, woraus auf die Reihenfolge der 16. bzw. 17. und der 17. bzw. 18. Bitte geschlossen wird.

299 3. Mose, 9,*22.* Der Vers wird hier so verstanden, daß Aaron, nachdem er geopfert hatte, das Volk segnete und herabstieg. – Bei der Wiederholung des Achtzehngebets wird vor der letzten Bitte der »Segen der Priester« (4. Mose 6, *24–26)* eingeschaltet.

vom Opferdienst vorangeht?[300] Das komme dir nicht in den Sinn, denn es steht geschrieben: *und stieg herab, nachdem er das Sündopfer ... besorgt hatte.* Steht denn geschrieben: um zu besorgen? *nachdem er besorgt hatte* steht doch geschrieben. Dann wäre er nach dem Segen vom Opferdienst zu sagen.[301] Das komme dir nicht in den Sinn, denn es steht geschrieben: *Wer darbringt das Opfer des Dankes.* Was veranlaßt dich, daß du dich auf diesen Schriftvers stützest? Stütze dich auf jenen Schriftvers![302] Es ist einleuchtend, Opferdienst und Dankopfer als eine einzige Sache zu betrachten.

Und was bewog sie, den Segen »Lege Frieden« nach dem Segen der Priester zu sagen? Weil geschrieben steht:[303] *Sie sollen meinen Namen auf die Söhne Israels legen, und ich will sie segnen.* Und der Segen des Heiligen, gelobt sei er, ist Frieden, denn es heißt:[304] *Der Herr segnet sein Volk mit Frieden.*

Nachdem doch hundertzwanzig Älteste, unter ihnen viele Propheten, das Gebet in seiner Reihenfolge festgesetzt hatten – was ordnete da Schimon, der Flachshechler? Sie hatten diese vergessen,[305] und er ordnete sie wiederum. Megilla 17 b/18 a

Über die Einfügung des Ketzerspruchs

Unsere Meister lehrten: Schimon, der Flachshechler, ordnete die achtzehn Segenssprüche in ihrer Reihenfolge vor Rabban Gamliel in Jawne. Rabban Gamliel sagte zu den Weisen: Gibt es etwa einen, der einen Segensspruch von den Ketzern festzuset-

300 In diesem Einwand wird der Bibelvers umgekehrt ausgelegt, so daß zuerst Aarons Segen, dann der Opferdienst und das Dankopfer kämen.

301 Dieser neue Einwand schlägt als Reihenfolge für das Gebet vor: Segen vom Opferdienst – Priestersegen – Danksegen.

302 »Dieser Schriftvers« bezieht sich auf das Wort: »Wer darbringt das Opfer des Dankes«; »jener Schriftvers« bezieht sich auf 3. Mose 9,22.

303 4. Mose 6,27. Wenn die Priester das Volk mit dem Namen Gottes segnen, legt Gott seinen Segen, der Frieden ist, auf Israel. Das ist die innere Verbindung zwischen Priestersegen und letztem Segensspruch.

304 Psalm 29,*11*.

305 Die Reihenfolge der Bitten war in Vergessenheit geraten.

zen versteht?[306] Da stand Schmuel, der Kleine, auf und setzte ihn fest. Übers Jahr hatte er ihn vergessen, und er besann sich zwei, drei Stunden darauf, aber sie hießen ihn nicht heraufkommen.[307] Wie kann das sein, daß sie ihn nicht heraufkommen hießen, da doch Raw Jehuda sagte, Raw habe gesagt: Irrt sich einer bei irgendeinem der anderen Segenssprüche, so heißt man ihn nicht heraufkommen; – beim Segensspruch von den Ketzern, so heißt man ihn heraufkommen, weil wir befürchten, er sei vielleicht ein Ketzer? Bei Schmuel, dem Kleinen, war es anders, denn dieser hat ihn festgesetzt. Man könnte aber befürchten, er habe es vielleicht zurückgenommen. Abbaje sagte: Es wird überliefert: Ein Guter wird nicht schlecht. Wirklich nicht? es steht doch geschrieben:[308] *Wenn sich aber ein Bewährter von seiner Bewährung abkehrt und Unrecht tut.* Aber das meint einen, der im Grund ein Frevler ist, aber nicht einen, der im Grund ein Bewährter ist. Wirklich nicht? es wird doch gelehrt:[309] Vertraue nicht auf dich selber bis zum Tage deines Todes; denn siehe, Jochanan, der Hohepriester, der achtzig Jahre im Hohenpriesteramte diente, wurde am Ende Sadduzäer.[310] Abbaje sagte: Mit Jochanan ist es dasselbe wie mit Jan-

306 Nach der großen Katastrophe vom Jahre 70, als es galt, den Bestand des Judentums zu retten, wurden die Ketzer zu einem immer größeren Problem, weil die Grenze, jenseits derer einer als Abtrünniger angesehen wurde, sehr eng gezogen werden mußte. Damals ist es als ein Mangel empfunden worden, daß wegen dieser neuentstandenen Not Gott nicht auch sollte angefleht werden. So wurde der Spruch über die Abtrünnigen um einen Satz erweitert. Mit einer solchen neueingeführten Bitte stand den Gemeinden ein Rechtsmittel zur Verfügung, um die Ketzer, die auch aus missionarischen Gründen bei ihren Synagogen verblieben, fernzuhalten. Wer nämlich diesen Spruch nicht mitsagen konnte, war daran als Ketzer zu erkennen. Der Ausdruck »Segensspruch« konnte auch für die zwölfte Bitte beibehalten werden, da auch sie mit dem Lobpreis Gottes schließt. – Zur persönlichen Einstellung Schmuels, des Kleinen: Awot IV, 19, Seite 380.

307 Der Platz des Vorbeters, der das Beten der Gemeinde leitete, lag in talmudischer Zeit vertieft, weil es in Psalm 130,*1* heißt: »Aus Tiefen rufe ich dich, Herr.«

308 Hesekiel 18,*24*.

309 Awot II, 4, Seite 368.

310 Johannes Hyrkanus, der Hochpriester (von 135 bis 104), hat sich im Verlauf seiner Regierung immer mehr politischen statt religiösen Bereichen

nai.[311] Rawa sagte: Mit Jannai hat es seine Besonderheit, und mit Jochanan hat es seine Besonderheit: Jannai war im Grund ein Frevler, und Jochanan war im Grund ein Bewährter. Nach Abbaje hat die Sache ihre Richtigkeit, nach Rawa aber besteht noch eine Frage. Rawa kann dir sagen: Auch einer, der im Grund ein Bewährter ist, hat es vielleicht zurückgenommen. Wenn das so ist, wie kann das sein, daß sie ihn nicht heraufgehen hießen? Bei Schmuel, dem Kleinen, war es anders, denn er hatte ihn schon begonnen. Raw Jehuda sagte nämlich, Raw, es wird auch gesagt: Rabbi Jehoschua, Levis Sohn, habe gesagt: Dies lehrten sie nur für den Fall, daß ihn einer noch nicht begonnen hat; hat er ihn aber begonnen, so beende er ihn.

Brachot 28 b/29 a

Eine Kurzform des Achtzehngebets

Und Schmuel sagte:[312] Mache uns einsichtig, Herr, unser Gott, deine Wege zu erkennen; beschneide unsere Herzen, dich zu fürchten; vergib uns, damit wir erlöst seien; halte uns fern von unseren Schmerzen; gib uns fette Weide auf den Auen deines Landes; unsere Versprengten sammle aus den vier Enden; mache, daß Irrende gemäß deiner Erkenntnis richten; über die

zugewandt; dadurch entfremdete er sich den Pharisäern und kam den Sadduzäern nahe.

311 Auf die geschichtliche Begründung seines Diskussionspartners, Johannes Hyrkanus sei ein guter Regent gewesen, der dann abtrünnig wurde, gab Abbaje ebenfalls eine geschichtliche Antwort, indem er sagte, mit Johannes Hyrkanus habe es sich nicht anders verhalten als mit König Alexander Jannäus, der von 103–76 regierte. Während seiner Regierungszeit sollen durch dauernde Kämpfe, auch innerhalb des eigenen Volkes, Zehntausende von Menschen, vor allem pharisäisch Gesinnte, ihr Leben verloren haben.

312 Es ist in bestimmten Fällen, besonders in Fällen von Gefahr, erlaubt, das Achtzehngebet durch eine gekürzte Zusammenfassung zu ersetzen. Aus der Reihe der erhaltenen Formen, die zum Teil dem christlichen Vaterunser nahekommen, ist die oben wiedergegebene des Babyloniers Schmuel die bekannteste. Auffallend ist, daß nur die zwölf mittleren Sprüche, die eigentlichen Bitten, gleichsam zu einem einzigen Segensspruch zusammengezogen sind, während die drei ersten, die Lobsprüche, und die drei letzten, die Danksprüche, stets voll gesprochen und darum hier gar nicht erwähnt werden.

Frevler erhebe du deine Hand; die Bewährten sollen sich freuen am Aufbau deiner Stadt, an der Wiederherstellung deines Tempels, am Aufsprossen des Hornes für David, deinen Knecht, an der Bereitung der Leuchte für den Sohn Isais, deinen Gesalbten; ehe wir rufen, antwortest du. Gelobt seist du, Gott, der Gebet erhört. Brachot 29 a

Betet ohne Unterlaß

Und Rabbi Elasar sagte: Wer im Zweifel darüber ist, ob er das Bekenntnis *Höre*[313] gebetet hat oder ob er es nicht gebetet hat, der soll das Bekenntnis *Höre* wiederholt beten. Wer im Zweifel darüber ist, ob er das Gebet gesagt hat oder ob er das Gebet nicht gesagt hat,[314] der braucht das Gebet nicht wiederholt zu sagen. Und Rabbi Jochanan sagte: O daß doch ein Mensch den ganzen Tag lang ein Gebet sage! Brachot 21 a

Gebetsbräuche, biblisch begründet

Man könnte meinen, ein Mensch soll den ganzen Tag lang das Gebet sagen,[315] so ist doch schon durch Daniel ausdrücklich erklärt worden:[316] *Dreimal am Tag kniete er nieder, auf den Knien betete er und dankte seinem Gott.*

Man könnte meinen, er habe damit angefangen, nachdem er in Gefangenschaft geführt wurde,[317] so heißt es doch schon:[318] *Ganz so, wie er es vordem getan hatte.*

Man könnte meinen, ein Mensch sage das Gebet nach allen beliebigen Windrichtungen, so besagt doch die Schriftstelle:[319] *Nach Jerusalem hin.*

Man könnte meinen, er fasse sie alle auf einmal zusammen,[320]

313 Zum Bekenntnis »Höre Israel«: Seite 464 ff.

314 Damit ist das Achtzehngebet gemeint; dazu Seite 471 ff.

315 »Das Gebet« meint hier immer das Achtzehngebet.

316 Daniel 6,*11c*.

317 Die Meinung, er habe erst in der Gefangenschaft zu beten angefangen, wird zurückgewiesen.

318 Daniel 6,*11d*.

319 Daniel 6,*11b*.

320 Mit dem Einwand wird erwogen, ob das Gebet nicht auch dreimal unmittelbar hintereinander gesagt werden könne.

so ist dies doch schon durch David ausdrücklich erklärt worden, denn es steht geschrieben:[321] *Abends, morgens und mittags klage ich und stöhne ich.*

Man könnte meinen, er lasse seine Stimme hören bei dem Gebet, so ist dies doch schon durch Hanna ausdrücklich erklärt, denn es heißt:[322] *Ihre Stimme war nicht zu hören.*

Man könnte meinen, ein Mensch erbitte, was er bedarf,[323] und danach sage er die Anbetung,[324] so ist dies doch schon durch Salomo ausdrücklich erklärt worden, denn es heißt:[325] *Zu hören auf den Jubelruf und auf das Gebet. Jubelruf* – das ist Anbetung, *Gebet* – das ist Bitte.

Man sage keine Bittsache nach »Wahrhaftig und beständig«,[326] wohl aber nach dem Gebet; sogar etwas wie die Bekenntnisliturgie des Versöhnungstages kann einer sagen. Es wird auch gesagt: Rabbi Chija, Aschis Sohn, sagte, Raw habe gesagt: Obgleich sie gesagt haben, ein Mensch erbitte, was er bedarf in »Der Gebet erhört«,[327] so sage er, wenn er noch etwas nach dem Gebet sagen will, sogar etwas wie die Liturgie des Versöhnungstages.[328] Brachot 31 a

Von langem Beten

Raw Chanin sagte, Rabbi Chanina habe gesagt: Zu jedem, der lang betet, kehrt sein Gebet nicht leer zurück.[329] Woher haben

321 Psalm 55,*18*.

322 1. Samuel 1,*13*.

323 Manche Ausleger beziehen diesen Ausdruck auf die zwölf mittleren Segenssprüche des Achtzehngebets, seine eigentlichen Bitten.

324 »Anbetung« meint hier die drei ersten Bitten des Achtzehngebetes, den Lobpreis.

325 1. Könige 8,*28*.

326 »Wahrhaftig und beständig« (dazu Seite 467 f.) ist das Gebet, das nach dem Bekenntnis »Höre Israel« gesagt wird. Daran schließt sich in der Liturgie das Achtzehngebet, vor welchem also nach dieser Ordnung kein Privatgebet gesprochen werden soll. Auf das Privatgebet bezieht sich nach manchen Auslegern auch schon das »Bitten« im vorigen Abschnitt.

327 Mit diesem, dem 15. Segensspruch, schließen die eigentlichen Bitten des Achtzehngebetes ab. Hier konnten also noch Bitten eingeschoben werden.

328 Diese Kurzform meint wieder die »Ordnung des Bekenntnisses vom Versöhnungstag«, nämlich eine lange Reihe vieler und verschiedenartiger Sündenbekenntnisse.

329 Langem Beten widerfährt Erfüllung.

wir das? Von Mose, unserem Meister, denn es heißt:[330] *Ich betete zu dem Herrn;* danach steht geschrieben:[331] *Da erhörte der Herr mich auch diesmal.* Das ist ja nicht so. Rabbi Chija, Abbas Sohn, sagte doch, Rabbi Jochanan habe gesagt: Jeder, der lange betet und darauf spekuliert,[332] bekommt zuletzt Herzweh, denn es heißt:[333] *Lang hingezogene Erwartung macht das Herz krank.* Was ist ein Heilmittel für ihn? Er befasse sich mit der Weisung, denn es heißt:[334] *Aber ein Baum des Lebens ist ein Wunsch, der zur Erfüllung gekommen ist.* Aber der Baum des Lebens ist nichts anderes als die Weisung, denn es heißt:[335] *Ein Baum des Lebens ist sie denen, die sie ergreifen.* Das ist kein Widerspruch; das eine bezieht sich nämlich auf einen, der lang betet und spekuliert, das andere auf einen, der lang betet und nicht spekuliert. Rabbi Chama, Chaninas Sohn, sagte: Wenn ein Mensch sieht, daß sein Gebet nicht beantwortet wird, so wiederhole er sein Gebet, denn es heißt:[336] *Hoffe auf den Herrn! Sei stark, dein Herz sei mutig! Hoffe auf den Herrn!*

Brachot 32 b

Das Lob

Es war einmal einer hinabgestiegen[337] vor Rabbi Chanina und sagte: Gott, der Große, der Mächtige, der Furchtbare, der Erhabene, der Starke und der Feste. Er sagte zu ihm: Bist du jetzt

330 5. Mose 9,*26*. Aus diesem Zusammenhang geht hervor, daß Mose vierzig Tage und Nächte lang gebetet habe. Die ergänzende Schriftstelle, die von der Erhörung seines Gebetes berichtet, steht jedoch erst 5. Mose 10,*10*, so daß die Vermutung naheliegt, im Talmud seien diese Stellen irrtümlich für 5. Mose 9,*18* und *19* zitiert, wo in leicht abweichendem Wortlaut Gebet und Erhörung unmittelbar nebeneinanderstehen.

331 5. Mose 10,*10*.

332 Man soll nicht die Erfüllung des Gebetes als Belohnung für die Ausdauer beim Beten erwarten.

333 Sprüche 13,*12a*. Manche bringen das Wort für »Erwartung« mit einem ähnlichen Wort in Zusammenhang, das »bitten« bedeutet.

334 Sprüche 13,*12b*.

335 Sprüche 3,*18*.

336 Psalm 27,*14*. In der Wiederholung der Worte »Hoffe auf den Herrn« sah der Meister eine Aufforderung zur Wiederholung des Gebetes.

337 Ein Vorbeter ging in Gegenwart von Rabbi Chanina zu dem vorgesehenen Platz.

fertig mit den Preisungen deines Herrn? Nicht einmal diese drei würden wir sagen,[338] wenn sie nicht Mose in der Weisung geschrieben hätte[339] und wenn die Männer der Großen Versammlung nicht gekommen wären und sie ins Gebet eingestellt hätten;[340] und du sagst all dies? Das gleicht einem Menschen, der tausendmal Tausende von tausend Golddenaren hat und man lobt ihn über tausend Silberdenaren. Wäre das nicht eine Schande für ihn? Megilla 25 a

Hingabe

Unsere Meister lehrten: Dem Beter ist not, sein Herz gen Himmel zu richten. Abba Schaul sagt: Ein Hinweis dafür ist:[341] *Du richtest ihr Herz, und dein Ohr merkt auf.* Es wird gelehrt: Rabbi Jehuda sagte: So war es Brauch Rabbi Akiwas: Wenn er mit der Gemeinde betete, kürzte er und stieg herauf, um die Gemeinde nicht zu belästigen,[342] und wenn er ganz bei sich allein betete, so fand ihn einer, verließ er ihn in diesem Winkel, in einem andern Winkel. Und warum all dies? Weil er so oft niederkniete und sich hinwarf. Brachot 31 a

Aus Tiefen

Ein Mensch stellt sich nicht an einen hohen Platz zum Beten, sondern an einen niedrigen Platz zum Beten, denn es heißt:[343] *Aus Tiefen rufe ich dich, Herr.* Brachot 10 b

Alles Tun wird Lob

Wer sich auf sein Bett begibt, um zu schlafen, sagt von *Höre Israel* bis *Geschehen wird's, wenn ihr hört;*[344] dann sagt er: Ge-

338 Die drei ersten Epitheta »der Große, der Mächtige, der Furchtbare«.
339 Dazu 5. Mose 10,*17*.
340 Dazu Nehemia 9,*32*.
341 Psalm 10,*17*.
342 Als Vorbeter wollte er die Gemeinde nicht zu lange hinhalten, da die Leute nicht heimgingen, ehe er nicht sein Gebet beendet hatte.
343 Psalm 130,*1*.
344 Er betet also die beiden ersten Abschnitte des Bekenntnisses »Höre Israel«; dazu Seite 464 f.

lobt sei, der die Bande des Schlafes auf meine Augen und den Schlummer auf meine Wimpern fallen läßt und der Licht macht der Pupille des Auges. Es sei Wohlgefallen von dir her, Herr, mein Gott, daß du mich zu friedlichem Schlafe legst; gib mir Anteil an deiner Weisung und gewöhne mich ans Gebot und gewöhne mich nicht an Übertretung und führe mich nicht ins Vergehen, nicht in Schuld, nicht in Versuchung, nicht in Verachtung; die gute Leidenschaft soll in mir herrschen, und die böse Leidenschaft soll nicht in mir herrschen; errette mich von bösem Geschick und vor bösen Krankheiten; böse Träume und böse Gedanken sollen mich nicht beunruhigen, und mein Bett sei vollkommen vor dir; mache licht meine Augen, damit ich nicht zum Tod entschlafe. Gelobt seist du, Herr, der Licht macht für die ganze Welt durch seine Herrlichkeit.

Wenn er aufwacht, sagt er:[345] Mein Gott, der Odem, den du in mich gegeben hast, ist rein;[346] du hast ihn in mir gebildet, du hast ihn mir eingehaucht, du bewahrst ihn in meinem Innern, und zukünftig nimmst du ihn von mir und läßt ihn in mich wiederkehren für die Zukunft, die da kommt; allezeit, da Odem in meinem Innern ist, danke ich vor dir, Herr, mein Gott und Gott meiner Väter, Herrscher aller Welten und Herr all derer, die Odem haben. Gelobt seist du, Herr, der toten Körpern den Odem wiederkehren läßt.

Wenn er den Hahnenschrei hört, soll er sagen: Gelobt sei, der dem Hahn Einsicht gab, zwischen Tag und Nacht zu unterscheiden.

Wenn er seine Augen öffnet, soll er sagen: Gelobt sei, der die Augen der Blinden auftut.

Wenn er sich zurechtsetzt, soll er sagen: Gelobt sei, der die Gebundenen löst.

Wenn er sich ankleidet, soll er sagen: Gelobt sei, der die Nackten kleidet.

345 Jeder einzelne Akt beim morgendlichen Beginnen wurde durch einen Lobspruch geheiligt; später wurden die Lobsprüche von den einzelnen Handlungen gelöst und zusammen beim Morgengottesdienst gesagt.

346 Die vom Tage schuldig gewordene Seele war in der Nacht bei Gott und kehrt am Morgen rein von dort zurück.

Wenn er sich aufrichtet, soll er sagen: Gelobt sei, der die Gebeugten aufrichtet.

Wenn er auf die Erde tritt, soll er sagen: Gelobt sei, der die Erde über den Wassern befestigt.

Wenn er einen Schritt macht, soll er sagen: Gelobt sei, der die Tritte eines Mannes ausrichtet.

Wenn er seine Schuhe anlegt, soll er sagen: Gelobt sei, der mir alles schafft, was ich bedarf.

Wenn er seinen Gürtel bindet, soll er sagen: Gelobt sei, der Israel mit Stärke umgürtet.

Wenn er das Tuch über seinen Kopf breitet, soll er sagen: Gelobt sei, der Israel mit Pracht bekränzt.

Wenn er sich in das Fransengewand hüllt,[347] soll er sagen: Gelobt sei, der uns durch seine Gebote geheiligt und uns geboten hat, uns mit einem Fransengewand zu umhüllen.

Wenn er die Gebetsriemen an seinen Arm legt,[348] soll er sagen: Gelobt sei, der uns durch seine Gebote geheiligt und uns geboten hat, die Gebetsriemen anzulegen; – an seinen Kopf, soll er sagen: Gelobt sei, der uns durch seine Gebote geheiligt und uns über die Gebote der Gebetsriemen geboten hat.

Wenn er die Hände wäscht, soll er sagen: Gelobt sei, der uns durch seine Gebote geheiligt und uns über das Abspülen der Hände geboten hat.

Wenn er sein Gesicht wäscht, soll er sagen: Gelobt sei, der die Bande des Schlafes von meinen Augen und den Schlummer von meinen Wimpern beseitigt.

Es sei Wohlgefallen von dir her, Herr, mein Gott, daß du mich an deine Weisung gewöhnst; lasse mich an deinen Geboten hängen und führe mich nicht ins Vergehen, nicht in Schuld, nicht in Versuchung, nicht in Verachtung; beuge meine Leiden-

347 Nach 4. Mose 15,*37–41*, besonders Vers *38*, soll man an die vier Zipfel des Obergewandes Quasten, die sogenannten Zizit oder Schaufäden, knüpfen. Hier ist es das Tuch, das zum Beten umgelegt wird und ebenfalls solche Quasten hat.

348 Gebetsriemen mit Gebetskapseln werden nach 2. Mose 13,*16* und 5. Mose 6,*8* und 11,*18* von jedem erwachsenen Juden zum Gebet an Kopf und Arm angelegt.

schaft, mich dir zu unterwerfen; halte mich fern von einem bösen Menschen und von einer bösen Gesellschaft; lasse mich an der guten Leidenschaft hängen und an guter Gesellschaft in deiner Welt, und gib mir heute und jeden Tag Gunst, Gnade und Erbarmen in deinen Augen und in den Augen all derer, die mich sehen; und erweise mir gütig Gnaden. Gelobt seist du, Herr, der seinem Volk Israel gütig Gnaden erweist. Brachot 60 b

Gebet eines Lehrers

Rabbi Nechunja, Hakanas Sohn,[349] sagte bei seinem Eintreten ins Lehrhaus und bei seinem Herausgehen ein Gebet – ein kurzes Gebet. Sie sagten zu ihm: Was für eine Bewandtnis hat es mit diesem Gebet? Er sagte zu ihnen: Bei meinem Eintreten sage ich als Gebet, daß sich durch mich nicht etwas Anstößiges ereigne,[350] und bei meinem Herausgehen bringe ich Dank dar für meinen Anteil.[351] Mischna Brachot IV, 2

Verschiedene Segenssprüche

Wer einen Ort sieht, an dem für Israel Wunder getan wurden, sagt: Gelobt sei, der für unsere Väter an diesem Ort Wunder getan hat; – einen Ort, von dem Götzendienst ausgerottet wurde, sagt: Gelobt sei, der den Götzendienst aus unserem Land ausgerottet hat.

Über Kometen, über Erdbeben, über Donner, über Stürme und über Blitze sagt er: Gelobt sei, dessen Kraft und Macht die Welt erfüllt.

Über Berge, über Hügel, über Meere, über Flüsse und über Wüsten sagt er: Gelobt sei, der die Schöpfung macht. Rabbi Jehuda sagt: Wer das große Meer[352] sieht, sagt: Gelobt sei, der das große Meer gemacht hat; so nur dann, wenn er es in Zeitabständen sieht.

349 Manche erklären diesen Namen als »Sohn des Eiferers«. Nechunjas Vater wäre demnach ein Angehöriger der zelotischen Partei gewesen. Auch einer der Jünger Jesu trug einen derartigen Beinamen. Dazu Lukas 6,*15*.

350 Gott möge verhüten, daß er durch falsche Lehre jemand verführe.

351 Er dankt dafür, daß ihm sein Los als Lehrer beschieden ist.

352 Damit ist gewöhnlich das Mittelmeer gemeint.

Über Regenfälle und gute Botschaften sagt er: Gelobt sei, der gut ist und der Gutes tut; über böse Botschaften sagt er: Gelobt sei der Richter der Wahrheit.

Hat er ein neues Haus gebaut oder neue Geräte gekauft, sagt er: Gelobt sei, der uns Leben gibt und uns erhält und uns bis zu dieser Zeit gelangen ließ.

Er sagt einen Segensspruch über das Böse nach Art dessen über das Gute und über das Gute nach Art dessen über das Böse.[353]

Wer das beklagt, was vergangen ist, siehe, dies ist ein vergebliches Gebet. Ist seine Frau schwanger und er sagt: Es sei wohlgefällig, daß meine Frau einen Knaben gebiert, siehe, dies ist ein vergebliches Gebet. Kommt einer seines Weges heim und hört lautes Geschrei in der Stadt und sagt: Es sei wohlgefällig, daß dies nicht in meinem Hause sei, siehe, dies ist ein vergebliches Gebet.

Wer eine Großstadt betritt, sagt zwei Gebete, eines bei seinem Eintreten und eines bei seinem Herausgehen. Asais Sohn sagt: Vier; nämlich zwei bei seinem Eintreten und zwei bei seinem Herausgehen; er bringt nämlich Dank dar für das, was vergangen ist, und fleht um Hilfe für die Zukunft.

Ein Mensch ist verpflichtet, einen Segensspruch über das Böse zu sagen, wie er einen Segensspruch über das Gute sagt, denn es heißt:[354] *So liebe den Herrn, deinen Gott, mit deinem ganzen Herzen . . . Mit deinem ganzen Herzen* – mit deinen beiden Leidenschaften, mit der guten Leidenschaft und mit der bösen Leidenschaft. *Mit deiner ganzen Seele* – sogar wenn Er deine Seele wegnimmt. *Mit deiner ganzen Macht* – mit deinem ganzen Geld. Eine andere Erklärung: *Mit deiner ganzen Macht* – für jegliches Maß, mit dem Er dir mißt, sei Ihm dankbar.[355]

Mischna Brachot IX, 1 – 5

353 In der Gemara wird dazu erklärt, im Bösen könne ja Gutes und im Guten Böses enthalten sein.

354 5. Mose 6,5. Der Vers geht weiter: »mit deiner ganzen Seele und mit deiner ganzen Macht«.

355 Im Hebräischen handelt es sich hier um ein Wortspiel mit den ähnlichen Worten für »Maß« und »dankbar«. Ähnlichkeit hat auch »Macht«, dem in manchen Handschriften »gar sehr« am Schluß des Satzes entspricht.

Dank nach überstandener Gefahr

Raw Jehuda sagte, Raw habe gesagt: Vieren ist not, einen Danksegen zu sagen; das sind Seereisende, Wüstenwanderer, wer krank war und geheilt wurde und wer im Gefängnis gefesselt war und herauskam.

Seereisende – woher haben wir das? Weil geschrieben steht:[356] *Die auf See reisten mit Schiffen; sie sahen die Taten des Herrn.* Ferner sagt die Schrift: *Er ließ den Wind, den Sturm entstehen; sie stiegen zu den Himmeln auf, sie sanken zu den Urfluten ab.* Ferner sagt die Schrift: *Sie drehten sich, und sie schwankten wie ein Trunkener.* Ferner sagt die Schrift: *Da schrieen sie zu dem Herrn in ihrer Not, und er führte sie aus ihren Bedrängnissen.* Ferner sagt die Schrift: *Er stillte den Sturm.* Ferner sagt die Schrift: *Da freuten sie sich, daß sie ruhig waren.* Ferner sagt die Schrift: *Sie sollen dem Herrn danken für seine Gnade und für seine Wundertaten an Menschenkindern.*

Wüstenwanderer – woher haben wir das? Weil geschrieben steht:[357] *Sie irrten in der Wüste, auf verödetem Wege, eine bewohnte Stadt fanden sie nicht. Da schrieen sie zu dem Herrn, und er führte sie auf geradem Wege. Sie sollen dem Herrn danken für seine Gnade.*

Wer krank war und geheilt wurde – woher haben wir das? Weil geschrieben steht:[358] *Närrisch vom Weg ihrer Abtrünnigkeit und von ihrer Verschuldung gepeinigt, verabscheute ihre Seele alle Speise. Da schrieen sie zu dem Herrn in ihrer Not, und er rettete sie aus ihren Bedrängnissen. Er sandte sein Wort und heilte sie . . . Sie sollen dem Herrn danken für seine Gnade.*

Wer im Gefängnis gefesselt war – woher haben wir das? Weil geschrieben steht:[359] *Die in Finsternis und Todesschatten saßen, weil sie Gottessprüchen widerstrebt hatten . . .* Ferner sagt die Schrift: *Da beugte er ihr Herz durch Mühsal . . .* Ferner sagt die Schrift: *Da schrieen sie zu dem Herrn in ihrer Not.* Ferner sagt die Schrift: *Er führte sie aus Finsternis und Todesschatten . . .*

356 Psalm 107,*23–31*. Die Verse von Psalm 107 sind in diesem Abschnitt nur teilweise zitiert und dann jeweils zu einem verkürzten Ganzen gefügt.
357 Psalm 107,*4–8*.
358 Psalm 107,*17–21*.
359 Psalm 107,*10–15*.

Ferner sagt die Schrift: *Sie sollen dem Herrn danken für seine Gnade.*

Welchen Segensspruch sagt er? Raw Jehuda sagte: Gelobt sei, der gütig Gnaden erweist. Brachot 54 b

Dank für Schönes

Raw Jehuda sagte: Wer in den Tagen des Nisan hinausgeht und die Bäume blühen sieht, sage: Gelobt sei, der es in seiner Welt an nichts fehlen ließ und in ihr schöne Geschöpfe und schöne Bäume erschaffen hat, damit sich die Menschen an ihnen vergnügen.

Brachot 43 b

In der Not

Unsere Meister lehrten: Wer an einem Ort geht, wo Scharen von wilden Tieren und Räubern sind, sagt ein Gebet – ein kurzes Gebet. Was ist solch ein kurzes Gebet? Rabbi Elieser sagt: Tue deinen Willen im Himmel droben und gib Beruhigung denen, die dich fürchten, drunten, und tue, was gut ist in deinen Augen! Gelobt seist du, Herr, der Gebet erhört.

Rabbi Jehoschua sagt: Erhöre den Hilferuf deines Volkes Israel und tue eilends nach ihrer Bitte! Gelobt seist du, Herr, der Gebet erhört.

Rabbi Elieser, Rabbi Zadoks Sohn, sagt: Erhöre den Aufschrei deines Volkes Israel und tue eilends nach ihrer Bitte! Gelobt seist du, Herr, der Gebet erhört.

Andere sagen: Der Bedürfnisse deines Volkes Israel sind viel, und ihr Wissen ist gering.[360] Es sei Wohlgefallen von dir her, Herr, unser Gott, daß du jedem einzelnen gibst, soviel für seine Versorgung nötig ist, und jedem Leib genug für seinen Mangel! Gelobt seist du, Herr, der Gebet erhört. Brachot 29 b

Amen

Rabbi Jehoschua, Levis Sohn, sagte: Jedem, der mit all seiner Kraft antwortet: »Amen, sein großer Name sei gelobt«, zerrei-

360 Sie wissen nicht, wie sie Gott um Hilfe bitten sollen.

ßen sie das Urteil,[361] denn es heißt:[362] *Daß Strafen erlassen wurden in Israel, da sich das Volk willig hergab – lobet den Herrn!* Was ist der Grund dafür, *daß Strafen erlassen wurden*? Weil *sie den Herrn lobten.*[363] Rabbi Chija, Abbas Sohn, sagte von Rabbi Jochanan: Sogar wenn er einen Fleck vom Götzendienst an sich hat, verzeihen sie ihm. Hier steht nämlich geschrieben: *Daß Strafen erlassen wurden,* und dort steht geschrieben:[364] *Daß es freigelassen war.*

Resch Lakisch sagte: Jedem, der mit all seiner Kraft antwortet: »Amen«, dem öffnen sich die Tore des Paradieses, denn es heißt:[365] *Öffnet die Tore, daß ein bewährtes Volk komme, das Treue hält!* Lies nicht: *das Treue hält,* sondern: das »Amen« sagt![366] Was bedeutet Amen?[367] Rabbi Chanina sagte: Gott, ein treuer König. Schabbat 119 b

Wie Rabbi Jochanan sein Gebet beschloß

Rabbi Jochanan sagte, nachdem er seine Anbetung beendet hatte, also: Es sei Wohlgefallen von dir her, Herr, unser Gott, daß du in unsere Schmach schauest und in unser Elend blickest; daß du dich in dein Erbarmen kleidest und dich in deine Kraft gewandest; daß du dich in deine Huld hüllest und dich mit deiner Gunst gürtest, damit die Weise deiner Güte und Sanftmut vor dich komme. Brachot 16 b

361 Das Strafurteil, das Gott für ihn vorgesehen hatte, wird revidiert.

362 Richter 5,2.

363 Der Imperativ Plural und die 3. Person Plural Perfekt haben den gleichen Konsonantenbestand.

364 2. Mose 32,25. Der folgende Satz ist mit dem vorherigen durch das Verbum gleicher Grundbedeutung verbunden. So konnte exegetisch gefolgert werden, daß sogar Götzendienst wie beim goldenen Kalb, von dem 2. Mose 32 berichtet wird, denen verziehen wird, die Gott in rechter Weise danken.

365 Jesaja 26,2.

366 Durch eine kleine Veränderung im Buchstabenbestand und teilweise Vertauschung der Buchstabenfolge wurde dieses Wortspiel ermöglicht.

367 Ein Akrostichon: die Konsonanten des Wortes »Amen« werden als Abkürzung für den folgenden Satz über Gott verstanden.

Und so schloß Rawa

Rawa sagte nach seiner Anbetung also: Mein Gott, solange ich nicht gestaltet ward, war ich nichts wert, und jetzt, da ich gestaltet ward, ist's, als ob ich nicht gestaltet wäre. Staub bin ich in meinem Leben, um wieviel mehr in meinem Tode. Siehe, ich bin vor dir wie ein Gefäß voll Schmach und Schimpf. Es sei Wohlgefallen von dir her, Herr, mein Gott, daß ich mich nimmer verfehle, und was ich vor dir gefehlt habe, tilge aus in deinem großen Erbarmen; aber nicht durch Leiden und böse Krankheiten. Brachot 17 a

Von rechter Art des Betens

Man stellt sich nicht hin, um das Gebet zu sagen, außer aus schwerem Ernst. Die frühen Frommen[368] verweilten eine Stunde, ehe sie das Gebet sagten, damit sie ihr Herz auf ihren Vater im Himmel richteten. Sogar dem König, der ihn nach dem Ergehen fragt, erwidert er nicht. Und sogar wegen einer Schlange, die sich um seine Ferse gewickelt hat, unterbricht er nicht. Mischna Brachot V, 1

Der Allgegenwärtige

Und Rabbi Oschaja meinte: Die Einwohnung ist allerorts; Rabbi Oschaja sagte nämlich: Was bedeutet es, daß geschrieben steht:[369] *Du, Herr, bist es allein, du hast die Himmel gemacht ...*? Gesandte von Fleisch und Blut erstatten von ihrer Gesandtschaft Bericht an dem Ort, von dem sie ausgesandt wurden, und Gesandte von dir erstatten von ihrer Gesandtschaft Bericht an dem Ort, zu dem sie ausgesandt wurden.[370] Es heißt nämlich:[371] *Du sendest Blitze, und sie gehen, und sie sagen zu dir: Hier sind wir.* Sie kommen, und sie sagen – so heißt es

368 Manche identifizieren diese Frommen mit den Chassidim der Makkabäerzeit.

369 Nehemia 9,6. Im weiteren Verlauf ist auch von der Erschaffung des himmlischen Heeres die Rede, das Gott gehorcht.

370 Dies ist möglich, weil ihr Auftraggeber, der allgegenwärtige Gott, auch dort ist.

371 Hiob 38,35.

nicht, sondern: *sie gehen, und sie sagen.* Dies lehrt, daß die Einwohnung allerorts ist.

Und auch Rabbi Jischmael meinte: Die Einwohnung ist allerorts. Im Lehrhaus Rabbi Jischmaels wurde nämlich gelehrt: Woher haben wir, daß die Einwohnung allerorts ist? Weil es heißt:[372] *Siehe, der Engel, der mit mir redete, ging aus, und ein anderer Engel ging aus, ihm entgegen.* Ihm nach – so heißt es nicht, sondern: *ihm entgegen.*[373] Dies lehrt, daß die Einwohnung allerorts ist.

Und auch Raw Scheschet meinte: Die Einwohnung ist allerorts. Raw Scheschet sagte nämlich zu seinem Famulus: Nach allen Windrichtungen kannst du mich aufstellen außer nach Osten.[374] Und zwar nicht, weil die Einwohnung etwa nicht dort wäre, sondern weil die Jesus-Ketzer es so vorschreiben.[375] Und Rabbi Awahu sagte: Die Einwohnung ist im Westen. Rabbi Awahu sagte nämlich: Was bedeutet »Okzident«? Windrichtung des Herrn.[376] Bawa batra 25 a

Ein Beter wird wunderbar beschützt

Einmal verordnete die frevelhafte Regierung Vernichtung über Israel,[377] daß sie jedem, der die Gebetsriemen anlege, das Gehirn durchbohren werde. Aber Elischa legte sie an und ging zum Markt hinaus. Als ihn ein Scherge sah, lief er ihm davon, und jener lief ihm nach. Als jener ihn eingeholt hatte, nahm er sie von seinem Kopf[378] und hielt sie in seiner Hand. Er sagte zu

372 Sacharja 2,7.

373 Die Engel kommen aus entgegengesetzter Richtung, obwohl sie beide von Gott ausgeschickt sind.

374 Der blinde Lehrer brauchte die Hilfe seines Schülers, damit verhindert werde, daß er versehentlich nach Osten gewandt bete. Beter richten nämlich ihr Angesicht der Gottesgegenwart zu. Später ist die Richtung nach Jerusalem die Regel geworden.

375 In den geläufigen zensierten Texten fehlt »Jesus«.

376 Im Hebräischen liegt hier ein Wortspiel vor. Eine selten vorkommende Bezeichnung persischen Ursprungs für die Abendgegend wird um des ähnlichen Klanges willen mit »Luft des Herrn« erklärt.

377 Im zensierten Text heißt es: »die frevelhafte römische Regierung«; das Wort »Vernichtung« fehlt.

378 Als der Quästor ihn erreichte, nahm Elischa schnell seine Gebetskapsel ab, die er mit dem Gebetsriemen an die Stirn gebunden hatte.

ihm: Was ist das in deiner Hand? Er sagte zu ihm: Taubenflügel. Er streckte seine Hand aus, da fanden sich Taubenflügel darin. Deshalb nennt man ihn Elischa, den Flügelmann. Und warum gerade Taubenflügel im Unterschied zu denen der übrigen Vögel? Weil für die Gemeinde Israels eine Taube als Gleichnis genommen wird, denn es heißt:[379] *Wie Taubenflügel, silberbespannt* ... Wie die Flügel über ihr eine Taube beschützen, so beschützen auch die Gebote über ihnen Israel. Schabbat 49 a

Das Drängen wird erhört

Rabbi Elasar sagte: Von dem Tag an, da der Heilige, gelobt sei er, seine Welt erschaffen, gab es keinen Menschen, der den Heiligen, gelobt sei er, *Herr der Heere*[380] nannte, bis Hanna kam und ihn *Herr der Heere* nannte. Hanna sagte nämlich vor dem Heiligen, gelobt sei er: Herr der Welt, ist es so schwer in deinen Augen, von allen Heeren der Heere, die du in deiner Welt erschaffen hast, mir einen einzigen Sohn zu geben? Ein Gleichnis: Wem ist diese Sache zu vergleichen? Einem König von Fleisch und Blut, der für seine Knechte ein Festmahl bereitete. Es kam ein Armer, stellte sich an das Tor und sagte zu ihnen: Gebt mir ein einziges Brotstückchen! Aber niemand kümmerte sich um ihn. Da drängte er sich vor, trat bei dem König ein und sagte zu ihm: Mein Herr und König, ist es so schwer in deinen Augen, von dem ganzen Festmahl, das du bereitet hast, mir ein einziges Brotstückchen zu geben? Brachot 31 b

Die Welt besteht durchs Gebet

Rawa sagte: Tag für Tag nimmt der Fluch gegenüber dem Vortage zu,[381] wie es heißt:[382] *Am Morgen sagst du: O gäb er, daß es Abend wäre, und am Abend sagst du: O gäb er, daß es Mor-*

379 Psalm 68,*14*.

380 1. Samuel 1,*11*. In diesem Vers aus Hannas Gebet wird Gott zum erstenmal in der Bibel als »Herr der Heere« angeredet.

381 In der vorhergehenden Mischna heißt es: »Von dem Tag an, da der Tempel zerstört wurde, gibt es keinen Tag, der keinen Fluch hätte.«

382 5. Mose 28,*67*.

gen wäre! Welcher Morgen? Soll das sagen: Der morgige Morgen – wer weiß schon, was er sein wird? Nein, der vergangene![383] Wie aber kann das sein, daß die Welt doch Bestand hat? Durch den Heiligungssegen nach der Ordnung und durch »Sein großer Name sei« nach dem Vortrag.[384] Es heißt nämlich:[385] *Ein Land so düster wie das Dunkel, Todesschatten und ohne Ordnungen;* wenn es aber die Ordnungen gibt, dann strahlt es aus dem Dunkeln. Sota 49 a

Das Gebet der Tränen

Und Rabbi Elasar sagte: Von dem Tag an, da das Heiligtum zerstört wurde, wurden die Tore des Gebetes verschlossen, denn es heißt:[386] *Wie ich auch schreie und rufe – er verriegelt mein Gebet.* Und obgleich die Tore des Gebetes verschlossen wurden, wurden die Tore der Träne nicht verschlossen, denn es heißt:[387] *Erhöre doch mein Gebet, Herr! Vernimm doch meinen Hilferuf! Aber zu meiner Träne bleibst du nicht stumm.* Rawa verordnete an einem wolkendunklen Tag kein Fasten, weil es heißt:[388] *Du bedeckst dich mit Gewölk vor dem Hindurchdringen eines Gebetes.*

Und Rabbi Elasar sagte: Von dem Tag an, da das Heiligtum zerstört wurde, wurde durch eine eiserne Mauer eine Trennung gesetzt zwischen Israel und ihrem Vater im Himmel,[389] denn es

383 Das Bibelwort meint demnach mit dem ersehnten Morgen den schon vergangenen, von dem man wenigstens weiß, wie schlimm er war und, käme er wieder, sein würde.

384 Am Ende des Morgengottesdienstes wird nach der Lesung einer Reihe von Bibelabschnitten, der »Ordnung«, der Heiligungssegen, und nach dem Lehrvortrag das Gebet »Sein großer Name sei gelobt« gesagt.

385 Hiob 10,*22a*. Der Satz geht dann weiter: »und strahlt es auf, ist's wie das Dunkel«. Da es aber nach der obigen Auslegung die »Ordnungen« im Lande der Todesschatten gibt, kann es, entgegen dem Schriftwort, das nur leicht verändert wurde, doch hell werden, und die Welt kann bestehen.

386 Klagelieder 3,*8*.

387 Psalm 39,*13*.

388 Klagelieder 3,*44*.

389 Andere übersetzten diesen schwierigen Text »Von dem Tag an, da das Heiligtum zerstört wurde, wurde die eiserne Mauer zwischen Israel und ihrem Vater im Himmel durchbrochen.« So ist er aber in diesem Zusammenhang kaum verständlich.

heißt:[390] *Und du, nimm dir eine eiserne Platte und gib sie als eiserne Wand zwischen dich und die Stadt!* Brachot 32 b

Das Gebet dringt durch

Rabbi Jehoschua, Levis Sohn, sagte: Sogar eine Scheidewand aus Eisen trennt nicht zwischen Israel und ihrem Vater im Himmel. Sota 38 b

Groß ist das Gebet

Rabbi Elasar sagte: Größer noch ist das Gebet als gute Taten. Denn es gibt keinen, der noch größer ist an guten Taten als Mose, unser Meister. Trotzdem ward ihm keine Antwort zuteil außer durch das Gebet, denn es heißt:[391] *Rede nicht weiter zu mir!* Und nahe dabei:[392] *Ersteige den Gipfel des Pisga!*

Brachot 32 b

Das Fastengebet

Wenn Raw Scheschet im Fasten saß, sagte er, nachdem er seine Anbetung beendet hatte, also: Herr der Welten! Offenbar ist es vor dir, daß ein Mensch, so er sich verfehlt hatte, zu der Zeit, da das Heiligtum noch bestand, ein Opfer darbrachte. Nichts brachte man davon dar außer dem Fett und dem Blut, und doch wurde ihm Sühne zuteil. Jetzt aber sitze ich im Fasten, und mein Fett und mein Blut nimmt ab. Es sei Wohlgefallen von dir her, daß mein Fett und mein Blut, das abnimmt, sei, als ob ich es vor dir auf dem Altar dargebracht hätte; und sei du mir wohlwollend! Brachot 17 a

Hingabe

Rabbi Ammi sagte: Das Gebet eines Menschen wird nur dann erhört, wenn er seine Seele in die Hand nimmt, denn es heißt:[393] *Wir wollen unser Herz auf den Händen tragen.* Taanit 8 a

390 Hesekiel 4,*3*.

391 5. Mose 3,*26*.

392 5. Mose 3,*27*. Trotz seiner guten Taten kam Mose nicht ins verheißene Land, aber um seines Gebetes willen durfte er es vom Berg aus schauen.

393 Klagelieder 3,*41*.

Der die Herzen erforscht

Wenn Raw Jehuda seine Schuhe auszog, kam schon Regen.[394] Wir aber schreien, und da ist keiner, der sich um uns kümmert. Ja, aber der Heilige, gelobt sei er, will das Herz, denn es steht geschrieben:[395] *Der Herr aber sieht auf das Herz.*

Sanhedrin 106 b

Gott sucht Fürsprecher

Und Rabba, Sohn von Chinena, dem Greis, sagte im Namen Raws: Jeder, dem es möglich ist, für seinen Gefährten um Erbarmen zu bitten, und der nicht bittet, wird ein Sünder genannt, denn es heißt:[396] *Auch von mir sei es fern, mich gegen den Herrn zu verfehlen, indem ich ablieβe, für euch zu beten.*

Brachot 12 b

Einer Gabel gleich

Rabbi Elieser sagte: Warum wird das Gebet der Bewährten mit einer Getreidegabel verglichen? Um dir zu sagen: Wie eine solche Getreidegabel das Eingebrachte auf der Tenne von einem Platz zum anderen wendet, so wendet auch das Gebet der Bewährten den Sinn des Heiligen, gelobt sei er, von der Weise der Strenge zur Weise des Erbarmens. Sukka 14 a

Der Vater

Chanan, der Versteckte, war ein Sohn der Tochter Chonis, des Kreisziehers.[397] Wenn die Welt Regen nötig hatte, schickten unsere Meister Schulkinder zu ihm. Die packten ihn am Saum seines Gewandes und sagten zu ihm: Vater, Vater, gib uns Regen!

394 Kam zur Winterszeit kein Regen, so wurde ein Fasten angesetzt. In dieser Zeit wurden dann keine Schuhe getragen. So ist das Schuhausziehen hier für den Beginn des Fastens genommen.

395 1. Samuel 16,7.

396 1. Samuel 12,23.

397 Die Gabe, Regen erbitten zu können, war von Choni, dem Kreiszieher (dazu Taanit 23a, Seite 416 ff.), auf seinen Enkel übergegangen, der sich ob seiner Bescheidenheit vor anderen oft versteckte.

Da sagte er vor dem Heiligen, gelobt sei er: Herr der Welt, mach es um dieser willen, die nicht unterscheiden können zwischen einem Vater, der Regen geben kann, und einem Vater, der keinen Regen geben kann. Taanit 23 b

Beter der Beter

Rabbi Jochanan sagte im Namen Rabbi Joses: Woher haben wir, daß der Heilige, gelobt sei er, betet? Weil es heißt:[398] *Ich lasse sie kommen zum Berge meiner Heiligkeit und erfreue sie im Haus meines Gebetes.* Ihres Gebetes – so heißt es nicht, sondern: *meines Gebetes.* Daraus folgt, daß der Heilige, gelobt sei er, betet. Was ist sein Gebet? Raw Sutra, Towjas Sohn, sagte, Raw habe gesagt: Es sei Wohlgefallen von mir her, daß mein Erbarmen meinen Zorn niederdrücke und daß sich mein Erbarmen über meine anderen Eigenschaften wälze, daß ich mit meinen Kindern in der Weise des Erbarmens verfahre und ich mich ihnen zuwende, fern von strengem Gericht. Brachot 7 a

SCHABBAT

Ankündigung des Geschenkes

Und Rawa, Mechasjas Sohn, sagte: Raw Chama, Gorjas Sohn, sagte, Raw habe gesagt: Wer seinem Gefährten ein Geschenk gibt, muß ihn dies vorher wissen lassen, denn es heißt:[399] *Damit ihr wißt, daß ich, der Herr, euch heilige.* So wird auch gelehrt: *Damit ihr wißt, daß ich, der Herr, euch heilige.* Der Heilige, gelobt sei er, sprach zu Mose: Ein kostbares Geschenk habe ich in meiner Schatzkammer, und sein Name ist Schabbat, und ich möchte es Israel geben. Geh und laß es sie wissen! Daher sagte Rabbi Schimon, Gamliels Sohn: Wer einem Kind ein Brotstückchen gibt, muß es seine Mutter vorher wissen lassen.

Schabbat 10 b

398 Jesaja 56,7.
399 2. Mose 31,*13*.

Das Schabbatgeschenk

Alle Welt stimmt nämlich darin überein, daß die Weisung für Israel am Schabbat gegeben wurde. Hier steht geschrieben:[400] *Gedenke des Schabbattages, ihn zu heiligen!* Und dort steht geschrieben:[401] *Da sagte Mose zum Volk: Gedenke dieses Tages!* Wie es dort an ebendemselben Tag war, so war es auch hier an ebendemselben Tag. Schabbat 86 b

Vorbereitung der Schabbatfreude

Zur Vesperzeit am Eingang des Schabbat sahen sie[402] einen Greis, der zwei Myrtenbündel hielt, im Zwielicht dahineilen. Sie sagten zu ihm: Wozu hast du diese? Er sagte zu ihnen: Zur Ehrung des Schabbat.[403] Du hättest doch mit einem genug? Eines entspricht *Gedenke,* und eines entspricht *Beachte.* Da sagte Rabbi Schimon zu seinem Sohn: Siehe, wie lieb Israel die Gebote sind. Schabbat 33 b

Hornrufe künden den Schabbat an

Die vom Lehrhaus Rabbi Jischmaels lehrten: Sechs Hornsignale bläst man am Vorabend des Schabbat. Hat er begonnen, das erste Hornsignal zu blasen, so lassen sich, die auf dem Felde stehen, abhalten vom Hacken, vom Pflügen und von aller sonstigen Feldarbeit. Und denen in der Nähe ist es nicht erlaubt einzutreten, bis auch die aus der Ferne kommen;[404] dann treten sie

400 2. Mose 20,*8*.

401 2. Mose 13,*3*. Am Tage des Auszuges aus Ägypten sprach Gott: »Gedenke« später jährlich dieses Tages. Da es auch bei der Verleihung des Gebotes am Sinai, nämlich beim Schabbatgebot, »gedenke« dieses Tages heißt, schließen die Meister aus dieser Wortanalogie, dieses Gebot und folglich alle zehn Gebote seien am Schabbat gegeben worden.

402 Rabbi Schimon, Jochais Sohn, und sein Sohn Elasar kamen aus der Höhle zurück, in die sie vor ihren römischen Verfolgern für dreizehn Jahre geflohen waren.

403 Zur Ehre des Schabbat sollen die Myrten mit ihrem Wohlgeruch das Haus erfüllen. In dem folgenden Dialog beantwortet der Greis die Frage, warum er zwei Bündel trage, mit dem Hinweis auf das in der Bibel doppelt vorkommende Schabbatgebot: 2. Mose 20,*8* beginnt das Gebot mit »gedenke« und 5. Mose 5,*12* mit »beachte«.

404 Alle auf dem Feld Arbeitenden sollen zusammen in die Ortschaft eintreten, damit die Leute von den weiter entfernten Feldern nicht in den Ver-

alle zusammen ein. Aber noch immer sind die Geschäfte geöffnet und liegen die Läden aufgeklappt.[405] Hat er begonnen, das zweite Hornsignal zu blasen, so werden die Läden entfernt und die Geschäfte zugemacht. Aber noch immer steht Gewärmtes auf dem Herd und stehen Kochtöpfe auf dem Herd. Hat er begonnen, das dritte Hornsignal zu blasen, so wird weggenommen, was wegzunehmen ist, warm gestellt, was warm zu stellen ist und angezündet, was anzuzünden ist.[406] Dann hält er inne, solange wie es braucht, um einen kleinen Fisch zu braten, oder solange wie es braucht, um ein Teigstück in den Ofen zu kleben.[407] Dann bläst er, dann trillert er, dann bläst er. Dann beginnt man den Schabbat. Schabbat 35 b

Die da eilen, die Schabbatbraut zu empfangen

Mischna. Wenn zwei auf öffentlichem Gebiet gehen, sei es, daß einer läuft und einer geht oder daß beide laufen und sie einander verletzen, so sind beide straffrei.

Gemara. Unsere Mischna entspricht also nicht Isi, Jehudas Sohn. Es wird nämlich gelehrt: Isi, Jehudas Sohn, sagt: Der lief, ist ersatzpflichtig, weil er sich ungewöhnlich benahm. Aber Isi stimmt zu, daß er am Vorabend des Schabbat im Zwielicht straffrei sei, weil er da erlaubterweise lief.

Rabbi Jochanan sagte: Die Lebensregel entspricht Isi, Jehudas Sohn. Hat denn aber Rabbi Jochanan solches sagen können? Rabbi Jochanan sagte doch: Die Lebensregel entspricht der anonymen Mischna;[408] und diese lehrt doch: Sei es, daß einer läuft und einer geht oder daß beide laufen, so sind sie straffrei.[409]

dacht kommen, nach dem ersten Hornstoß noch weitergearbeitet zu haben.

405 Die auf Böcke aufgelegten Klappläden dienen zum Auslegen der Waren; abends werden sie zugeklappt, und damit ist der Kaufladen verschlossen.

406 Die Abendspeise wird zum Essen bereitgestellt, die Speisen für den Schabbattag werden warm gestellt und dann die Lampen angezündet.

407 Der Brotteig wird an die heißen Wände des Ofens geklebt und so gebacken.

408 Dieser Einwand besagt, Rabbi Jochanans spezielle Entscheidung im Anschluß an die Meinung Isis widerspreche seiner eigenen allgemeinen Regel, daß Entscheidungen jeweils nach der anonymen Mischna zu fällen seien.

409 Inhaltlich besagt dies also: Da es in der Mischna nicht ausdrücklich um

Unsere Mischna handelt vom Vorabend des Schabbat im Zwielicht. Woraus ist das erwiesen? Aus der Tatsache, daß er lehrt: Oder daß beide laufen, so sind sie straffrei. Wozu ist denn das noch nötig? Kann denn da eine Frage sein über den Fall, wenn beide liefen, wo doch schon, wenn einer lief und einer ging, jener straffrei ist? Nein, sondern es muß dies besagen: Sei es, daß einer läuft und einer geht, so ist jener straffrei, was jedoch nur am Vorabend des Schabbat im Zwielicht gilt. Aber am Werktag gilt: Sei es, daß einer läuft und einer geht, so ist jener ersatzpflichtig; wenn beide laufen, so sind sie sogar am Werktag straffrei.

Der Meister sagte: Isi stimmt aber zu, daß jener am Vorabend des Schabbat im Zwielicht straffrei sei, weil er da erlaubterweise lief. Was bedeutet: Erlaubterweise am Vorabend des Schabbat? Das ist hier entsprechend Rabbi Chanina. Rabbi Chanina sagte nämlich:[410] Kommt, laßt uns doch hinausgehen, der Braut, der Königin entgegen! Und andere sagen dazu: – dem Schabbat, der Braut, der Königin entgegen! Rabbi Jannai umhüllte sich,[411] blieb stehen und sagte: Komm Braut, komm Braut! Bawa kamma 32 a/32 b

Die zweite Seele

Rabbi Schimon, Lakischs Sohn, sagte: Einen zusätzlichen Odem gibt der Heilige, gelobt sei er, am Vorabend des Schabbat in den Menschen, und zum Ausgang des Schabbat nehmen sie diesen von ihm weg, denn es heißt:[412] *Hört er auf – wehe der Seele!* Sobald er nämlich aufhört, weh, ist die Seele verloren.

Jom tow 16 a

den Schabbatvorabend geht, müßte Rabbi Jochanan seiner allgemeinen Lehre nach beide für straffrei und nicht nach Isi den, der am Werktag läuft, für ersatzpflichtig halten.

410 Dies war Rabbi Chaninas Spruch zum Empfang des Schabbat.

411 Er umhüllte sich mit seinem Schabbatgewand.

412 2. Mose 31,*17*. Resch Lakisch kam zu seiner Erklärung, indem er das Zeitwort, das eigentlich »da atmete er auf« bedeutet, so trennte, daß ein Ausruf und ein Hauptwort daraus entstanden.

Vom Segen der Schabbatfeier

Rabbi Chija, Abbas Sohn, sagte, Rabbi Jochanan habe gesagt: Jedem, der den Schabbat in rechter Weise beachtet, wird Verzeihung zuteil, sogar, wenn er Götzendienst treibt wie Enos;[413] denn es heißt:[414] *Wohl dem Menschen, der dieses tut ... vor seiner Entweihung.* Lies nicht: *vor seiner Entweihung*, sondern: *zu seiner Verzeihung.*

Raw Jehuda sagte, Raw habe gesagt: Wenn Israel den ersten Schabbat wirklich beachtet hätte – keine Nation und keine Sprache hätte über Israel Gewalt erlangt; denn es heißt:[415] *Am siebten Tage geschah es, daß einige aus dem Volke hinausgingen, um zu sammeln.* Und danach steht geschrieben:[416] *Da kam Amalek.*

Rabbi Jochanan sagte im Namen Rabbi Schimons, Jochais Sohn: Wenn Israel zwei Schabbate in rechter Weise beachten würde – sofort würde es erlöst; denn es heißt:[417] *So spricht der Herr: Den Verschnittenen, die meine Schabbate bewahren.* Und danach steht geschrieben:[418] *Ich lasse sie kommen zum Berge meiner Heiligkeit.* Schabbat 118 b

413 Enos wird 1. Mose 4,*26* zum erstenmal erwähnt. Es heißt dort: »Damals wurde begonnen, den Namen des Herrn anzurufen.« In der jüdischen Tradition wird aber gelesen: »Damals wurde entweiht, indem sie mit dem Namen des Herrn benannten«, nämlich Menschen und Götzen. Durch Vertauschung der Wörter »beginnen« und »entweihen«, die aus der gleichen Wurzel kommen, entstand die Meinung des obigen Textes, Enos habe Götzendienst getrieben. Manche Texte haben auch: »Wie das Geschlecht des Enos«.

414 Jesaja 56,*2*. Dieser Vers wird hier zitiert, weil in ihm ebenfalls das Wort »Enos« vorkommt, was hier Mensch bedeutet. Weiter heißt es in dem Vers: »der den Schabbat bewahrt vor seiner Entweihung«. Das folgende Wortspiel entsteht durch Trennung des Wortes und durch geringfügige andere Vokalisierung.

415 2. Mose 16,*27*.

416 2. Mose 17,*8*. Die schwere Schlacht, die Amalek den Israeliten lieferte, wird in der Tradition aus dem Zusammenhang mit der zuvor berichteten Übertretung des Schabbatgebotes in Verbindung gebracht und als die darauf folgende göttliche Strafe gedeutet.

417 Jesaja 56,*4*.

418 Jesaja 56,*7*. Direkt vor diesem Vers heißt es zusammenfassend: »Alle, die meinen Schabbat bewahren.« Vers *4* wurde aber deshalb hier als Beleg gewählt, weil es dort »Schabbate« heißt, also mindestens zwei gemeint sind.

Die Wonne des Schabbat

Rabbi Jochanan sagte im Namen Rabbi Joses: Jedem, der den Schabbat zu einer Wonne macht, geben sie ein Erbteil ohne Grenzen; denn es heißt:[419] *Dann wirst du Wonne haben an dem Herrn. Und ich lasse dich einherfahren über Höhen des Landes und lasse dich genießen das Erbe Jakobs, deines Vaters . . .* Nicht wie Abraham, von dem geschrieben steht:[420] *Auf, ergehe dich im Land, nach seiner Länge . . .*, und nicht wie Isaak, von dem geschrieben steht:[421] *Denn dir und deinem Samen gebe ich alle diese Lande,* sondern wie Jakob, von dem geschrieben steht:[422] *Ausbreiten wirst du dich westwärts und ostwärts und nordwärts und südwärts.* Raw Nachman, Jizchaks Sohn, sagte: – er wird aus der Dienstbarkeit der Fremdreiche errettet. Hier steht geschrieben:[423] *Ich lasse dich einherfahren über Höhen des Landes,* und dort steht geschrieben:[424] *Du nimmst den Weg über ihre Höhen.*

Raw Jehuda sagte, Raw habe gesagt: Jedem, der den Schabbat zu einer Wonne macht, werden die Wünsche seines Herzens gewährt, denn es heißt:[425] *Hab an dem Herrn deine Wonne, so wird er dir die Wünsche deines Herzens gewähren.* Was für eine Wonne hier gemeint ist, wüßte ich nicht; da aber die Schrift sagt:[426] *Und du nennst den Schabbat eine Wonne,* so ist zu sagen: Auch dies meint die Wonne des Schabbat.

Womit macht er ihn zu einer Wonne?[427] Raw Jehuda, Raw

419 Jesaja 58,*14*. Der erste Teil des Zitates wird als Voraussetzung der Fortsetzung verstanden, in dem Sinn: Wenn du Wonne hast am Herrn, an seinem Schabbat, dann lasse ich dich das Erbe Jakobs genießen.

420 1. Mose 13,*17*. Der Vers geht weiter: »und seiner Breite; denn ich gebe es dir«.

421 1. Mose 26,*3*.

422 1. Mose 28,*14*.

423 Jesaja 58,*14*.

424 5. Mose 33,*29*. Im Vordersatz ist von Israels Sieg über seine Feinde die Rede. Dieses Zitat ist mit dem vorigen durch das Stichwort »über die Höhen« verbunden.

425 Psalm 37,*4*.

426 Jesaja 58,*13*.

427 Die aufgezählten Speisen sind als ein Ausdruck der Wonne am Schabbat verstanden.

Schmuels Sohn, der Sohn Schelats, sagte im Namen Raws: Mit Gemüsespeise, prachtvollen Fischen und würziger Zukost. Raw Chija, Aschis Sohn, sagte von Raw: Sogar etwas Geringes – wo es zur Ehre des Schabbat bereitet wurde, da ist es eine Wonne. Was ist dies? Raw Pappa sagte: Eine Hackfischpastete.

Schabbat 118 a/118 b

Der Schabbatverehrer

Joseph, der Schabbatverehrer, hatte einen aus den Völkern in seiner Nachbarschaft, der sehr begütert war. Chaldäer sagten zu ihm:[428] Alle deine Güter wird Joseph, der Schabbatverehrer, verzehren. Da ging er hin und verkaufte alle seine Güter, kaufte dafür eine Perle und setzte sie in seine Schildkappe. Während er eine Furt überquerte, blies sie ein Windstoß weg und warf sie ins Wasser. Da verschlang sie ein Fisch. Man zog ihn herauf und brachte ihn zur Vesperzeit am Eingang des Schabbat.[429] Sie riefen: Wer kauft jetzt noch? Man sagte zu ihnen: Geht und bietet ihn Joseph, dem Schabbatverehrer, an, denn er kauft gewöhnlich. Da boten sie ihm diesen an. Er kaufte ihn, schlitzte ihn, fand in ihm die Perle und verkaufte sie für dreizehn Gemächer Golddenare.[430] Da begegnete ihm ein Greis, der sagte: Wer dem Schabbat leiht,[431] dem zahlt's der Schabbat zurück.

Schabbat 119 a

Die reiche Tafel

Rabbi Chija, Abbas Sohn, sagte: Ich war einmal zu Gast bei einem Hausherrn in Laodizea. Da brachten sie eine goldene Tafel vor ihn, die von sechzehn Menschen getragen wurde; sechzehn silberne Ketten waren daran befestigt, und Schüsseln, Becher, Karaffen und Fläschchen waren mit ihnen daran befestigt und darauf allerlei Speisen und allerlei Süßigkeiten

428 Es handelt sich hier um Wahrsager.
429 Der Fisch sollte noch vor Schabbatbeginn verkauft werden.
430 Dies ist ein übertreibender Ausdruck für eine große Summe Geldes.
431 Wer zu Ehren des Schabbat viel ausgibt, wird dadurch großen Lohn empfangen.

und Gewürze. Als sie die Tafel niedersetzten, sagte man:[432] *Des Herrn ist die Erde und was sie füllt* ... Als sie die Tafel aufhoben, sagte man:[433] *Die Himmel sind die Himmel des Herrn, die Erde aber gab er den Menschenkindern.* Ich sagte zu ihm: Mein Sohn, wodurch wurdest du derart gewürdigt? Er sagte zu mir: Ich war Fleischer, und von jedem Stück Vieh, das schön war, sagte ich: Dies sei für den Schabbat! Ich sagte zu ihm: Wohl dir, daß du gewürdigt wurdest, und gelobt sei der Allgegenwärtige, der dich derart gewürdigt hat! Schabbat 119 a

Im Haus eines Armen

Raw Jehuda sagte, Raw habe gesagt: Tag für Tag geht eine Art Stimme hervor, die spricht: Die gesamte Welt wird um meines Sohnes Chanina willen ernährt, und mein Sohn Chanina begnügt sich von Schabbatvorabend zu Schabbatvorabend mit einem Doppelliter Johannisbrot. Seine Frau war gewohnt, am Eingang des Schabbat den Ofen zu heizen, und warf etwas hinein, das Qualm macht, weil sie sich schämte.[434] Sie hatte eine böse Nachbarin, die sagte: Ich weiß doch, daß die nichts haben; was soll denn all der Rauch bedeuten? Sie ging und klopfte an die Türe. Dadurch wurde jene beschämt und trat in eine Kammer. Da wurde ihr ein Wunder getan. Diese erblickte nämlich den Ofen voll Brot und den Knettrog voll Teig. Da rief sie ihr: He da, he da! bring einen Backschieber, eben brennt nämlich dein Brot an! Da rief sie ihr: Eben deshalb trat ich auch in die Kammer. Es wird gelehrt: Sie war tatsächlich hineingegangen, um eine Schaufel zu holen, da sie in Wundern erfahren war.

Taanit 24 b/25 a

Das Lichtwunder in Chaninas Haus

Einst, bei Sonnenuntergang,[435] sah er, daß seine Tochter traurig war. Er sagte zu ihr: Meine Tochter, weshalb bist du traurig?

432 Psalm 24,*1*.

433 Psalm 115,*16*.

434 Sie schämte sich ihrer Armut, weil sie für den Schabbat nichts zu backen hatte.

435 Damit ist hier der Freitagabend am Eingang des Schabbat gemeint.

Sie sagte zu ihm: Das Ölgefäß ist mir mit dem Essiggefäß vertauscht worden, und ich habe damit das Licht für den Schabbat zum Brennen gerichtet. Er sagte zu ihr: Meine Tochter, was bekümmert's dich? Der zum Öl sprach, daß es brenne, derselbe wird zum Essig sprechen, daß er brenne. Es wird gelehrt: Es brannte den ganzen Tag lang fort,[436] so daß sie davon noch das Licht für den Unterscheidungssegen brachten. Taanit 25 a

Der Duft des Schabbat

Der Kaiser sagte zu Rabbi Jehoschua, Chananjas Sohn:[437] Warum hat die Schabbatspeise einen solchen Wohlgeruch? Er sagte zu ihm: Wir haben ein besonderes Gewürz, Schabbat mit Namen, das legen wir hinein; dann hat sie einen solchen Wohlgeruch. Er sagte zu ihm: Gib uns etwas davon! Er sagte zu ihm: Bei jedem, der den Schabbat beachtet, wirkt es; aber bei dem, der den Schabbat nicht beachtet, wirkt es nicht. Schabbat 119 a

Vollkommene Schabbatruhe

Die Hauptarbeiten sind vierzig weniger eine:[438] Wer sät, wer pflügt, wer erntet, wer garbt, wer drischt, wer worfelt, wer verliest, wer mahlt, wer siebt, wer knetet und wer bäckt; wer Wolle schert, wer sie bleicht, wer sie schwingt, wer sie färbt, wer spinnt, wer anzettelt,[439] wer zwei Maschen macht, wer

436 Sonst brennen Schabbatlichter schon in der Nacht vom Freitag zum Samstag aus. Zum Unterscheidungssegen: Pesachim 103b, Seite 583 f.

437 Rabbi Jehouschua soll bei seinem Aufenthalt in Rom viele Gespräche mit Kaiser Hadrian gehabt haben.

438 Die Arbeiten, die vor allem mit der Bereitung von Nahrung, Kleidung und Wohnung zusammenhängen, sind dem Werktag vorbehalten. Um eine vollkommene Ruhe des Tages zu ermöglichen, wurden von den Meistern neununddreißig verbotene Hauptarbeiten entsprechend dem Bericht über den Bau und die Ausstattung der Stiftshütte in 2. Mose 35 zusammengestellt, weil zu Anfang dieses Kapitels einiges zum Schabbatgebot erläutert wird. Die Zahl vierzig weniger eins beansprucht dabei keine Vollständigkeit der Aufzählung; sie kommt auch in anderen, ähnlichen Zusammenhängen vor.

439 »Anzetteln« heißt das Spannen der Kettfäden an den Kettbaum des Webstuhles; im folgenden werden in der Reihenfolge weitere Arbeiten, wie

zwei Fäden webt, wer zwei Fäden trennt, wer verknotet, wer losknüpft, wer zwei Nähte näht und wer auftrennt, um zwei Nähte zu nähen; wer eine Gazelle fängt, wer sie schlachtet, wer ihr Fell abzieht,[440] einsalzt und zurichtet, wer es abschabt, wer es zuschneidet, wer zwei Buchstaben draufschreibt und wer abschabt, um zwei Buchstaben draufzuschreiben; wer baut und wer einreißt,[441] wer auslöscht und wer anzündet; wer mit dem Hammer schlägt;[442] wer von einem Gebiet in ein anderes hinausträgt.[443] Dies sind die Hauptarbeiten, vierzig weniger eine.

Mischna Schabbat VII, 2

Vom Hinaustragen

Wer so viel Wein hinausträgt,[444] wie zur Mischung eines Bechers nötig ist,[445] so viel Milch, wie für einen Schluck nötig ist, so viel Honig, wie nötig ist, um ihn auf eine Wunde zu geben, so viel Öl, wie nötig ist, um ein kleines Glied zu salben, so viel Wasser, wie nötig ist, um damit Augensalbe aufzulösen; von allen übrigen Flüssigkeiten ein Viertelmaß[446] und von allem Ausguß ein Viertelmaß. Rabbi Schimon sagt: Von allem ein Viertelmaß.

sie beim Webvorgang nötig sind, aufgezählt. Mit Maschen sind Litzmaschen (Weberknoten), mit Fädentrennen ist Scharpiezupfen gemeint.

440 Im folgenden werden die Arbeitsvorgänge bei der Bereitung des Felles zu Pergament bis zum Abschaben und Glätten der Haut aufgezählt; das Schreiben wird in diesem Zusammenhang erwähnt, weil Pergament als hervorragendes Schreibmaterial verwendet wurde. Beschriebene Pergamente wurden häufig abgekratzt und danach wieder beschrieben.

441 Man soll nicht niederreißen, um neu zu bauen. Bei »löschen« ist zunächst an die Bereitung von Holzkohle in Meilern gedacht. Beim Löschen eines brennenden Hauses bestand die Sorge, daß die Holzkonstruktion zu Kohle würde und man dadurch das Verbot des Holzkohlebereitens übertreten habe.

442 Damit ist der letzte Hammerschlag, die Vollendung eines Werkes gemeint.

443 Dazu die beiden nächsten Abschnitte.

444 Am Schabbat darf nichts aus privatem in öffentlichen Bereich und umgekehrt getragen werden. Wer aber selbst so geringe Mengen trägt, wie sie im folgenden aufgezählt werden, der war ein Sündopfer schuldig.

445 Der starke Wein wurde mit Wasser etwa im Verhältnis 1:3 gemischt.

446 Gemeint ist das Viertel eines Log; ein Log faßt einen halben Liter.

Und die Meister sagten: Alle diese Maße gelten nur für diejenigen, die solche Mengen aufbewahren.[447]

Mischna Schabbat VIII, 1

Von der Erweiterung der Privatsphäre

Auf welche Weise macht man eine Vereinigung in einem Durchgang?[448] Einer setzt den Vorratskrug nieder[449] und sagt: Dies da sei für alle, die zu diesem Durchgang gehören. Dann gibt er ihnen Besitzrecht durch seinen Sohn oder seine Tochter, die erwachsen sind, oder durch seinen Knecht oder seine Magd, die Hebräer sind, oder durch seine Frau.[450] Aber er gibt kein Besitzrecht durch seinen Sohn oder seine Tochter, die klein sind, auch nicht durch seinen Knecht oder seine Magd, die Kanaanäer sind, weil ihre Hand wie seine Hand ist.[451] Mischna Eruwin VII, 6

447 Nur wer solche kleinen Mengen aufzubewahren pflegt, weil sie ihm für bestimmte Zwecke wichtig sind, darf sie nicht tragen. Aber für einen, dem sie ohne Bedeutung sind, ist ihr Tragen belanglos.

448 Durch Niederlegen von Speise oder Getränk werden die verschiedenen angrenzenden Einzelbereiche dieses Durchgangs zu einem geschlossenen Ganzen vereinigt, in dem jeder der Teilhaber sich so frei bewegen darf wie in seinem Eigentum. Dies ist etwa von Bedeutung für das Tragen von Gegenständen am Schabbat, die sonst nicht aus dem eigenen Anwesen auf fremdes oder gar öffentliches Gebiet gebracht werden dürfen. Dieses Verbot des Tragens gehört zum Zaun, den die Meister um die Weisung errichteten. Damit aber der Eifer um das Gebot nicht zur Plage für die Menschen werde, wurde das Gebiet, innerhalb dessen eine Freiheit der Bewegung ist, zugleich weit genug gemacht. Der von Gott gesetzte Raum der Freiheit durfte nicht eingeengt werden. Die Vereinigung von Gebieten ist also kein Kunstgriff, wie es von Außenstehenden oft mißverstanden wurde, sondern die Erlaubnis an die Menschen, von der Freiheit innerhalb des Zaunes Gebrauch zu machen.

449 Hier wird ein mit Wein gefüllter Krug an eine Stelle zwischen den einzelnen Privatgebieten, die sich zum Schabbat zusammenschließen wollen, niedergestellt. Auch alle anderen Nahrungsmittel außer Wasser und Salz sind für diesen »Zusammenschluß der Höfe« geeignet.

450 Eine dieser Personen übernimmt den Krug stellvertretend für die ganze Anwohnerschaft des Durchgangs.

451 Diese sind keine rechtsfähigen Personen; ihnen gehört unmittelbar nur, was ihm gehört. Zu dieser Besitzübertragung sind sie so wenig geeignet wie er selbst, da diese eines rechtsfähigen Mittlers bedarf.

Die Weite des Schabbatgebietes

Nur durch einen Fachkundigen wird gemessen.[452] Erweiterte er an der einen Stelle und verringerte er an der anderen Stelle, so beachtet man die Stelle, wo er erweitert hat.[453] Erweiterte er dem einen und verringerte er dem andern, so beachtet man die Erweiterung.[454] Sogar einem Knecht und sogar einer Magd wird geglaubt, wenn sie sagen: Bis hierher geht das Schabbatgebiet.[455] Denn die Meister sagten dies nicht, um zu erschweren, sondern um zu erleichtern. Mischna Eruwin V, 5

Die Heiligung im Kleinsten

Mischna. Ein Ei betreffend, das an einem Festtag gelegt wurde, sagen die vom Lehrhause Schammais: Es darf gegessen werden, und sagen die vom Lehrhause Hillels: Es darf nicht gegessen werden . . .[456]

Gemara. Womit beschäftigen wir uns?[457] Wenn man sagen wollte: Mit einem Huhn, das zum Essen gehalten wird – was ist

452 Am Schabbat darf man zweitausend Ellen von seiner Stadt an hinausgehen, gemessen von der Stadtmauer ab oder vom »Umkreis« der Stadt, das ist eine Entfernung von $70^2/_3$ Ellen von der Stadtgrenze.

453 Der Abstand wird mit einer äußerst angespannten Meßleine ermittelt. Wird an einer Stelle ein geringeres Maß gefunden, so wird angenommen, die Meßleine sei dort nicht genug gespannt gewesen, und die Grenze wird stets auf das weiteste Maß ausgedehnt.

454 In der Gemara wird erklärt, dieser etwas schwerverständliche, mit dem vorigen fast identische Satz beziehe sich auf zwei Fachleute, die verschieden gemessen hätten.

455 Knecht und Magd sind sonst nicht zeugnisfähig; hier wird aber ihr Zeugnis angenommen, wenn sie eine zulässige Erweiterung des Schabbatgebietes bezeugen.

456 Die Schule Schammais erlaubt, ein am Schabbat oder Festtag gelegtes Ei noch am selben Tag zu essen, während die Schule Hillels dies erst am darauffolgenden Werktag erlaubt. Die Gründe dafür werden in der anschließenden Gemara diskutiert. Die anfangs zitierte Mischna behandelt weiter Fragen des Sauerteigs am Pesachfest und des Schlachtens von Wild und Geflügel an Festtagen.

457 Mit dieser Frage wird gesagt, daß die Diskussion nicht zunächst das Ei betrifft, sondern zwei hier entscheidende Kategorien von Hühnern: das Fleischhuhn und das Leghuhn.

der Grund derer vom Lehrhause Hillels, da es doch eine abgesonderte Speise ist?[458] wenn aber: Mit einem Huhn, das zum Eierlegen gehalten wird – was ist der Grund derer vom Lehrhause Schammais, da es doch Außergebrauchstehendes ist?[459] Was ist das aber für ein Einwand? Vielleicht halten die vom Lehrhause Schammais nichts vom Außergebrauchstehenden? Wir sind doch der Meinung: Sogar derjenige, der Außergebrauchstehendes erlaubt, verbietet Neuentstandenes.[460] Was ist dann der Grund derer vom Lehrhause Schammais? Raw Nachman sagte: Tatsächlich: Mit einem Huhn, das zum Eierlegen gehalten wird;[461] wer nämlich etwas vom Außergebrauchstehenden hält, der hält auch etwas vom Neuentstandenen;[462] und wer nichts vom Außergebrauchstehenden hält, der hält auch nichts vom Neuentstandenen.[463] Jom tow 2 a

Anders als sonst

Und du ehrst ihn[464] – deine Schabbatkleidung sei nicht wie deine Werktagskleidung. So nannte nämlich Rabbi Jochanan seine Gewänder: Die mir Ehre geben. *Daß du deine Wege nicht tust* – dein Schabbatgang sei nicht wie dein Werktagsgang. *Daß du dich nicht bei deiner Angelegenheit findest* – deine Angele-

458 Wenn das Huhn als Speise bestimmt ist, dann ist das Ei ein von ihm losgelöster eßbarer Teil und ist also erlaubte Speise; demnach können es die Hilleliten nicht eigentlich verbieten.

459 Alle Dinge, die nicht tags zuvor eigens für den Gebrauch am Schabbat oder Festtag bestimmt oder bereitgestellt worden sind, heißen »Außergebrauchstehendes« und sind am Schabbat oder Festtag verboten. Der Schabbat soll dadurch geheiligt, in des Wortes ursprünglicher Bedeutung abgesondert, werden, daß die ganze Alltagswelt außer Gebrauch gestellt wird.

460 Was ohne Zutun von Menschen am Schabbat neu entstanden ist, wird als verschärfter Sonderfall des Außergebrauchstehenden angesehen.

461 Die Diskussion geht nur über ein Leghuhn, da das Fleischhuhn und ein von ihm gelegtes Ei sowieso erlaubt sind.

462 Die Schule Hillels respektierte das Verbot des Außergebrauchstehenden und also auch das Verbot des Neuentstandenen und mußte darum den Genuß eines am Festtag gelegten Eies für denselben Tag verbieten.

463 Weil in der Schule Schammais beide Verbote nicht galten, konnte sie das betreffende Ei erlauben.

464 Jesaja 58,*13* *Schluß*. Die folgenden Zitate sind jeweils fortlaufend aus diesem Versteil genommen. Der Satz bezieht sich auf den Schabbat.

genheiten sind verboten, Angelegenheiten des Himmels sind erlaubt. *Noch Gerede machst* – deine Schabbatrede sei nicht wie deine Werktagsrede. Rede ist verboten, Nachdenken ist erlaubt.[465] Schabbat 113 a/113 b

Krankenbesuch am Schabbat

Unsere Meister lehrten: Wer eintritt, um einen Kranken zu besuchen, sagt: Es ist Schabbat, da schreit man nicht auf, und Heilung ist nahe, herbeizukommen. Und Rabbi Meïr sagt: Er vermag es, sich zu erbarmen.[466] Rabbi Jehuda sagt: Der Allgegenwärtige möge sich erbarmen über dich und über die Kranken Israels. Rabbi Jose sagt: Der Allgegenwärtige möge sich erbarmen über dich mitsamt den Kranken Israels. Schewna, ein Mann aus Jerusalem, sagt bei seinem Eintreten den Friedensgruß und sagt bei seinem Hinausgehen: Es ist Schabbat, da schreit man nicht auf, und Heilung ist nahe, herbeizukommen; und seine Erbarmungen sind vielfältig; und begehet den Schabbat in Frieden.

Nach wem geht das, was Rabbi Chanina sagte: Wer einen Kranken in seinem Hause hat, dem ist es not, daß er ihn vereinigt mitsamt den Kranken Israels?[467] Nach wem? Nach Rabbi Jose. Rabbi Chanina sagte auch: Nur mit knapper Not erlaubten sie,[468] am Schabbat Trauernde zu trösten und Kranke zu besuchen. Schabbat 12 a/12 b

465 Obwohl also das Nachdenken über geschäftliche Angelegenheiten hier erlaubt wird, lehnen doch Fromme selbst dies ab. Alle Sorge, die der Werktag mit sich bringt, soll am Schabbat abgelegt werden. Wie der Mensch die Woche über am Schöpfungswerk beteiligt ist, so soll er am Schabbat ruhen, wie der Schöpfer ruht. Obwohl ein Mensch sein Werk in sechs Tagen nicht vollbringt, darf er sich am Schabbat fühlen, als ob er alles vollendet habe und sich um keine Zukunft zu sorgen brauche.

466 Der Besucher soll mit seinem Gruß ausdrücken, daß die rechte Beobachtung des Schabbat Genesung bringe.

467 Er soll für alle Kranken Israels beten und den Angehörigen dabei mit einschließen und nicht für ihn allein beten.

468 Der Schabbat ist ein Freudentag, und seine Freude soll nicht gestört werden, auch nicht durch Beileids- und Krankenbesuche, die leicht Trauer mit sich bringen. Später wurde es aber ausgesprochener Schabbatbrauch, Kranke und Arme zu besuchen, um zu trösten und aufzurichten.

Lebensrettung am Schabbat

So wird auch gelehrt: Man wärmt am Schabbat Wasser für einen Kranken, sei es, um ihn trinken zu lassen, sei es, um ihn zu erfrischen. Und dies sagten sie nicht allein für diesen einen Schabbat, sondern auch für den folgenden Schabbat.[469] Und man sage nicht: Wir wollen damit noch zuwarten, vielleicht wird er gesunden, sondern man wärme es sofort für ihn, weil die Möglichkeit einer Lebensgefahr den Schabbat verdrängt. Und nicht nur, wenn diese Möglichkeit für diesen einen Schabbat besteht, sondern sogar, wenn diese Möglichkeit für den folgenden Schabbat besteht. Und man läßt diese Dinge nicht durch Leute aus den Völkern und nicht durch Samaritaner tun, sondern durch Große aus Israel. Und wir sagen dabei nicht: Diese Dinge sollen nicht nach dem Rat von Frauen und nicht nach dem Rat von Samaritanern getan werden. Aber wir verbinden es mit anderer Meinung.[470]

Unsere Meister lehrten: Man sei am Schabbat um Lebensrettung besorgt, und zwar je eifriger, siehe, desto lobenswerter ist es. Und es ist nicht nötig, erst vom Gerichtshof Erlaubnis einzuholen. Wie denn? Hat einer gesehen, daß ein Kind ins Meer gefallen ist, wirft er ein Netz aus, damit er es heraufschaffe, und zwar je eifriger, siehe, desto lobenswerter ist es. Und es ist nicht nötig, erst vom Gerichtshof Erlaubnis einzuholen, obwohl er dabei Fische mitfängt.[471] Hat einer gesehen, daß ein Kind in eine Grube gefallen ist, bricht er einen Teil derselben ein, damit er es heraufschaffe, und zwar je eifriger, siehe, desto lobenswerter ist es. Und es ist nicht nötig, erst vom Gerichtshof Erlaubnis einzuholen, obwohl er dabei eine Treppe errichtet.[472] Hat einer gesehen, daß vor einem Kind eine Türe verschlossen wurde,[473]

469 Bei einer Krankheit, bei der mit einer Dauer von acht Tagen gerechnet wird, gilt die Erlaubnis nicht nur für den Schabbat an ihrem Beginn, sondern auch für den an ihrem Ende.

470 Bei Lebensgefahr werden auch die Meinungen von Menschen angenommen, deren Stimmen sonst nicht gezählt werden.

471 Fischfang ist nämlich am Schabbat verboten. Selbst eine Handlung, bei der auch nur die Möglichkeit besteht, daß Fische gefangen würden, ist darum normalerweise verboten.

472 Dies wäre eine Arbeit des Bauens, die am Schabbat verboten ist.

473 Das Kind könnte sich ängstigen oder in Gefahr kommen.

zertrümmert er sie und führt es heraus, und zwar je eifriger, siehe, desto lobenswerter ist es. Und es ist nicht nötig, erst vom Gerichtshof Erlaubnis einzuholen, obwohl er dabei absichtlich Holz zerkleinert. Man löscht und isoliert[474] am Schabbat bei einer Feuersbrunst, und zwar je eifriger, siehe, desto lobenswerter ist es. Und es ist nicht nötig, erst vom Gerichtshof Erlaubnis einzuholen, obwohl er dabei Flammen niederdrückt.[475]

Joma 84 b

Der Schabbat ist für den Menschen

Wenn schon der Opferdienst den Schabbat verdrängt, um wieviel mehr gilt dann für die Lebensrettung, daß sie den Schabbat verdrängt. Rabbi Elasar antwortete, indem er sagte: Und wenn die Beschneidung den Schabbat verdrängt, die doch nur eines von den zweihundertachtundvierzig Gliedern, die am Menschen sind, angeht, um wieviel mehr verdrängt es den Schabbat, wo es seinen ganzen Körper betrifft.

Rabbi Jose, Rabbi Jehudas Sohn, sagt: *Beachtet meine Schabbate!*[476] Man könnte meinen: in jedem Fall? so besagt doch der Text: *Nur* – teilweise.[477]

Rabbi Jonatan, Josephs Sohn, sagt: *Ja, heilig sei er für euch!*[478] Er ist also euren Händen übergeben, und nicht seid ihr seinen Händen übergeben.

Rabbi Schimon, Menasjas Sohn, sagt: *Und die Söhne Israels sollen den Schabbat beachten.*[479] Die Weisung sagt: Entweihe

474 Man darf verhindern, daß sich ein Feuer weiter ausdehnt.

475 Bei der Eindämmung des Feuers kann wie in einem Meiler Holzkohle entstehen, die dann verwendet werden könnte. Das Kohlebereiten ist aber eine am Schabbat verbotene Arbeit.

476 2. Mose 31,*13*. Der volle Satzteil lautet: »Nur beachtet meine Schabbate.«

477 Damit wird auf das Anfangswort des Zitates Bezug genommen. Es wird nicht im ausschließlichen Sinn interpretiert, wie der Einwand es wollte, sondern im einschränkenden Sinn, der begründete Ausnahmen zuläßt.

478 2. Mose 31,*14*.

479 2. Mose 31,*16*. Der Vers geht weiter: »den Schabbat für ihre Geschlechter zu einem ewigen Bunde zu machen.« Damit die Erfüllung des Immerweiterfeierns gewährleistet werden kann, muß unter Umständen eine Schabbatentweihung gewagt werden.

um seinetwillen einen einzigen Schabbat, damit er viele Schabbate beachten kann.

Raw Jehuda sagte, Schmuel habe gesagt: Wenn ich dort gewesen wäre,[480] so hätte ich ihnen meinen Beleg gesagt, der trefflicher ist als der ihrige: *Er soll durch sie leben,*[481] aber nicht: Er soll durch sie sterben. Joma 85 b

Von der Hilfe durch Fremdgläubige am Schabbat

Wenn ein Fremdgläubiger eine Lampe anzündet, so darf sich einer aus Israel ihres Lichtes bedienen, wenn aber für einen aus Israel, ist es verboten.[482] Wenn er Wasser eingefüllt hat, um sein Vieh zu tränken, so darf einer aus Israel nach ihm tränken, wenn aber für einen aus Israel, ist es verboten. Wenn ein Fremdgläubiger einen Landungssteg errichtet hat, um auf ihm hinabzusteigen, so darf einer aus Israel nach ihm hinabsteigen, wenn aber für einen aus Israel, ist es verboten. So geschah es einmal, daß Rabban Gamliel und die Ältesten auf einem Schiff ankamen und einer aus den Völkern einen Landungssteg errichtete, um auf ihm hinabzusteigen; da stiegen die Ältesten auch auf ihm hinab. Mischna Schabbat XVI, 8

Der Segen beim Schabbatausgang

Als er an den Unterscheidungssegen kam,[483] stand sein Famulus auf und entzündete eine Fackel an einer Lampe. Er sagte zu

480 In Israelland bei der früheren, oben wiedergegebenen Debatte.

481 3. Mose 18,5.

482 Am Schabbat ist es zwar erlaubt, das Werk eines Andersglaubigen zu benützen, wenn es nicht im Auftrag oder im vorwiegenden Interesse von Juden getan wurde. Aber es ist Juden verboten, sich am Schabbat in einer direkten Weise etwas von einem aus den Völkern tun zu lassen.

483 Hier wird von einem Schabbatbesuch Jaakows, Achas Sohn, bei Rawa berichtet, wobei der Gast nach dem Sinn der Bräuche des Gastgebers fragt. – Am Ende des Schabbat wird bei Eintritt der Nacht ein Licht gebracht. Über diesem Licht, über einem Becher Wein und über Gewürzen wird der Segen gesprochen; darauf folgt der Unterscheidungssegen, der vom Schabbat wieder zum Alltag überleitet. Dieser Unterscheidungssegen wird auch beim schabbatabendlichen Gottesdienst in die vierte Bitte des Achtzehngebetes eingeschaltet.

ihm: Wozu soll dir all dies, wo doch eine Lampe dasteht? Er sagte zu ihm: Der Famulus handelte dabei nach seiner eigenen Meinung. Er sagte zu ihm: Hätte er es nicht von dem Herrn gehört, dann hätte er nicht so gehandelt. Er sagte zu ihm: Meint der Herr denn nicht, daß eine Fackel das Bestgewählte für das Gebot des Unterscheidungssegens ist? Dann begann er und sagte:[484] Der unterscheidet zwischen heilig und profan, zwischen Licht und Finsternis, zwischen Israel und den Völkern, zwischen dem siebten Tag und den sechs Tagen des Werkes.

Pesachim 103 b

Der Schabbat, ein Vorbote der Endzeit

Das Lied, das die Leviten am Heiligtum sangen: Am ersten Tag[485] sangen sie:[486] *Des Herrn ist die Erde und was sie füllt, der Boden und seine Bewohner;* am zweiten sangen sie:[487] *Groß ist der Herr und sehr zu preisen in der Stadt unseres Gottes, dem Berge seiner Heiligkeit;* am dritten sangen sie:[488] *Gott steht in der Gottesgemeinde, inmitten der Richter richtet er;* am vierten sangen sie:[489] *Gott der Ahndungen, Herr, Gott der Ahndungen, erscheine;* am fünften sangen sie:[490] *Jubelt Gott auf, unserer Stärke, jauchzet dem Gott Jakobs;* am sechsten sangen sie:[491] *Der Herr trat die Königsherrschaft an, in Hoheit hat er sich gekleidet . . .;* am Schabbat sangen sie:[492] *Ein Psalm; ein Lied für*

484 Der Segensspruch beginnt in üblicher Weise: »Gelobt seist du, Herr, unser Gott, König der Welt . . .«

485 Die jüdischen Wochentage haben keine Namen; es werden nur die Tage gezählt, bis als Schluß und Höhepunkt der Schabbat folgt. – In einer parallelen Gemara wird die Folge der Psalmenanfänge dem Gang des Schöpfungsberichtes entsprechend erklärt.

486 Psalm 24,*1;* weil Gott die Welt erschuf und sie regiert.

487 Psalm 48,*2;* weil er die Schöpfung teilte, um zu herrschen.

488 Psalm 82,*1;* weil er in seiner Weisheit den Grund für seine Gemeinde bereitete.

489 Psalm 94,*1*; weil er da Sonne und Mond erschuf, deren Diener er zukünftig bestraft.

490 Psalm 81,*2*; weil er da Vögel und Fische erschuf, seinen Namen zu preisen.

491 Psalm 93,*1*; weil er da sein Werk beendete und darüber herrscht.

492 Psalm 92,*1.*

den Tag des Schabbat – ein Psalm, ein Lied für die Zukunft, die da kommt, für den Tag, der ganz Schabbat, Ruhe ist, für das ewige Leben. Mischna Tamid VII, 4

DIE GROSSEN FESTE

Das Schlachten der Pesachlämmer im Tempel

Das Pesachopfer wurde in drei Abteilungen geschlachtet, denn es heißt:[493] *Dann sollen es alle schlachten: Die Versammlung der Gemeinde Israels* – die Versammlung, die Gemeinde und Israel. War die erste Abteilung eingetreten und der Tempelhof gefüllt, wurden die Tore des Tempelhofes geschlossen. Dann bliesen sie, dann trillerten sie, dann bliesen sie.[494] Die Priester stehen Reihen um Reihen, silberne Schalen und goldene Schalen in ihren Händen, eine Reihe, die silbern ist, die ist ganz silbern, und eine Reihe, die golden ist, die ist ganz golden, sie sind nicht vermischt. Und die Schalen haben keine Flachböden, sonst könnten sie diese absetzen, und das Blut könnte gerinnen. Hat einer aus Israel geschlachtet und ein Priester hat das Blut aufgefangen, so gibt er es seinem Gefährten und sein Gefährte wieder seinem Gefährten, und so empfängt jeder die volle und gibt die leere zurück; der Priester, der am nächsten beim Altar ist, schwingt es mit einem einzigen Schwung gegen den Grund.[495] Ging die erste Abteilung hinaus, dann trat die zweite Abteilung ein; ging die zweite hinaus, trat die dritte ein. Wie die erste tat, so tat die zweite und die dritte. Sie lasen das Loblied.[496] Wenn

493 2. Mose 12,6. Aus der Häufung der Substantive wurde auf die drei Gruppen geschlossen.

494 Mit dem Schofar, dem Widderhorn, das bei besonderen Anlässen geblasen wurde. Damit begann die Schlachtung der ersten Abteilung, während die übrigen noch vor geschlossenem Tor warten mußten, damit sich alles in der Ordnung vollziehen konnte.

495 An zwei Seiten des Altars war ein Vorsprung, an den das Opferblut geschüttet wurde.

496 Das »Loblied« besteht aus den Psalmen 113–118; es wurde von jeder Gruppe während der Opferzeremonien rezitiert.

sie es beendet hatten,[497] wiederholten sie es, und wenn sie es wiederholt hatten, sagten sie es zum dritten Mal; jedoch brauchten sie es nie ein drittes Mal zu sagen. Rabbi Jehuda sagt: Die dritte Abteilung kam niemals bis *Ich liebe, denn der Herr erhört,*[498] denn ihre Leute waren wenige.

Wie sie am Werktag taten, so taten sie am Schabbat, nur daß die Priester den Tempelhof abspülten, was aber die Weisen nicht wollten. Rabbi Jehuda sagt: Einer füllte einen Becher mit gemischtem Blut und schwang ihn mit einem einzigen Schwung auf den Altar; aber die Weisen stimmten ihm nicht zu.

Wie hängt man die Pesachlämmer auf und zieht sie ab? Eiserne Haken sind an Wänden und Pfeilern befestigt, an denen man diese aufhängt und abzieht. Für jeden, der keinen Platz zum Aufhängen und zum Abziehen hat, sind dünne, glatte Stäbe dort, die er auf seine Schulter und auf die Schulter seines Gefährten legt; so hängt er auf und zieht ab.

Mischna Pesachim V, 5–9

Festfreude für Kinder und Frauen

Unsere Meister lehrten: Alle sind zu diesen vier Bechern verpflichtet, Männer, Frauen und Kinder.[499] Rabbi Jehuda sagte: Welchen Nutzen haben denn Kinder vom Wein? Aber man verteilt ihnen am Vorabend von Pesach Röstkörner und Nüsse, damit sie nicht einschlafen und noch fragen können.[500] Sie sagten über Rabbi Akiwa, daß er Kindern am Vorabend von Pesach Röstkörner und Nüsse verteilte, damit sie nicht einschliefen und noch fragen konnten. Es wird gelehrt: Rabbi Elieser sagt: Man schnappt Mazzen in der Nacht von Pesach um der Kinder willen, damit sie nicht einschlafen.[501]

497 Das »Loblied« wurde nochmals begonnen, wenn die ganze Gruppe nach dem erstenmal noch nicht mit ihrem Opfer fertig war.

498 Psalm 116,*1*.

499 Im Verlaufe des Pesachmahles werden von jedem Tischgenossen vier Becher Wein getrunken.

500 Die Feier des Pesachmahles zieht sich bis weit in die Nacht hin. Die Kinder sollen trotzdem nicht einschlafen, da sie selber an der Liturgie beteiligt sind; dazu der nächste Abschnitt.

501 Für diese nicht mehr verstandene Gewohnheit gibt es in den Kommentaren viele Erklärungen: Man ißt von den ungesäuerten Brotfladen eilig,

Es wird gelehrt: Sie sagten über Rabbi Akiwa: Seiner Lebtage sagte er nicht: Die Zeit ist gekommen, im Lehrhaus aufzustehen, außer jeweils am Vorabend von Pesach und am Vorabend des Versöhnungstages. Am Vorabend von Pesach um der Kinder willen, damit diese nicht einschlafen; und am Vorabend des Versöhnungstages, damit sie ihren Kindern Essen geben.

Unsere Meister lehrten: Ein Mensch ist verpflichtet, seine Kinder und seine Hausgenossen am Wallfahrtsfeste zu erfreuen, denn es heißt:[502] *Du sollst erfreuen an deinem Feste* ... Womit erfreut er sie? Mit Wein. Rabbi Jehuda sagt: Männer mit dem, was für sie geeignet ist, und Frauen mit dem, was für sie geeignet ist. Männer mit dem, was für sie geeignet ist, nämlich mit Wein. Und womit Frauen? Raw Joseph lehrte: In Babylonien mit farbigen Gewändern, im Land Israel mit geglätteten Leinenkleidern.

Es wird gelehrt: Rabbi Jehuda, Beteras Sohn, sagt: Zu der Zeit, da das Heiligtum stand, gab es keine Festfreude ohne Fleisch, denn es heißt:[503] *Du sollst Friedensopfer schlachten und dort essen und sollst dich freuen vor dem Angesicht des Herrn, deines Gottes.* Jetzt aber, da das Heiligtum nicht besteht, gibt es keine Festfreude ohne Wein, denn es heißt:[504] *Wein erfreut des Menschen Herz.* Pesachim 108 b/109 a

Vom Pesachmahl

Am Vorabend von Pesach unmittelbar vor dem Nachmittagsgebet soll niemand mehr essen, bis es dunkelt. Sogar ein Armer in Israel soll nicht essen, bis er sich anlehnt.[505] Sie sollen ihm nicht

um die Wartezeit der Kinder zu verkürzen; man verteilt den Kindern schon Mazzen, ehe sie in der Liturgie an die Reihe kommen; man läßt sie nicht ganz satt essen, weil dies schläfrig macht, oder läßt sie nach Mazzen haschen, um sie munter zu halten.

502 5. Mose 16,*14*. Die biblische Form »Du sollst dich freuen« wird hier von den Meistern wohl anders vokalisiert gelesen, so daß sich der obige Sinn ergibt. Der Satz geht weiter: »du und dein Sohn und deine Tochter, dein Knecht und deine Magd ...«

503 5. Mose 27,*7*.

504 Psalm 104,*15*.

505 »Anlehnen« ist hier ein Ausdruck für das Pesachmahl. Die Sitte des Anlehnens ist ein Zeichen der Freiheit, da dies alter Brauch der Freien war.

weniger als vier Becher Wein geben, sogar, wenn er von der Armenschüssel erhält.[506]

Sie mischen ihm den ersten Becher.[507] Die vom Lehrhaus Schammais sagen: Er sagt den Segensspruch über den Tag, und danach sagt er den Segensspruch über den Wein; und die vom Lehrhaus Hillels sagen: Er sagt den Segensspruch über den Wein, und danach sagt er den Segensspruch über den Tag.

Dann bringen sie Kräuter und Lattich vor ihn.[508] Er tunkt den Lattich ein, noch ehe er zur Zukost der Mazzenstücke kommt.[509] Sie bringen Mazze, Lattich, Fruchtmus[510] und zwei Gerichte vor ihn; aber für das Fruchtmus gibt es kein Gebot. Rabbi Elasar, Zadoks Sohn, sagt: Es gibt ein Gebot dafür. Während des Heiligtums brachte man den Körper des Pesachlammes vor ihn.

Sie mischen ihm den zweiten Becher, und hier fragt der Sohn seinen Vater.[511] Und wenn der Sohn noch nicht die Kenntnis besitzt, so lehrt ihn sein Vater: Wie unterscheidet sich diese Nacht von allen anderen Nächten? Denn in allen anderen Nächten essen wir Gesäuertes und Mazze, diese Nacht lauter Mazze; denn in allen anderen Nächten essen wir allerlei Kräuter, diese Nacht Bitteres;[512] denn in allen anderen Nächten essen wir gebratenes, gedämpftes und gekochtes Fleisch, diese Nacht lauter

506 Nur die Allerärmsten, die nicht einmal genug für zwei Mahlzeiten hatten, bekamen Essen aus einer Armenküche. Doch sogar diesen Ärmsten sollten die Almosenaufseher am Pesachabend vier Becher Wein geben. Jeder Jude trinkt am Pesachabend vier Becher Wein entsprechend den vier Ausdrücken der Erlösung in 2. Mose 6,6 *f*.

507 Der starke israelische Wein wurde mit Wasser vermischt. Wenn dem Hausvater eingeschenkt wurde, begann das Mahl.

508 »Kräuter und Lattich« fehlt in den kursierenden Ausgaben; deshalb erklären manche, der Tisch mit dem Essen sei erst nach dem Segen über den ersten Becher hereingebracht worden.

509 Unter »Zukost« ist hier das Bitterkraut zu verstehen.

510 Das Fruchtmus ist ein Gemisch aus Äpfeln und Nüssen, mit Wein oder Essig angemacht, und soll mit seinem Aussehen an den Mörtel erinnern, mit dem die Israeliten im Frondienst in Ägypten bauen mußten.

511 Er fragt den Vater nach der Bedeutung all der auffallenden Gebräuche des Mahles.

512 Das »Bittere« besteht in der Hauptsache aus Meerrettich.

gebratenes; denn in allen anderen Nächten sind wir auch nicht ein einziges Mal einzutunken verpflichtet, diese Nacht zweimal. Und entsprechend der Kenntnis des Sohnes lehrt ihn sein Vater. Er beginnt mit dem Beschämenden[513] und schließt mit dem Rühmlichen und legt aus:[514] *Ein umherirrender Aramäer war mein Vater,* bis er diesen Abschnitt ganz und gar vollendet hat.

Rabban Gamliel sagte: Jeder, der an Pesach nicht von diesen drei Dingen redet, der hat seine Pflicht nicht erfüllt. Und diese sind es: Pesachopfer, Mazze und Bitteres. Pesachopfer – weil der Allgegenwärtige die Häuser unserer Väter in Ägypten übergangen hat,[515] wie es heißt:[516] *So sollt ihr sagen: Das ist das Pesachopfer für den Herrn, der übergangen hat ...*; Mazze – weil unsere Väter in Ägypten erlöst wurden, wie es heißt:[517] *Sie backten den Teig, den sie aus Ägypten mitgenommen hatten*; Bitteres – weil die Ägypter das Leben unserer Väter in Ägypten verbittert haben, wie es heißt:[518] *Sie verbitterten ihnen das Leben.*

In jeder einzelnen Generation ist ein Mensch verpflichtet, sich selbst so zu betrachten, als ob er aus Ägypten gezogen sei, denn es heißt:[519] *Du sollst es deinem Sohn an jenem Tag also erzählen: Um des willen, was der Herr für mich getan hat, als ich aus Ägypten zog.* Darum sind wir verpflichtet, zu danken, zu loben, zu rühmen, zu verherrlichen, zu erheben, zu verehren, zu segnen, zu erhöhen und zu huldigen dem, der an unseren Vätern und an uns allen diese Wunder getan hat. Er hat uns aus der Knechtschaft zur Freiheit geführt, aus dem Kummer zur Freude, aus der Trauer zum Fest, aus der Finsternis in großes

513 Am Anfang der Pesachliturgie wird an die Knechtschaft Israels in Ägypten (5. Mose 6,*21*) und dann an die heidnische Vergangenheit der Vorfahren Abrahams (Josua 24,*2*) erinnert.

514 5. Mose 26,*5*.

515 Dies ist ein Versuch, das Wort Pesach als »Verschonungsfest« zu erklären: »Er hat übergangen« heißt im Hebräischen »pasach«.

516 2. Mose 12,*27*.

517 2. Mose 12,*39*. Der Vers geht weiter: »zu Fladen, denn er hatte nicht gesäuert.«

518 2. Mose 1,*14*.

519 2. Mose 13,*8*.

Licht, aus der Sklaverei zur Erlösung. So wollen wir vor ihm sagen:[520] *Lobet den Herrn!*

Bis wohin sagt er? Die vom Lehrhaus Schammais sagen: Bis *Die Mutter der Söhne ist freudig;*[521] und die vom Lehrhaus Hillels sagen: Bis *Einen Kiesel zum Wasserquell.*[522] Und er beschließt mit einem Segensspruch von der Erlösung. Rabbi Tarphon sagt: Der uns erlöst hat und der unsere Väter erlöst hat aus Ägypten; und er beschloß nicht mit einem Segensspruch. Rabbi Akiwa sagt: So möge der Herr, unser Gott, und der Gott unserer Väter uns zu anderen Festzeiten und Wallfahrtsfesten, die auf uns zukommen, in Frieden gelangen lassen, erfreut über den Bau deiner Stadt und fröhlich über deinen Dienst; und wir wollen dort von Pesachopfern und von Schlachtopfern essen. Bis: Gelobt seist du, Herr, der Israel erlöst.

Sie mischen ihm den dritten Becher, und er sagt den Segensspruch über das Mahl; – den vierten, über dem er das Loblied beendet und über dem er den Liedsegen sagt.[523] Während er zwischen jenen Bechern[524] trinken mag, wenn er zu trinken wünscht, soll er zwischen dem dritten und dem vierten nicht trinken.

Mischna Pesachim X, 1 – 7

Die zum Teil sehr ausführliche Gemara ist dabei jeweils ausgelassen.

Der Schnitt der Erstlingsgarbe

Es ist ein Gebot, die Erstlingsgarbe[525] aus der Nähe zu bringen;

520 Psalm 113,*1*. Der Anfang des sogenannten (ägyptischen) Lobliedes, Psalm 113–118, das einen Bestandteil der Pesachliturgie bildet.

521 Psalm 113,*9*; der Schluß des ersten Psalmes des ägyptischen Lobliedes.

522 Psalm 114,*8*; der Schluß des zweiten Psalmes aus dem Loblied enthält eine Erinnerung an 2. Mose 17,*6*.

523 Die anschließende Gemara behandelt die Frage, um welches Gebet es sich dabei handle.

524 Zwischen dem ersten und dem dritten Becher kann zusätzlich getrunken werden.

525 Diese Garbe wurde als erste in ganz Israel geschnitten und in Jerusalem dargebracht. Vorher durfte von der neuen Ernte nichts gegessen werden. Das war der Beginn der Ernte, und man zählte von da ab sieben Wochen und einen Tag bis zum Wochenfest, an dem zwei Brote aus dem Mehl der neuen Ernte vor den Herrn gebracht wurden. Vorher durfte von der neuen Ernte kein Speiseopfer gebracht werden.

war in der Nähe von Jerusalem noch keine reif, konnte man sie von jedem anderen Ort bringen. Es geschah einmal, daß die Erstlingsgarbe aus Gagot Zrifin kam und die beiden Opferbrote vom Tal Ein Socher.[526]

Auf welche Weise machten sie es? Boten des Gerichtshofs zogen am Vorabend des Festes aus und machten Bündel von dem Getreide, das noch mit dem Boden verbunden war, damit es leichter zu schneiden sei. Aus allen benachbarten Städten kamen sie dorthin zusammen, da das Schneiden ein großes Ereignis sein sollte. Sobald es dunkelt, sagt er zu ihnen:[527] Ist die Sonne untergegangen? Sie sagen: Ja. Ist die Sonne untergegangen? Sie sagen: Ja. Mit dieser Sichel? Sie sagen: Ja. Mit dieser Sichel? Sie sagen: Ja. In diesen Korb? Sie sagen: Ja. In diesen Korb? Sie sagen: Ja. Am Schabbat sagt er zu ihnen: An diesem Schabbat?[528] Sie sagen: Ja. An diesem Schabbat? Sie sagen: Ja. Soll ich schneiden? Dann sagen sie zu ihm: Schneide! Soll ich schneiden? Dann sagen sie zu ihm: Schneide! So sagt er jede einzelne Sache dreimal, und sie sagen zu ihm: Ja, ja, ja. Wozu all dies? Wegen der Boethusäer,[529] die sagen: Es gibt kein Schneiden der Erstlingsgarbe am Ausgang des Festes.

Mischna Menachot VI, 2f.
ohne die dazwischenliegende Gemara.

Die sieben Erstlingsfrüchte

Man bringt Erstlinge nur von sieben Arten,[530] aber nicht von

526 Dazu Sota 49b, Seite 220.

527 Der Schnitter ruft dem versammelten Volk zu, das jeweils mit einem Zuruf antwortet.

528 So fragt er, weil Ernten sonst am Schabbat verboten ist.

529 Die Boethusäer waren eine jüdische Gruppe, die ähnlich den Sadduzäern in vielen Auslegungen von den Pharisäern abwichen. Sie wollten nach 3. Mose 23,*11* die Erstlingsgarbe am Tag nach dem ersten Schabbat nach Pesach darbringen, während die Pharisäer »Schabbat« hier allgemein als Ruhetag, Festtag auslegten. Deshalb wurde die Garbe schon zum Abschluß des ersten Festtages von Pesach gemäht und am folgenden Tag dargebracht.

530 Für sieben Arten von Früchten war das Land Israel berühmt: Weizen,

Datteln aus den Bergen oder von Früchten aus den Tälern,[531] und nicht von Öloliven, die nicht von den erlesensten sind. Man bringt Erstlinge nicht vor dem Schlußfest.[532] Die Männer vom Berg Zeboim[533] brachten ihre Erstlinge vor dem Schlußfest, und sie nahmen diese nicht von ihnen an, weil in der Weisung geschrieben steht:[534] *Und das Fest des Schneidens, der Erstlinge deiner Werke, dessen, was du säst auf dem Feld.*

Mischna Bikkurim I, 3

Die Darbringung der Erstlinge

Auf welche Weise sondert man die Erstlinge ab? Geht ein Mensch zu seinem Feld hinab und sieht eine Feige, die reif ist,[535] eine Traube, die reif ist, und einen Granatapfel, der reif ist, so umbindet er sie mit einer Binse und sagt: Siehe, diese sollen Erstlinge sein. Rabbi Schimon sagt aber: Dennoch benennt er sie nochmals als Erstlinge, nachdem sie vom Boden abgelöst sind.

Auf welche Weise schaffte man die Erstlinge hinauf?[536] Aus allen Städten, die zu einem Standbezirk gehörten,[537] kamen sie zur Stadt des Standbezirkes zusammen. Man übernachtete auf den Straßen der Stadt und betrat die Häuser nicht.[538] Frühmor-

Gerste, Weintrauben, Feigen, Granatäpfel, Öloliven und Dattelhonig; dazu 5. Mose 8,*8*.

531 Außer Datteln sind die in den Tälern gewachsenen Früchte nicht die besten.

532 Das Wochenfest wird im Talmud als das Schlußfest von Pesach bezeichnet, da es die an Pesach beginnende sogenannte Omerzeit (Omer ist die Erstlingsgarbe), in der die Tage gezählt werden, abschließt.

533 Dazu Nehemia 11,*34*.

534 2. Mose 23,*16*.

535 Feigen reifen als erste Früchte. Wer die erste reife Frucht auf seinem Land sieht, kennzeichnet diese. Die zuerst gereifte Frucht jeder der oben genannten sieben Arten wird zum Fest in den Tempel gebracht.

536 Von den Kreisstädten aus gingen die Festzüge »hinauf gen Jerusalem«.

537 Das Land war in 24 Standbezirke eingeteilt, die den 24 Priesterabteilungen entsprachen. Die einzelnen Bezirke schickten für jeweils eine Woche abwechselnd Abordnungen, »Standmannschaften«, nach Jerusalem, die als Vertreter der Gesamtheit dem Opferdienste beiwohnten.

538 Keiner sollte durch eventuelle Berührung mit einem Toten zum Festgottesdienst untauglich werden; dazu Ohalot I, 1–4, Seite 539 f.

gens sagte der Vorsteher:[539] *Steht auf, wir wollen hinauf gen Zion steigen, zum* Haus des *Herrn, unseres Gottes!*

Die aus der Nähe brachten Frischfeigen und Weintrauben, und die aus der Ferne brachten Dörrfeigen und Rosinen.[540] Und der Stier[541] ging vor ihnen her, seine Hörner waren goldbelegt, und ein Kranz von Ölbaumzweigen[542] war auf seinem Kopf. Die Flöte spielte vor ihnen her, bis sie in die Nähe von Jerusalem gelangten. Waren sie dann in die Nähe von Jerusalem gelangt, schickten sie vor sich her[543] und bekränzten ihre Erstlinge. Die Statthalter, die Fürsten[544] und die Schatzmeister gingen hinaus, ihnen entgegen, und zwar gingen sie entsprechend der Gewichtigkeit der Eintretenden hinaus.[545] Und alle Handwerker in Jerusalem standen vor ihnen auf[546] und entboten ihnen den Friedensgruß: Unsere Brüder, Männer des Ortes Soundso, kommet im Frieden!

Die Flöte spielte vor ihnen her, bis sie zum Tempelberg gelangten. Waren sie dann zum Tempelberg gelangt, so nahm selbst König Agrippa den Korb auf seine Schulter und trat ein, bis er zum Vorhof gelangte. War er dann zum Vorhof gelangt, so sangen die Leviten das Lied:[547] *Ich erhebe dich, Herr, denn du hast mich emporgezogen, ließest meine Feinde sich meiner nicht freuen.*

539 Indem er Jeremia 31,6 zitierte (wobei das Wort »Haus« dem Bibeltext zugefügt wurde), gab der Anführer der Standmannschaft das Zeichen zum Aufbruch. Bei diesem Aufstieg zum Tempel wurden nach dem Jerusalemischen Talmud die sogenannten Aufstiegspsalmen (Psalm 120 – Psalm 134) gesungen.

540 Bei den fern von Jerusalem Wohnenden wären sonst die Früchte unterwegs bei der um diese Jahreszeit schon herrschenden Hitze verfault.

541 Der Stier, der zum Friedensopfer bestimmt war.

542 Ölbäume tragen das reichste Laub, das als Symbol der als Erstlinge gebrachten Früchte dient.

543 Boten meldeten das Kommen des Zuges.

544 »Statthalter« meint hier die Häupter der Priester, »Fürsten« die Vorsteher der Leviten.

545 Nach der Größe der Prozession richtete sich die Größe der Abordnung, die jener den Empfang bereitete.

546 Indem die Handwerker ihre Arbeit ruhen ließen, um den Zug zu begrüßen, bekundeten sie ihre Liebe zum Gebot.

547 Psalm 30,2.

Die Jungtauben an den Körben[548] wurden als Brandopfer genommen; und was sie in ihrer Hand hatten,[549] gaben sie den Priestern.

Während er noch den Korb auf seiner Schulter hatte, las er von[550] *Ich zeige heute dem Herrn, deinem Gott, an,* bis er den ganzen Abschnitt beendet hatte. Rabbi Jehuda sagt: Bis[551] *Ein umherirrender Aramäer war mein Vater.* War er zu *Ein umherirrender Aramäer war mein Vater* gelangt, so nahm er den Korb von seiner Schulter ab und ergriff ihn an seinen Rändern, und ein Priester legte seine Hand unter ihn und schwang ihn; dann las er[552] von *Ein umherirrender Aramäer war mein Vater,* bis er den ganzen Abschnitt beendet hatte. Dann setzte er ihn an die Seite des Altars nieder, warf sich anbetend hin und ging hinaus. Mischna Bikkurim III, 1–6

Das Fest der Weisung

Rabbi Elasar sagte: Alle stimmen hinsichtlich des Schlußfestes überein, daß wir auch da das *Für euch*[553] nötig haben. Was ist der Grund? Es ist der Tag, an dem die Weisung gegeben wurde.

Pesachim 68 b

Neujahr, Tag des Gerichts

Rabbi Jehuda sagt: Alles wird an Neujahr gerichtet, und das

548 Die Tauben hingen an den Körben, damit die Früchte nicht beschmutzt wurden.

549 Das sind Erstlinge, die außerhalb der Körbe gebracht wurden, nach manchen auch weitere Tauben.

550 5. Mose 26,*3*; er sagte das ganze Bekenntnis, das bis zu Vers *10* geht.

551 5. Mose 26,*5*.

552 Manche meinen, der Priester habe nun diesen Abschnitt zitiert, andere, wieder der darbringende Israelit.

553 4. Mose 29,*35*. Auch das Schlußfest ist wie andere Feste nicht nur »für den Herrn« (nach 5. Mose 16,*8*) bestimmt, nämlich nicht nur für das Studium der Schrift, sondern auch »für euch« (nach 4. Mose 29,*35*), nämlich zum Feiern: zum Essen, Trinken und Fröhlichsein. Die Verleihung der Weisung ist der Grund dieses Feierns am Schlußfest. Am sechsten Tag des dritten Monats (Siwan), auf den dieses Fest fällt, wurde nach alter jüdischer Tradition die Weisung gegeben; dazu 2. Mose 19,*1*.

Urteil eines jeden Einzelnen wird zu seiner Zeit besiegelt:[554] An Pesach über das Getreide, am Schlußfest über die Baumfrüchte, am Hüttenfest wird über das Wasser gerichtet. Der Mensch wird aber an Neujahr gerichtet, und sein Urteil wird am Versöhnungstag besiegelt.

Rabbi Jose sagt: Der Mensch wird an jedem Tag gerichtet, denn es heißt:[555] *Du suchst ihn heim, Morgen für Morgen.* Rabbi Natan sagt: Der Mensch wird in jeder Stunde gerichtet, denn es heißt:[556] *Augenblick für Augenblick prüfst du ihn.*

Rosch Haschana 16a

Die drei offenen Bücher

Rabbi Kruspedai sagte, Rabbi Jochanan habe gesagt: Drei Bücher sind an Neujahr geöffnet, eins der vollendet Frevelhaften, eins der vollendet Bewährten und eins der Dazwischenstehenden. Die vollendet Bewährten werden eingeschrieben und auf der Stelle zum Leben besiegelt;[557] die vollendet Frevelhaften werden eingeschrieben und auf der Stelle zum Tode besiegelt; die Dazwischenstehenden bleiben schweben von Neujahr bis zum Versöhnungstag: erweisen sie sich als würdig, so werden sie zum Leben eingeschrieben, erweisen sie sich nicht als würdig, so werden sie zum Tod eingeschrieben.

Rabbi Awin sagte: Was ist der Schriftbeweis dafür?[558] *Gewischt seien sie aus dem Buche des Lebens, und mit den Bewährten seien sie nicht geschrieben. Gewischt seien sie aus dem Buche* – dies ist das Buch der vollendet Frevelhaften; *des Lebens*[559] – dies ist das Buch der Bewährten; *und mit den Bewährten seien*

554 An Neujahr werden die Taten des vergangenen Jahres beurteilt und danach auch das Wachstum und die Ernte für das kommende Jahr bestimmt.

555 Hiob 7,*18a*.

556 Hiob 7,*18b*.

557 Bei Juden ist es üblich, sich am Abend des Neujahrsfestes gegenseitig mit dem Wunsch zu begrüßen: »Zu einem guten Jahr mögest du eingeschrieben und besiegelt werden.«

558 Psalm 69,*29*.

559 Rabbi Awin löste den grammatischen Zusammenhang auf, so daß der Genitiv als Nominativ gelesen und als »das Leben« oder (was eine andere Möglichkeit der Übersetzung ist) »die Lebendigen« gedeutet wurde.

sie nicht geschrieben – dies ist das Buch der Dazwischenstehenden.

Raw Nachman, Jizchaks Sohn, sagte es von hier:[560] *Und wenn nicht, so wische mich doch aus deinem Buche, das du schreibst! So wische mich doch* – dies ist das Buch der Frevelhaften; *aus deinem Buche* – dies ist das Buch der Bewährten; *das du schreibst* – dies ist das Buch der Dazwischenstehenden.

Rosch Haschana 16 b

Das Schweigen

Rabbi Awahu sagte: Die Dienstengel sagten vor dem Heiligen, gelobt sei er: Herr der Welt, weshalb sagt Israel an Neujahr und am Versöhnungstag kein Lied vor dir?[561] Er sprach zu ihnen: Ist das möglich: Der König sitzt auf dem Gerichtsstuhl, die Bücher des Lebens und die Bücher des Todes sind geöffnet vor seinem Angesicht – und Israel sagt ein Lied?

Rosch Haschana 32 b

Bindung und Lösung

Rabbi Awahu sagte: Warum bläst man mit dem Horn eines Widders?[562] Es sprach der Heilige, gelobt sei er: Blaset vor mir mit dem Horn eines Widders, damit ich für euch der Bindung Isaaks, des Sohnes Abrahams, gedenke,[563] und ich es euch gelten lasse, als ob ihr euch selbst vor mir gebunden hättet.

Rosch Haschana 16 a

Vom Versöhnungstag

Er kam zu dem Bock, der fortgeschickt wurde,[564] stützte seine

560 2. Mose 32,*32*.

561 An den großen Festen, Pesach, Schlußfest und Laubhüttenfest, wird das Loblied (Psalm 113–118) gesagt, nicht aber an Neujahr und am Versöhnungstag.

562 Vor und an Neujahr wird im Gottesdienst mit einem Widderhorn geblasen.

563 Weil nach 1. Mose 22,*13* an Isaaks Stelle ein Widder geopfert wurde.

564 Am Versöhnungstag wurden zwei gleiche Böcke vor den Hochpriester

beiden Hände auf ihn und bekannte. Und so sagte er: Ach Herr, sie haben sich verfehlt, vergangen und verschuldet vor dir, dein Volk, das Haus Israel. Ach Herr, sühne doch die Verfehlungen, Vergehen und Schulden, mit denen sie sich verfehlt, vergangen und verschuldet haben vor dir, dein Volk, das Haus Israel, wie geschrieben steht in der Weisung deines Knechtes Mose, also:[565] *Denn an diesem Tag sühnt man für euch, um euch zu reinigen; von all euren Übertretungen vor dem Herrn werdet ihr rein.* Sobald die Priester und das Volk, die im Vorhof standen, den Namen deutlich aussprechen hörten, der aus dem Munde des Hohenpriesters kam,[566] beugten sie ihre Knie und warfen sich nieder, fielen auf ihr Angesicht und sagten: Gelobt sei der Name seines herrlichen Königtums auf ewig und immerdar. Den Bock übergaben sie dem, der ihn hinausführen sollte.

Mischna Joma VI, 2

Umkehr und Vergebung

Sündopfer und Schuldopfer für Gewisses[567] sühnen; Tod und Versöhnungstag sühnen zusammen mit der Umkehr. Umkehr sühnt wegen leichterer Übertretungen: sei es wegen Gebotenem oder sei es wegen Verbotenem; aber wegen schwererer bleibt die Strafe in der Schwebe, bis der Versöhnungstag kommt und sühnt. Wer sagt: Ich will mich verfehlen und umkehren, mich verfehlen und umkehren, dem lassen sie[568] nicht gelingen, Umkehr zu tun; – Ich will mich verfehlen, und der Versöhnungstag sühnt es, dem sühnt es der Versöhnungstag nicht. Übertretungen zwischen einem Menschen und dem Allgegenwärtigen sühnt der Versöhnungstag; Übertretungen zwischen einem Menschen und

gebracht: einer wurde durchs Los zum Opfer für Gott bestimmt, der andere dazu, mit der Sünde des Volkes beladen in die Wüste geschickt zu werden.

565 3. Mose 16,*30*.

566 Allein bei dieser Gelegenheit wurde der Gottesname einmal jedes Jahr im Allerheiligsten vom Hochpriester ausgesprochen.

567 »Schuldopfer für Gewisses« ist ein Opfer zur Sühne von bestimmten Vergehen, wenn die Schuld klar zutage liegt.

568 Die Engel hindern ihn in Gottes Auftrag an der Umkehr.

seinem Gefährten sühnt der Versöhnungstag nicht, bis er seinen Gefährten besänftigt.

Rabbi Elasar, Asarjas Sohn, legte aus:[569] *Von allen euren Übertretungen vor dem Herrn werdet ihr rein.* Übertretungen zwischen einem Menschen und dem Allgegenwärtigen sühnt der Versöhnungstag; Übertretungen zwischen einem Menschen und seinem Gefährten sühnt der Versöhnungstag nicht, bis er seinen Gefährten besänftigt.

Rabbi Akiwa sagte: Wohl euch, Israel! Vor wem reinigt ihr euch? Wer reinigt euch? Euer Vater im Himmel; denn es heißt:[570] *Ich sprenge reines Wasser auf euch, daß ihr rein werdet.* Und ferner sagt die Schrift:[571] *Tauchbad Israels – der Herr.* Wie ein Tauchbad die Makligen reinigt, so reinigt auch der Heilige, gelobt sei er, Israel. Mischna Joma VIII, 8 f.

Einladung zur Versöhnung

Rabbi Abba hatte etwas gegen Rabbi Jirmeja. Er ging und setzte sich ans Tor Rabbi Abbas.[572] Als seine Magd Wasser ausschüttete, trafen einige Wassertropfen seinen Kopf. Da sagte er: Sie haben mich wie Kot gemacht. Da las er in bezug auf sich:[573] *Den Dürftigen hebt er vom Kot.* Rabbi Abba hörte es, kam zu ihm heraus und sagte zu ihm: Jetzt muß ich zu dir herauskommen, denn es steht geschrieben:[574] *Geh, erniedrige dich, und bestürme deinen Nächsten!*

Wenn Rabbi Seïra etwas gegen jemand hatte, ging er wiederholt an ihm vorüber und zeigte sich ihm, damit dieser von selbst herankomme. Joma 87 a

569 3. Mose 16,*30*.
570 Hesekiel 36,*25*.
571 Jeremia 17,*13*. Die Auslegung Rabbi Akiwas beruht auf dem Gleichlaut der hebräischen Worte für »Hoffnung« und »Tauchbad«.
572 Der Beleidigte setzte sich vor das Haus des Beleidigers, um ihm Gelegenheit zur Versöhnung zu geben.
573 1. Samuel 2,*8* (parallel Psalm 113,7).
574 Sprüche 6,*3*. Im biblischen Zusammenhang handelt es sich um einen, der seinen Genossen plagt, ihm eine Bürgschaft zu erlassen.

Vom Fasten am Versöhnungstag

Der Versöhnungstag verbietet das Essen und das Trinken, das Waschen und das Salben, das Anziehen von Sandalen und den Beischlaf. Aber ein König und eine Braut waschen ihr Gesicht, und eine Wöchnerin zieht Sandalen an – so die Worte Rabbi Eliesers; aber die Weisen verbieten es.

Kinder läßt man am Versöhnungstag nicht fasten; aber man gewöhnt sie ein Jahr zuvor oder zwei Jahre zuvor daran,[575] damit sie sich in den Geboten üben.

Eine Schwangere, die Duft wahrnahm,[576] lasse man essen, bis sie erquickt ist. Einen Kranken lasse man nach dem Ermessen von Erfahrenen essen; und wenn keine Erfahrenen da sind, lasse man ihn nach seinem eigenen Ermessen essen, bis er sagt: Es ist genug.

Mischna Joma VIII, 1, 4 und 5

Die zum Teil sehr ausführliche Gemara ist dabei jeweils ausgelassen.

Von Mutterleib an

Eine Schwangere nahm Duft wahr.[577] Als sie vor Rabbi kamen,[578] sagte er zu ihnen: Geht, flüstert ihr zu, daß es Versöhnungstag ist. Sie flüsterten ihr zu, und das Flüstern half. Er las über ihr:[579] *Ehe ich dich bildete im Mutterleibe, habe ich dich erkannt* ... Aus ihr ging Rabbi Jochanan hervor.

Eine Schwangere nahm Duft wahr. Als sie vor Rabbi Chanina kamen, sagte er zu ihnen: Flüstert ihr zu! Aber das Flüstern half nicht. Er las über ihr:[580] *Abgekehrt sind die Frevler*

575 Mädchen werden mit zwölf und Buben mit dreizehn Jahren religiös mündig; schon geraume Zeit zuvor beginnen sie aber damit, sich darauf vorzubereiten.

576 Wenn sie am Versöhnungstag, an dem sie doch eigentlich fasten sollte, durch den Geruch einer Speise allzu großes Gelüsten bekommt.

577 Dazu die vorige Stelle.

578 Um seinen Rat einzuholen, was in diesem Falle zu tun sei.

579 Jeremia 1,5. Der Vers wurde von Rabbi Jehuda, dem Fürsten, auf das Kind dieser Mutter bezogen.

580 Psalm 58,4.

vom Mutterschoß an. Aus ihr ging Schabbatai hervor, der Frucht hortete.[581] Joma 82 b/83 a

Vom Bau der Laubhütte

Eine Laubhütte,[582] die höher ist als zwanzig Ellen,[583] ist unbrauchbar. Rabbi Jehuda aber erklärt sie für brauchbar. Eine, die nicht zehn Handbreiten hoch ist,[584] und eine, die nicht drei Wände hat,[585] und eine, die mehr Sonne als Schatten hat,[586] ist unbrauchbar. Mischna Sukka I, 1

In der Laubhütte

Unsere Meister lehrten: Während der ganzen sieben Tage macht einer seine Laubhütte[587] zum feststehenden und sein Haus zum gelegentlichen Aufenthalt. In welcher Weise? Hat er schöne Geräte, bringt er sie zur Laubhütte hinauf,[588] schöne Liegepolster, bringt er sie zur Laubhütte hinauf; er ißt und trinkt und ergeht sich in der Laubhütte. Sukka 28 b

581 Wie er schon im Mutterleibe nach der Speise gierig war, ohne auf Gebot und Sitte zu hören, so hortete dieser sonst Unbekannte später Lebensmittel, um auf diese verächtliche Weise die Preise in die Höhe zu treiben, was großes Elend für die Armen bedeutete.

582 Dazu 3. Mose 23,*33 ff.*, besonders Vers *42.*

583 Eine Elle ist etwa 60 Zentimeter.

584 Diese Höhe ist von der Höhe der Bundeslade bestimmt; dazu 2. Mose 25,*10* und *25.*

585 Die Hütte soll drei feste Wände haben, die Wind und Wetter standhalten.

586 Die obere Öffnung wird durch belaubte Zweige bedeckt, die vom Boden getrennt sind. Sie sollen so dicht sein, daß mehr Schatten als Sonne in der Hütte ist (die hebräische Bezeichnung der Laubhütte kommt von einem Wort für bedecken, beschatten), aber so locker, daß nachts die großen Sterne sichtbar sind.

587 Dieses dritte und letzte Wallfahrtsfest von der Dauer einer Woche war ursprünglich das abschließende Erntefest für die Baumfrüchte. Dazu gehörte das Wohnen in einer Hütte aus Baumzweigen, was später als Erinnerung an die Zelte der Wüstenwanderung verstanden wurde.

588 Die Hütte wurde häufig auf dem flachen Dach errichtet.

Der Weidenumzug

In welcher Weise wurde das Gebot der Bachweide ausgeführt? Unterhalb Jerusalems gab es einen Ort, der Moza genannt wurde.[589] Dorthin gingen sie hinunter und sammelten von dort große Bachweidenzweige und kamen und steckten sie an den Seiten des Altars auf, daß ihre Spitzen sich über den Altar neigten. Sie bliesen, sie trillerten, sie bliesen.[590] An jedem Tag[591] umzogen sie den Altar einmal und sagten:[592] *Ach Herr, hilf doch; ach Herr, laß doch gelingen!* Rabbi Jehuda sagt: Ich und Er,[593] *hilf doch!* Und an diesem Tag[594] umzogen sie den Altar siebenmal. Was sagten sie in der Stunde ihres Abschieds? Dein, Altar, ist Schönheit; dein, Altar, ist Schönheit. Rabbi Elieser sagt:[595] Ihm und dir, Altar; Ihm und dir, Altar. Mischna Sukka IV, 5

Vom Feststrauß

Es wird gelehrt: Rabbi Elasar, Zadoks Sohn, sagt: So war es Brauch bei den Männern Jerusalems: Verließ einer sein Haus, so war der Feststrauß[596] in seiner Hand. Ging er zur Synagoge, war der Feststrauß in seiner Hand. Las er das Bekenntnis *Höre* und sagte er das Gebet,[597] so war der Feststrauß in seiner Hand. Las er in der Weisung oder erhob er seine Hände,[598] legte er ihn auf den Boden. Sukka 41 b

589 Nach der Gemara handelt es sich um eine Militärkolonie, die von manchen mit Emmaus identifiziert wird.
590 Mit dem Widderhorn wurden verschiedene Signale gegeben.
591 Während der ersten sechs Tage des Festes.
592 Psalm 118,25.
593 Rabbi Jehuda meinte, sie hätten diese Umschreibung für den Gottesnamen gebraucht, der nicht ausgesprochen wurde. »Ich und Er« klingt im Hebräischen ganz ähnlich wie »Ach Herr«.
594 Am siebten Tag des Festes.
595 Nach Rabbi Elieser ist dem Altar und Gott solche Schönheit zugesprochen worden.
596 Der Feststrauß besteht aus vier Teilen: Palmzweig, Myrte, Bachweide und Etrog (eine Zitrusfrucht).
597 Dazu die Einleitung zum Abschnitt Gebet, Seite 464 ff.
598 Nämlich zum Priestersegen.

Der Fürsprecher

Rabbi Elieser sagte: Diese vier Arten[599] sind nur dazu bestimmt, Fürsprache für das Wasser zu halten.[600] Wie diese vier Arten unmöglich sind ohne das Wasser, so ist es unmöglich für die Welt, ohne Wasser zu sein. Taanit 2b

Wie die Schöpfung

Rabbi Chama, Rabbi Chaninas Sohn, sagte: Ein Regentag ist so groß wie der Tag, an dem Himmel und Erde erschaffen wurden, denn es heißt:[601] *Träufelt, Himmel, von oben, die Lüfte sollen das Recht rieseln, die Erde soll sich öffnen, Hilfe sollen sie fruchten lassen, und Gerechtigkeit soll sie sprießen lassen zumal; Ich, der Herr, habe es erschaffen.* Sie erschaffen – so heißt es nicht, sondern: *es erschaffen.* Taanit 7 b

Wie die Sammlung

Rabbi Jochanan sagte: Ein Regentag ist so groß wie der Tag der Sammlung der Zerstreuten, denn es heißt:[602] *Laß uns Wiederkehr kehren, Herr, wie den Bachbetten im Trockenland!*

Taanit 8 b

Die Freude des Wasserschöpfens

Wer die Freude an der Stätte des Schöpfens nicht gesehen, hat seiner Lebtag keine Freude gesehen.

Beim Ausgang des ersten Feiertages des Festes gingen sie zum

599 Die vier Bestandteile des Feststraußes; dazu die vorige Stelle.

600 Am Laubhüttenfest wird im Gebet der Regen erwähnt, denn gleich nach dem Fest werden die herbstlichen Frühregen erwartet, die das ausgedörrte Land wieder beleben; sonst drohen Dürre und Hungersnot.

601 Jesaja 45,*8*. Gottes Recht ist hier als Bildwort für den die Erde befruchtenden Regen verstanden. Der Ausleger macht darauf aufmerksam, daß im letzten Satz das Objekt der Schöpfung in der Einzahl steht, und bezieht es auf den Regen.

602 Psalm 126,*4*. Sobald es im Winterhalbjahr regnet, führen die im Sommer völlig ausgetrockneten Flußbette gewaltige Wassermassen.

Frauenvorhof hinunter,[603] wo man die Einrichtungen verbessert hatte.[604] Da waren goldene Leuchter mit vier goldenen Schalen an ihren Spitzen und vier Leitern zu jeder einzelnen. Vier Jünglinge aus der Blüte der Priesterschaft, in ihren Händen Ölkrüge zu hundertzwanzig Log,[605] füllten Schale um Schale.

Aus den Fetzen der Priesterbeinkleider und ihren Gürteln[606] drehte man Dochte und entzündete sie damit. Es gab kein Gehöft in Jerusalem, das nicht vom Licht der Stätte des Schöpfens erleuchtet wurde.

Fromme und Männer der Tat tanzten vor ihnen mit leuchtenden Fackeln in ihren Händen[607] und sangen vor ihnen Lieder und Lobgesänge. Leviten ohne Zahl waren mit Leiern, mit Harfen und mit Zimbeln, mit Trompeten und mit anderen Musikinstrumenten auf den fünfzehn Stufen, die vom Vorhof Israels zum Frauenvorhof hinunterführten, den fünfzehn Stufenliedern in den Psalmen entsprechend.[608] Auf ihnen standen die Leviten[609] mit den Musikinstrumenten und sangen Lieder. Am oberen Tor, das vom Vorhof Israels hinunterführte zum Vorhof der Frauen, standen zwei Priester mit zwei Trompeten in ihren Händen. Wenn der Hahn rief, bliesen, trillerten und bliesen sie.[610] Gelangten sie zur zehnten Stufe, bliesen, trillerten und bliesen sie; gelangten sie zur Fläche des Frauenvorhofes, bliesen,

603 Die Priester und Leviten stiegen die fünfzehn Stufen, die in der 4. Mischna erwähnt sind, vom Israelitenvorhof zum Frauenvorhof hinunter.

604 Im Frauenvorhof kam es im Überschwang der Festfreude gelegentlich zu Ausschreitungen, so daß die Verantwortlichen durch Galerien die Frauen von den Männern trennten.

605 Fast 65 Liter; vielleicht ist aber auch der Inhalt aller vier Krüge zusammen gemeint.

606 Beides war aus reinem Leinen hergestellt, woraus nach der Vorschrift auch die Dochte gemacht wurden.

607 Sie jonglierten mit bis zu vier oder gar acht Fackeln vor Festfreude, und die Menge schaute zu.

608 Die sogenannten Stufenlieder: Psalm 120 – Psalm 134.

609 Dies wird darum wiederholt, weil die Leviten sich gewöhnlich bei dem Altar und nicht auf diesen Stufen aufstellten.

610 Dies war das Zeichen, daß das Wasser zur Spende vom Siloahteich geschöpft wurde. Die beiden Priester schritten nun, weiter Signal gebend, dem Tempeltore zu.

trillerten und bliesen sie. Sie bliesen weiter, bis sie zu dem Tore gelangten, das nach Osten hinausführt. Waren sie dann zu dem Tore gelangt, das nach Osten hinausführt, so wandten sie ihr Angesicht von Osten gen Westen[611] und sagten: Unsere Väter, die an diesem Orte waren, *mit ihrem Rücken dem Tempel zu und ihr Angesicht ostwärts, warfen sich ostwärts nieder, zur Sonne hin*;[612] wir aber – zu Ihm hin sind unsere Augen. Rabbi Jehuda sagt: Sie wiederholten und sagten: Wir sind zu Ihm hin, und unsere Augen sind zu Ihm hin. Mischna Sukka V, 1-4

Vom Ölwunder bei der Tempelweihe

Was bedeutet das Weihefest?[613] Unsere Meister lehrten nämlich: Am 25. im Kislew[614] beginnen die Tage des Weihefestes. Es sind ihrer acht, an denen man keine Totenklage halten und an denen man nicht fasten darf. Als nämlich die Griechen in den Tempel eindrangen, machten sie alle Öle maklig, die im Tempel waren. Als die Herrschaft des Hasmonäerhauses erstarkte und jene besiegte, suchten sie nach und fanden nichts als ein einziges Krüglein mit Öl, das mit dem Siegel des Hohenpriesters versehen war,[615] und nur noch so viel darin, um einen Tag zu brennen. Da geschah ein Wunder, und sie brannten davon acht Tage. Im folgenden Jahre bestimmten sie diese zu Festtagen und begingen sie mit Lob- und Dankliedern. Schabbat 21 b

Vom Losefest

Rawa sagte: Ein Mensch ist verpflichtet, sich am Losefest[616] an-

611 Sie wendeten also ihr Gesicht dem Tempel zu.

612 Zu dieser Schilderung heidnischer Sitte: Hesekiel 8,*16*. Die Stelle ist hier verkürzt zitiert.

613 Ein Fest zur Wiedereinweihung des Tempels nach der Entweihung und Verwüstung durch die Krieger des Seleukidenherrschers Antiochus IV. Epiphanes, der gegen Ende des Jahres 167 vor der christlichen Zeitrechnung von den aufständischen Makkabäern besiegt wurde. Dazu das 1. Makkabäerbuch.

614 Der neunte Monat im jüdischen Jahr entspricht etwa dem Dezember.

615 Das Krüglein war also noch verschlossen und darum für das Tempellicht brauchbar.

616 Dem Purimfest im Vorfrühling (zum Namen »Fest der Lose«: Esther

zuheitern, bis er nicht mehr zu unterscheiden weiß zwischen »Verflucht sei Haman« und »Gelobt sei Mordechai«.[617]

Rabba und Rabbi Seïra hielten miteinander das Mahl des Losefestes und heiterten sich an. Da stand Rabba auf und schnitt Rabbi Seïra in die Kehle. Anderntags flehte er für ihn um Erbarmen und belebte ihn. Übers Jahr sagte er zu ihm: Möge der Meister kommen, und wir wollen das Mahl des Losefestes miteinander halten. Rabbi Seïra sagte zu ihm: Nicht zu jeder Stunde ereignet sich ein Wunder. Megilla 7b

Die Bibellese für die Feste

An Pesach liest man im Abschnitt von den Festzeiten aus der Priesterweisung,[618] am Schlußfest:[619] *Sieben Wochen,* an Neujahr:[620] *Im siebten Monat, am ersten des Monats,* am Versöhnungstag:[621] *Nach dem Tod,* am ersten Feiertag des Festes[622] liest man im Abschnitt von den Festzeiten aus der Priesterweisung und an allen übrigen Tagen des Festes: Von den Festopfern,[623] am Weihefest: Von den Fürsten,[624] am Losefest:[625] *Da kam Amalek*; an den Anfängen der Monate:[626] *An den Anfängen eurer Monate,* bei den Standmannschaften: Die Schöp-

9,*24 ff.*) liegen Ereignisse zugrunde, die im Buch Esther stehen, das an diesem Tag im Gottesdienst ganz gelesen wird. Die Juden im babylonisch-persischen Raum wurden damals von einem grausamen Verfolger befreit. Purim ist das einzige jüdische Fest, das auch außerhalb des Gottesdienstes öffentlich gefeiert wird, mit einem fröhlichen Maskenumzug.

617 Das sind Worte, die später zu einem Purimlied geworden sind, das nach dem Vortrag der Esther-Rolle gesagt wird. – Haman hieß der Judenhasser, Mordechai der Initiator der Befreiung.

618 »Priesterweisung« ist das 3. Buch Mose; die Festabschnitte stehen in Kapitel 23. Im folgenden sind jeweils die Anfänge der betreffenden Abschnitte zitiert, die dann ganz gelesen wurden.

619 5. Mose 16,*9*.

620 3. Mose 23,*24*.

621 3. Mose 16,*1*.

622 »Fest« meint hier das Laubhüttenfest.

623 Das ist der Abschnitt 4. Mose 29,*12 ff.*

624 Der Abschnitt 4. Mose 7.

625 2. Mose 17,*8*. Dies ist der Abschnitt, der aus der Weisung gelesen wird; außerdem wird die Estherrolle gelesen.

626 4. Mose 28,*11*.

fungsgeschichte,[627] bei Fasten: Segnungen und Flüche,[628] bei den Flüchen unterbricht man nicht, sondern einer liest sie alle;[629] am zweiten und am fünften Tag[630] und beim Nachmittagsgebet am Schabbat liest man entsprechend ihrer Ordnung,[631] aber das läßt man für die Zählung nicht gelten,[632] denn es heißt:[633] *Da sagte Mose den Söhnen Israels die Festzeiten des Herrn* – Gebot ist es ihnen, daß sie jeden einzelnen Abschnitt zu seiner Zeit lesen. Mischna Megilla IV, 5 f.

627 Zu den Standmannschaften: Seite 464; es wurde 1. Mose 1,*1 ff.* gelesen.

628 Das Kapitel 3. Mose 26.

629 Die Lesung soll nicht wie sonst üblich auf mehrere Vorleser verteilt werden, damit es nicht den Anschein hat, als wolle man die ganze Schwere der Strafe nicht auf sich nehmen; auch sollen die Segenssprüche vor der Lesung die Fluchandrohungen nicht unterbrechen.

630 Dies entspricht dem Montag und Donnerstag; im Judentum haben die Wochentage keine Namen, sie werden nur gezählt.

631 Die gesamte Weisung (1.–5. Buch Mose) ist so in Wochenabschnitte geteilt, daß sie im Verlauf eines jeden Jahres ganz im Gottesdienst verlesen wird.

632 Dieser jeweilige Abschnitt muß im Hauptgottesdienst am Schabbat trotzdem noch einmal gelesen werden.

633 3. Mose 23,*44*. Dieses abschließend zitierte Bibelwort wird auf alle Festzeiten bezogen, die in dieser Mischna genannt sind.

ENDZEIT

Als ein Geschehen vor Gott hat die Geschichte Richtung und Ziel. Auch das Gebot, das für den Bereich der Geschichte gegeben wurde, weist – ob es erfüllt wird oder nicht – über sich hinaus auf eine Vollendung hin. Aber die Erlösung kommt nur, wo Schöpfer und Geschöpf partnerschaftlich zusammenwirken: Wenn Gott selber den »hohen Berg« bezwingt[1] und wenn Israel mitsamt den Bewährten der Völker ganz umkehrt. Wenn Gnade diese Umkehr bewirkt und Umkehr der Gnade ruft, dann antwortet Gott auf die Antwort, die seine Geschöpfe in der Geschichte gaben; dann gibt er mit dem endzeitlichen Wort der Erlösung letzte Antwort auch auf letzte Fragen.

Wie manche Frage nach dem Beginn, so wird auch manche Frage nach dem Ende hier und jetzt schon denen beantwortet, die sich darauf verstehen, die Bibel richtig auszulegen. Denn der wichtigste und weite Grund, in dem Israels Endzeithoffnung wurzelt, sind die Verheißungen der Propheten. Aber daneben belebten auch die meist leidvollen Erfahrungen, die dieses Volk im Wechsel der Geschichte machte, die Hoffnung der Bewährten: Nicht nur die allmenschliche Not wie Armut, Krankheit und Tod, sondern vor allem die besondere Not Israels war es, die Fragen um Fragen brachte. Wenn das Leiden an der Zerstreuung und im Zusammenhang damit an Verachtung und Beschimpfung, an Bedrückung und Verfolgung durch die Völker schwer wurde, wenn das Dunkel durch eigenes Versagen an der Aufgabe Israels oder durch die mißglückten Versuche mancher Messiasse, dem geknechteten Volk seine Freiheit zu bringen, dichter wurde, dann machten sich die Frommen wieder um so mehr bereit, willig die Verbannung zu ertragen und zugleich getrost des Tages zu harren, an dem Gott der langen Wanderschaft seines Volkes ein Ende setzen wird.

Um die Sammlung der Zerstreuten und ihre Rückführung ins Land der Väter wurde dreimal täglich gebetet;[2] auch in jeder Pesachnacht sagte der Hausvater zur Mahlgemeinschaft: »Jetzt

1 Dazu Sukka 52a, Seite 614 f.

2 Dazu die Bitten 10, 11, 14 und 16 des Achtzehngebetes, Seite 473 f.

hier, zum kommenden Jahr im Land Israel; jetzt Knechte, zum kommenden Jahr Freie.« Begründet ist diese Hoffnung in dem Glauben, daß Gott in Treue seine Zusage verwirklichen wird, und sie ist begründet in der Liebe zum Gebot, das dieses Volk nur in diesem Land wird recht erfüllen können.[3] Das Volk braucht das Land zu seiner Verwirklichung in einer Weise, deren Bedeutung und Konkretheit allein in der Schöpfung des Anfangs noch eine Parallele hat, und das Land braucht das Volk. Die Verheißungen an die Väter haben dieses zwei-einheitliche Thema: Volk und Land, Land und Volk in gottgesetztem personhaftem Bezug zum Inhalt. Im Judentum – auch im Frühchristentum – erhofften die Frommen, daß Gottes Herrschaft unter diesem Volk in diesem Land errichtet werde. So zentral ist dieser Bezug erfaßt, daß alle Bezeichnungen – Juden, Israelis, Zionisten – sich aus geographischen Bestimmungen herleiten. Das »Diesseitige« wird in dieser Hoffnung ganz festgehalten und doch zugleich transparent für das »Jenseitige«: Wenn sich die Tage des Anfangs erneuern, weil die Endzeit der idealen Urzeit entspricht, wenn das Land zum Paradies wird, in dem alles »sehr gut« ist,[4] dann dienen gerade auch diese »materialistischen« Züge einzig und allein der Verherrlichung Gottes, der als Erlöser das Werk seiner Schöpfung vollenden will.

So werden in den letzten Zeiten Quellen aufbrechen, und der zuvor karge Boden wird wieder reiche Frucht tragen und alle sättigen; von der guten Luft werden die Bewohner des Landes weise. Kranke werden gesund, Schuldige frei und Tote lebendig.[5] Es wird eine Zeit des Heils sein: Israel wird nicht mehr

3 Dazu Sota 14a, Seite 623.

4 Nur so entspricht das letzte dem ersten Werk Gottes; dazu 1. Mose 1,*31*.

5 Alle Seiten der prophetischen Verheißung stehen hier in gewisser Gleichmäßigkeit nebeneinander, während bei anderen jüdischen Gruppen manche Züge zuungunsten anderer hervorgetreten sind. So war etwa für die Essener in Qumran eine Verheißung wie Jesaja 35,*5–7* darum wichtig, weil darin die Wiederbelebung der toten Natur als Zeichen endzeitlicher Erfüllung galt, was für ihre Siedlung inmitten der Salzwüste von großer Bedeutung gewesen ist; in der Jesusbotschaft dagegen traten diese Züge zurück, und die Heilungen waren wichtig als Zeichen des endzeitlichen Umbruchs. – Wie real die Vorstellung, daß im Land Israel die Auferstehung stattfinde, gefaßt wurde, zeigen Gräberstädte im Land, in denen es auch große Grabkammern ausländischer Familien und Gemeinden gab, wohin diese ihre Toten bringen

unter Bedrängern zu leiden haben, und Kriege werden – nach der Meinung der Mehrheit – nicht mehr begonnen und geführt.

Endzeitlicher Heilsbringer ist der Messias, der von Gott erwählte Gesalbte aus Davids Geschlecht. Immer wieder traten Messiasse auf, und immer wieder gab es die Bereitschaft, ihnen zu glauben und zu folgen, aber immer folgte die Enttäuschung, weil die Welt immer noch nur die alte und unerlöste zu sein schien. Der Messianismus hätte wohl die Kraft gehabt, Israel zu sprengen, darum sind die Meister hier so nüchtern, darum mahnen sie, nicht zu rechnen und zu zählen, sondern – heute – bereit zu sein,[6] und darum bitten sie auch, Gott möge sie aus den messianischen Bedrängnissen retten, die, wie Geburtswehen der Geburt, dem Kommen des Gesalbten vorangehen, und in denen Menschen aus eigener Kraft nicht zu bestehen vermögen.

Wie das Berechnen, so wird auch, weil ganz dazugehörend, jeder Versuch, hier zu systematisieren, abgelehnt. Aus keiner Anordnung darf ein Schema der Reihenfolge und des Verlaufes abgelesen werden. Weil im einzelnen wenig wichtig ist, was früher und was später erfolgt, darum kann und muß hier Versuch neben Versuch stehen. Im allgemeinen stehen hiesige Welt und kommende Welt einander gegenüber. Aber der große Einschnitt kann auch zwischen der gegenwärtigen und der messianischen Zeit liegen; dann wird über diese beiden nachgedacht und von der kommenden Welt nur gesagt, daß über sie Gott allein wisse. Der Hauptunterschied der Meinungen liegt in der verschiedenen Fassung dessen, was die messianische Zeit sei und bedeute. Nach manchen bringt sie das Ende der Verbannung und die Rückführung ins Land, während sonst alles unverändert bleibt, nach anderen ist sie schon erfüllte Zeit und das Gebot in ihr aufgehoben in des Wortes zweifacher Bedeutung,[7] was gewiß geschieht, wenn Gott den Seinen unmittelbar nahe sein wird.

ließen, wie es etwa in Bet Schearim zu sehen ist. Wenn aber dieser Wunsch der Überführung ins Land der Auferstehung nicht erfüllt werden konnte, dann blieb nur die Hoffnung auf ein Wunder, das Gott zu seiner Zeit den Seinen gewähren werde; dazu Ketubbot 111a, Seite 644.

6 Dazu Sanhedrin 98a, Seite 628; oder aber der Zeitpunkt wird ganz allgemein gefaßt: Er kommt, wenn's am schlimmsten steht; dazu etwa Sanhedrin 97a und 98a, Seite 630 ff.

7 Dazu Sanhedrin 97a/97b, Seite 639.

Nach der Zerstörung alles Alten und nach ergangener Antwort auf der Menschen Versagen und Hoffen in Gericht und Begnadung wird für die Bewährten am letzten Ende alles neu und unverstellt gegenwärtig sein: Das Reich der Freude und des Friedens und Gott selber, wie er an und für sich seit je war: Alles in Allem, Alles in Einem, Er, der Herr allein.

ERLÖSUNG

Umkehr und Erlösung

Ula sagte: Jerusalem wird nur durch Bewährung erlöst, denn es heißt:[1] *Zion wird durch Recht erlöst und seine Umkehrenden durch Bewährung.* Sanhedrin 98 a

Der Vater erlöst seine Kinder

Rawa legte aus: Was bedeutet es, daß geschrieben steht:[2] *Geht doch, und wir wollen rechten, wird der Herr sprechen? Geht doch?* »Kommt doch« wäre erforderlich. *Wird der Herr sprechen?* »spricht der Herr« wäre erforderlich. In der Zukunft, die da kommt, wird der Heilige, gelobt sei er, zu Israel sprechen:[3] *Geht doch* zu euren Vätern, und sie sollen mit euch rechten! Darauf werden sie vor ihm sagen:[4] Herr der Welt, zu wem sollen wir gehen? Zu Abraham, zu dem du gesagt hast:[5] *Wissen sollst du, wissen,* der aber nicht für uns um Erbarmen bat; zu Isaak, der Esau gesegnet hat:[6] *Es wird aber geschehen, wenn du dich freischüttelst,* der aber nicht für uns um Erbarmen bat; zu Jakob, zu dem du gesagt hast:[7] *Ich selber ziehe mit dir nach*

1 Jesaja 1,*27*.
2 Jesaja 1,*18*.
3 Gegen den Einwand hält Rawa nun durch seine Auslegung den genauen Ausdruck des Bibelwortes fest.
4 So antwortet Israel vor Gott.
5 1. Mose 15,*13*. Im weiteren Verlauf des Verses wird gesagt, daß Israel in fremdem Land wohnen und bedrückt werden wird.
6 1. Mose 27,*40*. Weiter heißt es in dem Vers, daß Esau die Herrschaft Israels abschütteln wird.
7 1. Mose 46,*4*. Auch dieser Vers enthält eine Anspielung auf die Leidenszeit in Ägypten.

Ägypten, der aber nicht für uns um Erbarmen bat? Zu wem sollen wir jetzt gehen? So möge es doch der Herr selber sagen![8] Dann spricht der Heilige, gelobt sei er, zu ihnen: Da ihr euch selber von mir abhängig gemacht habt – *wenn eure Verfehlungen wie Schlarlach wären, weiß wie Schnee sollen sie werden.*[9]

Rabbi Schmuel, Nachmanis Sohn, sagte, Rabbi Jonatan habe gesagt: Was bedeutet es, daß geschrieben steht:[10] *Du bist doch unser Vater; denn Abraham kennt uns nicht, und Israel anerkennt uns nicht. Du Herr – unser Vater und unser Erlöser von Urzeit her, das ist dein Name*? In der Zukunft, die da kommt, spricht der Heilige, gelobt sei er, zu Abraham: Deine Söhne haben sich gegen mich vergangen. Er sagt vor ihm: Herr der Welt, so mögen sie getilgt werden um der Heiligung deines Namens willen. Er spricht: Ich werde mit Jakob sprechen, denn er hat den Schmerz der Kindererziehung erfahren; möglicherweise fleht er für sie um Erbarmen. Er spricht zu Jakob: Deine Söhne haben sich verfehlt. Er sagt vor ihm: Herr der Welt, so mögen sie getilgt werden um der Heiligung deines Namens willen. Er spricht: Bei Alten ist keine Vernunft und bei Jungen kein Rat. Er spricht zu Isaak: Deine Söhne haben sich gegen mich verfehlt. Er sagt vor ihm: Herr der Welt, sind's denn meine Söhne und nicht deine Söhne? Zu der Stunde, da sie vor dir mit ihrem *Wir wollen tun* dem *Wir wollen hören* zuvorkamen,[11] benanntest du sie:[12] *Mein erstgeborener Sohn*; und jetzt sind's meine Söhne und nicht deine Söhne? Und ferner: Wieviel haben sie sich verfehlt? Wieviel sind die Jahre eines Menschen? *Siebzig Jahre.*[13] Ziehe davon zwanzig ab, derentwegen du sie nicht bestrafst,[14] so verbleiben ihnen fünfzig. Ziehe davon fünfundzwanzig ab für die Nächte, so verbleiben ihnen fünfundzwanzig. Ziehe davon zwölf und ein halbes ab für Beten, Essen und Abort, so verbleiben ihnen zwölf und ein halbes. Wenn du

8 Gott selber soll ihnen ihre Verfehlungen vorhalten, nicht die Väter, die sich unbarmherzig gezeigt hatten.

9 Jesaja 1,*18*.

10 Jesaja 63,*16*. Israel ist hier der Ehrenname Jakobs.

11 2. Mose 24,*7;* dazu Schabbat 88a/88b, Seite 129 f.

12 2. Mose 4,*22*.

13 Psalm 90,*10*.

14 Dazu 4. Mose 14,*29*. Nur die über Zwanzigjährigen wurden bestraft.

dies ganz trägst, so ist es gut; wenn aber nicht, so sei eine Hälfte auf mir und eine Hälfte auf dir. Und solltest du sagen, daß dies ganz auf mir sei, siehe, so habe ich mich selbst vor dir dargebracht.[15] Dann heben sie an und sagen:[16] *Du bist doch unser Vater.* Isaak sagt zu ihnen: Ehe ihr mich rühmt, rühmet den Heiligen, gelobt sei er! Und Isaak weist ihre Augen auf den Heiligen, gelobt sei er. Sogleich erheben sie ihre Augen zur Höhe und sagen: *Du Herr – unser Vater und unser Erlöser von Urzeit her, das ist dein Name.* Schabbat 89 b

Durch Umkehr oder durch Leiden

Raw sagte: Alle Endzeittermine sind vorüber, und die Sache hängt nur an Umkehr und guten Taten. Und Schmuel sagte: Genug ist es für einen Trauernden, daß er in seiner Trauer steht.[17]

Das ist wie bei jenen Mischnalehrern: Rabbi Elieser sagt: Wenn Israel Umkehr tut, werden sie erlöst, wenn aber nicht, werden sie nicht erlöst. Rabbi Jehoschua sagte zu ihm: Wenn sie nicht Umkehr tun, werden sie nicht erlöst. Aber der Heilige, gelobt sei er, läßt ihnen einen König erstehen, dessen Verordnungen hart sind wie die Hamans.[18] Dann tut Israel Umkehr, und er bringt sie zum Guten zurück.

Von einem anderen wird gelehrt: Rabbi Elieser sagt: Wenn Israel Umkehr tut, werden sie erlöst, denn es heißt:[19] *Kehret um, ihr abgekehrten Söhne! Ich heile eure Abkehrungen.* Rabbi Jehoschua sagte zu ihm:[20] Heißt es denn aber nicht schon:[21] *Umsonst habt ihr euch verkauft, nicht durch Silber werdet ihr*

15 Dies ist eine Anspielung auf Isaaks Bindung, 1. Mose 22.

16 Wegen Isaaks Bereitschaft, für sie einzutreten, nennt Israel ihn Vater.

17 Israels Leiden in der Zerstreuung sind für sich allein schwer genug, um die Erlösung herbeizuführen, so daß keine Umkehr mehr nötig ist.

18 Dazu Esther 3,*5 ff.*

19 Jeremia 3,*22.*

20 In diesem Streitgespräch belegt Rabbi Elieser seine Meinung, Israel werde nur erlöst, wenn es Umkehr tue, mit Bibelzitaten; aber Rabbi Jehoschua findet auch seine Ansicht, Israel werde auch ohne Umkehr durch die Kraft des Leidens aus freier Gnade Gottes erlöst, in der Bibel bestätigt.

21 Jesaja 52,*3.*

erlöst? Umsonst habt ihr euch verkauft – durch Götzendienst;[22] *nicht durch Silber werdet ihr erlöst* – nicht durch Umkehr und gute Taten. Rabbi Elieser sagte zu Rabbi Jehoschua: Heißt es denn aber nicht schon:[23] *Kehret um zu mir, und ich kehre um zu euch*? Rabbi Jehoschua sagte zu ihm: Heißt es denn aber nicht schon:[24] *Denn ich, Herr bin ich euch, und ich nehme euch, einen aus einer Stadt und zwei aus einer Familie, und bringe euch nach Zion*? Rabbi Elieser sagte zu ihm: Heißt es denn aber nicht schon:[25] *Durch Umkehr und Ruhe werdet ihr errettet*? Rabbi Jehoschua sagte zu Rabbi Elieser: Heißt es denn aber nicht schon:[26] *So spricht der Herr, der Erlöser Israels, sein Heiliger, zu dem von jedem Verachteten, zum Abscheu der Völker, zum Knecht der Zwingherren: Könige werden es sehen und aufstehen, Fürsten, und sich niederwerfen*? Rabbi Elieser sagte zu ihm: Heißt es denn aber nicht schon:[27] *Wenn du umkehrst, Israel – Spruch des Herrn –, kehrst du zu mir um*? Rabbi Jehoschua sagte zu ihm: Heißt es denn aber nicht schon:[28] *Da hörte ich den Mann, der in Leinen gewandet war, der ob dem Wasser des Flusses stand und seine Rechte und seine Linke gen Himmel hob und bei dem Ewiglebenden schwur: Ja, nach einer Frist, Doppelfrist und einer halben, und wenn die Zerschmetterung der Kraft des heiligen Volkes vollendet wird, wird dies alles vollendet . . .*? Da schwieg Rabbi Elieser. Sanhedrin 97 b/98 a

Der Anwalt

Dies sind die Fürsprecher eines Menschen: Umkehr und gute Taten. Sogar wenn Neunhundertneunundneunzig zu seinem Nachteil aussagen, und einer zu seinen Gunsten aussagt, so wird

22 Durch die Zensur wurde anstelle von »Götzendienst« »Sternendienst« geschrieben.

23 Maleachi 3,7.

24 Jeremia 3,*14*.

25 Jesaja 30,*15*.

26 Jesaja 49,7. Mit dem Verachteten und Erniedrigten in diesem Vers ist nach Rabbi Jehoschua Israel gemeint, dessen Demütigungen so groß sind, daß sie allein die Erlösung herbeiführen.

27 Jeremia 4,*1*.

28 Daniel 12,7.

er gerettet, denn es heißt:[29] *Wenn ein Engel für ihn da ist, ein Anwalt, einer von Tausend, dem Menschen seine Geradheit zu verkünden, so erbarmt Er sich seiner und spricht: Laß ihn nicht zur Grube hinabfahren* ... Rabbi Elieser, Rabbi Joses, des Galiläers Sohn, sagt: Sogar wenn jener Engel neunhundertneunundneunzig Teile zu seinem Nachteil hat und einen Teil zu seinen Gunsten, so wird er gerettet, denn es heißt: *einer von Tausend.*

Schabbat 32 a

Die zwei Spiegel

Abbaje sagte: In jeder Generation gibt es auf der Welt nicht weniger als sechsunddreißig Bewährte, die das Angesicht der Einwohnung empfangen, denn es heißt:[30] *Wohl allen, die seiner harren!* Der Zahlenwert von *seiner* beträgt sechsunddreißig.[31] Das ist aber nicht so; Rawa sagte doch: Die Reihe derer, die vor dem Heiligen, gelobt sei er, stehen, beträgt achtzehntausend Parasangen;[32] denn es heißt:[33] *Ringsum achtzehntausend.* Das ist keine Schwierigkeit: Dies meint solche, die in einen erleuchteten Spiegel schauen, und dies meint solche, die in einen nicht erleuchteten Spiegel schauen.[34] Sanhedrin 97 b

Erlösung vom Bösen

Rabbi Jehuda legte aus: In der Zukunft, die da kommt, bringt der Heilige, gelobt sei er, die böse Leidenschaft und schlachtet sie in Gegenwart der Bewährten und in Gegenwart der Frevler. Den Bewährten erscheint sie wie ein hoher Berg, und den Frevlern erscheint sie wie ein Haarfaden. Diese weinen und jene weinen. Die Bewährten weinen und sagen: Wie vermochten wir einen so hohen Berg zu bezwingen wie diesen? Und die Frevler weinen und sagen: Wie vermochten wir nicht, diesen Haarfaden

29 Hiob 33,*23 f.*
30 Jesaja 30,*18.*
31 Im Hebräischen können die Buchstaben auch als Zahlen gelesen werden.
32 Die Parasange ist eine persische Meile oder Wegstunde von 5,5 km Länge.
33 Hesekiel 48,*35.* Bei Hesekiel ist der Umfang der Tempelstadt gemeint.
34 Die sechsunddreißig Bewährten schauen Gott in einer unmittelbareren Weise als die lange Reihe der übrigen Frommen.

zu bezwingen? Und auch der Heilige, gelobt sei er, staunt mitsamt ihnen, wie es heißt:[35] *So spricht der Herr der Heere: Wenn das in den Augen des Restes dieses Volkes in jenen Tagen wunderbar ist, soll es auch in meinen Augen wunderbar sein.*

Sukka 52 a

Wege und Ziel

Es wird gelehrt: Rabbi Schimon, Jochais Sohn, sagt: Drei gute Gaben gab der Heilige, gelobt sei er, Israel, und sie alle wurden nur durch Züchtigungen gegeben. Diese sind es: Die Weisung, das Land Israel und die kommende Welt. Die Weisung – woher haben wir das? Weil es heißt:[36] *Wohl dem Mann, den du züchtigst, Herr, und den du aus deiner Weisung belehrst.* Das Land Israel – weil geschrieben steht:[37] *Wie ein Mann seinen Sohn züchtigt, so züchtigt der Herr, dein Gott, dich.* Und danach steht geschrieben:[38] *Denn der Herr, dein Gott, wird dich in ein gutes Land bringen.* Die kommende Welt – weil geschrieben steht:[39] *Denn eine Leuchte ist das Gebot und die Weisung ein Licht, und ein Weg des Lebens sind die Vermahnungen der Zucht.*

Brachot 5 a

Der Ölbaum

Rabbi Jehoschua, Levis Sohn, sagte: Warum wird Israel mit einem Ölbaum verglichen? Um dir zu sagen: Wie die Blätter eines Ölbaums nicht in der Sonnenzeit und nicht in der Regenzeit abfallen, so gibt es auch für Israel nimmermehr ein Aufhören, nicht in der hiesigen Welt und nicht in der kommenden Welt.

Und Rabbi Jochanan sagte: Warum wird Israel mit einem Ölbaum verglichen? Um dir zu sagen: Wie ein Ölbaum sein Öl nicht anders hergibt als durch Stoßen, so kommt auch Israel nicht anders zum Guten zurück als durch Züchtigungen.

Menachot 53 b

35 Sacharja 8,*6*.
36 Psalm 94,*12*.
37 5. Mose 8,*5*.
38 5. Mose 8,*7*.
39 Sprüche 6,*23*.

RÜCKFÜHRUNG DER VERBANNTEN

Der große Tag

Rabbi Jochanan sagte: Groß ist die Sammlung der Verbannten, wie der Tag, an dem Himmel und Erde erschaffen wurden, denn es heißt:[40] *Und die Söhne Judas und die Söhne Israels werden sich sammeln allzumal, sich ein einziges Oberhaupt setzen und aus dem Land heraufziehen, denn groß ist der Tag von Jesreel.* Ferner steht geschrieben:[41] *Abend ward und Morgen ward – ein Tag.* Pesachim 88 a

Die Reue

Raw Chana, Achas Sohn, sagte: Im Lehrhaus Raws sagten sie: Wegen Vierer bereut der Heilige, gelobt sei er, daß er sie erschaffen hat, und diese sind's: Die Verbannung, die Chaldäer, die Ismaeliten und die böse Leidenschaft. Die Verbannung – denn es steht geschrieben:[42] *Jetzt aber, was habe ich hier – Spruch des Herrn –, da mein Volk umsonst weggenommen wurde . . .* Die Chaldäer – denn es steht geschrieben:[43] *Siehe, das Land der Chaldäer; dies ist das Volk, das nicht sein sollte.* Die Ismaeliten – denn es steht geschrieben:[44] *Zufrieden sind die Zelte der Gewalttäter und in Sicherheit, die Gott reizen – Gott bringt sie in seine Hand.* Die böse Leidenschaft – denn es steht geschrieben:[45] *Dem ich Böses getan habe.* Sukka 52 b

40 Hosea 2,2. Gott wird Israel »aus dem Lande« des Exils heraufführen ins Land seiner Väter.

41 1. Mose 1,5. Vergleichspunkt ist, daß das Wort »Tag«, verstanden als der Tag Gottes, in beiden Zitaten steht: der endzeitliche Tag der Sammlung entspricht dem urzeitlichen Tag der Erschaffung.

42 Jesaja 52,5.

43 Jesaja 23,13.

44 Hiob 12,6. Die Leute in den Zelten werden mit den Ismaeliten identifiziert, die Nomaden waren und nur in Zelten lebten.

45 Micha 4,6. Gott hat Israel Böses getan, indem er die böse Leidenschaft erschaffen hat.

Der Herr verwirft sein Volk nicht

Schmuel sagte:[46] *Ich verwerfe sie nicht, und ich verabscheue sie nicht, um ihnen ein Ende zu bereiten. Ich verwerfe sie nicht* – in den Tagen der Griechen;[47] *ich verabscheue sie nicht* - in den Tagen des Kaisers Vespasian;[48] *um ihnen ein Ende zu bereiten* – in den Tagen Hamans;[49] *um meinen Bund mit ihnen zu zerbrechen* – in den Tagen der Römer;[50] *denn ich bin der Herr, ihr Gott* – in den Tagen von Gog und Magog.[51]

In einer Baraita wird gelehrt: *Ich verwerfe sie nicht* – in den Tagen der Chaldäer, da ich Daniel, Hananja, Misael und Asarja für sie auferstehen ließ;[52] *ich verabscheue sie nicht* – in den Tagen der Griechen, da ich Schimon, den Bewährten, und den Hasmonäer und seine Söhne und Mattathias, den Hohenpriester, für sie aufstehen ließ;[53] *um ihnen ein Ende zu bereiten* – in den Tagen Hamans, da ich Mordechai und Esther für sie aufstehen ließ;[54] *um meinen Bund mit ihnen zu zerbrechen* – in den Tagen der Römer,[55] da ich die vom Lehrhause Rabbis und die Weisen von Generationen für sie aufstehen ließ; *denn ich bin der Herr, ihr Gott* – für die Zukunft, die da kommt, vermag gar keine Nation und Sprachgemeinde über sie zu herrschen.

Megilla 11 a

46 3. Mose 26,*44*. Der Satz geht weiter: »um meinen Bund mit ihnen zu zerbrechen, denn ich bin der Herr, ihr Gott.« Dies wird nachher weiter zitiert. – Das tröstliche Versprechen Gottes, daß er den Bund mit seinem Volk nicht aufkündigen wird, ist auch im biblischen Zusammenhang für eine Zeit gegeben, in der Israel in Feindesland sein muß. Auch Paulus hat die Gültigkeit der Verheißungen an die Väter für Ganz-Israel festgehalten. Dazu Römer 9–11, besonders 9,*4 f.*; 11,*1 f. 11. 25–29.*

47 Dies ist die Zeit von Alexander dem Großen bis Antiochus IV. Epiphanes.

48 Vespasian regierte von 69 bis 79. Im Jahre 70 eroberte sein Sohn Titus Jerusalem. – Der zensierte Text heißt hier: »In den Tagen Nebukadnezars.«

49 Dazu Esther 3.

50 Im zensierten Text heißt es: »In den Tagen der Perser.«

51 Zu diesen endzeitlichen Gestalten: Hesekiel 38 f.

52 Dazu Daniel 1–3.

53 Zu Schimon: Awot I, Seite 365, und Menachot 109b, Seite 169; zu dem Hasmonäer und Mattathias, die gewöhnlich miteinander identifiziert werden: 1. Makkabäer 2.

54 Dazu Esther, die Kapitel 2, 4 und 5.

55 Der zensierte Text nennt an Stelle der Römer hier wieder die Perser.

Die Rückkehr der Gottesnähe

Es wird gelehrt: Rabbi Schimon, Jochais Sohn, sagt: Komm und sieh, wie beliebt Israel vor dem Heiligen, gelobt sei er, ist, daß an jedem Ort, an den sie verbannt wurden, die Einwohnung mit ihnen war. Sie wurden nach Ägypten verbannt, und die Einwohnung war mit ihnen, denn es heißt:[56] *Ich habe mich offenbart, doch dem Hause deines Vaters offenbart, als sie in Ägypten waren* ... Sie wurden nach Babylonien verbannt, und die Einwohnung war mit ihnen, denn es heißt:[57] *Euretwegen wurde ich nach Babylonien gesandt.* Sie wurden nach Edom verbannt, und die Einwohnung war mit ihnen, denn es heißt:[58] *Wer ist dieser da, der von Edom herkommt, grellgefärbt die Gewänder, aus Bozra, dieser da, prächtig sein Kleid* ... Und auch wenn sie zukünftig erlöst werden, ist die Einwohnung mit ihnen, denn es heißt:[59] *Dann kehrt der Herr wieder mit deiner Wiederkehr;* »dann läßt er wiederkehren« heißt es nicht, sondern: *Dann kehrt er wieder.* Das lehrt, daß der Heilige, gelobt sei er, mit ihnen aus den Verbannungen wiederkehrt. Megilla 29a

LAND ISRAEL

Der Vorrang Israels

Unsere Meister lehrten: Das Land Israel wurde zuerst erschaffen, und die ganze übrige Welt wurde zuletzt erschaffen, denn es heißt:[60] *Ehe er das Land gemacht hat und die Fluren.*

56 1. Samuel 2,*27*.

57 Jesaja 43,*14*. Im Urtext ist zu lesen: »sandte ich«; aber der Interpret vokalisiert anders.

58 Jesaja 63,*1*. Dieser ganze Abschnitt von Edom, das in nachbiblischer Zeit als Deckname für Rom galt, wurde in der zensierten Ausgabe weggelassen. – Gott kommt hier aus Bozra, der Hauptstadt Edoms, als Sieger zurück.

59 5. Mose 30,*3*. Der Sinn des Satzes wurde dadurch verändert, daß die Akkusativpartikel vor dem Wort »deine Wiederkehr« als Präposition (»mit«) gelesen wurde.

60 Sprüche 8,*26*. Zuerst ist das Land genannt, das mit dem Land Israel gleichgesetzt wird, dann die Fluren. Das entsprechende hebräische Wort bedeutet das draußen Befindliche, besonders auch das Ausland.

Das Land Israel tränkt der Heilige, gelobt sei er, selber und die ganze übrige Welt durch einen Gesandten, denn es heißt:[61] *Der den Regen gibt auf das Antlitz des Landes und Wasser sendet auf das Antlitz der Fluren.* Taanit 10 a

Wandlungsfähiges Land

Ein Land wie eine Gazelle[62] – so steht geschrieben. Wie bei einer Gazelle das Fell ihr Fleisch nicht mehr faßt,[63] so ist es auch beim Land Israel: In der Zeit, da es bewohnt ist, ist es geräumig, und in der Zeit, da es unbewohnt ist, springt es ein.

Gittin 57 a

Die gegenwärtige Fruchtbarkeit

Raw Chisda sagte: Was bedeutet es, daß geschrieben steht:[64] *Ich gab dir ein Land der Kostbarkeit, ein Eigentum der Gazelle*? Weshalb wird das Land Israel mit einer Gazelle verglichen? Um dir zu sagen: Wie bei einer Gazelle das Fell ihr Fleisch nicht mehr faßt, so ist es auch beim Land Israel, das seine Früchte nicht faßt.[65]

Eine andere Erklärung: Wie eine Gazelle das behendeste von allem Wild ist, so ist es auch beim Land Israel, das am behendesten von allen Ländern seine Früchte reift. Wenn aber einer meinen sollte: Wie eine Gazelle zwar behende, ihr Fleisch aber nicht fett ist, so sei es auch beim Land Israel: Es sei zwar behende beim Reifen, aber seine Früchte seien nicht fett – so besagt doch die Schrift:[66] *Es fließt von Milch und Honig,* es ist fetter als Milch und süßer als Honig. Ketubbot 112 a

61 Hiob 5,*10*. Die besondere Fürsorge Gottes für Israel, die in dieser Auslegung zum Ausdruck kommt, ist schon ein biblisches Motiv; dazu 5. Mose 11,*10 ff*.

62 Daniel 11,*16*.

63 Wenn das Fell abgezogen ist, schrumpft es ein.

64 Jeremia 3,*19*. Das Wort »Gazelle« ist an dieser Stelle in der Bibel in seiner Bedeutung »Zierde« gebraucht.

65 Die Fülle der Früchte, die das Land hervorbringt, können in den Vorratshäusern des Landes nicht alle aufbewahrt werden.

66 2. Mose 3,*8* und oft.

Die zukünftige Fruchtbarkeit

Unsere Meister lehrten:[67] *Es wird eine Fülle von Getreide im Land sein, bis zum Gipfel der Berge.* Sie sagten: Zukünftig wird der Weizen emporsteigen gleich der Dattelpalme und bis zum Gipfel der Berge heraufkommen. Vielleicht wirst du aber sagen: Da wird man Mühe haben, ihn zu ernten, so besagt doch die Schrift:[68] *Es rauscht seine Frucht wie der Libanon.* Der Heilige, gelobt sei er, bringt einen Wind aus seiner Schatzkammer hervor, den er darauf wehen läßt, um dessen Feinmehl zu lösen. Dann geht der Mensch auf das Feld hinaus und bringt mit vollen Händen ein[69] für seinen Unterhalt und für den Unterhalt seiner Hausgenossen. Ketubbot 111 b

Von endzeitlicher Fülle

Traubenblut wirst du trinken im Schaum.[70] Sie sagten: Nicht wie die hiesige Welt ist die kommende Welt. In der hiesigen Welt hat man Mühe, Trauben zu lesen und zu treten; in der kommenden Welt bringt man eine einzige Traube auf einem Wagen oder auf einem Schiff ein und lagert sie in einer Ecke seines Hauses, und man hat davon eine Ausbeute wie von einem großen Faß. Und mit dem Holz heizt man unter Speisen. Und du hast keine einzige Traube, die nicht dreißig Krüge Wein ergibt, denn es heißt: *Traubenblut wirst du trinken im Schaum.* Lies nicht: *Schaum,* sondern: *Haufen.*[71] Ketubbot 111 b

Das Land und sein Herr

Unsere Meister lehrten: Immerdar wohne ein Mensch im Land Israel, sogar in einer Stadt, deren Mehrheit aus den Völkern

67 Psalm 72,*16a*.
68 Psalm 72,*16b*.
69 Dieser Ausdruck spielt auf das Wort »Fülle« im einleitenden Zitat an.
70 5. Mose 32,*14*.
71 Die Wörter für »Schaum« und »Haufen« haben im Hebräischen dieselben Konsonanten. »Haufen« ist auch ein Hohlmaß, das dreißig Sea faßt. Jeder der Krüge faßt ein Sea. Der Ausleger meint also, von jeder Traube erhalte man dreißig Sea Wein. Ein Sea sind etwa dreizehn Liter.

ist,[72] und er wohne nicht außer Landes, nicht einmal in einer Stadt, deren Mehrheit aus Israel ist. Jeder nämlich, der im Land Israel wohnt, gleicht einem, der einen Gott hat, und jeder, der außer Landes wohnt, gleicht einem, der keinen Gott hat; denn es heißt:[73] *Um euch das Land Kanaan zu geben, um euch Gott zu sein.* Hat dann jeder, der nicht im Land Israel wohnt, keinen Gott? Nicht doch, sondern das will dir sagen: Jeder, der außer Landes wohnt, ist, als ob er Götzendienst treibe. Und so sagt es die Schrift bei David:[74] *Denn sie vertreiben mich heute aus der Zugehörigkeit zum Eigentum des Herrn, als wollten sie sagen: Geh, diene anderen Göttern!* Wer sollte denn zu David gesagt haben: *Geh, diene anderen Göttern*? Nicht doch, sondern das will dir sagen: Jeder, der außer Landes wohnt, ist, als ob er Götzendienst treibe. Ketubbot 110b

Nur im Notfall auswandern

Unsere Meister lehrten: Man ziehe nur dann vom Israelland außer Landes, wenn ein Doppelsea einen Sela kostet.[75] Rabbi Schimon sagte: Wann? In einer Zeit, da einer gar nichts zu kaufen findet; aber in einer Zeit, da er noch etwas zu kaufen findet, soll er nicht wegziehen, selbst wenn ein Sea einen Sela kostet.

Ebenso sagte auch Rabbi Schimon, Jochais Sohn: Elimelech, Mahlon und Chiljon[76] waren Große ihrer Zeit, und sie waren Fürsorger ihrer Zeit. Und weshalb wurden sie bestraft? Weil sie

72 In der zensierten Ausgabe steht hier »Sternendiener« wie nachher beide Male »Sternendienst« statt »Götzendienst«.

73 3. Mose 25,*38*. Der Vers beginnt: »Ich bin der Herr, euer Gott, der ich euch aus dem Land Ägypten führte.« Ziel ist nicht nur die Gabe des Landes, sondern damit verbunden auch die Gabe des rechten Gottesdienstes. Nur in diesem Land will der Herr dieses Volkes Gott sein. Gott und das Land gehören zusammen, denn im Altertum war es üblich, auch die Götter eines fremden Landes, in dem man wohnte, anzuerkennen.

74 1. Samuel 26,*19*.

75 Wenn etwa 26 Liter Getreide eine 14-Gramm-Silbermünze kosten. Das ist für die damalige Zeit ein sehr hoher Preis, der nur in Hungerjahren bezahlt werden mußte. Nur in solch dringender Not soll man aus Israel wegziehen, da manche Gebote allein in diesem Land erfüllt werden können.

76 Dazu Ruth 1,*1–5*.

vom Israelland außer Landes zogen; denn es heißt:[77] *Da kam die ganze Stadt in Aufruhr ihretwegen –, indem sie sagten: Ist das Naemi?* Was bedeutet: *Ist das Naemi?* Rabbi Jizchak sagte: Sie sagten: Habt ihr gesehen, was mit Naemi geschehen ist, die vom Israelland außer Landes gezogen ist? Bawa batra 91 a

Die große Ungeduld

Als Rabbi Seïra zum Land Israel hinaufzog, fand er keine Fähre, um überzusetzen. Da ergriff er die Seilbrücke und setzte über. Da sagte ein Ketzer zu ihm:[78] Voreiliges Volk, bei dem der Mund den Ohren zuvorkommt,[79] noch immer verbleibt ihr bei eurer Voreiligkeit. Er sagte zu ihm: Der Ort, dessen Mose und Aaron nicht gewürdigt wurden – wer sagt, daß gerade ich dieses Ortes gewürdigt werde?[80] Ketubbot 112 a

Aus Liebe zum Land Israel

Rabbi Abba küßte die Felsen von Akko.[81] Rabbi Chanina besserte dort Unebenheiten aus.[82]

Rabbi Ammi und Rabbi Assi begaben sich von der Sonne zum Schatten hin und vom Schatten zur Sonne hin.[83]

Rabbi Chija, Gamdas Sohn, wälzte sich in seinem Staube,

77 Ruth 1,*19*. Frauen der Stadt entsetzten sich, weil Naemi ohne ihren Mann und ohne ihre Söhne zurückkam; sie waren zur Strafe für die Auswanderung im Ausland gestorben.

78 Im zensierten Text heißt es: »ein Sadduzäer«.

79 Mit dem Reden seien sie schneller als mit dem Hören. Dies ist eine polemische Anspielung auf 2. Mose 24,7, wonach Israel zuerst das Tun, dann das Hören zugesagt habe.

80 Rabbi Seïra hatte Grund ungeduldig zu sein, ein Glück zu erreichen, das selbst Mose und Aaron versagt blieb.

81 Er kam in Akko, der nördlichsten Hafenstadt des Israellandes an.

82 Er beseitigte Hindernisse, die den Weg ins Land erschweren konnten.

83 Bei ihren Lehrgesprächen suchten sie sommers schattige Plätze und winters sonnenbeschienene Plätze auf. So war das Klima für sie das ganze Jahr über erträglich, und sie hatten keinen Grund, sich über das Land seines starken Temperaturwechsels wegen zu beklagen.

denn es heißt:[84] *Denn deine Knechte haben Gefallen an seinen Steinen, und seinem Staube sind sie geneigt.*

Ketubbot 112 a/112 b

Des völligen Gehorsams wegen

Rabbi Simlai legte aus: Warum begehrte Mose, unser Meister, das Land Israel zu betreten? Hatte er etwa nötig, von seinen Früchten zu essen? Oder hatte er nötig, sich an seinem Gute zu sättigen? Nicht doch, sondern so sagte sich Mose: Viele Gebote wurden Israel geboten, die sich nur im Land Israel erfüllen lassen. Ich möchte das Israelland betreten, damit sie alle durch mich erfüllt werden. Sota 14 a

Die Kraft zum Neubeginn

Als Rabbi Seïra hinaufzog,[85] stellte er sich zu den Grundsätzen Rabbi Ilas, aber Rabba blieb bei den Grundsätzen Rabbi Seïras stehen.[86] Rabbbi Seïra sagte: Vernimm hieraus: Die Luft des Landes Israel macht weise. Bawa batra 158 b

Krankheit und Schuld

Rabbi Elasar sagte: Jeder, der im Land Israel wohnt, weilt ohne Schuld, denn es heißt:[87] *Da braucht kein Einwohner mehr zu sagen: Ich bin krank; das Volk, das darin siedelt, ist der Schuld enthoben.* Rawa sagte zu Raw Aschi:[88] Wir beziehen dies auf die mit Krankheiten Beladenen. Ketubbot 111 a

84 Psalm 102,*15*. Der Psalm redet von der Liebe selbst zum verwüsteten Zion.

85 Rabbi Seïra wanderte aus Babylonien kommend in Israel ein.

86 Rabba war in Babylonien geblieben und vertrat weiterhin das alte Lehrsystem Seïras, während dieser in Israel seine Ansicht schon geändert hatte. – In diesem Zusammenhang geht es um eine Frage des Erbrechtes.

87 Jesaja 33,*24*.

88 Andere lesen: Rawina, wieder andere: Raw Abba, da Raw Aschi erst geboren wurde, als Rawa starb. – Im Altertum wurde hinter Krankheiten eine persönliche Schuld gesehen. Diese Kausalität gilt hier für das Land Israel als aufgehoben.

Gräber in Israel

Raw Anan sagte: Jeder, der im Land Israel begraben liegt,[89] ist, als ob er unter dem Altar begraben liege. Hier steht geschrieben:[90] *Einen Altar von Erde mache mir!* Und dort steht geschrieben:[91] *Seine Erde versöhnt sein Volk.* Ketubbot 111 a

MESSIAS

Der Zeitpunkt seines Kommens

Elia[92] sagte zu Raw Jehuda, einem Bruder Raw Sallas, des Frommen: Die Welt hat nicht weniger als fünfundachtzig Halljahrkreise,[93] und im letzten Halljahrkreis kommt der Sohn Davids.[94] Er sagte zu ihm: An seinem Anfang oder an seinem Ende? Er sagte zu ihm: Ich weiß es nicht. Wird das letzte Halljahr vollendet, oder wird es nicht vollendet? Er sagte zu ihm: Ich weiß es nicht. Raw Aschi sagte: So hat er zu ihm gesagt: Bis dahin erwarte ihn nicht; von da an und weiter erwarte ihn!

Raw Chanan, Tachliphas Sohn, schickte zu Raw Joseph: Ich traf einen Menschen, der eine Rolle besitzt, auf der mit Quadratschrift in der heiligen Sprache geschrieben ist. Ich sagte zu ihm: Woher hast du diese? Er sagte zu mir: Ich stand im Sold

89 Es ist der Wunsch der Frommen, wenigstens in Israel begraben zu sein, weil dort die Auferstehung beginne (dazu Ketubbot 111a, Seite 643 f.) So finden sich in Israel die Gräber von Juden aus den verschiedensten Zeiten und Ländern.

90 2. Mose 20,*24*.

91 5. Mose 32,*43*. Das Wort »Erde« verbindet die beiden Zitate. Der Sinn des letzten Zitats ist so gewendet, daß es nur noch ergänzt zu werden braucht durch das Wort vom Altar, der die Versöhnung des Volkes bewirkt. Von daher wird geschlossen, daß alle Israelerde die Sühnekraft des Altars besitzt.

92 Elia hat in der jüdischen Endzeithoffnung eine große Bedeutung als Vorläufer des Messias und als Erklärer schwieriger Fragen.

93 Das ist ein Zyklus von sieben mal sieben Jahren und als fünfzigstes Jahr das Halljahr; dazu 3. Mose 25,*8 ff*.

94 Nach alter jüdischer Auffassung kommt der Messias aus dem Geschlechte Davids.

beim römischen Heer und fand sie in römischen Archiven. Und in ihr steht geschrieben: Viertausendzweihundertundeinundneunzig Jahre nach der Weltschöpfung wird die Welt verwaist.[95] Dann sind die Kriege der Seeungeheuer, dann sind die Kriege von Gog und Magog.[96] Und der Rest sind die Tage des Messias. Und der Heilige, gelobt sei er, erneuert seine Welt erst nach siebentausend Jahren. Raw Acha, Rawas Sohn, sagte: Nach fünftausend Jahren – so heißt es darin.

Es wird gelehrt: Rabbi Natan sagte: Dieser Schriftvers dringt durch und steigt bis zur Urtiefe hinab:[97] *Denn noch hat die Vision eine Frist; doch sie stürmt dem Ende zu, das trügt nicht. Wenn es verzieht, so harre seiner; denn er kommt, ja er kommt und bleibt nicht aus.* Es verhält sich nicht, wie unsere Meister auslegten:[98] *Ein Zeitalter, ein Doppelzeitalter und ein halbes Zeitalter;* und es verhält sich nicht, wie Rabbi Simlai auslegte:[99] *Du hast sie gespeist mit Tränenbrot und sie getränkt mit Tränen drittelmaßweise;* und es verhält sich nicht, wie Rabbi Akiwa auslegte:[100] *Noch um eines, nur wenig ist's, und ich erschüttere Himmel und Erde.* Nicht doch:[101] sondern das erste Reich dauerte siebzig Jahre,[102] das zweite Reich zweiundfünfzig[103] und das Reich von Kosiwas Sohn zweieinhalb.[104]

95 Die Welt wird in großer Bedrängnis sein wie ein verwaistes Kind, um das sich niemand kümmert.

96 Dazu Hesekiel 38 f.

97 Habakuk 2,3.

98 Daniel 7,25.

99 Psalm 80,6.

100 Haggai 2,6.

101 Rabbi Natan, der eine genaue Berechnung der Endzeit auf Grund von Habakuk 2,3 ablehnt, will nun an Hand geschichtlicher Daten die Berechnungen der anderen Meister widerlegen, die sich auf die drei nachexilischen jüdischen Reiche, das hasmonäische, das herodianische und das des Bar Kochba bezogen hatten.

102 Die Regierung von Judas, dem Makkabäer, begann 165, die Aristobuls II. endete 63 vor der christlichen Zeitrechnung; die völlige Selbständigkeit wurde allerdings erst unter dem Makkabäer Simon (142–135) erreicht.

103 Herodes der Große regierte von 37–4 vor der christlichen Zeitrechnung, seine Nachkommen bis 44; allerdings waren schon seit dem Jahr 6 der christlichen Zeitrechnung auch römische Prokuratoren im Land.

104 Der große Aufstand unter Hadrian führte kurze Zeit zu einer jüdischen

Was bedeutet: *Doch sie stürmt dem Ende zu, das trügt nicht*? Rabbi Schmuel, Nachmans Sohn, sagte, Rabbi Jonatan habe gesagt: Ein Sturm soll deren Knochen verwehen, die Endzeittermine berechnen, und die dann sagen: Da der Endzeittermin eingetroffen, der Messias aber noch nicht gekommen ist, so kommt er auch nicht mehr. Nicht doch: sondern harre seiner, denn es heißt: *Wenn es verzieht, so harre seiner!* Vielleicht möchtest du sagen: Wir harren zwar, aber er harrt nicht, so besagt doch die Schrift:[105] *Darum harrt der Herr, sich euch zuzuneigen, und darum erhebt er sich, sich euer zu erbarmen.* Wenn nun aber wir harren und er harrt – wer hält ihn auf? Das strenge Recht hält ihn auf.[106] Wenn nun aber das strenge Recht ihn aufhält, warum harren wir? Um Lohn zu empfangen, denn es heißt:[107] *Wohl allen, die seiner harren!* Sanhedrin 97 b

Der Messias ist noch nicht gekommen

Raw Giddel sagte, Raw habe gesagt: Zukünftig schmeckt Israel die Jahre des Messias. Raw Joseph sagte: Das ist doch klar; wer sonst sollte sie denn schmecken? Sollte sie denn Hinz und Kunz schmecken? Dies wurde nur gesagt, um auszuschließen, was Rabbi Hillel gesagt hatte: Es gibt für Israel keinen Messias mehr, denn sie haben ihn schon in den Tagen Hiskias[108] geschmeckt. Sanhedrin 98 b

Er kommt erst noch

Rabbi Hillel sagte: Es gibt für Israel keinen Messias mehr, denn sie haben ihn schon in den Tagen Hiskias geschmeckt. Raw

Selbständigkeit (von 132 bis 135). Rabbi Akiwa hatte Bar Kochba, den Führer des Aufstandes, für den Messias gehalten. Dazu Sanhedrin 93b, Seite 627.

105 Jesaja 30,*18a*.

106 Das Erbarmen Gottes will die Zeit bis zur Erlösung verkürzen, aber seine Gerechtigkeit sieht, daß es die Menschen noch nicht verdienen.

107 Jesaja 30,*18b*.

108 Hiskia, König von Juda, regierte in der Zeit Jesajas und Michas seit dem Tod seines Vaters Ahas, dessen Todesjahr unsicher ist (es wird zwischen 727 und 715 angesetzt). Hiskia, der um 697 starb, reformierte den Kultus, indem er assyrischen Einfluß beseitigte; er soll alle anderen Könige Judas an Frömmigkeit übertroffen haben. Dazu 2. Könige 18,*1 ff*.

Joseph sagte: Der Herr verzeihe Rabbi Hillel! Wann lebte denn Hiskia? Doch während des ersten Tempels. Nun hat doch Sacharja während des zweiten Tempels prophezeit und gesagt:[109] *Juble sehr, Tochter Zion, jauchze, Tochter Jerusalem! Siehe, dein König kommt zu dir, bewährt und hilfreich ist er, demütig und reitend auf einem Esel, auf einem Füllen, dem Eselinjungen.*
Sanhedrin 99 a

Ein falscher Messias

Kosiwas Sohn regierte zweieinhalb Jahre.[110] Er sagte zu den Gelehrten: Ich bin der Messias. Sie sagten zu ihm: Von dem Messias steht geschrieben, daß er riecht, wo das Recht ist.[111] Wir wollen nun sehen, ob er riecht, wo das Recht ist. Als sie an ihm sahen, daß er nicht riechen konnte, wo das Recht ist, töteten sie ihn. Sanhedrin 93 b

Das Unverfügbare

Wenn immer Rabbi Seïra Gelehrte fand, die sich damit befaßten,[112] sagte er zu ihnen: Ich bitte euch, schiebt es nicht hinaus!

109 Sacharja 9,*9*. Dieser Prophet, der ums Jahr 520 lebte, sah in Serubabel, einem Nachkommen Davids, den zukünftigen Messias und sollte für diesen im Auftrag Gottes eine Königskrone fertigen. Der zitierte Satz stammt aber aus einem Anhang zum alten Prophetenbuch, und er bezieht sich auf die Kämpfe der Makkabäer gegen die Seleukiden (um das Jahr 160). In dieser notvollen Lage wird ein Retter erwartet, der aber noch nicht mit einer bestimmten Person identifiziert wird.

110 Schimon, Kosiwas Sohn (vielleicht nach einem Ort 8 km nordwestlich Hebron; dazu 1. Chronik 4,22), war angeblich davidischer Abstammung. Er führte als »Fürst Israels« den Aufstand gegen Kaiser Hadrian; Rabbi Akiwa proklamierte ihn zum Messias, weshalb er (nach 4. Mose 24,*17* und im Anklang an seinen Namen) Bar Kochba, »Sternensohn« genannt wurde, was seine Gegner wiederum polemisch verdrehten, so daß es »Lügensohn« hieß. Bar Kochba fiel bei der Einnahme von Betar durch die Römer im Jahre 135; dazu Gittin 57a, Seite 192 f.

111 Wörtlich: »daß er riecht und richtet«, nach Jesaja 11,*3*, wo nach Rabba zu übersetzen ist: »Er läßt ihn riechen in der Furcht des Herrn«.

112 Mit der Frage nach dem Kommen des Messias.

Es wird nämlich gelehrt: Drei kommen, wenn niemand daran denkt; diese sind es: Der Messias, ein Fund und ein Skorpion.

Sanhedrin 97 a

Heute

Rabbi Jehoschua, Levis Sohn, fand einst Elia am Eingang der Grabhöhle von Rabbi Schimon, Jochais Sohn, stehen und sagte zu ihm: Komme ich in die kommende Welt? Er sagte zu ihm: Wenn dieser Herr es wünscht.[113] Rabbi Jehoschua, Levis Sohn, sagte nämlich: Zwei habe ich gesehen, und die Stimme eines Dritten habe ich gehört. Er sagte zu ihm: Wann kommt der Messias? Er sagte zu ihm: Geh und frag ihn selbst! Und wo sitzt er? Am Eingang von Rom.[114] Und was ist sein Erkennungszeichen? Er sitzt unter Armen, die mit Krankheiten beladen sind. Sie alle lösen und binden auf einmal,[115] nur er löst einzeln und bindet einzeln; denn er sagt sich: Vielleicht werde ich verlangt, dann will ich nicht aufgehalten sein.

Er ging zu ihm hin und sagte zu ihm: Friede sei mit dir, mein Meister und mein Lehrer! Er sagte zu ihm: Friede sei mit dir, Levis Sohn! Er sagte zu ihm: Wann kommst du, Herr? Er sagte zu ihm: Heute!

Er kam zu Elia. Dieser sagte zu ihm: Was hat er zu dir gesagt? Er sagte zu ihm: Friede sei mit dir, Levis Sohn! Er sagte zu ihm: Er hat dich und deinen Vater der kommenden Welt versichert. Er sagte zu ihm: Belogen und betrogen hat er mich, hat er doch zu mir gesagt: Heute komme ich! Aber er ist nicht gekommen. Er sagte zu ihm: Dies wollte er dir damit sagen:[116] *Heute – wenn ihr auf seine Stimme hört.* Sanhedrin 98 a

Vormessianische Drangsal

Ula sagte: Mag er kommen, aber ich will ihn nicht sehen. So sagte auch Rawa: Mag er kommen, aber ich will ihn nicht sehen. Raw Joseph sagte: Mag er kommen und ich gewürdigt

113 Nach Raschi meinte Elia die Gottesnähe, die unsichtbar, aber hörbar bei ihnen war.

114 In anderen Texten heißt es hier: »Am Eingang der Stadt.«

115 Sie lösen alle ihre Verbände auf und verbinden erst dann ihre Wunden wieder.

116 Psalm 95,7.

sein, im Schatten des Mistfladens seines Esels zu sitzen.[117] Abbaje sagte zu Rawa: Welchen Grund hast du? Soll das besagen: Wegen der Geburtswehen des Messias,[118] so wird doch gelehrt: Die Schüler fragten Rabbi Elasar: Was kann ein Mensch tun, damit er aus den Geburtswehen des Messias errettet werde? Er befasse sich mit der Weisung und mit der Erfüllung von Liebestaten! Aber du Meister – bei dir ist die Weisung und bei dir die Erfüllung von Liebestaten. Er sagte: Vielleicht gibt die Verfehlung doch eine Ursache.[119] So entspricht es auch Rabbi Jaakow, Idis Sohn. Rabbi Jaakow, Idis Sohn, stellte nämlich einander gegenüber: Es steht geschrieben:[120] *Siehe, ich bin mit dir und behüte dich überall, wohin du gehst;* ferner steht geschrieben:[121] *Da fürchtete sich Jakob sehr, und es ward ihm bange.* Er fürchtete sich nämlich, daß seine Verfehlung vielleicht eine Ursache gebe. Dementsprechend wird auch gelehrt:[122] *Bis hindurchschritt dein Volk, Herr* – dies meint den ersten Einzug, *bis hindurchschritt dieses Volk, das du erworben hast*[123] – dies meint den zweiten Einzug. Von daher ist zu sagen: Israel war würdig, daß ihnen beim zweiten Einzug ebenso Wunder getan wurden wie beim ersten Einzug; aber die Verfehlung gab eine Ursache.

Sanhedrin 98 b

117 Manche Texte haben: »Im Schatten des Sattels . . .«

118 Unmittelbar vor Durchbruch der Messiaszeit wird es besonders auch für die Frommen zu großen Bedrängnissen und Leiden kommen. Sie stellten sich diese so schwer vor, daß manche fürchteten, den Versuchungen nicht standhalten zu können, und darum wünschten sie sich lieber, daß die Ankunft des Messias nicht in die Zeit ihres Lebens falle.

119 Rabbi Elasar befürchtete, daß trotz seiner Frömmigkeit irgendwelche Verfehlungen Anlaß geben könnten, daß er doch nicht aus den Drangsalen errettet würde.

120 1. Mose 28,*15*.

121 1. Mose 32,*8*.

122 2. Mose 15,*16c*.

123 2. Mose 15,*16d*. Der Satz wird in seiner ersten Hälfte auf die Landnahme der aus Ägypten Kommenden bezogen, bei der Gott viele rettende Wunder tat; in seiner zweiten Hälfte sei die Rückkehr aus dem baylonischen Exil gemeint, bei der keine Wunder berichtet werden. Die Parallelität der beiden Halbsätze läßt folgern, daß beidesmal in gleicher Weise Wunder hätten geschehen sollen. Aus der Spannung, die sich so zwischen Bibelwort und Geschichte zeigt, ergibt sich, daß die Verfehlung Israels ein Wunder beim zweiten Einzug verhinderte.

Licht und Finsternis

Rabbi Simlai legte aus: Was bedeutet es, daß geschrieben steht:[124] *Wehe denen, die sich nach dem Tag des Herrn sehnen! Was soll euch denn der Tag des Herrn? Er ist Finsternis und nicht Licht?* Das gleicht einem Hahn und einer Fledermaus, die das Morgenlicht erwarteten. Der Hahn sagte zur Fledermaus: Ich erwarte das Morgenlicht, denn das Morgenlicht ist für mich. Aber du – was soll dir das Morgenlicht? Das ist es, was auch einmal ein Ketzer zu Rabbi Awahu sagte: Wann kommt der Messias? Er sagte zu ihm: Wenn Finsternis gewisse Leute bedeckt. Er sagte zu ihm: Du fluchst mir also? Er sagte zu ihm: Es steht doch ein Vers geschrieben:[125] *Denn siehe, Finsternis bedeckt die Erde, Wetterdunkel die Nationen, aber dir strahlt auf der Herr, und sein Lichtglanz erscheint über dir.*

Sanhedrin 98 b/99 a

Zeichen der Endzeit

Unsere Meister lehrten: Für das Jahrsiebent, in dem der Sohn Davids kommen wird, gilt: Im ersten Jahr erfüllt sich dieser Schriftvers:[126] *Ich lasse regnen auf eine Stadt, und auf eine Stadt lasse ich nicht regnen;* im zweiten werden Pfeile des Hungers ausgeschickt;[127] im dritten wird eine große Hungersnot sein, so daß Männer, Frauen und Kinder, Fromme und Männer der Tat sterben und daß die Weisung vergessen wird bei denen, die sie erforschen; im vierten wird teils Sättigung und teils keine Sättigung sein; im fünften wird eine große Sättigung sein, so daß man ißt und trinkt und fröhlich ist, auch wird die Weisung wieder einkehren bei denen, die sie erforschen; im sechsten werden Stimmen sein,[128] im siebten Kriege; mit dem Ausgang des siebten wird der Sohn Davids kommen.

124 Amos 5,*18*.

125 Jesaja 60,*2*. Der Tag des Herrn bedeutet also für die Gehorsamen Licht und nur für die Ungehorsamen Finsternis.

126 Amos 4,*7*.

127 Dazu Hesekiel 5,*16*. Gemeint sind die Vorboten einer Hungersnot, die dann im dritten Jahr folgen wird.

128 Das sind entweder Himmelsstimmen, die das Kommen des Messias ankündigen, oder der Schall des großen Widderhorns nach Jesaja 27,*13*.

Raw Joseph sagte: Wie viele Jahrsiebente gab es doch schon, die so beschaffen waren, und dennoch ist er nicht gekommen. Abbaje sagte: Sind denn im sechsten Stimmen, im siebten Kriege eingetroffen? Und weiter: Sind denn alle in ihrer Reihenfolge eingetroffen? Sanhedrin 97 a

Ob würdig oder unwürdig

Rabbi Jochanan sagte: Wenn du ein Zeitalter siehst, das mehr und mehr verkümmert, so harre Seiner, denn es heißt:[129] *Du hilfst dem armen Volk ...*

Rabbi Jochanan sagte: Wenn du ein Zeitalter siehst, über das viele Bedrängnisse kommen wie ein Strom, so harre Seiner, denn es heißt:[130] *Denn der Bedränger kommt wie ein Strom, den der Odem des Herrn treibt*, und dicht dabei:[131] *Und es kommt für Zion der Erlöser.*

Ferner sagte Rabbi Jochanan: Der Sohn Davids kommt nur in einem Zeitalter, das ganz würdig oder ganz schuldig ist. In einem Zeitalter, das ganz würdig ist, denn es steht geschrieben:[132] *Und dein Volk besteht aus lauter Bewährten, für immerdar nehmen sie das Land in Besitz;* in einem Zeitalter, das ganz schuldig ist, denn es steht geschrieben:[133] *Und er sah, daß kein Mann da war, und er entsetzte sich, daß kein Anwalt da war;* ferner steht geschrieben:[134] *Um meinetwillen tue ich's.*

Sanhedrin 98 a

Für die Geringsten

Rabbi Chanina sagte: Der Sohn Davids kommt erst, wenn ein Fisch für einen Kranken gesucht, aber nicht gefunden wird, denn es heißt:[135] *Einst lasse ich ihre Wasser sinken und ihre*

129 2. Samuel 22,*28*.
130 Jesaja 59,*19*.
131 Jesaja 59,*20*.
132 Jesaja 60,*21*.
133 Jesaja 59,*16*.
134 Jesaja 48,*11*. In einem würdigen Zeitalter kann Gott um der Bewährten willen die Erlösung bringen, in einem unwürdigen aber bringt er sie um seiner selbst willen.
135 Hesekiel 32,*14*.

Ströme dahinziehen wie Öl; und danach steht geschrieben:[136] *An jenem Tage lasse ich dem Haus Israel ein Horn sprossen.*

Rabbi Chama, Chaninas Sohn, sagte: Der Sohn Davids kommt erst, wenn die geringste Herrschaft in Israel aufhört,[137] denn es heißt:[138] *Und er schneidet die Geringsten mit Winzermessern ab;* und danach steht geschrieben:[139] *In jener Zeit werden dem Herrn der Heere von einem zerstreuten und ausgeraubten Volk Gaben dargebracht.*

Seïri sagte, Rabbi Chanina habe gesagt: Der Sohn Davids kommt erst, wenn der Hochmut in Israel aufhört, denn es heißt:[140] *Denn einst entferne ich aus deiner Mitte deine übermütig Stolzen;* ferner steht geschrieben:[141] *Und ich lasse in deiner Mitte übrig ein Volk, demütig und schwach, die sich bergen im Namen des Herrn.* Sanhedrin 98 a

Wenn die Ketzer überhandnehmen

Es wird gelehrt: Rabbi Nechemja sagt: In dem Zeitalter, da der Sohn Davids kommt, nimmt die Grobheit zu, und die Hochachtung wird verkehrt. Der Weinstock gibt seine Frucht, aber der Wein wird teuer.[142] Das ganze Reich wendet sich der Ketzerei zu, und es gibt keine Vermahnung. Das stützt Rabbi Jizchak; Rabbi Jizchak sagte nämlich: Der Sohn Davids kommt erst, wenn das ganze Reich sich der Ketzerei zugewendet hat. Rawa sagte: Was ist der Schriftbeweis dafür?[143] *Hat er sich ganz zu Weiß gewandelt, so ist er rein.* Sanhedrin 97 a

136 Hesekiel 29,*21*. Tatsächlich steht der Vers davor; da aus dem Gedächtnis zitiert wurde, konnte solch ein Fehler vorkommen. – Das Horn ist ein Zeichen des Heils.

137 Wenn Israel vollkommen machtlos geworden ist.

138 Jesaja 18,*5*. Das Wort »Geringste« wird sonst im biblischen Zusammenhang mit dem ähnlichen Wort »Reben« wiedergegeben.

139 Jesaja 18,*7*.

140 Zephanja 3,*11*.

141 Zephanja 3,*12*.

142 Alle betrinken sich, so daß selbst eine gute Ernte nicht ausreicht und die Preise steigen.

143 3. Mose 13,*13*. Nur einzelne weiße Flecken gelten als Zeichen von Aussatz. Ist aber der ganze Mensch weiß geworden, so gilt er wieder als rein. Das wird hier zum Gleichnis für die Welt: Wenn sie ganz und gar der Ketzerei verfallen ist, dann erst kann der Messias kommen.

Bedrängnis der Gelehrten

Rabbi Seïra sagte, Rabbi Jirmeja, Abbas Sohn, habe gesagt: In dem Zeitalter, da der Sohn Davids kommt, gibt es eine Anklage gegen die Gelehrten.[144] Als ich dies vor Schmuel sagte, da sagte er: Läuterung auf Läuterung, denn es heißt:[145] *Und wenn nur noch ein Zehntel darin ist, dann wird auch dies wieder vertilgt.* Raw Joseph lehrte: Räuber und Räuber der Räuber.[146]

Ketubbot 112 b

Zerfall der Gelehrsamkeit

Es wird gelehrt: Rabbi Jehuda sagt: In dem Zeitalter, da der Sohn Davids kommt, wird das Versammlungshaus für die Huren sein.[147] Galiläa wird zerstört und Gablan verwüstet.[148] Die Leute aus den Grenzgebieten ziehen umher von Stadt zu Stadt und finden keine Gnade. Dann wird die Weisheit der Schriftkundigen anrüchig, und die sich vor Verfehlung fürchten, werden verachtet. Das Gesicht des Zeitalters ist wie das Gesicht eines Hundes,[149] und die Wahrheit wird vermißt, denn es heißt:[150] *Da wird die Wahrheit vermißt, und wer vom Bösen läßt, wird geplündert.* Was bedeutet: *Da wird die Wahrheit vermißt*? Im Lehrhaus Raws sagten sie: Dies lehrt: Sie wird aufgeteilt, Gruppe um Gruppe, und sie geht weg.[151] Was bedeutet: *und wer vom Bösen läßt, wird geplündert*? Im Lehrhaus

144 Die Gelehrten müssen Verfolgung erleiden.

145 Jesaja 6,*13*.

146 Raw Joseph legte den Schriftvers so aus, daß die ersten Räuber noch ein Zehntel übriglassen, die nächsten aber auch dies noch wegnehmen.

147 Wo sich die Gelehrten versammelten, werden Huren ein Freudenhaus einrichten.

148 Gaulanitis, eine Landschaft östlich des Genezareth-Sees.

149 Die Frechen werden alle gute Sitte verderben.

150 Jesaja 59,*15*.

151 »Gruppe um Gruppe« wird der formalen Ähnlichkeit wegen mit »vermißt« zusammengebracht. Damit soll erklärt werden, daß es zuletzt gar keine Wahrheit mehr gibt, weil durch die vielen sich widerstreitenden Meinungen kein gemeinsamer Weg mehr sichtbar ist.

Rabbi Schilas sagten sie: Jeder, der vom Bösen läßt, wird von den Mitmenschen für verrückt erklärt.[152] Sanhedrin 97 a

Zerfall der Familien

Es wird gelehrt: Rabbi Nehorai sagt: In dem Zeitalter, da der Sohn Davids kommt, lassen Jünglinge das Angesicht von Greisen erbleichen, und Greise stehen vor Jünglingen auf. Eine Tochter tritt gegen ihre Mutter und eine Schwiegertochter gegen ihre Schwiegermutter auf. Und das Gesicht des Zeitalters ist wie das Gesicht eines Hundes, und ein Sohn schämt sich nicht vor seinem Vater. Sanhedrin 97 a

Wie er kommt

Rabbi Alexandri sagte: Rabbi Jehoschua, Levis Sohn, stellte einander gegenüber: Es steht geschrieben:[153] *Zu seiner Zeit;* ferner steht geschrieben:[154] *Ich will es beschleunigen. Ich will es beschleunigen* – wenn sie würdig sind; aber erst *zu seiner Zeit* – wenn sie unwürdig sind. Rabbi Alexandri sagte: Rabbi Jehoschua, Levis Sohn, stellte einander gegenüber: Es steht geschrieben:[155] *Und siehe, mit den Wolken des Himmels kommt einer wie ein Menschensohn;* ferner steht geschrieben:[156] *Demütig und reitend auf einem Esel. Mit den Wolken des Himmels* – wenn sie würdig sind; *demütig und reitend auf einem Esel* – wenn sie unwürdig sind.

König Schawor[157] sagte zu Schmuel: Ihr sagt: Der Messias kommt auf einem Esel. Ich will ihm ein blitzendweißes Pferd schicken, das ich habe. Er sagte zu ihm: Hast du etwa ein farblos buntes? Sanhedrin 98 a

152 Die Auslegung beruht auf einem Wortspiel zwischen »für verrückt erklärt werden« und »geplündert werden«; beide Worte haben im Hebräischen genau dieselbe Form.

153 Jesaja 60,*22b*.

154 Jesaja 60,*22b*, im selben Halbvers direkt anschließend.

155 Daniel 7,*13*.

156 Sacharja 9,*9*.

157 Sapor I., König von Persien (241–272), ein Freund Schmuels.

Wie Könige kommen

Raw Scheschet war blind.[158] Als alle Welt ging, den König zu empfangen, machte sich auch Raw Scheschet auf und ging mit ihnen. Da traf ihn ein Ketzer,[159] der zu ihm sagte: Die Krüge zum Fluß, wohin die Scherben?[160] Er sagte zu ihm: Komm und sieh, daß ich mehr weiß als du! Der erste Trupp zog vorüber, und es entstand ein Lärm. Der Ketzer sagte zu ihm: Der König kommt! Raw Scheschet sagte zu ihm: Er kommt noch nicht. Der zweite Trupp zog vorüber, und es entstand ein Lärm. Der Ketzer sagte zu ihm: Jetzt aber kommt der König! Raw Scheschet sagte zu ihm: Der König kommt immer noch nicht. Der dritte zog vorüber, und es entstand eine Stille. Raw Scheschet sagte zu ihm: Jetzt kommt der König gewiß! Der Ketzer sagte zu ihm: Woher hast du das? Er sagte zu ihm: Das irdische Königtum gleicht nämlich dem himmlischen Königtum, denn es steht geschrieben:[161] *Gehe heraus und stelle dich an den Berg vor den Herrn! Und siehe, der Herr geht vorüber und ein Wind, groß und stark, Berge zerspellend und Felsen zerschmetternd vor dem Herrn; der Herr ist nicht im Wind. Und nach dem Wind ein Beben; der Herr ist nicht im Beben. Und nach dem Beben ein Feuer; der Herr ist nicht im Feuer. Und nach dem Feuer eine Stimme sanfter Stille.* Brachot 58 a

Wie große Gelehrte

Raw Nachman sagte: Wenn er unter den Lebenden ist, könnte er sein wie ich,[162] denn es heißt:[163] *Sein Edler soll aus ihm sein, und aus seiner Mitte geht sein Herrscher hervor.* Raw sagte: Wenn er unter den Lebenden ist, könnte er sein wie unser heiliger Mei-

158 Im Text steht für »blind« euphemistisch: »reich an Augenlicht«.

159 Im zensierten Text heißt es: »ein Sadduzäer«.

160 Welchen Zweck hat es, wenn ein Blinder den König sehen will?

161 1. Könige 19,*11 f*.

162 Raw Nachman genoß als Schwiegersohn des jüdischen Oberhauptes in Babylonien hohes Ansehen. Die Stelle zeigt, wie die Besten der Lehrer zum Vorbild der messianischen Erwartung geworden sind.

163 Jeremia 30,*21*.

ster;[164] wenn er unter den Toten ist, könnte er sein wie Daniel, der Mann des Wohlgefallens.[165] Sanhedrin 98 b

Wie ein Bräutigam

Awime, Rabbi Awahus Sohn, lehrte: Die Tage des Messias währen für Israel siebentausend Jahre, denn es heißt:[166] *Mit der Freude des Bräutigams über die Braut freut sich dein Gott über dich.* Sanhedrin 99 a

Der Aussätzige

Unsere Meister sagten: Aussätziger des Lehrhauses ist sein Name,[167] denn es heißt:[168] *Fürwahr, er trägt unsere Krankheiten, und unsere Schmerzen, sie lädt er auf; und wir – wir halten ihn für den Geplagten, der von Gott geschlagen und gebeugt ist.* Sanhedrin 98 b

Der Friedefürst

Mischna. Ein Mann geht nicht mit einem Schwert aus,[169] auch nicht mit einem Bogen, nicht mit einem Schild, nicht mit einem Wurfstock und nicht mit einem Speer. Wenn er aber ausgeht, ist er ein Sündopfer schuldig. Rabbi Elieser sagt: Sie sind für ihn Schmuckstücke; und die Weisen sagen: Dem ist nicht so, sondern sie gereichen ihm zur Schande, denn es heißt:[170] *Da*

164 Damit ist Rabbi Jehuda, der Fürst, der geachtetste Gelehrte seiner Zeit, gemeint.

165 Dazu Daniel 9,*23;* 10,*11* und 10,*19*.

166 Jesaja 62,*5*. Manche Talmudhandschriften haben den Bibeltext erweitert: »so freut sich der Herr, dein Gott, über dich«. – Eine Hochzeitsfeier dauert sieben Tage; da bei Gott – nach Psalm 90,*4* – tausend Jahre wie ein Tag sind, währt dementsprechend die Zeit messianischer Freude siebentausend Jahre.

167 Die Grundbedeutung des Wortes »Aussätziger« ist: »Weißer«; dazu Sanhedrin 97a, Seite 632.

168 Jesaja 53,*4*. Das Wort »Geplagter« wird auch für einen Aussätzigen gebraucht und muß hier so verstanden werden.

169 Dies ist ein Abschnitt aus einer Diskussion darüber, mit welchen Schmuckgegenständen man am Schabbat auf die Straße gehen dürfe.

170 Jesaja 2,*4*.

schmieden sie ihre Schwerter zu Pflugscharen und ihre Spieße zu Rebmessern, nicht erhebt Volk wider Volk das Schwert, und nicht mehr lernen sie den Krieg. Ein Knieband ist tauglich, und man geht damit am Schabbat aus; Fußkettchen sind maklig, und man geht damit am Schabbat nicht aus.

Gemara. Was bedeutet: Mit einem Wurfstock? Eine Keule. Rabbi Elieser sagt: Sie sind für ihn Schmuckstücke. Es wird gelehrt: Sie sagten zu Rabbi Elieser: Wenn sie doch Schmuckstücke für ihn sind, weshalb sollten sie dann für die Tage des Messias abgeschafft werden? Er sagte zu ihnen: Weil man sie nicht benötigen wird, denn es heißt: *Nicht erhebt Volk wider Volk das Schwert.* Und wenn sie lediglich zur Schönheit da wären? Abbaje sagte: Das wäre ja wie eine Lampe am Mittag.[171] Damit unterscheidet er sich also von der Meinung Schmuels. Schmuel sagt nämlich: Die hiesige Welt ist von den Tagen des Messias allein durch die Knechtschaft der Regierungen unterschieden, denn es heißt:[172] *Nie wird es im Land an Armen fehlen.* Das stützt Rabbi Chija, Abbas Sohn. Rabbi Chija, Abbas Sohn, sagte nämlich: Alle Propheten haben nur für die Tage des Messias verkündigt; aber für die kommende Welt:[173] *Kein Auge hat's geschaut, o Gott, außer dir.*

Schabbat 63 a

Nicht um aufzulösen

Rabbi Jehoschua sagte: Ich habe von Rabban Jochanan, Sakkais Sohn, empfangen, was dieser von seinem Lehrer und sein Lehrer von seinem Lehrer als eine Mosetradition vom Sinai gehört hatte: Elia kommt nicht, um für maklig und für tauglich zu erklären, um auszuschließen und um aufzunehmen,[174] son-

171 Der vorige Einwand wurde durch Abbaje mit dem Hinweis entkräftet, nur für einen Krieger seien Waffen auch Schmuckstücke.

172 5. Mose 15,*11*. Weil es in den Tagen des Messias noch Arme gibt, so wird geschlossen, daß die ganze Weissagung Jesajas über die Verwandlung der Welt noch nicht für die messianische Zeit gilt, daß es also auch Kriege geben wird und Waffen gebraucht werden. Nach dieser Meinung wird der Messias also lediglich die Verbannten ins Land Israel zurückführen.

173 Jesaja 64,*3*.

174 In einem weiteren Sinne bedeutet dies, daß er zu Recht bestehende Gebote nicht auflöst, sondern nur unrechtmäßige Verordnungen abschafft.

dern nur um auszuschließen, die gewaltsam aufgenommen wurden, und um aufzunehmen, die gewaltsam ausgeschlossen wurden.

In Transjordanien war eine Familie von Bet Zrepha,[175] und die Söhne Zions[176] schlossen sie gewaltsam aus. Noch eine andere war dort,[177] und die Söhne Zions nahmen sie gewaltsam auf. Für diese zum Beispiel kommt Elia, um für maklig und für tauglich zu erklären, um auszuschließen und um aufzunehmen. Rabbi Jehuda sagt: Nur um aufzunehmen,[178] aber nicht um auszuschließen. Rabbi Schimon sagt: Um den Streit zu schlichten.[179] Und die Weisen sagen: Nicht um auszuschließen und nicht um aufzunehmen, sondern um Frieden zu machen unter ihnen,[180] denn es heißt:[181] *Siehe, ich schicke euch Elia, den Propheten ..., daß er umkehren lasse der Väter Herz zu den Söhnen und der Söhne Herz zu den Vätern.*

Mischna Edujjot VIII, 7

Weder Verdienst noch Schuld

Und es wird gelehrt: Rabbi Schimon, Elasars Sohn, sagt: Tue Gutes, solange du Gelegenheit findest und du die Mittel dazu vorfindest und es noch in deiner Macht liegt! Auch Salomo sagte in seiner Weisheit:[182] *Gedenke deines Schöpfers in den Tagen deiner Jugend, solange die Tage des Übels nicht kommen* – das sind die Tage des Alters; *und anlangen die Jahre, da du sagst: Ich habe in ihnen kein Begehren mehr* – das sind die Tage des Messias, denn in ihnen gibt es nicht Verdienst und nicht Schuld.

Schabbat 151 b

175 Nach ihrem Namen zu schließen, stammt diese Familie aus einem Ort in der Nähe von Lydda (Lud).

176 Damit sind vielleicht Abkömmlinge hasmonäischer Hochpriester gemeint.

177 Der Name dieser Familie wird verschwiegen, damit sie nicht beschämt werde.

178 Nach Rabbi Jehuda werden in der messianischen Zeit nur Fehlentscheidungen rückgängig gemacht, die für die Menschen schädlich sind.

179 Er wird auch die offengebliebenen Streitfragen der Gelehrten entscheiden.

180 Er schafft Frieden unter allen Menschen.

181 Maleachi 3,*23 f.*

182 Prediger 12,*1.*

Das Gebot gilt, bis der Messias kommt

Im Lehrhaus Elias wurde gelehrt:[183] Sechstausend Jahre währt die Welt: zweitausend Jahre Wirrung,[184] zweitausend Jahre Weisung[185] und zweitausend Jahre Messias-Zeit.[186] Aber wegen unserer Verschuldungen, die zahlreich geworden, sind von ihnen dahingegangen, wie sie eben dahingegangen sind.

Sanhedrin 97 a/97 b

Das Ende des Gebotes

Unsere Meister lehrten: Ein Gewand, in dem sich Mischgewebe verloren hat,[187] siehe, das soll man nicht einem aus den Völkern verkaufen,[188] auch nicht zu einer Packtasche für einen Esel machen.[189] Aber man macht aus ihm Totenkleider. Raw Joseph sagte: Das besagt: In der Zukunft, die da kommt, hören die Gebote auf.[190] Nidda 61 b

183 Dies ist die Einführungsformel für Lehren (Baraitot), die in dem Werk eines babylonischen Amoräers tradiert werden, der mit dem Propheten Elia in Verbindung gestanden haben soll.

184 Nach einer alten Tradition werden diese zweitausend Jahre der Gebotslosigkeit von Adam bis zum 52. Jahr Abrahams gezählt, in dem er begann, andere Menschen Gottes Gebot zu lehren; dazu Sota 10a/10b, Seite 112.

185 Die zweite Epoche, die Zeit des Gebotes, wird von Abraham bis zum Jahr 172 nach der Zerstörung des zweiten Tempels (= Jahr 242 der christlichen Zeitrechnung) gerechnet.

186 Der Messias hätte demnach zu Beginn der dritten Periode kommen sollen, aber die Schuld der Menschen hat sein Kommen immer wieder verzögert.

187 Wenn in ein Gewebe aus Wolle versehentlich ein Leinenfaden oder in ein Leinengewebe ein Wollfaden eingewoben wurde, aber nicht mehr gefunden und herausgezogen werden konnte, so darf ein frommer Jude dieses Gewebe nicht tragen; dazu 3. Mose 19,*19* und 5. Mose 22,*11*.

188 Im zensierten Text heißt es: »nicht einem Sternendiener verkaufen«. – Es wird befürchtet, der Fremde könnte es an Juden zurückverkaufen.

189 Weil sie abgenommen und von einem Menschen getragen werden könnte, soll auch sie nicht aus Mischgewebe bestehen.

190 Wenn die Toten bei der Auferstehung Mischgewebe tragen dürfen, so ist das ein Zeichen dafür, daß die Gebote, wie sie in der hiesigen Welt gelten, in der zukünftigen Welt ihre Geltung verloren haben.

Anteil an der kommenden Welt

Ganz Israel hat Teil an der kommenden Welt,[191] denn es heißt:[192] *Und dein Volk besteht aus lauter Bewährten, für immerdar nehmen sie das Land in Besitz, ein Sproß meiner Pflanzung, ein Werk meiner Hände, mich zu verherrlichen.* Und diese sind's, die nicht teilhaben an der kommenden Welt: Wer sagt: Die Belebung der Toten läßt sich nicht aus der Weisung belegen, und: Die Weisung ist nicht vom Himmel, und ein Religionsverächter. Rabbi Akiwa sagt: Auch wer in außerkanonischen Büchern liest und wer über einer Wunde flüstert, indem er sagt:[193] *Von aller Krankheit, die ich auf Ägypten legte, will ich nichts auf dich legen, denn ich bin der Herr, dein Arzt.* Abba Schaul sagt: Auch wer den Namen buchstäblich murmelt.[194]

Drei Könige und vier Privatleute haben nicht teil an der kommenden Welt. Drei Könige: Jerobeam, Ahab und Manasse.[195] Rabbi Jehuda sagt: Manasse hat teil an der kommenden Welt, denn es heißt:[196] *Als er zu ihm betete, da erhörte er sein Flehen und ließ ihn zurückkehren nach Jerusalem zu seinem Königtum.* Sie sagten zu ihm: *Zu seinem Königtum* ließ er ihn zurückkehren, aber nicht zum Leben der kommenden Welt läßt er ihn zurückkehren. Vier Privatleute: Bileam, Doeg, Ahitophel und Gehasi.[197] Mischna Sanhedrin XI, 1 f.

191 Damit sollen nicht die Völker der Welt ausgeschlossen werden, vielmehr soll zum Ausdruck kommen, daß auch die Verurteilten Israels, von denen zuvor im Traktat Sanhedrin gehandelt wurde, der kommenden Welt teilhaftig werden, da ihre Schuld durch die Verurteilung gesühnt ist.

192 Jesaja 60,*21*.

193 2. Mose 15,*26*. Das Bibelwort soll nicht als Zauberspruch verwendet werden.

194 Zum Zwecke des Zaubers wurde der Gottesname ausgesprochen, was ohnehin verboten war.

195 Dazu 1. Könige 11,*26 ff.;* 1. Könige 16 ff. (besonders 21,*21*); 2. Könige 21.

196 2. Chronik 33,*13*.

197 Dazu 4. Mose 22 ff.; 1. Samuel 21 f.; 2. Samuel 15 ff. und 2. Könige 4 f.

Verlorenes wird gesucht

Die Rotte Korahs steigt zukünftig nicht herauf, denn es heißt:[198] *Da schloß sich die Erde über ihnen* – in der hiesigen Welt; *und sie gingen aus der Gemeinde verloren* – für die kommende Welt. Dies sind Worte Rabbi Akiwas. Rabbi Elieser sagt: Über sie sagt die Schrift:[199] *Der Herr tötet und belebt, er führt zum Abgrund und läßt heraufsteigen.* Mischna Sanhedrin XI, 3

Schriftgründe für die Auferstehung

Unsere Meister lehrten:[200] *Ich bin's, der tötet und belebt.* Man könnte meinen, daß an einem die Tötung und an einem anderen die Belebung geschehe, wie es in der Welt gang und gäbe ist, so besagt doch der Text:[201] *Ich verwunde, und ich bin's, der heilt.* Wie Verwundung und Heilung an ein und demselben, so geschieht auch Tötung und Belebung an ein und demselben. Hieraus ergibt sich eine Antwort für diejenigen, die sagen: Die Belebung der Toten läßt sich nicht aus der Weisung belegen.

Sanhedrin 91 b

Ein weiterer der vielen Belege

Rabbi Jehoschua, Levis Sohn, sagte: Woher läßt sich die Belebung der Toten aus der Weisung belegen? Es heißt nämlich:[202] *Wohl denen, die in deinem Hause weilen, sie werden dich noch loben, Sela.* Es heißt nicht: Sie lobten dich, sondern: *sie werden dich loben.* Die Belebung der Toten läßt sich von hier aus der Weisung belegen. Sanhedrin 91 b

Auch durch die Vernunft bestätigt

Der Kaiser sagte zu Rabban Gamliel: Ihr sagt, daß die Entschlafenen lebendig werden. Aber sie werden doch zu Staub;

198 4. Mose 16,*33*.
199 1. Samuel 2,*6*.
200 5. Mose 32,*39c*.
201 5. Mose 32,*39d*.
202 Psalm 84,*5*.

und kann denn Staub lebendig werden? Seine Tochter sagte zu ihm:[203] Laß ihn, so will ich ihm entgegnen: Zwei Töpfer gibt es in unserer Stadt. Einer töpfert aus Wasser, und einer töpfert aus Lehm. Welcher von beiden ist rühmenswerter? Er sagte zu ihr: Der aus Wasser töpfert. Sie sagte zu ihm: Wenn er schon aus Wasser bildet, sollte er es nicht erst recht aus Lehm können?[204]

Sanhedrin 90 b/91 a

Die drei Schlüssel

Rabbi Jochanan sagte: Drei Schlüssel sind in der Hand des Heiligen, gelobt sei er, die nicht in die Hand eines Boten übergeben worden sind. Und diese sind's: Der Schlüssel des Regens, der Schlüssel des Mutterschoßes und der Schlüssel der Belebung der Toten. Der Schlüssel des Regens – es steht nämlich geschrieben:[205] *Der Herr erschließt seine gute Schatzkammer, den Himmel, für dich, um deinem Land zu seiner Zeit Regen zu geben.* Der Schlüssel des Mutterschoßes – woher haben wir das? Es steht nämlich geschrieben:[206] *Da gedachte Gott Rahels, Gott erhörte sie und erschloß ihren Leib.* Der Schlüssel der Belebung der Toten – woher haben wir das? Es steht nämlich geschrieben:[207] *Dann werdet ihr erkennen, daß ich der Herr bin, wenn ich eure Gräber erschließe.* Taanit 2 a/2 b

Der belebende Tau

Im siebten Himmel sind Gerechtigkeit, Gericht und Milde, die Schätze des Lebens, die Schätze des Friedens und die Schätze des Segens, die Seelen der Bewährten, die Geister und die Seelen derer, die zukünftig erschaffen werden, und der Tau, mit dem der Heilige, gelobt sei er, zukünftig die Toten belebt.

203 Vermutlich beantwortete Gamliels Tochter die Frage. Andere meinen aber, die Kaisertochter habe geantwortet.

204 Wenn Gott Menschen aus dem Samentropfen, der dem Wasser gleicht, erschaffen kann, um wieviel mehr aus dem Staub der Toten.

205 5. Mose 28,*12*.

206 1. Mose 30,*22*.

207 Hesekiel 37,*13*.

Gerechtigkeit und Gericht, denn es steht geschrieben:[208] *Gerechtigkeit und Gericht sind die Grundfesten deines Thrones.* Milde, denn es steht geschrieben:[209] *Er bekleidet sich mit Milde wie mit einem Panzer.* Die Schätze des Lebens, denn es steht geschrieben:[210] *Denn bei dir ist die Quelle des Lebens.* Die Schätze des Friedens, denn es steht geschrieben:[211] *Da benannte er ihn: Der Herr ist Frieden.* Und die Schätze des Segens, denn es steht geschrieben:[212] *Segen trägt er von dem Herrn davon.* Die Seelen der Bewährten, denn es steht geschrieben:[213] *Die Seele meines Herrn ist eingebündelt in das Bündel der Lebendigen bei dem Herrn, deinem Gott.* Die Geister und die Seelen derer, die zukünftig erschaffen werden, denn es steht geschrieben:[214] *Denn der Geist würde vor meinem Angesicht verschmachten, die Seelen, die ich gemacht habe.* Und der Tau, mit dem der Heilige, gelobt sei er, zukünftig die Toten belebt, denn es steht geschrieben:[215] *Regen der Freigebigkeit sprengst du, Gott, auf dein Erbe, und was ermattet war, richtest du auf.* Chagiga 12 b

Auferstehung im Land Israel

Rabbi Elasar sagte: Die Toten außer Landes werden nicht lebendig, denn es heißt:[216] *Ich schenke Zierde dem Lande der Lebendigen.* Die Toten des Landes, an dem ich mein Wohlgefallen habe,[217] werden lebendig; die Toten des Landes, an dem ich nicht mein Wohlgefallen habe, werden nicht lebendig.

Rabbi Abba, Memels Sohn, erwiderte:[218] *Deine Toten sollen leben, meine Leichen aufstehen.* Was bedeutet: *Deine Toten sol-*

208 Psalm 89,*15*.
209 Jesaja 59,*17*.
210 Psalm 36,*10*.
211 Richter 6,*24*.
212 Psalm 24,*5*.
213 1. Samuel 25,*29*.
214 Jesaja 57,*16*.
215 Psalm 68,*10*.
216 Hesekiel 26,*20*.
217 In den Worten für »Zierde« und »Wohlgefallen« kommen im Hebräischen dieselben Konsonanten vor, weshalb sie hier als Wortspiel verwendet werden konnten. – Weil den Toten im Land Israel in besonderer Weise Leben zugesprochen wird, wollen Fromme am liebsten dort begraben sein.
218 Jesaja 26,*19*.

len leben? Bedeutet das nicht: Die Toten, die im Land Israel sind? – *meine Leichen aufstehen:* Die Toten, die außer Landes sind? Ketubbot 111 a

Die Toten kommen herzu

Aber werden denn nach Rabbi Elasar[219] die Bewährten, die außer Landes sind, nicht lebendig? Rabbi Ila sagte: Doch, durch Wälzung.[220] Rabbi Abba Sala, der Große, wandte gegen ihn ein: Die Wälzung ist doch für die Bewährten eine Qual. Abbaje sagte: Für sie werden Höhlungen durch die Erde gemacht.

Ketubbot 111 a

Wie das Weizenkorn

Und Raw Chija, Josephs Sohn, sagte: Zukünftig stehen die Bewährten in ihren Bekleidungen auf. Dies ist ein Schluß vom Leichteren auf das Schwerere, vom Weizenkorn: Wie ein Weizenkorn, das nackt begraben wird, mit so vielen Kleidern hervorkommt, so und noch viel mehr die Bewährten, die in ihren Kleidern begraben werden.[221] Ketubbot 111 b

Zeit der Verwandlung

Resch Lakisch stellte einander gegenüber: Es steht geschrieben:[222] *Unter ihnen Blinde und Lahme, Schwangere und Gebärende zumal;* ferner steht geschrieben:[223] *Einst springt wie ein Hirsch der Lahme, und es jubelt die Zunge des Stummen, denn in der Wüste brechen Wasser hervor und Bäche in der Steppe.* Auf welche Weise ist dies zu vereinigen? Sie stehen auf mit ihren Gebrechen und werden dann geheilt. Sanhedrin 91 b

219 Dazu die vorige Stelle.
220 Die Vorstellung ist, daß sich die Leiber unterirdisch nach dem Lande der Auferstehung hin wälzen.
221 Obwohl sie nur in den einfachen Totenhemden begraben werden, stehen sie in vollständiger Festbekleidung wieder auf.
222 Jeremia 31,*8*.
223 Jesaja 35,*6*.

Zerstörung und Bewahrung

Im Lehrhaus Elias wird gelehrt:[224] Die Bewährten, die der Heilige, gelobt sei er, zukünftig belebt hat, kehren nicht zu ihrem Staube zurück,[225] denn es heißt:[226] *Da wird es geschehen: Wer als Rest in Zion bleibt und wer übrig ist in Jerusalem, der soll heilig heißen, jeder, der zum Leben eingeschrieben ist in Jerusalem.* Wie der Heilige immerdar besteht, so bestehen auch sie immerdar.

Wenn du aber sagst: In jenen Jahren, in denen der Heilige, gelobt sei er, zukünftig seine Welt erneuert, wie es heißt:[227] *Erhaben ist der Herr allein an jenem Tage* – was tun da die Bewährten? Der Heilige, gelobt sei er, macht ihnen Flügel wie Adlern, und sie schweifen über der Wasserfläche, denn es heißt:[228] *Darum fürchten wir nichts, wenn sich die Erde verwandelt, wenn sich die Berge in die Mitte der Meere neigen.* Und vielleicht sagst du: Das ist für sie eine Qual, so besagt doch die Schrift:[229] *Die aber auf den Herrn hoffen, tauschen Kraft ein; sie steigen auf mit Schwingen wie Adler, sie laufen und werden nicht müde, sie gehen und werden nicht matt.*

Sanhedrin 92 a/92 b

Die Verantwortung

Antonius[230] sagte zu Rabbi: Leib und Seele können sich selbst von der Strafe befreien. Auf welche Weise? Der Leib sagt: Die Seele hat sich verfehlt, denn seit dem Tage, da sie sich von mir entfernt hat, liege ich doch im Grabe wie ein stummer Stein.

224 Dies ist die Einführungsformel für Lehren (Baraitot), die in dem Werk eines babylonischen Amoräers tradiert werden, der mit dem Propheten Elia in Verbindung gestanden haben soll.

225 In der Epoche zwischen der messianischen Zeit und der kommenden Welt wird Gott die ganze Welt zerstören und wieder erneuern; aber die Bewährten werden diese Zeit überdauern.

226 Jesaja 4,*3*.

227 Jesaja 2,*11*.

228 Psalm 46,*3*.

229 Jesaja 40,*31*.

230 Dieser Gesprächspartner Rabbi Jehudas, des Fürsten, ist mit verschiedenen römischen Kaisern identifiziert worden.

Und die Seele sagt: Der Leib hat sich verfehlt, denn seit dem Tage, da ich mich von ihm entfernt habe, fliege ich doch in der Luft herum wie ein Vogel. Er sagte zu ihm: Ich will dir ein Gleichnis erzählen. Womit ist dies zu vergleichen? Einem König von Fleisch und Blut, der einen vorzüglichen Obstgarten hatte. Darin waren vorzügliche Frühfrüchte. Da setzte er zwei Wächter in den Garten ein, einen Lahmen und einen Blinden. Der Lahme sagte zu dem Blinden: Vorzügliche Frühfrüchte sehe ich in dem Obstgarten. Komm, laß mich reiten, dann holen wir sie, um sie zu essen. Da ritt der Lahme auf dem Blinden, und sie holten diese und aßen sie. Nach einigen Tagen kam der Besitzer des Obstgartens. Er sagte zu ihnen: Wo sind denn die vorzüglichen Frühfrüchte? Der Lahme sagte zu ihm: Habe ich denn Füße, um damit gehen zu können? Der Blinde sagte zu ihm: Habe ich denn Augen, um sehen zu können? Was tat er? Er ließ den Lahmen auf dem Blinden reiten und bestrafte sie miteinander. So holt auch der Heilige, gelobt sei er, die Seele, läßt sie in den Leib schlüpfen und bestraft sie miteinander; denn es heißt:[231] *Er ruft dem Himmel von oben und der Erde, um sein Volk zu bestrafen. Er ruft dem Himmel von oben* – das ist die Seele; *und der Erde, um sein Volk zu bestrafen* – das ist der Leib. Sanhedrin 91 a/91 b

Der wohlwollende Richter

Rabbi Alexandri sagte: Was bedeutet es, daß geschrieben steht:[232] *Geschehen wird's an jenem Tag: Ich suche alle Nationen zu vernichten? Ich suche* – wonach? Der Heilige, gelobt sei er, spricht: Ich suche nach mildernden Umständen für sie.[233] Wenn sie etwas zu ihren Gunsten haben, so erlöse ich sie, wenn aber nicht, so vernichte ich sie.

Und das ist's, was Rawa sagte: Was bedeutet es, daß geschrieben steht:[234] *Daß er doch seine Hand nicht gegen die Ruine aus-*

231 Psalm 50,*4*.

232 Sacharja 12,*9*.

233 Manche Handschriften haben hier ein Wort, das »Buch« oder »Akten« bedeutet; der Sinn wäre dann: »Ich suche in ihren Akten.«

234 Hiob 30,*24*. Das hebräische Wort für »Unglück« kann auch mit »Picken« übersetzt werden.

strecke, wenn ein Hilfsgeschrei ist bei seinem Picken? Der Heilige, gelobt sei er, spricht zu Israel: Wenn ich Israel bestrafe, so bestrafe ich sie nicht wie die Völker der Welt, von denen geschrieben steht:[235] *In Trümmer, in Trümmer lege ich's . . .*, sondern ich fordere von ihnen nur ein, wie es beim Picken einer Henne ist.[236] Eine andere Erklärung: Sogar wenn Israel auch nur ein wenig das Gebot vor mir tut, so will ich tun, wie es beim Picken von Hennen ist, die den Mist durchstöbern: ich vereinige es zu einer großen Summe.[237] Es heißt: *Wenn ein Hilfsgeschrei ist bei seinem Picken* – eine andere Erklärung: Als Lohn dafür, daß sie vor mir um Hilfe schreien, helfe ich ihnen.

Awoda sara 4 a

Auch schlechte Feigen duften

Und Rabbi Chisda sagte: Mari, Mars Sohn, legte aus: Was bedeutet es, daß geschrieben steht:[238] *Da waren zwei Körbe Feigen, bereitgestellt vor dem Tempel des Herrn. Der eine Korb mit sehr guten Feigen, den Frühfeigen gleich; der andere Korb mit sehr schlechten Feigen, die nicht gegessen werden konnten vor Schlechtigkeit?* Die guten Feigen – das sind die vollkommen Bewährten; die schlechten Feigen – das sind die vollkommen Frevelhaften. Und vielleicht sagst du: Ihre Hoffnung ist verloren, ihre Aussicht geschwunden, so besagt doch ein Schriftvers:[239] *Die Körbe geben Duft* – diese und jene geben zukünftig Duft.

Eruwin 21 a/21 b

Der Wechsel

Rabbi Jirmeja sagte zu Rabbi Seïra: Was bedeutet es, daß geschrieben steht:[240] *Klein – und groß ist er dort, und ein Knecht*

235 Hesekiel 21,*32*.

236 Selbst von einem großen Haufen kann eine Henne nur ganz wenig auf einmal wegpicken; so wenig bestraft Gott Israels Übertretungen.

237 Wie Hennen den wertlosen Mist nach einigen verwertbaren Körnchen durchsuchen, so sucht Gott nach den guten Taten der Menschen.

238 Jeremia 24,*1* (teilweise) und *2*.

239 Hoheslied *7,14*. Das hebräische Wort für »Liebesäpfel« im Bibelzitat kann so gelesen werden, daß es den Sinn »Körbe« erhält.

240 Hiob 3,*19*.

– *frei ist er von seinem Herrn*? Wissen wir denn etwa nicht, daß *Klein und Groß dort ist*?[241] Doch, aber jeder, der sich selbst wegen der Worte der Weisung klein macht in der hiesigen Welt, wird groß gemacht für die kommende Welt. Und jeder, der sich selbst wegen der Worte der Weisung als Knecht hinstellt in der hiesigen Welt, wird frei gemacht für die kommende Welt.

Bawa mezia 85 b

Heilung oder Gericht

Sonne der Bewahrheitung und der Heilung.[242] Abbaje sagte: Vernimm daraus: Die Sonnenstäubchen heilen. Seine Meinung unterscheidet sich von der Rabbi Schimons, Lakischs Sohn,[243] der sagte: Es gibt keine Hölle in der kommenden Welt, vielmehr läßt der Heilige, gelobt sei er, die Glutsonne aus ihrem Gehäuse hervorgehen.[244] Die Bewährten werden durch sie geheilt, und die Frevler werden durch sie gerichtet, denn es heißt:[245] *Euch aber, die ihr meinen Namen fürchtet, strahlt die Sonne auf ...* Und nicht nur dies, sondern: Sie verjüngen sich durch sie, denn es heißt:[246] *Da kommt ihr heraus und hüpft wie Kälber aus dem Stall.* Und die Frevler werden durch sie gerichtet, denn es heißt:[247] *Siehe, der Tag kommt, brennend wie ein Ofen ...*

Nedarim 8 b

Die Speise der Bewährten

Ein Wahlspruch war's im Munde Raws: Die kommende Welt ist nicht wie die hiesige Welt: In der kommenden Welt ist nicht Essen und Trinken, nicht Fruchten und Mehren,[248] nicht Handel und Wandel, nicht Neid, nicht Haß und nicht Streit; vielmehr

241 So die gewöhnliche Lesung des Zitats.
242 Maleachi 3,*20b*.
243 Abbaje bezog den Vers auf die Heilung in der hiesigen Welt, Rabbi Schimon aber auf die kommende Welt, wie die folgende Auslegung zeigt.
244 Die Sonne befindet sich in einem Futteral, damit die Welt durch ihre Hitze nicht verbrannt werde; dazu Psalm 19,*5 f*.
245 Maleachi 3,*20a*.
246 Maleachi 3,*20c*.
247 Maleachi 3,*19*.
248 Dazu 1. Mose 1,*28*. Ähnliche Aufzählungen im Frühchristentum, etwa Römer 14,*17* oder Galater 5,*22 f*.

sitzen die Bewährten mit ihren Kronen auf ihren Häuptern und weiden sich am Glanze der Einwohnung, wie es heißt:[249] *Indem sie Gott schauen, essen und trinken sie.* Brachot 17 a

Der Tischsegen

Raw Awira legte aus – manchmal sagte er es im Namen Raws, manchmal sagte er es im Namen Raw Aschis: Was bedeutet es, daß geschrieben steht:[250] *Das Kind wuchs heran und reifte*? Zukünftig macht der Heilige, gelobt sei er, ein Festmahl für die Bewährten, an dem Tage, da seine Liebe zu den Nachkommen Isaaks gereift ist. Nachdem sie gegessen und getrunken haben, gibt man Abraham, unserem Vater, den Becher des Tischsegens, damit er den Segensspruch sage. Aber er sagt zu ihnen: Ich sage den Segensspruch nicht, denn aus mir ist Ismael hervorgegangen.[251] Dann sagt man zu Isaak: Nimm und sage den Segensspruch! Er sagt zu ihnen: Ich sage den Segensspruch nicht, denn aus mir ist Esau hervorgegangen. Dann sagt man zu Jakob: Nimm und sage den Segensspruch! Er sagt zu ihnen: Ich sage den Segensspruch nicht, denn ich nahm mir zwei Schwestern zu Frauen, als beide noch lebten, was mir die Weisung zukünftig doch verboten hätte. Dann sagt man zu Mose: Nimm und sage den Segensspruch! Er sagt zu ihnen: Ich sage den Segensspruch nicht, denn ich war nicht gewürdigt, in das Land Israel zu kommen, nicht in meinem Leben und nicht in meinem Tode. Dann sagt man zu Josua: Nimm und sage den Segensspruch! Er sagt zu ihnen: Ich sage den Segensspruch nicht, denn ich war nicht gewürdigt, einen Sohn zu haben, wie geschrieben steht:[252] *Josua, Nuns Sohn, dessen Sohn Nun, dessen Sohn Josua.*[253] Dann sagt man zu David: Nimm und sage den Segensspruch! Er

249 2. Mose 24,*11*. Der Anblick Gottes sättigt die Bewährten.

250 1. Mose 21,*8*. Der Satz bezieht sich auf Isaak.

251 Abraham lehnt es ab, den Tischsegen zu sprechen, weil er sich für unwürdig hält, da er neben Isaak auch den nicht begnadeten Sohn Ismael gezeugt hat. Ähnlich ist es bei den anderen bis auf David.

252 4. Mose 14,*38* (und öfter).

253 1. Chronik 7,*27*. Mit Josua, der nach der Tradition keine Kinder hatte, bricht hier die Genealogie ab.

sagt zu ihnen: Ich sage den Segensspruch; mir kommt es zu, den Segensspruch zu sagen, denn es heißt:[254] *Ich erhebe den Becher des Heils und rufe an den Namen des Herrn.* Pesachim 119 b

Die große Freude

Ula Biraa sagte, Rabbi Elasar habe gesagt: Zukünftig macht der Heilige, gelobt sei er, einen Reigen für die Bewährten. Und er sitzt zwischen ihnen im Paradies, und jeder einzelne zeigt mit seinem Finger auf ihn, wie es heißt:[255] *Und man sagt an jenem Tage: Siehe, dies ist unser Gott, auf den wir hofften, daß er uns helfe; dies ist der Herr, auf den wir hofften! Laßt uns jubeln und laßt uns froh sein über seine Hilfe!* Taanit 31 a

Der Friede

Rabbi Jehoschua, Levis Sohn, sagte:[256] Zukünftig läßt der Heilige, gelobt sei er, jeden einzelnen Bewährten dreihundertundzehn Welten ererben, denn es heißt:[257] *Die mich lieben, lasse ich Bleibendes ererben, und ihre Schatzkammern fülle ich.*

Rabbi Schimon, Chalaphtas Sohn, sagte: Der Heilige, gelobt sei er, fand kein Segen enthaltendes Gefäß für Israel außer dem Frieden, denn es heißt:[258] *Der Herr gibt seinem Volke Kraft, der Herr segnet sein Volk mit Frieden.*

Mischna Ukzin III, 12

254 Psalm 116,*13*.

255 Jesaja 25,*9*.

256 Diese Mischna ist der letzte Abschnitt des Talmud. Sie fehlt in manchen Handschriften und ist wohl ein späterer Zusatz, der das Ganze feierlich beschließen soll.

257 Sprüche 8,*21*. Die hebräischen Buchstaben sind zugleich Zahlzeichen. Der Zahlenwert des Wortes »Bleibendes« ist 310. – Die Freude im Himmel wird für diejenigen, denen auf der Erde die Weisung ihre größte Freude war, noch dreihundertundzehnmal größer sein.

258 Psalm 29,*11*.

DER HERAUSGEBER

Geboren 1926, nach 1945 Studium der evangelischen Theologie und orientalischer Sprachen, sieben Jahre im Pfarrdienst. Menschliche und wissenschaftliche Begegnungen mit Juden in Europa und später oft in Israel gaben Anlaß zur wissenschaftlichen Beschäftigung mit dem Judentum.

Wissenschaftlicher Mitarbeiter am 1957 begründeten Institutum Judaicum der Universität Tübingen. Träger des Leo Baeck-Preises, Mitglied des Weltkongresses für judaistische Studien, der Arbeitsgemeinschaft Juden und Christen des Deutschen Evangelischen Kirchentags, der Studienkommission ›Kirche und Judentum‹ der Evangelischen Kirche in Deutschland.

Veröffentlichungen: Christentum und Judentum in der Schau Leo Baecks, Kohlhammer Verlag Stuttgart 1961; Franz Rosenzweig – eine Philosophie der dialogischen Erfahrung, Kaiser Verlag München 1973; Judentum und Christentum – Ursprung, Geschichte, Aufgabe, Pattloch Verlag Aschaffenburg 1973; Herausgeber von zwei Abteilungen der Gesammelten Schriften Franz Rosenzweigs: Der Stern der Erlösung, Nijhoff Verlag Den Haag 1976, und: Zweistromland – Kleinere Schriften, Nijhoff Verlag Den Haag 1980.

ANHANG

WORTERKLÄRUNG

Abtrünniger Einer, der sich aus eigenem Entschluß von den Wegen des Judentums abwendet und sich unter Umständen einer anderen Religionsgemeinschaft anschließt.

Aggada Wörtlich »Gesprochenes«, »Erzählung«. Der erbauliche Teil der frühjüdischen Literatur neben dem normativen, der Halacha. Die Aggada umfaßt Poesie, Geschichte, Wissenschaft und Ethisches in wechselnden Formen: Abhandlung, Auslegung, Erzählung, Gleichnis, Spruch und Homilie.

Amoräer Wörtlich »Sprecher«, »Interpret«. Ursprünglich der Interpret, der Predigten und Vorträge volkstümlich in kurzen Zügen wiedergab. Dann wurde der Ausdruck zur Bezeichnung der Lehrer, die vom 3.–6. nachchristlichen Jahrhundert als Nachfolger der Tannaiten lehrten und deren Diskussionen über die Mischna in der Gemara niedergelegt sind.

Art Stimme Bezeichnung für eine besondere Art Gottes, zu den Menschen zu sprechen, bei der seine Stimme indirekt, einem Echo gleich, hörbar wird. Solche Hallstimmen wurden zu einer Zeit, da die Prophetie als erloschen galt, für eine abgeschwächte Form derselben gehalten.

Baraita Wörtlich »draußen befindlich«. Lehren von tannaitischen Meistern, die nicht in die Mischna Rabbis aufgenommen wurden. Die wichtigste spätere Sammlung von Baraitot ist die Tosephta von Rabbi Chija und Rabbi Oschija aus dem Lehrhause Rabbis. In der Gemara wird eine Baraita meist mit der Formel »es wird gelehrt« oder »unsere Meister lehrten« eingeführt.

Drittlingskalb Unsicherer biblischer Ausdruck, vielleicht ein dreijähriges Kalb oder das dritte Kalb einer Kuh. Im Talmud ist nur die erste Bedeutung gemeint.

Ehrfurcht Wörtlich »Furcht«. Häufige Umschreibung für Gottesfurcht, da das Wort »Herr« schon in talmudischer Zeit außer in Bibelzitaten kaum gebraucht wird.

Einwohnung Mit diesem Ausdruck wird die Gegenwart Gottes in seinem Volk oder bei einem Einzelnen bezeichnet, im Nachvollzug von Versen der Bibel wie 2. Mose 25,*8* und 2. Mose 29,*45*.

Essener Eine Gruppe des Judentums in den letzten zwei Jahrhunderten des zweiten Tempels, die sich zur Führung eines streng priesterlichen Lebens absonderte. Durch Textfunde und Ausgrabungen ist vor allem ihr klösterliches Zentrum in Qumran am Toten Meer bekannt geworden. Die Hauptmerkmale ihres Gemeindelebens sind Taufe (dazu *Tauchbad*), heiliges Mahl und Gütergemeinschaft.

Fleisch und Blut Besonders in Gleichnissen eine Umschreibung für Mensch oder Menschen.

Frevlerische Regierung Eine Umschreibung für Rom, hauptsächlich aus der Zeit der römischen Vernichtungskriege gegen das Judentum im Israelland.

Fünfbuch Die fünf Bücher Moses (dazu *Weisung*).

Gemara Wörtlich »die Vollendung«; »das Gelernte«. Die Lehren der Amoräer, die meist auf Diskussionen der Mischna beruhen und als laufender Kommentar zur Mischna mit dieser zusammen den Inhalt des Jerusalemischen und Babylonischen Talmud bilden. Solche Erklärungen sind manchmal als selbständige Vorlesungen erhalten.

Genosse, Gefährte Im allgemeinen Sinne: Nächster, Nebenmensch; speziell ist es im Gegensatz zum Laien ein Mensch, der sich, in einem Bund mit anderen zusammengeschlossen, um die rechte Erfüllung der Gebote bemüht, vor allem im Hinblick auf die priesterlichen Vorschriften und die Abgaben für Priester und Leviten.

Geonim Einzahl Gaon, wörtlich »Majestäten«, »Prächtige«. Die Häupter der Akademien in Sura und Pumbedita, die maßgebenden Autoritäten des babylonischen Judentums in nachtalmudischer Zeit (600–1100).

Halacha Wörtlich »Schritt«, »Gang«, »Wandel«.

1. Die Entscheidung der Meister über die Geltung diskutierter Regeln und Gebote auf Grund von Tradition oder Argumentation;

2. das Verhalten der Gemeinde aufgrund solcher Beschlüsse, und

3. der schriftliche Niederschlag in den entsprechenden (»halachischen«) Teilen des Talmud, in Kommentaren, Kompendien und Responsen; auch der einzelne Lehrsatz.

Haus Eine Bezeichnung des Jerusalemer Tempels als Haus Gottes; oft auch in der Bedeutung *Lehrhaus*.

Der Heilige, gelobt sei er Häufigste Umschreibung für Gott im Talmud.

Heiligtum Der Tempel in Jerusalem.

Himmel Das Wort hat im Hebräischen Dualform, deshalb wurde es möglichst als Plural übersetzt, wenn damit der Raum der Gestirne oder der Wohnung Gottes gemeint ist. Als Umschreibung für Gott dagegen wurde es in der Einzahl wiedergegeben. Ein nicht näher bestimmtes »sie« (3. Pers. Plur.) meint oft das Handeln himmlischer Wesen, die nach Art eines menschlichen Ratskollegiums vorgestellt wurden. Im weiteren Sinne kann auch dies eine Umschreibung für Gott sein.

Höre Israel Eigentlich »Höre«; das Bekenntnisgebet Israels, das mit »Höre Israel« beginnt und aus den Versen 5. Mose 6, *4–9* besteht. Dazu kamen später 5. Mose 11, *13–21* und 4. Mose 15, *37–41*. Es wird zweimal täglich rezitiert. Viele jüdische Märtyrer sind mit diesem Bekenntnis von dem einen Gott gestorben.

Jawne Stadt am Mittelmeer, südlich Jaffa gelegen. Erster Sitz des Zentralen Lehrhauses und Obersten Gerichtshofes nach der Zerstörung des Zweiten Tempels. Dort wurden die verbliebenen Traditionen gesammelt und neue Normen für das durch die Katastrophe veränderte Leben festgelegt.

Ketzer Ursprünglich jüdische religiöse Gruppen oder Einzelpersonen, die wegen ihrer Abweichung von der ethischen Norm des Judentums durch den Obersten Gerichtshof ausgestoßen wurden. Sie sind von *Abtrünnigen* zu unterscheiden.

Laie Wörtlich »Landvolk«. Es ist ein Schimpfwort im Sinne von Tölpel oder Ignorant, das einen ständischen Gegensatz bezeichnet. Im Gegensatz zu den Genossen, die in einem Lehrhaus die geltende Auslegung der Gebote studieren und sich in

Genossenschaften zusammenschließen, um sie genau halten zu können, stehen die Laien, die viele Gebote vernachlässigen, sich aber in wichtigen Fragen doch auch um Auskunft an Gelehrte wenden.

Lehrhaus Wörtlich »Haus«. Eine Akademie, in der unter Leitung eines besonders anerkannten Gelehrten die Weisung studiert und die mündliche Tradition diskutiert wurde.

Makligkeit Kultische »Unreinheit«, hervorgerufen besonders durch Berührung eines Toten, durch Aussatz, Ausfluß, Menstruation und Geburt. Die Makligkeit konnte auf Geräte übertragen werden. Die Tauglichkeit konnte auf verschiedene Weise wiederhergestellt werden, so durch »Reinigung« (dazu *Tauchbad*), Opfer und Wartezeiten.

Maße *Log*, etwa 1/2 l
Hin, 12 Log oder 6,5 l
Sea, etwa 13 l (Sea ist das meistgenannte Hohlmaß)
Kaw, 1/6 Sea, etwa ein Doppelliter
Kor, 30 Sea, etwa 400 l
Parasange, eine persische Wegstunde, ungefähr 5,5 km
Elle, *Spanne* und *Handbreite* sind weitere Längenmaße.

Midrasch Wörtlich »Auslegung«, »Erklärung«. Gottesdienstliche Vorträge im Anschluß an die Bibellesung, die den Hauptteil des frühen jüdischen Schrifttums neben dem Talmud bilden. Die sogenannten halachischen (tannaitischen) Midraschim umfassen »Mechilta«, »Sifra« und »Sifre«, Auslegungen zum Fünfbuch aus verschiedenen Schulen, vor allem Akiwas und Jischmaels. Die aggadischen Midraschim sind Sammlungen exegetischen Schrifttums zu fast allen biblischen Büchern.

Mischna Wörtlich »Wiederholung«.
1. Die Lehren der Tannaiten in der Form, in der sie Rabbi Jehuda, der Fürst, ums Jahr 200 geordnet hat. Diese Sammlung ist der Urbestand des Talmud und umfaßt sechs Ordnungen.
2. Ähnliche kleinere Sammlungen früherer Autoritäten.

Münzen, gleichzeitig Gewichte
Sus, jüdisch, 3–4 g Silber
Denar, römisch, 3–4 g Silber

Schekel Wörtlich »Gewicht«; etwa 7 g Silber. Eine geheiligte Währung, in der nach 2. Mose 30, *17* die Tempelsteuer bezahlt werden mußte. Seit der Makkabäerzeit als Münze in Geltung.

Heiliger Schekel, ein Doppelschekel

Sela, jüdisch, 4 Sus

Maa, 1/6 Sus, kleinste Silbermünze

Isar, römisch, 1/16 oder 1/24 Denar, Kupfermünze

Pruta, jüdisch, 1/8–1/6 Isar, kleinste Kupfermünze

Litra oder *Mine,* 100 Sus

Um einen Eindruck von der Kaufkraft dieses Geldes zu erhalten, seien einige Beispiele angeführt:

1 kleine Tasse Öl	=	1 Isar
oder 3–10 Feigen	=	1 Isar
1 Eimer (Sea) Weizen	=	1 Sus
1 Pfund Fleisch	=	1 Sus
1 Ochse	=	100–200 Sus

Myriade Genaugenommen 10 000, aber oft hyperbolischer Ausdruck für eine sehr große Zahl.

Name Absolut gebraucht, bedeutet es im Talmud den Namen Gottes, der nicht ausgesprochen wurde.

Odem Lebensodem, ein Ausdruck für Seele.

Proselyt Griechischer Ausdruck für »Beisaß«; in talmudischer Zeit ein Fremder, ein Fremdgläubiger, der vollkommen zum Judentum übertrat und alle Gebote auf sich nahm. Eine Vorstufe bildeten die »Gottesfürchtigen«, die sich nur lose den Gemeinden anschlossen.

Rabban Wörtlich »unser Meister«, ein Titel, den in der Mischnazeit einige ausgezeichnete Lehrer, besonders die Vorsteher des Obersten Gerichtshofes, trugen.

Rabbi Wörtlich »mein Meister«. Der Titel wurde im ersten christlichen Jahrhundert als Anrede für ordinierte Gelehrte, die dem Sanhedrin angehörten, üblich. Später wurde es allgemeiner Titel für ordinierte Gelehrte in Israel, die selbständige Entscheidungen fällen konnten.

Rabbi, absolut gebraucht, meint Rabbi Jehuda I., den Fürsten, (135–200), den Redaktor der Mischna.

Raschi Gewöhnliche Abkürzung für Rabbi Schlomo Jizchaki (1040–1105) aus Troyes, der den wichtigsten Kommentar fast zum gesamten Talmud geschrieben hat.

Raw Eine Variante von »Rabbi«, Titel der babylonischen Amoräer.

Rolle Im Altertum wurden die Bücher der Bibel auf zusammengenähte Lederstreifen (Pergamente) geschrieben, dann aufgerollt und zum Schutz in ein Tuch eingewickelt. Noch in der Gegenwart wird das für die Lesung im Gemeinde-Gottesdienst bestimmte Fünfbuch Moses von Hand auf Pergament geschrieben. Die fünf Bücher Moses heißen »Buch der Weisung«, während der Ausdruck »Rolle« für fünf andere Bücher der Bibel gebraucht wird: Im besonderen wird die Esther-Rolle mit diesem Ausdruck benannt, die am Losefest gelesen wird; die Rolle des Hohen Liedes wird an Pesach gelesen, Ruth am Wochenfest, die Klagelieder am 9. Aw (etwa August), an dem über die Zerstörungen Jerusalems getrauert wird, und Prediger am Laubhüttenfest.

Sadduzäer Zur Zeit des zweiten Tempels die Partei der Priester und Aristokraten. Ihre Anschauungen fußten allein auf der schriftlichen Weisung. Sie waren so stark mit dem Tempel verbunden, daß sie nach dessen Zerstörung alle Bedeutung verloren.

Sanhedrin Hebräische Form des griechischen Wortes Synedrion (in Luthers Übersetzung: Hoher Rat). Name des Obersten Gerichts, der gesetzgebenden Behörde Israels, wohl schon vor der Zeit Herodes' des Großen, bestehend aus 70 ordinierten Gelehrten.

Die Zentrale Akademie zu Jawne übernahm nach dem Jahre 70 Namen und Funktionen, besonders die Festsetzung von Neumond und Schaltjahr und die Entscheidung in allen wichtigen religiösen Fragen.

Septuaginta Name der griechischen Übersetzung der hebräischen Bibel, die in vorchristlicher Zeit aus der gottesdienstlichen Übertragung in der Diaspora entstanden war. Nach der Legende haben 70 bzw. 72 Gelehrte unabhängig voneinander das Fünfbuch wörtlich gleich übersetzt; daher soll der Name kommen, der wörtlich »die Siebzig« lautet.

Sternendiener Menschen, die Gestirne, vor allem die Sonne, verehrten. Dieser Ausdruck wurde von der Zensur häufig für

»die aus den Völkern« gesetzt. Damit sollte zwischen »heidnischen« und christlichen Völkern unterschieden werden.

Talmud Wörtlich »Lehre«, bezeichnet heute Mischna und Gemara gemeinsam; dazu Seite 9f.

Tannaiten Einzahl Tanna, wörtlich »einer, der wiederholt, lehrt«. Das Wort ist aramäisch und entspricht dem hebräischen Grundwort für »Mischna«.

1. Lehrer der Mischnazeit bis zum Ende des zweiten christlichen Jahrhunderts.

2. ein Gelehrter, der in einer Mischna oder Baraita zitiert wird, und

3. in der Zeit der Amoräer: ein Gelehrter, der tannaitische Lehren beherrschte und sie nach Bedarf auswendig vortrug.

Targum Ein aus dem Assyrischen kommendes aramäisches Wort, das besonders für eine paraphrasierende Übersetzung der hebräischen Bibel in die aramäische Umgangssprache gebraucht wird.

Tauchbad Ein Bad, das mindestens 40 Sea (etwa 500 Liter) Wasser aus einer natürlichen Quelle oder aus einem Fluß enthalten muß. Diese Menge reicht aus, um den Körper einer durchschnittlich gewachsenen Frau zu bedecken. Vor allem von Frauen wird das Tauchbad zur Reinigung nach Menstruation und Geburt benötigt. Männer tauchen bei verschiedenen Gelegenheiten, so einst die Essener in Qumran täglich vor der Hauptmahlzeit, um priesterliche »Reinheit« zu erlangen. Bei der Aufnahme von Proselyten ist das Tauchbad neben der Beschneidung der wichtigste Akt. Die christliche Taufe hat hier ihren Ursprung.

Tauglichkeit Zustand ritueller »Reinheit«, die vor allem für den priesterlichen Dienst gefordert war und von den Pharisäern für das Leben jedes Einzelnen verbindlich gemacht wurde.

Tosephta Wörtlich »Hinzufügung« (zur Mischna). Sammlungen von Baraitot zur Ergänzung und Erläuterung der Mischna. Eine solche Sammlung, angeordnet wie die Mischna, ist erhalten.

Völker »Einer aus den Völkern«, »die aus den Völkern«, wörtlich »Volk«, »Völker«, auch wenn es sich um Einzelpersonen handelt. Gemeint sind gewöhnlich alle Völker außer Israel, einerlei, welcher Religion sie angehören.

Weisung Wörtliche Übersetzung des Ausdrucks »Tora«, der im speziellen Sinn die Bezeichnung für die fünf Bücher Moses *(Fünfbuch)*, die schriftliche Weisung, ist, die zusammen mit den »Propheten« und den »Schriften« die hebräische Bibel bilden. In einem weiteren Sinn bedeutet »Weisung« die ganze religiöse Lehre des Judentums, auch die »mündliche Lehre«.

Zeloten Name einer sich gegen die Römer auflehnenden jüdischen Partei und ihrer Mitglieder seit der Herodeszeit. Es sind Eiferer für das Gebot Gottes, die sich eine Freiheit der Religion auch mit der Waffe erkämpfen wollten, da sie die politische Unabhängigkeit von Rom als Voraussetzung für die Wahrung der Gebote ansahen.

ALPHABETISCHES VERZEICHNIS DER 63 TALMUDTRAKTATE

Die römischen Ziffern bezeichnen die sechs Ordnungen, die arabischen Ziffern bezeichnen die Nummer des betreffenden Traktates innerhalb der Ordnung, der er zugehört (wobei die Reihenfolge in den verschiedenen Talmudausgaben etwas wechselt). Eine kurze Inhaltsangabe zu den einzelnen Traktaten findet sich in der Einleitung (Zum Inhalt), Seite 34 bis Seite 51.

Arachin	V, 5
Awoda sara	IV, 8
Awot	IV, 9
Bawa batra	IV, 3
Bawa kamma	IV, 1
Bawa mezia	IV, 2
Bechorot	V, 4
Bikkurim	I, 11
Brachot	I, 1
Chagiga	II, 12
Challa	I, 9
Chullin	V, 3
Demai	I, 3
Edujjot	IV, 7
Eruwin	II, 2
Gittin	III, 3
Horajot	IV, 10
Jadajim	VI, 11
Jewamot	III, 1
Joma	II, 7
Jom tow	II, 4
Kelim	VI, 2
Ketubbot	III, 2
Kidduschin	III, 4
Kilajim	I, 4
Kinnim	V, 11
Kritot	V, 7
Maaser scheni	I, 8
Maasrot	I, 7
Machschirin	VI, 8
Makkot	IV, 5
Megilla	II, 10
Meïla	V, 8
Menachot	V, 2
Middot	V, 10
Mikwaot	VI, 7
Moed katan	II, 11
Nasir	III, 6
Nedarim	III, 5
Negaïm	VI, 4
Nidda	VI, 1
Ohalot	VI, 3
Orla	I, 10
Para	VI, 5
Pea	I, 2
Pesachim	II, 3
Rosch Haschana	II, 6
Sanhedrin	IV, 4
Sawim	VI, 9
Schabbat	II, 1
Schekalim	II, 9
Schwiit	I, 5
Schwuot	IV, 6
Sewachim	V, 1
Sota	III, 7
Sukka	II, 8
Taanit	II, 5
Tamid	V, 9
Teharot	VI, 6
Tmura	V, 6
Trumot	I, 6
Twul jom	VI, 10
Ukzin	VI, 12

REGISTER DER TALMUDSTELLEN

Die Aufzählung der zitierten Traktate richtet sich nach der Reihenfolge, die auch für die Inhaltsangabe (Seite 34 bis Seite 51) gewählt wurde. Unter dem Namen des Traktats folgen jeweils die Talmudstellen in der Weise, wie gewöhnlich zitiert wird: Mischnasätze werden nach Kapitel (römische Zahl) und Paragraphen (arabische Zahlen), die Abschnitte der Gemara (auch wenn sie mit einer Mischna verbunden sind) nach Blatt und Seite (Vorderseite = a, Rückseite = b) zitiert. Die einzelnen Talmudstellen sind im Register in derselben Reihenfolge aufgeführt, in der sie im Talmud angeordnet sind. – Hinter der Stellenangabe steht jeweils, auf welcher Seite der betreffende Abschnitt in dieser Anthologie beginnt.

REGISTER DER BIBELSTELLEN

Das Bibelstellenverzeichnis, das nach der Reihenfolge der Lutherbibel angeordnet ist, gibt in großen Zügen einen Überblick über die im Talmud ausgelegten Bibelstellen. Ein Vergleich mit einem Register des gesamten Talmud ergibt keine grundsätzliche Verschiebung der Verhältnisse mit Ausnahme des Fünfbuches Moses. Besonders der Anteil des 3. Buches Mose ist dort ganz erheblich größer, da sich halachische Auslegungen häufig auf dieses Buch beziehen. Nach dem Fünfbuch haben auch im Gesamttalmud die Psalmen und Jesaja, dann Jeremia und die Sprüche die meistzitierten Stellen.

NAMENREGISTER

Namen wurden aufgeführt, soweit Wesentliches über die betreffende Person oder Gruppe mitgeteilt wird.

SACHREGISTER

Die wichtigsten Themen wurden hier stichwortartig erfaßt. Dabei erscheinen die Namen der Talmudtraktate in deutscher Übersetzung.